사탄의 체제와 예수의 비폭력

- 지배체제 속의 악령들에 대한 분별과 저항 -

사탄의 체제와 예수의 비폭력
- 지배체제 속의 악령들에 대한 분별과 저항 -

지은이 · 월터 윙크
옮긴이 · 한성수
펴낸이 · 김준우
초판 1쇄 펴낸날 · 2004년 10월 25일
중판 5쇄 펴낸날 · 2025년 4월 7일
펴낸곳 · 한국기독교연구소
등록번호 · 제8-195호(1996년 9월 3일)
경기도 고양시 일산동구 고봉로 32-9, 양우 331호 (우 10364)
전화 031-929-5731, 5732(Fax 겸용)
E-mail: honestjesus@hanmail.net
Homepage: http://www.historicaljesus.co.kr.
인쇄처 · 조명디앤피 (전화 02-498-3017)

이 책의 한국어판 저작권은 Augsburg Fortress 출판사와의
독점계약으로 한국기독교연구소가 소유합니다.
저작권법에 따라 국내에서 보호받는 저작물이므로
무단전재와 무단복제를 금합니다.

Engaging the Powers: Discernment and Resistance in a World of Domination
by Walter Wink
Copyright ⓒ 1992 Augsburg Fortress.   All rights reserved.
Korean Translation copyright ⓒ 2004 by Korean Institute of the Christian Studies. The Korean Translation rights arranged with the author c/o Augsburg Fortress.

ISBN 978-89-87427-86-7 94230
      978-89-87427-87-4 94230(세트)

값 24,000원
파본은 교환해드립니다 .

기독교 학술 저작상 수상작

1993 Pax Christi Award
1993 Academy of Parish Clergy Book of the Year Award
1993 Midwest Book Achievement Award-Best Religious Book

『사탄의 체제와 예수의 비폭력』에 대한 서평

사탄의 세력들(Powers)에 관한 그의 탁월한 3부작에서 월터 윙크 교수는 우리가 점점 더 직관적으로 깨닫게 된 것을 성서적으로 입증하였다. 즉 사회 경제적 및 정치적 위기의 배후에는 우리가 대면해야 하는 근본적인 영적 실재가 있다는 점이다. 3부작의 이 마지막 책에서 윙크는 사탄의 세력들을 폭로하는 방법만이 아니라 그 세력들과 실제로 싸우고 저항하는 방법에 관해 예리한 통찰력을 제공한다. 특히 우리의 삶에서, 그리고 이 세상 속에서 기도의 의미에 관한 그의 성찰은 내가 이제까지 읽었던 것들 가운데 최고의 것이다. 윌리엄 스트링휄로우(William Stringfellow)와 같은 선구자들의 작업에 기초하여, 윙크는 사회적 변화를 위한 운동에서, 성서가 권세와 세력의 악신(惡神)들이라고 부르는 구조적 및 영적인 세력들의 존재와 그 세력들이 곳곳에 도사리고 있는 현실을 다루지 않는다면 결코 그 운동이 성공할 수 없다는 냉엄한 진리를 드러내 보여준다. 이 사탄의 세력들에 관한 성서적 및 현대적 의미를 월터 윙크보다 더욱 잘 다룬 사람은 없다.

- Jim Wallis, *Sojourners*

『사탄의 체제와 예수의 비폭력』이 오늘날처럼 세계적인 지도자들이 소위 "신세계질서"를 운위하며 지정학적 지배를 강화하기 위해 패권을 장악하는 시기에 출판된 것은 완전히 은총이다. 이런 세계적 음모에 맞서서 신앙이 어떻게 대응할 것이며, 양심적인 기독교인들이 보다 높은 질서에 성실하고 효과적으로 응답하기 위해 무엇을 할 수 있는가 하는 것은 이 책에서 확인할 수 있는 예언자적 통찰력의 선물이다.

- James Forbes, 뉴욕시 Riverside Church 담임목사

『사탄의 체제와 예수의 비폭력』은 우리로 하여금 악의 문제를 더욱 잘 이해할 수 있도록 도와주는 책으로서, 매우 용감하며, 철저하게 학문적이다. 그가 "권세들"(powers)이라 부르는 사탄의 세력들에 대한 백과사전적 저술의 이 셋째 권에서, 윙크 교수는 예리한 분석을 통해 남녀평등이 파트너십(partnership)과 평화의 세계에 핵심적인 관건임을 분명히 보여준다. 또한 그는 사회적 기구들이 역사적으로 너무 자주 하느님의 이름으로 악마와 같은 에너지를 발산하도록 부추겼다는 사실을 지적하며, 신학을 재구성하여 신학이 개인과 사회의 변혁을 위한 도구가 되도록 도전한다.

- Riane Eisler, *The Chalice and the Blade*의 저자

엘톤 트루불러드는 언젠가 이렇게 말했다. "당신은 예수를 영접할 수 있다. 당신은 예수를 거부할 수도 있다. 그러나 당신은 이성적으로 그를 무시할 수는 없다." 이 책의 내용에 동의하는 것은 당신의 분별력을 드러내는 것이 될 것이다. 그러나 이 책을 의도적으로 무시하는 것은 당신 자신의 인간성을 배신하는 것이 될 것이다.

- M. Scott Peck, *The Road Less Traveled; People of the Lie*의 저자

『사탄의 체제와 예수의 비폭력』은 우리 시대의 확고한 진실을 명석하게 파헤친다. 즉 오늘날의 세계에서 악과의 진정한 전투는 영적인 전투라는 사실이다. 월터 윙크 교수는 비범한 지각과 도덕적 힘을 갖고, 이 싸움에서의 무기는 지배와 폭력 같은 육체적인 것이 아니라 영적인 무기로서, 가장 효과적인 무기는 기도라는 사실을 우리에게 확신시킨다. "역사는 중보자들에게 달려 있다"는 그의 지적보다 더 분명한 진리는 없다.

- C. Peter Wagner, Fuller Theological Seminary 교회 성장학 교수

한 마디로 걸작이다. 탁월한 성서주석과 현대 세계에 대한 엄청난 지식을 결합시켜, 이 세상을 지배하고 노예로 삼는 사탄의 세력들에 대한 기독교의 승리를 철저하게 재인식하도록 만든다.

- Robert T. Fortna, Vassar College

사탄의 세력들에 관한 3부작의 이 마지막 책에서, 월터 윙크는 우리들의 신학이 어느 정도로 따분하게 되었는지를 다시 생각하도록 촉구한다. 그는 우리에게 익숙한 성경본문들에 대해 폭넓은 연구와 깊은 통찰력을 통해, 기독교의 대항 문화적 메시지와 그 실천방식을 상기시킨다. 이 시대의 정신에 항복하여 사탄의 세력들의 노예라고 생각하는 사람들에게 이것은 매우 긴요한 메시지이다.

- Christopher Rowland, Oxford University 교수

처음 두 권에서 놀라운 통찰력을 보여준 윙크 교수는 이 책이 문화적 및 개인적 내면세계로 향하는 그의 여정에서 가장 뜻 깊은 것임을 입증했다. 이 책은 지난 20세기 전반부에 칼 바르트의 『로마서 주석』이 끼쳤던 영향을 앞으로 끼칠 것이다. 이 책은 단지 학문적으로 큰 공헌일 뿐 아니라, 이 지구를 위해서도 큰 공헌이다.

- Arthur J. Dewey, Xavier University 교수

놀랍고 감동적인 이 책에서 월터 윙크는 예리한 신약성서 신학을 지구 전역에서 벌어지고 있는 "민중의 힘," 그 봉기와 비폭력 운동들에 적용시키고 있다. 그 결과 정당한 전쟁(just war) 이론과 폭력적 해방투쟁을 비판적으로 검토하며, 그것에 비추어 예수의 혁명적인 "제 3의 길"을 새롭고 대담하게 드러내고 있다.

- Richard Deats, Fellowship of Reconciliation

우리 시대에 신학에 관한 가장 중요한 책이다. 아마도 이제까지 나온 신학에 관한 책들 가운데 가장 중요한 책일 것이다.

- David Ray Griffin, Claremont School of Theology

하느님께서는 이 책의 출판을 축복하셨다. 이 책은 나의 이해에 전환점이 되었다.

- Bishop stephen Verney, 영국 수튼 코트니 대성당

내가 이제까지 읽었던 수많은 책들 가운데 최고이며 가장 중요한 책이다... 그는 기독교가 아니라 폭력이 미국의 종교라는 점을 매우 설득력 있게 논증한다.

- Jack Nelson-Pallmeyer, *Jesus Against Christianity*의 저자

이 책은 우리 세대에 나온 신학 책들 가운데 가장 중요하며 흥미진진한 책이다. 다음 세기에도 기독교인들의 사고에 엄청난 영향을 미칠 것이다. 제도적 교회가 그 영향을 충분히 받아들일 것인지는 의문이다. 만일 그러지 못한다면, 우리는 새로운 암흑시대에 들어가게 될 것이다.

- Charles Elliott, Cambridge University

감동적이며 중요한 책이다. 이 책은 윙크 교수의 최고의 걸작이다. 도발적이며, 통찰력이 넘치며, 언제나 놀라운 주석, 논증, 분석을 통해 도전한다. 저자의 논증에 대해 독자로서 자신의 입장을 세우지 못한다면, 죽은 것이나 다름없지만, "사탄의 세력들과의 영적인 싸움과 그 과정에서 우리들 자신과의 영적인 싸움"인 이 책에서 저자와 함께 하지 못한다면 당신은 더욱 가련하게 될 것이다.

- Larry L. Rasmussen, Union Theological Seminary

성서의 "사탄의 세력들"에 관해 이처럼 포괄적이며 날카롭게 분석했던 사람은 아직 없었으며, 또한 그 악한 세력들이 오늘날 어떤 의미가 있는지에 대해 이처럼 현실성 있게 해석한 사람은 없었다.

- Herman J. Waetjen, *The Christian Century*

수 년 동안 윙크 교수는 집요하게 악신들과 악령들의 이름을 짓고, 그 가면을 벗기더니, 이제는 그 세력들과 싸운다. 그의 정치사회학적 분석과 심리적 분석은 탁월하다... 그러나 더욱 훌륭한 것은 그가 해방에 대해 확고한 소망을 지니고 있다는 점이다... 놀라울 따름이다.

- Dan Berrigan, *Pax Christi*

사탄의 체제와 예수의 비폭력

- 지배체제 속의 악령들에 대한 분별과 저항 -

월터 윙크 지음 / 한성수 옮김

한국기독교연구소

Engaging the Powers

Discernment and Resistance
in a World of Domination

by
Walter Wink
Minneapolis: Fortress Press, 1992

Korean Translation by Sungsoo Hahn

이 책의 중판은 순천 하늘씨앗교회의
출판비 후원으로 간행되었습니다.

Korean Institute of the Christian Studies

차 례

<21세기 기독교 총서>를 발간하면서 … 13
머리말 … 21
약자(略字)와 상징 … 23

서론 … 27

제1부 지배체제

1. 지배체제의 신화 … 43
구원하는 폭력이라는 신화
현대 대중문화에서 구원하는 폭력이라는 신화
구원하는 폭력과 국가안보체제

2. 지배체제의 기원(起源) … 79
인간은 본성적으로 폭력적인가?
지배체제 이전의 시간?
지배체제의 등장
성서적 대안(代案)의 등장
하느님이 통치하는 미래

3. 지배체제의 이름 짓기 … 115
코스모스(*Kosmos*): 지배체제
아이온(*Aiōn*): 지배의 시대
싸르크스(*Sarx*): 지배받는 존재

4. 지배체제의 성격 … 139
  권세들은 선하다
  권세들은 타락했다
  권세들은 구원될 것이다

5. 지배체제의 가면을 벗기기 … 177
  요한계시록 12-13장에 나타난 현혹시키는 장치
  요한계시록 13장에 따른 우상숭배의 제조자
  기만적인 가설(假說)들
  기만적인 체제로부터의 해방

제2부 실재에 대한 하느님의 새로운 선언

6. 하느님의 탈지배적 질서: 예수와 하느님의 통치 … 213
  지배
  평등성
  정결함과 거룩함
  인종차별주의/종족중심주의
  가족
  율법
  희생제사
  비폭력
  여인들과 어린이들
  치유와 귀신 쫓아내기
  결론

7. 폭력의 악순환 사슬을 끊기: 십자가의 권능 … 267
  십자가의 승리
  폭력의 악순환을 끊기: 지라르(Girard)의 가설
  지라르의 가설에 대한 평가

8. 비인간적인 것을 씻어내기: 써버릴 수 있게 되기 … 297
   권세들에 대하여 죽기
   교회와 권세들

제3부 사탄의 세력들을 비폭력적으로 맞붙기

9. 예수의 제 3의 길: 비폭력적으로 맞붙기 … 323
   예수의 비폭력적 맞붙기
   주제 선언: 악을 그대로 닮지 말라
   예수의 가르침을 실천하기

10. 우리가 증오하는 바로 그것처럼 되지 않기 … 361
    우리는 우리가 증오하는 것이 된다.
    폭력적 흉내내기(Violent Mimesis)
    악의 전염

11. 정당한 전쟁(Just War)과 평화주의를 넘어서 … 389
    초대 교회의 비폭력
    정당한 전쟁 이론
    비폭력에 대한 교회의 사명
    "폭력 감소 기준"의 역할
    정당한 전쟁과 평화주의를 넘어서

12. 그러나 만일…이라면 어쩔 것인가? … 431
    비폭력을 연습하기
    힘 대(對) 폭력?

13. 역사의 새로운 전망: 비폭력 - 과거, 현재, 미래 … 449
    비폭력의 과거와 현재
    비폭력의 미래

제4부 사탄의 세력들과 영적인 삶

14. 감식 테스트: 원수를 사랑하기 ··· 477
하느님은 모두를 포용하신다
완전주의에 반대하여
원수들이 주는 선물
사랑이 변화시킨다

15. 우리들 내면의 폭력성을 감시하기 ··· 503
내면의 수감자(收監者)
무엇인가 변화를 원한다
무엇인가 비폭력을 원한다
공격의 창조적 역할

16. 기도와 사탄의 세력들 ··· 531
역사는 중보자들에게 달려 있다
하느님은 중보자
권세들과 영적인 전쟁으로 맞붙기
기도와 악의 문제
결론

17. 하느님의 승리를 축하하기 ··· 567

〈21세기 기독교 총서〉를 발간하면서

이 땅의 민초들은 20세기 전반부를 식민지 치하에서 수탈당했으며, 20세기 후반부는 냉전 분단체제 아래에서 숨죽이며 통곡하였다. 역사의 구비마다 바람 따라 눕히고 채이면서도 소처럼 묵묵히 일만 해 온 민초들은 이제 21세기 문턱에서 신자유주의라는 새로운 레비아탄으로 인해 신음하며 죽어가고 있다. 외세의 제국주의적 팽창주의 앞에서 권력자들이 보여준 무능과 야합, 부패의 결과가 사회적 혼란을 초래하고 민초들의 숨통을 조이는 역사가 오늘도 여전히 되풀이되고 있는 현실이다. 아니, 21세기는 이 땅의 민초들에게 더욱 혹독한 시련의 세기가 될 것으로 보인다. 전 세계적으로 죄 없는 생명체들을 대량 학살하는 악의 세력들이 그 마각을 더욱 분명히 드러내었기 때문이다.

다시 말해서 IMF 관리 체제가 가져다 준 충격과 고통을 통해 우리는 "세계화 시대"의 허위와 타락을 은폐시키는 문화적 중독에서 깨어나, 한국 사회의 구조적 모순뿐 아니라, 세계경제의 구조적 모순, 더 나아가 인류문명의 절박한 위기에 대해 눈뜨게 되었다. 세계경제의 구조적 불평등과 생태계 파괴로 인해 전 세계의 약자들이 현재 "멸망의 벼랑 끝"에 서 있음을 분명히 깨닫게 된 것이다. 반 만 년 민족사에 있어서 처음으로 보릿고개를 극복하자마자, 우리는 자본의 전략에 말려들어 재물과 소비에 눈이 멀게 되었고, 결과적으로 이웃과 역사, 민족의 미래와 꿈은 물론이며 자신의 삶에 대한 반성, 생명의 신비와 하늘의 음성을 잊어버림으로써 국가 부도의 위기를 맞이했지만, 악의 세력과의 싸움은 이제부터 단지 시작이며, 그 승패는 우리들의 각성과 치열한 연대투쟁 여하에 달려 있음을 깨닫게 된 것이다.

세계인구 가운데 상위 20%가 1998년 현재 전 세계 소득 총액의 86%를 움켜쥐고 있는 반면에, 나머지 80%의 인구는 전 세계 소득총액의 14%를 나눠먹기 위해 아귀다툼하는 현실에서 기독교는 과연 누구의 편인가? 가진 자들은 세계 곡식 총생산량의 36%를 가축의 사료로 사용하여 고단백질 육류 음식으로 배를 채우는 반면에, 다섯 살 미만의 굶주리는 어린이만 해도 2억 명이나 되며, 매일 4만여 명의 어린이들이 굶주림으로 죽어 가는 현실에서 "자비와 정의의 하느님"은 어디에 계신가? 또한 각종 공해와 오염으로 하늘과 땅, 강과 바다가 죽어가고 있을 뿐 아니라, 매년 5만 종 이상의 생명체 종자들이 이 우주에서 영원히 멸종되며, 35억 년 동안의 생명의 역사상 평균 멸종율의 4만 배나 빠르게 멸종이 진행되고 있는 상황에서, 지질학적으로 지난 6천5백만 년 동안 생명체들이 가장 아름답게 꽃피워왔던 신생대가 끝나 가는 상황에서 우리는 어떻게 "생명의 하느님"을 찬양할 수 있는가?

초국적 금융자본을 머리로 하는 세계 자본주의 체제라는 새로운 레비아탄이 "만인의 만인에 대한 투쟁"을 독려하면서 실직과 임금삭감이라는 무기를 통해 노동자들끼리 서로 싸우도록 만들고 오늘날 가난한 사람들의 생사여탈권을 휘두르는 전능한 신으로 군림할 뿐 아니라, 교회와 성직자들을 포위하고 세계 제패를 위한 심리적 전술로 교회를 이용하는 현실에서 기독교의 "복음"이란 무엇인가? 복음이란 여전히 현실의 고통을 잊게 만들며, 세계의 모순들이 존재하지 않는 것처럼 감쪽같이 은폐시키는 허위의식인가? 저항이 싹틀 수 있는 비판적 사고와 부정적 사유를 그 뿌리부터 제거하는 전략인가? 제국주의자들이 토지와 천연자원과 노동력을 착취하는 동안에, 그들과 함께 들어온 식민지 선교사들은 하늘과 땅, 영혼과 육체, 정신과 물질을 분리시키고, 땅과 육체와 물질은 무가치한 것이며 대신에 영혼구원과 저 세상(하늘)의 보상을 바라보도록 가르치며, 가난도 하늘의 뜻이며, 재물은 신의 축복의 증거이며, 국가와 교회에 대해서는 무조건 복종할 것을 요구했던 것처럼, 오늘날에도 기독교는 여전히 선교사들이 물려준 식민주의 신학을 가르쳐 세계시장의 충실한 시녀로 남아 있을 것인가? 더 이상 "세속적 금욕"(막스 베버)이 아니라 "세속적 낭비"(헬무트 골비처)에 의해 유지되는 오늘날의 자본주의 체제가 "무한 경쟁"이라는 이름으로 인간의 이기심과 경쟁심, 소비주의와 향락주의를 부추기고, 도덕적 심성과 협동정신을 파괴시키는 오늘날에도, 예수는 여전히 우리의 모든 문제들에 대한 "해답"인가?

기존의 착취 구조를 지속시키기 위해 자본은 매스컴과 교육 제도를 통해 인간의 영혼을 팔아넘기도록 만들며, 자신에 대한 긍지와 자신감, 이웃들과의 협동과 연대보다는 수치심과 경쟁심을 조장하는 현실에서, 예수의 복음마저 우리로 하여금 우리의 운명에 대한 주체성과 책임성을 양도하도록 만드는가? 더군다나 앞으로 50년 내지 60년 후 세계 인구가 현재보다 두 배로 늘어날 것을 예상한 사탄의 세력은 세계인류의 80%에 달하는 "잉여인구"를 처리하기 위한 전략으로 이미 선진국 어린이들에게 온갖 잔인한 컴퓨터 게임들을 통해 "죽이는 것은 신바람 나는 것"(Kill and Enjoy!)이라는 장난감의 복음을 철저히 세뇌시키는 현실에서, "십자가에서 흘리신 피의 공로를 통한 대속적 구원"은 우리의 책임성과 주체성을 일깨우고 사탄의 세력에 맞서 치열하게 저항하도록 만드는가, 아니면 신의 섭리와 은총에 모든 것을 맡긴 채, "심령의 평안"에 만족하며 악의 현실을 수동적으로 받아들이고 폭력을 체념하도록 만드는 매저키즘을 불러일으키는가? "구원"과 "부활", "영생"과 "재림"은 개인주의와 이기주의를 부채질하는가(ego-logical), 아니면 우주와 생명의 신비 앞에 감사하고 겸허하게 만들며 (eco-logical) 정의를 위해 예수처럼 당당하게 칼날 위에 서도록 만드는가? 지구 전역에 걸쳐 가난한 생명체들의 숨통이 나날이 더욱 조여드는데, 기독교는 무엇을 소망으로 가르치며, 무슨 대안을 갖고 있는가?

21세기는 인류의 생존과 평화를 위한 문명전환의 마지막 기회가 될 것으로 보인다. 인간중심주의, 개인중심주의, 소유중심주의를 극복하고, 생명

중심주의, 우주중심주의, 존재중심주의로 패러다임을 전환시키지 않는다면, 21세기는 짐승화(animalization)의 세계가 되고, 인류 문명은 파국을 피할 수 없을 것으로 보인다. 그리고 기독교는 이러한 문명 전환의 핵심이 되는 "생명에 대한 우주적 각성과 자연에 대한 생태학적 각성, 그리고 사회에 대한 공동체적 각성"(한살림 선언)을 통해 "지속가능한 미래"를 보장하는 생명 중심의 가치관과 비전(vision)을 제시함으로써 "생태대"(the Ecozoic, 토마스 베리)를 향해 출애굽 해야 할 과제를 안고 있다.

그러나 21세기의 문턱에서 한국교회는 양적으로 점차 쇠퇴하고 있으며, 질적으로는 사회적 신뢰성을 잃어 가고 있다. 한국 갤럽의 <1997년 한국인의 종교와 종교의식>(1998)에 따르면, 한국의 비종교인들은 전체 인구(18세 이상)의 53.1%로서 세계에서 가장 높은 수준이지만, 이들 비종교인들 가운데 과거에 개신교 신자였다가 비종교인으로 이탈한 사람들이 73%에 이른다(불교 23.6%, 천주교 12%). 특히 젊은 층과 고학력자 가운데 개신교를 이탈하여 비종교인이 되는 비율이 가장 높은 것으로 나타났다. 또한 비종교인들이 종교를 택할 경우 선호하는 종교는 불교 40%, 천주교 37%인 반면에, 개신교를 택하겠다는 사람은 22%에 불과한 것으로 조사되었다. 이런 사실은 한국교회가 21세기에는 유럽과 미국의 많은 교회들처럼 심각한 쇠퇴의 위기에 직면할 가능성이 매우 높다는 염려를 갖게 한다.

한국 개신교회가 이처럼 교회를 찾아온 사람들의 종교적 요청에 대해서조차 충분히 응답하지 못하여 많은 사람들이 교회를 떠날 뿐만 아니라, 대부분의 비종교인들로부터 가장 호감을 얻지 못하는 종교가 된 직접적 원인은 오히려 교회 내부에 있는 것으로 지적되고 있다. 즉 위의 갤럽 조사에서 "대부분의 종교단체는 참 진리를 추구하기보다는 교세확장에 더 관심이 있다"는 질문에 대해 "그렇다"고 응답한 사람들이 79.6%에 이른다는 사실은 위기의 원인이 교회 자체 안에 있음을 보여 준다.

특히 젊은층과 고학력자들이 교회를 떠나는 이유는 첫째로, 한국교회가 지난 30년 동안 교회성장에만 몰두하여, 하느님의 뜻과 진리를 가르치고 실천하는 일은 소홀히 한 채, 개체교회 성장제일주의라는 자폐증을 앓고 있기 때문이다. 한국 개신교회가 평균적으로 전체 재정 가운데 3.88%만을 불우이웃돕기 등 교회 밖의 사회 봉사비로 사용하고 있다는 사실은 그 자폐증이 얼마나 심각한 상태인지를 여실히 보여준다.

둘째로 교회성장을 위한 반지성적 분위기와 비민주적인 구조를 갖고 있기 때문인 것으로 지적할 수 있다. 이것은 본질적으로 교회를 인간과 세계의 총체적 해방을 위한 하느님 나라 운동(movement)으로 이해하기보다는, 영적 구원을 위한 기관(institution), 혹은 조직으로 이해하는 경향이 크기 때문이다. 자기반성과 비판 없는 개인이나 단체는 타락할 수밖에 없다.

셋째로 한국교회가 사회적 신뢰성을 잃게 된 것은 기복적(祈福的)이며 내세지향적인 신앙으로 인해 개인의 영혼 구원에 치중함으로써, 이 세상에서의 책임과 공동체적 의무가 약화된 때문이다. 한국교회가 하느님은 악을 미워하신다고 고백하면서도 일반적으로 사회적 모순과 구조 악에 대해 무관심한 채 내면적 유혹과의 싸움에 몰두하는 이유는 바로 이 때문이다.

넷째로 오직 믿음으로만 구원받는다는 교리를 내세워, 맹목적으로 믿을 것을 강요할 뿐, 성서와 기독교의 진리에 대해 정직하게 이해하고 실천하기 위해 질문을 제기하는 것 자체를 불신앙적 태도로 매도하고, 반성적 사색과 지적인 정직성을 억누르는 경향이 주체성을 확립하려는 젊은층과 고학력자를 교회로부터 떨어져 나가도록 만드는 주요 원인으로 풀이할 수 있을 것이다. "머리가 거절하는 것은 결코 가슴이 예배하지 못한다"(존 쉘비 스퐁)는 진실 때문이다.

다섯째로 예수 그리스도는 영혼 구원을 위해 십자가에 달리심으로써 모든 죄를 용서하시는 분으로 경배될 뿐, 우리도 이 세상 속에서 그리스도를 따라 살아가야 하는 삶의 모델로는 이해되지 않고 있기 때문이다. "믿음을 통한 구원"(以信稱義)의 교리가 그 본래의 역사적 맥락에서 벗어나, 마치 불교에서 힘겨운 고행 대신에 손쉬운 염불을 택한 구원의 수단처럼 되어 버린 때문이다. 칭의(justification)의 목적은 정의(justice) 실천이다(로마서 6장).

여섯째로 지난 30년간 국민들의 교육 수준이 급격히 높아짐으로써 교인들의 지적인 욕구도 더욱 왕성해졌지만, 한국교회는 일반적으로 아직도 교회 문턱에서 이성을 벗어 놓고 교회 안에 들어올 것을 요구하고 있는 형편이다. 또한 "교리 수호"라는 미명 아래 성서에 대한 문자주의와 아전인수격 해석이 횡행하고 있다. 한국교회의 영성 운동조차 이처럼 개인주의적이며 비이성적이며 비역사적인 성서 해석에 기초함으로써, 성서와 기독교의 진리를 그 역사적 맥락과 단절시켰고, 우리의 신앙도 역사적 현실로부터 도피하도록 만드는 근본주의 신앙을 배태시키고 있는 실정이기 때문이다.

더군다나 21세기 한국사회는 자본주의의 세계화와 과학 기술의 발달로 인한 치열한 경쟁과 고실업 사회, 생태계의 파괴로 인하여 더욱 비인간적인 사회 문화 환경 속에 자리잡게 될 것이 분명하다. 이런 점에서 21세기에는 고통스런 현실로부터 도피하려는 근본주의가 더욱 기승을 부릴 것으로 예상되기 때문에, 한국교회가 교회 중심주의와 개인의 영혼구원 중심주의, 기복적 신앙과 근본주의 신학을 극복하고, 인간성과 공동체성을 회복하여 한국 역사 속에서 사회적 형평성을 확보하며 민족 통일을 위해 공헌할 것인지, 아니면 역사의 뒤안길로 물러날 것인지가 판가름날 것으로 예상된다.

이런 상황에서 <21세기 기독교 총서>를 발간하는 이유는 첫째, 인구의 절반이 넘는 비종교인들과 전체 인구의 70%가 넘는 비기독교인들에게, 그리고 자신들의 종교적 욕구가 충족되지 않고 있지만 아직 교회 안에 남아 있는 사람들에게 성서와 기독교의 진리를 정직하게 소개함으로써, 기독교 신앙에 대해 새롭게 이해하도록 이성적 발판을 마련하기 위함이다. 둘째로, 예수에 대한 이미지, 특히 그의 가르침의 의미를 정확하게 밝힘으로써, 21세기 한국의 기독교인들이 하느님의 뜻에 합당하게 살 수 있도록 돕기 위함이다. 우주 저편으로부터 들려오는 하늘의 선율에 따라 춤추면서 생명의 선물들에 대해 감사하며, 생명사의 창조적인 전개과정 속에 나타난 하늘의 뜻에 철저히 순종하여, 개인과 공동체의 잠재력을 극대화시키며 정의와 평화, 기쁨의 신천지를 위해 헌신하도록 우리를 부르는 예수는 우리가 본받을 "존재의 영웅"(에릭 프롬)이기 때문이다. 셋째로, 로마 제국의 억압과 착취 밑에서 신음하던 식민지 백성들을 해방시키기 위해 "식민지의 아들"(a son of the colonized) 예수가 바라보았던 하느님 나라의 비전(vision)과 전략은 오늘날 세계금융자본의 횡포 아래 신음하고 있는 이 땅의 민초들을 위해 교회가 무엇을 해야 하는지를 보여 주기 때문이다. 지금 한국교회가 예수를 믿는 것이 곧바로 예수처럼 자기를 비우고 나눔과 섬김을 실천하는 길임을 온몸으로 살아 내지 않는다면, 인간의 영성과 주체성, 연대성을 파괴시키는 세속적 자본주의 문화와 근본주의 신학에 밀려, 점차 더욱 많은 젊은이들이 교회를 떠나게 되어, 한국교회는 붕괴를 자초할 것으로 예상되기 때문이다.

<21세기 기독교 총서>를 통해 비기독교인들이 기독교의 진리를 정직하게 이해하고, 한국교회는 신화적-문자적 신앙단계나 비분석적-관습적 신앙단계를 넘어 주체적이며 반성적인 신앙단계, 더 나아가 접속적 단계나 보편적 신앙단계(제임스 파울러)로 질적인 성숙을 이룩함으로써, 한국 사회 전반의 저주와 죽임의 역사를 극복하고 생명과 축복의 새로운 세상을 만들어 가는 일에 크게 공헌하여 하느님께 영광을 돌릴 수 있게 되기를 기도한다.

"진리는 오로지 진리 그 자체의 힘으로만 인정을 받으며, 그 힘은 강하면서도 부드럽게 정신에 스며든다."

- 교황 바오로 2세의 회칙 "세 번째 천년을 맞이하며"에서 -

1999년 성령강림절 기간에
한국기독교연구소에서   김 준 우

머리말

숫자로 말하기엔 좀 어색하지만, 이 3부작에 포함되는 책은 실은 4개다. 즉 『사탄들에 대한 이름짓기』(Naming the Powers), 『사탄의 가면을 벗겨라』(Unmasking the Powers), 그리고 이 책, 『사탄의 체제와 예수의 비폭력』(Engaging the Powers)에 더하여, 『남아프리카의 폭력과 비폭력: 예수의 제 3의 길』(Violence and Nonviolence in South Africa: Jesus' Third Way)이 있다. 남아프리카에 대한 책은 이 책이 언급하지 못한 것을 포함하고 있다. 즉, 실제적 상황에 적용할 비폭력적 정면 대응에 대한 사례연구(Case Study)다. 이 책에서 추상적으로 언급한 어떤 부분들은 그 책을 읽으면 어느 정도 실제적인 이해를 얻을 수 있을 것이다.

이 프로젝트를 완성하는 일이 나를 다소 슬프게 했는데, 내 지난 생애 30년의 세월이 걸렸고, 이 일이 아니었더라면 결코 탐구해보지 않았을 매력적인 영역들을 연구하게 하였으며, 엄청난 흥분과 호기심의 근원이 되기도 했다. 바라기는, 내가 겪은 지적 모험과 영적 모험의 상당한 부분들이 독자들에게도 영향을 주었으면 한다.

이 책은 내가 워싱톤 D.C.에 있는 미국 평화 연구소(United States Institute of Peace)의 평화 연구원(Peace Fellow)으로 선발된 영예를 입은 1989-1990년 기간 중에 완성되었다. 그러나 이 책에 있는 내용 중 어느 것도 그 연구소의 견해를 반영하지 않았으며, 또 그 연구소도 이 책의 어떤 내용도 검열하려고 하지 않았음을 말해둔다. 평화연구소(USIP)와 같은 기관이 평화를 만들려는 노력들의 일환으로 하는 많은 일들 가운데, 종교에 대한 연구를 후원하는 일은 참으로 중요하다. 그곳의 동료들이 준 격려와 또 내가 그 기간 동안 일부를 지냈던 옥스퍼드 대학교의 동료들이 베풀어준 자극에 대하여 나는 심심히 감사하는 바이다. 이 책의 몇몇 부분들은 칠레, 남아프리카, 북 아일랜드, 동독, 남한에서 열렸던 비폭력에 관한 연구모임들에서 발표되었던 것들이다.

　이 책을 읽어준 많은 친구들이 있었기에 이 책의 내용이 강화되었는데, 특별히 존 페어만 브라운(John Pairman Brown)과 로버트 포트나(Robert T. Fortna)는 신학적인 비평과 더불어 사본 편집을 해준 이중적인 수고를 해주었는데, 그들은 이 씨리즈에 속한 세 권의 책을 모두 도와주었다. 다른 분들도 원고의 여러 부분들, 또는 전부를 비평해주었는데, 앤 바스토우(Anne Barstow), 브루스터 비이취(Brewster Beach), 질 베일리(Gil Bailie), 앤드루 카네일(Andrew Canale), 리챠드 디이츠(Richard Deats), 아더 듀우이(Arthur Dewey), 제임스 더글라스(James Douglass), 톰 포오 드라이버 (Tom Faw Driver), 라이앤 아이슬러(Riane Eisler), 챠알스 엘리어트(Charles Elliott), 제임스 포브스(James Forbes), 제인 개레트(Jane Garrett), 마리아 해리스(Maria Harris), 존 헬거랜드(John Helgeland), 윌리엄 헤르쪼그 II 세(William Herzog II), 로버트 호움즈(Robert I. Holmes), 로버트 쥬이트(Robert Jewett), 쥰 키이너-윙크(June Keener-Wink), 빌 와일리 켈러만(Bill Wylie Kellermann), 매들린 르엥글(Madeleine L. Engle), 데이비드 리틀(David Little), 토마스 무어(Thomas Moore), 래리 라스무쎈(Larry Rasmussen), 로버트 레버(Robert Reber), 스티븐 버니(Stephen Verney), 바브라 휠러(Barbara Wheeler), 레베카 윙크(Rebecca Wink), 그리고 존 하워드 요더(John Howard Yoder) 등 여러분들이었다. 포모나 핼런베크(Pomona Hallenbeck)는 인내를 가지고 여러 개의 그림을 그려주어서 그 가운데 이 책의 표지를 골랐다. 나는 오번 신학교(Auburn Theological Seminary: 뉴욕 유니온 신학교의 건물 내에 있으며, 주로 연장교육을 제공하는 신학교.-역자 주)와 그곳에서 함께 일하는 동료들의 협조와 꾸준한 지원에 깊이 감사한다. 또한 이 책이 나오기까지 끝까지 지켜 보아준 마샬 존슨(Marshall Johnson), 데이비드 로트(David Lott), 포트리스 출판사(Fortress Press)의 직원들에게도 감사드린다.

　여기 악한 세력들 씨리즈(Powers Series)의 성경 공부에 관한 질문들은 내가 쓴 다른 책, 『창의적 성서교육 방법』, 제2판(*Transforming Bible Study*, 2nd ed., Nashville: Abingdon Press, 1990)을 참조해 주기 바란다.

약자(略字)와 상징

ANF   *The Ante-Nicene Fathers,* ed. A. Roberts and J. Donaldson (Grand Rapids: Wm. B. Eerdmans, 1951)

ANRW *Aufstieg und Niedergang der roemischen Welt,* ed. H. Temporina and W. Haase (New York and Berlin: Walter de Gruyter)

CW   Carl G. Jung, *Collected Works,* Bollingen Series XX (Princeton: Princeton University Press. 1954-78)

IDB(S) *Interpreter's Dictionary of the Bible,* ed. G. A. Buttrick, 4 vols. (Nashville: Abingdon Press, 1962); Supplement, ed. K. Crim (1976)

JB   Jerusalem Bible

KJV   King James Version of the Bible

LXX   The Septuagint (a Greek translation of the Hebrew Scriptures)

NEB   New English Bible

NHL   *The Nag Hammadi Library,* ed. James M. Robinson, rev. ed. (San Francisco: Harper & Row, 1988)

NIV   New International Version

NPNF *Nicene and Post-Nicene Fathers,* ed. Philip Schaff (Grand Rapids: Wm. B. Eerdmans, 1956)

NRSV   New Revised Standard Version of the Bible

NT Apoc. *New Testament Apocrypha,* ed. Edgar Hennecke and Wilhelm Schneemelcher, 2 vols. (Philadelphia: Westminster Press, 1965)

OT Ps.	*The Old Testament Pseudepigrapha,* ed. James H. Charlesworth, 2 vols. (Garden City, N.Y.: Doubleday, 1983-85)
Phillips	*The New Testament in Modern English*, trans. J. B. Phillips, rev. ed.
REB	Revised English Bible
RSV	Revised Standard Version of the Bible
SNTSMS	Society for New Testament Studies Monograph Series
TDNT	*Theological Dictionary of the New Testament,* ed. G. Kittel and G. Fridrich, trans. and ed. G. W. Bromiley, 10 vols. (Grand Rapids: Wm. B. Eerdmans, 1964-74)
TEV	Today's English Version of the Bible (The Good News Bible)
*	*표(별표)는 저자가 직접 번역한 성경 단락임을 뜻함

사탄의 체제와 예수의 비폭력

- 지배체제 속의 악령들에 대한 분별과 저항 -

도망자	임금님 안에는 짐승이 있다.
여행자	임금님 안에 짐승이 있다고?
도망자	그러나 임금님은 그걸 보지 못해.
	궁정 안에서는 노예들만이 그걸 볼 수 있지.
여행자	그러나 임금님은 나를 보내서 그 짐승을 죽이고,
	그 발톱을 가져오라고 하셨는데.
도망자	임금님은 거짓말쟁이.
	너를 보고 "발톱을 가져 오라"고 해서,
	정말 발톱이 있는 것으로 네가 믿게 하려고.
	너를 보고 "그 놈을 죽이라"고 해서,
	정말 그 짐승을 죽일 수 있다고 네가 믿게 하려고.
	그러나 그 짐승은 발톱이 없다네.
	그 짐승은 죽일 수가 없다네.
	궁중에서 우리가 임금님을 죽였지.
여행자	네가 임금님을 죽였다고?
도망자	그러나 여전히 그 짐승은 있었어.
	우린 옥좌에다 인형을 앉혀놓았지.
	그러나 여전히 그 짐승은 있었어.
	우린 인형을 부셔버렸지.
	그래도 여전히 그 짐승은 있었어.
여행자	우리 마을에선 도움이 필요해,
	우리 마을에선 사람들이 자꾸 잊어버려.
도망자	그러나 만일 그 짐승에게 발톱이 없다면,
	만일 그 짐승을 죽일 수가 없다면.....
여행자	그래도, 난 그 짐승을 찾아야만 돼,
	그게 어디에 있든지,
	아니면 없을지라도.

쟝 끌로드 폰 이딸리에[1]

---

1) Jean Claude von Itallie et al., *A Fable* (New York: Dramatists Play Service, 1976), 28-29.

서론

오늘의 세계에서 가장 긴급한 질문들 가운데 하나는 "어떻게 하면 악에 저항하여 반대하면서도, 동시에 새로운 악들(evils)을 만들어 내지 않고, 또 우리들 자신이 악이 되지 않을 수 있는가?" 하는 점일 것이다. 내가 확신하기로는, 사회 속의 악의 문제를 신약성경의 관점에서 취급하려는 모든 시도는 성경이 말하는 "천신(天神)들과 권세들"(Principalities and Powers)에 대한 이해와 직결되어 있다. 인간의 삶을 지속시키기도 하고 부패시키기도 하는 이런 "권세들"의 역할을 알지 못하고는, 신약성경의 기초 위에 사회윤리를 구축할 수는 없다고 나는 생각한다.2)

불행하게도, **권세들**(Powers)이란 오랜 세월동안 공중에서 날개를 퍼덕이며 돌아다니는 마귀들(魔鬼 demons)이거나, 아니면 하늘의 천사(天使)들로 여겨져 왔다. 대부분의 사람들은 그런 존재들을 간단히 미신(迷信)으로 치부하고 이미 쓰레기통에 처넣어 버렸다. 한편, 다른 사람들은 사회적 현실을 이해하는 데 권세의 개념이 주는 막강한 숨은 위력을 감지하고, 그런 존재들을 모두 체제와 구조와 기관들과 동일시하여 버렸다. 권세들이란 확실히 이 후자의 그룹에 속하지만, 그러나 그보다 "좀더" 어떤 무엇이라, 이 바로 "좀더"

---

2) Amos Wilder가 처음으로 천신들과 권세들을 "공격적 사회운동과 복음 선포적 사회윤리" 토대로 인정하였으나, 그는 그 통찰력을 발전시키지 않았다.("Kerygma, Eschatology and Social Ethics," in *The Background of the New Testament and Its Eschatology* [Festschrift for C. H. Dodd], ed. W.D. Davis and D. Daube [Cambridge: Cambridge University Press, 1964], 527. 이전의 신약성서 학자들 간의 공통적인 태도들이 Clarence Tucker Craig에 의해 잘 표현되었다: "사회 기관들의 변혁을 다룬 예수의 말씀은 없다" (*The Beginning of Christianity* [New York: Abingdon Press, 1943], 195).

(more)한 그 무엇이 권세의 심오한 성격에 대한 이해의 실마리가 된다. 성경의 관점에서 보면, 권세들이란 가시적(visible)인 동시에 불가시적(invisible)이고, 땅의 것(earthly)인 동시에 하늘의 것(heavenly)이며, 영적인(spiritual) 동시에 제도적인 혹은 구조적인(institutional) 것이다. 권세들은 외형적이고, 물질적인 표현 (건물, 서류첩, 인력, 트럭, 팩스기 등)을 갖고 있기도 하고, 또 내적인 영성(an inner spirituality), 회사의 문화, 집단적 인격을 갖고 있기도 하다. 즉 권세들은 외형적-가시적 구조와 내부적-영적 실재를 동시에 지닌다. 정확하게 말한다면, 권세들이란 단지 기관들의 내적인 영성만이 아니라, 외적인 표상도 함께 가진 것이다. 내가 다른 책 『사탄들에 대한 이름짓기』(*Naming the Powers*)에서 언급한대로, 신약성경은 권세라는 말을 써서 때로는 외형적 면을 가리키기도 하고, 때로는 내부적인 면을, 그리고 때로는 둘 다를 가리키기도 한다. 그러나 오늘날처럼 물질주의에 사로잡힌 사람들로서는 그 영적인 면을 이해하기가 매우 어려운 일이다.

아마도 권세를 이해한다는 것은 세계관을 비교하여 해명해야 할 것이다. 왜냐하면 우리들이 가지고 있는 권세에 대한 개념은 우리가 세계를 어떻게 보느냐에 따라 많이 채색되기 때문이다.

1. 고대의 세계관: 이것은 성경에 반영된 세계관이다(그림 1 참조).

이 세계관에서는 땅에 있는 모든 것은 하늘에 그 상대편이 있고, 하늘에 있는 모든 것에 대응하여 땅 위에 그 상대편이 존재한다. 모든 사건은 실재의 양쪽 차원을 동시에 나타낸다. 즉 만일 땅 위에서 전쟁이 시작되면, 전쟁에 참여하는 국가들의 수호신들 간에 하늘에서도 전쟁이 일어난다. 마찬가지로 하늘에서 일어나는 사건들은 땅 위에 그대로 반영된다. 이런 형상은 특별히 성경적이라고 할 것이 없다. 즉 단지 성경 기자들뿐만 아니라, 그리스인들, 로마인들, 이집트인들, 바빌로니아인들, 아씨리아인들, 수메르인들 등, 실로 고대 세계의 모든 사람들이 공유한 것이며,

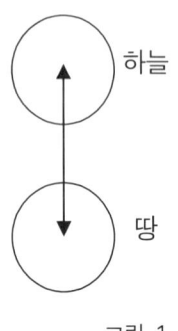

그림 1

아프리카, 아시아, 라틴 아메리카 여러 곳에서는 아직도 많은 사람들이 신봉하는 세계관이기도 하다. 이는 실재의 심오한 실상(實像)이기도 하다.3)

2. 영성적인(Spiritualistic) 세계관: 영성적인 세계관이 다른 모든 유형과 구별되는 점은, 사람의 존재를 "영혼"(soul)과 "육신"(body)으로 양분한다는 것이다(그림 2 참조). 사람은 자신을 육신이 아니라 영혼으로 이해한다. 여기서는 창조된 질서가 악이요, 거짓이요, 부패한 것이다. 창조 그 자체가 타락이었

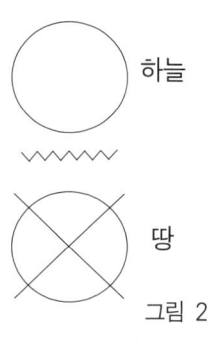

그림 2

다. 물질이란 평범하게 악한 것이거나 아니면 철저하게 악한 것이다. 땅 위에서의 삶은 불완전하고 악한 세력에 의하여 조종된다. 영혼(soul)이 하늘의 복된 자리를 떠나 성교(性交)에 의한 출생으로 육신 속에 감금되자, 영혼은 신령한 원천을 잊어버리고 정욕과 무지와 무거움 속에 떨어져버린다. 육신(body)이란 망명과 처벌의 장소요, 동시에 유혹과 오염의 자리다. 구원이란 자신이 상실했던 하늘의 근원과 거기로 되돌아가는 비밀의 길을 알게 됨을 통하여 이루어진다. 이런 세계관은 흔히 영지주의(靈知主義 Gnosticism), 마니교(Manichaeism), 어떤 종류의 신플라톤주의(Neoplatonism)와, 그리고 성적인 문제에 대해서는 청교도주의(Puritanism)와 관련이 있다.(어떤 점에서는 세상이 악하다기보다는 환상이라고 보는 동양 종교의 어떤 형태와 잘 맞는다.)

3. 유물론적인(Materialistic) 세계관: 이 관점은 계몽주의와 더불어 표면화되었지만, 실제는 데모크리투스(Democritus ca. 460-ca. 370 B.C.E.) 때에 이미 존재한 오래된 것이고, 여러 면에서 지상 세계를 거부하는 영성적 세계관의 반대이다(그림 3 참조). 이 관점에서는 하늘나라도, 영적인 세계도, 하느님도,

---

3) 고대의 "as Above / so Below"(위에 있는 대로/ 아래에서도 똑같이)의 세계관에 대한 더 자세한 논의를 위해서는 나의 책 *Naming the Powers*, 131-40을 참조하라.

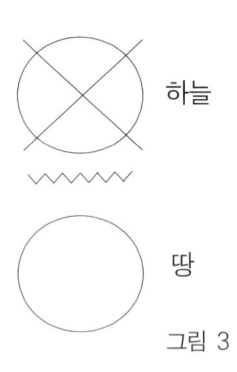

그림 3

영혼도 모두 없고, 다만 다섯 가지 감각(빛, 소리, 맛, 냄새, 촉감.- 역자주)과 이성으로 알 수 있는 물질만이 존재한다. 영적인 세계란 환영(幻影)에 불과하며, 더 높은 자신(higher self)이란 없으며, 우리는 단지 물질이 복잡하게 구성된 것에 불과하여, 우리가 죽고 나면 한때 우리 몸을 구성했던 원자와 분자들인 화학적 물질 밖에는 남는 것이 없다. 이런 유물론적 세계관은 심지어 많은 크리스천들에게도 깊이 침투하여, 영적인 차원의 체제나 신앙의 영적인 근원까지도 무시하게 한다.

4. 신학적인 세계관: 유물론에 반대하여 기독교 신학자들은 초자연적 영역을 생각해냈다(그림 4 참조). 이 초감성적인 세계는 감각기관을 통하여 알 수는 없다고 인정하기 때문에, 땅 위의 실재에 대해서는 현대 과학에 양보하고, 확인이나 거부를 할 수 없는 "영적인" 특수차원을 보존하려고 한다. 따라서 통합적인 실재관이나, 하늘과 땅에 동시적으로 존재하는 실재를 희생할 수밖에 없다. 이런 종교적 영역, 즉 하늘의 영역에 밀폐되어 과학의 도전으로부터 면제된 신학적인 관점은, 기독교의 중간노선, 혹은 우파는 물론, 대부분의 자유주의 신학자들과 신정통주의자들이 견지하고 있다.

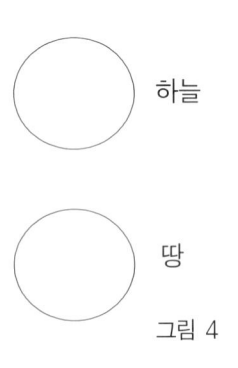

그림 4

5. 통합적인 세계관: 이 새로운 세계관(그림 5 참조)은 여러 근원 자료들이 합류하여 이루어낸 것이다. 즉, 칼 융(Carl Jung), 떼이야르 드 샤르뎅(Teilhard de Chardin), 모튼 켈시(Morton Kelsey), 토마스 베리(Thomas Berry), 매튜 폭스(Matthew Fox), 과정철학, 그리고 신 물리학(new physics) 등이다. 여기서는 모든 것이 외부와 내부의 면모를 갖고 있다. 이 세계관은 모든 사물의 내적인 측면을 수용함으로써 고대 및 성서의 세계관이 지닌 영적인 통찰을 진지하게 받아들이고, 이 내부의 영적인 실재가 외부로 응집된 물리적 표상과 불가분의

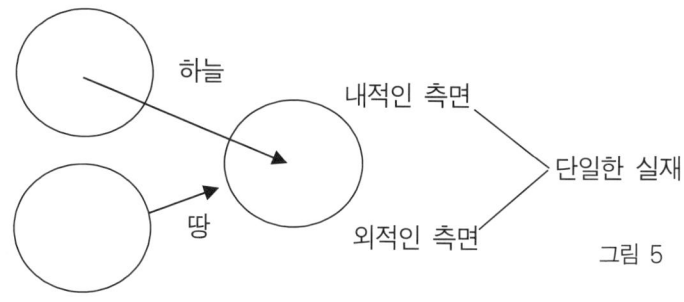

그림 5

관계를 이루고 있다고 본다. 고대의 세계관이 본래 기독교적인 세계관이 아닌 것처럼, 이 통합적 세계관 역시 본래 "기독교적" 세계관은 아니지만, 내가 믿기로는, 이것은 현존하는 다른 어떤 세계관보다도 오늘의 우리들에게 성경의 자료들을 더 잘 이해할 수 있게 한다.

우리 시대에 등장하는 통합적인 세계관은 고대의 세계관의 모든 면을 진지하게 검토하지만, 그것들을 다른 방식으로 결합시킨다. 하늘과 땅의 이미지는 모두 공간적이다. 하늘이 저 "위에" 있는 것으로 생각하는 것은 초월(超越 transcendence)을 지시하는 데는 자연스럽고 어쩌면 불가피한 방법이다. 그러나 현대 과학에 의하여 옛날로 돌아갈 수 없게 훈련된 서구(西歐)에서는, 대부분의 옛날 사람들처럼 하느님이나 천사나, 세상을 떠난 사람들의 영혼들이 하늘 저 높이 어느 곳에 있을 것이라고 생각할 사람은 우리들 가운데 거의 없을 것이다. (그러나 오늘날, 무신론자들을 포함하여, 믿지 않는 어떤 사람들도 아직도 그렇게 생각하고 있다. 소련의 우주비행사들이 우주공간에서 초자연적인 존재를 만나지 못했다고 온 세계에 흥분해서 선언했던 것을

기억하는가?)

그러나 영적인 것을 내재적(內在的 withinness)인 것으로 보는 이미지는, 따분하고 제한된, 무차원적(無次元的)인 것은 아니다. 그것은 우주에 닿아 있는 내재로서, 내적인 영역의 모든 구석이 외부 영역에 못지않게 풍부하고 광대한 것이다. 심리학자 칼 융은 이 풍부한 내면의 차원이야말로, 모든 사람이 모든 것에 연결되는, 대체로 알려지지 않은 집단무의식(集團無意識 collective unconsciousness)이라고 불렀다. 이 내부 영역의 발견에 대한 신비주의자들의 놀라움 물질의 최후 구성원인 원자(原子)도 내부(interiority)를 가지고 있다는 물리학의 발견에 필적할 만한 것이었다. 즉, 한때는 물질의 구성단위라고 생각되었던 전자(電子)들이나 양성자(陽性子)들이 물질이라기보다는 에너지-사건(Energy-Event)임을 발견한 것이었다. 그러므로 이 책의 관점에서 보면, 그것은 영-물질(Spirit-matter)이라고 부를만한 것이었다. 광자(光子)에서 원자를 구성하는 소립자(素粒子)를 거쳐, 회사나 제국(帝國)에 이르기까지 모든 존재는 외부적인 측면과 내부적인 측면을 다 갖고 있다.4)

내 주장은 성경의 세계에서 사람들이 경험한 "세력의 천신(天神)들과 권세들"(Principalities and Powers)은 사실상 실제적인(real) 것이었다는 점이다. 즉 그들은 자기들 시대의 정치, 경제, 문화적 기구들의 중심에 있는, 실제로 영적인 것을 판별해내었다. 권세들의 영적인 측면이란 단지 그 기구들의 특성이 의인화(擬人化)되든 안 되든, 그것을 단순히 의인화시킨 것은 아니다. 오히려 그 반대로, 기구의 영성(the spirituality of an institution)이란 그 기구가 이렇게 인식되지 않아도 이미 그 기구의 실제적 측면으로 존재하는 것이다. 기구란 실제적인 영적인 기풍(spiritual ethos)을 갖고 있는데, 우리가 사회생활의 이런 모습을 무시하다가는 위험에 빠진다.5)

---

4) See Lawrence LeShan, *The Medium, the Mystic, and the Physicist* (New York: Ballantine Books, 1974); Fritjof Capra, *The Tao of Physics* (New York: Bantam Books, 1980). 세계관에 대한 더 자세한 취급은 나의 글, "*Our Stories, Cosmic Stories, and the Biblical Story*," in *Sacred Stories: Healing in the Imaginative Realm*, ed. Anne and Charles Simpkinson (San Francisco: Harper San Francisco, 1993).
5) 기원전 4 세기의 그리스 철학자 유헤메루스(Euhemerus)는 가르치기를, 신(神)들이란 본시 영웅적인 인간들, 또는 거인들을 그들의 부하들이나 아첨꾼들이 감지덕지해서 신적인 경지로 추켜세운 것이라고 했다. 그것이 신들의 기원에 대한 모든 설명이 되지는

사람들이 이 세계에서 겪은 악의 경험을 내게 말할 때, 그들은 때때로 고대의 세계관의 언어를 사용하면서, 기구들이나 체제들의 영성으로서가 아니라, 악마나 천사라는 하늘 위 어딘가에 있는 별다른 존재인 것처럼 취급한다. 내가 새로운 통합적 세계관을 사용하여 똑같은 생각을 다시 말해보면, 그들은 대답하기를, "아, 맞아. 그게 바로 내가 말하고 싶었던 거야!"라고 말한다. 그러나 그들이 말한 것은 그게 아니다. 실제로는, 그들은 전혀 다른 것을 말한 것이다. 그들의 이런 이상한 행동은 모호한 생각 때문에가 아니라 (그들은 일반적으로 매우 지각이 예민한 사람들인데, 아니면 그들이 이런 영적인 실재를 알아보지도 못했을 것이다), 오히려 이 새로운 통합적 세계관이 이제 성숙한 단계에 이르렀고, 그러나 아직 보다 나은 개념이 없어서 옛날의 개념을 되풀이 사용한 표지(標識)로 설명할 수밖에 없다. 보다 적당한 용어를 제안하면, 통합적 세계관은 이내 인정되는데, 그것은 그들이 새로운 아이디어(생각)로서가 아니라, 차라리 처음부터 말하고 싶었던 것을 적당한 어휘가 없어서 말하지 못했던 것으로서 즉시 인정된 것이다. 사람들은 영적인 실재에 대하여 말할 때, 전통적으로 사용해온 것보다 더 적당한 언어를 암중모색하고 있다. 대체로 인정되지 않고 지나치지만 그러나 곳곳에서 느껴지는 매우 급속하고 근본적인 세계관의 변화가 일어나고 있다고 나는 결론짓는다. 새로운 개념의 세계관이 은연중에 이미 들어와 있어서, 단지 조금만 명확히 표현하면 곧 표면화되기 시작할 것이다.

권세에 대하여 덜 알려진 면은 **눈에 보이지 않는 영적인 차원**이다. 권세는 일반적으로 투사(投射 projection)에 의하여 간접적으로 감지된다. 신약성서 시대에는 기관이나 제도의 영적인 성격을 그 외형적 표현으로부터 곧장 읽어내지 않고, 그 대신 성서 기자들은 그들이 감지한 혹은 직관한 그 영적인 특성을 우주의 스크린에 투사하고는, 그것을 하늘에서 지배하는 우주적인 힘으로 인식하였다.

1세기의 유태인과 크리스천 가운데 로마제국의 **악마적인 영**을 감지하고는 그것을 삼마엘(Sammael) 혹은 사탄(Satan)이라고 부른 사람들이 있었다.6)

않지만, 일말의 진실은 있다. 이는 유태인 선지자들이 정치의 중심에서 영적인 면을 고심하여 만들어내고 있었을 때, 그리스에서는 이 철학자가 영적인 문제의 중심에서 정치적인 면을 드러내고 있었다는 뜻이다.

그러나 그들은 또한 이 영적인 힘을 로마의 구체적 제도의 형태로 마주치기도 했는데, 곧, 군대, 총독, 십자가 처형, 세금 납부, 로마의 거룩한 상징들, 군기 따위였다. 그들이 감지한 영적인 힘은 바로 로마제국의 한 복판에 있었지만, 그들의 세계관에 따라 그 영적인 힘을 단지 직관하고는 그것을 하늘에 살고 있는 영적 존재로서 하늘의 회의(Council)에서 로마를 대표하는 존재로 공상적인(visionary) 모습으로 투사하였다.

하늘과 땅의 실재가 서로 뗄 수 없이 연합하고 있는 고대의 세계관에서는, 이런 식으로 권세를 이해하는 것이 효과적이었다. 그러나 현대 서구인들은 전반적으로 그런 세계관을 납득할 수 없다. 그 대신 우리가 흔히 마주치게 되는 것은, 권세를 공중에 있는 악마로 그려내어 물리적 또는 정치적 세계의 구체적인 형태와는 완전히 동떨어진 존재로 취급하는 근본주의적 태도(신학적 세계관)나, 또는 이 따위 영적인 차원이란 아예 존재하지 않는 것이라고 거부하는 태도(물질적 세계관)이거나 둘 중의 하나다.

그런 투사를 그만두고 우리가 경험하는 영적인 힘은 실제 제도에서 발산되는 것임을 인식함으로써 투사의 과정을 종식시킬 필요가 있다. 고대의 세계관에서는, 제도나 국가의 잘못된 영적 힘을 느낄 수 있는 선견자(先見者)나 예언자(豫言者)가 그것을 하늘에다 공상적인 모습으로 투사하고는, 위에 있는 악마로 그려내어 (심지어 보기도 하여) 그 영적인 힘에 대해 깨닫게 했다. 일원적 세계관을 가진 오늘의 과제는 그런 높은 곳에 있는 투사를 끌어내려, 그 영적인 힘이 실제로 존재하는 제도 속에서 발견하게 하는 것이다.

투사(投射)란 사실을 허위로 조작하는 것이 아니다. 때로는 투사야말로 어떤 내적인 것을 알게 하는 유일한 방법일 때도 있다. 우주의 스크린에 투사된 악마야말로 진실로 땅 위에서 악마적으로 인간성을 파괴하여 황폐하게 하는 것이다. 단지 그 악마는 단 하나뿐인 실제 세계를 구성하고 있는 사회적-영적 실체 안에 있기에, 저 위에(up) 하늘에 있는 것이 아니라 그 현실세계 위에(over) 군림하고 있을 뿐인 것이다.7) 그러기에 신약성서에서 악마들은

---

6) I.P. Culianu, "The Angels of the Nations and the Origins of Gnostic Dualism," in *Studies in Gnosticism and Hellenistic Religions* (Festschrift for Gilles Quispel), ed. R. van den Broek and J. J. Vermaseren (Leiden: E. J. Brill, 1981), 78-91.

7) F. A. Wilford는 그의 글 "Daimon in Homer"(*Numen* 12 [1965]: 217-32)에서 투사이론을

사람들 속에(마가 1:21-28, 병행구절, 마태 12:43-45, 누가 11:24-26), 혹은 돼지 속에 (마가 5:1-20, 병행구절), 혹은 정치적 제도들 속에(계시록 12-13장) 들어와 구체화 하기 전에는 아무런 힘을 쓸 수 없는 것으로 주장한다.

1930년대 후반에 나찌 독일(Nazi Germany)을 방문했던 사람들은 말하기를, 명백한 악의 기운이 "공기" 중에 떠있고, 불길한 예감을 주는 위협으로 충만한 "대기"가 전 국토에 드리운 것을 느꼈다고 했다. 남아프리카를 떠나던 사람들은 그들을 실은 비행기가 남아프리카를 이륙하자 무거운 불안과 긴장감이 어깨에서 내려짐을 느꼈다고 했다. 존 에프 케네디(John F. Kenndy) 미국 대통령의 암살을 기억하는 사람들은 캄캄한 느낌이 며칠 간이나 전국에 드리웠던 것을 아직도 떠올릴 수 있을 것이다. 이런 "영적"인 기운들은 사실이었지만, 그러나 그것들은 위에서 별도로 내려와 활동하는 것이 아니라, 관련된 각각의 국가들의 실제적 영성이며, 따라서 그런 악의 강도는 잠시 동안만이라도 거의 눈에 보일 정도로 나타난다.

사람들이 권세들을 인격적 존재들로 여기는 것은 생각의 습관일 뿐이다. 실제로는, 고대 세계의 많은 영적인 권세들이나 신들은 전혀 인격적 존재들로 생각되지는 않았었다. 즉, 옛 로마의 가정 수호신들이나(Lares, Penates), 덕성(Virtue), 승리(Victory), 섭리(Providence) 등으로 생각되었다. 심지어 유태교의 천사들도 하느님의 대리자들로서 비인격적인 존재들이었다. 오랜 동안 유태인들은 하느님의 전적인 통치권을 훼손시킬까 염려하여 천사들의 이름 짓기를 거부했다. 초기 유태교의 전적인 관심은 천사들의 활동에 있었지, 그들의 인격적 특성에는 관심이 없었고, 후대 묵시문학에 이르러서야 비로소 천사들의 인격적 특성이 나타나기 시작했다.

비록 이 문제는 교의학적(敎義學的)으로 해결해야 될 것임을 알지만,8)

지나치게 단순하게 사용했다. 그는 주장하기를 다이몬(daimon= demon:악마)은 그 내용을 신들이나 혹은 신비적인 힘으로 무의식적으로 투사한 것이라고 했다. Wilford는 Jung을 잘 이해하지 못했다. 에밀 뒤르껭(Emil Durkheim)의 입장이 내가 주장하는 것에 가장 가까운데, 그러나 그도 역시 환원주의(지나치게 단순화함)자다. 초자연적인 존재들은 모두 사회의 투사에 불과하다고 한다(*The Elementary Forms of the Religious Life* [New York: Collier Books, 1947]). 나는 투사하는 것의 실재는 실제로 있는 것이며, 사회의 내부로서 영적인 존재를 갖고 있고, 하느님의 창조하신 선한 그러나 타락한 것이라고 예상하는 점에서 의견을 달리한다.

나로서는 권세들을 비인격적 실체(impersonal entities)로 생각하고자 한다. 무엇이든지 의도적으로 행동하는 것을 의인화(擬人化)하려는 것은 인간의 자연스런 경향이다. 그러나 컴퓨터 바이러스에서 발견되는 바처럼, 어떤 조직적 과정은 스스로를 복제하고, 비록 그것들이 분명히 비인격적임에도 불구하고 전염되기도 하고, 거의 고의적으로 제멋대로 행동하기도 한다. 일반적으로, 나는 권세들의 형이상학적 상태에 대한 질문은 우선 잠시 젖혀놓고, 그 대신 권세들을 현상학적으로 다루고자 한다. 즉, "사탄"(Satan), "악마들"(demons), "권세들"(powers), "천사들"(angels) 등으로 불리는 경험들을 기술하고자 한다. 따라서 나는 거룩한 소명(召命)을 배신해버린 제도와 구조의 실제적 영성을 **"악마"**라고 말하는 것이다. 내가 **"지배체제"**(Domination System)라고 표현할 때는, 권세들의 전체 네트워크(연결망)가 우상(偶像)의 가치를 중심으로 통합되었을 때 일어나는 것을 지적하고자 함이다. 지배체제가 이 세계를 그 안에 둘러싸고 있는 정신(영)을 나는 **"사탄"**(Satan)이라고 부른다.9) 이런 실체들은 실제로 형이상학적 존재를 갖고 있는가, 혹은 그들은 집단과 분리되어서는 독립적인 존재를 갖지 못하는 "집단적 인격"(corporate personality), 또는 사조(思潮), 또는 집단의 게슈탈트(gestalt: 심리학에서 말하는 경험의 총체.-역자 주)인가? 그 답변은 독자들이 결정하기를 바란다.10) 악마들을 인격화하는 것을 내가

---

8) H. Berkhof는 사도 바울의 권세들을 취급함에 있어서 어느 정도 비인격화함을 알아내었다. "묵시주의자들은 천신들과 권세들을 주로 하늘에 있는 요원으로 생각한다. 바울은 지상에 존재하는 것의 구조로 생각한다"(*Christ and the Powers* [Scottdale, PA: Herald Press, 1962], 18). 그와는 반대로 나는 바울이 권세들을 하늘의 요원들과 지상에 존재하는 것의 구조들로 함께 취급하고 있다고 보며, 실제로 전자는 후자의 내면성인 것이다.

9) Paul Ricoeur가 말하듯이, "나는 사탄이 누구인지, 무엇인지, 혹은 그가 과연 어떤 자이기나 한지 모른다. 만일 그가 어떤 자라면 중재할 필요가 있을 것이다." 만일 사탄이 사람이라면, Origen이 분명히 말했듯이, 그는 구원되어야 할 것이다. (*The Symbolism of Evil* [New York: Harper & Row, 1967], 260). 오리겐의 오류는 사탄이 구원되어야 할 것이라는 점이 아니라, 사탄을 인격체로 본 것이다.

10) 마귀를 내쫓는 사람들(驅魔者 Exorcist)은 악마는 인간과 별개로 존재하는 요소로 간주하는 것이, 아마도 불가피하기도 하고, 때로는 도움이 될 것이다. 그래서 악마는 분명히 외부적인 것으로 개념화되어 인간 내부의 구성요소가 아니라고 간주된다. 그러나 나는 악한 부차적 인격이 다중 인격의 표명과 전혀 다른 종류의 것이라고 믿을 수가 없다. 악한 부차적 인격을 악한 존재로 생각하는 편리함이 절대로 그 형이상학적 문제를 해결한다고 여겨지지 않는다. 나는 누가 악마를 한 존재로 상상하는 것에 반대할 생각은

반대하는 주된 이유는, 인격화된 악마는 물리적이고 역사적인 제도와는 별도로 "몸"(body)이나 어떤 형태를 갖는다고 보아야 되는데, 내 이론에서는 그것들이 물리적이고 역사적인 제도의 단지 내면성(interiority)에 불과하다고 생각되기 때문이다.11) 따라서, 나는 그들 악마들은 제도적인 생활의 한 복판에 있는 비인격적인 영적 실재(the impersonal spiritual realities)라고 보고 싶다.12)

예를 들면, 축구 게임에서 폭동이 일어나는 경우를 생각해보자. 아주 짧은 열광적 순간에 평상시에는 대체로 점잖게 행동하던 사람들이 돌변하여, 죄라곤 응원한 죄밖에는 없는 상대편을 위협하거나 심지어는 죽이기도 한다. 사람들이 때로는 이상스럽게 행동하고 난 뒤에, 도대체 무엇에 홀렸었

없다. 그러나 그런다고 해서 존재가 만들어지는 것은 아니다. 더구나 이런 악한 영들은 사탄 숭배자 집단(Cult)에 관여했던 사람들에게서 종종 발견된다. 내 생각엔, 그들의 경우에는 숭배자 집단의 영성이 인격 속에 자리잡아서, 꿈속의 비슷한 요소들처럼, 자연스럽게 인격적인 모양으로 나타나는 것으로 본다. 이런 신비들 앞에서 상당한 주저함을 가지고 나는 제안하기를, 꿈속의 인물들이 진짜 존재를 갖지 않은 것이나 마찬가지로, 그런 영적인 힘이 실제로 존재를 가지고 있다고 할 필요는 없다고 생각한다. 그럼에도 불구하고, 그런 나타남은 실제 있는 일이다. 내가 의심하는 바는, 이런 게 바로 옛날의 사고 습관이 방해가 되는 것이다. 많은 사람들을 환상, 꿈, 혹은 그런 경험들로부터 자동적으로 추론하여, 그들이 틀림없이 진짜 영적인 실체를 만났으므로 이런 영적 실체들이 영적 존재들이라고 결론을 낸다. 그들의 영적 실체들이, 악의 숭배 집단, 혹은 기관들, 혹은 심지어 악마의 힘을 과장하여 독자들로 하여금 앞을 다투어 매우 반항적인 그리스도에게 겁이 나서 굴복하도록 하는 장난치는 책들의 영적인 것이 되어줌으로서 그 영적인 실체들이 결코 줄어들지 않는다는 것을 알아차리기까지는 상당한 사고의 노력을 필요로 한다. 인격적인 악마를 믿는 대부분의 사람들은 실제로는 "그를" 보지 못하였다. 그러나 만일 사탄이 지배의 영이라면, 우리는 사탄을 언제나 만나게 된다.

11) 실제에 있어서는, C. Peter Wagner가 주장하듯 (*Warfare Prayer* [Ventura. California: Regal Books, 1992], 84-85), 마귀가 외부에서 기관들을 점거한 것으로 보느냐, 아니면, 내가 주장하듯이, 마귀란 기관 자체의 천사, 혹은 영성이라고 보는 것이 병리학적인 문제냐 아니냐는 별로 문제가 되지 않는다. 중요한 것은 그것에 대하여 뭔가를 해야 한다는 점이다.

12) 그럼 하느님은 어떻게 되는 건가? 통합적인 세계관에서는 하느님은 실재의 영이라고, 그리고 우주는 하느님의 "몸"이라고 말할 수 있겠다. 하여, 하느님은 우주 밖에서는 존재를 갖지 않는다. 성경 창세기에 나오는 심부름꾼 천사는 몸을 입고 나타나서 그리하여 음식을 먹는 것으로 생각되었다(창 18:3-8). 마찬가지로, 부활하신 그리스도는 몸을 지닌 모습으로 나타나서 음식을 먹은 것으로 묘사되었다(눅 24:39-43). 히브리인들의 인간학에서는 혼과 육, 물질과 영으로 갈라놓는 것은 생각조차 못했다. 마찬가지로, 부활하신 그리스도는 영이 예수 안에 육체로 나타나서 기독교 공동체의 영성으로 살아간다. 그러나 이는 다만 묘사의 한 가지 방식일 뿐이다.

나 하고 스스로 의심하게 된다. 무슨 폭동의 마귀(riot demon)가 하늘에서 내려와서 덤벼들었거나, 아니면 사회적 상황에 본질상 고유한 어떤 영성, 곧 외부적인 허용의 분위기, 술에 취함, 폭력적 기풍, 계기가 된 사건 등이 축구 팬들의 내적인 폭력성과 연합하여 촉진된 끝에, 돌연히 구체화된 영적 표현이었나? 폭동이 가라앉고 나면, 폭동 마귀는 하늘로 되돌아 가버리나, 아니면 폭동을 일으킨 사람들이 흩어지거나, 진압되거나, 혹은 체포되고 나면, 그들의 영성도 간단히 시들해지는 것인가?

프랭크 페레티의 베스트셀러 소설 『이 현재의 어둠』[13]이란 책은 고대의 세계관을 오늘에 다시 재현시켜보려는 불가능한 시도를 웅장하게 예증하였다. 하늘과 땅의 실재의 상호 연결, 인간의 자유의 역할, 기도의 중요성, 도시와 국가의 천사(수호신)들, 마귀의 선동과 인간의 언어나 생각 등을 취급한 그의 작품을 감상하는 동안, 우리 앞에 차려지는 것은 내내 실재에 대한 과대 망상적 견해였다. 그런 세계관으로 보면, 눈에 보이는 도처에서, 심지어 성인(聖人)에게도 악마가 발견될 수밖에 없다. 우리의 적대자(원수)들에게서 배우기보다는, 이런 견해라면 적대자들은 모두 사탄에 홀린 자들로 여기고 거들떠보지도 않을 것이다. 저자의 정치적 견해는 그의 자유다. 그러나 국제연합(U.N.)을 위험한 아이디어라고 여기는 것과, 실제로 그것을 악마의 음모라고 기술하는 것은 전혀 다른 것이다. 우리는 악을 전적으로 타인에게 투사하는 전형적인 경우를 여기에서 보게 된다. 악에 대한 그의 견해는 두려운 것이지만 결국엔 시시한 것이니, 그가 말하는 악이란 단지 날개가 달린 나쁜 사람을 상상하는 정도요, 오늘날 우리들 현실의 거대하고 압도적인 악, 즉 인종차별, 성차별, 정치적 억압, 생태계의 파멸, 군사주의, 가부장주의, 노숙자(露宿者), 경제적 탐욕 등에 대해서는 전혀 언급도 없다. 그건 단지 오순절 계통의 철없이 순진한(naive) 정치적 견해를 우주적 스케일 위에 크게 써놓은 문서일 뿐이다.

그러나 오늘날 **가장 악마적인 세기**(世紀)에서 악마적인 실재를 일체 인정하지 않고 거부하는 것도 철없이 순진하기는 마찬가지다.

---

13) Frank Peretti, *This Present Darkness* (Westchester, IL: Crossway Books, 1986). 그는 또한 같은 출판사에서 1989년에 *Piercing the Darkness*를 냈다.

구조적인 악을 이해하기 위하여 권세들의 현실적 타당성(妥當性)이 이제는 명백하게 인정되어야 한다. 사회 체제를 변혁시키려는 어떤 시도도 그 내적인 영성과 외적인 형태를 동시에 언급하지 않고는, 반드시 실패할 것이다. 제도의 내적 영성과 그 표현된 외적 형태를 함께 직면함으로써만 전체 실체가 변화될 것이며, 또 그러자면 우리가 살고 있는 물질적 기풍(氣風)으로는 알 수 없는 영적인 분별력과 실천(實踐 Praxis)을 필요로 한다.

내가 씨리즈로 써온 세 권의 책의 주제를 가장 간단히 적어보면,
권세들은 선한 것이다.(The Powers are good.)
권세들은 타락하였다.(The Powers are fallen.)
권세들은 구원되어야 한다.(The Powers must be redeemed.)

이들 세 가지 진술은 함께 취급되어야 하는데, 왜냐하면 각각은 그 자체만으로는 참되지 못할 뿐만 아니라, 오히려 해를 끼칠 것이기 때문이다. 우리는 정부나 대학이나 회사나 그것들이 타락한 것임을 인정하지 않고서는, 동시에 그것들이 선한 것임을 확인하지 못한다. 우리는 그것들이 하느님께서 창조하신 선한 것들의 일부임을 기억하지 않고서는, 동시에 그것들의 고약한 고집과 억압성을 알아볼 수 없을 것이다. 권세들이 구원될 수 있고 구원되어야만 함을 주장하지 않고서는, 권세들의 창조와 타락을 생각해보는 것만으로는 그것들을 합법적으로 정당화하기나 하고, 혹은 변혁의 희망을 헛되게만 할 뿐이다.

홉스(Hobbes)는 사람들이 악하기 때문에 서로 간에 방어하기 위해서는 정부가 필요하다고 주장했는데, 그건 틀린 말이다. 왜냐하면 사람들이 선하므로 서로의 필요를 채워주기 위하여 서로를 돕도록 조직할 필요가 있어서도 또한 정부는 필요한 것이기 때문이다. **루쏘**(Rousseau)는 사람이 선하게 태어났으나, 제도가 그들을 악하게 만든다고 주장했는데, 그것도 틀린 말이다. 왜냐하면, 제도가 있으므로 해서, 사람들이 서로 해악을 끼치지 않도록, 그리고 공동선(common good)을 생각하도록, 사회생활을 하게도 하기 때문이다. **마르크스**(Marx)는 사람이 기본적으로 선한데, 생산을 위한 자본가의 수단으로

되어서 소외된다고 주장했는데, 그것도 틀린 말이다. 왜냐하면, 생산을 위한 공산주의자들의 수단도 사람을 마찬가지로 소외시켰고, 소외되지 않은 새로운 인간을 만들어 내겠다는 약속을 지키지 못하고 실패하였기 때문이다.

아마도 이런 논평들이 이 책의 제목에 대한 해명이 될 것이다. 권세들이 단순히 악한 것만은 아니기에, 나로서는 이 책 제목을 "권세들을 직면하기"(Confronting the Powers), "권세들에 대항하기"(Combating the Powers), "권세들을 정복하기"(Overcoming the Powers)라고 이름지을 수는 없었다. 권세들은 때론 친절할 뿐만 아니라 긍정적이기도 하다. (내가 살고 있는 공동체에서 가장 친절하고 도움이 되는 사람들 가운데 하나는 관료인데, 곧 우편배달부다.) 따라서 책의 제목을 *Engaging the Powers*라고 지었는데, 왜냐하면, 그리스도 안에서 하느님이 사람이 되신 목적을 통하여, 그 목적을 위하여, 그리고 그 목적 안에서 권세들이 창조되었으니, 그것들을 존중하고, 비판하고, 저항하고, 그리고 구원해야만 하기 때문이다. 그러므로 권세들을 이해하기 위해서뿐만 아니라 변혁하기 위해서도, 우리는 이들 악한 세력들과 영적인 싸움을 시작하자.

제1부

지배체제

E. C. Segar, *Popeye the Sailor*[1]

---

1) E.C. Segar, *Thimble Theater, Starring Popeye the Sailor* (King Features Syncicate, Inc., 1971). 이것은 1936년에 씨리즈로 나온 것에서 따온 것이다.

1

지배체제의 신화

폭력(暴力 violence)은 우리 시대의 시대정신(ethos)이며, 현대 세계의 영성(spirituality)이다. 폭력은 종교의 위치까지 차지하여, 그 추종자들에게는 죽기까지 절대적 복종을 요구하게 되었다. 그러나 그 추종자들은 그들이 폭력에 헌신하는 정도가 종교적 경건성의 일종임을 깨닫지 못하고 있다. 폭력은 결코 신화적인 것으로 보이지 않기에, 실은 바로 그 이유 때문에 오히려 신화로서 성공하고 있는 것이다. 폭력은 단순히 사물의 속성인 것처럼 보인다. 폭력은 확실히 효과가 있다. 갈등을 해결하는 데 마지막 수단, 때로는 처음 수단으로서 폭력은 불가피한 것으로 등장한다. 좌파에 속한 사람이나 우파에 속한 사람, 혹은 종교적 자유주의자나 보수주의자들 모두가 똑같이 신속하게도 폭력을 애용한다. 폭력의 위협만이 침략자들을 저지할 수 있다고 믿어왔고, 지난 45년 간 테러의 균형을 통하여 폭력의 위협이 우리를 방비해왔다. 우리는 폭탄이 평화를 보장할 것이라고 배웠다.

우리가 폭력에 헌신하는 뿌리가 이토록 깊게 박혔기에, 만일 우리가 그 근원을 찾아낼 수만 있다면 큰 보람이 될 것이다. 그렇게만 한다면, 우리는 바빌론(Babylon) 종교(폭력이라는 종교.- 역자 주)가, 세계에서 가장 오래되고 아직도 계속 살아 있는 종교의 하나로서, 현대 미국 생활의 각 부분에서, 심지어 우리들의 유태교 회당이나 기독교 교회에서도, 일찍이 없었던 대 유행을 하고 있음을 발견하게 될 것이다. **미국의 진짜 종교는 기독교가 아니라 폭력이라는 이름의 종교**다. 미국의 대중문화, 시민 종교, 국가주의, 그리고 대외정책등을 뒷받침하고 있는 **구원하는 폭력**(Redemptive Violence)이라는 신화가, 바빌론이 지배하기보다도 훨씬 오래 전부터 인간 존재를 특징짓는 지배체제의 뿌리에 고대의 뱀처럼 똬리를 틀고 있다고 나는 주장하는 바이다. 그러나 이런 주장의 향방을 알기 위해서, 우리는 신화의 근원으로 되돌아가 보아야 하겠다.

구원하는 폭력이라는 신화

예수는 원수를 사랑하라고 가르쳤는데, 바빌론 종교는 원수를 박멸하라고 가르쳤다. 고대 메소포타미아 종교에서 폭력의 역할은, 예수에게 있어서 사랑의 역할과 같다. 즉, 존재의 중심적 역동성으로 보아서 말이다. 이 고대 문명 발생지에서, 비옥한 초승달 지역(Fertile Crescent. 중동과 이스라엘을 연결하는 초승달 모양의 농경지역.- 역자 주)을 휩쓸어 유린하는 홍수, 한발, 폭풍우나 마찬가지로, 삶이란 무자비하고 잔인하였다. 이 지역의 여러 도시국가들 간의 계속 빈발하는 전쟁으로 인하여 자원은 고갈되었다. 혼란(Chaos)은 인간이 이루어 놓은 모든 것들을 위협하였고, 그런 문화 속에서 인생의 의미를 둘러싼 신화가 곧 **에누마 엘리쉬**(*Enumma Elish*)란 신화인데, 그것은 기원전 1,250년경에 써진 형태로 오늘날 남아 있지만, 실은 그보다 훨씬 더 오래된 전통에 근거한 것이다.

이 신화에 따르면, 태초에 각각 담수해(淡水海)와 염수해(鹽水海)를 뜻하는 아프수(Apsu)와 티아맛(Tiamat)이라는 신이 있어서 뭄무(Mummu 안개)를 낳았고, 또 젊은 신들이 그들에게서 생겨났는데, 이 젊은 신들이 까불어대고 시끄럽게 구는 바람에 잠을 잘 수 없게 된 늙은 신들은 그만 이들을 죽이기로 작정했다. 그러나 이 음모가 발각되어, 에아(Ea)는 도리어 아프수(Apsu)를 죽였다. 아프수의 아내 티아맛(Tiamat)이 복수를 결심하자, 겁에 질린 에아(Ea)와 젊은 신들은 자기들 중 가장 어린 신인 마르둑(Marduk)에게 자기들을 구원해 달라고 청했다. 마르둑은 엄청난 대가를 요구했는데, 즉, 만일 마르둑이 성공하면 그에게 신들의 모임에서 최고의 권한을 갖게 해달라는 것이었다. 그 약속을 조건으로 마르둑은 티아맛을 그물로 잡아 올려, 그녀의 목구멍 속으로 악한 바람을 불어넣고 이윽고 화살을 쏘아, 팽팽해진 복부를 파열시키고 심장을 찢어 버렸다. 그리고 몽치로 그녀의 머리통을 깨트리고 피는 눈에 안 띄는 장소로 흩뿌려버렸다. 그는 그녀의 시체를 한껏 잡아 늘여서 우주(宇宙 Cosmos)를 만들었다.2)

나는 이 신화에 대한 폴 리꾀르의 심오한 해설에 도움을 입었다.3) 즉 바빌론 신화에서 **창조란 폭력의 행위**라고 리꾀르는 지적했다. 즉 모든 것들의 어머니인 티아맛은 살해되어 시체가 조각나고, 그 시체에서 세계가 형성되었다.4) 질서란 무질서를 수단으로 하여 이루어진다. 창조란 창조보다 더

---

2) James B. Pritchard, *Ancient Near Eastern Text Relating to the Old Testament*, 3rd ed. (Princeton: Princeton University Press, 1969), 60-72. Alexander Heidel은 Enuma Elish의 현재 형태로 된 저작연대를 대략 1900-1600 B.C.E.로 잡고 있다 (*The Babylonian Genesis*, 2nd ed. [Chicago: Univ. of Chicago Press, 1951], 14). Thorkild Jacobson은 그 연대를 대략 1250 B.C.E.로 잡는다 (*The Treasures of Darkness. A History of Mesopotamian Religion* [New Haven: Yale Univ. Press, 1976], 167). 또한 *Before Philosophy*, by H. and H. A. Frankfort et al.(Baltimore: Penguin Books, 1959), 137-234에 있는 Jacobson이 쓴 글을 보라: "Mesopotamian Religions: An Overview," in *Encyclopedia of Religion*, ed. Mircea Eliade (New York: MacMillan, 1987), 9:457-58; "The Battle Between Marduk and Tiamat," *Journal of the American Oriental Society 88* (1968): 104-8. 다른 책으로 참조한 것들은 S. N. Kramer, *Sumerian Mythology* (Philadelphia: American Philosophical Society, 1944), 더 오래된 창조 서사시는 pp.76-83; Morris Fastrow, *Aspects of Religious Belief and Practice in Babylonia and Assyria* (New York: Benjamin Blom, Inc., [1911] 1971); Tikva Frymer-Kensky, "Enuma Elish" and "Marduk," *Encyclopedia of Religion*, 5:124-26 and 9:201-2; Robert J. Braidwood, *The Near East and the Foundations for Civilization* (Eugene, Oreg.: Orego State System of Higher Education, 1952); Gertrude Rachel Levy, *The Gate of Horn; A Study of the Religious Conceptions of the Stone Age, and Their Influence on European Thought* (New York: Book Collector's Study, 1946); Beatrice Laura Goff, *Symbols of Prehistoric Mesopotamia* (New Haven: Yale Univ. Press, 1963); Grahame Clark, *World Prehistory: A New Outline*, 2d ed. (Cambridge: Cambridge Univ. Press, 1969); Jacquetta Hawkes and Sir Leonard Woolley, *Prehistory and the Beginnings of Civilization* (New York: Harper & Row, 1963); Miles Burkitt, *The Old Stone Age: A Study of Paleolithic Times*, 3d ed. (London: Bowes and Bowes, 1956); Joan Oates, "Ur and Eridu the Prehistory," in *Ur in Retrospect*, ed. M. E. L. Mallowan and D. J. Wiseman *Iraq 22* (London: British Society of Archaeolgoy in Iraq, 1960), 32-50; W. G. Lambert, "The Great Battle of the Mesopotamian Religious Year: The Conflict in the Akitu House," *Iraq 25* (1963): 189-90; and William W. Hallo and William Kelly Simpson, *The Anciet Near East: A History* (New York: Harcourt Brace Jovanovich, 1971).

3) Paul Ricoeur, *The Symbolism of Evil* (New York: Harper & Row, 19670, 175-210.

오래된 원수를 이겨내는 **폭력적인 승리**를 뜻한다. 악의 근원이 모든 사물들의 근원보다 우선한다. 혼돈(Chaos: Tiamat로 상징된)이 질서(Order: 바빌론의 신 마르둑으로 상징된)보다 먼저 존재한다. 악이 선보다 우선한다. 폭력이 신들 속에 이미 있었다. 악이란 궁극적 실재의 뿌리 뽑을 수 없는 구성요소이며, 선보다 존재론적 우선권을 갖고 있다.

성경적 신화는 이런 모든 것에 대해 정반대의 입장이다. 즉 성경에서는 한 분 선한 하느님이 좋은 피조물들을 창조해낸다. 혼돈이 질서에 저항하지 않는다. 선한 것이 악한 것보다 존재론적으로 우선한다. 악이나 폭력은 창조된 부분이 아니고, 첫 인간 부부의 범죄와 뱀의 책략의 결과로 비로소 이 세상에 들어온다. 이리하여 창조된 피조물의 자유로운 결단에 의하여 원래는 선한 실재가 타락으로 전락한다. 사물의 기원에 대한 이런 보다 복잡하고 미묘한 설명이 있기에, 악이란 이제 해결되어야 할 문제로 처음 등장하기 시작한다.

그러나 바빌로니아 신화에서는 "악의 문제"란 존재하지 않는다. 악이란 단순히 원초적인 사실이다. 실재를 그려내는 이런 단순성이 널리 소개되어 이 신화의 기본적 구조는 멀리 시리아, 페니키아, 이집트, 그리스, 로마, 독일, 아일랜드, 그리고 인도에까지 퍼졌다. 통상적으로, 하늘에 살고 있는 남성 전쟁 신이, 예를 들면, 보탄(Wotan), 제우스(Zeus), 인드라(Indra) 등이, 바다나 혹은 심연에 살고 있는 괴물이나 용(龍)으로 흔히 묘사되는 여성 신과 결정적인 전투를 벌이고,5) 최초의 원수를 격멸하는 전쟁 끝에, 승리자는 패배자인

---

4) 땅은 이전에 생각하였듯이 티아맛(Tiamat)의 몸의 반쪽으로 이루어진 것이 아니라, (토판 V의 빠진 부분이 발견됨에 따라 알려진 대로) 그녀의 몸의 유출물로 이루어졌다: 그녀의 침(唾液), 눈, 콧구멍, 유방에서 나온 액체들과 함께 독(毒) 등. 마르둑(Marduk)은 그녀의 시신(屍身)을 허에서 꼬리까지 한껏 잡아 늘려서 "하늘에 잡아매었다"(V.59-61) (A. Kragerud, "The Concept of Creation in Enuma Elish," in *Ex Orbe Religionum Studia Geo Windengren*, ed. C. J. Bleekers, S. G. F. Brandon, and M. Simon [Leiden: E. J. Brill, 1972], 39-49).

5) James A. Aho, *Religious Mythology and the Art of War* (Westport, Conn.: Greenwood Press, 1981), 60. 이런 전투 신화는 고대 세계에 편만했었다. Adela Yarbro Collins는 이런 동기가 요한 계시록에 깊이 스며든 것을 설명했다. (*The Combat Myth in the Book of Revelation* [Missoula, Mont.: Scholars Press, 1976], 57). 똑같은 신화적 패턴이 유럽의 중세에 카타리(Cathari)와 성지순례보호 템플 기사단(Knights Templar)에도 들어왔다. Norman Cohn,

괴물의 시체에서 우주를 창조해낸다. 즉 우주적 질서란 여성적인 것에 대한 폭력적 억압이며, 여자를 남자에게 복종시키는 사회질서 속에 반영된다. **남성 우월주의와 여성 경멸**이 에누마 엘리쉬(*Enuma Elish*) 신화에는 명백히 나타나 있다. 즉, "너에게 싸움을 거는 이 사나이는 누군가? 네게 무기를 휘두르며 덤비는 한낱 여자, 티아맛은 아니로다!"6)

동시에, 여러 신들 가운데 최고신으로 등극한 마르둑은 초기의 니푸르(Nippur), 에리두(Eridu) 등과 같은 여러 도시국가들에 대한 바빌론의 우월성을 뜻한다. 하늘에서 일어나는 사건들은 지상의 사건들 안에 반영되고, 위에서 발생한 사건은 아래에서도 발생한다.7) 이야기는 계속되어, 세계가 창조된

Europe's Inner Demons (New York: New American Library, 1975), 79. 전투 신화의 구조에 대한 자세한 설명은 Joseph Fontenrose, *Python. A Study of Delphic Myth and its Origins* (Berkley: Univ. of California Press, 1959), 6-11을 참조하라.

6) *Enuma Elish* II. 110-11 (Pritchard, *Ancient Near Eastern Texts*, 64). 수백 개의 세계 신화와 마찬가지로 모든 악한 것은 그녀 탓이다. "Mother of all, why did you have to mother war"(*Enuma Elish* IV. 79-80, trans. N. K.Sanders, in Barbara C. Sproul, *Primal Myths* [San Francisco: Harper & Row, 1979], 101).

7) 함무라비 법전(Code of Hammurabi: ca. 1752 B.C.E.)에서는, 마르둑이 모든 신들 위에 임금이 되는 것은 논쟁해 볼만한 역사적인 사건으로 이루어진다. 함무라비가 재위 30년에 림신(Rim-Sin)을 이기는데, 이로써 남바빌론(옛 수메르 Sumer)이 그의 휘하에 들어와서, Ur의 제3 왕조 때처럼 통일을 이룬다. 다른 정복된 도시들의 제사장 계열들이 저항을 하여서, 마르둑이 모든 신들 위에 등극하는 것은 기원전 2세기 중엽에 가서야 이루어진다. (H. W. F. Saggs, *The Greatness That was Babylon* [London: Sidgwick & Jackson, 1962], 339-40). Enuma Elish (ca. 1250 B.C.E. 최후 교정판)가 이리하여 문자 그대로 옳다. 즉, 마르둑은 일찍이 알려진 어떤 신들보다도 특권을 요구한다. 수메르(Sumer)의 옛 이름은 실제로 "티아맛의 땅(Land of Tiamat)" 혹은 "바다땅(Sealand)"이다. 사실상 바빌론이 모든 도시들과 신들을 가진 자신의 어머니 문화에 대한 건방진 녀석다운 싸움을 걸었다. 바빌론과 마르둑의 승리는 이리하여 살신(殺神: deicide)이요 동시에 어머니를 죽임(殺母: matricide)이다. 수메르/티아맛(Sumer/Tiamat) 연결은 에누마 엘리쉬에서 티아맛이 보여준 기묘한 동정심, 그녀의 동맹국들의 재빠른 사면과 그들이 바빌론과 그 제국의 건설 및 행정에 신속하게 동참하게 되는 것을 설명한다. 하늘 위에서 이루어 진 것 같이 땅에서도 이루어진다 (As above, so below). 즉, 신들의 이야기는 국가들의 실제 정치적 발전을 그대로 반영한다. 한 사람의 손아귀에 정치적인 권위가 집중됨은 기원전 3천년까지 수메르 도시들에선 법규였던 것 같다. (William H. McNeill, *The Rise of the West: A History of the Human Community* [Chicago: Univ. of Chicago Press, 1963], 43; Thorkild Jacobsen, *Toward the Image of Tammuz* [Cambridge: Harvard Univ. Press, 1970], 157-70. Kish의 임금인 사르곤(Sargon)은 "자기 보는 앞에서 5만 4천 명이 매일 음식을 먹는다"고 자랑한다. (Inscription CD, in George A. Barton, *The Royal Inscription of Sumer*

후에 티아맛 편에 가담하였던 신들은 마르둑에 의하여 감옥에 갇혔는데, 옥중의 음식이 형편없다고 불평을 해댔다. 마르둑과 에아는 그 신들 가운데 하나를 죽여서, 그 피에서 에아가 인간을 만들어 내어 **신들의 심부름꾼**으로 삼았다.8)

분명한 뜻은, **인간이란 살해된 신의 피로부터 만들어진 존재**라는 것이다. 즉 우리들의 근원은 폭력에 있다. 죽이는 것이 우리들의 피 속에 있다. 인간이 악의 발생자가 아니라, 단지 이미 있었던 악을 발견하고 이를 계속 지속시켜 가는 것이다. 우리들 인간은 한 신으로부터 만들어졌으니, 그 근원이 틀림없이 신적이기는 하나, 살해당한 신의 피에서 만들어졌다.9) 우리 인간은 살신(殺神 deicide)의 결과물이다. 이처럼 인간이란 본래부터 평화로운 공존을 하지 못하는 존재들이라, 위에서부터 우리들에게 질서가 계속 내려져야 하는 것이다. 인간은 하느님의 대리자로서 땅을 정복하고 지배하는 존재가 아니라, 신들의 노예로, 심지어 신들의 대리자들의 노예로 존재한다. 인간의 과제란 땅을 경작하고, 신들에게(왕들이나 제사장들로 대표되는) 희생 제물로 바칠 음식을 생산하며, 거룩한 도시 바빌론을 건설하며, 왕의 전쟁에 동원되어 싸우고, 필요하면 죽는 것이다. 이런 신화는 지상에서 마르둑을 대표하는 왕이 다스리는 고도로 중앙집권화된 나라를 반영한다. 즉 왕에게 저항하는 것은 신에게 반역하는 것이다. 무조건적 복종이 최고의 덕목이고, 질서란 최고의 종교적 가치다. "왕의 말씀은 옳다. 그의 말은 신의 말이나 같아서, 변경할 수 없다."10)

---

and *Akkad* [New Have: Yale Univ. Press, 1929], 111).

8) 다소간 비슷한 동기가 그리스의 오르페우스(Orpheus)의 시에도 반영되어있다. 사악한 타이탄(Titan)은 어린 신 디오니수스(Dionysus)를 사로잡아, 그를 갈기갈기 찢어서, 삶고 굽고 그리고 먹어치운다. 복수에 나선 제우스(Zeus)는 그들을 번개로 태워버리고, 그 잿더미 연기로부터 인간이 나오고, 그리하여 인간은 타이탄의 짐승 같음을 보이지만 동시에 신적인 영혼의 불꽃을 보전하고 있는데, 이는 디오니수스 신의 요소가 아직도 인간들 속에 신비한 자신으로 작용하고 있는 것이다.(E. R. Dodds, *The Greeks and the Irrational* [Berkeley: Univ. of California Press, 1951], 155). 메소포타미아 신화와 마찬가지로, 여기서도 인간 본성 속에 있는 악과 폭력이 선함을 훨씬 능가한다.

9) Ricoeur, *Symbolism of Evil*, 178, 180.

10) Text in *Revue d'assyriologie et d'archeologie orientale* 17 (1920): 132; Jacobsen 번역, *Before Philosophy*, 218.

그들의 의식적 행사(ritual)에서 바빌로니아 사람들은 혼돈을 제압하고 세계질서가 승리하였던 최초의 전쟁을 반복하여 재현하였다. 즉 새해 첫날 축제에서 이 승리를 예배의식으로 반복하고자, 왕은 마르둑의 역할을 하면서, 또 다른 한 해 동안 만사가 모양을 잃고 무질서 속으로 빠지는 일이 없도록 그런 두려움에 대한 승리를 선언한다.

그러므로 이런 의식적 행사는 종교적 제의(祭儀)일 뿐만 아니라, 군사적인 것이기도 했다. 즉 지상에서 마르둑의 대리자로서 왕에게는, 신들을 대신하여 그가 이루어낸 평온을 위협하는 모든 원수 대적자들을 굴복시킬 임무가 있다. 온 우주가 한 나라이며, 신은 왕을 통하여 통치한다. 신의 영역 그 자체 안에서도 정치는 일어나며, 구원이란 곧 정치니, 혼돈의 신에 대항하여 질서의 신과 자신을 동일하게 일체감을 갖기 위하여, 그리고 주변의 사람들에게 질서를 유지하기 위하여 필요로 하는 **거룩한 전쟁**에 자신을 바치는 것 등이다. 주변의 야만인들이 침략해오는 형태로 혼돈이 거듭하여 위협하니, 계속 영토 확장을 하는 제국의 정책이란 곧 모든 다른 신들을 제압하고 마르둑이 지배권을 획득하는 사건으로 자동적으로 상호 연관된다. 당신은 이 모든 이야기가 지향하는 곳을 대략 감을 잡기 시작하는가?

이 신화의 또 다른 심층적 차원을 더해주는 것으로, 마르둑(왕이 역할 대행을 하는)이 신년축제에서 수모를 당하는 의식을 겪는다. 즉 사제가 왕의 뺨을 때리고 귀를 잡아당긴다. 이런 행위는 아마도 신의 죽음과 또 죽은 다음 지하세계로 내려감을 애통하는 것과 연관되어 있는 것 같다. 혼란에 빠진 백성들은 고난당하고 죽어 가는 신을 위하여 슬피 운다. 창조가 혼돈으로 역전된다(겨울). 의식의 도움을 입어서 신은 다시 살아나고 자유롭게 풀려난다(봄). 신은 다시 보위에 등극하고, 백성들은 성대한 잔치를 벌이며 혼돈을 이겨낸 그의 승리를 축하한다. 마침내 거룩한 결혼식을 통하여 자연과 인생 속에서 생명을 주는 모든 힘들이 되살아난다.11) 이 "영웅의 고난"(suffering

---

11) Ricoeur, *Symbolism of Evil*, 193 쪽을 보라. Saggs는 W. von Soden과 함께 믿기를, 아카디안 본문(Akkadian text)이 바빌론 신년 축제에서 마르둑의 죽음과 부활을 생각하는 것은 잘못된 번역(誤譯) 탓이라며, 따라서 마르둑을 초목(草木)의 신 Dumuzi (혹은 Tammuz)에 동일시하는 것은 의문 꺼리라고 본다(*The Greatness That Was Babylon*, 300-1, 또한 A. R. W. Green, *The Role of Human Sacrifice in the Ancient Near East* [Missoula, Mont.: Scholars

of the hero) 모티브는 우리가 이제 보게 될 모든 당시의 신화의 구성에 중심을 이루고 있다.

리꾀르는 평하기를, 이런 종류의 신화가 궁극적으로 전하는 것은, 창조의 드라마를 통하여 신이 박멸했던, 그리고 계속 박멸해 나갈 권세를 원수 대적으로 지목하는 것에 근거한 **전쟁 신학**(theology of war)이다. 거룩한 전쟁, 즉 성전(聖戰)에 대하여 조리 있게 설명하려는 모든 신학은 결국 이런 기본적인 신화의 형태로 되돌아간다.12) 왕과 적대자의 관계는 무엇보다 뚜렷이 정치적인 관계를 회상시킨다. 이런 신학에 따르면, 적대자는 악한 자요, 전쟁은 그에 대한 처벌이다. 악은 선한 창조의 세계 속으로 침입한 것이요, 전쟁은 타락의 결과로 등장한 것이라는 성경의 주장과는 달리, 이런 신화는 전쟁이란 처음부터 주어진 것이라고 본다.

이런 고대 신화의 구조는 바빌론 창조 설화, **전투신화**(combat myth), 열광적인 민족주의 이데올로기, 혹은 구원하는 폭력의 신화 등등 여러 가지로 불려졌다. 이런 신화의 특징은 폭력의 수단을 써서 혼돈을 이겨내는 질서의 승리다. 이런 신화는 가진 자의 최초의 종교요, "힘 있는 자는 항상 옳다!" (Might makes Right!)는 생각을 처음으로 명확히 표현한 것이다. 그것은 곧 **지배체제의 근본적인 이데올로기**다. 즉 신들은 정복자들을 편들어준다. 거꾸로, 누구든 정복하는 자는 신들의 편애(偏愛 favor)를 차지한다. 일반 대중들이란 왕, 귀족, 제사장들에게 신이 내린 권세와 특권을 유지해주기 위해서 존재한다.13) 종교는 권세와 특권을 합법적으로 보장하기 위해 존재한다. 삶이란

Press, 1975], 91-95). 그러나 왕이 수모를 당하는 동기는 확고하게 자리잡은 것이며 (Saggs가 증명하였듯이, 387), 우리의 목적을 위해서는 Dumuzi/Tammuz와 연관시키는 것이 아니라, 바로 이 점이 중요하다.

12) Ricoeur, *Symbolism of Evil*, 198.

13) 신화의 초기 판본들은 신들이 자신들의 새로운 세대를 생산함에 따라 세계가 자연히 형성되었고 자신들의 목적을 위하여 사물들을 만들어 내었다고 생각하였다. 세계는 사실상 살아있는 것이어서, 거룩하면서도 꾸준히 확대되며, 혼돈스러워 예측할 수 없는 것이었다. 또한 초기의 판본에서는 마르둑은 설사 그가 언급된 경우에도 최소한의 역할만 했다 (Joan O'Brien and Wilfred Major, *In the Beginning: Creation Myths from Ancient Mesopotamia, Israel, and Greece* [Chico, Calif.: Scholars Press, 1983], 10; Kragerud, "The Concept of Creation in Enuma Elish," 39-49). 다음 장에서 보겠지만, 민주정치로부터 전제정치에로, 창조의 유기적 견해로부터 전투와 살해로의 전환이 Riane Eisler가 *The Chalice*

곧 투쟁이다. 이런 신화에 의하면, 어떤 질서도 혼란보다는 낫다. 우리들의 세계란 완전하지도 않고, 또 완전하게 될 수도 없으며, 힘센 자가 상금을 차지하는 영원한 투쟁의 무대다. 이런 고대 역사적인 종교의 중심에는 전쟁을 통한 평화(peace through war), 힘을 통한 안보(security through strength)가 확신으로 도사리고 있다.

이런 신화는 본래 의도하지는 않았겠지만 또 다른 면을 나타내고 있는데, 즉, **남자들이 여자들 위에 군림**하는 힘을 얻기 위하여 치른 대가로, 그들은 지상의 지배자들 및 하늘의 신들에게 절대적인 예속(隸屬)을 하는 것이다. 여자들이란 무기력, 혼란, 무정부 상태와 동일시된다. "여자의 남자에 대한 관계는 자연의 문화에 대한 관계와 같다"라는 이데올로기는 가부장적(家父長的 patriarchal) 사회에서 여자가 종속적으로 되는 것은 자연스런 운명이라고 합리화한다.14)

이 원초적인 신화는 없어져버린 것이 아니다. 그것은 그 길고도 피 흘린 역사상 어느 때와 마찬가지로, **오늘날에도 여전히 도처에** 현존하여 열심히 신봉되고 있다. 내가 주장하는 바는, 이 원초적 신화가 현대 미국의 가장 유력한 신화(유태교나 기독교보다 훨씬 더 영향력이 있는)로서, 이 신화는 각종 공적인 생활의 중심에 폭력의 숭배를 소중히 모시고 있으며, 심지어 그 억압적인 폭력에 반대하는 사람들도 바로 똑같은 폭력적 방법으로 그것에 대해 반대를 한다는 사실이다.

현대 대중문화에서 구원하는 폭력이라는 신화

구원하는 폭력 신화가 우리들의 일상생활에 범람하고 있다. 우리는 그 안에서 흠뻑 젖어 있으면서도 이를 좀처럼 감지하지 못한다. 우리는 폭력의 신화가 현재 대외 정책, 민족주의, 냉전(冷戰 Cold War), 군사주의, 미디어, 그리

---

and the Blade(San Francisco: Harper & Row, 1987)에서 주장한 것을 확증한다.

14) Ruby Rohrlich, "State Formation in Sumer and the Subjection of Women," *Feminist Studies* 6/1 (Spring, 1980): 76-102.

고 텔레비전을 통한 전도 등에 영향을 주게 될 충격을 지금 살펴볼 것이다. 그러나 우선 가장 단순하고 보다 더 널리 보급된, 그리고 가장 영향력 있는 형태를 확인해 보아야 한다. 그 형태란 저마다 새로운 세대의 상상력을 사로잡고 있는데, 가령 어린이들의 4단 연재만화나 텔레비전의 만화 프로그램 등을 말하는 것이다.

구원하는 폭력 신화가 어떻게 표준적인 연재만화나 텔레비전 만화 프로그램을 구성하는가 알아보자. 어떤 불멸의 착한 사람이, 절대로 변화하지 않는 똑같이 불멸의 나쁜 사람에 대항한다. 어찌해서도 착한 주인공을 죽일 수는 없다. 비록 처음 연재만화의 3단까지는 주인공 남자가(매우 드물게는 여자도) 사슬에 매어 온갖 처절한 고난을 겪게 되지만, 어찌 어찌하여 풀려나서 그는 악당을 물리치고 질서를 회복하여, 다음 번 연재 순서까지는 그 질서를 유지한다. 결국 어떻게 해서도 그 나쁜 사람을 죽여 없애버려서, 다시는 나타나지 못하게 할 수 없다. 비록 그가 흠씬 혼나거나, 감옥에 처넣어 지거나, 물에 빠지게 되거나, 심지어 외계 공간으로 축출될지라도, 그는 역시 죽지는 않는다.

나는 폭력의 요소가 전혀 없는 프로그램을 언급하고 있는 게 아니라, 내가 보기엔 구원하는 폭력의 신화적 형태가 분명히 나타나는 이른바 "고전적"인 만화를 두고 하는 말이다.15) 예를 들어, Teenage Mutant Ninja Turtles, Superman, Superwoman, Mighty Mouse, Captain Marvel, Captain America, Green Hornet, Lone Ranger, Superfriends, Courageous Cat, Submariner, Batman and Robin, Roadrunner and Wily E. Coyote, Darking Duck, Tom and Jerry (이들 모두

---

15) 구원의 폭력의 신화적 구조에 예외적인 것으로는, Mickey Mouse, Donald Duck, Porky Pig, Woody Woodpecker, Dumbo's Circus, Ghostbusters, Davey and Goliath, Casper the Friendly Ghost, Archie, Deputy Dog, Howdy Doody, Laurel and Hardy, Muppets, Welcome to Pooh Corner, Bozo the Clown, Dennis the Menace, Smurfs, Pink Panther, Scooby Doo, Flintstones, Curious George, Heathcliff, Alven and Chipmunks, Cumby, Care Bers, Yogi Bear, 그 밖의 것들. 전투 신화를 예증하는 다른 폭력적 만화들로는 Bugs Bunny, Space Cadets, Daffy Duck, Hercules, Thor, Green Hornet, Top Cat, Thundercats, Buck Rogers, Captain Power, Spartakus, He-Man vs. Skeletor, Bionic Six, Brave Starr, Jem, She-Ra: Princess of Power, Superboy, Transformers, Silver Hawks, Centurions, Dungeons and Dragons, Brave Star, Saber Rider. 여기 목록이 전부는 아니다. 성적으로 포괄적이려고 하려는 시도는 여성을 단지 남성과 똑같은 폭력적 틀에 부어 만들어 내는 것을 뜻하였다.

미국 텔레비젼 만화영화들이라 번역하지 않고 이름 그대로 실었음 - 역자 주) 등등 많이 있다. 물론 이런 고전적 주제의 변형으로 나타나는 우스꽝스런 적수(敵手 Antihero)가 등장하여, 그들의 거드름을 떠는 불완전함이 오히려 영웅의 승리를 틀림없이 보증하기도 한다(Underdog, Super Chicken, the Banana Splits, Super Six, GoGo Gophers, Wackey Racers 등). 게다가 최근의 새로운 변종으로 악당이나 실패한 개인이 엄청난 괴물로 변하고 나서, 놀랍게도 좋은 일을 하는 경우도 있다(Super Man, The Hulk, Iron Man, the Herculoids 등등). 마치 진정한 영웅은 우리들 사회에서는 더 이상 출현하지 않기에, 그들의 선함은 공학기술의 진기한 변종(예컨대 전기충격이나 화학물질로)에 의해서만 생겨난다고 사람들이 믿고 있는 것 같다. 이런 모든 만화들은 아무리 정교하게 혹은 원래의 모습처럼 재생되어 나타날지라도, 그 신화적인 구조에 완강하게 의존하고 있는 것이다.

뽀빠이와 블루토(Popeye and Bluto)만큼 오래 동안 지속하며, 또 그토록 영향력 있는 만화도 거의 없을 것이다. 전형적인 한 단편을 본다면, 블루토가 소리소리 지르며 발버둥치는 뽀빠이의 여자 친구 올리브 오일(Olive Oyl)을 납치한다. 뽀빠이가 그녀를 구조하러 가지만, 거대한 블루토는 곁에서 올리브가 속절없이 손을 쥐어짜며 초조하게 지켜보는 가운데, 매우 작아진 대적자 뽀빠이를 형편없이 두들겨 패서 물리친다. 우리의 주인공은 바닥에 납작하게 되었고, 블루토는 올리브 오일을 강간하려는 마지막 위기의 순간에, 돌연히 뽀빠이의 주머니에서 시금치 깡통이 튀어나오고, 그의 입 속으로 시금치가 쏟아져 들어간다. 이 놀라운 은총의 힘을 주입 받아 변화를 받은 뽀빠이는 간단히 악당을 때려눕히고 사랑하는 여인을 구출한다. 이런 형식은 언제나 변함없다. 이런 부딪힘에서 어느 편도 무슨 새로운 통찰력을 얻거나 배우지 못한다. 즉 블루토는 폭력을 겪고 나서도 올리브 오일의 인간성을 존중하도록 배우지도 못하고, 뽀빠이 또한 거듭 얻어터지면서도 싸우기 전에 미리 시금치를 삼켜두도록 배우지도 못한다.

이름만 바뀌었을 뿐이다. 마르둑은 티아맛을 폭력으로 제압하고 물리쳤지만, 혼돈은 끊임없이 다시 등장하고, 따라서 매년 거듭되는 신년축제에서 하늘의 전투신화를 의식적으로 재현시킴으로써 혼돈을 저만치의 거리에 떼어놓고 지켜두는 것이다. 전투신화의 구조는 매주 텔레비젼 속에서 거듭 거듭 어김없이 반복된다. 즉 혼돈을 상징하는 강력한 힘이 공격해오고, 주인공은 방어적 전투에 나서고, 그러나 틀림없이 무참한 패배를 당하고, 악의 힘은 승리의 욕망달성에 만족하지만, 주인공은 무력화되어 도망을 치고, 결국 힘을 되찾은 후 다시 나타나 마지막 싸움에서 결정적으로 승리하고, 혼돈을 물리쳐서 질서를 되찾는다.16) 이런 오락성에 대하여 윌리스 엘리오트는, "**우주 탄생설**(cosmogony)은 **자아 탄생설**(egogony)이다. 당신은 모든 일들이 어떻게 탄생하였는가를 보고 이해함으로써 당신 자신이 탄생하는 것이다." 그러므로 "우주 탄생설을 통제하는 사람은 누구든 그들의 자손(子孫)들도 통제한다"17)고 지적했다.

텔레비전 만화영화나 만화책의 심리적 역동성은 놀랍게도 단순하다. 즉 어린이들은 착한 주인공에 자신들을 동일시함으로써 자신들이 착하다고 생각하게 한다. 이리하여 자기 자신들의 억눌린 분노, 폭력성, 반항, 갈망 등을 악당에게 뒤집어씌우고, 그 악당이 처음에 우세한 동안 자신의 악함을 즐겨보며 대리 만족을 얻는다(대체로 이 부분이 마지막 장면을 빼놓은 대부분의 시간을 차지하여, 보는 이로 하여금 자신의 어두운 면을 즐기는 충분한 시간을 제공한다). 착한 주인공이 마침내 승리하면, 지켜보는 자는 비로소 자신의 내적 충동을 통제하고 짓눌러둠으로써, 착한 면을 다시 회복한다. **영웅에게 자신을 동일시함**으로써 자신의 구원이 확증을 얻는다.

이런 구조는 변경될 수 없다. 즉 블루토는 단지 더 자주 패배 당하는 것이 아니라, 그는 언제나 패배 당해야만 한다. 그렇지 않으면 실제를 보는 이 전체 구도는 무너지고 만다. 착한 주인공은 언제나 이겨야만 한다. 수시로 돌출되어 솟아오르는 혼돈을 억제하기 위해서는, 이런 신화적 형태는 언제나 동일하게 끊임없이 반복되어야 하며, 수많은 모양으로 변형되어 나타날지라도 **그 근본구조는 결코 변할 수 없다.**18)

---

16) 만화의 구조에 대한 원형적인 특성은 왕에게 수모를 주는 동기를 포함한다는 사실에 나타난다. 만화가들 가운데 그들의 이야기의 뿌리가 옛 신화에 있다는 것을 알고 있는 사람들이 매우 적다고 나는 확신한다.(유일한 예외가 **Dungeons and Dragons**인데, 이것은 머리가 일곱 달린 **Tiamat**의 특징을 그린다!) 전투 신화는 인간의 심리에 다시 출현하는데, 왜냐하면 그것이 악과 겨루는 가장 편리한 수단이요 가장 노골적인 것이기 때문이다.

17) Willis Elliott, "Thinksheet," no. 2196, November 8, 1987

수퍼맨과 딕 트레이시(Superman and Dick Tracy)라는 연재만화는 독자나 시청자의 죄책감을 해소시키는 데 굉장히 성공적이었는데, 사람이 자신 속에 있는 사악한 모습을 다른 사악하고 때로는 일그러진 비인간적 희생양(속죄양: scapegoat)에게 뒤집어 씌워 이를 외면화하여 없애 버리는 것이다. 그런 악당이 처벌받는 것에서 사람들은 카타르시스(Catharsis 감정의 정화)를 경험한다. 즉, 그 악당의 길을 맹세코 부정하고, 공격적인 죄책감을 없애는 공격적이고 떠들썩한 잔치를 통하여 그 **속죄양**에게 모든 저주를 쌓아놓는다.19) 논리적으로 따지거나, 설득하거나, 흥정하거나, 혹은 외교적 완곡함 따위는 결코 장려되지 않는다. 절대적인 악과는 어떤 타협도 용납될 수 없다. 악은 완벽하게 제거되거나, 아니면 완벽하게 개심 전향(改心 轉向)되어야만 한다. 로버트 케네디(Robert Kenndy)가 암살당한 바로 다음날 딕 트레이시(Dick Tracy)가 말하기를(우연하게도 그 만화는 그 전에 이미 그려진 것이었는데), "악을 제압하기 위해 사용된 폭력은 황금이다"라고 했다.20)

---

18) 나의 여덟 살 먹은 손자와의 대화: "좋은 사람도 죽임을 당하는가?" 하고 내가 물었더니, "아니요! 절대로 아니요!" 하고 손자가 대답했다. "왜?" "그들은 매우 좋은 투사니까요." "나쁜 사람은 항상 지는가?" "그럼요." "왜?" "그들은 별로 좋은 투사가 아니니까요."

19) Arthur Asa Berger, *The Comic-Stripped American* (Baltimore: Penguin Books, 1973), 128. 상당히 오랜 동안 동화, 신화, 서사시, 소설, 그리고 종교적 신앙 등에 폭력이 중대한 관심이기는 하였지만 (Dante가 지옥을 환상적으로 그려내었듯이), 그것이 희극이나 만화에서 폭력이 주된 내용으로 된 것은 상당히 서서히 발전되어 온 것이다. 1920년대에 처음으로 나온 스물 두 개의 희극 중에서 오직 두 개 만이 주인공의 권력을 강조했다. 그러나 경제 대공황 시기에 그 비율은 스물 한 개중에 열두 개로 바뀌어졌다(Stephen M. Sales, "Authoritarianism," *Psychology Today* [November 1972], 140).

20) Robert Jewett과 John Sheldon Lawrence 는 이런 관점을 "폭력을 통한 재생"의 믿음으로 특징짓고 이를 "미국식 단일신화(American Monomyth)"라고 이름지었다. 그들은 이런 믿음이 문학작품, 씨네마, 만화, 텔레비젼 프로그램, 비디오 게임, 그리고 미국식 생활의 여러 부분에 두루 나타난 것을 놀랍게 추적해내었다. 그들은 다섯 가지의 서로 맞물린 아이디어들을 발견해 내었는데, 이들이 열광적인 국가주의의 미국식 단일 신화를 형성한다. 즉, 악은 음모를 통해 이루어진다는 이론; 선과 악의 극단적 정형화 및 이분화; 폭력이 최소한 잠재적으로라도 구원하는 성격이 있다고 신비화; 끝까지 해내는 자가 확률이 무엇이든 결국엔 이길 것이라는 확신; 용감한 구원자로서의 인물들을 찬양하는 것 등. Jewett의 *The Captain America Complex: The Dilemma of Zealous Nationalism*, rev. ed. (Santa Fe: Bear & Co., 1984); "Coming to Terms with the Doom Boom," *Quarterly Review* 4 (1984): 9-22; Lawrence 의 *The American Monomyth* (Garden City, N.Y.: Doubleday, 1977); "'Star-Trek' and Bubble Gum Fallacy," *Television Quarterly* 14 (1977): 5-16; "Beyond

만화나 희극의 영웅들은 그림자가 없다(참 인간이 아니란 뜻 - 역자 주). 즉 그들은 모두 불멸의 영원성을 갖고 있으며, 죽임을 당하지 않는다. 그들은 일상적인 유혹 따위로는 괴롭힘을 당하지 않으며, 고난에 빠진 귀한 처녀들을 유혹하지도 않고, 뇌물도 받지 않으며, 보수나 보상을 받지도 않고, 대체로 죄를 짓지 않고 산다. 원수를 사랑함이나 비폭력이란 생각이 낯선 일이듯이, 회개니 고백이니 하는 것들은 그들에게 낯선 것들이다. 애리얼 도르프만이 말했듯이, "외로운 방랑자(The Lone Ranger) 그 자신은 단 한 점도 내적인 모순이나 갈등을 갖지 않는다."21)

슈퍼맨(Superman)도 사람들의 신념이나 가치관을 재평가하도록 도전하지 않으며, 혹은 사람들을 변화의 고뇌 속으로 노출시키지도 않는다. 그는 단지 주어진 환경을 교묘히 조작할 뿐이다. 악당들은 외부의 캄캄한 세계 속으로 내몰리기는 해도, 악의 속박으로부터 자유롭게 구원되거나, 혹은 참된 인간됨으로 회복되지도 않는다.22)

수퍼맨(Superman)처럼 신적인 권능을 갖고 있지 못한 **배트맨**(박쥐인간 Batman)은 현실참여의 헌신으로 보상한다. 즉 그의 부모님을 살해한 자들에게 원수를 갚으려고 다짐하기를, "내 남은 생애동안 모든 범법자들과 싸우겠

---

the Pornography of Violence," *Religion in Life* 46 (1977):357-63; "The Problem of Mythic Imperialism," *Journal of American Culture 2* (1979): 309-20; 그리고 "*The Fantasy in Civil Religion: Assassinations and Mass Murders in the Media Age*," *Mission Journal* 17 (1983): 72. 나는 이 장의 골자를 1969년 Union 신학교에서 있은 강연에서 다루었는데, 그 때는 Jewett가 비슷한 주제를 훨씬 더 자세히 발전시키고 있었음을 몰랐다.

21) Ariel Dorfman, *The Empire's Old Clothes* (New York: Pantheon Books, 1983), 97. The Lone Ranger and Tonto는 폭력의 주제에 대하여 흥미 있는 여러 가지 변화를 제공하는데, 그들은 사악한 사람을 설득, 심지어 때로는 개심(改心)시킴으로써 폭력을 지연하려고 노력한다. Lone Ranger가 총을 쏠 때는, 악당의 손에서 권총을 맞춰 떨어뜨리게 하지, 죽이려고 하는 것은 아니다. 그러나 개심(改心)하는 것은 인디언의 땅을 돌려주거나, 철도 레일을 철거하거나, 서부의 군인 캠프를 해체하거나, 인디언들을 수용소(완곡한 말로 "보호구역 Reservation"이라고 불렀는데)에서 놓아 보내거나 하지는 않는다. 그건 단지 "야만인들"(Savages) 위에 군림하고 혼란스러운 서부를 착취하기 위한 백인들의 "법과 질서"(law and order)를 고친다는 뜻일 뿐이다. 악당들은 오직 두 가지 선택이 있을 뿐인데, 원수들의 규정을 합당하다고 받아들이고 소동을 피우지 않거나, 혹은 총에 맞아 죽는 것이다. Dorfman의 67-131 을 보라.

22) John T. Gallaway, Jr., *The Gospel According to Superman* (Philadelphia: A. J. Holman, 1973), 93; Dick Davis, "Intervention," unpublished paper, p.4.

다"라고 한다. 한 마디로, 그는 자경단원(自警團員 자체경비단)이 되겠다는 것이다. 그는 경찰서장과 대화가 잘 통한다. 그러나 "어깨망토를 걸친 십자군"(The Caped Crusader)은 자신을 범죄 소탕자로 스스로 명명한 역할에 대하여 어떤 누구에게도 그 책임을 지지 않는다. 그의 맹세는 거룩한 맹세요, 모든 악의 해충과도 같은 자들을 향하여 거룩한 전쟁을 벌이지만, 그의 동기는 관대한 마음에서 우러나온 것이 아니라, 오직 원수를 갚는 것이다.23)

이런 점에서, 배트맨은 적법한 절차를 따라 해결하기보다는 한바탕 총싸움으로 오랜 숙원(宿怨)을 푸는 서부(西部)의 **총잡이**와 비슷하다. 소설이 잘못 그려내는 거친 서부에서 거의 무정부적인 상황을 압도하기에는 실로 법이란 무력하고 의심스러운 것이었다. 총잡이들은 사건을 자신들의 손으로 해결해야 하고, 마찬가지로 도시의 무정부적인 혼란한 상황에서 일단의 포위된 시민들이 마침내 악한들과 폭력강도들에 대항하여 들고일어나서 총으로 정의를 행사한다(영화 Dirty Harry와 실제로 뉴욕의 지하철에서 강도들에게 총을 발사한 Bernard Goetz처럼).

로버트 쥬에트(Robert Jewett)가 지적했듯이, 이런 **자경단 정신**(Vigilantism 自警團)이란 민주주의 기관에 대한 불신, 민주주의의 희망에 기본적인 시민 책임과 인간의 지성에 의존하기를 거부하는 배신이다. 그것은 일반 대중들이 수동적이고 현명하지 못하며, 악을 분간하지 못하고, 합리적인 대응을 할 수 없는 존재들로 본다(영화 High Noon에서처럼). 공공적인 수단이란 마땅한 것이 못되기에, 결국, 메시아, 그것도 무장한 구원자, 민주기관의 법적 구속을 넘어서는 개성과 확신의 능력을 가진 자, 그래서 악당이란 인물로 쉽사리 표현된 **악으로부터 우리를 구원해 줄 메시아**를 필요로 한다는 메시지가 된다.

이들 자경단원들은 무법(無法)을 권장하지 않으면서도 실제로는 법을 자신들의 손에 쥐고 우리를 구원한다. 즉 그들은 사람을 죽이고 그리고는 마을을 떠남으로써 우리들의 죄의식을 없애준다. 그들은 공동체의 건강을 위하여 헌신적이고 지대한 관심을 보여주지만, 애매모호한 정치적 결정을 취급하거나, 시민이 지켜야할 것들을 실천할 필요가 없다. 그들은 어떤 직책을 위해 선거에 출마하거나 투표를 할 필요도 없다. 그들은 우리들 속에 공정

---

23) Berger, *Comic-Stripped American*, 161

한 정의에 대한 지극한 사랑을 불타오르게 하지만, 실제로 이를 실행하기 위해서는 법적인 절차와 과정 대신 개인적 복수(復讐)의 방편을 택한다.24)

우리들의 폭력적인 구원자에 의하여 무죄한 사람이 죽임을 당할 가능성을 제거하려고, 악당이 먼저 총을 뽑게 하거나 혹은 매복하여 사격을 가하게 한다. 악당은 검은 옷을 입고, 햇볕에 탄 얼굴에, 면도하지 않은 채로 지저분하게 보이고, 그의 인간성은 시청자들의 동정을 유발하지 않도록 의례 그러려니 한 전형적인 모습으로 등장한다. 사회의 추악한 면모를 정화하기 위하여 그런 악질적인 자들은 마땅히 죽임을 당해야만 한다. 관중들은 타인의 죽음에 슬픔을 느끼기는커녕 오히려 즐거워한다.25) 그런 악당들은 민주적 절차로 다루어질 수 없다. 왜냐하면 그들은 원초적으로 티아맛의 초월적 능력을 지닌 자들이라 너무도 강력하기 때문이다. 그토록 강력한 공포를 지닌 자는 백마(白馬) 위에 올라탄 복수자 마르둑이 나서서 맞서야 한다.

민주적 방식을 떠받들기보다는 대중문화의 강력한 **초영웅의 방식**을 택하는 것은, 보다 단순한 해결책을 그리워하는 향수를 반영하는 것이다. 유죄 판결을 받기까지는 범인은 무죄라고 인정되어야만 한다는 신념이나, 헌법이 보장하는 체포 구금의 적법한 절차를 그들은 무시한다. 그 대신 우리가 보는 것은 문명사회의 지루한 절차에 대하여 참지 못하는 조급성의 증대와 폭력적인 해결 방식을 선호하도록 안절부절못하는 열성이다. 재판정에서 관료적 형식주의나 거드름피우는 모습이나 늑장을 부리는 꼴을 보는 대신, 즉결처분의 정의를 선호한다.26) 따라서 문제를 해결해줄 메시아적 구원자를 갈망하는 것은, 본질적으로 전체주의적 환상(a totalitarian fantasy)이라고 할 수 있다.

이 신화는 완벽한 세속적 이야기의 가면을 쓰고, 그 이야기들을 반복하는 사람들조차 깨닫지 못하는 사이에, 문자 그대로 스스로를 재삼재사 되풀이하고 있다. "**조오스**"(Jaws)라는 영화를 예로 들어보자. 바빌론 신화에서, 마르둑은 티아맛 위에 그물을 씌우고, 티아맛이 입을 열어 마르둑을 삼키려고

---

24) Jewett and Lawrence, "Fantasy Factor in Civil Religion," 73; *American Monomyth*, 196, 210-11, 215; Jewett, *Captain America*, 94-95.
25) Ibid.
26) Marshall McLuhan, *The Mechanical Bride*, cited by Berger, *Comic-Stripped America*, 158.

하자, 독한 바람을 강하게 불게 하여 티아맛이 입을 닫지 못하게 하고는, 화살을 그 속으로 날려 뱃속 깊이 꿰뚫고 들어가게 한다. 티아맛이 죽고 나니 질서를 되찾게 되고, 공동체는 구원하는 폭력에 의하여 구조된다. 영화 "조오스"에서는 브로디(Brody) 경사가 보통 상어보다 3분의 1은 더 큰 상어와 맞서게 된다. 그 상어에 대하여 예고하기를, "그건 마치 자연이 가진 모든 악랄한 힘을 모아 단 하나의 존재에 집중한 것과 같았다"라고 말한다. 브로디 경사는 공격해 오는 상어의 목구멍 속에 산소탱크를 발로 차 넣고, 총알을 쏴서 그 탱크를 폭발시켜버림으로써 강력한 바람을 상어의 뱃속에 불어넣어 파열시켜버린다. 브로디 경사는 초영웅이 되고, 혼란은 진정되며, 그 섬은 관광객들의 천국을 되찾게 된다.27)

아니면, **스파이 공포 영화**를 예로 들어보자. 자기의 나라를 위한 봉사를 이유로, 스파이는 살인, 유혹, 거짓말, 도둑질, 불법잠입, 법원의 명령 없는 전화도청, 다른 말로 기독교 문명의 가치를 보호하기 위하여 필요한 것이면 무슨 짓이라도 할 수 있도록 허가된다(제임스 본드 영화나, Mission Impossible 등). 이런 유형은 레이건(Reagan) 행정부 아래에서 올리버 노스(Oliver North) 중령과 그 동료들에 의하여 이란-콘트라(Iran-Contra) 작전에서 문자 그대로 실행되었다(1979년에 니카라과의 소모사 독재정권을 전복시키고 출범한 혁명정부인 산디니스타 정권을 전복시키기 위해, 미국은 소모사 잔당들을 중심으로 한 게릴라 부대인 콘트라를 비밀리에 지원하려고, 이란에 무기를 판매한 대금을 국고에 입금시키지 않고 몰래 빼돌려 콘트라를 지원했다 - 역자 주). 이들은 국회와 미국 국민들에게 거짓 보고를 했으며, 아마도 그들의 대통령의 결정과 중대한 정보를 감추었고, 그들의 모험적 활동을 지원하기 위하여 마약을 파는 것을 눈감아주면서 재정을 충당하였을 것이다. 이런 모든 활동을 민주주의적 규정과 공공에 대한 책임에 위배되는 과격한 애국심의 이름으로 자행한 것이다.

이에 대한 기본적 태도는, "Get Smart"(스마트를 잡아라!)라는 스파이 스릴러(thriller 모험 영화)의 우스개로 나타난 에피소드에 잘 집약되어 있다. 그 영화를 본지 몇 십 년이 지났지만 내가 회상키로는, 마지막 장면에서 악한은 속임수에 빠져 탄알이 든 담배를 물고 피우다가 그것이 폭발하자 벼랑 끝에서

---

27) Jewett and Lawrence, *American Monomyth*, 157

아래 있는 바위로 떨어져 죽었다. 그것을 지켜 본 99번 에이전트(행동 대원)는 놀래서 한 마디 하기를, "이봐, 맥쓰(Max), 때때로 난 우리가 사람들을 죽이는 데 있어서 저들 나쁜 놈들과 다를 것이 없다는 생각이 들어." 이에 대하여 스마트(Smart)는 대꾸하기를, "어이, 99번, 너도 알다시피, 우리는 이 세상의 모든 선한 것을 지켜내기 위하여 죽이고 파괴할 수밖에 없어." 그런데, 99번과 스마트(Smart)가 매주 싸우고 있는 상대는 누군가? 카오스(KAOS: chaos를 연상시키는 이름 - 역자 주)라는 국제 범죄 조직이다. 그럼, 그들은 누구를 위해 일하는가? 콘트롤(CONTROL)이라는 사람을 위하여 일하고 있다.

이런 신화적 원형은 공공 시청각 매체뿐만 아니라 실제로 역사 속에서도 재현되고 있다. 1960년대에 국내 반대파들을 붕괴시킬 목적으로 한 CIA(미국 중앙정보국)의 비밀 계획을 하원의원 레스 애스핀(Les Aspin)이 폭로하기도 했다. 비록 그 작전이 법에 의하여 명백히 금지되어 있음에도 불구하고, 불의에 항거하려는 그룹과 기관으로서 합법적 반전(反戰)운동을 벌이는 단체들을, 이런 감시 작전이 완벽하게 침투하여서, 그들을 음흉한 수단으로 훼손시키거나 혹은 폭력을 조장하기도 하였던 것이다. 이 작전 계획의 이름은 OPERATION CHAOS(혼란 작전)이었다.28) 역사 그 자체가 신화처럼 되었다.

어떻게 이런 고대의 원형적 구조가 현대의 세속화되고 과학적인 문화에서도 여전히 그런 힘을 소유할 수 있단 말인가? 시청자의 흥미가 프로그램을 결정하는 미국식 기호 덕분에, 만화, 텔레비젼 쇼, 코메디, 영화 등의 이야기 흐름이 신화적인 단순성의 최저 공약수를 싸고돌게 한다. 주요 시청각 매체의 프로그램 수석 감독자에게 그 매체의 프로그램을 결정하는 사고(思考) 과정에 대하여 물어보았더니, 대답하기를, 사고 과정 같은 건 아예 없고, 텔레비젼이나 영화 제작자는 인기도를 조사하는 기관에서 가장 즉각적으로 이익을 남길 작품을 말하는 대로 프로를 만들어 낸다는 것이었다.29) 몇몇

---

28) *New York Times*, August 7, 1975, 16. 신화로서의 역사의 다른 괴상함은, 오스트리아(Austria)에서 군인양성학교를 처음 연 Baron de Chaos (Alfred Vagts, *A History of Militarism* [New York: W.W. Norton, 1937], 54).

29) Michael N. Nagler, *America Without Violence* (Covelo, Calif.: Island Press, 1982), 27. CBS 방송은 토요일 아침 만화에서 이런 슬로건을 자랑스럽게 선언하였는데, "Where kids rule(아이들이 다스리는 곳)."

매우 중요한 예외들(Mr. Rogers, Captain Kangaroo, Sesame Street, 그리고 몇몇 유익한 만화들. 주 15번 참조)을 빼놓고는, 연예 산업은 어린이들이 좋아해야 할 작품들, 즉, 고귀한 가치, 윤리적 표준, 정직함, 진실성, 상호 돌봄, 책임성, 인격의 고매함 따위를 함양하는 그런 작품들은 재료들을 만들어 내지는 않는다고 한다. 그 대신, 어린이들이 좋아하는 것이 무엇인가가 그들을 위한 작품을 결정한다. 구원하는 폭력이란 신화는 이 세상이 알고 있는 악을 원시적으로 묘사해내는 가장 단순하고, 게으르며, 가장 손에 땀을 쥐게 흥분시키며, 복잡하지 않고, 비합리적인 것이다. 게다가, 악에 대한 관심은 거의 모든 현대의 어린이들이(특히 남자아이들이) 그들의 성장과정에서 사회적으로 길들여지는 방향으로 되어 있다. 새로 일어나는 제국(帝國)의 도정에 건널목으로 누워 있었던 신화가 그런 사회에서 각 개인들이 육성되는 과정에도 똑같이 누워 있다. 즉 어린이들은 이런 단순한 실재의 관점에 공명하도록 문화적으로 강화된 자극과 역할 모델(role model)에 의하여 피동적으로 인도되어, 이런 신화적 구조를 선택하고 만다. 이런 도처에 있는 현상은 바빌론 제사장들이 이라크(Iraq) 석유를 판 돈으로 비밀리에 사버린 대중 매체 조작의 결과가 아니라, 지배체제(Domination System)가 끊임없이 강화시킨 가치관의 작용으로 일어나는 것이다.30)

어린이들이 일단 지배자들 사회의 기대에 순응하도록 길들여지면, 그

---

30) 만일 전투 신화의 기본적인 형태가 악의 문제의 첫 번째 해결 방안으로서 오늘날에도 지배 사회에서 어린이들에 의하여 발전적으로 되풀이되고 있다면, 그러면 그것이 전 세계에서 폭력을 발생시키는 행동을 특징으로 하는 다양한 신화들 속에 나타난다고 할 것이다. 실제로 그렇다. Sue Mansfield는 여러 문화들 속에서 전투 신화들을 찾아보았다. 예를 들어, 남미의 Yanomamo 족은 달의 요정(月精)이 어린이들의 영혼을 먹어치우기를 좋아한다고 말한다. 두 형제가 그 요정을 화살로 쏘았다. "그 요정이 땅에 쓰러져 넘어지자 그의 피가 사람들로 변화했다"고 신화는 말한다. 여기 혼돈이 정복되고 인간의 생명이 폭력 행위로 시작될 뿐만 아니라, 인간의 전쟁을 좋아하는 성격이 설명된다. "왜냐하면 그들의 근본이 피에 있기 때문에, 그들은 격렬하고 계속하여 서로 전쟁을 한다." (*The Gestalts of War* [New York: Dial Press, 1982], 56). 몇 개만 이름을 대어보면, 남아프리카의 Hottentots 족, 미국의 남서부 Apaches 족, Chiricahua 족, Papagoes 족, 그리고 인드라(Indra)가 브리트라(Vritra)를 격퇴시키는 이야기를 쓴 베다의 시인들(Vedic Poets), 이들 모두는 혼돈과 파괴의 힘들을 폭력적 행위를 통하여 정복한 신들이나 문화적 영웅들을 말하고 있다. Mansfield 에 의하면, 그런 신화들은 거의 모든 지배 사회에서 문화의 유산들로서 끊임없이 반복될 수 있다.

들은 모든 악이 자신들 밖에 있다고 믿는 욕구를 벗어나지 못한다. 커서 어른이 되어서도, 그들은 이 세상의 모든 잘못된 것들에 대하여 남들을 **희생양**(犧牲羊 scapegoat)으로(빨갱이들, 미국놈들, 동성애자들, 비동성애자들, 깜둥이들, 흰둥이들 등등) 삼는 경향이 있다. 그들은 자신들의 행복감의 사회적 기준을 고수하고, 자기네 그룹의 집단적 정체성에 계속하여 의존한다. 텔레비전 폭력에 대한 일종의 집단적 숭배 차원이 있는데, 이것은 집단적인 생각들을 의례(儀禮)로 지킴으로써 대중들에게 그 집단의 가치를 재 강화시키는 것이다.31) 대중매체, 즉 사람들이 남을 희생양으로 삼는 유아기적 태도(Infantilism)를 넘어서서 성숙해 가도록 매우 유효하게 도와 줄 수 있는(실제로 가끔은 그렇지만) 대중매체가, 구원하는 폭력이란 신화를 조장하는 주동자가 되고 있다는 사실은 참으로 비극적인 일이다.32)

기독교의 주일학교들이 점차로 축소되어 가는 시대에서는, 구원하는 폭력이라는 신화가 종교의 역사에서 그 어느 것보다도 **철저하고 효과적인 종교적 길들이기의 방법**으로서 어린이들이 자발적으로 묵인하고 받아들이는 것으로 되었다. 여러 가지 어림잡은 평가가 있지만, 보통의 어린이가 18살이 되기까지 대략 3만 6천 시간 동안 텔레비전을 시청하는데, 그러자니 1만5천 건의 살인 장면을 보게 된다고 한다.33) 매일 저녁 황금시간대의 프로그램에서, 어린이들은 대략 16번 폭력의 장면을 보게 되고(그 중 2개는 살인 장면), 주말이면 그 폭력 장면은 거의 두 배로 늘어난다(30회). 16살이 되기까지 보통의 어린이는 학교에 가는 시간과 같은 양의 시간을 텔레비전 앞에서 보내게 된다.34) 어떤 교회나 유태인 회당에서 어린이를 상대로 하는 교육에서, 시간

---

31) Andrew J. McKenna, "The Law's Delay: Cinema and Sacrifice," *Legal Studies Forum* 15/3 (1991): 199-213.

32) 어린이들에게 텔레비전이 미치는 영향에 관심이 있는 부모들은 어떤 쇼를 어린이들이 시청하는가를 아주 일찍부터 감시함으로써 폭력이 길들이는 효과를 최소화할 수 있다. 만일 시청 시간을 하루에 30분 혹은 한 시간으로 제한하면, 어린이들은 그들 자신의 판단력을 발전시키지 않을 수 없을 것이다. 텔레비전 폭력에 대한 비도덕적인 토론을 가족들 간에 벌인다면, 그들의 비판적인 능력을 향상시키는데 도움이 될 것이다. 부모들은 가령 이런 질문을 할 수도 있을 것이다. 즉, "왜 저들은 꼭 싸움을 통해 문제해결을 하는가? 왜 저들은 우리처럼 말로 하지 않는가?"

33) *U. S. News and World Report*, October 27, 1986, 64.

적으로나 질적으로 감히 구원하는 폭력이라는 신화에 대등하게 맞설 수 있으리요? (흔히 하는 "어린이 설교"를 생각해보면, 아예 비교조차 안 된다.)

어린이들을 이토록 전적으로 교화(敎化)시키는 능력에 있어서, 어떤 종교라도 감히 구원하는 폭력이라는 신화와 경쟁할 수 없을 정도로 뒤떨어진다. 아주 일찍부터 어린이들은 인간의 갈등을 해결하는 궁극적 수단으로서 폭력을 그려내는 것에 시달린다. 그 신화에 포화상태가 되는 것은 사춘기의 마감으로 끝나지 않는다. 폭력을 숭배하는 거국적 유행에는 사춘기에서 성년으로의 통과 의례도 없고, 오히려 수년에 걸친 성인 영화와 텔레비전에로 순응만 있을 뿐이다. 물론 모든 어린이용, 혹은 성인용 프로그램이 폭력에 근거한 것은 아니다. 실상은 이런 신화의 단순성들보다 훨씬 더 복잡하여, 보다 성숙한 정신들이 보다 교묘함, 미묘한 차이, 복잡한 표현을 요구한다. 그러나 많은 성인들이 매일의 험난한 현실로부터 도피하기 위하여 고개를 돌리는 저속한 속임수들 밑바닥에는 전투신화의 기본적 구조가 깔려있다. 즉, 첩보원 스릴러, 서부극, 경찰 영화, 그리고 전투 프로그램 등이 그런 것들이다. 마치 우리가 매일 매일 겪는 삶과는 반대되는 사실들의 홍수에 묻혀, 너무도 많은 구원하는 폭력을 구경하여서, 마침내 진짜의 현실은 그토록 단순한 것처럼 된다.

올바른 도움을 힘입으면, 어린이들은 구원하는 폭력이라는 신화의 단순성들을 벗어나게 될 수도 있을 것이다. 소년들이 그런 폭력을 초월해야 할 때쯤이면 즉시 더욱 강력한 폭력의 공세에 – 그런 폭력이란 너무도 드러난 것, 너무도 성적(性的)으로 가학적(sadistic)이라서, 텔레비전에서도 보여줄

---

34) William F. Fore, "Media Violence: Hazardous to Our Health," *Christian Century* 102 (Sep. 25, 1985): 836. 조사에 의하면 텔레비젼 폭력의 양은 1980년 이후 주말에만도 50%나 증가했다는 것이다. 고려할 것은 미국 가정의 99%가 텔레비전을 갖고 있으며, 평균 시청자들이 하루에 6시간 이상씩 시청한다는 점이다 (Kenneth Curtis, "Telecult: How the television culture has become our real religion," Gateway Films, Valley Forge, PA 19481). 텔레비젼을 많이 보는 사람들은, 그들의 교육이나 경제적인 수준, 성별, 연령에 관계없이, 텔레비젼을 적게 보는 사람들보다 훨씬 더 불안과 염려를 느낀다고 한다. 두려움을 느끼는 사람들은 보다 더 의존적이고, 더 쉽게 통제되고 조작되며, 그들의 불안을 해소해 준다고 약속하기만 하면, 억압을 받아들이고 심지어는 환영도 한다(ibid.). 마르둑(Marduk) 식의 해결 방식은 절대적인 독재자에게 권력을 집중한다. 민주주의보다 더 체제전복적인 메시지는 없다.

수 없는 정도의 것으로 – 휘몰리게 되는 데 **현대의 비극**이 있다. 내가 말하는 것은, 점차로 잔인한 만화책들, 비디오 게임들, 그리고 가정용 비디오들의 새로운 물결을 두고 하는 말이다. 최근에 나는 쇼핑 몰에 있는 만화방을 구경하면서 한 시간을 보냈는데, 내 눈에 들어온 것들로, The Uncanny X-Men, Swamp Thing, War of the Worlds, The Warlock Five, The Avengers, The Spectre, Shattered Earth, Scout, War Shaman, The Punisher, Gun Fury, The Huntress, Dr. Fate, The Blood Sword 등등이 보였다. 우리의 파국적 종말을 획책하는 자들에 대항하여 우리를 보호할 수 있는 유일한 수단은 폭력을 도입하는 것뿐이라는 과장된 시각을 공급하는 것들로 온 상점이 가득 차 있다. 그리고 그런 것들을 읽는 사람들은 거의 소년들이다. "지난 10년 간, 만화들은 진부한 말 주고받기나 교묘한 계책 따위는 다 내버리고, 꾸준히 무자비한 폭력의 음식만 제공하게 되었다."35)

마찬가지로, The Texas Chain Saw Massacre, The Evil Dead, Zombie Flesh-Eaters 등의 비디오 공포영화들은 잔인함을 창출해내는 새로운 수준을 이룩하였다. 이들 **"성인 영화"**로 규정된 홈 비디오(가정용 비디오)들은 7살, 8살배기 영국 어린이들의 1/4이 시청하였고, 10살짜리들은 자기 집에서가 아니면 친구의 집에서라도 거의 절반이 이를 시청하였다. 많은 아이들이 이런 영화에서 처음으로 완전 노출된 성행위(sex)를 보게 되고, 그것도 강간을 하고, 그리고 나선 목을 베거나 사지를 절단하거나, 심지어 식인(食人)을 하는 형태를 보게 된다. 비디오 폭력을 모델로 하여 범죄를 저지르는 경우가 놀라울 정도로 잦다.36)

만일 그런 프로그램들이 필요한 폭력의 카타르시스(감정 정화)를 제공하기만 한다면, 그런 것들도 괜찮을지 모른다. 그러나 1984년에 행한 700 차례

---

35) Joe Queenan, "Drawing on the Dark Side," *New York Times Magazine,* April 30, 1989, 32-34, 79, 86. 나는 어떤 남자들이, 혹은 일반적으로 남자들이, 유전자 발생론적으로 여자들보다 폭력적이냐는 질문에 대해선 언급하지 않겠다. 설사 그렇다고 할지라도, 유전자가 운명은 아니다. 우리를 인간으로 만드는 중요한 부분은 유전적으로 주어진 것을 극복해 가는 투쟁에 달렸다.

36) Geoffrey Barlow and Alison Hill, eds., *Video Violence and Children* (New York; St. Martin's Press, 1985), 67. 여자를 폭력적으로 죽이고 그 사지를 잘라버리는 것이 마르둑(Marduk) 신화의 중심적 특징임을 기억하라.

조사 연구 및 그 이후에 행한 조사에서도, 거의 모두가 비디오 폭력이 청소년들 자신들이 심각한 폭력을 행사하는 정도를 증가시키도록 영향을 미쳤다고 결론지었다.37) 과거에는 악한들은 바람직하지 못한 모델로 그려지곤 했기에, 모델이 비인간적일수록 그만큼 모델의 행동을 흉내내는 일이 약화되었다. 마르둑은 인간 비슷한 존재였고, 티아맛은 손이 7개나 달린 괴물이었다. 그러므로 마르둑은 더 많은 사람들이 자신과 동일시하려고 했다. 그러나 비디오에 나오는 전적인 악한으로 그려지는 실제 인물은 옛날 신화나 요정(妖精) 이야기에서라면 동일시하기를 적극 기피할 인물이었지만, 이제는 비디오에서 동일시하도록 초청한다.

프로그램들이 매우 가까운 인간관계에서 폭력을 보여주는 정도만큼, 그리고 법과 질서를 유지하기 위하여 착한 사람들이 폭력을 저지르거나, 호의적인 폭력을 특색으로 삼는 정도만큼, 그런 프로그램들은 실제 폭력적 행동을 자극하는 것 같다. 폭력이란 대체로 배워서 얻는 **후천적** 행동이다.38) 공상 이야기와는 달리, 이들의 잔인성은 어떤 멀리 떨어진 환상의 땅에서 이루어지는 장난같은 흉내 정도로 실행되는 것이 아니라, 후미진 뒷골목, 기찻 간, 침실, 가정 등 친숙한 환경에서 저질러지는 것이다.39) 어머니 무릎에 앉아서 "그들은 농부의 아내를 쫓아갔는데, 그녀는 고기 베는 칼로 그들의 꼬리들을 잘라 버렸다네" 하고 노래하는 아이와, 부모가 일터에 나가고 집에 없는 동안 홀로 집에 남아서 여자 어른의 모가지가 잘려지는 실제 그대로의 광경을, 그것도 살해자의 시각에서 보고 있는 어린이 사이에는 엄청난 불연속의 간격이 있는 것이다.

---

37) Ibid. 최근 교사들의 조사에 의하면, 요즘 Teenage Mutant Ninja Turtles가 크게 유행하여, 교실에서 반사회적이고 폭력적인 행동을 북돋우고 있다고 한다. "Ninja Turtles 가 어려움을 돌파하는 방식은 서로 골탕을 먹이고 서로 두드려 패어서 해결한다"고 한 교사가 평했다. 응답자들의 95 %가 답하기를 공격적인 행동은 Turtles(거북이들)의 성격과 관련이 있다고 예를 들었다. 영웅들이 원수들을 두드려 패는 것에는 하등 새로울 것이 없지만, Turtle 장난감에서부터 도시락 모양에 이르기까지 극성스런 시장조작(마케팅)으로 인하여 생후 18개월 된 어린이에서 10살짜리에 걸쳐 Turtles에 강박적으로 사로잡혀 있게 만들었다고 조사의 결과는 말한다.

38) 제2장, pp. 33-34를 보라.

39) Barlow and Hill, *Video Violence and Children*, 89.

무엇보다도 견디기 어려운 것은, 이런 비디오 필름의 대부분은 선과 악의 대결, 그래서 나쁜 놈은 결국 착한 사람에게 정복되고 마는, 오랜 세월의 전통을 보여주지 않는다는 점이다. 그 대신 우리가 발견하는 바는 훨씬 노골적이어서, 간단히 말해, 순전한 악이 저지르는 폭행이다. 이는 곧 마르둑 없는 바빌론 종교요, **구원이 빠진 신화**다. 구원하는 폭력을 대신하여 폭력 그 자체가 목표인 것이 등장하니, 그 목표란 질서와 구원을 추구하기 위하여 폭력을 사용하는 종교가 아니라, 폭력 그 자체가 궁극적 관심, 만능 약, 기분 좋은 자극, 중독성 도취, 관계의 대용물이 되는 종교인 것이다. 폭력은 더 이상 더 높은 선, 즉, 질서를 얻기 위한 수단이 아니라, 폭력 그 자체가 목표가 되어버렸다.

교사들은 어린이들에게서 폭력이 증가하고 있음을 보고하는데, 정정당당한 게임을 거부하고, 더 잔인한 행위, 예전에는 감히 생각조차 못한 언어 및 육체적 공격을 교사들에게 퍼붓는다. 두 소년 사이의 주먹싸움으로 대결하는 대신 땅에 쓰러진 한 어린이를 여럿이 둘러싸고 발길질로 걷어차는 것이나, 강한 자가 영웅이 되고, 약한 자는 강제로 악한이 되는 놀이로서 비디오 폭력을 흉내내는 게임들이 곧 그것이다.40) **"우리들은 지난 세대와는 다른 가치관을 지닌 어린이들의 세대를 만들어 내기 시작 한다"**라고 『비디오 폭력과 어린이들』(*Video Violence and Children*)라는 책을 쓴 저자들이 결론지어 말했다.41)

아마도 우리는 역사상 폭력의 강도에 있어서 여러 차례 오르내린 것들 중 하나를 증언하고 있는 것이리라. 예전에는 폭력이 장기간에 걸친 그리고

---

40) Ibid. 152-58

41) Ibid. 152. 나는 검열제도를 지지하지 않지만, 그러나 어린이들에게 제공되는 폭력의 수준을 감소시키기 위하여 상품불매 운동을 사려 분별 있게 사용하는 것이 필요하다고 여긴다. 소년들을 대상으로 한 두 가지 텔레비젼 폭력적인 쇼우, "Friday the 13th"와 "Freddy's Nightmares"의 불매운동에 대한 정보를 위해서는, National Coalition on Television Violence, Box 2157, Champaign, IL 61824 에 연락해 보라. 시청등급의 국가연합회의(National Association of Rating Boards)에는 도움이 될 뉴스레터가 있다. 전쟁 장난감에 대한 관련된 현안에 대해서는, Nancy Carlson Paige and Diane Levin, *Who's Calling the Shots? How to Respond Effectively to Children's Fascination with War Play and War Toys* (Philadelphia: New Society Publishers, 1991)을 보라. 전쟁 장난감 판매를 금지하자는 캠페인(운동)은, War Resisters League, 339 Lafayette, New York, NY 10012에 연락하라.

매우 공공적인 것이었다. 즉 사형집행을 하는 것을 온 도시가 나서서 구경하였다. 아마도 어떤 사람들에게는 폭력은 언제나 그 자체가 목적이었다. 보다 평등한 가치들이 이루어지면 점차로 폭력이 감소하리라고 기대하는 것은 너무도 순진하리라. 오히려 그 대신 그런 가치들이 무자비한 반응을 불러일으킬 것이다. 성경의 복음서들은 지배의 시대가 마침내 끝나려고 하자, 오히려 폭력은 감소하기는커녕 증대할 것을 기대하고 있다. 그러나 우리가 아직 발전시키지 못한 구원하는 폭력이라는 신화의 중요한 면이 있으니, 곧 국가 간 갈등을 유지하는 데 공헌하는 점이다.

구원하는 폭력과 국가안보체제

모든 시대에서 구원하는 폭력이라는 신화는 폭력을 통하여 힘 있는 자들과 특권을 누리는 자들을 떠받쳐주기 위하여 일종의 종교로서 거듭 나타난다. 최초의 바빌론 이야기에서는, 마르둑이 티아맛을 죽여준 대가로 만신전(萬神殿)을 통치하는 권리를 가졌고, 우주를 다스리는 형태는 정확히 함무라비(Hammurabi) 왕국의 구조를 재생하는 것이었다. 이렇게 하늘과 땅의 권세들이 상응하는 것을 평가하는 고대의 방식은 신들이 단지 각 국가들의 권력 서열을 조정하는 모습으로 우주적 의인화(擬人化)를 하는 것이었다. 그러므로 그 신화란 지상의 억압적 기관을 위하여 거룩한 합법성을 제공하는, 실제의 권력관계를 신비화한 것으로 내보인다.

이 씨리즈의 첫 번째 책에서 나는 이렇게 환원적(단순하게 처리한)으로 책을 읽는 것은 핵심을 놓치는 것이라고 지적했다.42) 즉, 신들(gods)은 인간 국가의 권력을 가공적인 마스크로 은폐하는 것이 아니라, **신들은 그 권력의 실제적 영성**(actual spirituality)이라고 지적했다. 즉 에누마 엘리쉬(*Enuma Elish*)는 바빌론의 왕이 그의 주변 국가들 사이에서 패권을 장악한 것과 때를 맞추어, 가장 어린 신인 마르둑이 하늘 궁전에서 모든 다른 신들을 다스리는 최고의 권좌에 오르는 패권 장악을 그려낸다. 이 신화는, 권력 관계를 신비화하기보

---

42) *Naming the Powers*, 131-37

다는, 오히려 하늘과 땅의 사건 간에 정확한 상응을 통하여 실제 권력 관계를 정확히 그리고 충실하게 표현한 것이다. 위에서 이룬 것과 같이 아래서도 이루어지는 것이다. 즉, 바빌론은 명백히 "그(마르둑)가 하늘에서 이룬 것 같이 땅에서도 똑같이 이루어지는 상사성(相似性)"(*Enuma Elish* VI. 113, 그리고 VI. 104에서도, "그의 명령이 위에와 아래에서 모두 최고의 것이 되게 하라")을 말하고 있다. 이런 신화는 감추는 것이 아무것도 없다. 이 신화는 모두가 다 볼 수 있게 바빌론이 메소포타미아의 도시 국가들 가운데서 헤게모니(주도권)를 획득하였다고 보여주는 것이다. 그것이 천명하는 바는, 왕이 마르둑을 대신하여 혼란을 진압하고 질서를 이룩하도록 행동한다는 점이었다. 국가는 우주의 질서를 반영하는 것이고, 따라서 저항이나 반항은 하늘에 대한 범죄다.

우리가 앞에서 본 대로, 구원하는 폭력이라는 신화에서는 한 나라의 생존과 복지는 땅에서나 하늘에서나 최고의 선으로 격상된다. 즉 나라 앞에서는 다른 신들은 없다. 이 신화는 국가의 중심에서 **애국적 종교**를 성립시킬 뿐만 아니라, 또한 국가의 제국주의적 명령에 대해 신성한 재가(裁可 sanction)를 내리는 것이다. 죠오지 코드르가 지적한 대로, 모든 전쟁은 형이상학적이다. 즉 사람은 종교적으로 전쟁터에 나간다.[43] 따라서 구원하는 폭력이라는 신화는 **군사주의**(軍事主義 militarism)**의 영성**이다.[44] 즉 극소수의 특권을 유지

---

[43] Georges Khodr, "Violence and the Gospel," *Cross Currents* 37 (Winter 1987-88): 405; Nagler, *America Without Violence*, 19도 보라.

[44] Alfred Vogts는 군대(軍隊: military)와 군대(軍隊主義: militarism)를 구별한다. 군대란 권력이 가장 효과적으로 그리고 최소한의 인명 손실을 가지고 특정한 목적을 이루기 위하여 인원과 물자를 동원하고 조직하도록 전념한다. 그것은 보다 큰 정치적 과정에 복종하며, 제한적으로, 그리고 전문가다운 것이다. 이와는 대조적으로, 군대주의는 그 규모가 무제한 적이다. 그것은 군대의 도덕성, 이상들, 군사비용, 그리고 다른 모든 사회적 가치에 대한 지도자들을 추켜세우려고 한다. 군대주의는 전쟁을 선호하지만 실제로는 군대의 준비와 승리를 방해한다. 그것은 모든 산업과 예술 위에 군림하며 모든 사회 속에 깊이 스며드는 경향이 있다. "군대의 방식에 과학적인 성격을 배격하고, 군대주의는 계급차별과 종파주의, 권위와 신뢰의 특징을 과시한다"(*History of Militarism*, 11-15). 군대에 종사하는 모든 사람이 다 국방 신조에 도사린 군대주의의 극단적 형태를 좋아하는 것은 아님을 주목하는 것이 중요하다. 미국의 군대 사회학의 선두인 Morris Janowitz가 지적한 대로, 국가 방위를 위한 사상의 두 가지 학파가 있는데, 하나는 절대주의자이고 다른 하나는 실용주의자다. 비록 소수이긴 하지만, 실용주의자들은 전쟁 체제의 모든 단계에서 결정을 내리는 역할을 한다. 그들은 각오(심지어 희망도)하기를, 전투가 없는

하기 위하여 국가는 신의 권한으로 명령하여 시민들로 하여금 그들의 생명을 희생하게 한다. 국가의 통치에 저항하는 악한 적대자들의 세계를 청소하기 위하여, 신의 법령으로 폭력을 사용한다. 그런 나라를 통치하는 사람들은 부와 번영을 누릴 권리가 있다. 그리고 선택된 나라와 그 통치계급의 지배권을 특별히 축복하고 편들어 주기 위하여 하느님의 이름을 – 기독교의 하느님을 포함하여, 어느 신의 이름이든 – 불러내는 것이다.45)

서방국가에서 구원하는 폭력이 현대의 특징적 형태를(소련은 레닌과 스탈린에 의하여 이미 그들의 변형을 이룩하였고) 띤 것은 냉전체제 아래서 탄생되었다. 1947년 미국은 민주주의의 미래의 모습과 성격을 변경시킬만한 새로운 정치 기구를 창설하였는데, 바로 국가안보회의(National Security Council)와 중앙정보국(Central Intelligence Agency)이다. 국가안보 이론을 전파하기 위하여 국가전쟁 대학(National War College)이 1948년 워싱톤(Washington, D. C.)에 설립되었고, 그 문을 통하여 라틴 아메리카와 제3세계의 군사 지도자들 및 경찰 지도자들 수 천 명이 지나갔다. 이런 기구들은 국가안보체제라는 새로운 권력이 창출되는 외형상의 모습이다. 우리가 *Naming the Powers*(사탄들에 대한 이름 짓기)에서 본대로, 모든 권세들은 외형상의 기구적 형태는 물론 내부적 영성을 갖고 있다. 국가안보체제의 영성이란 안보체제국가(National Security State)라는 이데올로기다.

군대에서 복무하고자하고, 억압적인 군율과 군기훈련 없이도, 그리고 적군을 "사탄화" 하지 않고도 전쟁에 대비하도록 만들 수 있다고 믿는다 ("Strategic Dimensions of an All Volunteer Armed Force," in *The Military-Industrial Complex*, ed. S. C. Sarkesian [Beverly Hills and London: SAGE Publications, 1972], 144-45).

45) Jose Miguez Bonino는 어거스틴(Augustin)의 『하느님의 도성』(*The City of God*) 이래, 기독교가 어떻게 기존의 질서를 합법화하는데 너무도 자주 봉사를 해왔는가를 지적한다. 어거스틴은 질서가 사회의 최고선(最高善) 이라고 선언하였다. 불의(不義)는 질서와 평화를 위태롭게 하지 않고 할 수만 있으면 언제나 고쳐질 수 있다. 그러나 잘못을 바로잡는 것이 행여 폭력이나 군중봉기로 이어진다면, 그건 회피되어야 한다. 평화란 곧 질서라고 정의함으로써, 자유와 정의를 위해 필요한 것일지라도, 변화란 무질서한 것이라 생각하여 부정적인 것으로 어거스틴이 보증하였다. 기독교는 기존의 질서를 위한 정치 신학을 발전시켰다. Miguez Bonino가 말한 대로, "진정한 문제는 '기존의 질서를 유지하기 위해서는 어느 정도의 정의(가난한 자들의 해방)가 허용되어야하는가?'가 아니라, 정의(가난한 자들의 권리)를 행사하기 위해서는 어떤 질서가 허용되어야하는가? 이다'"(*Toward a Christian Political Ethic* [Philadelphia: Fortress Press, 1983], 86.

호세 콤블린은 그의 책 『교회와 국가안보체제』46)에서 국가주의의 역사 속에서 새롭게 발전되는 점을 날카롭게 분석하였다. 그의 의하면, "국가의 생존은 절대적 목표다. 국가의 정책은 국가의 생존 계획을 위하여 전 국가를 통합시키며, 각 개인의 삶에서 그것이 무조건적 목표가 되도록 만든다." 이 견해에 따르면, 모든 시간은 전쟁의 시간이다. 평화란 다른 방법으로 전쟁을 지속하는 상투적 이름에 불과할 뿐이다. 모든 정치는 전쟁의 정치다. 칠레와 남아프리카, 혹은 엘살바도르에서는, 이것이 실제적으로 무엇을 의미하는가 하면, 군대와 무기는 외부의 지정학적 위협에 대하여 사용되기보다는 내부의 그들 국민들을 향하여 사용되는 것이다.

국가안보 이데올로기는 이처럼 국가주의가 궁극적으로 격상된 것이다. 오래 전에 오리겐은 기독교인들에게 경고하기를, 가장 큰 유혹은 국가적 숭배자 집단에 참여하는 것인데, 그 국가적 숭배란 국가의 수호신들이 마치 하느님이나 되는 듯이 그들에게 바치는 우상 숭배에 불과하다고 말했다.47) 비록 현대의 우상숭배자들은 끊임없이 민주주의와 기독교를 들먹이면서, 그들이 독재주의와 전쟁(전쟁은 끝난 적이 없다)을 방지하려고 한다고 말하지만, 이들 **국가안보 주창자들의 진짜 신앙은 구원하는 폭력**이다. 가장 영향력 있는 지정학적 사상가의 한 사람인 브라질의 골베리 도 꾸또 에 실바(Golbery do Couto e Silva) 장군이 언급한 것처럼,

> 국가주의자가 된다는 것은, 무엇보다도 국가에 바칠 최고의 충성과 양립할 수 없다고 생각되는 순간, 어떤 이론, 어떤 교리, 어떤 이데올로기, 어떤 감정, 열정, 이상, 가치 등등 그 무엇도 포기할 수 있도록 항상 준비하고 있음을 말한다. 국가주의란 그 자체로 절대적인 단 하나(Absolute One) 이외의 것이 될 수 없고, 국가가 존속하는 한, 그 목적은 또한 절대적 목표(Absolute End)일 수밖에 없다. 국가주의가 그것을 초월하는 어떤 다른 목적의 단순한 도구가 되는 장소는 어디에도 없으며, 있을 수도 없고, 있어서도 안 된다.48)

---

46) José Comblin, *The Church and the National Security State* (Maryknoll, N.Y.: Orbis Books, 1984), 64-98.
47) Jean Danielou, *Origen* (New York: Sheed & Ward, 1955), 234.
48) Comblin, *The Church and the National Security State*, 78에 인용.

그런 국가주의는 그보다 더 높은 권력을 용인할 수 없으므로, 단지 문화적인 유산을 넘어서는 어떤 형태의 기독교 신앙도 파괴하여 버리지 않으면 안 된다. 그럼에도 불구하고, 국가안보 이데올로기는 그 언어적 표현을 종교적으로 진부한 상투어들로 가득 채우고 있다. 그들의 문서는 성경이나 교황의 칙서에서 따온 문구들로 흠씬 젖어있으며, 실제로 그들은 교회에 열심히 출석하는 사람들일지도 모른다. 그러나 분명한 것은, 그들이 말하는 기독교란 단지 어떤 필요한 수단을 동원해서라도 극소수의 자본주의자들의 특권을 영속시키려는 것이다. 그것은 오래고도 새로운 구원의 폭력이며, 단순명료하게 말해서 지배적인 체제일 뿐이다.

여기 현대 **미국의 극우파 종교 대변인**이 말하는 재생되는 폭력의 교리를 냉담하고도 차분히 말하는 것을 들어보자:

> 하느님의 전쟁에 참여하는 것이 특권임이 시편에 명백히 나타나 있는데, 아마도 시편 149:5-7보다 더 잘 표현한 곳은 없을 것이다. 그 시편에서는 성도가 하느님의 원수들과의 전쟁을 생각하며 침대에 누워서도 기쁨으로 노래한다. 혹은, 시편 58:10에서는 "착한 사람들이 악인의 피로 발을 씻고, 그 보복 당함을 보고 기뻐하게 하소서"라고 써 있다. 그런 감상에 "아멘" 하고 말할 수 없는 사람들은 아직 그 시편 기자를 따라 하느님의 생각대로 생각하기를 배우지 못한 자들이다. 우리는 하느님의 심판에 아무 문제없이 기뻐해야 하며, 혹은 그들을 처형하도록 불림을 받는 것이 특권이라고 볼 수 있어야 한다. 의로운 사람들은 사악한 무리들에 대항하여 거룩한 폭력을 행사하라고 하느님의 율법으로 초청 받아서, 하느님의 분노를 나타내야 한다.49)

---

49) James B. Jordan, "Pacifism and the Old Testament," in the *Theology of Christian Resistance*, ed. Gary North (Tyler, Tex: Geneva Divinity School Press, 1983), 90,92. 과테말라의 근본주의자 독재자, Rios Montt 장군은 구원하는 폭력의 신화의 변종 신학으로 어린이들을 학살한 것을 변명하였다. 그는 주장하기를, 죄악과 범죄는 "나쁜 씨"로 유전된다고 했다. "나는 사람들을 죽이는 것이 아니다. 마귀가 사람들 속에 들어갔다. 나는 그 마귀들을 죽이는 것이다." (Dean Peerman, *"What Ever Happened to Rios Montt?" Christian Century* 102 [September 25, 1985]: 819). 아일랜드의 시인이자 국가주의자 Patrick Pearse 는 그의 부활절 봉기에 참여한 죄로 1916년 처형당하기 3년 전에, 피의 희생의 구원적 특성을 찬양하였다. "우리는 처음에 엉뚱한 사람에게 총을 쏜 잘못을 범했을지도 모른다. 그러나 피 흘림은 깨끗하게 하는 것이며 만족스럽게 하는 일이라, 이를 최후의 끔찍스런 일이라고 생각하는 국가는 사나이다움을 상실한 국가다. 피 흘림보다 더욱 끔찍스러운

그러나 이 인용문에 나타난 열성적인 국가주의를 파행적이라고 간단히 처리해버릴 수는 없다. 그것은 진실로 "성서적"이다. 성경은 야훼의 피에 굶주린 행동으로 가득하고, 따라서 "시편기자를 따라 하느님의 생각대로 생각하기"를 원하는 사람들은 쉽게 다른 많은 인용문을 더 끌어 올 수도 있다. 즉, 아이와 여리고에서 모든 생명 있는 것들을 다 죽이라는 포고(수 8:20-29, 6:21.- 역자 주), 선지자 엘리사의 이름으로 예후가 범한 잔학무도한 행동(왕하 10장. - 역자 주), 인종간 교혼(交婚 inter-marriage)을 하였다는 죄목으로 부부를 죽인 비느하스의 이야기(민 25:6-9. - 역자 주), 죄인들이 유황불의 영원한 형벌로 고문 받는 모습을 포함시킨 마태복음서의 자료들(5:22, 18:8-9, 25:41등. - 역자 주), 요한계시록에 나타난 복수의 욕망(16, 17, 18장. - 역자 주) 등, 이런 모든 예들이 **성경에 스며든 구원의 폭력**을 증거하고 있다.50)

니카라과에서 싸우는 콘트라(Contra)들을 돕는 미국 정부를 변호하여, 제럴드 더스틴 목사(Rev. Gerald Derstine)는 논평하기를, "하느님은 땅의 사악함을 청소하기 위하여 전쟁을 사용하신다. 전쟁이 일어나면 하느님은 어떤 종류의 악한 무리들을 없애버리도록 허락하신다"라고 했다.51) 같은 관점에서, 최근 하이머스 목사(Rev. R. L. Hymers)가 합법적인 낙태수술을 지지한 대법원 판사들이 죽게 해달라고, 특히 병들어 아픈 해리 블랙맨(Harry Blackman) 판사를 하느님을 위하여 "하느님 보시기에 마땅한 방향으로 어떤 식으로든" 없애 달라고 그의 회중들과 함께 기도를 했다.52) 팻 로버트슨(Pat Robertson)이나 제리 폴웰(Jerry Falwell) 같은 텔레비젼 부흥사들은 군사주의를 주창하고, 무장해제를 반대하며, 인종차별(Apartheid, 남아프리카의 인종분리정책.- 역자 주)을 지

일이 많이 있는데, 노예제도는 그 가운데 하나다. ...... 피 흘림이 없이는 구원이 없다... 마치 순교자들의 피 흘림이 성도들의 씨앗이듯이, 애국자들의 피는 부패 속으로 흘러 들어가는 국가에 새로운 생명을 불어넣고 새로운 힘이 싹터 나올 유일한 거룩한 씨앗이 될 것이다" (John Hunter, "An Analysis of the Conflict in Northen Ireland," in *Political Co-Operation in Divided Societies*, ed. Desmond Rea [Dublin: Gill and Macmillan, 1983], 35-36)에서 인용.

50) 구약 성경의 두 군데 본문에서, 야훼(Yahweh)는 사실상 마르둑(Marduk)을 상기시키는 말투로 그려졌다(Ps. 74:14; Isa. 27:1).
51) *Berkshire Eagle*, April 20, 1987, A4
52) Ibid., July 27, 1987, A10.

지하는 점에서 단지 약간 덜 노골적일 뿐이다. 국가안보를 부르짖는 교회는 국가안보체제에서 어용(御用) 궁정사제들일 따름이다.53)

이처럼, 구원하는 폭력이라는 신화는 부유한 엘리트의 권력과 협소하게 정의된 국가의 목표를 높이기 위하여, 기독교의 상징들, 전통이나 습관들을 사용한다. 즉 그것은 평등한 경제적 조정이나, 원수를 사랑하는 것이나, 가난한 사람들에 대한 동정 같은 것에는 흥미가 없다. 그것은 단지 종교라는 껍질을 이용할 뿐이며, 그 껍질 속에는 국가안보체제라는 불경스러운 교리로 가득 차있다. 그들의 예언적인 생동감이 텅 비어버린 탓으로, 이들의 외형적인 모습은 어떤 대가를 치르고라도 특권층들을 보존하려고 권력체제를 조작한다.54)

그렇다면 왜 숱한 비 특권층 대중들은 그런 신화를 따르는가? 예를 들면, 왜 지배 엘리트들에 의하여 가장 많이 희생당하는 육체노동자들은 그들의 억압자들을 지지할 뿐만 아니라 오히려 그들의 가장 요란스러운 팬이 되는가? 답변은 간단하다. **구원의 약속** 때문이다. 즉 구원하는 폭력이라는 신화는 사람들로 하여금 마르둑과 그 지상의 대행자(代行者)들을 자신들과 동일시하도록 만들어 그들에게 구원을 제공한다.

---

53) Mary Evelyn Jegen, SND는 그녀가 방문하였던 Omaha의 전략공군명령기지(Strategic Air Command base)의 채플을 묘사한다.

 하나의 커다란 스테인드 글라스 창문이 채플의 예배실을 압도한다. 그 창문에는 노랑색에 둘러싸여 있는 실물보다 좀 더 큰 한 공군 장교의 모습을 보여준다. 그 창문을 설명하는 사람이 이 황금빛 노랑 색은 그 사람 위에 내리시는 하느님의 영광을 표시한다고 설명한다. 적군들을 용감하게 맞서고 있는 그 장교의 얼굴 뒤로, 한 작은 여인과 두 어린이가 어둠 속에서 움츠리고 있는 모습이 보인다. 그 여자의 두 배는 되는 크기로 그려진 남자는 그녀와 어린이들을 적군의 비행기로 대표되는 악으로부터 보호하고 있다. 그는 여인과 어린이들을 공격하는데 적군이 사용하는 것과 똑 같은 도구를 사용하여 그들을 방어할 준비가 되어있다. 창문에 대하여 기록한 내용은 "그의 비행기의 비행은 하느님에게서 내려오는 빛과 같은 황금색 속에 묻혀있다"고 설명하고 있다.("Women and the Peace Movement: Choosing life over Death," *Pax Christi USA* 12/3 [Fall 1987]: 15-17).

 정의를 위한 우리의 충분한 이유에 대한 불확실성은 없다. 여기에 있는 하느님은 모든 나라들을 공평하게 심판하고, 통치하는 분이 아니다. 하느님은 단지 미국 사람들을 위한 전쟁의 신과 마찬가지다.

54) Comblin, *The Church and the National Security State*, 107.

전통 문화에 속한 소속감을 주는 가치, 의식, 습관들을 빼앗긴 현대의 개인들은 일시적 유행, 스타일, 의견, 그리고 편견을 육성하는 통신 매체에 쉽사리 희생된다. 대중으로부터 고립되고 동시에 대중에 흡수당하여, 사람들은 이런 매체를 주의하여 듣고 얻은 견해와 감정을 마치 자기들 자신의 것인 양 착각하고 환상 속에 산다.[55] 회사들, 관료제도들, 대학들, 군대, 그리고 유명 인사들의 거대한 힘에 압도당한 개인들은 자신에 대한 극도의 하찮음으로부터 도피할 유일한 길을 찾느라고, 이들 거대한 것들과 자신을 동일시하고, 그것들이 마치 자신의 인간적 정체성을 지닌 참된 것으로 우상화하는 것이다.

동일시를 통하여 구원받기: 만화든, 서부극이든, 아니면 외계의 힘과 맞서 싸우는 것이든, 인간의 행복은 영웅적인 지도자의 행운과 뗄 수 없게 엉켜 있다. 옳으냐 그르냐 하는 것은 이 장면에 들어오지 않는다. 모든 것은 승리, 성공, 소속감의 스릴(아찔함)에 달렸는데, 특히 나라들 가운데서 그리고 하늘의 궁전에서 그 의지를 남에게 강요할 수 있는 국가에 소속되는 특권적 스릴감에 달렸다. 그 반대의 선택, 즉 자신도 악을 지니고 있으며, 그리고 원수에게도 하느님이 계심을 인정하는 일은 많은 사람들에게 있어서 너무도 높은 대가를 치러야 하는 것이다.

이런 승리자와 동일시하려는 소망은 페르시아만 전쟁(Persian Gulf War) 동안 극명하게 드러났다. 미국에서 끓어오른 애국심의 과도한 열중은 사람들이 얼마나 강렬하게 그들의 국가의 안녕을 생각할 수 있는지를 드러내었다. 여기에 마침내 많은 사람들에게 "정의롭게" 보이는 전쟁이 닥쳤고, 전례 없이 성공적인 군사적 응징은 스스로 축하하는 찬사의 홍수를 이루었다. 그러나 또한 많은 사람들에게 있어서 애국심이란 그들이 묻어버리고 싶은 수치심의 가면일 뿐이었다. 즉, 베트남에서의 패배, 적절한 직장, 교육, 안전, 거주할 집들을 마련해주지 못한 국내적인 실패, 그리고 아마 가장 중요한 것으로, 우리가 공언한 이상대로 살지 못한 실패 등의 수치심 등에 대한 가면일 뿐이다. 그런 양면적인 감정의 공존은 국가적인 자존심의 파도에 묻어버

---

55) Jacques Ellul, *Propaganda: The Formation of Men's Attitudes* (New York: Vintage Books, 1973)을 보라.

릴 수 있었다. 구원은 통찰력이나 회개나 진리에 의하여 오는 것이 아니라, 미국 군사력에 동일시함으로써 오는 마르둑의 해결책이었다. 그리고 연합군들에게도 이런 폭력이 놀라울 정도로 성공적임을 입증한 것은 참으로 비극이었다. 우리의 스마트 폭탄이 외교관들보다도 더 현명한데, 비폭력적 제재를 고려할 필요가 어디 있었으리오?

고대의 전투신화 구조는 단지 만화의 바탕이 되는 것뿐만 아니라, 실로 외교정책이라고 여겨지는 것의 뼈대를 형성하고 있다. 그것이 주장하는 바는, 티아맛을 정복하라, 그러면 새로운 세계의 질서가 성공할 것이라는 것이다. 그건 너무도 간단하고, 논쟁할 것도 없고, 불가항력적이다. 그런 전망 앞에서 모든 당사자들이 위기에 대한 자신들의 잘못을 인정하고 부당하게 얻은 이로운 형편을 포기하도록, 누가 기꺼이 평화를 위해 협상하려고 한단 말인가?

인구 35,000의 벤 트레(Ben Tre) 시에 베트콩들이 득실거린다 하여, "그 도시를 구하기 위하여 그곳을 파괴하는 것이 필요하다"는 주장 아래, 미국 폭격기가 전 시내를 평지로 만들도록 명령되었다. 오늘의 우리에게는 그런 성명이 어리석게도 모순투성이로 보이지만, 그 성명은 폭력의 신비화 구조에는 정확히 들어맞는다.56) 리쳐드 슬롯킨이 말한 대로, 재생(再生)을 위한 폭력이라는 신화는 미국의 경험의 구조적 메타포(metaphor 隱喩)다.57)

---

56) Jewett, *Captain America Complex*, 210-11. 구원하는 폭력의 신조에는, 단일 성분의 악이 너무도 중앙집권화 되었고, 너무도 사방에 널려있고, 너무도 영리하여서, 한 장소에서 이를 괴멸시키지 못하면 모든 곳에서 범람하게 될 것이다. 남 베트남 정부가 미군을 철수하라고 요청하였지만, 헨리 캐보트 로지(Henry Cabot Lodge) 대사는 신문 기자들에게 대답하기를, 미국은 계속 주둔할 이유가 있으니, 만일 철군하면 "베를린(Berlin)에서도 분명히 우리의 입장이 뒤흔들리게 될 것이라고" 설명했다(Richard Barnet, *Intervention and Revolution*[New York: New American Library, 1972], 237). 베를린이라고?! 미국은 공산주의자들을 베트남에서 상대해야지, 그렇지 않으면 우리는 나중에 캘리포니아 해안에서 처리해야할 것이라고, 존슨(Johnson) 대통령이 믿기 잘하는 미국인들을 향해서 말했다. 공산주의는 니카라과(Nicaragua)에서 중지시켜야지, 그렇지 않으면 나중에 텍사스(Texas)의 할링젠(Harlingen)에서 싸우게 될 것이라고, 레이건(Reagan) 대통령은 주장했다. 하여간 이들 미국의 주도권을 위한 대변인들은 민주주의가 세계의 가슴과 마음을 위한 경쟁에서 우세할 것이라는 그들의 신념이 결여된 아이러니(反語)를 깨닫지 못했다.

57) Richard Slotkin, *Regeneration through Violence* (Middletown, Conn.: Wesleyan Univ. Press, 1973), 5.

구원하는 폭력이라는 신화에서 벗어날 길은 없는가? 물론 있다. 그러나 어렵다. 적대자에 대한 두려움을 직면한다는 것은 마침내 우리의 내부에 있는 사악함을 인정해야 하고, 그것은 동시에 애써서 이루어낸 자신의 모든 자부심을 희생하는 것이기도 하다. 우리는 매일 변화하기 위하여 고통스럽게 애쓰면서 자신을 바꿔야 하고, 혹은 우리의 그늘진 측면을 되찾아내야 한다. 우리는 자신이 적대자들과 그 본질상 별 차이가 없다는 것을 보아야 한다(설사 약간의 정도차이는 있다 할지라도). 이는 또한 우리들 자신 속에 계신 **하느님을** 보듯이, **적대자들 안에도 하느님이** 계심을 보아야 함을 뜻한다. 이 세상에서 가장 악랄한 개인이나 사회까지라도 사랑하고 용서하고 변화시킬 수 있는 하느님을 말이다. 이런 통찰력은 구원하는 폭력이라는 신화로부터, 예언자들과 예수에 의하여 선포된 하느님에로 전향을 필요로 한다. 우리는 폭력을 사용할 수 있는 선택적 특혜를 포기하고, 억압받기를 선택하는 특혜로 대치해야 한다. 절대적인 원수를 철저히 궤멸시킬 수 있는 절대적인 무기에 더 이상 의존하지 않아야 한다. 사실상 구원하는 폭력이라는 교리로 가득 찬 "기독교 문명"의 공허한 껍질을 어떤 값을 치르고라도 보존하려는 비기독교적 수단을, 더 이상 정당화하지 않아야 한다.

구원하는 폭력이라는 신화는 국가주의가 절대화된 것이다. 이 신화는 하느님을 **대변한다**고 하면서도, 하느님이 말씀하도록 듣지는 않는다. 그것은 하느님의 주권(the sovereignty of God)이 자기들의 것이 되게 해달라고 기원하면서도, 하느님에 의하여 부정되거나 과감한 폐기통고를 받을 예언자적 가능성을 인정하지 않는다. 그것은 기독교의 언어, 상징, 경전을 남용(濫用)한다. 그것은 변화하기 위하여 하느님을 찾는 게 아니라, 변화를 방지하기 위하여 하느님을 끌어댄다. 그 신화의 하느님은 모든 나라들의 공정한 지도자가 아니라, 편견에 사로잡힌, 부분적인 종족의 하느님으로서 우상으로 숭배된다. 그 상징은 십자가가 아니라, 무쇠 몽둥이다. 그것이 제공하는 것은 용서가 아니라 승리다. 그것의 복음이란 원수를 무제약적으로 사랑하는 것이 아니라, 원수를 마침내 멸절시키는 것이다. 그것의 구원이란 새로워진 가슴이 아니라 성공적인 외교정책이다. 그것은 예수 안에서 계시된 인간을 위한 하느님의 목적을 빼앗아 대신 차지하고 불법으로 행사하는 것이다. 그것은 신성모독이다. 그것은 우상숭배다. 그것은 엄청나게 인기가 있다.

나는 내 조국을 정열적으로 사랑한다. 그런 까닭에 나는 내 나라가 잘하기를 바란다. 분별 있는 애국심은 물론 정당한 것이다. 그러나 기독교의 관점에서 볼 때, 진정한 애국심이란 모든 나라들에 하느님의 주권을 인정하는 것이요, 그리하여 자기의 뜻을 다른 나라들에게 강요하는 어떤 거만한 권세의 행태에도 하느님의 심판이 임하시기를 바라는 것이다. 한 국가가 지향하는 목표는 분명 의미가 있다.58) 그러나 그런 목표도 우리가 자신들을 전투신화의 유산으로부터 분리하고, "우리들 자신의 내부에 있는 어두운 면들에 대하여 길고도 어려운 투쟁을 한다"59) 조건에서만 진정으로 받아들일 수 있다. 미국에(그리고 모든 다른 나라에도) 내린 거룩한 사명으로서 인간의 일들을 위한 몫이 있다. 그러나 그런 사명은 역설적이게도 자신의 메시아적인 열정을 포기하고, 여러 나라들 가운데서 보다 제한된 자신의 역할을 인정함으로써만 이루어질 수 있다.

---

58) 국가의 수호신(천사)에 대해서는, 나의 책 *Unmasking the Powers*, 4장을 보라.
59) Jewett, *Captain America Complex*, 253.

"당신네 여자들 거기서 혼자 무엇들 하고 있어?"
"우리는 혼자 있지 않아; 우린 서로서로 같이 있는 거야."

릴리 톰린(Lily Tomlin)
"토요일 저녁 생방송"[1]

---

[1] Thelma Jean Goodrich, "Women, Power, and Family Therapy: What's Wrong with This Picture," in *Women and Power, Perspectives for Family Therapy*, ed. Goodrich (New York: W. W. Norton, 1991), 20.에서 인용.

2

지배체제의 기원(起源)

어떻게 해서 지배체제는 시작되었을까? 구원하는 폭력의 신화가 대답하기로는, 전쟁, 정복, 약탈, 강간, 노예로 납치 등은 우주의 구성 그 속에 규정된 것이고, 실은 우주 자체도 살해당한 신(神)들의 죽은 시체에서 창조된 것이었다. "문명"(文明)이란 주기적으로 반복되는 영속적인 전쟁의 조건이요, "평화"(平和)란 전쟁의 성과요, "번영"(繁榮)이란 전쟁을 성공적으로 수행한 결과다. 만일 인간이 살해된 신의 피로부터 창조된 것이라면, 어찌 인간들에게서 폭력 이외의 것을 기대할 수 있단 말인가?

인간은 본성적으로 폭력적인가?

그렇다면 폭력은 우리의 숙명인가? 지배체제 외에 다른 선택은 없단 말인가? 동물의 폭력을 연구한 사람들, 예를 들어, 콘라드 로렌츠, 니코 틴버겐, 로버트 아드리, 데스몬드 모리스 등은 주장하기를 폭력, 지배, 위계질서 등은 새들, 곤충들, 영장류의 짐승들 가운데 이미 관찰되는 것이며 하필 지혜를 지닌 인간(Homo Sapiens)에게서만 비로소 나타난 것은 아니라고 한다.2) 르

---

2) Konrad Lorenz, *On Aggression* (New York: Bantam Books, 1969); Niko Tinbergen, "On War and Peace in Animals and Man," *Science* 160 (1968): 1411-18; Robert Ardrey, *African Genesis* (New York: Athenaeum, 1961); *The Territorial Imperative* (New York: Athenaeum,

네 지라르는 **희생양 제도**를 통하여 점증하는 보복의 폭력을 억제할 수 있는 사회만이 폭력에서 살아남을 수 있다고 주장한다. 사회 그 자체가 폭력을 성공적으로 조정한 결과물로 생겨난 것이다.3)

만일 폭력성이 우리들의 뼈 속 깊이 박혀 있는 것이라면, 폭력을 경감하거나 제어할 수 있는 어떤 희망이 있는가? 인간이란 종족은 스스로를 멸종시킬 수 있는 단순히 잘못 적응된 돌연변이 종류인가? 나중에 보는 바와 같이(제7장), 지라르의 희생양 제도 이론은 반드시 비관적인 견해만은 아니다. 희생양 제도가 어떤 것인지 확실히 밝혀지고, 인간이 자신의 내적인 폭력성을 남에게 뒤집어씌우려는 경향을 인정한다면, 최소한 인간 세상에서 폭력을 완화시킬 수 있는 희망의 근거는 있다.

동물들의 행동과 비교하여, 로렌츠는 사람들에게는 전쟁을 하려는 "공격적인 본능"(Aggressive Instinct)이 있어서 이를 수시로 방출 또는 해소시켜야 한다는 이론을 폈다.4) 그러나 비록 공격의 능력은 유전될지라도, 그 공격을 실행에 옮기는 것은 배워서 하는 것임도 확실히 믿을만한 증거가 있다. 그것은 본능이 아니다. 우리는 공격성을 미리 타고난 것이 아니다. 인간은 잠재적으로 공격적이고, 남을 공격하게 되는 일은 인간의 전 생애에서 자연스럽고도 불가피한 요소이긴 하지만, 그러나 사람들이 태어날 때부터 싸움꾼(격투사)은 아니다. 그렇지 않다면, 평화스러운 사람들에 대해서는 설명할 길이 없다. 사육장에서 길러진 늑대는 들판에 풀어놓으면, 배가 고파도 순록(馴鹿) 옆에서 처음엔 그냥 멍청한 태도로 바라만 볼 따름이다. 사냥은 가르쳐야 한다.5)

1966); Desmond Morris, *The Naked Ape* (New York: McGraw-Hill, 1967).

3) Girard에 대해선 제7장에서 자세히 다룰 것이니, 그에 대한 전기도 그 장의 n. 11 주를 보라.

4) Konrad Lorenz, *On Aggression,* chap. 13, esp. 235-36. 인간의 폭력성에 대한 로렌츠의 결론은 동물의 행동에 대한 연구의 결과가 아니라, 그의 처음 인간학적 가정으로부터 충분히 예상한 결론이다. 즉, 우리는 혼이 없는 짐승이다. 혼을 가진 사람이면 당연히 유전학적으로 주어진 것들을 초월해야하고, 단순히 짐승이라면 그것들의 노예다.

5) Ashley Montague, *The Nature of Human Aggression* (New York: Oxford Univ. Press, 1976), 236-37. Richard E. Leakey와 Roger Lewin은 고대의 해골들은 타격으로 부서졌다는 다트(Dart)의 지론에 의문을 제기한다. 그 대신 그들은 속이 텅 빈 두개골 위에 흙과 돌이

사람들이 주장하는 바와 같이 인간이 수시로 전쟁을 통하여 공격성을 방출해야 할 필요도 없다.6) 전쟁 역사가 수우 맨스필드는 지적하기를, 인간 역사상 대부분의 문화가 전쟁을 겪어왔지만, 대부분의 사람들이 전쟁에 참가한 것은 아니라고 했다. 즉 농경사회에서는 남자 인구의 1~2%보다 더 많은 이들이 실제로 군대로 동원된 일은 매우 드물다. 세계 1차, 2차 대전에서, 전쟁에 휩쓸린 나라들의 인구의 10~15% 정도가 군대로서 무장을 했다. 대부분의 남자들은 전투에 참가하지 않았고, 여자들에 대해선 말할 것도 없다(이런 논의에서 여자에 대해서는 보통 언급하지 않음). 남자든 여자든 그들의 공격적 본능이 좌절되었기에 심리적인 증상을 보이지는 않았다. 아무도 징병유예를 받았다고 불평을 한 사람은 없었으며, 그 대신 매우 인기 있었던 전쟁을 제외하고는 사람들이 군대에 끌려가지 않으려고 온갖 노력을 다했다.7) 마셜 육군 준장이

점차로 쌓여서 해골들이 부서진 것이라고 한다(*People of the Lake* [Garden City, N.Y.: Anchor Press/Doubleday, 1978], 270-75). 동물들의 폭력성에 대한 전반적인 논의는 Frans de Waal의 *Peacemaking among Primates* (Cambridge: Harvard Univ. Press, 1989)가 출간되어 크게 도움을 받았다. 그는 보고하기를, 고릴라와 침팬지도, 특히 사로잡혔을 때는, 자신들의 종족을 때로는 죽이기도 한다. 들판에 있는 침팬지는 때론 사냥을 하여 고기를 먹고 그래서 육식을 한다. 그러나 로렌츠처럼 초기의 연구자들은 영장류들이 충돌을 회피하며, 충돌이 일어났을 때는 그 후에 관계를 회복하여 정상화하려고 한다는 점을 간과하였다. 원숭이나 사람들은 모두 화해의 행동을 한다: 털을 빗어주거나, 포옹, 키스, 제3자 간섭, 그리고 굴복 등. 그는 주장하기를, 용서는 3천만 년 묵은 것이라고 했다. 홀로 외롭게 사는 대신 군집생활을 선호하는 어떤 동물에게도 다른 길은 없다. 침팬지는 공격적 행동을 한 뒤 반시간 이내에 40%의 시간을 적과 화해의 접촉을 하려고 노력한다.

6) 1986년 스페인의 University of Seville에서 열렸던, International Colloquium on Brain and Aggression (두뇌와 공격성에 대한 국제 공동토의) 제6차 모임에서, 일군의 학자들이 다음과 같이 동의하였다: "우리의 동물적인 조상들로부터 전쟁을 하는 경향을 물려받았다고 말하는 것 ..... 전쟁 혹은 어떤 폭력적인 행동이 우리 인간 본성 속에 유전적으로 프로그램이 되어 있다고 말하는 것 .... 인간의 진화의 과정에서 다른 어떤 행동보다도 폭력적인 행동을 선택하였다고 말하는 것 ..... 인간은 '폭력적인 두뇌'를 가졌다는 것..... 전쟁은 본능이나 혹은 단일한 동기에 의하여 발생한다 것을 주장하는 것은 과학적으로 옳지 않다." 이 "폭력에 대한 Seville 선언"은 수백 명의 과학자들, 학자들, 국제기관들로부터 뒤받침을 받았다. 이에 대한 사본은 David Adams, Wesleyan Psychology Dept., Middletown, CT. 06457에서 얻을 수 있다.

7) Sue Mansfield, *The Gestalt of War* (New York: Dial Press, 1982), 1-19. 또한 William Eckhart, "Conditions of Peace Suggested by Some Quantitative Studies of Primitive Warfare," *Peace*

발견한 것으로는, 2차 세계대전 중 사기가 매우 드높은 베테랑 부대에서라도 싸움이 진행되는 동안 전선에 배치된 병사들의 25% 이상이 총을 한 번 이상 발사하는 일은 매우 드물다고, 아니, 실제로는 15% 정도가 보통이었다고 한다.8)

전투에서 공격이 반드시 필요한 요소도 아니다. 때로는 그것이 판단을 흐리게 하거나 경솔하고 부적절한 행동을 유발한다. 특히 폭격기 조종사가 공격목표물 상공 수 만 피트 위를 침착하게 날거나, 해군 포격수가 15 마일쯤 떨어진 희미한 육지에 포탄을 퍼붓는 오늘날, 공격은 더 이상 주요 동기가 아니다. 오히려 동료들과 나누는 우정과 직업적 자부심이 그 주요 동기다.9)

폭력은 실제로 인간 사회에서 항상 나타나는 불변의 상수가 아니다. 지금도 존재하는 원시적 부족들에겐 폭력이란 아예 존재하지도 않는다. 필리핀, 아프리카, 뉴기니아, 그리고 말레이지아에는 아직도 문자를 사용하지 않는, 그리고 성별(性別)로 분업화되지도 않고, 계급적 위계질서도 없고, 놀라울 정도로 폭력이 없이 살아가는 부족들이 있다. 그들은 희생양이나 희생 제물로 갈등을 해소하려고 하지 않고, 일찌감치 협동과 비폭력적 사회화 과정을 통해 갈등을 해결한다.

말레이 반도에 있는 바테크 네그리토(Batek Negrito) 부족에 대한 카렌 람펠 엔디콧(Karen Lampell Endicott)의 관찰이 대표적인 예다. 바테크 부족은 "문명"의 잠식을 피하여 숲 속 깊이 도망하였지만, 그들은 자기들이 만든 등나무 제품을 갖고 와서 지배적인 문화와 종종 교역한다. 그러나 그들이 살아가는 기본적 방식은 사냥을 하거나 곡식을 거두어서 산다. 약 350명 정도가 전부인 그들은, 5~8명씩 가족단위 캠프로 살아간다. 사냥꾼들은 그들이 사냥해온 것을 함께 나누지만, 그렇다고 성공적인 사냥꾼을 특별 보상하거나

Research (Canada) 21 (August, 1989): 37-40. 미국 군대에 지원하는 사람들은 죽이는 일에 기같이 들려서 지원하는 경우란 좀체 없다. 오히려, 그들은 직업 훈련과 대학 진학 후 얻을 이익 때문에, 혹은 실직을 면하려고, 혹은 위협적인 이웃 때문에, 상대적으로 피부색과 무관한 경력을 쌓고자, 혹은 그냥 집을 떠나기 위해서 군대에 간다.

8) S. L. A. Marshall, *Men against Fire: The Problem of Battle Command in Future War* (New York: William Morrow, 1947), 78-81.
9) Mansfield, *Gestalts of War,* 1-19; Ralph L. Holloway, Jr., "Human Aggression," in *War: The Anthropology of Armed Conflict and Aggression,* ed. Morton Fried, Marvin Harris, and Robert Murphy (Garden City, N.Y.: The Natural History Press, 1967), 29-48.

사회적 지위를 부여하는 일도 없고, 장님 혹은 발을 절어서 사냥을 못하는 실패한 사냥꾼으로서 부끄러워해야 할 일도 없다. 어설프게 정의된 남녀의 성별 역할이 있긴 하지만, 그렇다고 딱 구분해서 정해놓은 역할이나 계급 같은 것도 없다. 사춘기에 이르기까지는, "소년" "소녀"의 단어 구별은 없고, 다만 "어린이들"이란 단어만 있다. 여자들도 원하면 언제든 사냥할 수 있지만, 보통은 작은 사냥감이나 집 근처에서 하는 사냥에 국한된다. 여자들이 보통 감자 등을 심기 위해 땅을 파지만, 남자들도 가끔 이런 일로 여자들에게 협조한다.

여자와 남자가 함께 등나무 제품을 만들고 파는 일도 한다. 등나무 줄기를 거두어오는 사람들을 위하여 더 많은 음식이 필요하므로, 이익금을 모두가 서로 나눈다. 새로 캠프를 세우는데 기대어짓는 집을 건축하는 것은 여자들이 전문적으로 하지만, 그 동안 남자들은 사냥감이 멀리 도망가기 전에 쫓아가 사냥하러 나선다. 남자와 여자가 모두 땔감으로 쓸 나무를 해오고 물도 길어온다. 남자들은 등나무 줄기를 엮거나 땋아서 물건을 만드는 일은 좀체 하지 않는다. 남자들은 입으로 부는 총(blowguns)을 위하여 입김이 더 세기 때문에 사냥만은 남자들이 전문이다. 호랑이가 습격했을 경우 더 많이 희생되는 것도 남자들이다. 캠프 내에서 남자대 여자의 인구 비율이 보통 11:8 정도로 늘 유지되고 있다. 사냥은 진짜로 기술이 필요한 것들 중의 하나요, 따라서 배우기에 수년이 걸린다. 젖먹이가 딸린 여자나 어린이들은 물론 사냥할 수 없다.

바테크 부족은 소유나 재산의 개념이 없다. 그들이 식량을 찾아다니는 지역은 "그들의 것"이 아니고, 따라서 다른 사람들이 그 지역으로 찾아 들어오거나 캠프를 쳐도 이를 금지하지 않는다. 그들은 지배를 위한 위계질서가 없다. 연령과 지혜와 힘에 의하여 자연스럽게 결정되는 지도자들이 생겨나기에, 때로는 지도자가 여자인 경우도 있다. 지도자는 자신의 뜻을 남에게 강요하지 않으며, 분쟁은 이성적으로 잘 따져서 해결한다. 기분이 상했거나 상처받은 쪽이 캠프를 떠나 다른 곳으로 갈 수도 있으나, 처벌이나 추방 따위는 없다. 매일 저녁 전체 캠프가 모여서 내일의 행사를 계획한다.

어린이들의 놀이는 비경쟁적이고 비공격적이다. 매우 어린 아이들은 처벌당하지 않고, 다만 주의를 딴 곳으로 돌리게 하거나 혹은 간단히 무시해 버린다. 다른 사람을 향한 공격은 단념시킨다. 어린이들은 사유재산을 일반적으로 가볍게 취급하여 소유욕을 갖지 않도록 가르침을 받는다. 누군가 화를 내면 그는 보호소에 들어가 혼자 앉아서 아무도 특정한 사람을 상대로 하지 않고 왜 자기가 기분이 나빠졌는지를 큰 소리로 화풀이를 하도록 한다. 이때 다른 사람들이 함께 해줄 수는 있다. 공격성을 해소하기 위하여 서로 의사소통 하는 것을 아이들에게 모범으로 보인다. 바테크 사람들은 공공연한 공격을 단념시키고 대신 이를 완화할 방법을 찾기에, 남자도 여자보다 더 폭력적이지는 않다.

남자든 여자든 폭력성의 가치를 낮게 보기에, 바테크 사람들은 남자와 여자가 평등한 사이로 서로 만날 수 있는 사회적 환경을 만든다. 미셸 짐발리스트 로잘도가, "모든 현대 사회는 어떤 정도까지는 다 남성 우월주의적이다"라고 간파한 바는 지배적인 사회에서는 옳은 말일 것이다. 그러나 바테크 부족이나 그들과 유사한 기타 원시인들에게는 맞지 않는 말이다.10) 현대세계에 노출되었음에도 불구하고, 바테크 부족은 모든 면에서, 특히 대부분의 남성 대 여성의 역할을 포함하여, 놀라울 정도로 평등한 사회를 이루고 있다. 바테크 남자들은 자기의 아내, 자식들, 자매들을 소유하지 않으며, 여자의 일이나, 성생활, 자녀출산, 혹은 무슨 일에 대한 결정권 등을 통제하지 않는다. 바테크 사회에서는 남자가 여자 위에 억압적으로 군림하지 않는다. 남자와 여자의 평등한 독립이 소중히 여겨지고, 재물이나 정치권력 혹은 사회적 위치 때문에 이루어지는 특권이나 신분을 위한 사회적 필요가 없이도, 놀라운 친근감, 신체적 접촉, 상호의존적인 태도가 있다.11) 그리고 이와 다른 비슷한 다른 사회들에서도 그들끼리 수 천 년 동안 서로 아무런 왕래가 없었는데도 불구하고 이런 상태를 유지한다는 사실 기록이 보전되어 있다.12)

---

10) Michelle Zimbalist Rosaldo and Louise Lamphere, eds. "Introduction," in *Women, Culture, and Society* (Stanford: Stanford Univ. Press, 1974), 3.
11) Karen Lampell Endicott, "Batek Negrito Sex Roles," 석사 논문, Australian National University, 1979; Oxford 대학의 Rodney Needham 교수의 호의에 감사한다.
12) Ashley Montague는 *Learning Non-aggression: The Experience of Non- Literate Societies* (New York: Oxford Univ. Press, 1978)에서 다른 7개의 원시적 영장류의 사회들에 대한

그런 사회들이 역사이전의 사회들과 비슷한 것인지, 혹은 도시 문명에 완전히 노출된 현대 사회가 그런 가치들을 받아들이고도 사회가 유지될지, 그런 것들을 우리로선 알 수 없다. 현대 문명에 어렵게 항거했던 그런 원시 사회는 모두 파괴되었다. 그러나 옛날의 보다 단순했던 시기의 살아남은 자들이 보여주는 것은–보다 강하게는, 증명해 준 것은--**인간이란 폭력 없이도 살 수 있다**는 점이다.13)

지배체제 이전의 시간?

신석기 문화의 고고학적 유물들 가운데 적어도 일부는 평화스러운 바테크 족과 같이 지금도 남아 있는 사회들이 제공하는 모습을 확증한다. 무엇

전문가들의 자세한 보고서를 모았다. 그의 서론에서 (p. 5) 18개의 비공격적인 사회들을 추가로 목록에 적었다. 또한 Peggy Reeves Sanday, *Female Power and Male Dominance: The Origins of Sexual Inequality* (Cambridge, Mass.: Cambridge Univ. Press, 1981), esp. 16-34; Stephen Braun, "Jungle Nonviolence," in Robert L. Holmes, ed., *Nonviolence in Theory and Practice* (Belmont, Calif.: Wadsworth Publishing Co., 1990), 181-84; and Leakey and Lewin, *People of the Lake*, 96-125. 초기의 인간 사회들은 대체로 평등주의적이었다고 광범위한 공감이 존재하는 것 같다; 즉, Morton Fried, *The Evolution of Human Society* (New York: Random House, 1967), x,는 "동등성"은 신분의 정체성(identity)에 대한 것이 아니라(사회적으로 불가능), 자신의 능력을 완전히 실현시킬 동등한 자유에 대한 것이다. Fries는 평등한 사회란 그 속에서는 어떤 연령-성별에도 그것들을 채울 능력이 있는 사람들의 숫자만큼 많은 특권적인 위치가 허용되는 사회라고 정의한다 (p.32). C. R. Hallpike는 인간의 첫 번째 조건은 평등의 조건이라고 동의한다 (*The Principle of Social Evolution* [Oxford: Clarendon Press, 1986], 226). 또한 Ronald Cohen, "State Origins: A Reappraisal," in *The Early State*, ed. Henri J. M. Claessen and Peter Skalnik (The Hague: Mouton Publishers, 1978), 67; and Cohen in *The Origins of the State. The Anthropology of Political Evolution*, ed. Cohen and Elman R. Service (Philadelphia: Institute for the Study of Human Issues, 1978), 7-8 and 141-60. 우리의 어떤 데이터들은 사실을 기록한 다큐멘터리에서 가져온 것들도 있다: 가령, Herodotus는 "여자가 남자와 똑 같은 권리를 지닌 부족"을 기록하고 있는데(4.26) – 이 특성이 사람들의 호전성을 완화하는 데는 아무런 영향을 못 주었다.

13) 생존하는 원시인들, 혹은 원시인에 가까운 사람들의 많은 사회들이 폭력적인 것은 사실이다. 그들 중 일부는 문명이 잠식해 들어오는 것에 반발하여 자체 방어를 위해 폭력적이 된 자들도 있다. 다른 자들은 본래부터 폭력적인 자들도 있다.

보다도 놀라운 것은, 기원전 9,000년에서 기원전 4,000년 사이에는 전쟁을 한 흔적이 거의 없고, 기원전 3,000년쯤까지엔 그다지 많지 않다가, 그 이후엔 급속히 증가하였다는 점이다. 심지어는 훗날 구원하는 폭력이라는 신화의 발생지인 메소포타미아 지역에서도, 인구가 많아지고 농업과 목축업이 발전된 후에도, 처음엔 집단들 사이에 내어놓고 적대감을 드러내지는 않았다. 돌로 만든 연장을 사용하여 곡식을 거두고 사냥을 했다. 그것들은 전쟁용으로 만들어지지는 않았다.14) 수메르 문명 초기에 이미 민주정치를 실현하였다.15) 토킬드 제이콥슨은 조심스럽게 결론지어 말하기를, "우리가 판단하기로는, 기원전 제4천년기(기원전 3천년대 - 역자 주)와 그 이전에는 상당히 평화스러웠다. 전쟁과 침략은 알려져 있긴 했지만, 늘 있는 일은 아니었고, 생존을 위협할 정도는 아니었다."16) 전쟁의 위협은 아직 조직적이거나 구조적으로 나타나지는 않았고, 그래서 아직은 생명을 부정하는 정도에까지 이르지는 않았다.

터키(Turkey)의 차탈 휴유크(Çatal Hüyük)와 하씰라(Hacilar), 그밖에 크레

---

14) Elise Boulding, *The Underside of History: A View of Women Through Time* (Boulder, Colo.: Westview Press, 1976), 40. 초기 구석기시대의 인간 두개골에서 돌촉이 박힌 것을 한두 개 발견하였고, 피테칸트로푸스(Pithecanthropus)와 네안데르탈(Neanderthal) 인간들 사이에서도 원수들을 죽인 증거가 있다. 바바리아(Bavaria)의 오프네트(Ofnet) 동굴에서 33개의 두개골이 발견되었는데, 분명히 머리를 잘라오는 사냥꾼의 희생자들이었다 (여자와 어린이가 나타난 숫자로 판단하건대). 그러나 "신석기 동굴 무덤에 있는 가재도구들 가운데 전쟁 무기가 없는 일반적 현상이 새로운 영세 농민들의 마음속에는 전쟁에 대한 이상이 없었다는 증거를 제공한다." (Jacqetta Hawkes, "Prehistory," ed. Hawkes and Sir Leonard Woolley, *History of Mankind*, vol. 1, *Prehistory and the Beginnings of Civilization* [New York: Harper & Row, 1963], 127, 265, 321).

15) H. W. F. Saggs, *The Greatness That Was Babylon* (London: Sidgwick & Jackson, 1962), 160; 어거스틴(Augustin)에 의하면 (*City of God*, 18.9), 그리스인들이 그 혈통을 어머니가 아니라 아버지를 따라 추적하게 되자, 아테네의 여자들은 투표권을 상실하게 되었다. 남성 통치는 민주주의의 쇠약을 의미했다 (Riane Eisler, *The Chalice and the Blade* [San Francisco: Harper & Row, 1987], 114).

16) Thorkild Jacobsen, *The Treasures of Darkness: A History of Mesopotamia* (New Haven: Yale Univ. Press, 1976), 77. 사냥을 하거나 곡식을 채집하는 원시인들이 전쟁을 좋아했는지 않았는지에 대하여 인류학자들 간에는 이견(異見)이 있다. 아마도 어떤 자들은 전쟁을 좋아했을 것이고, 다른 자들은 좋아하지 않았을 것이다. 그러나 거의 모두가 동의하는 것은 설사 사회들이 싸움을 했더라도, 그건 심리적인 필요 때문에 터지는 것이라서, 싸움은 어쩌다 생기는 산발적이었으리라는 점이다.

타 섬 여러 곳, 옛 유럽, 콜럼부스 이전의 아메리카 등지를 발굴한 결과 그 사회들은 집 건물의 크기나 사람의 신분 등으로 뚜렷한 차별을 한 흔적이 없다. 종교라야 대부분 가정 중심의 종파적 숭배 정도지, 아직 조직화된 사회적 또는 국가적 종교는 없었다. 초기의 이론은 전쟁의 기원을 농업의 발달 및 외부종족의 탐욕으로부터 보호하기 위하여 남은 곡식을 저장하는 능력에까지 거슬러 추적하였다. 우리는 방사성탄소 동위원소 측정 및 연대학의 힘을 빌어 야생 동식물을 길들이기 시작한 때를 기원전 약 8~9천 년쯤으로 알고 있다. 처음 전쟁이 일어나기 이전 적어도 4~5천 년 전에 문명은 이미 시작되었다.17)

가장 놀라운 것은 고고학자들이 무언가 빠졌다고 여긴 것이다. 라이앤 아리슬러가 『성찬 배와 칼날』이란 책에서 주목한 바로, 어떤 도시들은 성채를 쌓기에 좋은 험한 바위산보다는 성벽도 없이 아담한 골짜기에 위치해 있고, 수백 년 동안 침략 당하지 않고, 평지가 되도록 무너지지도 않고 존재해 왔다는 것이다. 마찬가지로 놀라운 것은, 신석기시대의 그림에는 고귀한 전사, 영웅적인 정복자, 포로들, 노예들의 장면이 없고, 또는 찌르는 무기, 전쟁용 도끼, 칼(비록 철퇴의 머리가 발견되긴 했지만)들도 발견되지 않았다는 점이다. 매장 묘지에는 사치스런 추장의 무덤, 또는 죽을 때 약한 사람들을 희생하여 내생에 동반자로(아내, 첩, 노예 등) 묻어준 위대한 통치자의 무덤도 없었다. 그리고 신석기 예술에는 여신(女神)이나 동반자 아들이 우리가 권능의 징표로 여기는 것들, 즉 창, 칼, 번개 등 지상의 통치자나 천상의 신이 사람을 죽이거나 손발을 잘라내는 것들의 상징들을 지니지 않았다.18)

증거는 분명하다. 몇 개의 도시들은 요새화 되었다.19) 전쟁이 자주 일어

---

17) Anne Barstow, "The Uses of Archaeology for Women's History: James Mellaart's Work on the Neolithic Goddess at Catal Huyuk," *Feminist Studies* 4 (1978): 7-18; Eisler, *The Chalice and the Blade*, 7-12; and Elinor W. Gadon, *Once and Future Goddess* (San Francisco: Harper & Row, 1989), 24.

18) Eisler, *The Chalice and the Blade*, 7-18. Eisler는 지배체제 이전에 존재한 사회들에 대하여 두 가지 말을 만들어 냈는데, 하나는 "동반자 사회"(Partnership Societies)요 다른 것은 "남녀평등"(gylany)인데, 후자는 gyne(woman:여자)와 aner(man:남자)를 평등과 비폭력적인 관계로 연결시킨 복합어다.

19) 기원전 8350-7350년경, Jericho엔 거대한 벽과 망루(望樓)가 있었는데, 분명히 사냥채집

나는 일이 아니고, 어느 쪽이든 먼저 피를 흘리거나 죽는 것으로 끝나는 것이었다면,20) 사냥용 기구나 곤봉(보통 상처 입은 짐승을 끝내주는 데 사용되곤 했던) 정도로 충분하였을 것이다. 어떤 사회는 다른 사회들보다 더 전쟁을 좋아했을 수도 있다. 그러나 우선 서로 떨어져 있는 관계로 자주 접촉할 필요가 없었다. 상호 충돌하는 전사(戰士)들이라 해도 아마도 조직적으로 군대를 형성한 것은 아니었을 것이며, 육체적인 상처를 입어서라기보다는 서로 외치는 거친 고함소리에 더 괴로워했을 것이다. 이처럼 초기의 사람들은 대체로 평화롭게 살았던 것이다. 이집트는 그 역사의 처음 1,500년 동안 상비군(常備軍)이 없이도 번영하였다.21)

간단히 말해서, 여러 가지 증거를 보아서, 최소한 초기의 사회들은 계층화되지 않았고 기본적으로 **평등한 사회**였다. 이 연구의 목적을 위하여서는, 모든 신석기시대 사회들이 평화로운 사회였다고 주장할 필요는 없고(실제, 모두 평화롭진 않았을 것이니까), 다만 인간은 천성적으로 전쟁을 하도록 되었다는 주장을 반박하기 위하여, 어떤 사회는 평화롭기도 했다는 점만 주장하면

하는 자들의 약탈을 막기 위한 것이었고, Hacila (Anatolia)에도 성벽이 있었지만, 이들은 예외적인 것들이었다. 초대 수메르(Sumer) 도시들은 요새화 되지 않았었다. 제 II 왕조 초기에 와서야 비로소 요새(要塞)화가 널리 시행되었는데, 이는 대략 기원전 2300 년경에 이르러 국가간 전쟁이 시작되었음을 가리키는 것이다. (H. W. F. Saggs, *The Greatness That Was Babylon*, 40). Marija Gimbutas는 고대 유럽 (기원전 6500-4500)에서는 인도-유럽 스타일의 남성 지도자가 있었다는 증거를 발견하지 못한다. 남성 군왕의 분묘들이나, 강력한 성채(城砦)나, 전쟁 무기나, 언덕 위의 요새들도 없다. 매장 의례나 거주 형태들은 모계사회의 형태를 반영하고, 무덤을 치장한 부(富)는 경제적인 평등주의를 말해주고 있다. (*The Civilization of the Goddess: The World of Old Europe* [San Francisco: HarpersSan Francisco, 1991], chap. 9). 사하라(Sahara)에서 발견된 기원전 550-3500경의 것으로 보이는 수천 개의 암석화가 "온건하고도 푸근한 세계를 그려내고 있는데, 그 속에서는 가축을 기르는 광경이 그림들의 대부분이고, 간혹 가축을 습격하다가 양쪽 편에서 활을 쏘며 싸우는 장면들이 있다." (James Mellaart, *The Neolithic of the Near East* [New York: Charles Scribner's Sons, 1975], 51; Hawkes, "Prehistory," 269, 298; Boulding, *Underside of History*, 125; Ruby Rohrlich-Leavitt, "Women in Transition: Crete and Sumer," in *Becoming Visible: Women in European History*, ed. Renate Bridenthal and Claudia Koonz [Boston: Houghton Mifflin Co., 1977], 40).

20) Manfield, *Gestalts of War*, 20-30.
21) Fried, *Evolution of Political Society*, 101; Barbara S. Lesko, ed., *Women's Earliest Records from Ancient Egypt and West Asia* (Atlanta: Scholars Press, 1989), 1.

된다. 이들 상대적으로 조용한 공동체들은 정복하고 약탈하려고 존재하는 것이 아니라, 오히려 만족한 삶을 위하여 물질적 영적 수단을 제공하기 위하여 땅을 경작하면서 존재하였다. 그런 공동체들이 옛날 유럽이나 중동에만 존재한 것은 아니다. 어떤 북미주 인디언들도 폭력적 재난으로 무너지지 않고 500여 세대(世代 generation: 보통 한 세대를 30년으로 친다 - 역자 주)를 상속해 내려오기도 했고, 또 지역 주민들이 멸종하여 다른 종족으로 대치된 흔적이 없이 9천 년 이상 상대적으로 평화스럽게 살기도 했다.22) 유혈전쟁으로 이룩된 아즈텍(Aztecs) 이전에는, 멕시코 계곡에 존재하였던 중앙아메리카(Mesoamerica) 문화들(2000 B.C.E.- 300 C.E.)도 전쟁이나 희생제도로 죽은 징후는 발견되지 않고, 신분이나 재물의 약간의 차별이 있긴 했지만, 그래도 전체적으로 평등하고 평화로운 사회였다.23)

---

22) Stuart Struever and Felicia Antonelli Holton, Koster: *Americans in Search of Their Prehistoric Past* (Garden City, N.Y.: Anchor Books, 1979), 258; L. S. Cresman, *Prehistory of the Far West* (Salt Lake City: Univ. of Utah Press, 1977), 125-26; Michael N. Nagler, *America Without Violence* (Covelo, Calif.: Island Press, 1982), 51-69. C. W. Ceram 은 말하기를, "콜럼버스 이전의 북미 대륙 사람들은 ('고도로 발전된 문명'을 지닌 중미의 Aztecs들과는 매우 대조적으로) 전쟁을 몰랐고, 전쟁을 통해서 정치를 유지하는 것은 농업 공동체들이 정말 국가를 형성한 후에야 나타났다. 북미 인디언들은 폭력을 알긴 했는데, 예를 들어, 부족 간 충돌, 약탈 여행들, 물과 목장 때문에 경쟁, 때때로 죽이고 복수하는 일들 이 있긴 했지만, 이런 것들은 메소포타미아 국가가 일어난 후에 발전시킨 영속적인 전쟁과는 거리가 멀었다"고 한다. 군대 주의(軍隊主義)는 스페인 사람들에 의하여 북미주에 도입되었다. "우리 푸에블로(Pueblo) 인디언들은 평화로운 사람들이었다. 비상시에는 자체 방어를 위하여 무기를 들기는 했다--그러나 대부분 패배했다." Holokam 인디언들은 일천 년 간 전쟁 없이 살아왔다. (*The First American* [New York: New American Library, 1971], 125-26, 220). Mesa Verde에 있는 Anasazi 족은 7백 년 전 역사를 통하여 전쟁이나 공격을 한 흔적이 없다. "Anasazi 족의 암석화나 그릇에 그린 그림에서 전투하는 사람, 혹은 전쟁을 그린 것은 전혀 없고, 현대 푸에블로 인디언들의 민담이나 신화에도 전쟁 이야기는 없다" (William M. Ferguson and Arthur H. Rohn, *Anasazi Ruins of the Southwest in Color* [Albuquerque: Univ. of New Mexico Press, 1987], 67). 말(馬)도 없이(말은 스페인 사람들이 가져옴), 침략자는 물 없는 황야를 장거리 여행하면서 운반할 수 있는 만큼만 약탈했다. 그러나 Steven A. LeBlanc은 1300년 이전의 Anasazi 부족들 간의 싸움의 흔적을 발견했다 ("Cibola" in *Dynamics of Southwest Prehistory*, ed. Linda S. Cordell and George J. Grimerman [Washington, D. C.: Smithsonian Institution Press, 1989], 351-58). 요점은 폭력이 전혀 없었다는 것이 아니라, 어떤 그룹들은 그들의 긴 역사를 통하여 폭력을 최소화하는 방법들을 발견했다는 것이다.

23) Marilyn French, *Beyond Power: On Women, Men, and Morals* (New York: Summit Books,

이들 초기의 많은 사회들은 **모계혈통주의적**(母系血統主義 Matrilineal: 어머니를 중심으로 세대가 형성되는 - 역자 주), 모처혼적(母妻婚的 Matrilocal: 남편이 처가에 와서 사는, 데릴사위형 결혼 - 역자 주: 창 2:24에 그 흔적이 보임) 사회였으나, 모계통치적(母系統治的 Matriarchal: 여자가 가장이 되어 통치하는 - 역자 주) 사회는 아니었다.24) 우리가 아는 한, 모계통치적인 사회는 어디에도 존재하지 않았다. 여자들이 가부장적(家父長的) 제도에서 해방되면 남자들이 여자들을 취급하였듯이 남자들을 취급하려고 복수할 것을 남자들이 두려워한 것은 틀림없다. 그러나 고고학적 증거들과, 오늘날 원시적 사회들에 분명한 성적인 평등(sexual equality)이 말하는 바는, 최소한 어떤 역사이전 사회들은 **동반자 사회**(Partnership society)들이었고, 따라서 그들은 "힘으로 압도"(power over)하는 것이 아니라 "함께 힘을 쓰고"(power with), 경쟁(competition)보다는 협동(cooperation), 지배하는 위계질서(domination hierarchy: 공동체가 지도자를 섬기는)보다는 실현하는 위계질서(actualization hierarchy: 지도자가 공동체를 섬기는)로 특징지어졌다.25)

게르하르트 렌스키가 관찰한 바로는, 잉여생산물이 존재하지 않거나, 있어도 잠시뿐인 사회에서는, 누군가 한 사람이 아무리 욕심을 부려봤자, 경제적으로 지배적인 위치에 오를 수는 없었다. 그런 사회에 사는 사람들은 필연적으로, 최소한 재화와 사역의 분배에 있어서, 상대적 평등을 유지할 수

1985), 48.

24) 모계혈통 과 모처혼인 협정은 아직도 북미와 아프리카, 혹은 인도의 드라비다족, 호주의 원주민들의 많은 토착 사회에서 보급되고 있다; 그 유물이 멜라네시아, 인도네시아, 마이크로네시아 등지에 남아 있고, 또 그 흔적들은 이집트, 호머(Homeric) 시대, 심지어는 초기 히브리 사회에서도(창 2:24) 모계혈통, 모처혼인이 실천되었음을 가리키고 있다 (Jacqetta Hawkes, *Prehistory*, 122). Catal Huyuk에서는 죽은 어린이는 어머니의 무덤 근처에 묻었는데, 이는 어머니 중심으로 가계가 전해 내려가는 것을 보여 준다 (참조 히브리 성경 왕상 14:20, "그는 열조와 함께 잠들었다.") 남자들이 자는 평상이 여자들의 평상보다 크기가 작고, 정해진 장소가 없었다 (Gadon, *Once and Future* Goddess, 28). 그러나 모계혈통 사회나 모처혼인 사회에서도 남성들(때론 아내의 형제들)이 일반적으로 지배적이었다.

25) Eisler, *The Chalice and the Blade*, 105; Marija Gimbutas, *The Goddesses and Gods of Old Europe*, 7000-3500 B.C. (Berkley: Univ. of California Press, 1982); and *The Language of the Goddess* (San Francisco: Harper & Row, 1989). 실현 위계질서는 세포들이 신체기관으로 그리고 생체로 진행되는 점증하는 복잡성 구조에, 혹은 민주적 기관들의 활동에 돌아가면서 교대로 지도력을 발휘하는 데 나타난다.

밖에 없다. 그런 사회들에서는 통치가 설득을 통해서 이루어졌다. 한 사람이 강하다 해도 다른 세 사람을 당해낼 수가 없었다. 그 결과, 민주적인 의회가 거의 모든 원시사회들에 이루어져 있었던 듯하다.26)

물론, 세계 역사 전체를 고고학적 추정과 억측의 불안한 토대 위에 놓고 설명하려는 것은 위험스러운 일이다. 신석기시대에 대한 전문가들 중에는 위에서 재구성한 설명의 요소들이 황당하다고 거부하는 사람들도 있을 것이다. 마르크스와 프로이트가 그들의 이론을 본래의 성격으로 설명하고 싶어서, 원시 사회주의(primitive socialism)나 원시 아버지 살해(primitive patricide)를 가정하듯, 아이슬러와 기타 여성주의자들은 남녀평등이 이루어졌던 때가 언제였던가를 알아내는 것이 중요하다고 주장했다. 그러나 현재의 세계 체제를 변혁하는 일이, 오늘날의 죄악이 존재하지 않았던 옛적의 어느 "황금기"가 있었음에 의존한다고 생각한다면, 이는 발생론적 오류를 범하는 것이다. 심지어는(비록 나는 그렇게 하고 싶지 않지만) 발생론적 논의의 방향을 돌려서 말하기를, 한때 평등한 사회들을 만들 수 있었던 조건들이 지배체제의 대두, 인구밀도의 증가와 더불어 사라지고 난 후에, 평등한 사회는 더 이상 가능하지 않다고 주장할 수도 있다.27) 인간 타락의 신화(창 3장)를 역사 속에 끌어들이는 일이나, 어떤 부류의 무리들과 시대를 타락의 효과에서 면제시키는 따위 등은 언제나 위험하다고 판명되었고, 여기 나의 경우에도 그런 일은 마찬가지로 위험하다고 본다. 지배체제에 대한 도덕적 혹은 신학적 반론은 그 발생의 기원에 호소하지 않아도 된다. 그런데, 왜 그것을 시도하려는가?

---

26) Gerhard Lenski, *Power and Privilege: A Theory of Social Stratification* (New York: McGraw-Hill, 1966), 102-6. 북미 인디언들은 최근까지 민주적 형태의 통치를 유지해왔다.

27) Marielouise Janssen-Jurreit는 여성이 권력을 잡은 역사 이전의 증거를 찾는 것을 강력히 배격한다. "이제까지 수천 년을 억압한 후에, 언젠가 인간 역사의 초기엔 여자가 남자들 위에 통치했던 일도 있었음을 찾아보았자 여자들에게 무슨 위안이 된단 말인가? 여자들은 그들의 주장 안에 역사적인 사실들만 짜 넣어야한다. 그들이 억압받았던 것은 기록 채집하기가 쉽고, 이것으로 그들의 요구를 실증하는 것은 충분하다." (*Sexism: The Male Monopoly on History and Thought* [New York: Farrar Straus Giroux, 1982], 79). 그러나 존경할만한 여성학자들 중 아무도 모계통치가 일찍이 존재하였었다고 더 이상 주장하지는 않는다, 그러나 남녀 사이에 평등 비슷한 것이 있었음을 주장한다. Susanne Heine도 아득한 과거에 여성의 황금시절이 있었다고 묘사하는 것을 배격한다 (*Matriarchs, Goddesses, and Images of God* [Minneapolis: Augsburg, 1989], 100-2).

왜냐하면, 협력사회에서는 극단적 계급 차별도 없고, 상대적으로 **성적 평등화**(gender equality)가 이루어지고, 명백히 전쟁이 없는 매력이 있기 때문이다. 아마도 바로 이런 점이 우리에게 도움을 주는 단서이다. 즉 우리는 지배적인 세력이 없는 사회란 어떠해야 하는가를 시각적으로 표현할 필요가 있다. 진실로 평등한 사회가 일찍이 존재해 본적이 있든 없든, 그것은 반드시 존재해야 한다. 지구상에 일찍이 그런 사회가 존재했든 안 했든, 모든 인류가 소망하는 사회는 그런 사회인 것이다. 만일 그런 꿈이 한 때는 현실인 적이 있었다면, 그것은 우리의 희망을 강화하고 그 희망에 경험적인 토대를 줄 수 있게 될 것이다. 그러나 미래의 가능성을 위해서는 그것이 과거에 실지로 존재했었어야만 한다고 주장할 필요는 없다. 그런 가정에서 사람들의 관심을 끄는 것은 시원론(始原論 protology)이 아니라 종말론(終末論 eschatology)이다.

실제로 많은 사회에서 지난날의 황금기 이야기는 민속설화의 기억 속에 보전되어 있다. 서구 인류학자들은 일반적으로 이런 이야기들이 사실의 근거가 없다고 무시하곤 했다. 결국 서구문명이란 진화의 과정에서 일어난 정점(頂點)인데, 어떻게 원시적인 것이 지금 우리가 모르는 것을 이룩할 수 있었겠는가? 그러나 이스라엘 사람들도 생태학적인 천국의 기억을 간직하고 있지 않은가? 천지창조에 관한 야훼문서(Yahwist)의 악명 높은 가부장적 동기에도(남자를 먼저 창조하고 여자는 나중에 남자로부터 창조되었다는) 불구하고, 성경의 창세기 2-3장은 여자가 의사 결정의 주도권을 쥐고 있는 사회를 그려내고 있다. 야훼문서에서 여자를 창조하는 기사는 창조의 결함을 메우고 남자의 필요를 채우는 특별한 창조 행위의 산물인데, 이 사연이 없이는 창조는 불완전했을 것이다. 최초의 부부는 사냥이나 목축업이 아닌 농업에 종사하는 사람들로 묘사되었는데, 농업사회에서는 여자들이 보다 중심적인 역할을 하였다. **인간의 타락**(창 3장 -역자 주)은 가부장적 사회에서 여성이 자유를 상실하고 남성에게 종속되는 것이며, 간단히 말해서, **남성주의의 등장**, 즉 남성이 지배함을 뜻한다. 이에 비하여, 창세기 1장은 분명히 남녀평등을 말한다. 하느님의 형상은 남성과 여성이고, 최초의 남녀 한 쌍은 신적인 성격을 반영하여 함께 창조되었다.28)

---

28) John Howard Yoder, "Salvation Through Mothering?" 미발표 논문, 저자의 호의로 인용.

인류가 한때는 보다 정의로운 사회적 구성을 경험하였다는 생각은 매우 요긴하다. 왜냐하면, 사람들은 이미 의심할 여지없는 역사성, 즉 남성에 의한, 강력한 자에 의한, 그리고 부자에 의한 지배가 성격상 당연한 것이고, 기억도 할 수 없는 아주 먼 옛날부터, 그리고 하느님의 마음에 의하여 결정된 것이라고 주장하는 반대의 설화에 푹 젖어 있었기 때문이다. 남성 우월주의는, 백인 우월주의나 엘리트(선택된 소수)에 의한 지배나 마찬가지로, 규범적이고 자연스러우며 불가피한 것이라고 무비판적으로 당연하게 여겨졌다.

소수의 특권으로서의 우월주의라는 생각은 바로 역사이전의 경험에 대한 새로운 설명에 의하여 도전 받게 되었다. 옛날 한 때는 인류의 광범위한 부분이 오늘날보다도 더 평화스럽게 공존할 수 있었으리라. 설사 이것이 증명될 수 없다 치더라도, 인간 사회란 그 시작부터 독재적이었다고 확신 있게 주장할 사람은 아무도 없다. 그리고 설사 지배적인 체제가 약 5천 년 전에야 패권을 확립한, 상대적으로 근세의 사회적 발명품이라 할지라도, 그걸 근절시켜버릴 수 없는 것도 아니다.

나는 악(evil)이 지배체제를 통하여 이 세상에 처음으로 들어왔다고 주장하는 것은 아니다. 죄, 도덕, 우상숭배, 하느님으로부터 소외, 자기 자신, 그리고 세계 등은 인간에게는 본질상 실존적 실체들이다. 그러나 사탄, 악마, 권세들은 다소간 후일에 생겨난 것들이다. 인간은 서서히 복잡한 기구와 세력들의 영적인 성격을 알게 되었다. 이들 영적인 실체들은 지배를 통해서 뽑아낸 정수들이고, 그래서 이것들은 인간사회가 어느 정도 운명, 복잡성, 그리고 갈등의 일정 수준에 이른 다음에야 비로소 인식하게된 것들이다.

지배체제의 등장

체제적 지배와 그것의 정당화가 언제부터 이루어졌는지는 알기 어렵다. 공동연대 기원전 약 3천 년 경에 바빌론이나 수메르의 여러 도시국가들이 형성되었을 때는, 이미 독재정치는 행해지고 있었다.29) 전쟁은 이미 흔히

---

29) 군주적인 지배는 신적인 권한부여를 필요로 하는 새로운 현상이었다. 수메르의 제왕

일어나고 있었다. 상비군의 병사들이 새로운 청동제 무기를 가지고, 그리고 때로는 말 위에 올라타고 싸웠다. 그들의 확고한 사회적 제도는 계급적이고, 권위주의적이고, 그리고 가부장적이었다. 이들 전사들의 일부는 무기를 숭배하기도 했다.30) 또 다른 부류들은 전쟁의 신들을 경배하였고, 그 신들의 뜻을 따라 상대방 남자들을 학살하고 여자들을 성적으로 정복하였다.31) 때와 장소에 따라 억압의 정도가 다르기는 했지만, 여자들은 그들의 의사를 자유롭게 말할 권리를 박탈당하고 자신들의 몸을 스스로 통제하는 권리를 빼앗기기 시작하였다.32) 기원전 약 2,300년경 메소포타미아에 있었던, 가장 초기의 것으로 알려진 법률 조목인 우루카기나 칙령(Urukagina's Edict)은 이렇게 쓰고 있다. "옛날에는 여자가 남편을 두 명 둘 수 있었지만, 오늘날의 여자는, 만일 그랬다가는, 그 나쁜 의도를 표면에 새긴 돌로 쳐 죽여야 한다." "여자가 남자에게 불경스럽게 말하면, 그 여자의 입술을 불에 구운 벽돌로 짓이겨 놓아야 한다."33) (으악 !- 역자 평)

목록에는, "왕권이 하늘에서 내려와서 왕권이 Eridu(Sumer) 안에 들어왔다"고 적어놓았다 (Saggs, *The Greatness That was Babylon*, 35). 가부장제도의 발생에 대해선, Gerda Lerner, *The Creation of Patriarchy* (Oxford: Oxford Univ. Press, 1986); and Bertrand de Jouvenel, Power: *The Natural History of Its Growth* (London: Balchworth Press, 1945), 67을 참조하라.

30) 헤로도투스(Herodotus)에 의하면(4.62), Scythians(스키타이 인들)은 그들의 전쟁 신의 형상인 초승달처럼 굽은 칼 앞에 희생제물을 드렸다. 초기의 앙코르인(Cambodian)들 사회에선 왕의 힘이 왕의 성기(lingam: phallus)에 들어있다고 생각하였고, 그 성기를 통하여 Siva 신과 합친다고 여겼다. 이런 생각이 가장 노골적으로 표현된 것은, 프라 노크(Prah Nok)에 새겨진 기록에서 한 장군이 그의 임금 Udayadityavarman II세 (1050-1067 C.E.)에게 드린 인사말에 나타나 있다; "폐하의 황금의 성기(golden linga= penis) 속에 살고 있는 폐하의 보이지 않는 '나' 곧 Siva에게 이 전쟁노획물을 바칩니다" (Leonid A. Sedov, "Angkor: Society and State," in *Early State*, 115). 취지는 분명하다. 정복, 약탈, 강간, 노예 삼기, 군대 학살을 통하여 왕권 안에 나타난 신적인 권능은 남성적이다. 사실, 남성들이 전쟁에 나간다. 요한 계시록에 의하면 하느님의 말씀이 그의 입에서 나오는 칼로 죽인다, 즉, 간단한 진리로 죽인다(계 19:15). 그러나 전투시 왕은 그의 허리에서 나오는 칼로 죽이는데, 그 칼이 곧 자체로 신이요 Siva 신의 계시자다.

31) Eisler, *The Chalice and the Blade*, 47-49, 84.

32) 획일적인 가부장제도(父權社會)는 남성 우월과 여성 참여 및 두드러짐의 여러 가지 변화로 대치되었다.

33) 본문은 Jerrold Cooper, *Reconstructing History from Ancient Inscriptions: The Lagash-Umma Border Conflict* (Sources from the Ancient Near East, vol.2/1 [Malibu: Undena Publications,

가부장적 사회 질서에서는 여자가 아무리 높이 올라간다 해도, 그녀는 항상 남자에 의하여 성적으로 그리고 출산을 위하여 통제되어야 한다. 모든 계급에는 두 개의 층이 있는데, 하나는 남자용이며, 좀 더 낮은 층(같은 계급에서도)은 여자용이다. 지배적 엘리트에게 복종하여 잃어버린 남자들의 권력은, 여자와 어린이들, 품꾼들, 노예들, 그리고 토지 위에 행세하는 권력으로 대신 충당하여 보상하였다. 이런 새로운 질서의 점증하는 폭력과 잔인함 가운데서, 여자들의 관심사는 자기를 보호해줄 남자와 경제적 지원자를 찾는 것이었다. 그러나 그들이 치른 대가는 성적(性的) 봉사, 월급 없는 가사 노동, 그리고 원래 한때는 여자의 일이었던 것까지도 모든 문제를 남편에게 양보하고 복종하는 것이었다. 그 대신 부가급부(附加給付)로 그런 여자들에게 허락되는 것이라곤, 그녀들보다 낮은 계급의 남자와 여자를 착취하는 것이었다.34)

인간의 운명은 사람들이 의도하지 않은 방향으로 그리고 대부분이 의식적으로는 선택하지 않았을 그런 방향으로 할 수 없이 밀려간다. 정복을 통한 영토 확장과 부의 축적을 얻는 새로운 능력은, 자기의 지배욕에 아무도 감히 도전하지 못하도록 하는 일종의 무정부 상태를 만들어낸다. 앤드루 바드 쉬무클러에 의하면, 그룹들 간의 폭력이 점증함에 따라 인간성은 일찍이 존재한 적이 없는 혼란 속에 빠졌다. "사회들 간의 관계는 통제되지 않았고, 실제로 거의 통제할 수 없었다. 그런 통제 불능의 체제는 원치 않는 필요를 부과하였으니, 즉, 문명인들이 권력을 향한 투쟁에 돌입하게 만들었다."35)

1983], 51)에 있다. Lerner는 일처다부(一妻多夫: polyandry)를 금지하는 것으로 번역한 것에 의심을 제기하면서, 그 대신 과부(寡婦)가 재가(再嫁)하는 것을 언급한 것으로 본다 (*The Creation of Patriarchy*, 63). 그러나 Cooper는 본문은 의심할 여지없이 명백하다고 주장하고, H. W. Saggs도 이에 동의한다 (*The Greatness That was Babylon*, 187).

34) Lerner, *Creation of Patriarchy*, 215-18. 여자들은 언제나 남성 지배의 어떤 면을 회피해 가는 길들을 발견해왔다. 어떤 나라들에선 과부들이나 홀어머니들이 남성 동반자 없이도 가정을 꾸려나가고 경제적으로 스스로 견뎌나간다. 아프리카에서는 여인들이 북소리를 듣고 공터에 모여서 고대의 여인회의들을 통하여 연합한다. 여인들은 그녀들이 가진 힘을--그들이 남자들에게 제공하는 중요한 봉사를 통하여 얻어내는--바꾸어 영향을 행사하는 고도의 기술을 지녔다; 때로는 그녀들의 영향이 상당하다. 어떤 여인들은 남편을 능가하는 "상황에 따른 지배"를 행사하고, 심지어 남편들을 구타하기도 한다 (Boulding, *Underside of History*, 23, 41, 52-53). Marylin Arthur, "'Liberated Women': The Classical Era," in *Becoming Visible*, 60-89; Marielouise Janssen-Jurrett, *Sexism*, 318-25.

35) Andrew Bard Schmoookler, *The Parable of the Tribes: The Problem of Power in Social*

역설적인 것은, 권력을 최대화하려는 침략자들에 대항하여 성공적인 방어를 하려면, 그 사회는 도리어 위협을 가하는 사회를 닮아가게 되는 것이었다. 이리하여 지배란 곧 오염물질이라, 일단 경험하게 되면 사회들의 체제에 완강한 힘으로 널리 퍼져 가는 전염병이 된다. 쉬무클러는 말하기를, 그건 마치 다른 것들 위에 군림하는 것으로 특징을 삼는 행동을 선호하는 자연 선택의 과정과도 같다고 했다.

> 권세를 향한 선택은 자연을 기꺼이 개발 착취하려는 자들을 위해서, 자연을 경외하는 자들을 내버릴 수 있다. 전쟁을 좋아하는 자들은 평화를 사랑하는 자들을 제거할 것이다. 야망이 있는 자들은 만족해하는 자들을 제거할 것이다. 문명사회는 잔존하는 원시 사회를 대치할 것이며, 현대 산업의 힘이 고대의 문화를 쓸어버릴 것이다. 철기문명 생산자들이 동제품이나 혹은 아예 금속을 쓰지 않는 자들을 이겨낼 것이며, 말을 탄 자들이 말을 타지 않은 자들을 지배할 것이다. 일사불란하게 조직되고 강력한 지도력을 가진 사회가 보다 임시적으로 구성된 권력과 보다 국지적인 자율성을 지닌 사회를 견뎌내지 못하게 만들 것이다. 문화적인 가능성이 열려 있는 것들이 원치 않는 특정한 방향으로 흘러가게 된다.36)

권세를 향한 경쟁이 뜻하는 것은, 사람들이 오히려 더 좋아할 만한 많은 인간다운 문화의 선택을 마감한다는 것이었다. 각 개인들의 관심사들이 그들이 속해 있는 더 큰 체제의 관심사에 종속되거나 희생되었다. 이는 권세를 향한 경쟁이 인간의 사회적 존재에 고유한 속성임을 의미하지 않는다. 그건 실제도 그렇지 않다. 또 지배자의 사회와 함께 출현한 모든 것이 악하다는 뜻도 아니다. 좋고 아름다운 것들도 많다. 비록 강한 자들에게 항상 유리하게 하는 상황 아래서이긴 하지만, 약한 자들을 위하여 정의를 확보하고 폭력을 제한하는 법률들을 제정하기 위하여 많은 노력이 경주되었다.37) 여자들이

Evolution (Berkley: Univ. of California Press, 1984), 20.
36) Ibid., 23
37) Urukagina, 그의 여성에 대한 잔혹한 법제정은 앞에서 인용한 바 있다(p. 4). 그는 경제적 약자들이 희생당하지 않도록 보호하고, 세금을 인하하는 위대한 법적 개혁을 이룬 사람으로 역사가들이 칭찬한다(Saggs, *The Greatness That was Babylon*, 47-48). Hammurabi도

기존의 관행을 통하여 혹은 그것을 우회하여 권력을 획득할 길도 열렸고, 때로는 여자가 우르카기나의 여왕(Urukagina's Queen)이나 훨씬 나중의 클레오파트라(Cleopatra)처럼 실제적인 권력을 잡기도 하였다. 그러나 그들도 이미 형성된 권력체제 안에서만 권력을 휘두를 수 있었다. 지배체제는 인류 문명의 전개에서 심오한 변화를 강요하되, 그 방식이란 인간의 운명이 더 이상 자유로운 개인의 선택으로 이루어지지 못하게 하였다. "그 어느 누구도 평화를 자유롭게 선택할 수 없지만, 그러나 누구라도 권력을 향한 모든 필요조처에 편승할 수는 있다."[38]

중국에는 전쟁을 반대한 오랜 전통이 있었다. 성전(聖戰)이란 전통은 발전되지 않았고, 전쟁 그 자체가 날카롭게 비판되었다. 경쟁적인 가치나 혹은 스포츠를 강조하지 않았다. 그런데도 중국은 거의 3천 년간 지속적인 전쟁으로 고통을 겪었다. **전쟁의 기원**은 병리적인 것(공격성)도 아니며, 철학적인 것(이념)도 아니며, 심리적인 것(경쟁)도 아니며, 다만 구조적인 것이었으니, 지배를 향한 경쟁에 모든 사람이 관여하도록 강요되었던 것이다.[39] 마찬가지로 탄자니아의 남자들은 땅에 종사하고 남신(男神)과 여신(女神)을 모두 가지고 있었지만, 그런데도 그들은 여자들을 지속적으로 학대하였다. 수많은 여신(女神)들을 숭배하는 인도에서도, 여성을 억압하는 것은 널리 유포되어 있었다. 예수의 가르침이 사랑을 강조함에도 불구하고, 상당수 크리스천 남자들은 여성과 어린이를 학대하였다. 문제는 역시 구조적인 것이라, 정치적 통제와 가문의 이름과 재산의 소유권을 유지하기 위하여, 남자는 여자를 지배해야만 하는 것(비록 일부는 상당히 너그럽게 지배하였지만)이었다.

그러나 **부계혈통과 성적인 불평등**, 모계혈통과 성적인 평등 사이에는 다소간 상관관계가 있다. 모계혈통 사회의 52%에서는 성적으로 평등한데 비하여, 부계혈통 사회의 19%만이 성적으로 평등하다. 처가거주(妻家居住) 사회의

약한 사람들을 강한 사람들로부터 보호하는 것이 법을 만드는 사람으로서 그의 임무라고 보았다(Ibid., 72).

38) Schmookler, *Parable of the Tribes*, 21. 이 설명은 존재론적 필요라고 보기보다는, 모든 지배 사회들의 일반화로 보아야한다. 나중에 보겠지만, 비폭력은 권력의 투쟁 가운데서도 평화를 선택할 수 있다.

39) C. R. Hallpike, *Principles of Social Evolution*, 317.

50%는 성적으로 평등하고, 부가거주(夫家居住) 사회의 21%만이 성적으로 평등하다. 성적으로 평등한 사회의 50%에서는 전쟁이란 없든지, 가끔 있든지, 혹은 우연히 발생하든지 했다. 남성이 지배적인 사회의 82%에서는 전쟁이란 고질병적으로 늘 있는 것이었다. 여성적인 창조의 상징을 갖고 있는 사회에서는 아버지가 어린이들과 지내는 시간이 더 많아서, 이런 사회의 63%에서는 아버지가 어린이와 자주 접촉한다. 그러나 남성적인 창조의 상징을 갖고 있는 사회에서는 아버지가 아주 가끔씩 어쩌다 어린이와 놀아준다. 남성과 여성의 혼합형 창조 상징을 갖고 있는 사회의 72%에서는 아버지가 어린이와 접촉하는 빈도가 아주 가끔씩부터 상당히 자주에 이르기까지 분포되었다.40)

권세들의 특징은, 그것들이 사람에 의하여 구성되고 인간적인 조직을 두고 영속시키도록 되었지만, 드디어는 인간의 힘으로는 통제 불가능으로 되어버린다는 점이다. 전체 체제가 자율적으로 심지어는 악의적으로 활동하여, 인간 운명에 대하여 권세들이 저지르는 역할의 개념을 이룩하게 한다. "우리가 싸워야할 원수들은 인간이 아니라 권세와 세력의 악신들과 암흑세계의 지배자들과 하늘의 악령들입니다"(엡 6:12. 공동번역). 권세들은 역사의 매 순간마다 지배체제를 구체화하는 외부적 또는 내부적 표현 모두로서 구조와 기구로 나타난다.

지배체제란 어떤 한 사람 혹은 집단이 우리들에게 강요한다기보다는, 전적으로 자발적으로 발생한다. 사람들은 뜻하지 않게 권세를 향한 투쟁에 휘말려들고는 이내 스스로 이를 회피하지도 중지하지도 못한다. 쉬무클러는 말하기를, 이런 투쟁은 인간의 통제를 넘어서서 선택적인 과정을 발생시키고, 드디어 인간 사회에서 권세의 극대화를 향한 불가피한 변화를 가져온다고 한다. 권세란 부패하게 되어 있을 뿐만 아니라, 때로는 권세를 획득하려는 사람들이 가장 무자비하고 부패한 행동을 한다. 지도자들은 "비인간적인 그리고 제어되지 않은 힘"에 의하여, 즉 "원치 않는 선택과정에 의하여 선택되어," 흔히 그런 지도자들은 인류가 자신의 운명을 안내하여주기를 원하는 그런 사람들이 아니다.41)

---

40) Sanday, *Female Power and Male Dominance*, 177, 60.
41) Schmookler, *Parable of the Tribes*, 275, 27-28. Schmookler의 언어는 권력은 추상적인

또한 이런 지도자들 자신들도 자유롭지 못하다. 그들은 마치 스스로 선택할 수 있는 듯이 보이지만, 실상은 제어되지 않는 체제가 만들어낸 선택적 과정이 그들에게 그런 역할을 부여하는 것이다. "선택하지 않은 체제가 어떤 메시지를 들려줘야 하는지 결정하니까, 힘센 자들이 말하는 것이 된다. **선택자를 선택하는 것이 그 선택을 결정한다.**"42) 무엇이 인간의 삶을 향상시킬 것인가가 아니라, 무엇이 경쟁력을 증대시킬 것인가에 의하여 결정이 내려지는 것이다.43)

문명사회가 그 구성원들을 위한 봉사자(servant)가 되기보다는, 사람들이 발전해 가는 **체제들의 노예**(slave)가 된다. 지배를 선택하는 것이 조직적으로 사람들에게 해로운 것을 선택하지는 않는다. 그 과정이 인류의 복지를 위하여 적대적이지는 않다. 다만 무관심할 뿐이다. 지배를 위하여 봉사하는 많은 것들이 사람들을 위하여서도 봉사한다. 가령, 사회 질서의 정도라든가, 예술, 혹은 적절한 영양 등이 그런 것들이다.44)

지금 권력은 물론, 풍요와 자유를 즐기는 사람들은 양호한 힘이 이 사회를 형성하고 있다고 생각하기 쉽다. 그러나 우리가 다른 나라들 위에 지배를 향유하고 있는 나라의 시민권을 가지고 있다는 이유로 그만큼 부수적인 혜택을 누리고 있는 것이라면, 우리의 복지는 아마도 거룩한 섭리라기보다는 악명 높은 불의의 결과일 것이다.45)

쉬무클러는 말하기를, 자연스럽고 유쾌한 삶으로부터 소외된 삶을 사는 고통은 정신병적인 대가, 즉, **감각의 마비**를 그 대가로 치른다고 했다. 승리자든 패배자든 우리들 대부분은 우리가 상실한 것의 쓰라림을 알지 못하고 있다. 그 대신 감각의 마비는 충만한 인간의 삶이란 마땅히 어떤 것이어야 하는지에 대하여 기억 상실을 가져와서, 심지어는 기억 자체를 두려워하게 된다. 우리는 생산성의 윤리, 가부장제도의 속박, 성공의 의무, 현대 생활의

것이 아니어서 사실상 마치 세계 속의 물질적 힘인 것처럼 구체화할 위험이 있다.
42) Ibid., 62.
43) 어떤 Nicaragua의 여성주의자가 나와 내 아내에게 비평하기를, "좌파든 우파든 그들이 추구하는 것이 권력이라면 모두 똑같다"라고 했다.
44) Schmookler, *Parable of the Tribes*, 62.
45) Ibid.

충동, 강한 남성의식의 요청, 우리의 희생을 대가로 힘 있는 사람들이 이루어 낸 것을 우리는 성취하지 못하도록 하는 법률 등등을 내면화한다. 우리는 공범자들이 된다. 그래서 우리는 우리가 의존하고 있는 권세들에게 절개를 굽혀 양보하도록 자신을 재구성하여, 우리에게 상처를 주는 세계를 항거하지 않고 그냥 놔둔다. 이 세계와 평화를 이루기 위하여, 우리는 우리 자신들에게 전쟁을 선포한다.46)

물론, 어떤 사회 제도도 완벽히 전체주의(일국일당주의)였던 적은 없다. 언제나 평등주의, 지배, 이타주의 등이 섞여서 혼재(混在)하였고, 어느 한 형태가 전적으로 다른 것들을 모두 배제하지는 못하였다. 가장 억압적인 가부장적 구조에서도, 일부 여자들과 남자들이 항거하면서 보다 평등한 사회를 꿈꾸기를 지속하였다.47) 그러나 일단 국가가 형성되면, 언제나 남성우월주의가 득세하였다. 새로운 신화들(에누마 엘리쉬도 그 중 하나였고)이 창조되어서, 여자들, 가난한 자들, 그리고 전쟁포로들을 현재의 열등한 신분으로 길들이곤 했다. 군대와 재판법정과 사형집행인 등으로부터 지원을 받는 **제사장들**(보통은 남자들)은 두렵고 멀리계시는 수수께끼 같은 신에 대한 공포감을 사람들 마음속에 불어넣었다. 보다 평등했던 시절에 즐겼던 옛날의 노래, 설화, 신화, 그리고 예배의식 같은 것들은 모두 금지되었다. 아내나 어린이들을 구타하는 것이 보통으로 여겨질 뿐만 아니라, 옳은 일로 보이게 되기 시작했다. **악이란 여자의 탓**으로 돌렸다(티아맛, 이브 등).48)

피해 다니는 도망자들과 재빨리 뒤를 쫓는 약탈자들이 이런 문화적으로 퇴행된 새로운 사회에 널리 퍼져 있었다. 이런 새로운 형태의 정복, 약탈과 지배를 벗어날 만큼 고립되어 있거나 멀리 떨어져있는 사람들은 거의 없었다. 한편, 새로 생긴 **남성통치의 신화들**(androcratic myths)에서는 여신(女神)들은 죽임을 당하거나(Tiamat) 혹은 성폭행(Ninlil)당하거나, 남신(男神)의 배우자 또는 첩으로 되거나(Astarte), 남신의 욕망을 충족시킬 성애(性愛)의 상대로 되

---

46) Ibid., 210, 320.
47) Boulding, *Underside of History*, 52; Elisabeth Schuessler Fiorenza, *In Memory of Her* (New York: Crossroad, 1984), 86; Merlin Stone, *When God Was a Woman* (New York: Harcourt Brace Jovanovich, 1976), 30-61.
48) Eisler, *The Chalice and the Blade*, 87.

거나(Aphrodite), 혹은 군국주의(軍國主義)를 고취하게(Athena) 만들어졌다.49) 한 번 바라보기만 해도 남자들을 돌로 만들 수 있는 메두사(Medusa)는 본래 풍요의 여신이었기에, 그녀의 머리 둘레에 똬리를 틀고 있는 뱀은 재생(再生)을 상징하는 것이었는데, 그만 죽음, 공포, 테러, 그리고 흉측스러움의 이미지로 되어버렸다.50) 노래, 민간전승, 사회적 관습 등에서 남자는 주인, 소유주, 상급자, 능동적, 건강한 생식력으로, 여자는 노예, 재산, 복종자, 대상물, 유혹자로 그려졌다. 남성 우월주의가 인간의 **모든** 관계에서 문화적 맥락이 되었다.51) 동시에, 남자다움이 문제로 등장하였는데, 모든 여성들(females)은 여자(women)이지만, 모든 남성들(males)이 남자(men)는 아니었다. 즉 남성은 남자가 되기를 배워야만 하는 것이어서, 통솔력을 기르고, 강인한 근육을 만들거나, 사자를 죽이거나, 통과의례(initiation rite)를 거쳐서 "남자"라는 이름을 지닌 권리를 얻게 되었다.52)

성서의 창세기 2장에 있는 신화는 일반적인 인간의 경험을 거꾸로 하여서, **여자는 남자로부터 나온 것**으로 되었다. 마찬가지로 아테나 여신도 제우스 신의 눈썹에서 태어났고, 그리고(여자의 공헌을 도외시할 다른 계략으로) 이집트 신 프타(Ptah)는 자위행위로 다른 모든 신들을 창조하였다.53) 지배 시대(Domination Era) 이전에 있었던 매우 가깝게 맺어진 사회에서는 동료 인간들을 향하여 경외를 느껴야할 이유가 별로 없었지만, 이제 임금의 손에 엄청난 권력을 집중시킨 다음에는, 신들도 점차 지배의 특성을 띠게 되었고, 따라서 힘 있는 자에게 존경을 바쳐야 하는 것이 정치적 요구일 뿐만 아니라 종교적 감정이 되었다.54)

---

49) Ibid., 109.

50) French, *Beyond Power*, 54.

51) John Stoltenberg, *Refusing to Be a Man: Essays on Sex and Justice* (Portland: Breitenbush Books, 1989), 60, 129. 이 놀랍도록 정직한 책은 남성의 정체성과 우월감의 신화를 폭로한다.

52) French, *Beyond Power*, 77. 또한 Catherine A. MacKinnon, *Toward a Feminist Theory of the State* (Cambridge, Mass,: Harvard Univ. Press, 1989), esp. 157-70을 보라.

53) Ibid., 92; Merlin Stone, *When God Was a Woman*, 91.

54) Jacobsen, *Treasures of Darkness*, 77-79.

성서적 대안(代案)의 등장

유태교나 기독교나 이런 폭력적 풍토를 벗어날 수는 없었다. 초기의 히브리인들은 이전의 약탈자들과 구별되기 어려운 행동을 너무도 자주 하였다. 비록 이사야나 그 밖의 다른 예언자들이 지배자의 사회(Dominator society) 대신 협력 사회(Partnership society)를 주창하기는 했지만, 히브리 성경(구약)의 대부분은 "사회 경제적 조직의 지배자 체제를 강요하고 유지하고 영속시키기 위하여 계획된 율법과 신화들의 조직망"이라고 라이앤 아이슬러(Riane Eisler)는 본다.55) 야훼 하느님은 이스라엘 사람들에게 그들의 원수들을 파괴하고, 노략질하고, 모조리 죽이되, 처녀들만은 살려두어 성적인 노리개, 첩, 혹은 강제로 아내를 삼도록 명령한 것으로 그려졌다.

나찌가 점령한 뒤에 가족과 함께 간신히 오스트리아를 탈출한 아이슬러는, 그녀의 민족적 유산을 준열하게 평가하였다. 그녀가 보기에, **고대 이스라엘은 완강한 남성 지배적 체제**를 갖고 있어서 그 사회에서는 하느님이 여자를 남자에게 종속시켜서 재산이나 동산(動産) 정도로 여겨지도록 했다는 것이다. 딸들은 장래의 남편들에게 혹은 노예로 팔렸고, 만일 처녀성을 상실하여 상품가치를 잃었을 경우엔 그녀들을 돌로 쳐 죽여도 되었다(신 22:13-29, 출 21:1-11, 민 31:18). 남성 방문객이나 남편의 생명을 보호하기 위하여, 딸들은 성난 군중에게 내어주어 집단 윤간을 당하고 마침내 죽도록 내버려둘 수도 있었다(창 19, 삿 19). 전쟁에 패배한 베냐민 사람들은 새 아내들을 얻기 위하여, 실로에 있는 포도원에 가서 여자들을 잡아오기만 하면 되었다(삿 21). 이런 모든 것은 율법에 위반되지도 않았고, 실제로 율법은 이런 남자들의 특권을 보호하였다. 그러나 수백만의 사람들은 오늘날에도 이런 기사들을 읽으면서 그런 행동을 묵인하는 남성통치 제도의 도덕적 파산에 대하여 아무런 소름끼치는 양심의 가책을 아직도 느끼지 못한다.56)

종교적인 사람들은 점진적 계시라는 이론을 빙자하여 그런 비판을 피해 가는 데 오랜 동안 익숙해져왔다. 즉 이들 가난하고 미개한 원시인들은

---

55) Eisler, *The Chalice and the Blade*, 94.
56) Ibid., 98-100.

잘 알지 못하고, 후대 사람들이 강하게 비난할 태도를 하느님께 돌려버렸다는 것이다. 만약 이들이 "원시인"들이 아니라 보다 평등한 사회의 난폭한 후예들이라면, 이 내용은 반대로 되어야 한다. 이는 "점진적 계시"라기보다는, 오히려 이스라엘 역사 수천 년에 걸쳐 악화된 **문화적 퇴행**이라고 할 수 있다. 기원전 제2 천년기(2000-1001, B.C.E, 역자주)에 라헬이 남자들 가운데 자유롭게 나다니고 또 남자들에게 말도 걸고 했던 일들(창 29:9-12)은, 천년 후 예수 당시에 오면 엄격하게 제한되어서, 존경할만한 여자들은 가정에 격리되어, 남편이나 친척 이외의 어떤 남자와도 말을 건네서는 안 되었고, 더구나 공공장소에선 더 말할 것도 없다.57) 여자들은 하느님과의 계약에 포함되는 정회원이 아니었고, 다만 아버지나 남편을 통하여, 그리고 자식을 출산함으로써만 구원받을 수 있었다.

전쟁에서 사람을 죽이는 것은 성서 속에서는 신이 허락한 일이었으나, 약간의 성적인 방종조차 사형으로 처벌할 수 있었다(레 18장, 20:13, 신 22:22-29). 이제 생명을 주는 출산은 불결한 것이 되었는데, 이는 히브리 성서에서만 그런 게 아니라 모든 남성통치 사회에서는 다 그러했다. 이런 바이러스(해독을 끼치는 요소)에 감염되지 않은 동떨어진 지역을 제외하고는 지배체제가 온 세계를 지배했다.58)

그러나 히브리 성서에 대한 이런 부정적인 비판이 전부는 아니다. 지배에 대한 강력한 예언자적 반론도 있었고, 평화, 정의, 평등이 다스리는 다른 통치제도를 그리워하는 것도 있었는데, 특히 눈에 띄는 것은 이사야 53장의 고난 받는 종의 노래 같은 것이었다. 국가가 힘에 의지하는 것은 악이라고 본 인류 역사상 처음 사람들은 **예언자들**이라고, 아브라함 헤셸이 지적하였다.59) 다니엘은 유태교의 한 분파를 대표하는데, 그들은 마카비 가문의 군사

---

57) Saggs는 수천 년 전 수메르(Sumer) 사회에서도 똑같은 일이 있었음을 보고하였다; 수메르가 전성기에 들었을 때보다 초기에는 여인들이 훨씬 더 높은 지위를 갖고 있었다. 그는 이런 변화가 여신(女神)들이 사라진 시대와 같은 기간에 일어난 것으로 보는데, 여신들이 처음엔 탁월한 지위를 갖고 있었으나, 나중엔 이쉬타르(Ishtar)만 유일한 예외이고, 다른 여신들은 모두 남신(男神)들의 배우자로만 살아남았다 (*The Greatness That Was Babylon*, 62).

58) Eisler, *The Chalice and the Blade*, 101.

59) Abraham J. Herschel, *The Prophets* (New York: Harper & Row, 1969), 1:166. *The Prophets*

주의(167 B.C.E.)를 거부하고 공적인 생활에서 하느님의 통치와 간섭을 믿은 사람들이었다. 예수 시대에는 많은 유태인들, 특히 바리사이파 사람들은 실질적으로 말하자면 비폭력을 신봉하였다.

그러나 남을 정복하는 나라들이 생겨난 이후 **처음으로, 하느님의 탈지배적이고 비폭력적 사랑을 이 세상에 계시한 사람은 예수였다.** 그의 모든 메시지가 전부 새로웠던 것은 아니다. 많은 부분은 이미 협력 사회와 잘 맞는 히브리 성서의 일부에 포함되어 있거나, 혹은 징조를 보였던 것들이다. 그러나 아이슬러가 지적한 것처럼, 새로운 질서는 "분명히 갈릴리에서 온 이 젊은 목수에 의하여, 가장 강력하게—당시의 종교적인 엘리트들에게는 이단적(異端的)으로 보였을 정도로—천명되었다." 비록 여성 해방이 그의 메시지의 중심 초점은 아니었지만, 지배에 대한 비판의 관점에서 설교한 예수의 메시지를 잘 살펴보면, 우리는 하나의 통일된 주제를 발견할 수 있는데, 그건 곧 **남성 통치적 가치를 협력적 가치로 대치함으로써 모든 인간의 해방을 내다본 비젼**이다.60)

더욱 놀라운 것은--그리고 널리 스며 있는 것으로서--예수의 가르침에서는

에서는 희생 제도를 거부하는 지적이 있었고 (이사야 1:11-17; 17:7-8; 66:3; 예레미야 6:20, 7:21-23, 31; 14:12; 호세아 6:6; 9:4; 아모스 5:21-27; 미가 6:6-8), 그래서 그 대신 정의를 요구하였다 (이사야 1:16-17, 23, 27; 5:16-17; 25:4; 28:17; 56;1-2; 예레미야 17:11; 22:3, 13-17; 아모스 5:11-15; 6:12; 미가 2:1-2). 제 2 이사야는 희생양 제도의 구조를 노출시켰다(이사야 53). 예언자들은 수시로 왕권에 대하여 비판하였다 (사무엘 상 8; 이사야 1:26; 호세아 8:4; 13:11), 비록 어떤 이들은 지배 없이 정의를 실천할 새로운 종류의 왕을 그리워하기도 했지만 (이사야 11:1-5; 16:5; 32:1; 예레미야 23:5-6; 스가랴 9:9-10). 그들은 지배를 배척하였고 (이사야 30:12), 가난한 자들과(이사야 41:17; 스가랴 7:9-10) 여인들(요엘 2:28-29; 말라기 2:16)을 위해 운동을 벌였고, 평화와 정의와 육신의 치유가 이루어지는 때를 기다렸다 (이사야 2:4; 9:6-7; 11:6-9; 19:23-25; 35:5-6; 52:7; 60:18; 에스겔 47:12; 미가 5:5; 말라기 4:2). 전쟁과 무기들은 땅 위에서 사라지고, 사람들은 안전하게 쉴 것이다(호세아 2:18; 14:3; 미가 4:3-4; 스가랴 4:6). 예루살렘에는 성벽이 없을 것인데, 이는 야훼께서 친히 그 도시를 보호하는 불의 벽이 되어 주실 것이기 때문이다 (스가랴 2:4-5). 그리고 다니엘은 시민 불복종의 전형을 보여주었다 (단 3; 6). 그러나 이 자료는 폭력을 이끌어내는 것과 나란히 나타난다. 예레미야 48:10 은 피 흘림을 "주님의 사업" 이라고 불렀으며, 하느님의 심판이 여러 나라에 전쟁으로 내려질 것이라고 했다. 히브리 성경의 지배가 없는 사회를 위한 노력은 예수의 인격과 말씀 의 결과 처음으로 규범적이고 특권적인 것이 되었다.

60) Eisler, *The Chalice and the Blade*, 121.

우리가 "여성적인 덕목들"이라는 것을 이차적이고 협조적인 위치로부터 일차적이고 중심적인 위치로 격상시켜야 한다는 것이다. 우리는 폭력적이 되지 말고 다른 뺨을 돌려대야 한다. 우리는 남이 나에게 해주기를 바라는 것처럼 남들에게도 해주어야 한다. 우리는 이웃을, 심지어는 원수까지도 사랑해야 한다. 억세고, 공격적이고 지배적인 "남성적 덕목들" 대신에, 무엇보다 높은 가치를 주어야 할 것은 상호간 책임성, 동정심, 친절함, 그리고 사랑이다.... 그가 설교한 것은 **협력적 사회(a partnership society)라는 복음**이었다.61)

그의 8복(八福) 설교에서(마태 5:3-12의 설교. - 역자 주), 부랑자들이나 소외된 자들을 향한 그의 특별한 관심에서, 여인들을 상대하는 그의 전적으로 인습에 사로잡히지 않는 태도에서(공적인 장소에서 여자들과 말을 함, 심지어는 창녀들과도 음식을 같이 먹음, 무엇보다도 그들을 가르침 등), 어린이들을 진지하게 대함에서, 높은 자리에 있는 사람들은 하느님의 특별한 사랑을 입은 것이라는 교리를 거부함에서, 그리고 지배적인 태도가 동정심과 친교에 자리를 양보해야 할 새로운 체제전복적인 질서를 선포함에서, 예수는 당시의 완강한 사회적 관습을 뒤엎어버렸다.

그러나 지배체제는 너무나도 강하였다. 이윽고 죄인들은 교회에서 제외되었고, 여자들은 지도자 반열에서 몰려났으며, 돈 많고 교육받은 남자들이 가난하고 무식한 사람들로부터 권위를 넘겨받았다. 로마제국은 유태인 지도자들과 손을 잡고 이런 동정심과 평등의식을 위한 비폭력적 운동을 분쇄하려고 하였다. 내부와 외부에서 오는 엄청난 압박을 받아, **교회는 예수가 그토록 항거하였던 계층적이고 폭력에 근거한 체제를 향하여 불가항력적으로 굴복하고 말았다.** 그 다음은 너무나 괴롭게도 자명한 것이었다. 이단자(異端者)들과 마녀(魔女)들을 사냥하여 불태워 죽이고, 심문관(審問官 inquisitors)들, 십자군, 군대의 힘으로 교리상의 논쟁을 종식시킨 황제들과 임금들, 기독교인들이 기독교인들을 향한 전쟁들, 유태인들을 향한 프로그램 등이 그것이다. 예수가 꿈꾸었던 새로운 실재에 대한 꿈은 우선 일차적으로는 기독교세계(Christendom)의, 이어서 우리들 현대의 세속적 전체주의의, 오랜 기간 악몽

---

61) Ibid.

으로 변해버렸다. 이런 모든 것에서, 여자들을 정복하는 것이, 가난한 자들을 착취하는 일, 약한 나라들을 정복하는 일, 그리고 환경을 유린하는 일과 함께 나란히 손에 손을 잡고 진행되었다.

지배의 시대를 통하여, 평등을 요구하는 운동들이 소생하여 나타났으니, 즉, 음유시인(troubadours: 11-14세기 남 프랑스에서 활동한 - 역자 주)들, 성 프란씨스, 노예제도 폐지, 여성 참정권 운동, 흑인인권 운동, 여성권리 운동 등이 그것이다. 중산층 시민들, 노동자들, 농민들, 흑인 노예들, 식민지 주민들, 그리고 여자들의 항거 – 이런 모든 것들은 지위서열 매김이 사회 조직의 근본 원리인 체제에 대항하는 것들이었고, 지금도 그러하다. 그러나 이들 중 아무도 남을 지배하려는 어떤 사람들의 근본적인 권리에 대한 믿음을 완전히 뒤엎어버릴 수는 없었다.

하느님이 통치하는 미래

협력 사회(partnership society)와 지배 사회(domination society)의 구별, 하느님의 통치(reign of God)와 지배체제(Domination System)의 구별, 예수의 이야기와 구원하는 폭력이라는 신화 사이의 구별은, 성서가 말하는 하느님의 길과 세상의 길 사이를 구별하기 위하여 우리가 필요로 하는 날카로운 대조를 제공한다. 또 그것은 두 개의 서로 양립할 수 없는 인간 체제들 사이의 거대한 대립 충돌의 보다 적은 부분들로서의 갈등을 이해하기 위한 하부구조를 제공한다. 마침내 우리는 핵무기 군비축소를 위한 노력과 여성권리 운동 사이, 남미의 농장노동자들의 땅을 위한 투쟁과 고래를 구출하려는 시도 사이, 근본주의자들이 책을 검열하려는 것에 대항하는 운동과 우파든 좌파든 독재자들을 무너뜨리려는 운동 사이의 연결 고리들을 볼 수 있게 된다.

다음의 표62)는 지배체제와, **지배가 없는, 하느님의 탈지배적 질서**(God's domination-free order) 사이의 차이를 분명히 이해하는 데 도움이 될 것이다.

---

62) Eisler의 *The Chalice and the Blade*와 그녀가 David Loye와 공저한 *The Partnership Way* (San Francisco: HarperSanFrancisco, 1990)에 근거해, 내가 몇 가지 더 추가해 만든 것이다.

사회적 형태	지배체제	하느님의 탈지배적 질서
성별(gender)의 차이	가부장적: 서로 다르다는 것은 우월/열등을 의미함	성의 평등: 서로 다르다는 것은 전 문화에 이르게는 하지만, 지위의 차이에 이르게 하지는 않음
권세	군림하는 권세: 사람의 생명을 주무르는 권세, 통제, 파괴	서로 나누는 권세: 베풀고, 생명을 베풀고, 지원하고, 양육함
정치	정복, 독재정치, 권위주의적, 관료주의적,	외교 민주정치, 권능을 부여함, 탈 중심적
경제	착취, 탐욕, 특권, 불평등	나눔, 충분함, 책임성, 평등
종교	남성 신--시샘, 분노, 처벌, 율법을 줌	여성 신-- 포용적인 신의 형상 어머니/아버지, 사랑/심판 동정적임/매정함 자비로운/강요하는
관계	지위를 세움 지배를 위한 위계설정 노예, 계급주의, 인종차별주의, 우리들/그들 경직됨,	연결을 꾀함 실현을 위한 위계설정 기회의 균등 우리들/우리들 유연함
변혁의 형태	폭력, 강제, 전쟁 갈등을 억제	비폭력적 대결, 협상, 포용 비폭력적 갈등 해소
생태학적 자세	착취, 통제, 경멸	조화, 협력, 존경
논리	이것이냐/저것이냐 둘 중 하나 분석적	이것도/저것도 둘 다 모두 종합적/분석적
자아의 역할	자기중심적	제휴 지향적
교육	사상 주입식	능력 부여식

성적인 책임	여자들의 출산 능력과 성적인 표현을 남성의 통제 아래에 복종	공동체의 가치관에 따라 개인이 성적행동을 통제
종말론	현상 유지(status quo), 권세를 지니고 유지함, 이 세상, 이 악한 세대, 미래에서 영원성, 현재에서 불의	문화적 변혁, 하느님의 통치, 오고 있는 세대 현재에서 영원성 미래에 정의(正義)

하느님의 통치는 지배체제의 정반대 극을 뜻하지는 않는다. 차라리 지배체제가 반대되는 것들의 긴장관계를 제공할 필요가 있을 것이니, 그런 반대되는 것들은 **하느님의 통치 안에** 포함되어 있다. "남성적"이란 단어가 남성 통치를 뜻하는 것도 아니며, "여성적"이란 단어가 곧 규범적임을 뜻하지도 않는다. 남자와 여자는 평등한 사회 안에서 공존해야 하며, 서로가 서로를 위한 상보적(相補的)인 관계를 이룬다.

아이슬러는 (한 대화에서 말하기를) 여신(女神)은 인간의 필요를 온전히 충족시켜주지는 못한다고 주장했다. 어머니로서의 하느님은 아버지로서의 하느님의 긍정적인 요소로 보충되어야 한다. 아버지의 부정적 요소들은 우리들의 하느님 상에서 제거되어야만 한다. 마찬가지로 어머니의 부정적 요소들도 물론 제거되어야 한다. 우리가 필요로 하는 것은 아버지 어머니 모두의 긍정적인 모습들을 아우르는 것이다. 우리가 하느님에 대한 말을 할 때 쓰는 성차별적인 언어들은 단순히 여성에 대한 편견 없는 공정성이나 정의의 문제보다도 훨씬 더 깊이 뻗친 문제다. 중요한 것은 하느님 이미지의 실제적인 혁명이다. 이보다 더 중요한 것은 없다. 왜냐하면 **우리가 생각하는 하느님의 이미지가 우리를 창조하기 때문**이다. 우리를 위하여 더 잘 공헌하는 것은 신(神)에 대한 남녀 양성의 표현이 아니라(우리는 그런 인간 모델이 없다), 하느님의 이미지에 대한 여러 다양한 내용들인데, 그 각각은 강점도 있고 약점도 있다. 즉, 어머니로서의 하느님, 아버지로서의 하느님, 사랑하는 연인으로서의 하느님, 지혜/소피아(Sophia)/쉐키나(Shekinah)로서의 하느님, 친구 하느님, 재판관 하느님, 인간으로서의 하느님 등등이 모두 그렇다.63)

하느님의 탈지배적인 질서와 지배체제 사이의 구별에 대하여 명확한 생각이 없이는, 복음이란 사회정치적 진공상태나, 시간도 없고, 공간도 없는, 그리고 상황과 관계없는, 영원히 어딘지도 모르는 곳에다 선포되는 것이다. 따라서 복음의 진리란 어떤 실제 세계의 특수성과 아무런 관련이 없이 영원히 지속되는 원칙처럼 취급될 것이다. 그리고 권세들이란 모든 시간 모든 장소에 불가항력적으로 압도하면서 일반적으로 모든 구조에 항상 나타나는 허울 좋은 상수로 되고 말 것이다.

실제로, 복음이란 지난 5천년 동안 꼭 같은 상황(context)이긴 하지만, 매우 구체적 상황을 가지고 있는데, 즉 지배체제라는 것이다. 그리고 복음은 그런 체제에 대하여 구체적 응답을 하는데, 곧, 예수의 해방시키는 메시지가 그것이다. 따라서 **복음이란 지배체제의 악에 대하여 그 상황에 따른 구체성을 갖는 구원인 것이다**. 이게 무슨 말이냐 하면, 어떤 억압의 특정한 모습을 무너뜨린다 해도, 만일 그렇게 하는 것이 단순히 억압의 한 형태를 다른 형태로 바꾸어놓는 것만으로는 복음의 요구를 충족시킬 수 없다는 뜻이다. 따라서 복음은 모든 정치적 프로그램, 변혁, 혁명 등에 대하여 영원히 비판적일 수밖에 없다.

이는 비록 우리가 발전을 이루기 위하여 조금씩 싸워나가는 경향이 있기는 하지만, 그렇다고 발전이란 불가능하다는 뜻은 아니다. 지배체제를 약화시키는 모든 행위는 하느님의 새로운 질서를 강화시키는 일이다. 복음서의 메시지는 실현 불가능한 이상이 아니라, 오히려 모든 사람들이, 우리가 생각할 수 있는 가장 충만한 삶, 곧 우리를 사랑하는 어머니/아버지 하느님이 우리를 위해 의도한 삶을 이루도록 지속적으로 권유(勸誘)하는 것이다,

복음은 단지 지배로부터 우리를 구원해 내는 것만은 아니다. 그것은 또한 질병과 죽음, 유한성과 신앙 없음, 비극과 무의미성 등을 다룬다. 그러나 **복음의 중심이 해방적인 메시지에 있음**을 인정하지 못하면, 그 복음을 정치적으로는 반동적이고 영적으로는 억압적인 것으로 만들고 만다. 동구에서는 공산주의의 몰락에, 그리고 서구에서는 세속적 낙관주의의 몰락에 직면하여서, 아마도 우리는 이제까지 복음이 무엇이었던가를 비로소 볼 수 있게 되었

---

63) Sallie McFague, *Models of God* (Philadelphia: Fortress Press, 1987).

다. 즉, **지배에 대한, 세상에서 가장 강력한 해독제(교정 수단)로서의 복음**을 볼 수 있게 되었다.

이런 방대한 배경에 비추어 봄으로서만, 비로소 우리는 특히 지난 2백 년간에 이루어진 해방을 위한 투쟁의 결실에 대한 세계사적 의미를 알 수 있게 되었다.

- 극소수의 사람들에 의해서만 휘둘러온 중앙집권적 권세에 대한 감시로서 민주주의의 발흥 및 전개.
- 노예제도의 폐지
- 대안적인 경제제도를 개발하려는 노력
- 여성 운동
- 비폭력 운동
- 인종차별에 저항하는 시민운동
- 인권 운동
- 환경보호 운동
- 해방 신학
- 동성애자 권리 운동(사람들을 무력하게 만들고 선택권을 박탈하기 위하여 다른 성적 경향을 사용하는 것을 배격하며)

지난 두 세기에 걸쳐서 이런 노력들이 일어난 빈도수가 제시하는 바, 갈등과 충돌로 이어진 우리 시대는 지배에 대항하는 보다 큰 항거의 여파의 일부임을 알 수 있다. 갈등의 강도 때문에 우리의 눈이 멀어서 이런 노력들의 의미를 보지 못하면 안 된다. 실로, 보다 정의로운 질서를 향한 욕망은 사회적 갈등을 감소시키기보다는 오히려 증대시킨다. 이 일의 엄청난 규모에 낙담할 것이 아니라, 우리는 이토록 짧은 시간에 이루어진 어마어마한 변화에 도리어 용기를 얻어야할 것이다.

제2부에서 제4부에 걸쳐 나는 지배체제 아래에 있는 세계를 향한 예수의 해방의 메시지 내용을 주목할 것이다. 그러나 우선 우리는 현재 계획의 성격을 보다 충분히 이해해야 한다. 권세들이 곧 체제는 아니다. 권세들은

지배체제의 보호 아래 전략적으로 배치된 각개 기구와 구조들에 불과하다. 권세들의 전체 그물망(네트워크)이 결사적으로 통제를 하려고 할 때 지배체제는 획득된다. 지배체제는, 말하자면 권세들의 체제로서, 이것은 체제들의 체제라고 부를 수 있는 하느님을 조롱하는 사탄의 서툰 흉내이다. 이리하여 지배체제는 성경이 자주 사용하는 "세계"(World), "시대"(aeon), "육정"(flesh)이란 말들이 뜻하는 것과 같은 것이다. 우리가 만일 권세들과 그 권세들을 지속시키는 체제에 반대하려면, 이런 체제에 대한 성경의 통찰력을 아는 것이 매우 중요하다. 그러면 성경은 지배체제를 무엇이라고 불렀는가?

토지 소유주들이 그 땅에 왔다, 아니 소유주들의 대변인들이 더 자주 왔다... 어떤 소유주들은 친절하였는데, 왜냐하면 그들은 자신들이 하는 짓을 싫어했기 때문이었다. 다른 소유주들은 화를 내곤 했는데, 그건 자신들이 잔인하게 굴어야 하는 것을 싫어했기 때문이었다. 어떤 소유주들은 냉정했는데, 왜냐하면 그들이 냉정하지 않고는 소유주가 될 수 없음을 일찌감치 알았기 때문이었다. 그리고 그들 모두는 자신들보다 더 큰 무엇에 꼼짝없이 잡혀 있는 것 같았다...

만일 은행이나 융자회사가 그 땅을 소유했을 경우에는, 그 소유주는 말했다: 은행이 혹은 회사가 필요로 하고, 원하고, 주장하고, 반드시 가져야 한다고, 마치 은행과 회사가 생각과 감정을 가지고 그들을 얽어매고 있는 괴물이기나 한 것처럼. 이들 소유주들은 은행이나 회사에 대하여 아무런 책임도 지지 않으려 했다. 왜냐하면 그들은 사람들이고 노예들인데, 은행은 기계요 동시에 주인이기 때문이었다... 소유주들은 자동차 안에 앉아서 설명했다. 자네도 알다시피 땅이 척박해. 자네는 너무도 오랫동안 그 땅을 쑤셔대며 뭘 긁어내려 했지. 하느님은 아시지.
그 땅에 정착했던 소작인들은 고개를 끄덕이기도 하고 갸웃거리기도 하며 땅 바닥에 뭔가 끄적거렸다. 그리고, 그래, 그들은 알았다. 하느님은 아시지. 만일 흙먼지가 날리지만 않는다면, 만일 위에 덮인 흙이 땅에 그대로 남아있기만 하다면, 그렇게 땅이 나쁜 거는 아니지...

에라, 너무 늦었어. 소유주들은 그들보다 더 강한 괴물의 행동과 생각을 설명하였다... 자네도 아다시피, 은행이나 회사는... 그것들은 공기로 숨 쉬지도 않고, 돼지 옆구리 살을 먹는 것도 아니라네. 그것들은 이익을 숨쉬고, 돈에 붙는 이자를 먹고 산다네.... 자네가 공기나 돼지고기 없으면 죽듯이, 그것들도 이익이나 이자를 얻지 못하면 그만 죽고 만다네... 참 슬픈 일이야, 암 그렇고말고... 정말 그래... 은행, 그 괴물은 언제나 이익을 남겨야해. 기다릴 수도 없다네. 그냥 죽어버리고 말아. 아니, 세금은 계속 내야하고... 그 괴물이 성장하지 못하면, 그만 죽어버리고 말아. 그건 고정된 크기로 머물지 못해...

우리는 이렇게 해야만 해. 우리도 이렇게 하고 싶진 않아. 그러나 저 괴물이 아파 병들었고, 뭔가 그놈에게 일이 터진 거야... 알아요, 소작인들은 소리를 질렀다. 그렇지만 이건 우리 땅이요. 우리는 그걸 측량했고, 나누어 가졌고, 우리는 그 땅 위에서 태어났고, 그 땅 위에서 죽임을 당했고, 그 위에서 죽어갔지요. 설사 땅이 좋지는 않아도, 그래도 그건 우리 땅이요....

미안해. 우리가 아니라, 그 괴물 때문이야. 은행은 사람과는 다르니.. 그래요. 그러나 은행도 사람들로 이루어진 것이지 않아요. 아냐. 거기 자네가 틀렸네, 확실히 틀렸어. 은행은 사람과는 달라. 은행에 있는 모든 사람은 은행이 하는 짓을 싫어해, 그러나 은행은 하고 싶은 대로 한단 말이야. 은행은 사람들보다는 뭔가 더한 거라니까 그러네. 그건 괴물이야. 사람들이 만들었지, 그러나 사람들이 통제할 수가 없어...

존 스타인벡
『분노의 포도』[1]

---

[1] John Steinbeck, *The Grapes of Wrath* (New York: Viking Press, 1939), 42-45.

3

지배체제의 이름 짓기

신약성경은 지배체제에 대하여 매우 친숙하게 잘 알고 있었고, 그것을 기술하기 위해 특별한 용어를 사용하고 있다. 이 장에서 우리는 3개의 용어를 조사하게 될 것인데, 그 3개의 용어는 유감스럽게도 수많은 성경 독자들에게 그 참 뜻이 그만 모호하게 되어버린 것들로서, 그리스어로 "코스모스"(*kosmos*: world = 세계), "아이온"(*aiōn*: age = 시대), 그리고 "싸르크스"(*sarx*: flesh = 육체)란 세 단어들이다. 성경 기자들은 지배체제를 부를 때 이들 단어를 사용하였고, 그 바람에 이를 이해하려는 사람들에게는 지배체제의 보이지 않는 속성과 합법성이 박탈되어 버렸다.

코스모스(*Kosmos*): 지배체제

"코스모스"라는 그리스어는 세계, 우주, 창조물, 인간, 지구, 역사의 무대2) 등, 경우에 따라 여러 가지를 뜻한다. "코스모스"에 대한 이런 관습적인

---

2) 좀 더 추상적으로 말해서, "세계"란 한 특정한 주체들에 의하여 경험된 실재의 한 부분이거나, 혹은 한 구별된 사람들의 그룹에게 공통적이고 효과적인 정체성의 구조다 (Stephen Strasser, *The Idea of Dialogical Phenomenology* [Pittsburgh: Duquesne Univ. Press, 1969], 24-26; 또한 Alfred Schutz, "The Problem of Social Reality," *Collected Papers* [The Hague: Martin Piaget, 1962], 1:208; Jean Piaget, *A Child's Conception of the World* [New York: Harcourt, Brace & Co., 1929]).

115

용법으로서는 그리스어나 영어가 거의 비슷하게 사용된다. 그러나 이런 용법말고도, 신약성경에서는 그 당시로서는 매우 특이한 다른 뜻으로도 사용되었는데, 곧, "하느님으로부터 소원해진 존재로서 인간의 사회학적 영역"[3]을 뜻하기도 했다. 신약성경에서 "세계"란 단어는 이처럼 명백히 서로 양립하지 않는 의미들을 갖고 있는데, 이는 바로 인간의 사회적 존재의 총체를 기술하려다 보니 그 때문에 생긴 것이다. 그 "세계"란 좋으신 하느님의 좋은 창조물이요(요 1:10 a, b), 또한 타락한 존재이며(요 1:10c과 다른 여러 곳에서도), 동시에 구원될 수 있는 것이다(요 12:47).

"세계"란 단어가 신학의 중심 범주로[4] 역할을 하는 요한복음서에서는, 예수가 잡혀가면서 대제사장들에게, "나는 세상(kosmos) 사람들에게 버젓이 말해 왔다. 나는 언제나 모든 유다인들이 모이는 회당과 성전에서 가르쳤다" (요 18:20 공동번역)[5]라고 했다. 이 문장의 병행법을 보아 알 수 있듯이, 여기

---

[3] "kosmos란 단어가 부정적인 혹은 악한 뜻으로 사용된 것은 기독교 이전의 작품들에서는 기묘하게도 없다" (E. M. Sidebottom, *James, Jude and 2 Peter* [London: Nelson, 1967], 37). David Rensberger는 지적하기를, 요한복음에서 "세계"란 "어떤 사람들을 위한 선(善), 다른 사람들을 위한 해로움, 그리고 하느님의 사랑을 위해선 손해가 되는 것을 유지하기 위하여 조직하고 유지하는 인간사회 그 자체"라고 했다 (*Johannine Faith and Liberating Community* [Philadelphia: Westminster Press, 1988], 148). Albert Curry Winn은 요한복음에서 "세계"란 실제로 그리고 잠재적으로 가장 기본적인 인간의 가치들을 파괴하는, 그리하여 그런 가치들의 근원이신 하느님에 반대하는 일련의 질서와 구조화되고 연결된 체제를 뜻한다고 말한다. (*A Sense of Mission* [Philadelphia: Westminster Press, 1981], 148.). Jose Porfirio Miranda는 "세계"를 "어떤 특정한 문명만이 아니라 모든 문명들"에 연관시킨다 (*Being and the Messiah* [Maryknoll, N. Y.,: Orbis Books, 1977], 101-2) —나의 지배체제에 대한 정의에 가까운 정의다. Hermann Sasse, "*aion*," *TDNT* 1:197-209; "*kosmos*," *TDNT* 3:867-98; Friedrich Büchel, "*genea*," *TDNT* 1:662-65; Wolfgang Schrage, "*Die Stellung zur Welt bei Paulus, Epiktet und in der Apokalyptik: Ein Beitrag zu I Kor. 7, 29-31*," Zeitschrift fuer Theologie und Kirche 61 (1964): 125-54; G. Johnston, "Oikoumene and Kosmos in the New Testament," *New Testament Studies* 10 (1964): 352-60; G. Bornkamm, "Christus und die Welt in der urchristlichen Botschaft," *Gesammelte Aufsaetze* (Munich: Kaiser Verlag, 1958), 1:157-72; R. Voelkl, *Christus und Welt nach dem Neuen Testament* (Wuerzburg: Echter-Verlag, 1961); Rudolf Schnackenburg, "The Concept of the World in the New Testament," in his *Christian Existence in the New Testament*, 2 vols (Notre Dame, Ind.: Univ. of Notre Dame Press, 1968), 1:196-228; Helmut Flender, "Das Vorstaendnis der Welt bei Paulus, Markus und Lukas," *Kerygma und Dogma* 14 (1968): 1-27.

[4] Hermann Sasse, "*kosmos*," *TDNT*, 3:894.

"세계"(kosmos)는 최소한 그 안에서 예수가 그의 메시지를 선포했던 유태교의 중심적인 종교기관을 포함한다. 이리하여 그 단어는 구조적인 의미를 갖고 있다. 이 예에서 보듯이 그것은 종교적 체제를 가리키는데, 성서저자가 표현하기로는, 그 체제는 하느님으로부터 멀어진 것을 알지 못한다.

"세계"(world = kosmos)라는 단어가 뜻하는 영역이 너무도 넓어서, "세계"라는 말이, 소외시키고 소외된 정신(ethos)을 뜻하는 신약성경의 특수한 의미를 나타내기 위해서 나로서는 차라리 **체제**(system)"6)라고 번역하는 것이 보다 의미 있다고 본다.

예를 들어, 남아프리카에서는 흑인들이 단지 백인들과 싸우는 것만이 아니라, 인종분리정책(Apartheid)에 대항하여 싸우고 있음을 너무도 잘 알고 있다. 그들은 체제는 그냥 두고 단지 상층부에 있는 사람의 색깔만 바꾸어서는 자유를 얻을 수 없음을 알고 있다. 경찰이 문밖에 찾아오면, 사람들은 경고를 발하여, "체제가 여기에 왔네"라고 말한다. 텔레비젼에 선전이 나오면, 그들은 "체제가 또 거짓말하고 있네"라고 빈정댄다. 파업을 하면서, "우리는 체제에 대하여 투쟁한다"라고 한다. 알버트 놀란에 의하면, 흑인을 보고 정부와 한패가 되어 행동하지 말라고 타이르려면, 가장 효과적인 방법은 "당신은 체제를 지원하고 있다"7)라고 말하는 것이다.

지배체제에 대한 우리의 이해에 비추어서, 코스모스(kosmos)란 단어를

---

5) 이 장에서 사용한 성경구절들은 별도로 언급하지 않는 한, 전부 내가 직접 번역한 것이다.

6) *Webster's Ninth New Collegiate Dictionary*는 "체제"(system)에 대한 첫 번째 정의로 "통합된 전체를 형성하는 정규적으로 상호 작용하는 상호의존적인 한 무리의 종목들"이라고 했지만, 그러나 또한 신약성경에서 "어리석음을 드러내는 사회적 상황이나 조직화된 사회"로 정의한 '세계'의 정의와 놀랍도록 비슷한 새로운 정의도 내리고 있으며, 흔히 정관사 the와 함께 사용된다.

7) Albert Nolan과의 개인적인 대화에서 인용. 또한 그의 책 *God in South Africa* (Grand Rapids: Wm. B. Eerdmans, 1988), esp. 69.를 보라. 몇몇 미국의 목사들이 "kosmos"(세계)란 단어를 "체제"(system)로 번역할 생각을 해내었다. Philip Long, "In But Not of the System," *Confessing Synod Ministries Newsletter* 3/8 (August 1990): 1, 8. 칠레에서는 다른 단어를 갖고 있다. 알고 있는 사람들은 피노체(Pinochet) 정부와, 억압과 잔인함과 그것의 영혼 깊이 스며든 힘인 두려움의 영성을 *Amenaza* (the Menace: 공갈)라고 불렀다. "공갈의 첫 번째 징조는 요주의(要注意) 인물명단(blacklist)이다"라고 그들은 말한다. 혹은 "Amenaza(the Menace)가 전화를 들었다" (Larry McMurtry, "The Voice of Santiago Say Anything Could Happen," *International Herald Tribune*, June 12, 1988, 4).

"체제"(system)라고 번역하면 의미의 새로운 차원이 열린다. 자기를 믿지 않는 형제들을 보고 예수가 말하기를, "체제(세상: system)가 너희를 미워할 수는 없지만, 나를 미워하고 있다. 체제(세상: system)가 하는 짓이 악해서 내가 그것을 들추어내기 때문이다"(요 7:7 공동번역)라고 했다. 크리스천들이 **물리적 세계**(physical world)는 악하다고 이해하듯이 "세계"를 이해하면, 그들은 언제나 창조된 질서, 성적인 구별, 심지어는 그들 자신의 몸을 거부하려는 경향, 혹은 정치적 변화를 위한 노력들을 공개적으로 경멸하는 경향을 보인다. 그러나 "**체제**"(system)라면 전혀 다른 뜻을 나타내어, 요한복음 기자의 의도와 매우 가까운 의미를 갖게 되는데, 그 복음서가 긍정하는 바 하느님이 말씀으로 창조한 창조물들(요 1:1-5)을 요한이 경멸했을 리가 없다. 그러나 지배체제는 예수를 싫어했고, 그가 치명적인 위협이라고 보았기에, 그래서 그를 야만적으로 처형할 것을 확실히 하였다. 그 체제가 예수를 싫어한 것은, 예수가 체제의 하는 일이 악하다고 증언하였기 때문이었다.

이처럼, 바리사이파 사람들이 그들의 종교 질서를 공격하였다고 예수의 권위에 도전하자, 예수는 반박하기를, "너희는 이 세상(체제)에 속해 있지만, 나는 이 세상(체제)에 속해 있지 않다"(요 8:23)고 했다. 이 문장에서 코스모스(*kosmos*)를 "세상"(world)이라고 번역하면, 마치 예수가 이 세상 사람이 아닌, 딴 세상의 존재, 그리하여 환영만의 사람(docetic person: 진짜 육신을 가진 사람이 아닌 허깨비 같은 인간 - 역자 주)인 것 같은 인상을 줄 것이다. 즉, "나는 이 세상 사람이 아니다!" 그러나 "체제"(system)로 보면, 그의 말은 문자 그대로 맞는다. 그는 **하느님의 체제**에 속한다. 그는 지배체제에 속하지 않는다. 존 엘리오트가 언급한대로, **코스모스**(*kosmos*)를 거부하는 것은 이 세상을 거부하는 것(antiworldly)이 아니라, **기존 체제**를 거부하는 것(antiestablishment)이다.8)

지배체제에 속한 사람들은 예수가 보여준 가치를 이해할 수 없으며, 혹은 왜 예수가 그들의 세계를 뒤집어엎으려고 하는지 납득할 수 없다. 그들의 체제는 해석학적으로 봉인(封印)된 언어 체제다. 즉 "그들은 지배체제(*kosmos*)에 속하기 때문에 그들이 말하는 것은 그 체제에 의하여 결정되고, 그리고

---

8) John H. Elliott, *1 Peter: Estrangement and Community* (Chicago: Franciscan Herald Press, 1979), 52.

그 체제는 그들의 말에 귀를 기울인다"(요일 4:5). 그러므로, 에베소서 기자는 그 체제 안에 존재하는 것을 살아 있는 죽음(living death)이라고 하였다: 여러분이 "이 세상의 풍조를 따라 떠돌 때에는 여러분들은 영적으로 죽었습니다"(엡 2:2). 문자 그대로, 결론을 말하면, "여러분은 이 세상(*kosmos*)의 아이온((*aiōn*)에 따라 걸었습니다." 이 코스모스(*kosmos*)는 종종 우리가 알지 못하는 사이에 들여 마시는 유독한 공기처럼, 이 세상의 널리 유행하는 환경이다.

나찌(Nazi) 독일이 좋은 실례를 제공한다. 일찍이 1923년에 초기의 징후만 보고도 장차 그 발전을 꿰뚫어보는 놀라운 능력을 지녔던 로렌스는, 당시 독일에 만연된 영적인 분위기를 정확히 그려내었다.

> 마치 삶이 동방을 향하여 퇴조하는 것만 같았다. 즉, 독일의 삶이 서서히 서부 유럽과 접촉을 끊고, 동쪽의 사막으로 흘러가는 것 같았다... 아틸라(Attila: 5세기 전반 유럽을 침공한 동방 흉노족의 왕.-- 역자주)를 낳은 파괴적인 동양에 매혹되어 가는....밤이면 어둠 속에서 이상한 것이 흔들리는 것을 느끼고, 아직도 점령되지 않은 검은 숲(Black Forest=Schwarzwald)을 흔들며 나오는 이상한 느낌... 당신은 등줄기가 뻣뻣해지며 그 어둠 속을 향해 귀를 기울인다. 거기엔 위험한 느낌이 있다. 그건 사람 때문이 아니다. 사람들은 위험해 보이지 않는다. 이 공기 속에서 위험한 느낌, 괴이하고, 머리칼을 곤두세우는 으스스한 위험감이 스며 나온다.
> 뭔가 일어났다. 아직 결정되지는 않았으나 뭔가 일어났다. 옛 시대의 구닥다리 마력은 무너졌고, 오래 묵어 으스스하며 야만적인 영이 스며들었다... 어찌할 수 없이, 사람들 영혼 속에 뭔가 일어났다...아무도 변경할 수 없는, 이건 분명 운명이야... 동시에, 우리들이 그걸 가져온 것이다--루르(Ruhr) 지방을 점령하여, 영국의 공백화, 그리고 독일의 허위에 의하여. 우리가 그걸 만들어 낸 것이다. 그러나 분명히 그건 어떻게 할 수가 없었다.9)

로렌스가 비상한 통찰력으로 감지하였던 독일의 "분위기"는, 비록 그보다 덜 불길한 징조로 나타난다 해도, 지배체제 속에 있는 어떤 환경에서도

---

9) D. H. Lawrence, "Letter from Germany," in his *Phoenix*, 2 vols. (London: William Heinemann, 1936), 1:107-10.

발견될 수 있다. 영을 죽이는 분위기는 모든 것에 침투해 있어서, 우리로 하여금 무엇을 믿어야 할지를 가르칠 뿐만 아니라, 우리가 무엇을 중요시하고, 심지어는 무엇을 볼 수 있는지 까지도 가르친다.

그것(영을 죽이는 분위기)은 우리에게 **무엇을 믿어야 할지**를 가르친다. 그것은 어떤 시기의 사회가 믿을 만하다고 선언하는 합당한 믿음을 제공한다. 오늘날 세상의 분위기는 선포하기를, 영(靈)이란 실재하는 것이 아니며, 하느님도, 기적도, 영으로 치유(spiritual healing)하는 것도 모두 사실이 아니라고 한다. 그러므로 이런 제목에 대하여는 어떤 존경할 만한 지성적인 담론도 허락되지 않는다. 놀랍게도, 합당한 믿음이란 게 늘 바뀌어서, 거의 매 십 년마다 새로워지니, 당황스럽게도 이들 독단적인 담론들이 마냥 제 멋 대로 변하는 것은 명백하다.

영으로 치유하는 것에 대하여 역사가의 입장에서 한 예를 들어보자. 20세기 초에 비판적인 성경학자들은 복음서에서 말하는 영으로 치유하는 것은 뉴톤(Newton)적인 우주관에 위배되므로 실제로 일어날 수 없는 것이라고 주장했다. 정신 병리학의 약품(세계 제 1차 대전의 전투신경증 희생자들을 연구하다가 촉진된)의 발달에 힘입어, 학자들은 그들의 목소리를 다소 변경하였으니, 예수가 정신분열증에 걸린 사람들을 치유할 수는 있었을 것이나, 그러나 그 밖의 다른 기적 전승들은 예수를 높이기 위하여 고안된 전설일 것이라고 말했다. 오늘날, 위약(僞藥 Placebo)의 효과에 대한 연구, 과학적으로 설명할 수 없는 심리학과 명상에 대한 학문적 연구, 그리고 새로운 물리학(법칙이 확률로 바꿔진)에 의거한 세계관의 발전에 조명을 받아, 받아들여도 좋을 믿음에 대한 생각이 다시 흔들리고 있다. 요컨대 이런 변화란 제 1세기에 대한 새로운 자료들에 의거하여 얻어진 것이 아니라, 유행하는 세계관이 "믿을 만한 것"이라고 묵인한 결과에 전적으로 의존하고 있다.

세상의 분위기는 우리가 **무엇을 가치 있게 여겨야 할 것인가**를 가르친다. 일반적으로 지배체제에서는 권세(권력)를 중요시하라고 가르친다. 그러나 어떤 특수한 사회에서는 그 시대의 특정한 조건들에 의하여 권세의 모양이 갖추어진다. 우리 사회를 특징짓는 것은 돈에 대한 특유의 가치다.[10] 모든 시대

---

10) Jacques Ellul, *Money and Power* (Downers Grove, Ill.: Intervarsity Press, 1984).

를 통하여 사람들은 부(富)를 부러워했으나, 우리들의 시대처럼 돈 많은 기업가를 추켜올린 시대는 별로 없었다. 귀족 사회에서는–대부분의 사회가 귀족적이지만–이익을 추구하는 것을 업신여기고 장사꾼들을 경멸하는 경향이 있다. 이와는 대조적으로 현대의 자본주의는 부(富)를 최고의 가치로 만들어 버렸다. 우리의 전체 사회 제도는 "경제기구"(economy)가 되어버렸으니, 일찍이 어떤 사회도 자신을 이렇게 특징지어본 적은 없었다. 이익(profit)이 최고의 사회적 선(善)이다. 소비주의(Consumerism)가 현대사회에 참여하는 유일한 보편적 유행이다. 작업(일)의 윤리는 소비윤리로 대치되었으며, 대성당은 마천루(摩天樓)로, 영웅은 억만장자(billionaire)로, 성자(聖者)는 경영간부로, 종교는 이데올로기로 대치되었다. 맘몬(Mammon 財貨의 神. –역자 주)의 왕국은 보이지 않는 사슬로 사람을 속박하고, 보이지 않는 막대기로 노예를 부린다. (부자가 "이만하면 충분해! 더는 욕심 없어" 하고 말한다는 것이 얼마나 드문 일인가). 그러나 맘몬(Mammon)은 그 방법이 독재자보다 훨씬 현명하다. 왜냐하면 돈이 사람을 노예로 만드는 것은 강제에 의해서가 아니라 사랑에 의해서 하기 때문이다.

세상의 분위기는 또한 **우리가 무엇을 보아야 할 것인가**를 가르친다. "우리가 개인으로서 사회문화적 유기체 안에서 살뿐만 아니라, 또한 사회문화적 유기체가 우리 안에서 산다고도 말할 수 있다. 조직화된 사회 안에서 우리는 개별적인 단위이기도하지만, 조직화된 사회가 우리의 두뇌 속에 나타나있고 구체화되어 있다."11) 체제가 우리의 두뇌 속에다 진실이라고 말하는 것이면 무엇이든, 우리가 주목하도록 허락된 것이다; 그 밖의 것은 무엇이든 무시해야 한다. "우리는 체제에게 우리가 아는 것도 모르는 것으로 만들 권세를 주었다."12) 이로써 우리는 자신의 경험을 신뢰하지 못하도록 배웠다.

모든 관찰은 **볼 것만 보도록 지향된** 관찰이다. 즉, 하나의 관찰이란 어떤 관점에 대하여 찬성 혹은 반대하는 것이다. 모든 생각은 오염된 생각이다. 즉, 추측과 가정(假定)으로 얽혀 짜진 생각이다. 모든 기술(記述)은 패러다임으로 제약된, 그리고 가치가 실린 기술이다. 스키너(Skinner) 학파와 프로이트

---

11) Ralph Wendell Burhoe, "Religion's Role in Human Evolution: The Missing Link Between Ape-Man's Selfish Genes and Civilized Altruism," *Zygon* 14 (1979): 144.

12) Anne Wilson Schaef, *When Society Becomes an Addict* (San Francisco: Harper & Row, 1987), 108.

(Freud) 학파는 같은 행동에 대하여 서로 양립할 수 없는 것으로 기술할 뿐만 아니라, 그들의 개념적인 구조가 그들로 하여금 실제로 상이한 행동을 보게 만드는 것이다. 각각의 경우에 **관찰된** 행동은 전혀 다른 것이다.13) 이처럼 우리가 무엇을 볼 수 있게 허락되느냐 하는 제한성의 결과로 인해 우리의 살아있는 세계를 소형화(小型化)하는 것이다.

이런 시야의 제한들은 어느 정도 유한성의 결과일 뿐이다. 또한 어느 정도는 하느님이 참으로 인간을 위하여 무엇을 하려고 하는가를 우리로 하여금 보지 못하도록 체제가 마음먹고 저지른 결과이기도 하다: "내가 이 체제 속으로 온 것은 보지 못하는 자들로 보게 하려 함이요, 그리고 보는 자들은-여기 종교적 권위자들이 자기들은 하느님의 대변인들이라고 믿고 있으나, 그러나 종교를 남성 클럽으로 만들어서 도덕적으로 올바르고 경제적으로 특혜를 누리는 자들만의 것으로 국한시켜 버리는 이들- 눈이 멀게 하려는 것이다"(요 9:39). "그리고 이것으로 심판 받은 것이니- 이 진리에 마주친 현재의 순간까지 치달은 최후의 심판-빛이 체제에 왔지만 사람들은 빛보다 어둠을 더 사랑했다"(요 3:19).

로마의 대리자로서 빌라도(Pilate)는, 일시적으로 로마를 가장(假裝)하고 이 세상에 걸터앉은 폭력의 주도권을 깨뜨려버리는 또 다른 실재의 질서가 있다는 것을 이해하지 못 한다-이해할 수도 없다. 예수는 그에게 대답하기를, "내가 말하는 새로운 실재(*basileia* 왕국)는 지배(*kosmos*)의 낡은 체제의 것이 아니다. 만일 이 세상 것이라면, 내 부하들이 싸워서 나를 유태인들의 손에 넘어가지 않게 했을 것이다. 그러나 내가 말하는 새로운 실재는 결코 지배체제(*kosmos*)에서 생겨난 것이 아니다"(요 18:36).14) 이렇게 표현하니 흔히 보는 번역 "내 왕국은 이 세상 것이 아니다"라고 하는 것보다 얼마나 다른가! 지배

---

13) Henry Skolimowski, "The Twilight of Physical Descriptions and the Ascent of Normative Models," in *The Wold System*, ed. Ervin Laszlo (New York: George Braziller, 1973), 99-100.
14) "폭력적 행위로 성립되고 유지되지 않는 왕권은 그 아래에서 메시아 대망 공동체가 살고 있는 왕권이다. 그 공동체의 메시아적인 정체성은 서로를 사랑하는 것으로 알려진다. 그리하여 그 공동체의 사랑과 또 폭력을 거부하는 것이 예수의 메시아 되심을 고백하는데, 그리고 그 메시아 되심을 알리는데 필요불가결한 것이다." (Rensberger, *Johannine Faith and Liberating Community*, 148).

체제의 가치와 예수의 가치는 서로 같은 표준으로 잴 수 없는 것이다. 폭력이 폭력을 치유하지 못한다. 새로운 실재는 폭력을 회피하지만, 그것은 폭력에 단련된 사람들로서는 이해할 수 없는 매우 놀라운 형태의 힘을 가지고 있다.

예수는 지배체제로부터 구원받아야 할 사람들, 즉 계급의 위계질서 없이 평등한 하느님의 통치를 열망하는 남자와 여자들이 많음을 발견했다. 이런 사람들에게 예수는 말하기를, "사람이 온 체제(*kosmos*)를 얻는다 해도 제 목숨을 잃는다면 무슨 이익이 있겠느냐?"(막 8:36).15) "누구든지 자기 목숨을 아끼는 사람은 잃을 것이며, 이 체제(system)에서 자기 목숨을 미워하는 사람은 목숨을 보전하여 영원히(*aionic* life) 살게 될 것이다"(요 12:25). 이것은 자기혐오의 훈령이 아니라 현실적인 관찰이니, 관헌당국 아래에 있는 자신의 목숨을 혐오하는 사람들만이 그 당국의 과장된 권위를 거부할 용기를 가질 것이다.

> 형제자매들이여, 여러분이 하느님의 부르심을 받았을 때의 일을 생각해 보십시오. 세속적인 견지에서 볼 때에 여러분 중에서 지혜로운 사람, 유력한 사람, 또는 가문이 좋은 사람이 과연 몇이나 있었습니까? 그러나 하느님께서는 지혜 있다는 사람들을 부끄럽게 하시려고 이 체제(System)에게는 어리석게 보이는 사람들을 선택하셨으며, 강하다는 자들을 부끄럽게 하시려고 이 체제(System)에게는 약하게 보이는 사람들을 선택하셨습니다. 또 하느님은 유력한 자들을 무력하게 하시려고 이 체제(System)에게는 보잘 것 없는 사람들을 선택하셨습니다.(고전 1:26-28)

야고보 서신도 또한 이렇게 말한다. "하느님께서는 지배체제 속에서 가난한 사람들을 택하셔서 믿음을 부요하게 하시고, 하느님을 사랑하는 사람들에게 약속해 주신 새로운 실재(New Reality: *basileia* 왕국)를 차지하게 하지 않으셨습니까?"(약 2:5). "이 지배체제와 짝하면 하느님을 등지게 된다는 것을 알지 못합니까?"(약 4:4).

한때는 아무런 희망도 없었고, "체제 안에서 하느님도 없이"(엡 2:12) 살

---

15) 여기에서 *Kosmos*는 재물과 그것의 소유를 만들어내는 체제를 말하는 것이라 기보다는, 그 재물과 소유를 가리킨다.

아왔지만, 이제는 눈이 떠진 사람들은, 자신들과 남들을 억압하는 데 자기들을 공범자로 연루시키고 있는, **사회화 과정**에서 벗어나야만 한다.

> 여러분은 지배체제나 혹은 그에 속한 것들을 사랑하지 마십시오. 그 체제를 사랑하는 사람에게는 그 마음속에 아빠(Abba=신적인 사랑의 부모)를 향한 사랑이 없습니다. 그 체제에 있는 모든 것-곧 육체의 쾌락과 눈의 쾌락을 좇는 것이나 재산을 가지고 자랑하는 것은 아빠(Abba)로부터 나온 것이 아니고 지배체제 그 자체에서 나온 것입니다. 그 체제와 체제의 뒤틀어진 욕망도 사라지지만 하느님이 원하시는 것을 하는 사람들은 오고 있는 영원한 세대(*aiōn*)에 남아 살 것입니다.(요일 2:15-17)[16]

낡은 질서의 횡포로부터 해방된 사람들은 새로운 거룩한 영을 받게 된다--"그 영은 지배체제(*kosmos*)의 영이 아니라 하느님으로부터 온 영이며"(고전 2:12), "그 분은 진리의 영이시며, 지배체제(*kosmos*)는 그분을 보지도 못하고 알지도 못하기 때문이다. 그러나 너희는 그분을 알고 있다. 그분이 너희와 함께 사시며 너희 안에 계시기 때문이다"(요 14:17). 이 새로운 영은 믿는 사람들을 새로운 실재와 다시 교제하게 한다.

옛 체제로부터 해방된 사람들은 새로운 영을 받을 뿐만 아니라, **새로운 세계**를 받는다. 위르겐 하버마스는 "실재는 널리 행해지는 상징체계의 해석에 따라 경험될 수 있는 것이다"[17]라고 주장했다. 대부분의 상징 체제들은 꼭대기에 있는 자들의 특권과 권세를 떠받치기 위하여 봉사한다. 신약성경에서는 이와는 대조적으로 출애굽(Exodus)에 대한 통찰이 십자가와 부활의 계시에 의하여 확대되고, 노예의 특수한 정황이 억압받는 백성들에 의하여 저항되고, 지배체제의 성격을 이해하여 이스라엘 사람들이 세계화되었다. 결과적으로 출애굽이나 십자가에 의하여 눈이 떠진 사람들이 이제는 다른 실재, 즉 새로운 "세상"을 보게 되었다. 보이지 않았던 것들--소수의 사람들에 의하여 다수의 사람들이 착취당하는 보편적 실상—이 보이게 되었고, 심판되었으며, 무엇이 결핍된 것인지 발견되었다. 이런 새로운 통찰력을 갖춘 사

---

16) *aiōn*에 대해서는 pp. 59-61을 참조하라.
17) Juergen Habermas, *Knowledge and Human Interests* (Boston: Beacon Press, 1971), 192.

람들은 예전 같으면 "세상"의 소외된 모습을 형성하였을 현혹과 기만에 이제는 더 이상 자신들을 예속시킬 필요를 느끼지 않는다.

그런 영을 받아서, 바울은 "나에게는 우리 주 예수 그리스도의 십자가 밖에는 자랑할 것이 없습니다. 그리스도께서 십자가에 못 박히심으로써 지배체제(*kosmos*)-예수를 십자가형에 처한 체제--는 나에게 대해서 죽었고, 나는 그 체제에 대해서 죽었습니다"(갈 6:14)라고 승리를 기뻐할 수 있었다. 요한 공동체도 십자가의 대역전(逆轉)을 축하하였다. 예수가 말하기를, "너희는 낡은 체제에서 고난을 당하겠지만, 용기를 내어라. 내가 그 지배체제를 이겼다"(요 16:33)라고 하였다. 제자들은 아직 그 체제 안에(요 17:11) 있었지만, 그러나 그 체제에 속하지는 않았다. "만일 그 체제가 너희를 미워하거든 너희보다 나를 먼저 미워했다는 것을 알아두어라. 너희가 만일 그 체제에 속한 사람이라면, 그 체제는 너희를 한 집안 식구로 여겨 사랑할 것이다. 그러나 너희는 그 체제에 속하지 않았기에(오히려 내가 세상에서 가려낸 사람들이기 때문에), 그 체제가 너희를 미워하는 것이다"(요 15:18-19). "형제자매 여러분, 체제가 여러분을 미워하더라도 이상히 여길 것은 없습니다"(요일 3:13). 왜냐하면, "여러분 안에 계시는 그분은 체제 속에 있는 그 적대자보다 더 위대하십니다"(요일 4:4). "하느님의 자녀는 누구나 다 그 체제를 이겨냅니다. 그리고 체제를 이기는 승리의 길은 우리의 믿음입니다"(요일 5:4).

놀랄 것도 없이, **사탄**(Satan)은 지배체제를 주재하는 영이다. "너희와 이야기를 나눌 시간도 얼마 남지 않았다. 이 체제(*kosmos*)의 권력자(the ruler: *archōn*)가 가까이 오고 있다. 그가 나를 어떻게 할 수는 없지만, 나는 아버지(Abba)를 사랑하고 아버지께서 분부하신 대로 실천한다는 것을 그 체제에 알려야 하겠다. 자, 일어나 가자"(요 14:30-31). 모든 것을 감싸시는 신적인 어버이를 만인 앞에서 사랑한다고 하는 것은, 사탄의 욕망으로 남들과 세상을 통제하려는 지배의 습관적 사고방식을 가장 근본적으로 무너뜨리는 것이다. 따라서 사탄의 가장 교활한 유혹들 가운데는 만일 예수가 그런 주재하는 영에게 자신의 영혼을 팔아넘기기만 한다면, 예수에게 지배체제 자체의 모든 권한을 제공하는 것을 포함하고 있다. "그러자 악마는 예수를 높은 곳으로 데리고 가서 잠깐 사이에 지배체제의 모든 왕국을 보여주며, 다시 말하였다.

'저 모든 권세와 영광을 당신에게 주겠소. 저것은 내가 받은 것이니 누구에게나 내가 주고 싶은 사람에게 줄 수 있소'"(눅 4:5-6).[18]

요한 일서 5:19에 "온 세상(*kosmos*)은 **악마의 지배**를 받고 있다"고 말한 것은 분명히 하느님의 선한 창조로서의 이 세상을 언급하고 있는 것은 아니다. 이것이 단지 뜻하는 바는 지배체제가 사탄에 의하여 고취되고, 지속되며, 그리고 주재(主宰)되고 있다는 것이다. 심리학자 데이빗 바칸은 사탄적(악마적)이라는 것은 자기 주장, 자기 보호, 자기 확장, 분리와 격리와 소외의 형성, 생각과 느낌과 충동의 억압 등으로 특징 지워진다고 말했다.[19] 요한복음이 선포하기로는, 예수는 이런 일상생활에서 겪는 영들을 사탄의 것이라고 밝히고 심판하기 위해서 왔다고 한다: "이 세상 지배체제의 권력자(*archōn* = ruler)가 이미 심판을 받았다"(요 16:11).

아마도 인류는 자연현상들과 융합되기를 상실한 막대한 대가를 지불하고, 말하자면 위로 향하여 자율(自律)과 의식(意識) 세계로 "타락"해 버렸다고 하겠다. 그러나 인간이란 자연에 근거를 두는 일, 남들과 친교하는 일, 혹은 거룩한 신적인 것과 관계됨을 떠나 소외된 상태로 무한정 살아갈 수는 없다. 그러므로 인간은 계시자(啓示者)와 구원자(救援者)를 필요로 한다. "그리스도 예수께서 죄인들을 구원하시려고 이 체제(System = *kosmos*) 안으로 오셨다"(딤전 1:15).[20]

억압의 소외 체제에 대하여 말할 때는, 요한복음은 코스모스(*kosmos*)를 전적으로 부정적인 범주로 취급한다. 그러나 내가 앞에서 지적한 대로, 코스모스(*kosmos*)는 또한 창조된 우주, 혹은 하느님의 사랑과 관심의 대상으로서의 인간, 혹은 신적인 구원을 이룰 인간 사회를 지칭하기도 한다.[21] 지배체제

---

18) 분명히 사탄(Satan)은 여기서 진실을 말하고 있는 것으로 여겨진다. "우리는 무엇이 말하여졌는지에 주의를 기울여야 할 것이요, 누가 그걸 말했는지에 주의를 기울이지 말아야한다. 사탄이 빛의 사자로서의 역할을 하면서 말한다면, 그가 말한 것은 사실상 진실이다." (Clement of Alexandria, *Strom* 6.8; *ANF*, 2:495). 그는 요 12:31; 14:30; 16:11에선 "kosmos"(System)의 지배자라고, 고후 4:4에선 "이 시대의 신"이라고, 엡 2:2에선 공중의 권세의 왕자(prince=archon)라고 불려질 것이다. 또한 요일 4:3-4를 보라.
19) David Bakan, *The Duality of Human Existence* (Skokie, Ill.: Rand McNally, 1966), 67-68.
20) 흔히 "죄인(sinner)"이라고 번역된 *hamartolos*는 활을 쏘아 과녁(target)을 맞추지 못하고 빗나간 사람을 뜻한다.

가 하느님의 새로운 실재로 변화됨에 따라서 코스모스란 단어는 나쁜 의미를 상실하고 중립적인 개념으로 되어, 거의 "인간성" 혹은 "인간 사회"와 동의어로 되어버린다. 코스모스란 단어를 사용함에 있어서 이런 모호성은 요한복음서 기자의 혼동에서 비롯된 것이 아니라, 이 세계가 하느님의 선한 창조요 동시에 타락하여 구원될 수 있음을 나타내는 개념의 복잡성 때문에 나타난 결과다. "나는 이 체제를 단죄하러 온 것이 아니라, 구원하러 왔다"(요 12:47). "이 분(예수)이야말로 참으로 이 체제의 구세주다"(요 4:42). "보라, 이 체제의 죄들을 없애시는 하느님의 어린양이 저기 온다"(요 1:29).

혼돈이론(混沌理論 Chaos Theory)이 설명하는 바대로, 처음에는 작은 교란에 불과하던 것이 마침내 전 체제의 엄청난 변화를 가져올 수 있다. 아이슬러는 말하기를, 체제가 불균형의 상태에 이르게 되면, 혼란이나 이상함을 유발시키는 것들이 때로는 상대적으로 재빨리 그리고 예상할 수 없는 힘으로 전 체제를 새롭게 지어내는 핵심이 되기도 한다고 했다. 예를 들면, 1989년에 동부 유럽과 쏘비에트 연방과 중국에 전대미문의 대변혁을 이룬 민주주의의 매력을 생각해 보라. 혹은, 전에는 매력을 유발시켰던 것들(마치 체제에 응집력을 제공하는 자석처럼 행동했던 이상들, 신화들, 그리고 기관들)이 그들의 매력을 잃고, 새로운 유발자(誘發者)들이 점차 더 바람직하게 됨에 따라, 보다 점진적이고 미묘한 변화가 생길 수도 있다.22)

그러면, 폭력적인 충돌에 의하지 않고도 점차 더 많은 사람들이 그 가치들을 향하여 끌려가게 됨에 따라 **하느님의 체제가 지배체제를 대체**(代替)하게 될 것이다: "자, 이제는 어찌할 수 없습니다. 보세요. 세상(*kosmos*)이 모두 다

---

21) 창조된 세계를 그려내기 위하여, 요한은 kosmos (세계, 우주)란 단어를 1:9-10a; 9:5a; 11:9; 16:21; 17:5, 24; 21:25에서 사용하고 있다. 또한 행17:24; 롬 1:20; 엡 1:4, 그리고 고전 8:4를 보라. 요1:29; 3:16-17, 6:33, 51; 7:4; 8:12; 9:5b; 12:19; 17:23에서, "인간" 혹은 "인간사회의 질서" 란 번역이 필요했을 것이다. 제 4 복음서(요한복음)에서 kosmos란 단어가 사용된 다른 곳에서는, 내가 지배체제라고 부른, 소외된 사회질서란 뜻으로 사용되었다. 그러나 kosmos의 뜻이 한 가지에서 다른 것으로 재빨리 변화한다. 요한 1:9-10의 예를 들어보자: "참 빛이 이 세상(창조된 우주? 인간 사회질서?)에 와서, 모든 사람을 비추고 있었다. 말씀이 세상(앞과 같음)에 계셨고, 세상(同上)이 이 말씀을 통하여 생겨났는데도 세상(소외된 창조, 지배체제)은 그분을 알아보지 못하였다" (공동번역).

22) Eisler, *The Chalice and the Blade* (San Francisco: Harper & Row, 1987), 129, 136.

그를 따라 가고 있습니다"(요 12:19). 옛 질서는 더 이상 이해할 수 없게 된다: "하느님께서는 지배체제(*kosmos*)의 지혜가 어리석다는 것을 보여주시지 않았습니까? 지배체제(*kosmos*)는 자기 지혜로는 하느님을 알 수 없습니다. 이것이 하느님의 지혜로운 경륜입니다. 그래서 하느님께서는 우리가 전하는 소위 어리석다는 복음을 통해서 믿는 사람들을 구원하시기로 작정 하셨습니다"(고전 1:20-21).

오직 하느님만이 새로운 체제를 전체 그대로 가져올 수 있을 것이며, 이 땅 위의 새로운 존재가 선택적인 과정을 거쳐서 우리들에게 주어질 것이다. 그러나 그것이 비록 만들어질 수는 없지만, 그 선택이 가능하도록 조건들을 만들어 보려고 노력하는 것은 우리들의 몫이다. 그리하여 **마치 하느님의 통치가 이미 시작된 것처럼 살아가는 공동체**에는 기도와 설득과 사회적 변화가 그 안을 채우게 될 것이다.

하느님의 새로운 질서가 이르기까지는, "옛 체제와 거래를 하는 사람은 옛 체제와 거래를 하지 않는 사람처럼 살아야 합니다. 우리가 보는 이 지배체제(*kosmos*)의 기본 구조(*schema*)는 사라져 가고 있기 때문입니다"(고전 7:31).[23] "나는 그들을 이 체제에서 데려가 달라고 기도하지 않습니다"―왜냐하면 그 체제가 무대가 되어 그 속에서 하느님의 통치가 이루어질 것이기 때문인데― "다만 악마에게서 지켜주시기를 기도합니다"―즉 체제의 영적 품성에 굴복하지 않게 되기를―(요 17:15). 지배체제는 모든 참된 삶의 흔적을 없애버리려고 노력할 것이다. "체제가 그들을 미워하는데, 이는 그들이 그 체제에 충성

---

23) 어떤 성경학자들은 내가 여러 가지 신약 성경본문들로부터 여러 저자들이 *kosmos*(세계)란 단어를 사용한 의미의 미묘한 차이에 대하여 세심한 구별을 하지 않고, 마구잡이식의 이본합성(異本合成: Conflation: 몇 가지 이본을 합성하기)을 한다고 화를 낼 것임을 나는 알고 있다. 의미의 미묘한 차이가 있는 것은 의심할 여지가 없다. 벧후 1:4 와 2:20은 세계란 개념에 대한 도덕화 및 개인화의 경향을 이미 보여주고 있다. 요한은 그 것을(세계란 개념) 중심적 신학의 중요한 것을 치켜올렸다. 비록 바울은 고전 1-4장에서 상당히 이에 근접하였지만(공관복음서에서는 다른 구조를 사용하였는데, "이 세대(this generation)"란 단어를 항상 나쁜 뜻으로 사용하였다[24 번씩이나]. 그럼에도 불구하고 이런 미묘한 차이를 능가하는 사회학적 의미로 사용하는 놀라운 일관성이 있으며 (나는 도덕화하는 실례에 대한 논의를 일부러 빼놓았다), 바로 이런 일관성의 축적이 가장 인상적인 점이다. 내가 지금껏 취급한 본문들 외에도, 복잡함을 피하기 위하여 내가 생략한, *kosmos*를 "system(체제)"로 사용한 다른 많은 실례가 신약성경 안에 있다.

을 바치기를 거부하기 때문입니다"(요 17:14). "너희가 만일 그 체제에 속한 사람이라면 그 체제는 너희를 한 집안 식구로 여겨 사랑할 것이다. 그러나 너희는 그 체제에 속하지 않았을 뿐더러 오히려 내가 그 체제에서 가려낸 사람들이기 때문에 그 체제가 너희를 미워하는 것이다"(요 15:19).[24] 기원후 107년경에 신앙 때문에 순교한 안티옥의 이그나시우스(Ignatius of Antioch)가 적절히 언급하기를, "기독교의 위대함은 세상(지배체제라고 읽기를)에게 믿을 만하게 되는 것에 있지 않고, 오히려 세상(지배체제라고 읽기를)에 의하여 미움을 받는 데 있다"고 했다(롬 3:3). "너희는 울며 슬퍼하겠지만 체제는 기뻐할 것이다. 너희는 근심에 잠길지라도 그 근심은 기쁨으로 바뀔 것이다"(요 16:20). 마치, 너희가 산파(産婆)를 도와 새롭고 보다 행복한 체제를 낳게 하듯이 말이다.

아이온(Aion): 지배의 시대

가끔 "코스모스"(kosmos)와 서로 맞바꾸어 사용할 수 있는 단어로, 영어에서는 "세상, 세계"(world)[25]라고 번역된 두 번째의 성경 용어에 "아이온"(aiōn)이란 말이 있다. 코스모스(kosmos)의 이미지가 공간적이며 체제적인 것처럼, 아이온(aiōn)의 이미지는 시간적이다. 그것은 어떤 실재의 구조로서의 비젼(vision)이 아니라, 처음부터 시간의 흐름의 비젼을, 즉, "늘 흐르는 물과 같은 시간의 비젼"을 불러일으킨다. 그리하여 그 단어는 창조된 질서의 시간적 진행에 사용될 수 있다: 하느님이 "시기들(aiōns)을" 혹은 세계의 시기들을 창조하셨다(히 1:2, 영어성경 NRSV에서는 시대의 계속을 나타내기 위하여 "worlds"라고 번역하여 시간적 차원을 나타내었음). 시간은 시작이 있다: "아이온(aiōns)은 하느님의 말씀에 의하여 창조되었다"(히 11:3). 지나간 시간은 "옛적부터"의 시간이다—문자적으로는, "아이온(aiōn)으로부터의" 시간이다(눅 1:70). 눈먼 사

---

24) Ignatius, Rom. 3:3.
25) 예를 들면, 마태12:32; 13:22, 39, 40, 49 등 (신약성경 안에서 28번). aion이 사용된 곳은 전부해서 122번이나 있다.

람이 치유 받아 나았을 때, 사람들은 외치기를, "세계가 시작된 이래 일찍이, [문자적으로는, "아이온으로부터"], 소경으로 태어난 사람이 눈을 뜨게 되었다는 것을 들어본 적이 없다"(요 9:32)26)고 하였다. 전체 시간의 흐름 가운데서 중요한 한 기간을 떼어서 "아이온"(*aiōn*)이라고 범주를 정하고, 우리가 영어에서 "aeon"이라고 긴 세월을 뜻하듯이 마찬가지 방식으로 사용하기도 한다.27)

그러나 현재의 "세계-기간"은 악의 세력 아래 놓여 있다. 여기 코스모스(*kosmos*)와 마찬가지로 아이온(*aiōn*)이란 단어는 신약성경의 어떤 부분에서는 특별한 뜻을 갖는다. 이처럼 코스모스는 "하느님의 형상이신 그리스도의 영광스러운 복음의 빛을 보지 못하게 하는"(고후 4:4)28) "이 세상(*aiōn*)의 악신(惡神)"인 사탄(Satan) 아래에 조직된 "현재의 악한 세대(*aiōn*)"(갈 1:4)라고 부를 수도 있다. 사탄의 하수인들은 이런 세대와의 관계로 특징지을 수도 있으니, 즉, 그들은 "이 세상(*aiōn*)에서 멸망해버릴 통치자들(*archons*= rulers)"(고전 2:6, 2:8)이다.

요한이 구조적 관점에서 지배체제의 가면을 벗기려고 **코스모스**(*kosmos*)란 단어를 사용한 데 비하여, 바울은 지배의 시대(epoch)라고 불러 마땅한 것을 구별하기 위하여 **아이온**(*aiōn*)이란 단어를 택한다. 이런 시대란 단지 타락한 시간, 혹은 나타나지 않은 시간, 시계로 재는 시간, 죽음을 향하여 재깍재깍 읽어 내려가는 시간, 낭비해선 안 되는 필수품인 시간, 싸워야 할 원수, 또는 우리들 손으로 움켜잡을 수 없는 귀중한 액체 같은 그런 것이 아니다. 이런 모든 것들이 자연적 인간의 제한성을 나타내고 있다. 그러나 **지배체제의 조종 아래 있는 시간**이란 보다 더 사악한 것이다. 그것은 지배의 시대의 악신인 사탄에 의하여 통제되어, 여러 대에 걸쳐 혹은 여러 세기를 두고 참을 수 없도록 연장되는 억압으로 나타난다.29)

---

26) 비슷하게 사용된 곳은 행3:21; 15;18; 고전 2:7; 엡 3:9, 11; 골 1:26.
27) 예를 들어 마태 12:32; 13:39; 엡 1:21; 딤전 6:17; 딛 2:12를 보라.
28) 마가복음 16:14보다 긴 끝내기 말 뒤에, 다른 사본(Freer manuscript W)은 이런 놀라운 말을 덧붙였다: "무법천지와 불신앙의 시대(*aiōn*)가 사탄(Satan) 아래 놓이게 되었는데, 사탄은 불결한 영을 사용하여 사람들이 하느님의 참된 권능을 이해하지 못하도록 하였다."

그래서 해방이란 우리가 시간에 대하여 갖는 관계를 치유함을 포함해야 한다. 우리는 골로새서 4:5에서 말하듯이 "시간을 구제"해야 한다. 역사상 악이란 늘 출현하는 것이 아니다. 악은 시간 속에 그 시작을 갖는다. 마찬가지로 악이란 항상 존재하는 것도 아니다. 그것은 "오고 있는 세대"(aiōn 마 12:32)에 의하여 이 세대가 물러나게 될 때, 시간 속에서 끝장나고 말 것이다. 이리하여, 세계(world)와 마찬가지로 시간(time)도 좋거나, 타락되었거나 하여, 그 자체가 구원되어야 하는 것이다.

창조와 타락과 구원의 동시성을 과도하게 강조하지 않기 위하여, 그것들이 기독교의 이야기에서는 시간적 차례를 가지고 등장함을 인정해야 한다. 즉 예전에는, 지금은, 그리고 그때에는(once, now, and then) 순으로 등장한다. 그리하여 "지금"은 타락의 시대라, 사회 질서의 창조된 아름다움이 단지 흐릿하게 깜빡이고 있거나, 혹은 억제되어서 이들 질서의 구원받은 미래가 잠시 어렴풋이 감지될 뿐이다.

타락의 시대는 희생자들을 자유롭게 할 해방의 메시지를 질식시키는 "이 세상(aiōn)의 걱정"으로 특징지어진다(막 4:19 그리고 병행구절들). 사람들은 성적 차이(sexual stereotypes)에 대한 편견, 계급에 대한 태도, 인종에 대한 편견을 정상(normal)이라고 여기며 성장한다: 즉, 우리는 "이 세상(kosmos) 풍조(aiōn)를 따라 살았다"(엡 2:2)–이 구절은 구조적 요인(세상: kosmos. –역자 주)과 시간적 요인(풍조: aiōn– 역자 주)을 한꺼번에 결합하여 하느님을 적대하는 단일 전선을 잘 표현한 매우 놀라운 구절이다. "이 현세(present aiōn)를 사랑한" 사람들(딤후 4:10)과, "세속(aiōn)의 자녀들이 자기 세대(generation)들끼리 거래하는 데는 빛의 자녀들보다 더 약다"(눅 16:8). 여기서 "세대"(generation= genea)는 아이온(aiōn)을, 현재 혹은 지배의 시기의 오늘 살아 있는 대표들로 한 걸음 더 제한한다.

예수는 "우리를 이 악한 세대(evil aiōn)에서 건져내시려고"(갈 1:4) 자기를

---

29) aion이란 단어는 최소한 기원전 2세기 이래 이집트의 한 신의 이름으로 사용되었다. 그러나 신약성경에서 aion을 신(神)에 대한 언급으로 암시한 곳은 에페소 2:2인데, 거기서는 "이 세계의 시대(the aion of this kosmos)"가 "공중의 권세 잡은 지배자(the ruler of the power of the air)"인 사탄과 동의어 병행구로 사용되었다. 그런 암시가 의도적이라면, aion과 Satan은 성경기자들에 의하여 융합된 것이다.

내주었다. 바울은 그의 편지의 독자들에게 "이 세상(Domination Epoch = aiōn)을 본받지 말고 마음을 새롭게 하여 새 사람이 되십시오" 하고 명령하였다(롬 12:2). "여러분 중에 혹시 자기가 세속적(Domination Epoch)인 면에서 지혜로운 자라고 생각하는 사람이 있을지도 모릅니다. 그러나 정말 지혜로운 사람이 되려면 바보가 되어야 합니다. 이 세상(kosmos)의 지혜는 하느님이 보시기에는 어리석은 것입니다"(고전 3:18).

"그러니 이제 지혜로운 자가 어디 있고, 학자가 어디 있습니까? 이 세상[즉 지배의 시대](Domination Epoch=aiōn)의 이론가가 어디 있습니까? 하느님께서 이 세상[즉 지배체제]의 지혜가 어리석다는 것을 보여주시지 않았습니까? 세상[즉 지배체제]이 자기 지혜로는 하느님을 알 수 없습니다. 이것이 하느님의 지혜로운 경륜입니다. 그래서 하느님께서는 우리가 전하는 소위 어리석다는 복음을 통해서 믿는 사람들을 구원하시기를 작정하셨습니다."(고전 1:20-21)

권력자들은 하느님의 지혜를 알리는 사람의 입을 닫게 하려고 했다.

그러나 우리는 신앙생활이 성숙한 사람들에게는 지혜를 말합니다. 다만 그 지혜는 이 세상[즉 지배의 시대](aiōn)의 지혜나 이 세상에서 곧 멸망해버릴 통치자들(archonton)의 지혜와는 다릅니다. 여기에서 말하는 지혜는 하느님의 심오한 지혜입니다. 그것은 하느님께서 우리의 영광을 위하여 천지창조 이전(before the aiōns)부터 미리 마련하여 감추어 두셨던(ten apokekrymmenen) 지혜입니다. 이 세상[즉 지배의 시대](aiōn) 통치자들(archonton)은 아무도 이 지혜를 깨닫지 못했습니다. 만일 그들이 깨달았더라면 영광의 주님을 십자가에 못을 박지는 않았을 것입니다." (고전 2:6-8).30)

---

30) 바울은 로마서 13:1-7에서(체제에 복종하라고--역자 주) 그랬듯이, 그리고 누가복음 23:34에 있는 십자가 위에서의 부르짖음("저들은 자기가 하는 일을 모르고 있습니다"--이 부분이 상당히 중요한 몇 개의 그리스어 사본에서는 빠져있음)에서 누가(Luke)도 그랬듯이, 여기에서도 똑같이 권세들에 대한 이해할 수 없는 낙관주의를 무심코 드러내고 있다. 권세들은 자신들의 생존에 진정한 위협이 되는 것을 감지하는데 비범한 능력을 보여주며, 예수를 죽여 없애는데 놀랄만한 기민함을 보여주었다. 그러기에 왜 바울은 그들이 미리 잘 알았다라면 십자가형을 포기하였으리라고 생각하였는지를 우리로서는 이해하기가 참 어렵다. 혹은, 지라르(Girard)가 말했듯이, 여기에 인간 역사상 무의식의

신약성경이 하느님의 계획이 실현될, 오고 있는 시대(*aiōn*)를 말하기는 하지만, 미래에 올 또 다른 세계(*kosmos*)를 말하지는 않는다.31) 지배체제에 대한 하느님의 승리는 타락한 실재를 본래 창조된 목적대로의 실재로 변화시키는 것으로서 창조의 질서 안에서 이루어질 것이다. 성경은 연달아 오는 시대(*aiōns*)들을 알고 있지만, 세계는 하느님께서 좋게 창조하신 오직 하나의 세계(world)만을 알고 있는데, 그 세계는 나눔과 협동과 동정과 평등의 새로운 사회질서가 계급과 억압과 폭력의 정치를 대체하게 되는 날 "멸망의 사슬"(롬 8:21)에서 구원될 것이다.

지배의 시대(Domination Epoch)는 이미 계수 되어 얼마 남지 않았다. 그것은 이 시대(*aiōns*)의 마지막에, 오고 있는 시대(*aiōn*)에 의하여 대체될 것이고 (막 10:30, 눅 18:30, 고전10:11), "하느님께서는 당신의 은총이 얼마나 풍성한지를 앞으로 올 모든 세대(*aiōns*)에 보여주시려고 그리스도 예수를 통하여 우리에게 자비를 베풀어 주셨다"(엡 2:7). 그리스도께서는 "하느님 우리 아버지(Abba)의 뜻을 따라 우리를 이 악한 세대에서 건져내시려고 우리 죄를 짊어지시고 당신 자신을 제물로 바치셨다. 하느님 아버지께서 영원토록 영광을 받으시기를..."(갈 1:4-5).

예수께서 선포하신 새로운 질서가 당시의 지배적인 질서와 근본적으로 양립할 수 없음을 감지할 수 있었고, 그리하여 변화된 미래에 대한 비전을 통해, 희망을 잃지 않도록 스스로를 무장할 수 있었던 것은 초기 기독교인들의 지혜를 증언하는 것이다. **예수가 재림**할 것을 기대한 것은 그가 몸소 보여준 가치들이 인류의 미래에서 이루어질 것이라는 확신을 신화적으로 생생하게 보존하도록 작용하였다. 그러나 복수와 폭력과 독재통치의 남성 지배적 환상에 무게가 실림에 따라, 예수가 재림한다면 그가 처음에 그토록 결연히 반대했던 그 모든 일들, 즉 복수와 폭력과 독재통치를 해줄 것으로 기대하였

세계를 처음 정의하였고, 그래서 그들이 알지 못한 것은 사실상 희생제도 과정에 대하여 이념적으로 눈이 먼 (*The Scapegoat* [Baltimore: Johns Hopkins Univ. Press, 1977], 111) 것인가?

31) 요한계시록 21:1 은 변화된 실재를 가리키는 "새 하늘과 새 땅"의 도래를 말하고 있지만, 그러나 계시록 5:10은 새로운 실재는 우리들의 땅 위에서 이루어질 것을 분명히 하고 있다 ("그리고 그들이 땅 위에서 다스릴 것이다")–비록 이것은 바로 메시아의 왕국을 가리키는 것이긴 하지만.

으니, 참으로 아이러니칼하다!

오는 아이온(세계: *aiōn*)은 철저히 지배가 더 이상 없는 인간 존재의 형태인데, 거기서는 해방된 인간들의 삶을 위한 하느님의 뜻이 기관과 조직의 형태에 주어지고 (왜냐하면 기관과 조직이 없는 인간의 삶이란, 심지어는 하느님의 통치 아래에서도 불가능하니까), 거기서는 옛 지배체제, 곧 "이 세상(*kosmos*)의 통치" 가 "우리 주님과 그분이 세우신 그리스도의 나라가 되고, 하느님께서 영원 무궁히(from aion to aion) 다스리실 것이다" (계 11:15).

싸르크스(*Sarx*): 지배받는 존재

아마도 영어 성경에서 가장 불행하게도 잘못 번역된 것은 바울의 용어 "카타 싸르카"(*kata sarka*)를 영어의 "flesh"(육 肉)으로 사용하는 것일 것이다. 싸르크스(*Sarx*)는 우리가 만들어진 물질적 본체, 육체적인 몸, 인간의 존재, 혹은 인간성 일반을 지칭할 수 있다. 가끔은 싸르크스(*Sarx*)가 육체적 유전의 혈통, 인종, 혹은 지구상의 존재, 그리고 아주 드물게는 성애적 욕망을 가리키기도 한다.32) 그러나 가장 두드러진 그리고 신학적으로 무게 있게 사용된 경우는, 특히 바울에게 있어서는, 소외된 형태로서의 자신을 언급하는 것이다.33) "육을 따라"(*kata sarka*) 사는 삶은 타인의 의견에 굴복하여 외면화된 자신을 가리킨다. 그것은 곧 하느님 안에 그 중심을 갖지 못하고 멀어지게

---

32) 싸르크스(Sarx)는 우리의 몸이 만들어진 물질적 요소거나 (눅 24:39; 고전 15:39, 50; 골 1:22), 혹은 물질적인 몸이거나 (요 6:51-56; 행 2:31; 롬 2:28; 고후 4:11; 7:1, 5; 10:3a; 12:7; 갈 2:20; 4:13, 14; 엡 5:29; 빌 1:22, 24; 2:1, 5; 딤전 3:16; 몬 16; 히 2:14; 5:7; 9:10, 13; 10:20; 약 5:3; 벧전 3:18, 21; 4:1, 2, 6; 요일 4:2; 요이7; 유 8; 계 17:16; 19:18, 21). 혹은 자신이나 존재 (마 19:5-6/막 10:8; 행 2:26 [=시16:9]; 고전 6:16; 엡 5:31), 혹은 인간이나 인간성 일반 (마 16:17; 24:22/막 13:20; 눅 3:6; 요 1:14; 17:2; 행 2:17; 롬 3:20; 고전 1:29; 갈 1:16; 2:16; 엡 6:12; 벧전 1:24), 육체적인 혈통 혹은 인종(롬 1:3; 4:1; 9:3, 5, 8; 11:41; 고전 7:28; 엡 6:5; 빌 3:3-4; 골 3:22; 히12:9), 혹은 성적인 욕망 (요 1:13; 유다서 7)을 가리킨다.

33) 요 3:6; 6:63; 8:15; 롬 7:5, 18, 25; 8:3-9, 12-13; 13:14; 고전 1:26; 5:5; 고후 1:17; 5:16; 10:2-3; 11:18; 갈 3:3; 4:23, 29; 5:13, 16-17, 19, 24; 6:8, 12-13; 엡 2:3, 14; 골 2:11, 13, 18, 23; 벧후 2:10, 18; 요일 2:16

하는 비본연적(非本然的)인 가치의 세계에 친숙하게 되어버린 자신을 말한다. 그것은 곧 우리의 존재들 속에 지배체제가 이룩하는 상륙 거점, 즉 통치의 교두보인 것이다. 싸르크스는 "단지 인간적인 것, 즉 이 땅 위에서 덧없이 지나가 버리는 것을 추구하는 것"이라기보다는,34) 오히려 **지배체제의 가치들**을 추구하는 것이다.

"육체적인 것"(fleshly) 혹은 "육정적인 것"(carnal)은 초월적인 것을 버리고 단지 개인적인 만족에 고착되어버린 삶을 말한다. 그러나 이는 흔히 일반적인 경건주의가 생각하듯이 단지 육욕(肉慾 성적인 욕망)만을 뜻하는 것은 아니니, 바울은 금욕주의나 혹은 자기거부(self-denial)라 할지라도 그것을 자기 자신의 힘으로 자신의 삶을 안전하게 보증하려는 노력의 한 방편으로 실천하면 이를 "육체적"(fleshly)인 것의 목록에 넣었기 때문이다(골 2:20-23). 소외된 사람이 하는 일이란 그것이 비록 하느님을 찾는 일이라 할지라도 소외로 병들어 있다. 그러므로 하느님이 주도권을 가지고 우리를 찾아 내려오신 것이다.

카타 싸르카(*kata sarka*)를 나타내는 가장 좋은 구절로 내가 발견한 것은, **"지배받는 존재"**(dominated existence)다. 즉 위압적인 지배체제의 명령에 따라 사는 삶이다. 신약성경에서 사용된 바대로는 그 단어가 육체를 거부하는 것으로 사용된 적은 결코 없다. 그것은 지배를 받아서 그 본연의 성격을 박탈당한 존재를 뜻한다. 코스모스(*kosmos*)나, 아이온(*aiōn*)과 마찬가지로 싸르크스(*sarx*)도 창조, 타락, 그리고 구원을 필요로 하는 성격을 가지고 있다.

구원이란 육체로부터 구제되는 것(deliverance from the body)이 아니다. 오히려 반대로, 우리가 기다리는 것은 정확히 말해서 "우리 몸의 구제"

---

34) Rudolf Bultmann, *Theology of the New Testament, 2 vols.* (New York: Charles Scribner's Sons, 1951), 1:238. 불트만이 *sarx*에 대하여 달리 명쾌하게 취급한 것은 전적으로 개인주의적인 것(그의 모든 신학이 그렇듯이) 이어서, 그 단어의 사회적인 차원을 완전히 놓치고 있다. 그리하여 그는 그 단어를 세속의 것에 대한 열망; 스스로 의로움; 하느님에게 등을 돌리고 스스로의 힘으로 살아가려는 시도; 자신의 목표를 자신의 능력에 의지하여 추구함; 세계를 다스리려는 의지; 돌봄; 자랑; 내부적인 분열; 자기 자신과 하나가 되지 못함 (pp. 239-46) 등으로 본다. 이 모든 것이 "육체(flesh)를 따라" 사는 삶에 맞는 말이긴 하지만, 그러나 그것은 우리가 심지어 선택을 할 연령에 도달하기도 전에 이미 우리 자신의 확실성을 박탈해 버리는 소외시키는 사회적 분위기가 자신에게 끼치는 영향들에 대해선 전혀 언급하지 않는다.

(deliverance of our body = *soma*)인 것이다(롬 8:23). 그리스어로 쓰면서, 바울은 아마도 히브리 단어 "네페쉬"(*nephesh*)를 생각한 것 같은데, "네페쉬"란 숨 쉬는 사람, 전체적인 자신, 생기가 있는 몸, 즉 육체와 영혼(body and soul)을 포함한 인간 존재 전체를 뜻한다. 사도행전 2:26도, "내 육신(*sarx*)마저 희망에 살 것입니다"라고 이와 똑같은 견해를 말하고 있다(행 2:26은 시편 16:9를 인용). 우리는 새로 오는 시대에서는 몸들을 갖지 않게 되지는 않을 것이나, 그 몸들은 변화될 것이다. 바울은 이를 두고 역설적이게도 **"영적인 몸"**(spiritual body)이라고 말한다(고전 15:35-57). 한편, 우리들의 몸은 그 안에서 하느님과 권세들이 서로 구체적 표현을 이루려고 다투는 투쟁의 장소다.

> 비록 우리가 속된 세상[즉 지배체제 안](*en sarki*)에서 살고 있기는 하지만 [지배체제에 의한] 속된(*kata sarka*) 싸움을 하고 있는 것은 아닙니다. 우리는 세속의[즉 지배체제의](*sarkika*) 무기를 가지고 싸우는 것이 아니라 아무리 견고한 성이라도 무너뜨릴 수 있는 하느님의 강한 무기를 가지고 싸우는 것입니다. 우리는 잘못된 이론을 무찔러 버리고, 하느님을 아는데 장애가 되는 모든 오만을 쳐부수며 어떠한 계략이든지 다 사로잡아서 그리스도께서 보여주신 복종에 굴복시킵니다.(고후 10:3-5)

하느님의 새로운 실재에 들어가는 사람들은 단지 새로운 가슴과 새로운 영을 받는 것만이 아니라, 세상과 시간과 심지어는 자신의 몸에 대한 변화된 관계를 받는다. 그것이야말로 "보라. 내가 모든 것을 새롭게 만든다!"(계 21:5)라고 말하는 그 한 분의 언약이다.

***

지배체제는 그 이전에 있던 평등한 질서, 혹은 그 체제 안에서 손상된 형태로나마 최소한 공존했던 평등한 질서를 억눌렀기에, 하느님의 분노와 구제활동의 대상이 된 것이다. 신약성경에서 "세상(world), 세대(aeon), 육체(flesh)" 등으로 표현된 그 지배체제는 구원하는 폭력의 신화라는 마술적인 이데올로기의 철갑을 두르고 있어서, 그 갑옷으로 자신을 감싸고 보호하고 있는데, 이는 엄청난 특권을 누리는 극히 소수가 다수를 거부하고 있기 때문이다. 그러나 착취당한 다수는 그럼에도 불구하고 심지어는 자신들의 생명을 자진하여 바쳐 가면서 자기들을 억압하는 체제를 떠받치도록 현혹되어 있다. "여러분은 헛된 세속의 철학의 속임수에 사로잡히지 않도록 조심하십시오. 그것은 세속의[지배체제의] 원리(stoicheia tou kosmou)를 기초로 인간이 만들어서 전해 준 것이지 그리스도를 기초로 한 것은 아닙니다"(골 2:8). 그런 불합리한 사태는 순수한 합리성만으로 해결되지는 않는다. 그것은 더 큰 경이, 거룩한 신비, 겉으로 보기엔 불가능하나 그러나 참된 것을–즉, 권세들과 그들의 체제를 폭로하여 그들을 굴복시키고 변화시키고 그리고 치유하는 하느님의 구원의 행위를 필요로 한다.

권세들을 구원해낸다는 말에 많은 사람들이 낯설게 느낄 것이다. 그렇게 낯설게 느끼는 사람들이 믿는 기독교는 권세들로부터 벗어나서 저 세상의 삶 속으로 도피하는 것이다. 그러나 그런 모든 생각은 코스모스(kosmos), 아이온(aiōn), 그리고 싸르크스(sarx)를 잘못 번역한 것에 근거한 것이다. 우리들 자신들의 구원뿐만 아니라 사회적-영적인 질서들 자체의 구원에 대하여 말한다는 것은 어떤 의미에서일까?

기독교의 위대함이란
지배체제(*kosmos*)로부터
미움을 받는 것이지,
지배체제에게 그럴싸하게
보이는 것이 아니다.

- 안티옥의 이그나시우스(Ignatius of Antioch)
  「로마인들에게」(*To the Romans*) 3:3

4

지배체제의 성격

　기쁜 소식 곧 **복음**(福音)이란, 하느님께서 우리들을 권세들로부터 해방하실 뿐만 아니라, 그 권세들 자체도 해방하신다는 소식이다. 복음은, 구원하는 폭력이라는 신화에서처럼 서로 올라가 윗자리를 차지하기 위하여 다투는, 선과 악의 힘들에 관한 이원론적 신화가 아니다. 그것은 모든 역사적 현실에서 선과 악이 교차하는 웅대하고 절묘한 드라마다.
　권세들은 그냥 단순히 악한 것만은 아니다. 그것들은 무정부 상태의 혼돈에 대항하는 보루이며, 예술의 수호자이며 저장소며 영감을 주는 것이기도 하다. 그들은 상호의존, 상호 돌봄, 사회적 응집을 격려하는 가치를 불어넣기도 한다. 그들은 모든 사람들의 보편적 선을 위하여 개인적인 욕망을 양보하도록 격려한다. 권세들이 사악한 것은 본래부터 그런 것이 아니라, 오히려 그것들을 우상 숭배한 결과로 그렇게 된다. 그러므로 그것들은 구원받을 수 있다. 신약성경은 이런 통찰력을 동시에 3막(幕)으로 구성된 드라마로 표현하고 있다:

　　　권세들은 선하다.
　　　권세들은 타락했다.
　　　권세들은 구원될 것이다.

권세들은 선하다

골로새서 1:16-17에 있는 우주적 그리스도에 대한 찬양에서, 권세들은 그리스도 안에서, 그리스도를 통하여, 그리고 그리스도를 위하여 창조된 것으로 묘사된다. 즉 "하늘과 땅에 있는 만물, 곧 보이는 것은 물론이고 왕권과 주권과 권세와 세력의 여러 천신들과 같은 보이지 않는 것까지도 모두 그분을 통해서 창조되었기 때문입니다. 만물은 그분을 통해서 그리고 그분을 위해서 창조되었습니다. 그분은 만물보다 앞서 계시고 만물은 그분으로 말미암아 존속합니다."1)

골로새서의 찬양은 아주 미약한 인간의 고통과 비교하여 그토록 엄청난 악을 안고 이 세계를 찾아온 권세와 세력이 자율적이지도 못하고, 독립적이지도 않으며, 영원하지도 않고, 그리고 완전히 타락한 것도 아니라고 하는 상당히 귀에 거슬리는 주장을 펴고 있다. 실재의 사회적 구조도 하느님이 창조하신 것이다. 그것은 하느님의 창조물이니 언젠가는 없어질 유한한 것이며, 제한적이고, 하느님 앞에 책임을 져야하고, 이 세상에서 하느님이 인간을 교화하려는 목적에 봉사하도록 만들어졌다.

골로새서의 찬양보다 앞에 있는 구절들에서, 이 권세들은 **"암흑의 지배자들"** 이라고 집단적으로 언급되었는데, 믿음의 사람들은 이 암흑으로부터 구원된 것이다(골 1:13). 에른스트 케제만은 주장하기를, 이 찬양(골 1:16-17)이 세례 의식에서 불리던 노래라서, 암흑의 영역에서(이 찬양의 예배 의식적 소개로 골 1:12-14 이 앞에 덧붙여졌다) 광명의 영역으로 넘어가는 변화를 특징짓는다고 했다. 믿는 사람들은 지배체제로부터 풀려나고 구시대의 노예적 권세로부터 자유롭게 된다. "세례에서 크리스천들은 한 영역에서 다른 영역으로 넘어간다. 그리하여 그 사람은 우주(cosmos)에 속하는 것이 아니라, 우주의 지배자

---

1) 골 1:15-20의 본문에 대한 비판적인 문제 논의와 선택된 참조도서에 대해서는, 나의 다른 에쎄이 "The Hymn of the Cosmic Christ" in *The Conversation Continues: Studies in Paul and John in Honor of J. Louis Martyn,* ed. Robert T. Fortna and Beverly R. Gaventa (Nashville: Abingdon Press, 1990), 235-45를 보라. 또한 *Naming the Powers,* 13-21, 64-67을 보라.

(Cosmocrator)에게 속하게 된다."[2]

그 찬양에 뒤이어, 바울은 그의 독자들에게 그들도 "전에는 하느님으로부터 떨어져서 하느님께 적의를 품고 사악한 행동을 일삼고 있었다"고(골 1:21) 기억을 환기시킨다. 그 찬양은 단지 넌지시 언급하지만(20절), 전체 문맥이 명백히 주장하는 바는, 이들 권세들이 만들어질 때부터 하느님의 목적에 적대적이라는 것이다.[3] 그럼에도 불구하고 그 찬양은 그들 권세들도 그리스도 안에서, 그리스도를 통하여, 그리고 그리스도를 위하여 창조되었다고 축하하고 있다(16절 참조- 역자 주). 그들 권세들이 철저히 사악하다고 해서 악마로 만들어진 것은 아니다. 그들도 좋으신 하느님의 좋은 창조물이다. 창세기의 창조 기사에서 하느님은 마귀들을 만들어내지는 않았다. 그러나 권세들의 존재 이유는 인간의 필요들과 또 예수를 지혜와 그리스도로 동일시하는 궁극적 가치들을 위하여 봉사하는 것이다.

이들 권세들은 인간의 삶에 필요한 사회적 구조들이며, 따라서 그들이 존재하는 것이 하느님에게는 아무래도 좋은 무관심의 문제는 아니다.[4] 하느

---

2) Ernst Kaesemann, "A Primitive Christian Baptismal Liturgy," in *Essays on New Testament Themes* (London: SCM Press, 1964), 162.

3) 골 1:20에 관해서 Chrysostom이 논평하기를, "'화해'란 단어는 적대감을 나타낸다. '평화를 이룬다'는 말은 전쟁을 나타낸다"고 했다 (*Hom. on Col.* 3; *NPNF*, 13:272).

4) 권세들은 이들 구조의 외부적인 형태만이 아니라, 또한 그들의 내부적인 영성-골 1:16이 언급하고 있는 "보이지 않는" 그리고 "하늘에 있는" 면모--를 포함한다. 그들의 힘을 상징하는 것은 영적인 실재(즉, "하늘"로부터)이다. 이런 견해는 일찍이 고대 바빌론에서 이미 분명하였는데, 거기서는 하늘의 신 아누(Anu)가 모든 지배자들의 원형이었다. 토킬드 제이콥슨(Thorkild Jacobsen)이 지적한 대로, "그에게 왕권의 핵심이 새겨진 모든 표장(標章)이 속했고--홀(笏), 왕관, 머리띠, 지팡이-- 그로부터 그것들이 나왔다. 어떤 왕이 사람들 가운데 임명되기 전에, 이미 그 표장들은 존재했고, 아누(Anu) 신보다 먼저 하늘에 있었다가 거기서부터 땅 위로 내려왔다" (*Before Philosophy*, by H. and H. A. Frankfort et al. [Baltimore: Penguin Books, 1959], 152).

이집트에선 여신 하도르(Hathor)가 호루스(Horus)의 "보좌"였는데, 나중에 이시스(Isis)가 하도르와 동일시되고, 왕자는 그녀의 무릎에 앉음으로써 왕이 되었다. 시간이 경과하면서 이시스는 왕의 보좌로 대치되고, 보좌가 왕의 권한을 나타내는 신비한 힘을 지닌 물신(物神: Fetish)이 되었다. "그 위에 자리를 잡아 앉는 왕자가 왕이 된다. 그리하여 보좌는 왕의 '어머니'가 되었다.... 이리하여 '왕을 만드는 보좌'인 이시스(Isis)는 '위대한 어머니'로 되고, 그녀의 아들 호루스(Horus)에 헌신하고, 모든 고난을 참아내며 남편 오시리스(Osiris)에게 성실한 아내가 된다"(Frankfort, *Before Philosophy*, 26, 또한 Jacquetta

님이 그들을 **만드셨다**. 그리하여 이 모든 것이 기구화된 구조적 악의 일상적 경험으로 공공연히 주장되고, 노래로 불려진다.

제도화라는 것이 없으면, 아이디어(생각)는 행동으로 구체화될 수 없다. 제도와 기구들은 인간의 존재에 필요 불가결한 것이며, 그것들은 자체의 생존에 대하여 관심을 가질 권리가 있다. 그러나 그것들의 관심은 부차적인 것이라야지 궁극적인 것이 되어선 안 된다. 이런 이유로, 폰 라드는, 창세기의 창조기사는 제 2장에서 세계의 창조로 끝나는 것이 아니라, 제 10장에서 국가들의 창조로 완성된다고 주장한다. 이 의미는 명백하다: 인간이란 사회적 기구들과 동떨어져서 있을 수 없다.5) 사람들과 마찬가지로, 하부제도들도 제도 전체의 필요들에 부응해서 자신들의 필요를 계속적으로 가늠할 필요가 있다. 화이트헤드는 주장하기를, "질서만으로는 불충분하다. 참으로 요구되는 것은 훨씬 복잡한 그 무엇이다. 그것은 질서가 신기한 경험에 들어가는 것이다. 그래서 방대한 질서들이 단순한 반복으로 퇴화하는 것이 아니라, 체제의 배경에 항상 새로움(novelty)이 반영되게 하는 것이다"라고 했다.6)

권세들이 창조된 사명으로부터 직무유기를 하거나 혹은 변절할지라도, 그 권세들은 결합성(coherence)의 원리로부터 자신들을 완전히 떼어놓을 수가 없다. 하부체제가 자신의 목표를 맹목적 숭배의 궁극적인 것으로 지위 격상시켜서 전체의 조화를 깨뜨린다 해도, 마치 암세포들이 주인의 몸(宿主)을

Hawkes and Sir Leonard Woolley, *The History of Mankind*, vol. 1, *Prehistory and the Beginnings of Civilization* [New York: Harper & Row, 1963], 342-43). 마찬가지로 아프리카의 아샨티(Ashanti) 족들도 왕이 자리잡는 "황금의 의자"를 갖고 있는데, 그 의자가 아샨티 국가의 영혼을 지니고 있어서, 백성들의 힘, 건강, 용기, 행복이 모두 그 안에 들어있다. 그 의자는 그 전에 있던 몇 개의 자생적이고 문화적으로 비슷한 그룹들의 결합을 상징하며, 그것은 여자의 혈통을 따라 전수되었다. 이 황금 의자는 과거가 없고, 하늘에서 내려와서(즉, 새로운 권력 위상을 나타낸다) 정치적 권위의 옛 상징들을 제례의식을 통하여 묻어버리는데, 이는 "나라 안에 있는 어떤 의자도 그 황금의자 보다 먼저 존재할 수 없다고 여겨지기 때문이다" (Peggy Reeves Sanday, *Female Power and Male Dominance* [Cambridge: Cambridge Univ. Press, 1981], 29).

5) Gerhard von Rad, *Old Testament Theology,* 2 vols. (New York: Harper & Row, 1962-65), 1:161-65.
6) A. N. Whitehead, *Process and Reality,* corrected edition, ed. David Ray Griffin and Donald W. Sherburne (New York: The Free Press, 1978), 339.

떠나서는 살 수 없듯이, 그 하부체제들도 여전히 독자적 자율을 성취하지는 못한다. 암(癌)세포와 마찬가지로 그것들은 원래 선하게 창조되어 자신들 속에 깊이 박혀 있는 과정을 통해서만 악을 저지를 수 있다.

여기 우리가 주의할 것이 있다. 하느님이 권세들을 창조하셨다는 것이 어떤 시대의 특정 권세를 추천하고 시인한다는 뜻은 아니다. 하느님이 자본주의나 사회주의를 창조하지는 않았지만, 어떤 종류로든 경제체제는 있어야 한다. **창조와 타락과 구원의 동시성**이 의미하는 바는, 하느님은 동시에, 주어진 정치적 혹은 경제적 체제가 인간의 삶을 지탱하는데 필요하기 때문에 그 것들을 **유지하고**(uphold), 그러나 그 체제들이 인간의 완전한 현실화를 파괴시 키면 그것들을 **저주하고**(condemn), 그리하여 보다 인간적인 질서로 **변화하도록 촉구한다**(press for its transformation)는 뜻이다. 보수주의자들은 첫 번째 것을, 혁명주의자들은 두 번째 것을, 그리고 개혁주의자들은 세 번째 것을 강조한다. 크리스천들에게 기대되는 것은 이들 세 가지를 모두 함께 지니는 것이다.

이것이 로마서 13:1-7("누구나 자기를 지배하는 권위에 복종해야 합니다")의 요점(要點), 아마도 유일한 요점일 것이다.7) 그것은 억압적인 체제에 맹목적인 복종을 정당화하는 것이 아니다. 오히려, 강조하려는 바는, 범죄자들이나 침략자들에 대항하여 사회의 질서를 보호하고 유지하기 위해서는 정부들이라는 것이 필요 불가결하다는 점이다. 그 정부들은 선한 행동에 대해서가 아니라, 악한 행동에 대하여 두려움의 대상이 되어야 한다. 그러나 억압적인 체제들은 바로 그 반대를 저지르고 있어서, 나쁜 행동들에게는 보상을 주고, 착한 행동을 하는 사람들에게 공포를 준다.8)

---

7) 'The Powers That Be'란 표현은 KJV(흠정역) 로마서 13:1--"Let every soul be subject to the higher powers. For there is no power but of God: the powers that be are ordained of God"에서 따온 것이다.

8) *Evangelical Witness in South Africa (Evangelicals Critique Their Own Theology and Practice)* (Dobsonville, South Africa: Concerned Evangelicals, 1986), 16. 또한 *Kairos Document,* rev. 2d. ed. (Braamfontein: Skotaville Publishers, 1986), 4-8; the report of the Presbyterian Church of South Africa, "Obedience, Submission and Civil Disobedience" (summarized in my *Violence and Nonviolence in South Africa,* 59); and Tom Wright, "The New Testament and the State," *Themelios* 16/1 (October 1990): 15 --"그렇다면 교회가 단지 지상의 지배자들에 불과한 자들에게 복종하는 것 위에 있다고 생각하는 것보다 더 자연스러운 것이 무엇인가? 로마황제가 머리를 숙이는 그분에게 이미 경배하였는데, 무엇 때문에 교회가 황제에게

권세들이 우주적인 그리스도 안에서, 그리스도를 통하여, 그리고 그리스도를 위하여 창조되었다고 말하는 것은, 어떤 특정 경제 혹은 정치 체제를 추천하고 시인한다는 뜻이 아니다. 그 찬양시가 노래하는 바는, 우리가 서로 상호관계 속에서 살아가는 것이 하느님의 계획이며, 하느님이 결정하셔서 하부체제를 있게 하였는데, 그 체제들의 온전한 사명이라면 인간성을 간직하시고 또 그 모범을 보이신 한 분(예수- 역자 주)처럼 인간들에게 봉사하라는 것이다.

한 기관이 보편적인 복지(福祉)보다도 자기 자신의 선을 우선적으로 고려할 수도 있다. 한 회사가 생명을 위험하게 하는, 흠이 있는 제품을 생산하여서 원가를 절약할 수도 있다. 노동조합 지도자들이 작업장의 노동조건을 개선하려고 투쟁하기보다는 자신들의 개인적인 이익을 확장하려고 여념이 없을 수도 있다. 골로새서의 찬양의 요점은 한 기관이 뭐든지 해도 괜찮다는 것이 아니라, 그 기관이 아무리 탐욕스럽고 맹목적 숭배에 빠지게 되어도, 그것이 본래 그분 안에서, 그분을 통하여, 그리고 그분을 위하여 창조된 **그 한 분의 감싸는 사랑과 심판을 벗어날 수 없다**는 점이다. 바로 그 한 분 안에서 "모든 것이 함께 존속한다"(골 1:17-문자 그대로는 "그들의 구조적인 자리를 얻는다" –*synistemi*, 여기서 영어의 system이란 단어가 유래했다). 권세들은 그리스도 안에서 인간의 모습을 나타내신 하느님의 체제에 얽혀서 고정되어 있다. 그들은 하느님에게 책임 있게 대답해야 한다. 이는 곧 이 세상에 있는 모든 하부체제가 원칙적으로 구원받을 수 있다는 뜻이기도 하다.

우리는 미래에 대해서는 아무런 고려도 하지 않고, 우리가 숨 쉬는 공기와 물을 오염시킬 수 있다. 그러나 우리는 생태계(ecosystem)와 계통적으로 불가분이라서 그 생태계의 심판은 점증하는 발암성 질병으로 우리들에게 되돌아온다. 나치 독일이 그랬듯이, 한 나라가 마치 여러 나라들로 이루어진 세계 체제에 속하지 않은 것처럼 행동할 수 있고, 그리하여 세계 체제를 자신에게

다시 머리를 숙여야한단 말인가? 바울이 로마서를 쓰고 있었을 때, 잔혹한 전쟁으로 치닫기까지 유태인들 가운데 끓어오른 이런 거룩한 무정부의 견해는, 복음에 이바지할 수 있도록 좋은 인상을 줄 수는 없었다." 바울의 관점은 정부가 무엇을 하든 그것이 옳고 따라서 복종해야한다는 과격주의가 아니라, 하느님은 인간의 사회엔 질서가 있기를 원하신다는 최소강령주의의 건실함이었다.

종속시키려고 시도할 수 있지만, 그러나 그런 시도는 다른 나라들의 분노를 야기시켜 결국 그 나라에 패망을 가져오게 할 것이다. 하느님 체제의 지위를 넘보는 어떤 하부체제도 그 자신 장시간 존속할 수는 없다. 사탄이 배반을 하고 하늘에서 쫓겨난 신화는 궁극적 권세와 권위를 열망하는 피조물의 운명을 상징적으로 그리고 있다.

이 찬양시(골 1:16-17)가 축하하는 공동의 일체성은 **비폭력과 원수를 사랑하는 윤리의 토대**를 이루고 있다. 그 어느 것도 하느님의 구원하는 돌봄과 변혁시키는 사랑의 범위 밖에 벗어나 있을 수는 없다. 권세들이 본래부터 악한 것이 아니라, 단지 타락했을 뿐이다. 가라앉은 것은 다시 일어서게 할 수 있다. 그리하여 우리는 악을 영속시키려는 자들을 악마로 여기려는 유혹에서 자유롭게 된다. 우리는 우리의 나라나 교회나 학교를 맹목적으로 사랑하는 것이 아니라, 그것들로 하여금 스스로 천명하였던 본래의 높은 이상과 정체성을 상기하도록 비판적으로 사랑할 수 있다. 우리는 이런 기관들이 원래 창조된 사명에 걸맞게 살아가도록 도전할 수 있다. 우리는 그것들의 필요성을 한편으로 존중하면서도 그것들의 행동에 반대할 수 있다.

예를 들어, 한 공장이 우리 도시의 공기와 물을 오염시키면 우리는 그 오염을 정화해달라고 원한다. 우리는 그 공장 종업원들은 직장을 필요로 하며, 또 그들의 가족들은 우리와 마찬가지로 그 오염에 의하여 위험에 빠진다는 것을 알면서도 이런 투쟁에 나설 수 있다. 우리는 그 공장의 콧대 센 대표자들에게 혐오감을 갖지 않고 말을 건넬 수 있어야 하는데, 왜냐하면 그들이나 우리나, 그리고 그 회사나 모두 하느님의 사랑에 싸여 있고, 또 우리 모두가 한 분 안에서, 한 분을 통하여, 그리고 한 분을 위하여 창조된 그 한 분을 섬기도록 존재하기 때문이다. 우리는 이 공장을 하느님 체제의 궤도 안으로 끌어들이려고 애쓸 필요는 없다. 그것은 이미 거기에 있기 때문이다. 우리가 할 일은 단지 그 경영자들로 하여금 그 공장이 자신을 넘어서 있는 가치들에 봉사하기 위하여 존재함을 상기시켜주기만 하면 된다(비록 이 "상기시켜줌"이 일정기간 지속되는 불매동맹이나 파업을 요할지라도).

아담 스미스가 사업의 궁극적 목표는 이윤을 추구하는 것이 아니라고 썼을 때, 그는 이미 이를 감지했다. 이익은 단지 수단일 뿐이다. 그 목표는 보편적 복지(福祉)다.9) 회사나 사업체들로 하여금 이익이 "가장 중요한 핵심"이 아니라, 하느님의 "피조물"로서 그들의 거룩한 사명은 인류를 위한 선행(엡 3:10)을 이루어내는 것임을 알려주는 것이 교회의 사명의 일부다. 그것들은 자신들을 위해서 존재하는 것이 아니다. 그것들은 값을 주고 산 것이다(골 1:20). 그것들은 모든 것에 넉넉함을 베푸시는 하느님께 속해 있다.

권세들은 타락했다

뉴 에이지(New Age) 운동이나 동방의 현자들(gurus)이 우리들에게 신적인 거룩함을 선포하는 시대, 세속주의가 영적인 경지를 거부함으로써 극단적인 악의 문제를 생각해볼 줄 모르는 시대, 죄와 죄책감을 과도하게 강조하는 무시무시한 기독교에 대해 거부감을 느껴서 많은 사람들이 창조의 선함과 우리의 잠재능력의 열린 가능성을 강조하는 시대(나도 이런 강조를 시인함),10)

---

9) Adam Smith의 사회 철학이 공동체를 보존하는 종교적 보증과 개인적 주장을 고려해야한 다는 도덕적 요구를 함께 포함하고 있음이 별로 인정받지 못하고 있다. 종교적 보증은 하늘의 섭리를 세속화한 스미스의 견해라, 그 섭리는 자기 이익을 위한 개인적 행동을 보다 일반적인 복리를 위해 변화시키는 "보이지 않는 손"이다 (*The Wealth of Nations*, book 4, chap. 7). 이런 결정론에도 불구하고, 스미스는 사람들에게 보다 넓은 이익을 위해 자신의 이익을 희생하라고 도덕적 요구를 하기를 주저하지 않는다. "현명하고 도덕적인 사람은 언제나 그가 속한 특정한 사회의 공공의 이익을 위해서 자기 개인의 이익을 기꺼이 희생한다. 그러므로 그는 하느님이 직접 집행관과 지휘관이 되시는 모든 생각 있고 지각 있는 사람들의 보다 큰 사회를 위해서 보다 열등한 이해관계를 마찬가지로 기꺼이 희생한다"(ibid., book 5, chap.1, part 3; Reinhold Niebuhr, *The Children of Light and the Children of Darkness* [New York: Charles Scribner's Sons, 1944], 24-25 에 인용). 그러나, 일반적인 복리를 위한 스미스의 이런 관심은 양쪽에 낯선 칼이라, 하느님이 단지 통합의 궁극적 원리이실 뿐만 아니라, 자본주의 체제의 마지막 합리화에 가깝게 될 수도 있다.

10) 매튜 폭스(Matthew Fox)가 지적한대로, 타락(墮落)의 아이디어는 단지 죄와 구원의 신학이 물려준 유산만은 아니다(*Original Blessing* [Santa Fe: Bear & Co.], 1983). 역설적이게도, 창세기의 타락의 이야기는 창조설화 자체의 중심적인 부분이다(창세기 11장까지 계속되는). 또한 지배체제의 결과만도 아닌 것이, 자이레(Zaire)의 음부티(Mbuti) 족처럼 평화롭고 비전투적인 사냥-농업에 종사하는 사람들도 인생의 죽음, 성적인 차이, 경계지역 침범, 사냥감을 죽임, 타인들에게 해를 줌 따위를 설명하는 일련의 "타락" 설화를 갖고 있기 때문이다 (Colin M. Turnbull, "The Politics of Non-aggression: Zaire," in *Teaching*

이런 시대에 타락에 대하여 말하는 것은 별로 인기가 없는 일이다.

그럼에도 불구하고, **타락의 교리**는 우리들 자신이나 권세들을 이해하는 데 중요하다. 또한 흥미롭게도, 그것은 좋은 소식의 일부요, 상당한 기분전환의 자료요, 그리고 유혹을 경계하는 파수꾼이다. 내 의견에는 1) 타락의 교리는 하느님의 선하심과 통치, 그리고 창조를 유지하면서도, 악의 야만적인 실체에 대한 설명을 제공하며, 2) 타락이 단순히 옛날 어느 한 때에 일어났던 신화만이 아니라, 오히려 모든 개인과 사회적 존재의 구조적 측면을 말하는 것이며, 3) 타락의 교리는 우리 자신과 기관들의 완전성에 대한 망상을 버리도록 하며, 4) 또한 우리가 권세체제 안에 있는 무엇에 의해서는 결코 권세로부터 구원받을 수 없고 그 권세체제를 초월하는 무엇에 의해서만 구원받을 수 있음을 말해준다.

첫째로, 타락의 교리는 **악의 과격성**을 확인해준다. 정직히 말해서, 나 자신을 포함한 우리들 대부분은 과격한 악을 믿고 싶어하지 않는다. 그건 생각만 해도 너무 끔찍하다. 매매춘(賣買春) 조직이나 사탄(Satan) 클럽이나 음란물 외설 영화를(거기서 실제로 살인 장면이 촬영되는) 위하여 어린이들이 납치되는 것은11) 합리적인 중산층이 믿고 있는 패러다임(전형)을 파괴하고 만다. 다른 대부분의 사람들과 마찬가지로, 패러다임(전형)이 파괴되면, 우리들도 우리들 자신의 선입관에 대하여 의심하기보다는 그 사실에 대한 정보를 의심한다. (나는 유대인 학살이 일어났다는 것 자체를 거부하는 사람들을 알고 있다.) 내 친구들 중 하나가 사탄클럽의 인간학대 희생자들을 돕자고 평화 공동체에 있는 그의 동료들을 찾아갔더니, 그들의 반응은 그를 미친 사람으로 취급하는 것이었다. 그런 정도의 악이란 존재할 리가 없다는 것이었다. 이게 바로 가장 미친 악, 곧 핵무기에 대해 반대를 하는 사람들이 보인 반응이었다.

악이란 우리들 개인 안에 있고(융의 심리학 용어로 말하면, 개인의 "그림자"), 우리들 가운데도 있는데(집단적 "그림자"), 그 많은 부분을 의식에 떠올려서 변화시킬 수 있다. 여기서 우리는 심층의 악을 말하고 있는데, 이것은 어둠이

Non-Aggression, ed. Ashley Montagu [New York: Oxford Univ. Press, 1978], 192).

11) Kathleen L. Roney-Wilson, "Deeper and Darker: Satanic Child Abuse," *Journal of Christian Healing* 12/1 (Spring 1990): 9-12.

짙은 수면 아래 잠겨 있는 찌꺼기 같은 것, 빛과 진리와 친절과 동정심들을 지극히 혐오하고, 파괴를 향한 무자비한 욕망으로 특징 지워지는 것들을 말한다. 이는 수천 년을 두고 인간이 악을 위해 선택한 (단순히 잘못 선택한 것이 아니라, 실제로 악을 위해 선택한) 것들의 침전물이라, 사탄(Satan)을 악의 영성으로 응결시켰다. 그걸 당신이 무엇이라고 부르든, 그건 실제로 있는 것이다. 타락의 교리는 그런 찌꺼기를 가리키는 무언의 지침이라, 우리가 그 실재를 부인하고 이런 바탕 위에 사회를 건설하려는 어리석은 시도를 하지 않도록 도와준다.12)

둘째로, 타락에 대해 말한 것은 **신화적인 언어**다.13) 그 신화는 원래 권세들은 좋은 것이었는데, 그것들은 타락했고, 장차 (내일, 내년, 혹은 시간의 종말에) 구원받을 것이라는, 그렇게 세 개의 시간적 장면으로 구분될 수 있는 것처럼 순서를 따라 서술되었다. 그러나 성경의 신화는 시간적이자 동시에 무시간적이다. 한 권세는 어느 한 때, 혹은 다른 때에, 이들 세 가지 측면을 동시에 모두 나타낼 수 있다. 즉, 그것은 그리스도 안에서, 그리스도를 통하여, 그리고 그리스도를 위하여 창조되어 필요한 기능을 수행하고, 그리고 타락하고, 그리고 그것이 창조된 목적에 맞도록 투명하게 되는 순간을 경험하

---

12) *Unmasking the Powers*, 39-40을 보라. 이런 이유로 사탄의 회심에 대하여 오리겐(Origen)은 낙관론자였지만, 나는 아니다. 그보다는, 사탄적인 에너지를 열(熱)과 빛으로--마침내 "빛을 지닌 자" 루시퍼(Lucifer)로-- 변화시키기 위해서 말하자면 불이 필요한데, 나는 사탄은 불로만 변화시킬 수 있다고 생각한다.

13) 성경에는 권세들의 타락(墮落)에 대한 확실한 설명이 없다. 그 대신 여기 저기 산재한 직감적 언급이 있다-- 창 6:1-4에 있는 *bene elohim* (하느님의 아들들: "sons of gods," 혹은 "sons of God,")의 타락; 바빌론의 왕들에 대한 조롱이 있는데, 이는 근동지역 신화에서 빌어온 것 같은데, 이사야서에서는 인간의 왕들을 지칭함(사 14:3-21); 겔 28:1-19에서, 티로(Tyre)의 "왕자"(혹시 티로의 수호천사?)에게 퍼부은 비슷한 저주(LXX, *archonti*), 어쨌든 사탄에 대한 언급은 아님; 눅 10:18은 사탄의 원초적 타락을 언급한 것이 아니고, 제자들이 귀신을 쫓아낸 사건에 의하여 이루어진 타락; 그리고 계 12:7-12 에서는 역시 원초적인 타락이 아니라, 예수의 십자가 사건과 충성스런 증언들의 결과로 떨어짐. 오리겐(Origen) 에 와서 비로소 사탄의 원초적 타락의 완결된 신화가 이루어졌다. 이런 자료들(특히 계시록 12장에선 사탄이 한번 타락하는 것이 아니라, 반복하여 떨어지고, 그때마다 신실한 증언자들이 나타나고)은 다른 신화들과 마찬가지로 사탄의 타락을 역사적으로나 혹은 문자 그대로 받아들일 수 없음을 뜻한다. 그것은 거룩한 은총이 사탄의 구금상태를 해방시킬 때마다 거듭되는 순간을 뜻한다. 그것은 단 한번 일어나는 것이 아니라, 사탄이 패배할 때마다 반복되는 것이다.

게 될 수 있다. 낡은 현실의 한 복판에서 사람들이나 권세들이 죽음의 세력으로부터 상대적인 해방을 이루어 살 수 있다.14)

과거, 현재, 그리고 미래는 시간적 실재들이지만, 동시에 오늘의 영원한 지금 속으로 함께 모여질 수 있다. 역사에 대한 따분한 관점들이 영원이란 깊이 속으로 개방할 때, 창조, 타락, 그리고 최후의 심판은 바로 지금의 사건이 된다. 권세들이 최후로 그리스도의 발아래 복종하게 될 것인데(고전 15:24-25), 그러나 기대함 속에서 그것은 이미 부활의 존재라는 새로운 실재로 지금 경험된다(엡 1:19-23). "지금은 지배체제(kosmos)가 심판을 받을 때이다. 이제는 이 지배체제의 통치자가 쫓겨나게 되었다"(요 12:31). 이제 "하늘나라의 것"이 유효하게 되었다. 우리는 이미 그리스도와 함께 살아나서 "하늘에서도 한 자리에 앉게" 되었다(엡 2:6). 모든 것들이 조화를 이룬 하나가 되는 최종적 회복이 지금 부분적으로 맛보여지게 되었고, 그리고는 사라졌다. 하느님의 통치는 "건설"되지는 않았지만, 견본으로 경험되었다. 우리는 미리 맛보는 음식(試食), 즉 애피타이저(appetizer: 식욕을 돋우는 전채), 아뻬리띠프(aperitif: 식전에 마시는 술)를 이미 즐겼다(롬 8:23, 고후 1:22, 5:5, 엡 1:14). 우리는 "하느님의 선한 말씀과 앞으로 올 세상의 권세의 맛"을 보았다(히 6:5). 아직 뚜렷한 발전이 이루어지지는 않았을지 모른다(그렇다, 어떤 것들은 좀 나아지기도 했지만, 어떤 것들은 오히려 나빠지기도 했으니). 우리들 가운데 단지 저편에서 오는 눈부신(혹은 희미한) 광휘들이 있다. 다만 어떤 하부체제가 전체를 위하여 자신을 제공하는 순간적 광명이 있다. 그리고 실재의 한 복판에서 값진 희생의 십자가를 생각나게 하는 희생적인 사랑의 행동들만이 있다.

문자 그대로의 시간적 차례에서 해방된, 바로 이런 창조와 타락과 구원의 동시성이 있어서, 우리들의 개인적인 혹은 사회적인 변혁에 대한 순진한 생각에서 구출되는 것이다. 이리하여, 적어도 어떤 기관들은 인간의 지도를 받아서 선한 것으로 존속가능하다고, 혹은 훈련이나, 혁명이나 숙청을15) 통하여 선하게 존속가능하게 만들 수 있다고 생각하는 그런 어리석은 환상에

---

14) William Stringfellow, *An Ethic for Christians and Other Aliens in a Strange Land* (Waco, Tex.: Word, Inc., 1973), 43.
15) Ibid., 83.

서 우리가 깨어나게 된다. 권세들은 하느님에 의하여 임명되기도 하였지만, 동시에 사탄의 힘 안에 있기도 하다. 어느 정도까지 그것들은 인간화되기도 하지만, 그러나 여전히 타락한 것들이다. 그들은 초월에 대하여 열려 있지만, 그러나 아직도 악을 행한다. 그들은 아마도 별로 해롭지 않을 수도 있지만, 여전히 보편적인 악성의 지배체제 안에 존재한다. 어떤 사회도 그 안에 어느 정도의 불의를 조화16) 속으로 받아들이지 않고는 일찍이 평화를 이룩한 적이 없었다고, 언젠가 라인홀드 니이버가 언급하였거니와, 실로 이는 모든 과거의 시대에만 통하는 것이 아니라, 가까운 미래에도 통하는 진리로 증명될 것이다.

권세들은 한꺼번에 선하고, 타락되었고, 구원받을 수 있다. 그것들은 선했었고, 타락했었고, 그리고 오고 있는 하느님의 탈지배적인 질서에 의하여 구원될 것이다. 이런 무시간적인 것과 시간적인 것 사이의 긴장이 우리로 하여금 각각의 잇따라 일어나는 진실성, 각각의 새로운 유토피아적 해결, 혹은 구조적 배열을 냉철한 현실주의의 눈으로 볼 수 있게 만든다. 그 긴장이 아직은 시도해본 역사가 없는 변혁의 새로운 비젼(vision)들에 의하여 우리가 휩쓸려가지 않도록 방지해 줄 것이다(그것들은 반드시 실패할 것이므로). 그것은 잘해보자고 새롭게 개입하는 것이 의도하지 않은 결과를-그중 어떤 것들은 나쁜 결과도-초래할 것이라고 우리로 하여금 예상하게 한다. 우리는 구제 불가능한 것을 약속하는 슬로간(표어)들에 의하여 속지 않고, 또 불가피한 패배나 반대에 직면하여 힘없이 무너지지 않고서 사회 정의를 위한 투쟁에 뛰어들 수 있다. 우리는 사람들을 선하게 만들지는 못하는 사회지만, 그러나 사람들이 선하게 사는 것이 더 쉬운 그런 사회를 만들기 위하여 일할 수 있다.

셋째로, 타락의 교리는 우리로 하여금 **우리들 자신과 기관들의 완전함에 대한 망상**으로부터, 그리고 세상에서 일어나는 모든 일에 대하여 우리에게 책임이 있다고 생각하게 하는 **악마적인 믿음**으로부터 자유롭게 만든다. 변혁을 위한 노력이 성공하는 것 자체가 그 노력의 몰락을 가져오게도 하는데,

---

16) Reinhold Niebuhr, *Moral Man and Immoral Society* (New York: Charles Scribner's Sons, 1932), 129.

이는 개선된 환경이 생겨나서 변혁을 위한 의견과 행동을 유지하는 데 필요한 대중의 분노를 감소시키기 때문이다. 사회의 진보는 이렇게 스스로를 제한한다. 즉 각각의 전향적 운동은 적어도 어떤 퇴행적 운동을 흔히 수반한다. 게다가 우리는 보통 새로 등장하는 체제가 아니라 붕괴되는 체제만을 이해할 수 있다. 이는 곧 우리가 실재를 인식하는 것이 일반적으로 사회를 구제하기에는 너무 늦지만, 그러나 그 사회의 붕괴를 설명할 수는 있을 정도로 겨우 뒤늦게 시간을 대어서 실재를 인식하게 됨을 뜻한다.

　완전을 꿈꾸는 것은 사회 변혁 운동에 치명적이다. 마이클 러너가 지적한대로, 보다 나은 사회를 향한 그들의 비전(vision)에도 불구하고, 그들 스스로가 결코 완전치 못한 이상주의자들이 그 운동을 이루고 있다. 그 사회의 조건들이 그들로 하여금 자신들은 사랑할 가치가 없으며, 또 사회체제는 변할 수 없다고 굳게 믿도록 하였는데, 바로 그런 사회를 변혁하려고 그들은 노력한다. 결과적으로, 그들은 실망을 자아낼 방식으로 행동하는 경향이 있는데, 이리하여 그들이 영향을 주고자 하는 바로 그 사람들을 소외시키게 만드는 전략을 선택하게 만든다. 그들의 이상에 의하여 몰리다보니, 더 잘할 수 있었어야 하는데 하고, 자기들 자신이 성취한 것조차 항상 부적당하다고 폄하(貶下)한다. 아니면, 그들의 목표가 거의 다 이루어지려는 찰나에 그만 그 목표를 변경해버려서, 그 과정에서 한 번도 승리를 축하하지 못해 보는 것이다. 그들은 구태의연한 사회활동을 그대로 하면서 유토피아적 유행에 살려고 노력하다가 그만 스스로 지쳐버린다. 그들은 자신들의 인종편견과 성 차별적 행동들을 단순히 그들 자신의 의지로 극복할 수 있어야 한다고 믿는다. 그리고 나서, 이런 태도들이 여전히 버티고 있음을 경험하면, 그만 서로를 향하여 그 운동의 순결성을 힐문(詰問)한다. 우리를 길러낸 사회적 환경의 결과로 인해 우리들 모두가 인종차별주의자요 성차별주의자요 비민주적인 사람들이 되었다고 인정하여, 사람들로 하여금 서서히 필요한 변혁을 이루도록 도와주려고 하기보다는, 이런 태도를 가진 사람은 누구든지 배신자이며 비정상인이라고 단정해버리고 만다. 그들이 자신이나 타인들의 위선(僞善)을 더 이상 견디지 못하게 되면, 그들 중 많은 사람들이 정신치유, 명상, 혹은 돈 버는 일에 열중하기 시작한다. 다시 한 번, 권세들은 자신의 정체를 숨긴 채로, 용기 있고 헌신적인 사람들을 꾀어내어, 실제로는 제도적으로 유발(誘發)된 망상에 대하여 그들이 인간적으로 그 일을 감당하지 못할 만큼 부적절하다고 스스로를 비난하게 만든다. 러너(Lerner)가 주장하기로는, 바로 여기에 전통적인 종교들이 우리를 도울 수 있는데, 우리들의 사회에서는 그런 종교들만이 지배에 대한 반문화적(countercultural) 비판을 일관되게 할 수 있기 때문이다.17)

이 세계의 불완전성(nonperfectibility)이 우리를 수동적으로 만들지는 않는다. 우리는 아직도 우리가 가진 최선의 빛을 가지고 행동한다. 세계의 불완전성은 우리를 겸손하게 하여, 우리로 하여금 하느님을 향하여 기대하게 만든다. 그리하여 겸손은 엄청난 안도감(安堵感)이다. 겸손은 사람이 완전을 꿈꾸는 꿈에서 깨어난 확실한 징표(徵標)다. 권세들이 구제 받을 수는 있지만, 그러나 흠이 없게 만들어질 수는 없다. 그리고 우리가 우리들 스스로 모든 것을 만들어내야 한다고 더 이상 믿지 않아도 되면, 이제 우리는 보다 더 기적을 기대하며 살 수 있다.

마지막으로, 타락의 교리가 우리에게 알려주는 것은, 권세체제(Power System) 내부의 그 무엇에 의해서도 권세들로부터는 우리가 결코 구원될 수 없고, **오직 권세들을 초월한 어떤 것에 의해서만 구원될 수 있다는 점**이다. 타락의 개념은 좋은 소식이다. 우리가 타고난 죄성(罪性)은 정부에 의하여 규제되어야 하고, 변혁을 시도하는 노력이 불러들일 위험보다는 차라리 어떤 질서라도 그보다는 낫다는 주장에 근거해서,18) 타락의 교리가 최악의 억압을 정당화하기 위하여 악용되었다는 것은 의심의 여지가 없다. 만일 인간이 근

---

17) Michael Lerner, *Surplus Powerlessness* (Atlantic Highlands, N.J.: Humanities Press International, 1991), 266-86.
18) 어거스틴(Augustin)은 그 이전에 있었던 모든 신학을 뒤집어 반대로 하여, 타락은 인간의 자유를 향한 욕망으로 주장하였다. 자율이 아닌, 복종과 굴복이 아담(Adam)의 욕망이었어야 했다 (실은 그렇지 않았다). "우리의 참으로 선한 것은 자유로운 노예가 되는 것이다" (*City of God* 14.15), 즉, 하느님께 그리고 하느님의 대행자인 왕들에게 노예가 되는 것이다. 거기에서 불과 몇 걸음만 더가면, 곧 군대(軍隊), 고문, 사형제도, 가톨릭 크리스천이 아닌 사람들에겐 시민의 권한을 거부하기, 자유로운 토론의 금지, 도나티스트(Donatist) 감독들을 귀양보냄(Elaine Pagels, "The Politics of Paradise: Augustine's Exegesis of Genesis 1-3 Versus That of John Chrysostom," *Harvard Theological Review* 78 [1965]:67-69) 등을 지지 옹호하기에 이른다.

본적으로 부패한 것임을 가르치는 것이 복음이라고 이해된다면, 우리는 보다 평등한 사회 구조를 창출하거나 인간 사이의 화해를 위한 자료로 그 복음을 들여다볼 것 같지는 않다. 가장 나쁘게도, 타락의 교리는 가끔 **전적인 타락**(total depravity)이라는 괴상한 생각으로 전락되기도 했는데, 그 생각이란 우리들 안에 좋은 것이라곤 아무것도 없고, 좋은 일이란 도무지 할 능력이 없다는 뜻이다.19)

이 모든 것은 참으로 괴팍하기만 하다. 타락에 대한 반가운 교리는 인간과 사회적 질서가 극도로 죄악된 것이며 근본적으로 부패한 것이라고는 말하지 않는다. 오히려 그 반대를 가르친다. 즉 인간과 권세들은 본래 천성적으로 악마적인 것이 아니고, 악이란 오히려 부자연스런 것, 무질서한 것, 왜곡된 것이라고 본다. 우리들 인간과 권세들은 좋으신 하느님이 지으신 좋은 창조물들이다. 성경에는 하느님이 악마들을 창조하였다는 기록이 없다. 권세들과는 달리, 악마란 우주의 구성 부분이 아니다. 그 출현은 언제나 시간 속에 일어나는 사건이며, 잘못 선택한 결과다. 한 기관이 그 신성한 사명을 버리고 그 자신의 우상적인 목표를 추구하면 악마적인 것으로 되는 것이다. 그러나 시간 속에서 왜곡된 것은 시간 속에서 구제될 수 있다.

악이란 우리의 본질이 아니다. 하느님은 우리가 더 좋은 것이 되기를 원하신다. "타락성"이 우리의 본질을 건드리지는 않지만, 우리의 현존을 특징짓는다. 아무도 이것을 벗어날 수는 없다. "선한" 사람이나 "악한" 사람이나 모두 타락한 상태이다. 세리들이나 창녀들뿐 아니라, 서기관이나 바리사이파 사람들이나 예수의 제자들도 마찬가지로 타락한 존재들이다. 성인(聖人)들도 죄인들과 마찬가지로 타락한 존재들이다. 제국(帝國)들과 마찬가지로

---

19) Calvin은 다음과 같이 말하여서 전적인 타락(Total depravity)에 매우 가까운 견해를 피력하였다. 하느님의 형상이 "너무도 깊게 부패하였기에 남은 것이라곤 끔찍한 추함뿐이다." 그러므로 인간은 "땅 위를 기어 다니는 다만 작은 벌레에 불과하다" (John Calvin, *Institute of the Christian Religion*, 1.15.4; 2.6.4). 그러나 전적인 타락에 대하여 명백한 교리를 세운 것은 후기 칼빈주의자들이었다. 라 로쉘 신앙고백(The La Rochelle Confession of Faith: 1571)은 선포하기를, "우리는 또한 이런 (유전적인) 악(惡)이 참으로 죄(罪)이며, 그 죄가 전 인류를 정죄하기에 충분하고, 심지어는 어머니의 배속에 있는 태아까지도 정죄한다" (Philip J. Lee, *Against the Protestant Gnostics* [New York: Oxford Univ. Press, 1987], 86에 인용되어 있음).

교회도 타락한 상태이다. "타락"이란 단지 우리 모두가 지배체제의 조건들 아래 살고 있다는 것을 뜻한다.

타락이 생명의 선물을 취소하지 않으며, 타락한 피조물들 가운데서 인간답게 살아야 할 사명을 취소하지도 않는다. 타락이란 우리가 하는 모든 일이 악하고, 헛되며, 희망이 없는 것임을 뜻하는 것이 아니라, 단지 모든 것이 애매모호하며, 자기중심적으로 오염되어 있고, 신성한 사명을 저버리고, 다른 목적을 위하여 흡수될 수 있음을 뜻한다. 기독교인들을 구분하는 모든 것이란 우리가 타락된 세계 속에서 하느님과 화해를 이루었다는 확신이다.

역설적으로, 지배체제에 의하여 우리들 위에 덮여 씌워진 문화적 황홀감에 취하여 있는 사람들은 보통 그들의 영혼이 병들어 있는 깊이를 깨닫지 못한다. 세계에 길들여진 **일차적인 사회화**로부터 해방을 경험하고 난 뒤에야, 비로소 우리가 온전한 인격을 얼마나 끔찍하게 모독했으며, 또 우리들 자신도 모독을 당했는가를 깨닫기 시작한다. 왜냐하면, 우리는 단순히 죄인들이 아니라, 우리 자신들을 향해 죄가 저질러진 사람들이기 때문이다. 우리는 보다 높은 가치들로부터 벗어났을 뿐만 아니라, 그런 높은 가치들로부터 벗어나도록 훈련되고 교육받으며 농락당하고 협박당한다. 부분적으로는, 우리의 죄란 이런 사회적 길들이기에 말없이 굴종하는 것이다.

마약으로부터 벗어나기 전에는, 그들의 생각이 얼마나 왜곡되었는지를 알지 못하는 마약중독자들처럼, 우리도 치유를 받는 과정에서 상당히 진전되기 전까지는 우리가 얼마나 생명으로부터 소외되었는지를 깨닫지 못하는 것이다. 마약중독자들처럼, 우리도 예전의 집착이 모두 사라지고, 우리가 자신과 다른 사람들에게 끼친 손상을 모두 회복하기 전에는, 우리는 아직 완전히 구원된 것이 아니다. 하느님의 선한 피조물인 우리는 이 타락한 세계 속에서 타락한 사람으로서 구원받도록 살기를 계속해야 한다. 마약중독자들처럼, 우리는 한 체제의 악성증후를 잘 깨닫지 못하고, 그 감언이설(甘言利說)에 집착하고 있는 한, 그 체제로부터 우리들 자신을 구원할 수 없다. 우리의 현재 상태를 알려면 **계시**(啓示)가 필요하고, 거기서 자유스럽게 되려면 **해방**이 필요하다. 다른 중독자들과 마찬가지로 우리도 자신의 생명을 더 높은 힘에 넘겨야만 하는데, 단지 또 다른 형태의 권세가 아니라, 그 권세들을 초월해 계시는 하느님께 넘겨야만 한다.20) 왜냐하면 어떤 권세도 우리를 다른 권세로부터 해방시키는 행위에서, 우리를 그 권세 자체로부터 구원해내지 못하기 때문이다.

여기서도 동시성은 지속된다. 즉, 우리와 권세들은 동시에 선하고, 동시에 타락했고, 그리고 동시에 구원된다. 우리는 유토피아(Utopia)로 피신해 가는 게 아니다. 타락의 교리는 우리로 하여금 오직 하나뿐인 실제적인 이 세계의 거친 현실 속에 우리들의 발을 계속 딛고 서 있게 하는데, 이는 우리가 하느님으로부터 멀어진 상태에 있기에 어떤 변화가 필요한지, 또는 그런 변화가 가능한지도 모르는 그런 변화를 하느님이 우리들 안에서 계속 이루어 나가시는 동안에도 그러하다.

권세들은 구원될 것이다

칠레의 한 성령 은사파(charismatic) 로마 천주교인이 나를 설득시키려고, 기독교인들은 구조를 변화시키는 데 노력할 것이 아니라, 우리는 단지 각 개인을 변화시키도록 초청 받았으며, 개인이 변화된 결과로 구조는 자동적으로 변화하게 될 것이라고 말했다. 그녀는 주장하기를, 예수 자신도 1세기의 사회 구조를 변혁하려고 노력하지 않으셨다는 것이다. 그는 혁명가가 아니며, 새로운 대안적 기관을 만들려고 제안하지도 않으셨다는 것이다. 정치학은 특별한 지식을 요구하는 매우 복잡한 분야이기 때문에, 기독교인들은 정치가들을 향하여 무엇을 어떻게 하라고 말할 필요가 없다는 것이다. 교회의 사명이란 정치를 하도록 초청된 사람들을 양육하여 기독교적 가치관을 흠씬 배어들게 하면 된다는 것이다.21)

---

20) Anne Wilson Schaef, *When Society Becomes an Addict* (San Francisco: Harper & Row, 1987).

21) 대체로 똑같은 논쟁이 Clinton W. Morrison, *The Powers That Be: Earthly Rulers and Demonic Powers in Romans 13:1-7, Studies in Biblical Theology 29* (London: SCM Press, 1960), 114-20에 개진되어 있다. 제 1 세기에 살았던 모든 사람들은 권력자들이 하느님에

개인적인 것을 사회의 탓으로 돌릴 수 없다

이런 주장들은 일리가 있다. 때로는 각 개인이 변화함으로써 기관들 속에 일종의 발효(醱酵)할 기간이 필요하다. 사무실이나 공장이나 혹은 나라를 운영하는데 어떤 사람이 그 일을 하느냐에 따라 차이가 있다. 고르바쵸프는 우리 시대의 역사에 엄청난 영향력을 주었다. 한 개인의 성실성이 다른 여러 피고용인들의 부정을 방지하는데 뚜렷한 효과를 가져올 수 있다. 소수의 헌신적인 사람들이 지닌 엄청난 힘을 우리는 결코 부정해선 안 된다. 거의 모든 중대한 개혁의 근원을 추적해보면 잘못된 것에 대항하여 일어선 한 사람, 혹은 소수의 사람들 그룹에서 시작된 것임을 알 수 있다. 기독교인들은, 비록 사태를 잘 파악해 보려고 최선의 노력을 기울여도, 가끔 문제의 복잡성을 잘 이해하지 못하거나, 그래서 많은 "기독교적" 해결은 새로운, 그리고 때로는 더 큰, 악을 만들어내기도 한다는 것이 사실이다. 라틴 아메리카의 "기독교 민주주의" 정당들을 생각해보면, 너무나도 자주 그것들은 "기독교적"이

의하여 임명된 것으로 생각했다고 그는 주장했다. 그런 점을 강조하기 위하여 그리스도의 죽음은 거의 필요하지 않았다. 그리스도의 죽음은 권력자들에게 아무런 영향을 주지 못하였는데, 그 권세들의 힘은 부활 전이나 후나 변함없이 강력하였다. 죄와 죽음도 변함없이 남아있었다. 이는 곧 *exousiai*(권위, 천신, principalities)는 그리스도 안에 있는 하느님의 사역의 목표가 아님을 뜻한다. 그들이 장악하고 있는 세상에 대한 지배력이 변화하거나 영향을 받지 않았다. 그 권력자들은 마지막 날에 지배권을 내어 놓아야하겠지만, 그 동안에는 변함없이 여전히 강력한 존재로 남아있을 것이다. 권력자들에 대한 그리스도의 승리는 그들이 패배하는 것이 아니라, 믿는 사람들 모두를 그들로부터 구원하는 것이다. 복음은 그들에게 무엇이 일어났는가를 선포하는 것이 아니라, 그리스도 안에서 크리스천들에게 무엇이 일어났는가를 선포하는 것이다. 그리스도의 승리의 장소는 교회며, 거기에서 권력자들로부터 구원받은 사람들이 그리스도의 승리를 축하한다. 결국, 교회의 사명은 사람들이 권력자들로부터 구원되는 수단이 그리스도라고 선포하는 것이다. 모리슨(Morrison)의 전적으로 개인적인 해석은, 하느님의 다양한 지혜를 사람들에게가 아니라 직접 권력자들에게 선포하는 데 있어 교회의 집단적인 과제가 있음을 간과하게 만들었다 (엡 3:10). 그리고 놀랍게도, 엡 1:20-23은 이들 권력자들이 부활사건으로 인하여 이미 그리스도의 발아래 있음을 주장한다. 십자가의 결과로 말미암아 뭔가가 벌써 변하였다 (7장을 보라). 권력자들에 대한 그리스도의 승리는 지금 벌써 축하해야 하겠지만, 그 완성은 장차 하느님의 통치에서 이루어진다 (고전 15:24-27). 마찬가지로 십자가로 인하여 이루어진 우주적 화해는, 골 1:20에 의하면, 믿는 사람들만을 위한 것이 아니라, 권력자들 자신들을 위한 것이기도 하다 ("하늘에서와 땅 위에서" 라는 구절이 반복되는 것으로 분명해지는 것인데). 요한계시록 21:24, 22:2에서도 "나라들의 치유"를 전망하고 있다.

지도 "민주적"이지도 않았던 것이다. 교회는 모든 문제에 대한 해결 답안을 가진 듯 과장된 생각을 갖지 않도록 해야 하며, 세속 세계에 특별한 부름을 받은 사람들을 양육하여 사회에 유익한 영향을 줄 수 있어야 한다.

개인이 사회 체제보다 더 적은 가치가 있는 것처럼 대접받지 않아야 한다. 하느님과 화해하고 변화를 겪는 과정에 있는 사람들은 복음의 메시지의 바로 그 중심에 있는 것이다. 전체의 조화가 한 생명의 희생을 강요할 만큼 가치 있는 것은 아니다. 공산주의가 무너지기 전 체코슬로바키아의 반체제 목소리들 가운데 하나였던 바클라브 하벨은 주장하기를, 사회의 문제란 너무도 깊은 곳에 있어서 단지 체제의 변화만으로는 이루어 내지 못한다고 했다. 사회의 근본적인 변화를 위해서는, 보다 덜 근본적인 것들을-가령 사람의 목숨을-언제나 희생할 준비가 되어 있는 그런 사람들을 향하여 그는 심히 개탄하였다. "보다 더 좋은 체제가 자동적으로 더 좋은 삶을 보장하지는 못한다. 오히려 그 반대가 맞다. 즉 보다 좋은 삶을 창출함으로써 보다 좋은 체제가 발전된다."[22] **구조들을 변경하려는 가장 근본적 이유**는 바로 하느님이 사람들에게 주신 잠재성(potential)을 완전히 실현시킬 기회를 박탈하는 그 어떤 것들로부터도 그 사람들을 해방시키기 위한 것이다. 하느님이 보장하시는 우리의 자유란 결국 구조와 관계없이 각 사람이 자신의 삶을 책임적으로 선택하는 것을 말한다.

내 칠레 친구에게 이 정도로 양보하기로 하자. 즉, 우리는 인간을 사회에 환원시킬 수 없다. 구조를 변화시킨다고 해서 필연적으로 선하고 변화된 사람을 만들어낼 수는 없다. 나는 복음주의를 전면 무시하거나 혹은 복음주의를 사회정의를 위한 투쟁으로 새롭게 정의하는 교회 지도자들을 향하여, 그건 잘못이라고 주장하는 미국의 주요 교단 안에 있는 보수적 그룹들에 상당히 동정한다. 궁극적으로는, 해방신학자 도밍고스 바르베가 언급한 것처럼, 우리 세계의 질병은 하느님과 살아 있는 관계를 맺지 못하고 있는 **영적인 질병**이다.[23] 그 관계를 새롭게 정립하지 못하고는, 깊이 있는, 그리고 지속적

---

22) *Vaclav Havel or Living in Truth,* ed. Jan Vladislav (Boston: Faber & Faber, 1987), 70, 92.

23) Domingos Barbe, "The Spiritual Basis of Nonviolence," *Relentless Persistence*, ed. Philip McManus and Gerald Schlabach (Philadelphia: New Society Publications, 1991), 272

인 사회 변혁이 이루어질 없다. 많은 사람들은 마음의 변화를 겪어야 할 필요가 있다. 하느님은 사람들의 거들먹거리는 자아(ego)를 바꾸어야 한다. 사람들은 그들이 소외되고 또 그들을 소외시키는 체제와 일차적으로 친숙하게 사회화된 것으로부터 "거듭날" 필요가 있다. --비록 보수주의자들이 일반적으로 너무도 문화에 젖어 그 정도로까지 멀리 갈 수는 없겠지만- 그래서, 비폭력적인 하느님의 나라의 철저한 가치들을 향유할 수 있어야 한다.

우리들 시대는 새로운 체제가 새로운 사람들을 만들어낼 것이라는 비극적인 환상을 갖게 했다. 미국 남부에서 노예제도를 폐지한 것이 변화된 사람들을 만들어 내지는 못했다. 그러나 이전의 노예들의 운명을 상당히 진전시켰고, 이론적으로는 그들의 참된 잠재능력을 실현시켰을 것이다. 소련(Soviet)의 공산주의 역시 그토록 자랑했던 **"새로운 사람"**(New Man)을 만들어 내지는 못했고, 다만 인간의 행복과 성취를 실제로 감소시켰을 뿐이다. 사유재산이 인간의 탐욕을 부추기는 것은 의심할 여지가 없지만, 그러나 사유재산 제도가 없어진 곳에도 탐욕은 존재했다. 의도적으로 만든 콤뮨(commune 공산권 인민공사) 안에서도 여전히 아버지가 딸을 성적으로 유린하고, 회계(會計)가 공동체의 돈을 갖고 도망치고, 권력과 재물의 분배의 공정성에 대한 시기심이 여전히 존재한다. 사회적 조정으로 아마도 죄를 통해 이익을 얻는 것이나 혹은 그것에 대한 매력을 감소시킬 수는 있겠지만, 죄악 그 자체를 없애지는 못한다.

인간의 비참한 고통은 제도(制度)들에 의하여 발생하는데, 그러나 이런 제도들을 유지하고 경영하는 것은 인간이다. 우리는 우리의 제도들에 의하여 악하게 된다. 그건 사실이다. 그러나 이런 제도들도 우리들에 의하여 악하게 되는 것이다. 모든 죄를 자신 밖으로 투사할 수는 없다. 그것은 우리들 안에도 마찬가지로 있는 것이어서, 단순히 사회화 때문보다는 훨씬 더 깊은 곳에 있다. **부분적으로는, 죄악 때문에 사회화가 필요하기도 하다.**

마르크스(Marx)는 자신(self)이란 "사회적 관계의 집합(ensemble)"이라고 옳게 지적하였다. 그러나 그게 전부는 아니다. 자신(自身)이란 사회적 관계들의 집합이지만, 그 자체가 존재-자체에 원천적으로 근거됨을 알고 있고, 그 자신 위에 혹은 그 자신 안에서 영원 전부터 하나의 이름을 갖고 있음을 알고 있다. 어떤 국가도, 가족도, 혹은 고용자도 우리들 존재의 핵심 끝까지 도달할 수는 없으며, 그래서 이런 자신을 사회적인 그 무엇(의 탓)으로 돌릴 수 없는, 최후로 남아있는 본질이 우리로 하여금 사회에 저항하고, 권세들에 반대하며, 우리들 자신의 사회화를 초월하게 하는 것이다. 모든 악을 지배체제가 발생했기에 생겨났다고 떠넘기고 싶겠지만, 동시에 우리 자신의 책임과 자유를 희생하지 않고는 그렇게 할 수 없다. 우리는 단지 죄 안에서 사회화되고 무엇에 대하여 죄를 저지를 뿐만 아니라, 또한 우리가 죄 짓는 것을 선택한다. 그리하여 이런 존재론적인 범죄 능력이 역설적이게도 우리로 하여금 인간의 자유를 보장하게 하는 것이다.24)

마르크스, 루쏘오, 어니스트 베커, 아이슬러, 쉬무클러, 그리고 다른 여러 사람들이 우리에게 좋은 소식을 주려고 노력했는데, 그 좋은 소식이란 곧, 악은 **우리의** 잘못이 아니라는 것, 그리고 홍수처럼 범람하는 문명화된 무질서에 대항하여 제방을 쌓아보겠다고 우리가 무지하여서 혹은 부지불식간에 만들어낸 구조들에 의하여 조작된 일종의 확신이 바로 악이라는 것이다. 그러나 우리들 내면을 깊이 들여다 본 사람이라면, 모든 악이, 생산 수단, 정부, 가부장적 제도, 혹은 사회의 구조가 우리들 안에다 투입한 것은 아님을 곧 알 수 있다. 어떤 악은 사회적 제도와 관계없이 우리들 영혼 안에 머물러 있다. 그렇지 않으면, 무엇보다도 이런 소외시키는 구조들이 애당초 생겨나게 된 것을 어떻게 설명할 수 있단 말인가? 사회적 협력을 적절히 장치해서, 권력이 다른 권력을 통제하고 무정부 상태가 순치(馴致)되게 하는 것으로는, 권력을 지향하는 욕망으로부터 자유롭게 된 인간을 만들어 낼 수는 없다.

도대체 인간이 갈망하는 세계란, 인격의 변화를 위한 고통을 겪지 않는 세계, 품위 있는 인격을 발전시키기 위하여 무던한 노력을 하지 않아도 되는 세계, 우리의 이웃은 우리가 만들어낸 이상적인 표준에 의하여 판단을 받아야 하지만, 우리들 자신들은 그것을 면제받는 그런 수준의 세계인 것이다. 완전한 사회 구조를 위한 모든 꿈들의 이면에는 **전체주의**(全體主義)의 악몽이 도사리고 있는 것이다. 무정부적인 요소가 없는 사회를 만들어내겠다는 꿈을 이루기 위해서는 도대체 인간의 자유가 얼마나 비싼 대가를 치러야 한다

---

24) Joel Kovel, *History and Spirit* (Boston: Beacon Press, 1991), 167.

는 말인가? 사람들이나 그들의 체제가 바뀌지 않는 한, 우리의 환상이 바라보며 점쳐보는 이상향(理想鄕 Utopia)은 계속하여 피에 물든, 그리고 황량한 모습으로 나타날 것이다.

폴란드의 공산주의를 겪은 자신의 경험을 생각하면서, 밀란 쿤데라는 논평하기를, **낙원**(paradise)에 대한 우리의 꿈들이 일단 현실로 나타나기 시작하면, 여기저기에 벼라 별 사람들이 다 나타나서 그 길을 방해한다고 했다.

> 그러니 낙원의 통치자들은 에덴(Eden) 동산 옆에도 작은 강제노동수용소(정치범, 사상범들을 위한)를 지어야만 한다. 시간의 경과에 따라, 이웃에 있는 낙원은 점점 작아지고 더 가난하게 되는데, 이 수용소는 점점 커지고 보다 완전하게 되어간다.... 지옥이란 낙원의 꿈속에 이미 포함되어 있는 것이어서, 우리가 만일 지옥의 본질을 이해하기 원한다면 지옥이 생겨난 낙원의 본질부터 조사해 보아야할 것이다. 강제수용소를 비난하기는 지극히 쉽지만, 그러나 낙원을 경유하여 강제수용소로 인도하는 전체주의적인 노래를 거부하는 것은 언제나 매우 어려운 일이다.25)

그래서 우리는 다가오는 어떤 시대(물병자리의 시대, 조화로운 수렴, 국가들의 세계연합, 혹은 그 무엇이든)도 하느님의 통치와 혼동해서는 안 된다. 하느님의 새로운 창조는 모든 체제가 판단되는 초월적인 기준으로 늘 남아있는 것이다. 그리고 인간이 만들어내는 그 어떤 새로운 사회 질서가, 그 형태가 무엇이든, 틀림없이 새롭고, 아마도 보다 더 낳은 것일 수 있다. 그래도 그것은 여전히 속속들이 타락한 사회다. 그런 시도들은 악을 개선시킬 수는 있을 것이고, 그것이야말로 정치의 본래적인 기능이다. 그러나 그런 시도들도 역시 악을 새롭게 다른 형태로 만들어낸다.

타락(Fall)이란 시간적인 사건, 즉 그것의 효과가 미치는 범위를 우리가 악착같이 노력하면 언젠가는 따라잡아 앞설 수 있는 시간적 사건이 아니다. 타락은 신화적인 것이니, 즉, 언제나 현재적인 것이란 뜻이다. 그 어떤 구원도, 사회적 변경도, 작업 조건의 개선도, 혹은 역사 속에서 정부의 구조를

---

25) Philip Roth, interview with Milan Kundera, *New York Times Book Review*, November 30, 1980, 78, 80.

새롭게 구성하는 것도, 모두 타락된 조건 아래서 일어나는 것이다.

악은 최종적으로 신화를 통해서만 취급될 수 있다. 여기 성서적 신화는 아직 말해지지 않은 것(not-said), 아직 생각되지 않은 것(not-yet-thought)을 폭로하는 능력을 거듭거듭 계시한다. 앞에서 반대했던 것, 즉, 악이란 전적으로 사회적, 정치적, 경제적 혹은 종교적 체제, 혹은 이 모든 것들을 한꺼번에 고려한 체제의 탓으로만 돌릴 수 없다는 것은, 단지 우리들 안에 있는 악의 경험에 근거하여 단정을 내린 것은 아니다. 그것은 또한 창세기에 있는 타락의 기사로부터 추론한 것이기도 하다. 첫 번째 타락은 한 남자와 한 여자의 타락이었다. 즉 인간의 죄란 모든 사회 체제와 구조들에 앞서 존재론적으로 먼저 있는 것이다. 그러므로, 악을 **사회적 결정론**에 환원시킬 수 없고, 악이란 하느님에 대하여 항거한 의도적인 배반의 행동이다(창 3장).

두 번째 타락은 **천사들의 타락**이다: 우주의 영성 그 자체에는 파멸적인 관계단절이 있다(창 6:1-4). 따라서 모든 악을 인간의 죄 탓으로만 돌릴 수는 없다. 사물에는 남의 것을 탐내는, 그리고 채워지지 않는 욕망의 영성 혹은 "내부적인 것"이 있다.

세 번째 타락은 **국가(國家)들의 타락**이다: 인간의 삶을 보호하기 위하여 존재하는 체제나 구조들이 우상(偶像)적이고 불의한 것으로 되어, 마침내 사람들을 복종시켜 하느님이 정해주지 않은 목표를 위해 봉사하도록 만든다(창 11장).

전체적으로 이들 창세기에서 본 세 가지 극적인 장면들은 명상을 위한 재료로 광대한 파노라마(全景)를 제공한다. 그것들은 사람을 사회에로, 혹은 사회를 사람에게 환원시키거나, 영적인 것을 구조적인 것으로, 혹은 구조적인 것을 영적인 것으로 환원시키지 못하게 한다. 그것들은 악을 전적으로 인간성 탓으로 돌리거나(아직도 대부분의 신학이 그렇게 하듯이), 혹은 전적으로 영적인 권세들 탓으로 돌리거나(오순절주의가 가끔 그렇게 하듯이), 혹은 오직 기구와 구조 탓으로 돌리지(유물론이 그렇게 하듯이) 못하도록 한다. 통 털어서 이들 이야기들은 좋으신 하느님이 만드신 좋은 세계 속으로 어떻게 악이 들어왔는가를 말하고, 그리하여 매일의 삶에서 복잡하게 유전하는 흐름 속에서 우리로 하여금 분별하도록 하기 위한 끊임없는 자료를 제공한다.

사회적인 것을 개인들의 탓으로 돌릴 수 없다

내 칠레 친구의 접근방식에 대하여 내가 동의할 수 없는 것은, 그의 접근 방식이 설명하는 것들보다는 설명 못하는 것들 때문이다. 그의 방식은 에베소서 6:12이 의미하고 있는 것, 그리고 권세들에 대한 모든 참조 구절들을 전적으로 무시한다. "우리가 대항하여 싸워야할 원수들은 인간이 아니라 권세와 세력의 악신들과 암흑세계의 지배자들과 하늘의 악령들입니다"(공동번역). 이들 권세들이 인간적인 것으로 이해되는 한, 즉 그들 권세들이 개인주의의 범주들에 환원되어서 하늘에서부터 우리를 공격하는 악마적 존재로 상상되는 한, 그 권세들의 체제와 구조의 차원은 신비화되어 속이는 것이 되고, 악마적인 존재에 대한 믿음은 아무런 정치적인 결과도 낳지 못한다. 그러나 우리가 일단 이들 영적인 힘들이 **이 땅 위에 존재하는 구조와 기관들 혹은 체제들의 내면성**(the interiority of earthly institutions or structures or systems)이라고 인정하고 나면, 복음의 사회적 차원이 즉시 명백하게 드러난다. 우리가 맞서 투쟁하고 있는 이들 권세들, 그리고 성서 기자들이 우리 모두가 이 투쟁에서 겨루고 있다고 생각하는 바는 정치적, 경제적, 종교적, 그리고 문화적 기관들의 내적인 그리고 외적인 표현들인 것이다. 이들 기관들은 각 기관들이 지니고 있는 훌륭함에도 불구하고, 그들은 창조주를 보지 못하고 이 세계체제에 집합적으로 사로잡혀 자신을 강화하는 데 취해 있다. 그들은 신적으로 거룩한 사명을 받은 동시에, 죽음의 왕국의 조수(助手)들이다.

개인을 체제의 탓으로 돌릴 수 없는 원칙은 그러므로 그 반대와 함께 짝을 이루어야 한다. 즉, 체제도 개인들의 탓으로 돌릴 수 없다. 구조들은 거기에 참여하는 인간들과는 전혀 독립적으로, 그들 자체의 추세와 경향과 법칙을 갖고 있다. 집합적인 것에 관련된 법칙들은 개인적인 것에 관련된 법칙으로 바꾸어 놓을 수 없는 것이니, 마치 트랙터를 움직이는 공학의 법칙을 가지고 그 트랙터의 부분을 만든 개개의 원자나 분자의 행동을 결정하는 물리학이나 화학의 법칙으로 만들 수 없는 것과 마찬가지이다. 법칙들에는 일정한 위계질서가 있다. 사람들은 사회 체제의 원자나 분자와 같다. 각 사람은 인격 발달의 "법칙들"의 대상이다. 그러나 다국적기업 속에서 상호 작용하는 방식들이 인격 발달이 진행되는 방식과는 별로 상관이 없을 것이다.(내가 듣기로는 포춘*Fortune*지가 선정한 세계 500대 기업의 절반이 넘는 경영자들은 감수성[sensitivity] 훈련을 받았다고 한다. 그 결과 무슨 차이가 있었을까?) 하급 경영자와 상급 경영자들 다수는 기술이나 성숙도 및 윤리적 성실성에서 틀림없이 차이가 있을 것이지만, 그러나 그들은 상당히 높은 정도로 상호 교환하거나 대치할 수 있을 것이다.

그래서 무엇이 그들에게 **동기(動機)를 주었는가**는 별로 중요하지 않다. 그들이 이익을 내기 위하여 사람됨이 탐욕스러울 필요는 전혀 없다. **그들 대신에 체제 자체가 탐욕스럽다**(the system is greedy on their behalf). 베르쟈에프가 언젠가 말하기를, 사회의 변화는 사람들이 도덕적으로 완전해지기를 기다릴 수 없다고 했다. "강한 자들이 약한 자들을 괴롭히는 것을 끝내기 위하여 강한 자들이 도덕적으로 완전해질 때까지 기다릴 수는 없다…. 사회 구조를 변경시킬 행동들에 의하여 약한 자들이 지원을 받아야만 한다."26)

소수의 도덕적 관심만으로는 억압적인 체제를 변경시키기엔 보통은 불충분하다. 예를 들어, 기업의 소유주가 영적으로 다시 태어나서 그의 피고용인들의 작업조건을 보다 인간적인 것으로 만들어 주기를 진심으로 원할 수도 있다. 그러나 그는 이내 고정된 제한에 봉착하게 된다, 즉, 원가(原價) 문제다. 그가 임금이나 복지비의 일반적인 규정보다 너무 과도히 지급하다가는 생산원가를 감당 못하여 기업이 도산될 것이다. 그래서 그는 근본적인 변화를 도입하기 전에 극도로 주의해야 하는데, 그가 경영하는 기업은 그의 윤리적 관심과는 매우 동떨어진 세계 경제에 의존하고 있기 때문이다.

한 사람의 기업경영인이 보다 인간적이 되려는 노력을 폄하하려는 뜻으로 이렇게 말하는 것은 아니다. 그런 시도는 그의 자유라는 매우 좁은 한계 안에서, 그런 시도는 그의 피고용인들의 일을 쾌적하게도 혹은 고통스럽게도 하는 매우 엷은 한계가 될 것이다. 그의 자유로운 선택이 그의 피고용인들의 삶의 만족도(滿足度)에는 단지 제한된 효과를 줄 수 있을 뿐이다. 그리고 그것이 무시될 만한 것이라는 뜻은 결코 아니다. 새로운 경영 형태가 어떤 작업장들을 보다 인간적으로 만드는데 도움이 되어 왔다. 타이완이나 한국

---

26) Nicolas Berdyaev, *Slavery and Freedom* (New York: Charles Scribner's Sons, 1944), 208.

의 공장주들이 같은 제품을 생산하는데, 십대의 소녀들을 고용하고 십분의 일의 임금을 지급하며 일주에 6일, 하루에 12시간 내지 14시간씩 일을 시키는데, 그런 경영주가 직원들의 월급을 엄청나게 올리고도 여전히 타기업과 경쟁력을 유지할 수는 없는 것이다. 체제가 그 대신에 탐욕스럽게 행동하는 것이어서, 만일 그가 체제의 가치를 거부한다면 이번에는 그 체제에 의하여 그가 축출될 것이다. 경제 체제 안에서는 사람들이 어떻게 행동할 것인가를 선택하는 것만은 아니고, 그 체제 안에서 누가 살아남을 것인가를 체제가 또한 선택하는 것이다. 우리는 살과 피를 가진 인간들을 대항하여 싸우는 것이 아니라, 이 어두운 현실의 세계를 지배하는 것들과 싸우는 것이다.

이상의 예는 상당히 단순한 것이었다. 이번에는 좀 더 복잡한 것으로서, 국가농업시험장의 농업연구관의 경우를 생각해보자. 그는 전형적으로 농장이나 혹은 적어도 작은 마을에서 농업에 봉사하는 공동체 출신이다. 그 연구원은 농업이 보다 편리하게 그러면서도 이익을 낼 수 있도록 진심으로 농부들을 돕고 싶어한다. 나의 칠레 친구라면 당연히 그렇게 하듯이, 이 연구원은 이것이 진정 하느님이 주신 사명이라고 느낀다고 가정하자.

그러나 이제 권세들이 어떻게 이 연구원의 손에서 그의 숭고한 사명을 이루려는 능력을 박탈해 가는지 지켜보자. 그 연구원은 농부들의 필요에 직접 응답해준다. 그러나 이런 필요들이란 농산물을 생산하고 시장을 개척하는 체제에 의하여 농부에게 부여된 것들이다. 그것이 뜻하는 바는, 농부는 땅을 경작하기 위하여 말(馬) 대신에 트랙터를 사용할 수밖에 없는 것이니, 왜냐하면 보다 많은 이윤을 내기 위하여 더 많은 면적을 경작해야 하고 그러자니 트랙터를 사용하는 값을 지불할 수밖에 없다고 정당화한다. 그는 소나 말을 기르지 않으니 지역에서 충분히 퇴비를 생산할 수 없어서, 대신 상업적인 비료를 사야 한다. 그리고 더 넓은 지역을 경작하자니 충분한 노동력은 매우 비싸서 의존할 수 없는 형편이라, 할 수 없이 수확하는 기계를 사야 한다.

그래서 농부는 연구원을 불러서 더 많은 소출을 내는 종자(種子)와 잡초를 죽이는 제초제(herbicide)를 개발해 달라고 부탁한다. 그 연구원은 농부를 도와주려고 결심하고 그런 의지로 응답한다. 그러나 이런 모든 요청들은 농부에 의하여 요구된 것이 아니라, 오히려 기술혁신에 의하여 요구된 것이니, 또한 그런 기술 혁신을 이용하여 시장에서 이윤을 남기려는 경쟁자들을 이겨내려면, 할 수 없이 기술혁신을 통하는 수밖에 없다.

그러면 우리의 연구원은? 이 세상에서 가장 선한 의지를 가지고, 그는 농부를 위하여 더 많은 소출을 낼 옥수수의 혼성 종자를 개발하려고 노력한다. 그러나 이것은 거꾸로 그 농부로 하여금 미국 내 옥수수 곡창지대(Corn Belt) 대부분에 씨앗을 제공하는 4개의 큰 회사에 더욱 의존하게 만든다. 혼성 종자는 자신과 꼭 같은 씨앗을 재생하지 못하므로, 농부는 그가 길러낸 농작물 중 선별한 종류로부터 직접 씨앗을 수확하는 대신, 매년 새로운 씨앗을 구입해야 한다. 이런 모든 것은 돈으로 해결할 수밖에 없으니, 지난 78년 동안에 농부들의 평균 부채는 80배로 늘어났다.27) 그 농업 연구원은 그의 고객을 빚더미에 몰아넣으려고 의도하지 않았지만, 그러나 이런 결과는 농부를 위해서 그가 기울인 노력의 의도하지 않은 결과다. 그리고 이제 고도로 기계화된 농부들은 엄청난 소출을 거두어들이게 되었으나, 그 대신 곡물 가격은 떨어지고, 그러니 그들은 빚을 갚을 길이 없어서 마침내 은행이 담보 잡은 땅을 저당물로 처리해 팔아버리게 된다.28)

비극적인 것은 많은 농부들이 실제로는 대체로 체제가 초래한 파멸을 전적으로 자신들의 잘못이라고 자신에게 비난을 퍼붓고 있다는 점이다. 그들은 파국의 모든 불가피성을 지닌 실패를 자신들의 치욕이라고 느낀다. 개인주의적인 입장이 우리의 판단을 방해하여, 우리는 공적인 잘못에 대하여

---

27) 인플레이션을 고려하지 않고, 1910년 $800에서 1988년엔 $63,000로 증가. 자료출처: *National Financial Summary, Economic Indicators of the Farm Sector* (Washington, D.C.: U. S. Dept. of Agriculture, December 31, 1988), 67.

28) 데이터를 위해선 Richard Lewontin, "Agricultural Research and the Penetration of Capital," *Science for the People* 14 (January–February 1982): 12-17을 보라. 좀 덜 친절하게도, 어떤 다국적 씨앗회사에서는 그 회사제품의 화학약품을 뿌려야만 과일이 성숙하게 하는 그런 씨앗을 만들어내고 있는 중인데, 이리하여 농부들을 더욱 높은 값을 지불하고 의존하도록 얽매는 것이다 (Radhakrishna Rao, "Cornering the Seed Market," *World Press Review* 33 [July 1986]:53). 그리고 그들은 제초제(除草劑) 찌꺼기로 오염된 토양에서도 잘 자라도록 유전공학적으로 처리한 곡물을 특허 내었다. 오래지 않아, 몇 개의 대형 회사가 소유하고 인가를 받은 유전자형을 제외하고는 아무런 생물도 자라지 않는 광활한 땅이 생겨날 것이다 (Richard Cartwright Austin, "Jubilee Now," *Sojourners* 20 [June 1991]:27).

사적인 이유를 찾으려고 한다. 농부들이나 우리들로서는, 파산을 한 농부들을 향하여 그들의 개인적인 무능을 비난하는 것이 그들을 그렇게 만든 체제의 실체를 벗기는 것보다 훨씬 더 쉽다(그리고 우리는 농업의 붕괴에 대하여 영농 기업이나 미국 의회의 역할은 심지어 아예 생각도 해보지 않았다).

서구 세계에 사는 우리들은 사람이 일차적이고, 사회 기관들은 인간에 의하여 만들어진 비본질적이며 제멋대로인 이차적 하부구조 정도로 여기는 경향을 갖고 있다. 그러나 조류, 돌고래(Dolphin), 고래들, 영장류의 동물들을 관찰한 연구에 따르면, 사회 기구는 인간만이 만들어낸 것은 결코 아니다. 우리는 이미 광범위한 사회적 기관의 은덕을 누리는 무리들 가운데서 인간으로 출현한 것이다. 어빈 라즐로는 심지어 이런 기관들을 "자연 체제들"(natural systems)이라고 부르기까지 하는데, 이는 양식과 음료수와 성적(sexual) 표현의 욕구처럼, 그 기관들이 분명히 인간에게 없어서는 안 될 것으로 본래적인 것이기 때문이다.29)

인간의 사회가 작았을 때는, 최소한의 조직이 필요했다. 중동지역과 이집트와 중국에서 청동기 시대와 초기 철기시대에 위대한 제국들이 출현하였고, 제국의 왕들은 높은 신과 동일시되었지만, 중간 매개자로서의 권세들이 인간의 존재를 그토록 심각하게 결정한다는 점은 그다지 잘 깨닫지 못하였다. 확실히 다신교(Polytheism)는 인간의 정신을 이루고 있는 다양성을 반영하고 있지만, 이들 초기의 직관은 **알렉산더 대왕**(Alexander the Great) 이전에는 사회적-정치적으로 표현되지 못했었다. 적어도 성경이 생겨난 지역에서는 말이다.

도시국가들의 돌연한 붕괴, 그리고 헬레니즘의 국제도시들이 생겨남에 따라, 사람들을 뒷받침해 왔던 옛 종교적 우주관들이 사라지고, 사람들은 서로 우월함을 다투는 광대하고 헤아릴 길 없는 힘들의 세계 속으로 빠져들었다. 알렉산더의 후계자들 시대에 사회적 정치적 기관들 속에 구현된 새로운 영적인 힘들을 **경험한** 사람들이 이 경험을 가리키는 방법으로 **천신**(Principalities - 9등급 천사들 중 제 7등급.- 역자 주)이니 **권세**(Powers)니 하는 말들을 처음으로 사용했다. 만일 이들 영적인 힘들이 처음부터 사뭇 내내 존재하여 왔다면,

---

29) Ervin Lsazlo, *The Systems View of the World* (New York: George Braziller, 1972), 23.

그런 것들의 정체를 그토록 뒤늦게 가리킨 것을 어떻게 설명할 수 있단 말인가? 만일 그들이 영원한 형이상학적 존재를 가진 것이었다면, 왜 그들은 그 동안 가만히 쌓아두고만 있다가 뒤늦게 헬레니즘 시대에 와서야 비로소 풀어 놓이게 되었을까? 그러나 만일 그들이 새로운 영적 존재들로서, 새로운 인식의 결과로 그 정체성이 밝혀진 새로운 사회적 힘들의 내면성이라면, 그들이 역사상 정확히 그 시점에서 출현한 것이 완전히 이해된다.

이들 힘들이 전부 다 새로운 것은 아니었다. 히브리 성서는 이미 **국가의 수호천사들**에 대하여 잘 알고 있었다(예를 들면, 신 32:8-9은 아주 오래된 텍스트이며, 삼하 5:24, 시편 82:1-8등을 보라). 그러나 이들 힘들이 광범위하게 여러 곳에 존재함을 처음으로 인식하게 된 것은 알렉산더 이후 시대에서다.30) 그리고 통찰력이 있는 사람들이 검증한 바, 이들 권세들은 단순한 인간의 통제를 넘어서 있는 것이다.

여러 직무들이 인간의 손을 벗어나서 초인간적인 권세들에게 넘어간 것을 느낀 것은 **로마제국 시대**에 들어와 훨씬 증가하였다. 황제가 바뀌면 일반 로마인들도 더 좋게 되든 나쁘게 되든 부수적으로 영향을 받게 되었다고 해롤드 매팅리가 논평하였는데, 그러나 실제로 문제가 된 것은 체제지만, 어떤 새로운 강자가 황제의 자리에 등극하더라도, 체제란 거의 바뀌지 않는 것이었다.31) 황제라는 직위는 그 현직(現職)에 있는 황제와는 독립적인 권력을 소유한 것 같았다. 즉, "그 체제가 재임중인 각 황제를 억압하는 일은 점점 문제가 되지 않게 되었고, 그의 신하들 가운데 가장 천박한 노예처럼 황제 자신도 그 직위의 죄수가 되고 마는 일이 불가피하였다."32) 미국 국방성의 고위 관리가 이와 똑같은 정서를 내게 표현하기를, "때로는 마치 어마어마한 체제가 스스로 굴러가는데, 아무도 그것이 어떻게 일어나고 있는지, 혹은 어떻게 그것을 중지시킬지 모르는 것 같다"고 말했다. 왜냐하면 우리는 단지

---

30) Daniel 10; *Jub.* 15:31-32; *1 Enoch* 89-90; Ecclus. 17:17; *3 Enoch* 17:8 (A); 26:12; Hebrew Test. *Napht.* 8.

31) Harold Mattingly, *The Man in the Roman Street* (New York: Numismatic Review, 1947), 96

32) Harold Mattingly, *Christianity in the Roman Empire* (New Zealand: Univ. of Otago Press, 1955), 10.

인간을 상대로 싸우는 것이 아니라, 초인간적인 체제와 힘, "눈에 보이지 않는 질서 속에 **악한 권세들의 영**(*pneumatika*)"33)에 대항하여 싸우기 때문이다.

현대 사회학자 피터 블라우는 기관들이란 인간의 통제를 벗어나 있는 것 같다고 주장하면서, "확고히 조직이 되면, 한 조직은 그 조직을 만든 사람들이나 그 조직을 구성하고 있는 회원들과는 무관하게 독립적인 그 자체의 정체성을 띠는 경향이 있다"고 말했다.34)

사람이 기관들을 세우는 것이지만, 그러나 그것들은 도리어 사람들이 세운 기관들 자신에 의하여 성격이 형성된다. 우리는 이미 기관으로 조직된- 때로는 불의를 위하여 조직된- 세계 속으로 들어왔다. "처음엔 국경을 창안한 것은 사람이었는데, 나중엔 국경이 사람을 만들어내기 시작했다"35)고 러시아 시인 예브게니 예프투쉔코(Yevgeny Yevtushenko)는 썼다.

"운명"(Fate)이란 문자 그대로 "말하여진 것"이지, 우리가 말하는 것이 아니다. 그러나 우리들에게 말하여진 것은 우리가 선택할 실재에 자유로운 접근을 하지 못하게 차단시키고 우리의 미래를 미리 결정한다.36) 그것은 개인들뿐만 아니라, 전체 그룹, 계급들, 인종들이 육체적으로 혹은 정신적으로 구금(拘禁)된 상태에 있는 자신을 발견한다는 사실을 가리킨다. 우리 각자는 우리들에게 거부된 가능성의 총합에 의하여 부분적으로 정의되는데, 즉 다소간 차단된 미래에 의하여 정의된다.37) 그리하여 권세들의 마지막 승리는

---

33) 엡 6:12에 있는 단어 *pneumatika*를 군집 중성으로 보았음.
34) Peter Blau, 인용된 곳은 Rubem Alvez, "From Paradise to the Desert: Autobiographical Musings," in *Frontiers of Theology in Latin America,* ed. Rosino Giliellini (Maryknoll, N.Y.: Orbis Books, 1979), 296. Peter Berger and Thomas Luckmann, *The Social Construction of Reality* (Garden City, N.Y.: Doubleday, 1966), 78-매우 영향력이 있는 그러나 고도로 환원주의적 작업.
35) "Fuku," in *Almost at the End* (London: Marion Boyars, 1987), 41.
36) James M. Robinson, "Kerygma and History in the New Testament," in *The Bible in Modern Scholarship*, ed. J. Philip Hyatt (Nashville: Abingdon Press, 1965), 117.
37) Hazel E. Barnes, "Introduction," in Jean Paul Sartre, *Search for a Method* (New York: Alfred A Knopf, 1967), xxiii. 서구의 정신의학과 심리학은 사회적인 것을 개인적인 것으로 환원시키려는 경향이 있는데 반하여, 공산주의 정신의학은 개인적인 것을 사회적인 것으로 돌리는 경향이 있다. 예를 들면, 중국의 정신과 의사들은 병자의 계급 배경, 직업, 부르죠아 행태의 잔재 등을 탐구한다. 정신병의 원인이 개인에게 있다는 견해를

우리로 하여금 우리가 여태껏 갇혀온 장소에 그대로 머물기를 원하게 만드는 것이다.

하느님에 의하여 창조되었다는 것은 어떤 체제도 우리를 전적으로 결정하지는 못한다는 뜻이다. 그러나 누군가가 말했듯이 "태생적 소외"(natal alienation)라는 것이 있는데, 즉, 사람의 피부색깔, 성별, 혹은 불구된 몸, 영양실조, 혹은 어머니의 약물중독, 혹은 에이즈질병(AIDS) 등에 의하여 본인에게 차단된 미래를 향하여 미리 저주받은 세계 속으로 태어나는 경험 말이다. 우리는 지금 가끔씩 드물게 일어나는 탈선이나 변이를 말하는 것이 아니라, 수억 명의 사람들에 대하여 말하고 있는 것이다. 만일 남아프리카의 "반투족 교육"(Bantu Education)이란 것이 흑인들을 광산에서 일하기에 적당한 만큼만 교육시키되, 백인들과 경쟁적인 동격이 되기엔 적당하지 않도록 교육시키게 계획된 것이라면, 그 흑인들이 하느님 아래에서 "그들이 원하는 것이 되기에" 얼마나 자유로울 수 있겠는가?

예수께서는 그 당시 지배체제를 비난하고 하느님의 통치가 도래함을 선포하였는데, **하느님의 통치란 곧 현실의 모든 측면, 심지어는 존재의 사회적 뼈대까지 변혁시키는 것**을 말한다. 이런 목표를 위하여, 예수는 그가 만난 사람들, 즉 달리는 갈 데가 없게 된 사람들(창녀들, 세리들, "죄인들," 땅이 없는 사람들)에게 안식처를 제공하는 대항구조(Anti-structure)를 세웠다.38) 그것은 율법주의와 정결 예식법으로부터 자유롭게 되어, 하느님 아래 새로운 존재로 구체화한 것이다. 그것은 또한 헬레니즘 풍토의 소외시키는 영성으로부터 사람들을 해방시키는 것이기도 하였다.39) 그것은 권세들의 체제에 대항하는

배척하고, 그들은 그 병자의 분열된 가정 생활, 비 프롤레타리아적인 생각들, 이기심과 허영심, 비 물질주의적인 사고방식 등에서 사회적 원인을 찾는다 (Leigh Kagan, "Report from a Visit to the Tientsin Psychiatric Hospital," *China Notes* 10/4 [Fall 1972]: 37-39).

38) Victor Turner's designation in *Dramas, Fields and Metaphors* (Ithaca: Cornell Univ. Press, 1974), 298.

39) 기독교 초기의 변증가들, 특히 터툴리안(Tertullian)은, 그리스도의 구원의 사역을 죄로부터의 구원보다도 마귀로부터의 구원에 강조점을 두었다 (A. D. Nock, *Conversion: From Alexander the Great to Augustine of Hippo* [Oxford: Oxford Univ. Press, 1933], 222). 이것은 항상 악령의 억압으로부터 사람을 해방시키는 것과, 그런 악령을 발생시킨 사회로부터 교회라는 전혀 다른 사회 속으로 그들을 옮겨놓는 것을 포함하였다.

영원한 혁명운동을 일으킨 것인데, 그 결과는 오늘날에 이르러서야 비로소 우리가 이제 겨우 깨닫기 시작한 것이다.

나의 성령은사파 칠레 친구는 예수는 영혼의 구원자일뿐, 세계의 구원자는 아니라고 보고 있다. 그녀가 믿는 예수는 이 시대와 공간 속으로 새로운 질서를 가져오는 분이 아니라, 다만 사람들을 이 시대와 공간으로부터 사후의 생명으로 인도하는 구원자일 뿐이다. 그녀에게는, 땅 위에 하느님의 통치를 선포하는 사람(예수-- 역자 주)이 도덕법전을 위반하는 행위를 한 사람을 용서하도록 협상하는 신적인 중개인(the divine broker)이 되어 버렸다. 그녀의 눈에는 기독교란 상당히 사적(私的)인 사건이며 단지 "영적인 삶"의 문제라, 우리가 이야기를 나눌 당시, 철권을 휘둘렀던 독재자 아우구스토 피노체트 장군에 의하여 악명 높은 예를 남긴 체제에 대하여 아무런 비판도 항의도 하지 않았다. 피노체트 장군은 그녀 같은 사람을 두려워할 이유가 하나도 없었다.

권세들의 손에 의하여 죽임을 당한 예수는 사람들을 위해서뿐만 아니라 그 권세들을 **위해서도** 죽었다. 하느님이 십자가의 피를 통하여 평화를 이룩함으로써 하늘과 땅의 만물을 당신 자신과 화해하셨다는 골로새서 1:20의 말씀은 단지 사람들에게만 적용되는 것이 아니었다. 왜냐하면 우리는 모두가 "하늘 위에" 있지는 않기 때문이다. "하늘과 땅에 있는 만물"이라는 말씀이(골 1:16, 20) 반복되어 언급된 것으로 보아, 16절에 언급된 여러 보이는 권세들 및 보이지 않는 권세들까지 포함한다. 예수께서 십자가 위에서 죽음을 통하여 이들 권세들도 그리스도께서 하느님과 화해한 것이다. 그렇다면 그 죽음은 단순히 권세들의 실상을 폭로하는 것뿐만 아니라, 그 권세들을 마땅히 그래야 할 본래의 모습대로 변화시키려는(골 2:15) 노력이기도 하다.

빌립보서 3:21은 한 걸음 더 나아가 이렇게 지적한다. 그리스도는 "만물을 당신께 복종시킬 수 있는 능력을 가지고" 이 세계를 변화시킬 것이라고. 그러나 십자가의 역설(paradox)은 이 말씀이 힘없는 사람들로 하여금 권력을 거꾸로 차지하기 위한 또 다른 꿈이 되지 않도록 방지한다. 만물을 당신에게 복종시킬 수 있는 그분이 또한 하느님을 흉내내려는 모든 경쟁을 포기한 바로 그분이기도 하다-"하느님과 본질이 같은 분이셨지만 굳이 하느님과 동등한 존재가 되려하지 않으시고 오히려 당신 자신을 낮추셔서 죽기까지, 아니, 십자가에 달려서 죽기까지 순종하셨다"(빌 2:6-8). 그런 통치자에게 복종하는 것은 모든 종속을 끝장낸다는 뜻이다. 이렇게 이루어진 통치는 지배적 계급 조직이 아니라 남에게 권능을 부여하는 질서, 혹은 **잠재능력을 실현시키는 질서**다.40) 그것은 피라밋(Pyramid)처럼 생기지 않고 유기체적이며, 군림(君臨)하는 것이 아니라 회복시킨다. 그것은 신적인 독재자가 통솔하는 것이 아니라, 벌거벗은, 무방비 상태의 진리-십자가에 못 박힌 자-가 통솔한다. 그리스도는 강압에 의하지 않고, 오히려 병든 현실을 고치고 또 균형과 온전함을 회복함으로써 만물을 당신에게 복종시킨다.

라인홀드 니이버는 가르치기를, 조직은 그 구성원들의 도덕성의 최소공약수를 반영하며, 그러기에 구성원들 대부분보다 훨씬 낮은 도덕성을 갖는다고 했다.41) 이 말은 기분 나쁘게도 많은 집단의 경우에 실제로 그렇다. 만일 이 말이 전적으로 모두에게 사실이라면, 기관들을 변혁하려는 희망은 놀랄 정도로 박약할 것이다. 그러나 사실은 우리가 알거니와 어떤 집단들은 구성원 개인들을 더 높은 수준으로 끌어올리기도 한다. 예를 들어, 익명의 알코올 중독자들(Alcoholics Anonymous), 기타 마약중독을 위한 그룹들, 라틴 아메리카의 풀뿌리 공동체(Base Community)같은 기독교 단체들, 제로 지점(Ground Zero), 구세주 교회(Church of the Savior), 쏘저너스(Sojourners), 친교 농장(Koinonia Farm), 아이오나 공동체(Iona Community) 등등이 그렇다. 많은 성직자들은 자기들이 섬긴 교회들을 발전시키는 데 도움을 주었다고 느끼며, 마찬가지로 기업의 경영자들도 그들의 회사의 발전에 기여한다고 생각한다. 하느님이 통치하는 이쪽 편, 즉 땅 위에서도, 개선을 위한 기관들이 많이 있다.

복음이란 이 세상으로부터 개인을 구원하는 메시지가 아니라, **그 가장 기초적인 구조에 이르기까지 변형된 세계에 대한 메시지**다. **구원**이란 실제로는 권세들의 억압으로부터 해방되는 것, 자기 자신의 죄와 권세들과 공범 관계임을 용서받는 것, 그리고 권세들이 우상화되지 않도록 해방시키는 일을 뜻한다. 좋은 소식이란 하느님께서 "하늘과 땅에 있는 모든 것이 그리스도를

---

40) Eisler, *The Chalice and the Blade* (San Francisco: Harper & Row, 1987), 205, n.5.
41) Reinhold Niebuhr, *Moral Man and Immoral Society*.

머리로 하고 하나가 되게"(엡 1:10) 하셔서, 모든 것을 새롭게 하시는(행 3:21) 일, 곧 **우주적 구원**(a cosmic salvation)에 다름 아니다. 이런 보편적인 수정은 난치의 질병에 걸린 제도와 체제 및 기관들을 치유하고, 또 그 본래의 합당한 자리에 서도록 복종시켜서, 한 분 안에서 그분을 통하여 그리고 그분을 위하여 그들이 존재하는 그 한 분을 섬기게 하는 것을 포함한다.42)

권세들의 구원은 악을 향한 성향을 무효화시키고,43) 그들을 그리스도에게 데려오는 것("그의 발 아래" 고전 15:24-27, 엡 1:22, 히 10:12-13)이다.44) 권세

---

42) 요한복음 12:32의 몇 가지 훌륭한 그리스어 사본은 *panta*를 읽기를 --"그리고 내가 땅에서 들리워 올려질 때, 나는 모든 것들(all things)을 내게로 이끌어 올 것이다" (대부분의 전승에서는 "모든 사람들"[all people]--*pantas*로 읽는다). 오리겐(Origen)은 논평하기를, "그가 죽음을 맛본 것은 단지 인간의 죄만을 위해서요, 인간을 넘어서 죄악에 물든 다른 모든 피조물들, 가령 별들 같은 것들을 위해서는 아니라고 주장한다면 어리석은 일이다" 하고 말했다(*Comm. on John* 1:35).

43) 고전 15:24, 26을 올바르게 번역하는 문제에 있어서, 권력자들을 "파괴"한다기보다는 "무효화"시키는 것이란 점에 대해서는, *Naming the Powers*, 50-55를 보라. REV(개역 영어 성경)은 "퇴위"(退位 deposed)된 것으로 읽고 있다. 남아프리카의 백인인 Edward Cain의 다음과 같은 말을 참조해 보라: "인간의 문제에 대한 예수의 분석은 인간의 가슴 속에 있는 죄를 문제삼은 것이요, 사회 구조 속에 있는 죄가 아니다" --인종차별(apartheid)을 방어하기 원한다면 참으로 편리한 신학이다! 이는 17개 기관들에 대하여 제한조치가 내려졌을 때, 이를 항의하기 위하여 교회 지도자들이 국회로 행진한 것을 비판하면서 Cain이 논평한 것이다(*Cross Times* [South Africa], April 1988, 12).

44) "최후에는 이들 권력자들은 모두 그리스도에게 완전히 굴복하여 그의 지도 아래에 놓이게 될 것이다." 그들은 "더 이상 하느님의 계획과 하느님의 백성들에게 폭군적인 반대자가 아니게 될 것이다" (Clinton E. Arnold, *Ephesians: Power and Magic*, SNTSMS 63 [Cambridge: Cambridge Univ. Press, 1989], 126). James Barr가 "불법적인 전체 양도"라고 부른 것을 *Naming the Powers*에서 내가 잘못을 범했다고 Arnold는 지적했다. 이런 잘못은 한 단어가 본문의 전체적인 일련의 관계에서 사용되는 것을 특정한 한 경우에 적용해 읽는 경우에 생겨난다. 각각의 문맥이 여러 가지 가능한 의미들 가운데서 어떤 의미가 그 문맥에 알맞는지를 결정해야한다 ("'Principalities and Powers' in Recent Interpretation," *Catalyst* 20 [February 1991]:4). 나는 Barr의 카테고리를 잘 알고 있지만, 나는 그가 난해하게 이름 붙인 것들을 따를 수 없다. *Naming the Powers*에서 나는 "우주의 원소들"(the elements of the universe)이란 구절이 그 문맥이 결정하는 의미를 무시하였기 때문에 학자들에 의하여 잘못 이해되어왔다고 주장했다. 그러나 권력자들에 대한 그리스어의 다른 단어들은 그 의미가 그다지 풍부하지 않다. 예를 들면, *archon* 은 언제나 "지배자"(ruler)를 뜻하며, 문맥이 우리에게 남겨주는 것은 어떤 종류의 "지배자"인지를 결정하는 것이다. 그 책의 제 2부에서 나는 하늘의 지배자인지 땅 위의 지배자인지 분명하지 않은 "논쟁중인 단락"들을 다루었다. 나는 거기서 그 문맥에 비추어 각각의 경우를 결정하였다. 권력자들에 대한 여러 가지 의견에 대하여 유용한 종합을 한 것을

들은 구원받고 변화되어, 세계를 풍요하게 만들 모든 예술, 문화, 정치, 과학 그리고 영적인 공헌들을 그들의 "영광"으로 가지고 하늘의 도성에 들어갈 것이다(계 21:24-26). 새로운 예루살렘의 이쪽에선 그들은 아직 상대적으로 선하기도 혹은 악하기도 한 존재로 남아 있을 것이다. 그러나 어떤 권세들은 그들 자신을 우상화하여 너무도 파괴적인 악마의 모습을 하고 있으므로, 그들은 우리가 전심전력을 다해 저항해야 한다.

권세들이 창조되고, 타락하고, 구원받을 수 있다는 생각은 오랫동안 서로 불편한 관계에 있어온 두 진영 간에 휴전을 할 수 있도록 도움이 될 것이다. 즉 한쪽에선 모든 정부, 경제, 교육, 그리고 문화적인 체제는 비록 다소간 제한된 선을 행할 수 있다고 할지라도, 그것들은 본질적으로 악하다고 주장한다. 이런 견해는 아미쉬(Amish), 메노나이트(Mennonites), 그리고 다른 재세례파(Anabaptist) 전통에서 온 부류들이 갖고 있다. 다른 쪽에선 정부나 기타 공공기관들은 타락 이후의 현상으로 나타난 것이 아니라 하느님의 창조의 본래부터 있는 요소들이므로, 개혁할 수 있음은 물론 심지어 "기독교적으로 될 수" 있다고까지 주장한다. 이런 견해는 칼빈주의자들의 전통에 의거하지만, 그러나 또한 가톨릭교회와 대부분의 주요 개신교단의 특징이다.45) 이 두 진영 사이에 휴전이 없으면, 우리는 불가피한 "양자택일"(either/or)의 논쟁에서 권세들을 세속적인 것으로 간주하여 아예 포기하거나, 아니면 기득권을 강화시킨 기독교를 남길 것이다. 따라서 전면 철회냐 혹은 신정(神政 Theocracy)이냐 둘 중의 하나를 선택할 수밖에 없게 된다.

이런 두 가지의 극단적인 것 대신에, 권세들에 대한 신약성경의 견해는 **모든 경우**에 적용할 수 있는 광범위한 강조점들을 알려준다. 크리스천들이 권세들에게 어떻게 대응해야 할지에 대하여 미리 마련된 어떤 모범 답안이 있는 것은 아니다. 한 사람에게는 그녀가 보다 인간적인 모습으로 일할 수

보려면, Peter T. O'Brien, "Principalities and Powers: Opponents of the Church," in *Biblical Interpretation and the Church: Text and Context*, ed. D. A. Carson (Exter, U. K.: Paternoster Press, 1984), 110-50; and Thomas H McAlpine, *Facing the Powers* (Monrovia, Calif.: MARC, 1991)을 보라.

45) 유용한 토의를 위해서는 Richard J Mouw, *Politics and the Biblical Drama* (Grand Rapids: Wm. B. Eerdmans, 1976), 85-116.

있는 사무실을 새롭게 정리해보라고 권할 수도 있다. 다른 사람에게는 밖으로 나아가서 성적인 희롱에 대하여 항의하라고 할 수도 있다. 어떤 이는 정치적인 직위를 위하여 출마할 수 있고, 다른 이는 선거제도에 실망해서 그런 제도를 없애라고 운동할 수도 있다. 그러나 모든 사람들이 지배체제 속에서 살기는 하지만 그 지배체제를 따르지는 않듯이, "마치 아닌 것처럼"(As if not)이라는 역설 속에 살고 있다. "내 백성아 그 여자에게서 나오라!"(계 18:4)는 말이 우리들의 행진 명령이 될 수 있지만, 그러나 세속의 직위(요셉이나 다니엘처럼)를 얻으라고 하는 것도 역시 행진 명령이 될 수 있다. 영적인 분별력이 고정된 법칙을 대신하여 자리 잡는다. 쟈끄 엘룰이 주장하듯, "기독교 윤리"라는 것은 없다. 단지 기독교인들이 하는 윤리적인 발상만 있을 뿐이다.46)

사회적 실체들은 변화될 수 있다. 그러나 그 기관들의 사회적-영성적인 성격을 고려한 전략에 의해서만 근본적으로 변화할 수 있다. 우리가 나서서 사람들을 파괴하려는 것이 아니라, 심지어는 그 수혜자(受惠者)까지도 속박하는 체제를 변화시키려는 것이므로, 우리는 에베소서가 그토록 웅변적으로 강조하는 **비폭력의 갑옷**, 즉 "하느님의 전신 갑주(甲冑)"를 가지고 영적인 무장을 해야 하는 것이다: 즉, 진리, 정의, 평화, 믿음, 구원, 하느님의 말씀, 그리고 무엇보다도 기도로 무장해야 한다(엡 6:10-20) 교회의 특수한 소명은 억압적인 기관들의 구조와 영성을 함께 구별하고 대응해야만 한다.

내가 칠레에서 온 나의 성령은사파 친구와 의견의 일치를 보았느냐고? 우리는 확실히 교회의 특유한 사명은 영적인 것이라는 점에는 한 마음으로 일치하였지만, 그러나 **교회의 복음적 사명**이 하늘에 있는 권세의 천신들과 세력의 천신들에게 하느님의 무궁무진한 지혜를 선포해야 한다는 점을(엡 3:10) 인정해야 하느냐 하는 점에서는 의견이 달랐다. 이는 곧 본래의 거룩한 소명을 배반하고 자기 자신들을 신으로 만든 실제 기관들의 영성을 다루는 것을 뜻한다.

우리는 서서히 우리 시대의 사건들을 사회적인 측면과 개인적인 측면

---

46) Darrell J. Fasching, "The Dialectic of Apocalyptic and Utopia in the Theological Ethics of Jacques Ellul," paper delivered at the annual meeting of the American Academy of Religion in Boston, November 1987. p. 5.

모두를 존중하는 방식으로 알아보기 시작한다. 개인적인 것을 사회적인 것으로 돌릴 수 없다는 사실, 그리고 사회적인 것을 개인적인 것으로 돌릴 수 없다는 사실, 이 두 가지 원칙은 개인적인 혹은 사회학적인 환원주의(還元主義 Reductionism)에 의하여 너무도 단순하게 세상을 보려는 모든 시도에 저항하는 확고하고도 필요한 이중성(Duality)을 이루고 있다. 하느님의 뜻은 사람과 사회 모두의 변혁이다. 개인은 새로운 예루살렘에 들어갈 것이다. 그러나 그들의 나라들도 생명나무의 잎들에 의하여 구원되고 치유되어 새 예루살렘에 들어갈 것이다(계 21:24-26, 22:2). **복음화와 사회정의 운동**은 세계를 변혁시키는 같은 단일 운동의 두 가지 협공작전이라고 할 수 있다.

권세들은 선하고, 타락하고, 그러나 구원될 것이다. 그것이 바로 그분 안에서, 그분을 통하여, 그리고 그분을 위하여 만물이 존재하기에 합당한 희망이며, 거룩한 사랑의 포옹으로 모든 것을 회복시킬 그 날을 기대하면서, 우리는 그분을 찬양한다.

참으로, 그것들은 모두 허수아비다.
자취를 남긴 일 하나 하지 못한다.
그들의 우상들은 바람이요 허공이다.

- 이사야 41:29 (공동번역)

5

지배체제의 가면을 벗기기

    만일 지배체제가 그토록 참을 수 없는 것이라면, 왜 사람들은 이를 참고 있는가? 왜 그들은 소수에게만 유리하고 다수에게는 참혹한 그런 생활 방식에 대항하여 들고일어나지 않는가? 이 세계의 인구를 억누르기엔 결코 충분하지 않은 수의 군대를 등에 업고 행세하는 소수의 엘리트들에 의하여, 문자 그대로 수억 명의 사람들의 눈이 가려지고 착취를 당하도록 내버려두는 이런 현실이 어떻게 가능하단 말인가? 이것이야말로 가장 큰 정치적 신비다. 즉, 군중들이 그들의 압도적인 다수의 우세함을 가지고도 그들의 압제자들을 축출하지 못하는 일상적인 실패 말이다.
    이런 정치적 신념의 속임수를 처음으로 간파한 사람들 가운데 하나가 프랑스의 정치철학자 에띠엔느 들 라 보에띠였다. 1552년에 쓴 그의 글에서, 도대체 어찌하여 그토록 많은 사람들, 마을들, 도시들과 나라들이, 한 사람의 독재자에게 그의 추종자들 몇몇이 제멋대로 부여한 권력 외에는 별다른 권력이라곤 없는 그런 독재자 밑에서 그토록 고통을 당할 수 있느냐고 그는 물었다. 사람들에게 요구되는 거라곤, 무기를 들고 일어서라는 것이 아니라, 단지 자기들을 노예화시키는 것을 거부하기만 하면 되는데, 어떻게 그런 통치자가 권력을 유지할 수 있단 말인가? "그 통치자에게서 아무것도 **빼앗을** 것은 없다. 단지 그에게 아무것도 **주지 않으면 된다**"라고 그는 썼다. 당신은 이 한 사람이 당신을 지배하고, 당신을 착취하고, 당신의 재산과 아들들을 가져가게 했다. 그러나,

당신 위에 군림하는 그는 단지 두 개의 눈과, 단지 두 개의 손과, 단 하나의 몸뚱이, 당신의 도시에 살고 있는 수많은 사람들 가운데서, 가장 작은 자가 소유한 것보다 결코 더 많지 않은 것을 가졌는데… 진실로 그는 당신을 파괴하라고 그에게 넘겨준 그 권력 밖에는 가진 것이 없다. 만일 당신이 그에게 제공하지 않았다면, 어떻게 그는 당신을 정탐할 그 많은 눈들을 가졌는가? 만일 그가 당신에게서 빌려가지 않았다면, 어떻게 그는 당신을 두들겨 팰 수 있는 그 많은 팔들을 가졌단 말인가? 당신의 도시를 짓밟을 발들, 그 발들이 당신의 발들이 아니라면, 도대체 그는 어디서 그 발들을 얻었단 말인가? 당신을 통하지 않고서, 어떻게 그는 당신을 억압할 권력을 지닌단 말인가? 당신을 약탈하는 도둑을 묵과하지 않는다면 그가 당신에게 무슨 짓을 할 수 있겠는가? 만일 당신을 죽이는 살인자와 당신이 공범이 아니라면 말이다. 만일 당신이 당신 자신의 배신자가 아니라면 말이다.

이어서, 우리 시대의 비폭력 투쟁을 예견할 뿐만 아니라, 또한 전적으로 새로운 정치를 위한 과제를 제공하는 언어로, 들 라 보에띠는 말하기를, "나는 당신이 독재자를 쓰러트리도록 그에게 손을 대라고 요청하지 않는다. 다만 더 이상 그를 지원하지만 말라는 것이다. 그러면, 당신은 그 독재자가 마치 거대한 동상의 받침대가 빠져나감에 따라 그 동상이 자체의 무게 때문에 넘어지고 산산조각이 나듯이, 그렇게 무너지는 것을 보게 될 것이다"[1]라고 했다.

---

1) Etienne de la Boetie, *The Politics of Obedience: The Discourse of Voluntary Servitude* (Montreal: Black Rose Books, 1975), 47-53. John H. Kautsky는 계급의 발생에 대하여 그럴싸한 설명을 하였다. 메소포타미아에 살던 평화로운 농사꾼들이 목축업자들에 의하여 유린되었는데, 그 목축업자들은 말(馬)을 길들여 사용한 덕분에 그들의 군사적 우위는 놀랄만하였다. 세월이 지나면서 이들 목축업자들은 농사꾼들의 공동체들을 정복하고는 그 자리에 정착하여 풍요를 누렸다. 이리하여 계급 제도 및 귀족정치 제국이 탄생하였다. 농사꾼들은 수확을 공물로 빼앗기는 것말고는 그들대로 그냥 두었다. 전체 주민들은 변함없이 조용하였고, 계급의 차이는 너무도 커서 계급충돌은 존재하지도 않았다 (*The Politics of Aristocratic Empires* [Chapel Hill: Univ. of North Carolina Press, 1982], 51-56). 귀족통치적 제국들이 상업사회화 되면서, 상인들은 지도 계급 속으로 스며들었다. de la Boetie가 그 책을 쓰던 시대에는, 중상주의가 발전하여 민주적 참여의 첫 서광이 보이기 시작했다. 현재 전 지구가 경험하고 있는 "민중의 힘"(People Power)으로의 변천은 폭력으로 지배하던 것에서 동의(同意)로 지배하는 긴 발전의 마지막 단계에 이른 것이다.

왜 여자들은 때로는 다수임에도 불구하고 대를 이어서 그녀들의 권리를 박탈당하도록 허용하는 것일까? 왜 그토록 많은 여자들이 동등권리 수정안(Equal Rights Amendment)을 반대했던 것일까? 어찌하여 남아프리카에서는 6백만 백인들이 2천9백만의 다른 남 아프리카인들을 복종시킬 수 있었을까? 어찌하여 중산층 이하의 사람들이 무기력하게 앉아서, 레이건(Reagan) 행정부가 누진과세(累進課稅)를 폐기하여 극히 일부의 부유한 사람들에게 엄청난 세금감면을 제공하고, 그 대신 여타의 많은 사람들의 수입은 급격히 감소하게 만드는 것을 바라만 보고 있었을까? 왜 가난하고 집 없는 사람들이 연대하여 강력한 정치적 블록(저항집단)을 형성하고, 적당한 식량과 주거를 얻을 그들의 인간다운 권리를 얻어내지 않는가?

1960년대에 유행하던 말이 있는데, "가장 힘든 전쟁은 챨리(Mr. Charlie)와 싸우는 것이 아니라, 챨리가 **당신의 마음에 행한 것과 싸우는 것**이라네"라는 말이었다. 예수께서 부자들을 향하여 통렬한 비판을 가하며, 부자가 하느님 나라에 들어가는 것은 실제적으로 불가능하다고 주장하였을 때, 제자들이 반문하기를, "그러면 누가 구원받을 수 있겠습니까?"라고 했다. 그들은 지배체제의 가치를, 그리고 부유함이 곧 축복임을 동일시하는 **배교자**(背敎者)**의 신학**(Apostate Theology)을 받아들여 깊이 **내면화**하였기에, 그들은 부자들이 하느님 나라에서 제외될 것이라는 생각을 믿을 수 없었던 것이다. 그들은 경제적인 계층화를 하느님이 마련하신 것이라고 명백히 믿었던 것이다. 체드 마이어스가 지적한 대로, 그들 제자들은 그 부자가 모든 율법을 온전히 지켰다고 주장하는 것을 실제로 다 믿었는데, 이에 대하여 예수께서는 날카롭게 덧붙여, "남을 속이지 말라!"(막 10:19)2) 하셨다.

사람들은 강력한 망상에 사로잡히지 않는 한, 자기 자신들이 억압받음에 대하여 침묵하지 않는다. "현혹한다"(delude)는 동사는 라틴어 "*deludere*," 즉, "논다"(to play)에서 나온 것인데, 특히 "어떤 사람이 다치거나 좌절하도록 놀거나, 놀리거나, 속이거나, 남의 마음이나 판단을 우롱하여, 거짓된 것을 참된 것으로 받아들이게 만드는 것"을 뜻한다.3)

---

2) Ched Myers, *Binding the Strong Man* (Maryknoll, N.Y.: Orbis Books, 1988), 287.
3) 여기 내린 정의들은 *Shorter Oxford English Dictionary*, 3rd ed.(Oxford: Clarendon Press,

망상과 현혹의 체계를 폭로하는 것이 권세들을 분별하기 위한 우리들의 가장 중심적 과제다. 권세들은 숨겨진 곳에서 활동할 때가 가장 강력하다. 눈에 뜨이게 드러나 보여서 알려지는 것을 피하여 주변 환경에 숨어버리는 일, 우주 속에 영원히 갖추어진 어떤 내용인 양 꾸며 보이는 일, 현재의 억압을 위하여 부수적으로 생긴 우발적인 구조를 마치 신이 만든 건조물인 것처럼 보이게 하는 일, 이런 것들이 바로 그들 권세들의 천재적인 속임수다. 그들은 무장한 힘을 언제라도 써먹을 수 있지만, 그러나 그것이 얼마나 허약하여 쉽게 무너질 수 있는 매우 무능한 것임을 억압을 당하는 사람들보다도 훨씬 더 잘 알고 있다. 1986년에 무장하지 않은 시민들을 깔아뭉개고 나아가라는 명령에 군 지휘관들이 불복종하였을 때, 필리핀 육군의 탱크가 무슨 소용이었단 말인가? 데모하는 비폭력 군중들 위에 폭탄을 투하하라는 마르코스의 명령을 그의 조종사들이 거절하고 대신 근처에 있던 미군 공군기지로 기수를 돌렸을 때, 마르코스에게 도대체 무슨 힘이 남아 있었단 말인가? 그러므로 힘이 있는 자는 보이지 않는 강제수단으로 통치하나니, 보이지 않는 가는 실로 팔과 다리를 묶어놓고, 감지되지 않게 뇌 속에 심어놓은 영적인 주입물을 사용하여 군중이 그들을 조작하는 그대로 되기를 원하게 만드는 것이다.

망상과 현혹의 체계는 당국자(當局者 The Powers That Be)에 의하여 조작되는 게임이다. 그 게임은 요한계시록 12장-13장에 초현실적 이미지로 더 이상 통렬할 수 없을 만큼 날카롭게 폭로되었다.4)

1973)에 따른 것임.
4) 나는 이 들 두 장을 철저히 주석할 생각은 없고, 다만 권력자들의 주제에 관련된 것에만 초점을 모으고자 한다. 나는 자유롭게 이용하기 위하여 내 나름의 번역과 부연을 하였다. 역사적인 상황과 자세한 것을 위해서는, Steven Joseph Scherrer, "Revelation 13 as an Historical Source for the Imperial Cult under Domitian," Ph.D. diss. Harvard University, 1979을 참조하라.

요한계시록 12-13장에 나타난 현혹시키는 장치

무엇보다 우선 의미심장한 것은 이 12-13장에 있는 통찰들이 계시로서 주어졌다는 사실이다. 즉 요한은 다른 사람들에게는 보이지 않는 것들을 본다(13:1,2,11). 그 전에는 보이지 않았던 것들이 그에게 "나타난다"(12:1,3). 즉 분별력이란 무슨 선택된 소수에게만 전해지는 비밀한 지식이 아니고, 오히려 실재를 실재 그대로 볼 수 있는 재능이다. 실재를 정확히 그려내는 것보다 더 혁명적이고 더 희귀한 것은 없다. 우리를 농락하는 권세들에게 정확한 "이름을 붙여주는" 투쟁은 그 자체로서 이미 사회적 투쟁의 기본적인 부분이다.

그러나 선견자(先見者)란 단순히 드러난 행동을 보고 제국(帝國)이나 기관들의 영성을 읽어내는 것만은 아니다. 상황은 그보다 훨씬 복잡하다. 외형상의 구조가 지닌 악마적인 영은 다른 사람들과 마찬가지로 선견자에게도 이미 내면화되어 있다. 그렇게 해서 제국은 **순종**(順從)을 얻어낸다. 선견자의 재능이란 제국의 영성의 침입에 면역이 되는 것이 아니라, **그 내면화된 영성을 분별감지하고, 이를 이름 붙이며, 외면화시키는 능력에 있다.** 이렇게 해서 악마를 숨은 곳에서 몰아낸다. 감춰진 것은 이제 드러나게 된다. 선견자는 권력자들의 슬로간(標語)을 노래하는 소리를 듣고, 그들이 거짓임을 알고, 그리고 그들을 축출하도록 힘을 얻는다. 선견자는 그 노래 소리의 근원이 외부에 위치해 있음을 알아내고 그리하여 그로부터 자유롭게 된다.

권세들에 대한 신약성경의 이해가 특히 놀라운 점은, 특히 후기 영지주의(靈知主義)[5]의 영향 아래 비의적(秘儀的 esoteric)으로 사용된 점에서 본다면, 그것은 신비화나 혹은 비밀 암호나 혹은 초자연적 힘이 결여된, 너무도 공개적(公開的 exoteric)인 것이라는 점이다. 물론 영들이 있지만, 그것들은 실재하는 기관들의 실재적인 영들이고, 복음의 분별력에 의하여 폭로된 것들이다.

로마 제국은 동족살해로 얼룩진 세계에 평화를 가져왔다. 그 제국은 미증유의 번영의 시대를 (번영을 누린 자들에게는) 통솔하였고, 그 힘은 너무도 전설적이라서 사신(使臣) 한 사람만 보내어도 항복을 받아낼 정도였다. 그러

---

[5] Walter Wink, *The Powers in Gnosticism*, 출간예정.

나 이런 장엄한 외관이란 엄청난 대가를 치르고 얻어낸 것이었다. 요한에게 내린 계시는 자애의 가면을 벗기고, 그 아래 있는 **로마의 참된 영**을 폭로한다. 그것은 코르뉴코피아(Cornucopia: 그리스신화에 나오는 제우스 신에게 젖을 먹인 염소 뿔로 풍요를 상징– 역자 주) 풍요의 뿔에서 쏟아 붓는 축복을 모든 육체 위에 내리며 항복한 군대의 무기들을 쌓아놓은 더미 위에 자리 잡고 앉아 있는(카르타고에 있는 Gens Augusta 제단에 잘 그려놓았듯이) 아름다운 로마는 결코 아니다.6) (여기 한없이 비꼬는 뜻이 있나니, 로마 군대에 의하여 초토화된 도시에 로마가 베푸는 자선의 은혜를 말하다니!). 그 대신 요한이 본 것은, 하느님을 찬탈(簒奪)하려는 괴이하고 괴물같은 흉측스러운 것(계 13장), 혹은 고객인 임금들을 권력의 최음제(催淫劑)로 흥분시켜서 질탕한 성애(性愛)를 벌이려고 로마의 일곱 언덕에 자리 잡고 앉은 창녀다(계 17:1-18).

비록 일부 견유학파 철학자들(犬儒學派 Cynic philosopher)도 이미 잘 간파하긴 하였지만, 신약성경이 로마의 괴물 같은 영을 분별해낸 것은 굉장한 성취였다. 요한의 비전(vision)에 깊이를 더한 것은 **그 지배체제가 현재의 구체화된 권력 기구들을 초월해 있음**을 깨달았다는 점이다. 즉 현재 통치중인 권력을 한 번도 그 지배체제와 동일시하지 않았다는 점이다. 완벽한 지배를 성취하기에는, 여전히 존재하는 너무도 많은 파트너십(partnership: 동반자관계), 너무도 많은 품위 있는 인간의 출현, 너무도 많은 동정심 있는 자들, 편견을 갖지 않은 사람들, 강력한 여인들, 그리고 균등화를 위한 법률과 공직자들이 있어서, 완벽한 지배는 불가능한 일이다. 그러나 각 체제(계시록에선 육지와 바다에서 올라온 짐승들로 상징된)를 넘어서 오래된 지배체제가 있으니, 그 영이 곧 용(Dragon)으로 상징된 사탄(Satan)이다.7)

"그리고 또 다른 표징이 하늘에 나타났습니다. 이번에는 큰 붉은 용이

---

6) M. Rostovtzeff, *The Social and Economic History of the Roman Empire*, 2 vols. 2d ed. (Oxford: Clarendon Press, 1957), 1:43.

7) 5천 년 전 지배체제가 등장하기 전에도 천신들과 권세자들(Principalities and Powers)은 있었는가? 물론이다. 모든 기구는 아무리 양호하다 해도 권력이고, 그 내면적 영성과 외면적 배열이 있게 마련이다. 그러나 중앙집권적이 아닌 평등 사회에서는 권력자들이 중앙집권적 국가의 특징인 엄청난 기관들의 악의적인 병적 상태를 드러내지는 않는다. 권력자들의 성장은 각 개인들이 그 주변 환경에 직접적인 영향을 줄 수 있는 힘을 잃어버렸다는 것을 느끼는 것과 연관되어 있다.

나타났는데 일곱 머리와 열 뿔을 가졌고 머리마다 왕관이 씌워져 있었습니다"(계 12:3). 놀랍게도 이건 바로 일곱 개의 머리를 가진 히드라, 혼돈의 괴물, 바빌론 신화의 신들의 어머니인 옛날의 티아맛이 아닌가! 질서의 신인 마르둑에게 살해된 후에, 그녀의 시체에서 우주가 만들어졌다. 이 고대의 신화적 존재가 1세기의 로마 세계에 여전히 알려져 있었으니, 그리스에선 파이돈(Python),8) 이집트에선 타이폰(Typhon), 시리아에선 로탄(Lotan),9) 히브리 성경에선 레비아단(Leviathan, 욥기 3:8; 4; 시편74:13-14 "레비아탄의 머리")10)으로 불렸다. 그것의 불타는 붉은 빛깔은 아직도 바빌론의 에사길(Esagil)에 있는 마르둑의 성전에 그려진 분노하여 붉게 번쩍이는 뱀에 잘 묘사되어 있다.11)

그러나 요한의 책에는 근본적인 차이가 있다. 바빌론 신화에서 티아맛은 국가 안보에 궁극적인 위협이 되는 혼돈과 무질서를 대표한다. 이제 "그녀"는 "그"로 변하였고, 티아맛은 더 이상 남자들에게서 권력의 독점을 박탈하는 모계중심적 혹은 파트너십 사회로 되돌아갈 것을 염려하는 남자들의 두려움을 상징하지 않는다. 남자들은 그런 전쟁이라면 승리한지 이미 오래다. 요한이 처음으로 본 것은 이 원시적인 용(龍 Dragon)이 제국의 배후에 도사린 영적인 원리를 대표한다는 점이다. 그녀의 혼돈과 무질서의 기능은 통치

---

8) Adela Yarbro Collins, *The Combat Myth in the Book of Revelation* (Missoula, Mont.: Scholars Press, 1976), 66.
9) "당신(Ba'l)이 원초의 뱀인 Lotan을 쳤을 때, 일곱 개의 머리를 가진 Silyat 그 굽어진 뱀은 파괴되었다." (Ugaritic Text에서 E. Theodore Mullen, Jr., *The Divine Council of Canaanite and Early Hebrew Literature*, Harvard Semitic Monographs 24 [Chico, Calif.: Scholars Press, 1980], 83에 인용됨).
10) "이제는 Leviathan이 고래나 대단한 악어가 아니라, 오히려 일곱 개의 머리를 가진 신화적 바다 뱀인 것이 확실하다"(B. Zuckerman, "Job, Book of," *IDBS*, 479). Baghdad 근처 Eshnunna에서 나온 2,500 B.C.E.경의 인장(印章)에는 일곱 개 머리를 가진 용이 새겨져 있다 (Alexander Heidel, *The Babylonian Genesis*, 2nd ed. [Chicago: Univ. of Chicago Press, 1951], 83-89). 의미심장하게도, 이런 동물들에 대하여 성경이 언급한 것은 종종 국가(國家)를 역사화한 것들이다. 라합(Rahab)은 이집트(시 87:4; 사 30:7); 이사야 27:1의 도망가는 뱀은 시리아(Syria)다. 또한 사 51:9-10, 겔 29:3; 32:2를 보라. 그러나 대략 요한계시록과 동 연대 100 C.E.에 써진 *Odes of Solomon* 22:5는 요한이 그랬듯이 옛날의 신화적 의미를 회복한다: "하느님이 내 손으로 일곱 머리를 가진 용을 무너뜨리게 했다."
11) R.H. Charles, *A Critical and Exegetical Commentary on the Revelation of St. John*, International Critical Commentary, 2 vols. (Edinburgh: T. & T. Clark, [1920] 1965), 1:318.

자나 명령을 내리는 자, 즉 마르둑과 이미 합체되었다. 티아맛과 마르둑은 하나가 된 것이다. **이제 악이란 무정부적 위협이 아니라 질서의 체제로 대표되어서, 폭력을 국제관계의 기초로 제도화하였다.** 여기 새로운 통찰력이 본 것은 질서가 혼돈과 무질서의 반대가 아니라, 질서를 수단으로 하여 국가들 간의 무질서의 체제가 유지된다는 점이다. 요한의 환상이 폭로하는 것은 결국 마르둑이 티아맛을 격퇴한 것이 아니라는 것이다. 왜냐하면 폭력적 수단으로 얻어진 질서란 **티아맛의 질서**이기 때문이다. 폭력적 수단으로 이룬 평화란 무질서한 것이다. 르네 지라르의 말을 빌린다면, 모방을 통하여 반대의 것들이 배가(倍加 doubles)된다.12) 폭력은 무엇이든 변화시켜서 그 무엇이 반대하던 바로 그것으로 만들어 버린다. 그러니 제국은 무질서에 대항하는 보루(堡壘)가 아니라, 무질서의 본체이다.13)

선견자 요한은 또한 티아맛보다도 더 오래된 존재를 어렴풋이 보고 있다. 즉, "그리고 하늘에는 큰 표징이 나타났습니다. 한 여자가 태양을 입고 달을 밟고 별이 열두 개 달린 월계관을 머리에 쓰고 나타났습니다. 그 여자는 뱃속에 아기를 가졌으며 해산의 진통과 괴로움 때문에 울고 있었습니다"(계 12:1-2).

---

12) 7장을 보라.

13) Glen Tinder의 *The Political Meaning of Christianity* (Baton Rouge: Louisiana State Univ. Press, 1989)가 권력자들에 대한 나의 일련의 책들과 불가피하게 비교될 것이다. 우리의 근본적인 차이는 그가 모든 국가와 기관들이, 설사 아가페적 사랑으로 개량될 수는 있다 할지라도, 본질적으로 악하다고 보는 데 있다. 나는 모든 국가와 기관들은 선하신 하느님이 창조하신 선한 피조물이요, 동시에 타락한 것이요, 또 구원될 수도 있다고 본다. 계시록 12-13 장에 나오는 형상들에서, Tinder는 국가와 사회들을 용(龍 Dragon)과 같다고 말할 것이고, 나는 용을 지배체제와 같은 것으로 보는데, 지배체제란 각각의 국가나 사회의 정치적 표현으로 주어지고, 그러나 국가나 사회의 어떤 것과도 동일시될 수는 없다. 그는 사회를 용으로 보고, 나는 사회를 짐승으로 본다. Tinder의 국가에 대한 극단적인 비관주의는, 그런 비관주의가 언제나 그렇듯이, 악을 방지하기 위해서는 악을 합리화하는 것으로 인도된다. 그는 극단적인 자유와 관용을 신봉한다. 그러나 민주주의에서 어떤 사람이 정부를 폭력적으로 뒤엎어버리는 것을 지지할 권리뿐만 아니라, 말로써 만으로도 대안적인 체제를 주창할 권리를 그는 거부할 것이다. 그리하여 그의 신학은 맥카디(McCarthy)의 마녀사냥을 옹호할 것이다. 그는 각 개인의 거룩한 독특성을 긍정하면서도, 비폭력에는 적대적이다(그리고 확실히 알지도 못하고). 그리하여 신속히 폭력을 사용하여 폭군을 수술해 내버릴 것이다. 그럼에도 불구하고, 그의 책은 강인한 심성과 자극적인 생각으로 가득하다.

이 여자는 누구인가? 우리가 협소한 정의를 내려보려는 모든 시도는 포기하는 것이 좋을 것이다. 그녀는 메시아의 어머니인 마리아거나(계 12:5), 혹은 메시아 대망의 어머니인 이스라엘일 수도 있다.14) 계시록 12:14이 시사하는 바로는 예루살렘에 있던 교회가 유태 전쟁기간 동안 펠라(Pella)로 도피하였던 것을 언급하는 것이어서, 그녀는 또한 분명히 박해를 당하고 있던 기독교 교회를 뜻하기도 한다. 하늘의 상징들로 판단하면, 그녀는 아마도 지혜(Wisdom)와 쉐키나(Shekinah, 지혜서 7:29)를 환기시키기도 한다.

그러나 이 여자는 단순히 보통의 유태적 상징만을 그려내고 있는 것은 아니다. 그녀는 유태교의 역사뿐만 아니라 또한 모든 인간을 포함하고 있다. 그녀는 변형된 이브(Eve)로서, 뱀에 대한 영속적인 증오를 나타내고 있다(창 3:15, 계 12:9). 그래서 그녀는 이스라엘의 희망뿐만 아니라, 이방인들의 신화도 구체화하고 있다. 아르테미스(Artemis)도 초승달과 별을 띠고 나타났고, 레토(Leto)도 별들의 베일을 쓰고 있으며, 마르둑의 어머니인 담키나(Damkina)도 "하늘의 보석 달린 관을 쓴 여인"이라고 불려진다.15) 또한 이시스(Isis)의 특징들과 처녀자리의 별들도 여기에 표현되어 있다. "열두"개의 별들은 단지 12명의 사도들이나 이스라엘의 12지파를 대표하는 것뿐 아니라, 하늘에 있는 별들의 12궁도(Zodiac)를 뜻할 수도 있다. 이 여인은 전형적인 여인으로서 그녀의 아들이 지배체제를 끝장내는 곧 위대한 어머니(Great Mother) 자신일 수도 있다. 그녀는 또한 용의 통치가 출현하기 이전, 상대적으로 평화로운 삶을 유지했던 인간 공동체들이 남자들만도 여자들만도 아닌 파트너십으로 함께 통치하던 평등주의 사회질서를 지녔던 시절, 하느님이 여자였던 그 처음으로 잠시 되돌아간 과거 회상의 재현은 아닐까? 그녀는 지배가 없는 존재

---

14) 열두 개의 별들은 이스라엘의 열두 지파를 상징한다 (계 7:4-8). 계시록 12:5에는 확실히 다윗 가문에서 태어날 메시아에 대한 언급이 있다― 한 사내아이가 태어나 "모든 나라들을 쇠몽둥이로 다스릴 것"이라고 = 시편 2:9. 요한계시록 12:2의 "산고(産苦: Birth Pang)"는 이사야 26:17을 암시하며, 광야로 나간 것은 시편 55:7-8에 있는 다윗의 광야행을 반영한다. 창세기 37:9와 *Test. Napht.* 5도, 또한 여기에 사용된 해, 달, 별 등의 상징이 곧 이스라엘의 12 지파들과 관련되어 있음을 가리킨다.

15) Charles, *Revelation* 1;316 n.1; Philip Carrington, "Astral Mythology in the Revelation," *Anglican Theological Review* 13 (1931): 293; Leon Gry, "Les Chapitres XI et XII de l'Apocalypse," *Revue Biblique* 31 (1922): 208-12.

그 자체로서, 남성 통치적 용에 의해 할 수 없이 "광야로 도망을 쳐서, 하느님이 천 이백 육십 일 동안 그 여자를 먹여 살리시려고 마련하셨던"(계 12:6) 탈지배적 존재 자체의 이미지가 아닐까? 즉 3년 반 동안, 옛 질서가 완전히 망각으로 사라지기 전, 그 옛 질서가 상징적인 절반의 수명을 사는 동안 살아남은 그 존재가 아닐까?

그러나 **용**(龍 Dragon)에 대해선 모호한 점이 없다. 그것은 때를 따라 초토화정책을 쓰면서 나타나는 지배체제의 영을 대표한다. 이 용은 언제나 하나를 버리고 다른 것을 쫓아가려 하며, 언제나 승리자에 편승할 준비가 되어, 그래서 한 제국 그리고 다음 제국으로 구체화된다(단 7-8장, 11-12장). 왜냐하면 한 제국이 다른 제국을 패망시키는데 필요한 바로 그 수단이 승리자로 하여금 모든 점에서 전임자와 똑같은 용의 자식으로 만들기 때문이다(계 17:15-17). 따라서 이런 비젼(vision)은 한 제국을 폭력적으로 정복하면 그 제국이 발생시킨 모든 문제를 해결할 수 있으리라는 헛된 믿음이 거짓이라고 한다. 폭력은 현재의 체제를 청산할 수는 있지만, 그러나 그 민첩한 용, 즉 자기를 쫓아내는 엑소시스트(驅魔者 Exorcist)에게 덤벼들어 매번 그 속에 들어가 점령해버리는 이 민첩한 용을, 없애지는 못한다. 그래서 "잡혀갈 사람은 잡혀갈 것이며, 칼을 맞아 죽을 사람은 칼을 맞아 죽을 것입니다. 그러므로 성도들의 인내와 믿음이 필요합니다"(계 13:10)라고 경고한다.

요한이 계시록을 쓰던 때는, 바다에서 올라온 용과 비슷한 짐승으로 그려진 로마(Rome)가 그 용이 구체화한 것이었다. "그 짐승은 그 용으로부터 힘(*dynamis*)과 왕위(*thronos*)와 큰 권세(*exousia*)를 받았습니다"(계 13:2). 그러나 이것들 모두는 하느님의 특권이 아닌가! 세계에 권세를 행사하는 분은 하느님이고(계 4:11; 7:12; 11:17; 12:10; 15:8; 19:1), 그 하느님은 우주 위에 보좌에 앉아 있고(요한계시록에서는 32번이나 언급), 그 하느님 혹은 메시아가 권위를 가진다(계 16:9; 12:10).

용은 어디에서 이런 권세(권위)를 얻었는가? 물론 하느님이 이런 자기강화를 허락하였다. 익히 알려진 바대로, 자유를 옹호하는 하느님의 성향으로 보아, 하느님이 달리 무엇을 하실 수 있겠는가? 그러나 하느님의 허락은 단지 수동적인 허락이다. 능동적으로 권세를 넘겨준 것은 책임을 게을리한 의무태만의 인간들이다. 엘리자베드 제인웨이가 말하기를, "권력 의존적 관계에서는 약자들이 거래를 하면서 강자의 권력을 인정한다"고 했는데, 즉 폭넓게 용인함으로써 그 합법성을 인정한다는 말이다. 약자들이 거의 깨닫지 못하는 것은 자신들이 얼마나 많은 권력을 그 지배자의 손에 넘겨주었는가 하는 것이다.16)

따라서 계시록 13장을 통하여 반복되는 말은, 짐승에게 권위를 행사하도록 "허락되었고"(5절), 성도들에게 전쟁을 걸고 정복하도록 "허락되었고"(7절), 모든 종족과 백성과 언어와 민족을 다스릴 권세를 "받았다"(7절)는 말이다. 마찬가지로, 두 번째 짐승도 기적을 행하도록 "허락되었고"(14절), 첫 번째 짐승의 우상이 말하도록 "허락되었다"(15절). 성경에서 이처럼 반복하여 "허락"(permission)을 연달아 써댄 곳을 다른 데서는 찾아 볼 수 없다. 누가복음의 예수의 유혹에 대한 기사가 동일한 생각을 반영하고 있다. 거기서, 사탄(Satan)은 세상의 모든 왕국들이 그에게 넘겨진 것이라고 자랑하고 있다(나는 이것이 정확한 표현이라고 믿는다)(눅 4:6).

인간이 이런 것들을 "허락"한 것이니, 여기 모든 것들은 사탄의 지배체제 아래에 국가 권력을 중앙집권화한 것에 관련되어 있다. 하느님을 탓할 것이 아니라, 인간들이 그 자신들에게 그렇게 한 것이다. 사람들이 하느님에 관한 진리를 억누르고 피조물들을 경배하면, "하느님은 그들을 포기하여" 어둡고 어리석은 마음에게 넘긴다(롬 1:18-32). 일단 폭력을 써서 정복하는 움직임이 속박을 벗어나 시작되면, 아무도 그걸 되돌려 놓지는 못한다. 그리고 죽기를 겁내지 않는 한, 그리고 요한이 즐겨 표현한 것처럼, "그들의 이름이 살육을 당한 어린양의 생명책에 천지창조 때부터 기록되지 않는 한"(계 13:8), 아무도 그 게임에서 손을 떼지 못한다.

합법적인 사회에서는, 사람들은 그들이 경멸하는 통치자들에게도 자진하여 찬성하는데, 이는 그 통치자들이 권력을 장악하고 이를 행사하도록 하는 정치적 구조를 사람들이 승인하기 때문이다. 그런 체제 안에서는, 시민들이 능동적이고 창조적이고 비판적인 참여자가 되어, 점차 그 사회체제가 그들 참여자들에게 수용됨에 따라, 그들도 그 사회체제와 동일화된다.17) 사회

---

16) Elizabeth Janeway, *Powers of the Weak* (New York: Aflred A. Knopf, 1980), 73.

가 기능을 발휘하도록 하는 규칙들은 처벌과 제재(制裁), 즉 규칙을 어길 경우 당황하게 만듦, 공적인 비난, 벌금, 체포, 투옥, 사형 집행 등으로 뒷받침되고 있지만, 그러나 그들의 진정한 권세는 신뢰(信賴)에 있다.18) 정부나 기관이 위협을 하거나 강제력을 사용해야 하게 되면, 이미 그 권세는 상당히 부식(腐蝕) 되었거나, 아니면 체제가 위기에 처한 것이다.

제국은 그 특성상, 합법화를 추구하는 영원한 위기에 있는 체제다. 제국은 자연스러운 것이 아니고, 강제력으로 유지되는 인공적인 혼합물이다. 그래서 **선전**(宣傳)이 그토록 중요한 것이다. 즉 사람들에게 실제로는 해로운 체제이지만 그 속에서 이익을 얻게 되리라고, 그리고 다른 어떤 체제도 그토록 편리하지는 않다고, 그래서 하느님이 다른 어떤 체제도 아닌 바로 이 체제를 재가(裁可)했다고 사람들로 하여금 반드시 믿게 만들어야만 한다.

요한계시록 13장에 따른 우상숭배의 제조자

인간을 현혹하고 최대한 마취의 수준을 높이기 위하여, 용은 "땅에서 올라오는 다른 짐승, 어린양처럼 두 뿔을 가지고, 용처럼 말을 하는 짐승을" (계 13:11) 만들었다. 이것은 자연스런, 땅 위에 있는, 혹은 땅 아래 있는 피조물이 아니다. 그것은 무의식의 저변에서 불쑥 솟아오른 깊은 원형이 아니다. 그것은 전적으로 인간이 만든 창작물이다. 그것은 나중에 "거짓 선지자"라고

---

17) Max A. Myers, "'Ideology' and 'Legitimation' As Necessary Concepts for Christian Ethics," *Journal of the American Academy of Religion* 49 (1981): 195.
18) 그러므로 권력을 손상시키는 가장 확실한 방법들 가운데 하나는 그 권력의 정통성에 도전하는 것이니, 즉, 그 권력이 서있는 신뢰의 근거에 대하여 의문을 제기하는 것이다. 예를 들면, 1970년 살바도르 아옌데가 국회를 지배할 충분한 의석수가 없이 칠레의 대통령으로 선출되었을 때, 경쟁 상대인 기독교 민주당의 지원을 얻기 위하여 그가 지불한 대가는, 그가 시민의 자유, 선거, 출판의 자유 등, 수년 동안 칠레의 민주주의의 초석들인 이 모든 것을 존중하도록 헌법을 개정하는 것이었다. 그가 법을 받들도록 선출되었는데, 바로 그 법을 받들도록 요구하는 그 행동이 그의 합법성에 치명적인 손실을 주어, 3년 후 정권이 전복되는 유혈사태를 예견하는 것이었다(Arturo Valenzuela, "Chile," in *The Breakdown of Democratic Regimes*, ed. Juan Linz and Alfred Stepan [Baltimore: Johns Hopkins Univ. Press, 1978], 49).

알려질 것인데(계 16:13, 19:20, 20:10), 그의 임무란 사람들을 설득하여 그들의 구원은 정치적 질서에 있다고 믿게 만드는 것이다. "그 짐승은 기적을 행하며.... 이런 기적들로... 땅 위에 사는 사람들을 현혹시켰습니다"(계 13:13-14).[19]

겉으로 보아서는 이 두 번째 짐승은 양처럼 온순하다--나라들을 다스릴 어린양을 흉내내어--그러나 그는 용의 목소리를 가지고 말한다. 즉, 양의 옷을 입은 용이다. 이 두 번째 짐승은 **제국의 제사장적 선전기구**(the priestly propaganda machine of empire)이다. "그 두 번째 짐승은 첫째 짐승이 가진 모든 권세를 그 첫째 짐승을 대신해서 행사하고 있었습니다. 그리고 땅과 땅 위에 사는 사람들로 하여금 치명상에서 회복된 그 첫째 짐승에게 절하게 하였습니다"(계 13:12). 이것은 종교적 선택의 영역을 넘어서서, 종교-정치적 테러리즘의 영역으로 넘어간 것이다.

역사적인 뜻에서 보면, 요한은 황제숭배를 둘러싸고 자라난 사교 종파를 암시하고 있는데, 황제숭배는 요한의 시대에 와서는 제국의 조직을 부식(腐蝕)시키는 산(酸)을 검증하는 리트머스(Litmus) 시험지처럼 되었다.[20] 혁명

---

[19] 분명히 요한은 문자그대로 그 두 번째 짐승이 "여러 가지 큰 기적을 행하며 사람들 앞에서 하늘로부터 땅에 불을 내리게도 하였다"고 생각한다. Steven Scherrer에 의하면, 인위적으로 종교적 기이한 일을 보여주는 것은 제국(帝國)의 황제 숭배 종교의 특징이다 ("Signs and Wonders in the Inperial Cult: A New Look at a Roman Religious Institution in the Light of Rev. 13:13-15," *Journal of Biblical Literature* 103/4 [1984]: 599-610). 가이우스 칼리굴라(Gaius Caligula) 황제는 번개와 천둥을 만들어내는 장치를 갖고 있었다. 도미티안(Domitian) 황제의 금화(金貨) 표면에는, 텅 빈 보좌 위에 번개가 치는 모양을 새겨 넣어 황제 자신의 권위를 나타내었다 (Ethelbert Stauffer, *Christ and the Caesars* [London: SCM Press, 1955], 187). 그런 공학적 기술은 다른 사람들도 사용하였다: 예언자라는 평판을 가진, 알렉산더(Alexander)는 아스클레피우스(Asclepius) 신상을 만들었는데, 그 입을 말총(horsehair)으로 꼰 끈으로 열고 닫게 하였고, 역시 말총 끈으로 조작하여 그 입안에서 뱀의 혀처럼 끝이 갈라진 검은 혀가 나왔다 들어갔다 하게 만들었다. 또 학(鶴)의 숨통을 연결하여 튜브를 만들어 성전 밖에 있는 말하는 사람으로부터 신상의 입에 연결하여서, 그 신상이 말도 하도록 만들었다 (Julius Pollux, *Onomasticon* 41.130; Dio Cassius, *Roman History* 59.28.6; Lucian, *Alexander the False Prophet* 12, 16, 26). Hippolytus 는 신탁(神託)이 내리는 사당(祠堂)에서 복화술(腹話術: Ventriloquism)을 써서 비슷한 "기적"을 하는 것을 폭로하였고 (*Ref.* 4.41; 또한 4.28도 보라), 또 다른 예는 "불꽃을 뿜는 마귀"가 공중으로 내쏘게 한 것도 폭로하였다--삼(麻: tow)으로 뒤덮은 새를 캄캄한 방에서 불을 질러 날리고, 잘 속는 구경꾼들에게는 그걸 보자마자 눈을 가리도록 주의를 주었다(*Ref.* 4:35-36).

[20] 로마(Roma)를 숭배하는 것은 요한이 돌보았던 도시들에서 시작된 것 같다; 195 B.C.E에

을 꿈꾸거나 정부를 전복시키려는 생각을 갖고 있다고 의심되는 사람은 누구든지, 황제의 초상 앞에서 향을 사르도록 요구되었는데, 이를 거절하면 사형(死刑)으로 처벌되었다.

그러므로 이 두 번째 짐승은 나라와 그 지도자를 신적인 것으로 선포하는 **시민종교**의 수단으로 사람들을 개종시킨다. 이 권력숭배의 요소를 요한은 거듭거듭 강조한다: 사람들은 "그 짐승에게 권세를 준 용을 경배하였습니다. 또 그들은 짐승에게도 절을 하며 '**이 짐승처럼 힘센 자가 어디 있겠는가? 누가 이 짐승을 당해 낼 수 있겠는가?**' 하고 외쳤습니다"(계 13:4). "그 짐승은 성도들과 싸워 이길 힘을 받았고, 모든 종족과 백성과 언어와 민족을 다스릴 권세를 받았습니다. 그러므로 땅 위에 살고 있는 사람들 중에 죽임을 당한 어린양의 생명책에 천지창조 때부터 이름이 올라 있지 않은 자들은 모두 그에게 절을 할 것입니다"(계 13:7-8). "둘째 짐승이 권한을 받아서 첫째 짐승의 우상에게 생기를 불어넣어 그 우상으로 하여금 말을 하게도 하고, 또 그 우상에게 절을 하지 않은 사람들을 모두 죽이게도 하였습니다"(계 13:15). 왜 그 짐승은 경배를 강요할까? 왜 다만 복종하는 것만으로는 만족하지 않을까?

왜냐하면 그 짐승은 일반대중이란 변덕스럽다는 것을 잘 알기 때문이다. 즉, 세상의 형편이 약간만 변해도 대중의 의견이란 크게 흔들리기 때문이다. 사회적인 불안의 파도를 헤치고 나갈 돛대에다 충성심을 잡아맬 수 있는 그 무엇이 필요하다. 인종적 감정만으로는 충분하지 않다. 애국심만으로도 충분하지 않다. 필요한 것은 국가를 경배하게 하는 것이다. 그게 바로 **국가주의**(Nationalism)의 현재와 과거였다. 국가주의란 본질상 정치 현상이 아니다. 그건 종교 현상이다. 오직 초월적인 원인만이 젊은 사람들로 하여금, 가능한

스미르나(Smyrna)와 에페수스(Ephesus)와 곧 이어 페르가뭄(Pergamum)에서도, 티베리우스(Tiberius) 황제는 23 C.E.에 Smyrna에 그를 위한 성전을 짓는 것을 허락하면서, 그의 어머니 Livia 와 로마 원로원(Senate)도 경배할 것을 주장하였다. 그런 점에서, 페르가뭄에서도 칼리굴라 황제의 간음하고 살인하는 누이 Livella를 새로운 Nikephoros로 Athena Polias로 보좌에 앉히고, 한 명의 사제를 두어 Athena와 Livella를 섬기게 했다 (*Cambridge Ancient History,* ed. J. B. Bury et al. [Cambridge: Cambridge Univ. Press, 1923-36], 10:497; M. P. Charlesworth, "Some Observations on Ruler-cult Especially in Rome," *Harvard Theological Review* 28 [1935]:21). 그래서 황제숭배는 아시아 지역에서는 단지 영주에 대한 정치적 의무 이상이었다. 그것은 지역의 자랑이요 소유권의 문제였다.

자기 이해관계를 떠나 자진해서 자기들의 생명을 걸도록 만들 수 있다.

프로파간다(선동)는 단순히 속임수가 아니라, 우상숭배를 제조하는 것이다. 사람들로 하여금 체제의 성격에 대하여 잘못 믿게 하는 것만으로는 부족한데, 이는 강력히 그 부당성을 증명하는 진리들이 스며들어서 그런 환상을 쉽게 깨뜨려버릴 수 있기 때문이다. 그러나 **만일 사람들로 하여금 그 짐승을 경배하도록 만들 수만 있다면, 진리에 대하여 귀를 막고 진리에 전혀 영향을 받지 않는 대중을 제조해낸 셈이다.** 인식의 부조화에 대한 연구가 보여주는 바처럼,21) 무엇인가를 경배하는 사람들은 그 무엇의 부당성을 증명하는 사실에 직면하게 되면, 그들의 믿음을 포기하는 것이 아니라, 단지 그 사실을 중화시켜 무력하게 만들도록 그들의 믿음을 조정할 뿐이다.

우리는 모두 프로파간다(선동)의 장식물들에 친숙하다. 즉 큼직한 거짓말, 혹은 일상의 작은 거짓말들, 변조된 뉴스나 사진들, 속이는 이야기들, 허위로 만든 과학 연구보고서, 험담들, 빈정거림, 중상모략 등이 그런 것이다. 더구나, 자료들이 눈에 뻔히 보이고, 확인할 수 있고, 그리고 중요한 것임에도, "지성인들의 일치된 의견"에 모순되는 이야기들을 교묘히 회피하여, 대중매체에 의하여 전달된 사실의 허위보고는 더더욱 교활하다.22) 가령, 월남전쟁 동안에 그랬듯이, 뉴욕 타임즈(The New York Times) 같은 권위 있는 신문들이, 신문사의 공식적 입장과 다른 정보를 기자들이 제공하여도, 간단히 국가적 정책을 그대로 따라 말하며 되풀이한다.

동구권에서 사람들을 공산주의로 개종시켜보려고 44년간이나 노력했음에도 결국 실패로 끝난 것에서 보듯이, 프로파간다(선동)는 지극히 허약하다. 환상(幻像)은 실재의 겉모양을 흉내내기 위하여 끊임없는 반복을 필요로 한다. 선동은 지속적인 반복을 통해서만 효과를 발휘한다. 가치를 부패시키

---

21) Leon Festinger, Henry W. Riecken, and Stanley Schachter, *When Prophecy Fails* (New York: Harper & Bros., 1956).

22) Robert G. Hoyt, "What's the news, who says, and why" (a review of Mark Hertsgaard, *On Bended Knee: The Press and the Reagan Presidency*), in *Christianity and Crisis* 49 (February 20, 1989): 42-44; Cheryl Adamson, "Washington pressures journalists on Central American coverage," *Latinamerica Press*, 3 July 1986, 3. Jacque Ellul's *Propaganda* (New York: Vintage Books, 1973). 이 책은 날카로운 통찰력으로 가득하지만 극도로 결정론적이며, 선동(propaganda)이 실제 소유한 것보다 훨씬 더 많은 힘을 갖고 있다고 믿는다.

고, 인식을 허위로 만들며, 엉터리 사실을 받아들이게 하는 것은 숫자적인 통계를 가지고 한다. 이에 비하여 진리는 비록 절대로 쉽지는 않지만 몇 명 안 되는 친구를 통해서, 혹은 단 한 번의 발언으로 그 길을 수행한다. 진리는 세일즈맨쉽(판매전략)을 필요로 하지 않는데, 그 까닭은 기다리면 언젠가는 진실 그 자체가 확증될 것이기 때문이다. 괴롭힘을 당하는 예언자들, 아르헨티나 혹은 엘살바도르에서 행방불명된 자식들 때문에 매일같이 데모를 벌이는 어머니들, 혹은 트라이덴트(Trident) 잠수함 기지로 핵 폭발물을 실어 나른 화이트 트레인(White Train)의 철길 가에서 증언하는 자들 등등, 이들 경제적인 이해관계가 없는 보통의 사람들이 **거짓말이나 하자고** 이토록 고생을 선택하지는 않는다.

기만적인 가설(假說)들

프로파간다(선동)는 기만과 현혹이라는 빙산의 일각이다. 다른 나라들이나, 혹은 불만을 품은 내부 비판자들은 그것을 쉽게 적발하고 폭로할 수 있다. 프로파간다는 임시방편(ad hoc)이다. 즉 그것은 단기적 필요에 대응한다. 그것은 각각의 상황에 맞도록 변경된다. 그러나 그 기본적인 기만체제는 약 5천 년 전에 지배체제가 등장한 이후 별로 바뀌지 않았다. 그 기만체제는 선동보다도 훨씬 더 깊이에 있는 대체로 검토되지 않은 일련의 가설들 위에 수많은 인간들을 노예로 잡아두는 일에 성공해 왔다. 이들 기만의 가설들(delusional assumptions)은 골로새서(2:8, 2:20)에서 "세상의 초등학문"(한글개역), "세속의 원리"(공동번역), "세상의 유치한 원리"(표준새번역 개정판) 등으로 번역된 *stoicheia tou kosmou* (the element of the world), 즉 "지배체제의 근본적인 가설들"(the fundamental assumptions of the Domination System)이라고 부른 것들이다. 이 모든 가설들이 모든 나라 모든 시대에 통하는 것은 아니어서, 더러는 단지 어떤 나라의 소수의 사람들에게만 통하는 것이기도 하다. 그러나 이 기만의 게임이 행하여온 지난 5천 년에 걸쳐, 이들 가설들은 그 스스로를 지속적으로 주장해왔다. 여기 몇 가지만 아래에 들어보자.

* 사회를 통제하고 무질서를 막기 위하여서는 일부가 다른 사람들을 지배할 필요가 있다.
* 지배하는 사람들은 다른 사람을 자신들의 목표를 성취하는 수단으로 삼는다.
* 남자들이 여자들보다 천성적으로 지배하도록 되어있고, 어떤 인종은 다른 사람을 지배하기에 적합하도록 태어났다.
* 가치 있는 결과는 모든 수단을 정당화한다.
* 폭력은 다른 사람들을 구원할 수 있는데, 즉 원수들이 이해할 수 있는 유일한 언어다.(원수를 구원하는 데는 말로는 안 되니까 폭력으로 해야 된다는 뜻.-- 역자 주)
* 통치와 관리는 모든 사회적 기능들 가운데서 가장 중요한 것이다.
* 그러므로 통치자나 관리자는 별도의 특권과 모든 종류의 특별한 부요함(재물)으로 보상 받아야한다.
* 군사력을 가진 자들, 가장 발전된 기술을 통제하는 사람들, 가장 큰 재산을 소유한 사람들, 혹은 가장 큰 시장을 점유한 자들은 당연히 살아남아야 할 사람들이다.
* 돈이 가장 중요한 가치다.[23]
* 돈을 소유하는 것이 정치 사회적인 값어치의 표지요 증거다.
* 물질적 상품을 생산하는 것이 건강한 보통의 사람들과 건전한 인간 관계를 생산하는 것보다 더 중요하다.(혹은 전자가 자동적으로 후자를 만들어 낸다.)
* 재산은 거룩한 것이며, 재산 소유권은 절대적 권리다.
* 조직이나 국가에서 규모가 크다는 것은 권세와 가치의 증거다.
* 조직이나 기관이 사람들보다 더 중요하다.
* 국가보다 더 높은 가치, 존재, 그리고 권세는 없다. 만일 하느님이 존재한다면, 하느님은 국가의 보호자요 후원자다.
* 만일 하느님이 존재한다면, 하느님은 모든 사람들에게 나타나지 않고,

---

[23] 이것과 다음의 두 가정(假定)들은 귀족 통치적 사회에서는 오늘날의 사회들에서처럼 적용되지는 않는다.

다만 선택된 소수의 개인들이나, 국가나, 국가의 통치자들과 제사장들에게만 나타난다.24)

이런 가설들은 갈등관계에 있는 양편 모두가 지닌 것이다. 즉 그것들은 파르티아 사람들에게도 로마 사람들에게도 진실이며, 소련 사람에게도 미국 사람에게도 해당된다. 선동은 나라들을 분열시킨다. 그러나 기만적인 가설들은 상호간 적대관계의 지배를 추구하는 데서는 그들을 한 통속이 되게 한다. 땅 위에 있는 짐승은 그 선동의 임무를 수행하기에 분주한데, 권력자들을 위하여 보도 자료나 바람직한 이미지를 만들어 이를 대량 방출하기에 바쁘다. 그러나 국가들을 초월하여 모든 무질서한 체제를 티아맛의 질서 속에 함께 붙잡고 있는 용(龍 Dragon)이 버티고 서있다. 선동의 관점에서 보면, 미국과 소련은 냉전기간 동안에는 서로 원수였다. 예언자적 관점에서 보면, 그들은 안타깝게도 서로 비슷하여, 근본적으로 기만적인 가설들을 대부분 서로 동일하게 갖고 있었다.

사회화(socialization)는 문제가 아니다. 오히려 문제는 사람이 어느 것 속으로 사회화되는가 하는 점이다. 사회화의 어떤 요소들은 보편적이라서, 모든 사회들과 사람들이 다들 갖고 있는데, 즉, 공간, 시간, 숫자, 계량, 인과관계, 계층분류 등이 그런 것들이다. 마찬가지로, 사람들이 전통을 수동적으로 받기만 하는 것은 아니다. 그들은 그들의 사회화를 통해 전통을 물려받기도 하지만, 자기들이 싫어하는 것을 남겨두면서 그것을 넘겨주기도 한다.25) 그러나 그런 자유는 고도로 제한된 공간 안에서만 행사되어, 기만적인 가설들이 무의식적으로 남아 있는 한, 그 가설들을 벗어나기란 매우 어렵다.

기독교인들은 유순하게도 자기들의 정부 편을 들어서, 그들의 입장에서 보면 다른 편을 지원하는 수백만의 다른 기독교인들을 학살하는 것을 정당화하고, 이렇게 하여 양편이 모두 죽음의 왕국의 가치를 위해 공헌하고

---

24) 이 목록은 Richard B. Gregg, *The Power of Nonviolence*, 2d ed. (Nyack, N.Y.: Fellowship of Reconciliation, 1962), 138-39에 근거하여 작성한 것임.

25) C. R. Hallpike, *The Foundation of Primitive Thought* (Oxford: Clarendon Press, 1979), 55. Erich Fromm은 사회화를 정의하기를 "우리가 해야만 하는 것을 기꺼이 하기를 배우는 과정"이라고 했다 (*The Sane Society* [New York: Fawcett Premier Books, 1977], 77).

있음을 인정하지 않는다. 정치적 선거란 어느 편이 더 큰 사랑을 베풀 수 있을까 하고 경쟁하는 것이 아니라, 누가 더 기만적인 가설들(증대된 군사비 예산, 더 많은 감옥들, 범죄자들을 더 엄격히 처벌 등등)에 충실할 수 있는가를 경쟁한다. **교회가 해야 할 과제들 가운데, 이런 기만적 가설들이야말로 용(龍)이 벌이는 게임이라고 폭로하는 것보다 더 큰 일은 없다.**

기만적인 체제로부터의 해방

　기만적인 체제가 선동보다 더 소리 없이 흐른다는 인식이 또 다른 중요한 통찰을 주는데, 즉, 기만적 체제의 희생자들은 그들이 어떻게 해서 그 지경이 되었는지에 대해 책임이 있다. 그리고 그들에게 책임이 있다면, 그들은 그 기만된 상태로부터 해방되도록 선택할 수도 있다.

　사람들은 기만적인 가설들에 의하여 그들 각자의 역할에 일찍부터 친숙하게 되는데, 이건 억압자는 물론 억압을 받는 자도 포함한다. 그들은 또한 이런 잘못된 정보가 자신들에게 고통을 초래했다는 사실을 자신과 타인들에게 거부하도록 배운다. 우리는 억압자들도 변화하리라는 희망을 끝까지 지닐 수 있는데, 왜냐하면 어느 정도 그들 또한 체제의 희생자들이며, 어떤 면에서는 그들도 곤경을 느낄 것이기 때문이다. 가령 남아프리카의 백인 소년들처럼 그들이 태어난 이후 내내 자신들을 보살펴준 흑인 가정부들에 대해서 지니고 있는 사랑을 없애야 한다는 점을 발견하고 느끼는 곤경처럼 말이다.(강제징집에 반대한 어떤 이들은 바로 이런 이유를 대었는데, 즉, 그들은 흑인 거주 지역에 들어가서, 자기들을 키워준 여자들에게 총을 쏠 수는 없다는 것이었다.)

　억압하는 자나 억압받는 자나 모두 때로는 그들의 역할과 가설들로 자신들을 뒤떨어지게 만든 체제에 저항해보려고 하지만, 단지 굴복하여 양보하고 마는 것은 그 체제가 베푸는 물질적 보상과 그에 저항하면 받게 될 혹독한 처벌 때문이다. 사회는 계속적으로 억압을 받는 무리들을 학대한 것을 정당화하거나 강화하여서, 억압받는 자들은 그 사회체제가 전체적으로 가르치는 것을 "믿지 못하는" 경향이 있다.[26]

지상의 통치자들은 그들 자신들도 지배체제에 의하여 노예로 잡혀 있음을 모른다. 그들은 자신들이 누구를 위해 봉사하고 있는지 모른다. 그들은 아마도 기만적인 가설들이 참되다고 믿는다. 그들은 희생자들과 마찬가지로 모든 점에서 희롱 당하고 있는데, 물론 그들은 희롱하는 대가로 많은 보상을 받기는 한다. 그들은 아마도 선량한 아버지 어머니며, 자선기관에 기부하는 사람들이며, 교회에 출석하는 자들이며, "전통적 도덕성"을 견지하는 사람들일 것이다.

그러나 지난 50년간 세계 동서(東西)진영의 통치자들은, 상호완전파괴(MAD, Mutually Assured Destruction: 비록 미국으로선 선제공격의 정책이긴 하지만)의 이론으로 합리화하면서, 핵무기로 전 인류 살해(omnicide)라는 다모클레스의 칼(Syracuse의 임금 Dionysius I세의 신하 Damocles가 왕위의 행복을 칭송하자, 그를 왕좌에 앉히고 그 머리 위에 머리카락 하나로 칼을 매달아 지배자의 신변 위험을 가르침--역자 주)을 전 인류의 머리 위에 겨누어왔다. 그들 통치자들이 사실상 지각력이 있는 모든 생명을, 아마도 영원히 멸종시킬 준비를 하고 있다는 것은, 인류가 기만체제에 불합리하게 포로가 된 정도를 나타내는 표지라고 하겠다. 이런 가치들에 대하여는 양대 진영이 모두 동의한다. 어느 편도 자기네 국민들이 비폭력적 국가방어를 하나의 대안으로 생각하도록 국가의 정체성이나 이데올로기(이념)로 삼을 수 있으리라는 확신은 없는 것이다. 그토록 어마어마한 규모의 어리석음은 참으로 초자연적이라 할 만하다. 그 공로를 용(Dragon)에게 돌리자.

아르헨티나에서 우리가 이야기를 나눈 여인들을 고문한 사람들은 아주 좋은 남자들이었다. 그 중 한 남자는 여인에게 이렇게 말했단다. "그러나 나도 매일 아침 미사에 나간다." 다른 남자는 여자에게 결혼 청혼도 했다(그들이 그녀의 남편을 2년 전에 고문 끝에 죽였는데). 이런 남자들은 쌔디스트(가학성변태자)들이 아니다. 그들은 단지 국가라는 우상(the idol of the state)에게 그들 자신

---

26) Richy Sherover-Marcuse, "Unlearning Racism Workshops," and "Toward a Perspective on Unlearning Racism: 12 Working Assumptions," 6501 Dana, Oakland, CA 94609. 그러나 나는 그녀의 사회적 결정론에 찬동할 수 없다; 사람들은 단지 희생자들만은 아니다--그렇지 않다면, 그들은 자기들의 행동에 책임을 질 도덕적 행위주체가 아닐 것이니까. 그들은 유혹을 받는다, 그러나 유혹을 받도록 한 과실이 있는 것이다.

을 바쳤을 뿐이다. 그들이 일단 선을 넘고 나면, 그 우상에게 봉사하는 일이라면 그 어떤 악도 그들에겐 선한 것이었다. 그들의 입장은 그들의 전제 위에서는 냉정하게도 합리적이며 논리적인 것이었다. 이성을 빼놓고는 모든 것을 잃어버린 자들에게는 일종의 광기(狂氣)가 나타난다고 체스터톤(Chesterton)은 경고한 바 있다. 그 짐승은 사람들이 보다 높은 인간적 가치에 눈멀게 만드는 환경을 조성하고는, 완벽하게 좋은 사람들을 짐승으로 변화시켜 버린다. 이런 사람들은 그 짐승을 위하여 봉사하는, 용(Dragon)의 노예들이다. 그러나 그들은 자신들이 포로가 되도록 스스로를 내어 맡겼다.

여기에 **도덕적 성숙의 역설**(Paradox)이 있다. 즉, 우리는 우리들에게 행하여진 것에 대하여 우리가 행동한 것이라고 책임져야 한다. 우리는 우리가 그렇게 만들어진 것에 대하여 우리가 만든 것이라고 책임져야 한다. 기만 체제에 대한 우리들의 항복문서는 자진하여 만든 것은 아닐지 모르나, 우리들 자신의 저 깊은 곳에서 우리는 그것이 잘못임을 안다. 이 땅 위의 어떤 권세라도 우리들에게서 진리를 알아보는 능력을 완전히 추방하여 버릴 수는 없도록 우리 인간은 그렇게 만들어졌다. 아무리 오랫동안 묻혀 있다가도, 그리고 아무리 혹심하게 배반되었더라도, 마침내 진리는 드러나게 마련이다.

체코의 극작가 (그리고 나중에 대통령이 된) 바클라브 하벨은 공산주의 체제가 아직 권력을 잡고 있었을 때에 이렇게 썼다.

> 그 체제는 자신의 거짓에 잡혀 있기 때문에, 모든 것을 허위로 만든다. 과거를 허위로 만들었고, 현재를 허위로 만들었으며, 미래도 허위로 만든다. 통계 숫자를 허위로 만들었다. 그 체제는 모든 짓을 저지를 수 있는, 그리고 파렴치한 경찰 조직을 갖지 않은 척했다. 인권을 존중하는 척했고, 아무도 박해하지 않는 척했다. 아무것도 두려워하지 않는 척했으며, 아무것도 꾸며대지 않는 척했다.
> 각 개인들은 이런 모든 속임수를 다 믿어줄 필요가 없고, 그렇게 믿어주는 척만 해주면 되고, 혹은 적어도 침묵으로 모른 체 해주거나, 함께 일하는 그들과 잘 어울려주기만 하면 된다. 그러나 이런 이유만으로도 그들은 거짓말 속에서 살아야 한다. 그들은 거짓말을 받아 줄 필요는 없다. 그들은 그 거짓 안에서 자기들이 살고 있음을 인정만 해도 이미 충분하다. 바로 이런 사실만

으로도, 각자는 이미 그 체제를 확인하고, 그 체제를 실행하며, 그 체제를 만들고, 그 체제 자체인 것이다.

누가 그 체제 밖으로 걸어 나와서 진리를 말하고, 진리를 따라 살면, 그 사람은 다른 모든 사람들로 하여금 커튼(장막) 뒤를 훔쳐보게 할 수 있는 것이다. 그 사람은 다른 모든 사람들의 반박에도 불구하고, 진리 안에서 살 수 있음을 보여주는 것이다. "거짓 안에 사는 것은 그것이 보편적이 될 때만 그 체제를 구성한다." 그러므로 그 선을 그어놓은 지역 밖으로 걸어 나온 사람은 **"그 체제를 원칙으로 부정하며 그 전체에게 위협이 된다...** 만일 체제의 중심적인 기둥이 거짓을 살면, 그 체제에 가장 근본적인 위협이란 진리를 따라 사는 것임은 놀랄 일이 아니다." 이런 이유로 그 무엇보다도 진리가 억압을 받을 수밖에 없게 되는 것이다.

거짓의 삶으로 표현된 겉치레는 이상한 자료로 만들어졌다. 전 사회를 밀봉하고 있는 한, 그건 마치 돌로 만들어진 것처럼 보인다. 그러나 누군가가 한 군데 깨뜨리고 들어가는 순간 – 솔제니친(Solzhenitsyn 소련의 문인) 같은 이 – 한 사람이 소리치기를, "황제가 발가벗었네!" 하면, 그리고 단 한 사람이 놀이의 규칙을 깨고, 그 게임(기만 delusio!)을 폭로하면, 그 겉치레 전체가 걷잡을 수 없이 무너지고 찢어지기 직전의 티슈(휴지)라고 폭로된다.27)

우리들의 둘레에 쳐진 기만의 거미줄은 끊어질 수 있다. 모든 사람이 해방될 수 있다. 대부분의 사람들은 고의로 불의한 것이 아니다. 심지어는 현재 우리들의 원수들까지도 어떤 점에서는 희생자일 수 있다. 예수는 우리가 원수들을 위하여 기도하라고 명령하는데, 이는 그렇게 하는 것이 경건해서가 아니라, 그들에게도 현재의 체제가 잘못되었음을 인정할 수 있는 잠재력이 있기 때문이다. 우리는 원수들을 사랑해야하는데, 이는 그들도 또한 용(Dragon)의 기만적인 게임에 속임을 당했기 때문이다.

가끔 해방자까지도 억압적인 조건들과 행동에 사로잡힌다. 요한계시록

---

27) *Vaclav Havel or Living in Truth*, ed. Jan Vladislav (Boston: Faber & Faber, 1987), 45, 56, 59.

이 바로 그런 경우를 다룬다. 일찍이 제국에 대하여 이보다 더 치열한 정치 경제적 비판이 있었던 적이 없다. 그 저자는 날카로운 통찰력을 갖고 로마의 잔인함을, 그리고 그 배후에 있는 사탄의 영을 꿰뚫어보고 있다. 그러나 그는 이런 계시를 남성통치의 다른 면모들에 연관시키지는 못하고 있다. 티나 피핀이 지적했듯이, 요한계시록 기자는 강력하고 자율적인 여인을 악(이세벨: Jezebel, 창녀)으로 보고 있고, 태양을 옷 입은 선한 여인은 남자 구세주(메시아)를 낳아주는 것으로만 평가되고, 그리곤 곧 퇴장 당한다. 여인들은 유혹을 일으키고, 그들의 몸은 남자를 더럽힌다. 그러므로 구원된 첫 열매들인 144,000 명의 "숫총각들(virgins)"은 "일찍이 여자들과 더불어 몸을 더럽힌 일이 없는" 남자들이다(계 14:4). 계시록에 나오는 세 가지 여성 인물들은 폭력적으로 취급되었다. 즉 위대한 어머니(Great Mother)는 용(Dragon)에 의하여 추격을 받으며, 창녀(Whore)는 잔인하게 학살되며, 이세벨(Jezebel)은 병이 걸리고 그녀의 자식들은 죽임을 당한다.28)

    요한계시록은 부자들이 자신들을 위하여 축적해 놓은 금과 보석들의 아름다움을 모든 사람이 즐길 있도록 권력관계가 변화됨을 생각한다(계 21: 18-21). 예수에 의하여 시작된 혁명이 정치 경제적으로는 요한에게 계속되고 심지어는 확장되지만, 그러나 원수를 사랑하라는 것이나 여성을 해방하는 예수의 가르침은 버려졌다. 그러므로 여성에 대한 남성의 우월함은 여전히 남았고, 새 예루살렘에 여자들이 허용되는지조차 확실치 않다. 그토록 저자의 여성혐오증은 깊다. 정의에 대한 관심은 아직 충분치 않다. 각각의 사회적 투쟁은 하느님의 탈지배적 질서(God's domination-free order)의 도래라는 보다 큰 전망과의 관계에서 이해되어야만 한다.

    용의 전략은 유도된 무력감(無力感)에 의해 반대자를 없애버리는 것이다. 그 기만적인 가설들을 용납하는 것은 사실상 용을 경배하는 것이어서, 그의 가치를 궁극적인 것으로 여기고, 그 용의 위력의 영원함에 생명을 걸게 한다. "이것을 본 세상 사람들은 놀랍게 여기며 그 짐승을 따라 갔습니다. 그리고 그 짐승에게 권세를 준 용을 경배하였습니다. 또 그들은 짐승에게도 절을

---

28) Tina Pippin, "The Heroine and the Whore: Fantasy and the Female in the Apocalypse of John," 미발표 논문을 저자의 호의로 사용.

하며, '이 짐승처럼 힘센 자가 어디 있는가, 누가 이 짐승을 당해낼 수 있는가?' 하고 외쳤습니다"(계 13:3-4). 그 짐승에게 복종하는 것은 지속적으로 어깨를 으쓱하는 제스추어(절망, 의심, 불쾌, 당황, 냉소 등을 표시하는 뜻으로 어깨를 으쓱하는 몸짓으로 미국인들이 잘 쓰는 몸짓.- 역자 주)를 해야 한다. "이 짐승처럼 힘센 자가 어디 있는가? 누가 이 짐승을 당해낼 수 있는가?"(어깨 으쓱). "명령대로 지금 내가 막 실행했어. 내가 하지 않았으면 누군가가 했을 테지"(어깨 으쓱). "우리 회사에서 만든 영화에 묘사된 폭력 장면들을 나는 즐기지 않지만, 그러나 이게 바로 대중이 원하는 것인 걸 어떡해"(어깨 으쓱). "나는 마약에 걸려들고 싶지 않았지만, 그러나 나는 다른 애들이 내가 너무 품행이 방정하다고 말할까봐 두려웠어"(어깨 으쓱). 레잉(R. D. Laing)은 이렇게 말한다. "각 사람은 그 자신이 그다지 중요하지 않다고 주장하는데…. 이런 상호 무관심의 집합, 그리고 서로 중요하지 않고 그래서 외로움을 느끼는 집합들 속에는, 자유란 존재하지 않는 것 같다. 도처에 나타나는 유령(幽靈: presence)을 따르는 태도가 있다. 땅에 있는 권세들과 하늘에 있는 제7위 천사들(Principality: 천사의 9등급 중 7번째의 것들--역자 주)에 의하여 사람들은 우주적 투쟁을 통하여 마음과 몸이 갈갈이 찢어지고, 벗겨지고, 분쇄되고, 약탈당하고, 그리고 기진맥진하게 되었다"라고.29)

"이 짐승처럼 힘센 자가 어디 있는가? 누가 이 짐승을 당해낼 수 있는가?" 하는 만트라(Mantra 진언, 呪文)는 대중이 따라 외우면 틀림없이 추종하게 만드는 것이다. 이런 우울한 되풀이 후렴은 전체주의 사회 속에 사는 시민들의 마음속에 메아리 치고 있다. 국가적인 제도와 장치는 도처에 있다. 누가 이 짐승과 같은가? 누구라도 밀고자가 될 수 있다. 그러니 누가 이 짐승에 대항하여 싸울 수 있나? 이윽고 혀 한번 잘못 놀리면 곧 자기의 생각을 노출시킬 수 있다는 두려움에 젖어서, 혹은 밤에 잠자다가도 선동죄에 걸릴 말을 잠꼬대할까봐 두려움에 젖어서, 사람은 자기 자신의 마음에 대하여 스스로 검열관 노릇을 시작한다.30)

---

29) R. D. Laing, *The Politics of Experience* (New York: Pantheon Books, 1967), 13, 132.
30) Danilo Kis, "The State, the Imagination and the Censored I," *New York Times Book Review*, November 3, 1985, 3.

욥기에 나오는 사탄이 이 땅 위를 두루 다니면서 사람들의 잘못을 탐지하는 것은, 아마도 페르시아의 비밀정보원의 모형에 의하여 영감을 받은 것 같다.31) 프로이드의 초자아(超自我 Superego)처럼, 사탄은 사람이 사회화됨에 있어서 귀에 거슬리는 내면화된 목소리, 아직 의식 위로 떠오르지 않은 그래서 모순될 가능성 위로 솟아오르지 않은 내면의 목소리를 대표한다. 사탄은 도덕적 무분별뿐만 아니라, 사회가 거룩하고 올바르다고 선언하는 억압적인 가치에 복종하도록 우리를 유혹한다. 사탄은 내면화된 체제를 위하여 사람들의 마음을 감시하고, 믿을 만한 사람의 능력에 대하여 내기를 거는 하느님에게 함부로 지껄인다(욥기 1-2장).

군사독재자 피노체트가 통치하던 시절의 칠레에서, 나는 그곳의 억압에 대하여 교회에 다니는 어떤 사람에게 물었다. 그는 대답하기를, 신문이나 언론매체에 대한 공공의 감시보다는, 두려움에 질려서 스스로 자신에게 가하는 개인의 자기 감시(self-censorship)가 훨씬 더 심하다고 말했다. 한 동부 유럽 사람은, "우리나라에선 사람들이 자신의 사상이나 생각 때문에 투옥되는 일은 매우 드물다.... 왜냐하면, 우리는 이미 자신의 생각에 의해 갇혀 있기 때문이다"라고 심각하게 말했다.32) 한 정부가 이런 힘을 스스로 갖는 것은 아니다. 사람들이 국가에다가 이런 힘을 자진해서 헌납하여 넘겨주었음에 틀림없다.33)

권력을 잡은 사람들은 우리가 그들의 권력을 경외하기를, 그래서 그들을 향해서는 좀 다르게 행동해 주기를 바란다. 유럽 사람들이 식민지를 정복한 것은 전쟁과 통신의 엄청나게 우세한 공학 기술 때문에 가능하였지만, 그러나 일단 토착민들이 이런 기술들을 배우고 난 뒤에는 (사실, 지배자들을 위하여 그 기술들을 시행하는데), 유럽인들 자신들은 이런 유리한 점을 지속적으

---

31) A. Lods, "Les origines de la figure de Satan, ses fonctions a la cour celeste," in *Melanges syriens offerts a R. Dussaud*, vol.2, *Bibliotheque archeologique et historique* 30 (Paris: P. Geuthner 139), 649-60; C. Colpe, "Geister (Damonen)," *Reallexikon fuer Antike und Christentum*, ed. Theodore Klauser (Stuttgart: Anton Hiersemann, 1976), 9:569-70.

32) Csaba Polony를 Charles Upton, "Who Are the Archons?" *Gnosis* 2 (Spring-Summer 1986): 5에서 인용.

33) Jane Way, *The Powers of the Weak*, 169. Gene Sharp, *The Politics of Nonviolent Action* (Boston: Porter Sargent, 1973), 1:7-62.

로 유지할 수 없었다. 어떤 반대도 좌절시키며 식민지 행정관들의 특징을 이루었던 오만 방자한 허세와, 자기들이 더 낫다고 쉽게 가정하는 우월감에 대하여, 루이스 멈포드는 주목하였다. 즉 그런 행정관들 앞에서 식민지 백성들은 자신들의 열등감을 느꼈다. 영국은 차 마시는 시간, 옷 입는 규범, 그리고 깃발로 다스렸고, 단지 가끔씩만 무기를 필요로 하였다. **사람들의 마음을 다스리는 것은 노골적인 무력이 아니라 권력의 상징물이다.**34) 1930년 6월 21일 봄베이에서 수많은 인도(印度) 사람들이 경찰들의 방망이 앞에 비폭력적으로 굴복하였을 때, 몇 시간이고 계속해서 그들을 땅바닥에 때려 눕혔던 사람들은 영국 사람들이 아니라, 단지 여섯 명에 불과한 영국 경찰 간부의 지휘를 받은 수백 명의 인도인 동족 남자들이었다.35)

지배는 언제나 권력관계 그 이상의 것이라고 조올 코벨이 말했다. **지배는 존재의 영적인 상태다**(Domination is a spiritual state of being.). 지배자는 피지배자들에게서 존재를 추출해냄으로써 권력을 행사한다. 자본가들은 노동자들의 잉여가치와 노동력을 얻어내는 것보다 더 많은 것을 얻어낸다. 즉 그들은 노동자들의 존재의 품위도 떨어뜨리고, 자기들 자신의 권력을 부풀어 올린다. 이리하여 계급의 우월성에 젖은 나르씨시즘(Narcissism 자기도취증)이 생겨난다. 백인 인종차별주의자들은 흑인들을 물질적으로 착취하는 것 이상의 행동을 하는데, 즉, 자기 자신들을 우월한 인종에 속한다고 하고, 대신 흑인들을 동물이나 다름없는 인간 이하로 취급한다. 성적인 착취를 하는 남자들은 여인들의 노동력과 육체를 착취하는 것 이상을 하는데, 즉, 자기들은 합리성(合理性)과 역사를 지니고 있고, 여성들은 멍청한 본성을 가진 것으로 취급한다.36) 이처럼 지배는 불의보다 더한 결과를 낳는다. 즉 지배는 영혼 그 자체에 상처를 주며, 또 바로 그런 상처를 주려고 계획한다.

지배는 아직 전혀 감지되지 않을 때 오히려 더 힘이 있다. 리챠드 세네트는 그의 『권위』라는 책에서, 많은 의사들이 환자를 대하는 방법이 사람보

---

34) Lewis Mumford, *The Myth of the Machine : The Pentagon of Power* (New York: Harcourt Brace Jovanovich, 1970), 7.
35) Richard B. Gregg, *Power of Nonviolence*, 26-28.
36) Joel Kovel, *History and Spirit* (Boston: Beacon Press, 1991), 102.

다는 육체로 대하며, 관료주의자들은 사회 복지 수혜자들이 복잡한 서류양식을 기록하는 데 겪는 어려움을 어떻게 무시하는지를 비판했다. 즉 이런 무관심의 행동이 지배를 유지하도록 하는 것이다. 한 사람이 다른 사람들을 필요로 하는 것보다, 다른 사람들이 그를 더 많이 필요로 하면, 그는 그 사람들에게 무관심하게 될 수 있다. "누군가가 무관심하게 행동하면 우리는 그에게 인정받기를 원하여, 우리가 주목받기에 충분할 만큼 중요하다고 이 사람이 느끼기를 바란다"고 세네트는 말했다. 권위를 지닌 사람들의 무관심을 두려워해서, 그들이 왜 그토록 냉담하게 되었는지를 이해하지 못하면서, 우리는 감정적으로 그들에게 의존하게 된다. 보통 사람들에게 이런 무관심은 강압적으로 수치심을 초래한다. 즉, 무관심하게 대하면 사람들은 자신들이 하찮은 존재라고 느끼게 된다.[37] 왜냐하면 삶이란 단지 인간들 사이의 만남이 아니라, 인정받기를 원하는 죽을 때까지의 투쟁이기도 하기 때문이다. 사람은 단순히 남을 원하는 것만이 아니라, 남이 자기를 원하게 되기도 바란다.[38] 바로 이렇게 남들로부터 원함을 받기를 바라는 욕망이 우리로 하여금 권세들 앞에서 그토록 취약하게 만든다.

가난한 사람들은 비존재, 무가치함, 그리고 굴욕감을 느낀다. 부자들이 그들 가난한 사람들의 투표를 필요로 하지 않는 한, 아무도 그들을 본 체하지 않는다. 심지어 투표를 할 때도 그들은 어쩌면 자신의 이익과는 반대로 표를 던지는 경우도 종종 있다. 그들은 대체로 자신들에 대하여 별로 자신감이 없으며, 실제로 그들이 무엇을 원하는지를 그들 자신보다 오히려 부자들이 더 잘 알고 있다고 믿는다. 잭 넬슨-팔마이어가 혼두라스의 농장 노동자들을 인터뷰했을 때, 그들의 대답은 우선 자신들을 비하하는 말로 시작했는데, 예컨대, "우리는 아무것도 모르는 어리석고 무지한 사람들입니다"라든가, 혹은 "우리는 아무것도 모르는 황소나 마찬가지입니다" 등의 말이 그것이다.[39]

사람들은 자신들이 억류되어 있는 장소를 선택할 뿐만 아니라, 또한 하느님 때문에, 아니면 운명 때문에, 혹은 그들 자신이 못나서 그렇게 되는 것

---

[37] Richard Sennett, *Authority* (New York: Vintage, 1981), 86, 92.
[38] Joel Kovel, *History and Spirit*, 125.
[39] Jack Nelson-Pallmyer, *War against the Poor* (Maryknoll, N.Y.: Orbis Books, 1989), 21.

이 당연하다고 여긴다. 기독교 바닥공동체(Christian base community)에서 성경공부를 통하여 눈이 열린 뒤에, 볼리비아의 한 인디언 여인은 말하기를, "성경책 **어디에도 우리가 굶주려야만 한다고 말한 데가 없다**는 말입니까?" 하고 반문했다.40)

이런 내면화된 억압(internalized oppression)이 너무도 깊어서, 구스타보 구티에레즈는 신학의 전면적인 새로운 과제를 그 위에 두었는데, 즉, 부르주아(Bourgeois: 유산계급)가 "삶의 의미"를 발견하도록 돕는 것이 아니라, 비인간화된 사람들이 그들의 인간성을 회복하도록 돕는 데 두었다.41)

그러나 무력감은 단지 태도의 문제만은 아니다. 사람들을 억압하는, 그리고 그 억압을 끝장내려는 어떤 시도도 막으려는 구조들, 즉 경제적, 정치적, 종교적 구조, 그리고 마지막으로 심리적 구조가 있다. 정신치료(Psychotherapy)라는 것도 종종 지배자의 인격, 지배자의 가족들을 표준으로 삼아서, 내담자들(clients)을 그들 지배체제에 잘 맞도록 조정하려고 한다. 가족체제의 치유자 쎌마 진 구드리취는 말하기를, "우리는 사람들을 고쳐서 그 체제가 더 잘 작동하도록 할 것이 아니라, 그 체제를 고쳐서 사람들이 더 잘 작동하도록 만들기 시작해야할 것이다"라고 했다.42)

체제적인 불의(systemic injustice)는 그 가해자들에게는 상당한 정도로 보이지 않는다. 성차별적 언어를 사용하는 남자는 보통 의식화된 여자들이 겪는 따돌림과 차별의 고통에 대해서 모르고 있다. 불리함을 겪는 인종의 친구들도 갖고 있고, 그래서 인종편견이라곤 놀랄 정도로 없는 사람일지라도, 아직도 한 인종이 다른 인종을 조종하는 조직적인 통치를 영구히 지속하려는 체제를 옹호하기도 한다. "인종차별은 비록 그 차별을 일으키는 사람들이 편견을 갖고 행동할 의도가 없거나, 그래서 그런 것을 의식하지도 않을지라도, 우리 사회 구조 안에서 영적인 힘으로서 작용한다."43)

---

40) Charles Upton, "Contemplations as Revolutionary Act: Response to Simone Weil's *Waiting for God*," 미발표 논문, 저자의 호의로 전재.
41) Gustavo Gutierrez, *A Theology of Liberation* (Maryknoll, N.Y.: Orbis Books, [1973] 1988).
42) Thelma Jean Goodrich, "Women, Power, and Family Therapy: What's Wrong with This Picture?" in *Women and Power: Perspectives for Family Therapy*, ed. Goodrich (New York: W. W. Norton, 1991), 23, 31.

이처럼 깊이 내면화된 억압이야말로 권세들의 가면을 벗기는 것이 그 자체로서는 좀처럼 충분하게 이루어지지 않는 이유가 된다. 라인홀드 니이버가 통찰한 바대로, 권력을 잡은 사람들은 일반적으로 자기들의 정책을 정당화하던 이데올로기가 불신되었다는 그런 단순한 이유 때문에 쉽게 항복하지는 않는다. "권력이 그 자신을 방어해준 정치적, 도덕적, 철학적 이론의 빛나는 방호복(갑옷)을 잃어도, 그 권력은 갑옷 없이 싸움을 계속할 것이다. 그러나 그것은 보다 더 취약해지고 적대자들의 힘은 증가할 것이다."44) 진실로, 권력은 더욱 필사적으로 싸움을 계속할 것인데, 이는 자신의 시간이 얼마 남지 않았음을 알기 때문이다(계 12:12).

그래서 억압자들의 가면을 벗기는 일 외에, 그 희생자들의 **노예적 근성도 치유해야만** 한다. 혁명적인 분석과 실천에 더하여, 치유가 있어야만 한다.45) 기만의 체제를 폭로하는 과제는 지배의 사회적 심리학을 발전시키는 것을 필요로 한다. 단지 지배자들의 불법성을 비판하는 것으로는 두 가지의 결과를 가져올 것인데, 둘 다 부정적인 것이다. 즉 피억압자들은 자기들 나름대로 그 게임에서 억압자들을 이기려고 하면서도, 게임 그 자체를 변경하려고 하지는 않는다(바로 이 점에서 초기 해방신학자들은 구원을 위한 폭력을 지지했다). 혹은 피억압자들을 심지어는 더한 소외로 몰고 가는 수도 있다. 리쳐드 베네트가 지적한 것처럼, 지금은 피억압자들이 자신들로 하여금 그렇게 약탈당하도록 내버려둔 자기들 자신들을 더 이상 존경할 수 없지만, 그러나 아직은 그들이 지배자들로부터 자유롭게 된 것이 아니다. 그들의 나약함을 인정하는 것은 반란을 일으키도록 역량을 비축하는 것이 아니라, 오히려 자신에 대한 의심을 품게 할 것이다. 즉, 내가 그런 대우를 참고 견딜 만큼 어리석고 비겁했으니, 지금 내가 받는 것은 당해서 싸다. 내가 나약한 것은 내

---

43) Ward Ewing, *The Power of the Lamb* (Cambridge, Mass.: Cowley Publications, 1990), 47.
44) Reinhold Niebuhr, *Moral Man and Immoral Society* (New York: Charles Scribner's Sons, 1932), 33.
45) J. B. Libanio는 모든 사회적 체제는 그 자신을 유지하기 위하여 3가지 요소를 필요로 한다고 한다. 즉, 합법성(Legitimacy), 치료(Therapies), 그리고 사회적 통제(Social Control)이다. 그리고 이것은 다른 어떤 다른 것들에게와 마찬가지로 반문화적인 혹은 혁명적인 그룹에도 적용되는 것이다. ("A Community with a New Image," *WCC Exchange* 2 [May 1979]: 37, 40).

잘못이라고 믿게 된다.

한 걸음 더 나아가, 세네트(Sennett)는 계속 지적한다. 즉 모든 사람이 동등하게 창조되었다면, 그래서 우리가 모두 삶의 같은 출발점에서 시작하였다면, 그런데도 당신은 앞서 있고 나는 훨씬 뒤에 처져 있다면, 나의 삶을 보다 더 좋게 만들지 못한 것에 대하여 나 자신 외에는 아무도 비난할 수가 없다. 이처럼 노동자들은 체제의 잘못됨을 인식하지 못하게 만드는 체제의 그물에 걸려 있다. (체제의 잘못됨이란 즉 모든 사람이 같은 지점에서 출발하지 않았으며, 어떤 이들은 태어나면서부터 가족의 재물, 교육, 인종, 성별, 그리고 인생의 신분 등에서 이미 앞서 있는 점이다; 그리고 복음이 가르치는 바는 우리가 동등하게 태어난다는 것이 아니라, 비교되지 않도록 태어났고, 각자는 매우 독특하며, 하느님께 사랑을 받는다는 것이다).46) 따라서 희생자들은 자신들을 비난하고, 그 체제는 다치지 않은 채 남는다.47)

그러나 무력함은 결코 경험적인 사실이 아니다. 그것은 현실적인 분석의 결과가 아니다. **무력감이란 우리를 공범자로 묶어두기 위하여 권세들이 의도적으로 유도하는 영적인 질병이다.** 우리가 무력함을 느낄 때면 언제나 우리는 한 발짝 물러서서 물어보아야 한다. 즉 어떤 하늘의 천사계급이나 땅의 권세가 나를 마력으로 묶고 있는가를 물어야만 한다. 아무도 완전히 무력할 수는 없다. 우리가 어떻게 죽어야할 것인지를 선택하는 문제라 할지라도, 우리는 그 힘을 넘겨주기 전에는 권세들이 우리를 완전히 통제할 수는 없다. "그리스도가 악마에게 넘겨준 모든 권세는 우리의 불신앙이 그 악마에게 허락한 것들뿐이다"라고 하인리히 쉴리어가 말했다.48) 권세들을 이겨내는 신앙의 승리란 그들의 분노로부터 면제받는 것이 아니라, 그들의 기만에서 해방되는 것이다. 그들의 분노에 대하여 말하자면, 심지어는 거기에도 하느님의 구원하는 은혜는 끝이 없다. 그러나 기적을 위한 기도는 언제나 정당한 일이다. 우리에게 불가능한 것처럼 보이는 것은 보통 다른 사람들에겐 제한

---

46) Tinder, *Political Meaning of Christianity*, 32를 보라.
47) Sennett, *Authority*, 28, 33, 41, 46; and Sennett and Jonathan Cobb, *The Hidden Injuries of Class* (New York: Vintage, 1973).
48) Heinrich Schlier, *Principalities and Powers in the New Testament* (New York: Herder and Herder, 1961), 56.

된 비전이거나, 혹은 우리가 붙잡혀 있는 불신앙일 수 있다. 믿음이란 가능성이 강제성을 넘어서며, 자유가 필요를, 생명이 사망을, 영원이 시간을 넘어섬을 확신하는 것이다.

불가능이 내 바로 앞에 마주서서
내 얼굴을 들여다본다.
믿지 못할 것은 믿을 수 있다.[49]

그들의 억압을 내면화한 사람들, 그 짐승에게 압도된 사람들, 그 힘을 수동적인 복종으로 겁내는 사람들, 그리고 그 힘의 위세를 경배하는 사람들은, 그 짐승에게 그 힘을 계속 확장할 필요에 모든 허가를 내준 사람들이다. 요한에게 나타난 계시들이 참으로 장쾌한 것은 윌리엄 블레이크가 "마음이 날조해낸 수갑들"(the mind-forg'd manacles)[50]이라고 부른 것들로부터 해방시키고, 각성시키고, 자물쇠를 여는 능력, 그리하여 사람들을 자유롭게 만드는 능력이다.

비전(vision)은 사람을 치유한다. 우리가 타락하기 이전의 상태를 깨닫는 것만으로는 체제의 변화를 가져오기에는 불충분하지만, 그 불가결한 선결조건은 된다. 묵시적인(베일을 벗기는) 것은 언제나 지배에 대한 항거다. 부정적인 사회화와 내면화된 압박으로부터 해방시키는 것은, 영들을 분별하는데 있어서 언제나 완결되지 않는 미완성의 과제다. 이런 분별력을 발휘하기 위하여, 우리는 보이지 않는 것을 보는 눈을 필요로 한다. 기만의 마술을 분쇄하기 위하여, 우리는 하느님의 탈지배적 질서의 비전과, 그 비전을 이룩할 방법을 필요로 한다. 그 일을 위하여, 우리는 예수가 선포한 하느님의 새로운 헌장을 보아야 한다.

* * *

---

49) Steve Shelstad, in workshop at the Ecumenical Theological Center, Detroit, December 1990.
50) William Blake, "London," in *The Complete Poetry and Prose of William Blake,* ed. David V. Erdman, rev. ed. (Berkley: Univ. of California Press, 1982), 27.

제1부에선 권세들과 그들의 지배체제가 어떻게 작용하는가를 분별해 보고자 했다. 신약성경은 그 분별의 과정을 위하여 여러 실마리들을 제공하였는데, 그 가장 중심적인 것은 하느님이 권세들을 극복하기 위하여 무엇을 하였는가 하는 점이다. 거기서 우리가 권세들과 "이 세계"에 대하여 배운 것은 오로지 하느님이 피조물들을 그 본래의 의도대로 "보편적 회복"(행 3:21)에로 인도하는 맥락에서 배웠다. 이 책의 남은 부분에서는 지배체제에 대한 하느님의 대안에 대하여 자세히 논할 것이다. 만일 복음이 참되다면, 그리고 "이 세계"에 대한 그 기술이 정확하고 그 해결방법이 옳다면, 복음이란 일찍이 들어본 바 없을 만큼 혁명적이며, 그 잠재능력에 있어서 이미 다 써서 소진되기는커녕, 오늘날이야말로 그 본래 의도대로 다가오고 있는 것이다.

제2부

실재에 대한 하느님의 새로운 선언

어떤 특정한 불의를 시정하려는 관심은 지배체제 전체에 대항하는, 보다 더 큰 투쟁의 일부로 보아야 한다. 더 큰 상황의 맥락을 보지 못하는 근시안적인 시각 때문에 사회 정의 운동이 방해받을 때가 많다. 결국, 그들이 사용하는 수단이 때로는 그 안에 지배를 포함한다. 혹은 계급이나 인종적 분열들이 사회 변혁 운동 안에 보존되기도 하고, 혹은 남성 우월주의가 그 지도자들에 의하여 강요되기도 한다. 사회 개량을 위한 부분적인 노력들이 때로는 서로 각각 연관성을 갖지 못하여, 그런 모든 노력들을 하나의 거대한 전체 속에 통합하는, 보다 큰 비젼(vision)이 없게 된다.

복음서들은 그런 비젼을 가지고 있는데, 그게 바로 하느님의 통치다. 그러나 이 하느님의 통치가 각 개인이 "죽어서 하늘에서 받는 파이(pie) 조각들"인 하늘나라에서의 사후생명(afterlife)으로 바뀌어져, 그런 비젼이 구름 속에 가려졌으며 때로는 완전히 사라져버렸다. 많은 사람들에게 있어서 "하느님의 왕국" 또는 "하느님의 통치"란 확실한 내용이 결여되고, 그리하여 군주적인 언어가 성차별적(sexist)이고 남성에 의한 지배(androcratic)로 이해된다. 결국은 오고 있는 새로운 세계를 보는 예수의 비젼이 심지어는 대부분의 그리스도인들에게조차도 상실되어 버렸다.

이 책 제1부의 관점에서 보아, 우리는 **하느님의 통치**란, 사람들 사이의 모든 상이점들을 가로지르는 파트너십, 상호의존, 기회의 균등, 남자들과 여자들 사이의 상호 존경으로 특징지어지는 질서, 즉 억압적 지배가 없는 탈지배적 질서라고 말할 수 있다. 이런 평등주의적인 영역은 인간의 삶에 해로운 체제, 즉, 폭력, 지배를 위한 계급적 구조, 가부장주의, 인종차별주의, 그리고 권위주의를 배격한다. 이런 모든 것들을 나타내기 위해 우리가 사용하는 적절한 말은 지배체제(Domination System)라는 것이다.

지배체제는 기관들이 자신의 확대 및 탐욕을 추구하기 위하여 그것들의 본래적인 거룩한 사명을 조직적으로 거부한 결과로 나타난 것이다. 그러나 이런 타락한 권세들과 부도덕한 체제가 마지막 결론은 아니다. 하느님은 우리를 그런 권세로부터 구원해 내고--그리고 그런 권세들도 또한 구원하려고--행동하신다. 그러나 이 구원은 역설(逆說 paradox)로 가득 차 있다. 구원의 가장 강력한 힘은, 권세를 교묘한 조작(造作 manipulation) 이라고 정의하는 사람들에게는 나약한 것으로 나타난다. 구원의 지혜는 다른 사람을 희생한 대가로 자신이 부자가 되는 사람들에게는 바보스럽게 보인다.

하느님의 탈지배적인 대안(God's domination-free alternative)은 우선 계시되어야만 했고, 실행되어야 했고, 마침내 수용되어야만 했다. 다음 세 장에서는 그런 절차들을 규명해보고자 한다. 즉, 계시("하느님의 탈지배적 질서: 예수와 하느님의 통치," 6장), 실행("폭력의 악순환을 끊기: 십자가의 권능," 7장), 수용("비인간적인 것을 씻어 버리기: 써버릴 수 있게 되기," 8장)의 단계들이다. 여기에 비젼이 있으니, 곧 실현되기엔 너무도 완벽하여 희망이 없는 유토피아의 비젼이 아니라, 이른바 민초들(grass-roots)의 실제적이고, 우리가 살아낼 매일의 세상의 비젼이다. 내가 믿기로는 이것이야말로 우리가 살아갈 가치가 있는 유일한 미래를 붙잡고 있는 것이다.

유서 깊은 인간의 수확을 거두는 동안
오직 소수의 사람들이 있어
보다 완숙한 결실을 희생하고
눈먼 땅바닥에 떨어져 내려
그리고 초조한 세월에 남겨졌나니....

그들이 한 일이 무엇이더냐?
우리의 벽들에 난 틈새를 뚫고
그들이 들어와서,
우리의 감방 속으로
태양과 풀의 냄새를
들어오게 하였던가?
그 틈새를 통하여
그들의 존재가
우리의 존재에게 말했다.
그런 한 가지가 바로
유태인 예수였으니,
그는 시간을 등에 진
고급 품목들의 행상인이요
하느님의 어부라
그를 지나가게 하라.

- 쉐일라 문, "요셉의 아들"[1]

---

1) Shiela Moon, *Joseph's Son* (Francestown, N. H.: Golden Quill Press, 1972), 13-14.

6

하느님의 탈지배적 질서: 예수와 하느님의 통치

    예수에 대한 거부할 수 없는 사실 하나는 그가 처형되었다는 사실이다. 그러나 그는 기존의 질서에 대하여 무장(武裝)한 위협을 가하지 않았다. 그는 민사 또는 형사상의 법들을 위반하지 않았다. 그는 안식일, 손을 씻는 일, 그리고 거룩함에 대한 종교적인 율법과 관습을 어겼는데, 그럴 경우에도 과연 그가 법을 어겼는지는 해석하기 나름이었다. 즉 어떤 유태인 랍비(Rabbi)들이라면 그를 지지하였을 것이고, 적어도 그를 사형에 처하지는 않았을 것이다. 그는 주로 가르쳤고, 치유하였고, 귀신을 쫓아냈다. 그런데 왜 그가 그토록 위협적이라고 여겨져서 그를 죽여야만 했던가?

    학자들이 여러 가지 이유를 대고 있지만, 그 어느 것도 그의 죽음에 대한 충분한 설명이 되지 못한다. 그의 적대자들이 그에게 대하여 고발한 사유들, 즉 성전을 파괴하려고 했다든지, 나라를 전복하려 했다든지, 로마 황제에게 세금을 내지 말라고 했다든지, 심지어는 스스로 왕이 되려고 했다든지 하는 사유들은 모두 사실이 아니었다.[2]

    심지어 그의 추종자들 공동체에서도 그의 죽음을 설명하기에는 당황스러워 했다. 유태인 지도급 인사들이 그에게 온갖 죄목을 씌우고 난 뒤에도, 마가복음 기자는 빌라도가 한 번 더 묻는 질문을 수록하여, "도대체 이 사람

---

2) 막 14:58 // 마 26:61; 눅 23:2; 요 18:35-39.

의 잘못이 무엇이냐?"고 했다(막 15:14 역자주). 요한복음서에서는 빌라도가 유태인 지도자들에게 예수의 죄목을 묻자, 그들은 대답하기를, "이 사람이 죄인이 아니라면, 우리가 왜 여기까지 끌고 왔겠습니까?"(요 18:30)라고 했으니, 한 마디로 말해 "우리를 믿으시오!"였다. 사도행전에서는, "사실 그들은 예수를 죽일 만한 아무런 근거도 찾지 못했지만 빌라도를 졸라서 예수를 죽이게 하였습니다"(행 13:28)라고 기록했다. 이 사건의 전모는 너무도 의아스러워 교회 내의 어떤 사람들은 "하느님께서 미리 정하신 뜻과 계획에 따라"(행 2:23 상반절- 역자주)라고 말하지만, 실제 사형(死刑)은 유태인과 로마 당국자들에 의하여 집행된 것만은 분명하다. 이들은 구원을 위한 하느님의 계획에 동원된 단순한 앞잡이들이 아니었으며, 그들 나름의 충분한 적합성과 긴급성을 가지고 행동한 이유들이 있었다. "여러분이 악인들의 손을 빌어 십자가에 못 박아 죽였던 것입니다"(행 2:23 하반절).

권세들에 대하여 내가 거듭 거듭 지적하는 바는, 그들이 은밀하게 행동한다는 점이다. 그들이 우리를 눈에 띠지 않게 구속하고 있을 때, 그들의 강제력이 가장 결정적이다. 예수를 처형한 권력자들은 지배체제 그 자체가 주문한 필요성에 의하여 그를 처형하였다. **분명한 이유가 알려지지 않은 채로 예수가 처형되는 것이 매우 중요한데, 이는 그것이 알려지면 그 지배체제의 가면을 벗겨버릴 것이기 때문이다.** 그때나 지금이나, 사람들이 왜 예수가 처형되었는지를 실제로 알게 되면, 들고일어나서 그들을 잠잠하게 무마시키고 있던 그 기만적인 체제를 뒤엎어버릴 것이다.

하느님은 예수와 같은 사람은 폭력으로 세워진 질서에 의하여 죽임을 당할 것을 틀림없이 예상하고 있었을 것이지만, 그러나 하느님은 예수를 죽이지도 않았고, 그의 죽음을 요구하지도, 혹은 다른 사람들을 조종하여 그를 희생시키지도 않았다. 하느님은 이런 범죄를 이겨낼 길을 발견할 수도 있었겠지만, 하느님은 그런 일을 일으키지는 않았다. 신약성경 기자들이 분명히 기술한 바에 의하면, 예수는 권세들의 구체적인 계획과 미리 의도한 악의에 의하여 죽임을 당했다.3)

---

3) 눅 23:13-25, 35; 24:20; 요 7:26; 행 4:8-10, 26, 모두에서 *archontes*란 단어는 예수를 십자가에 처형한 사람들에게 사용한다. 그러나 고전 2:6-8; 눅 23: 34 ; 행 3:17 그리고 행 13:27

예수는 지배체제의 영성, 가치, 그리고 조치들에 맞서서 일찍이 대항했던 그 어느 것보다도 가장 참을 수 없는 위협을 드러내었기에, 그들은 예수를 죽이지 않으면 안 되었다. 우리의 시각이 너무도 성경 본문과 그 시대에만 가까이하고 있어서 **예수의 공격**이 얼마나 급진적이었는지를 제대로 이해하지 못한다. 아이슬러가 지적한 대로, 아마 오직 소크라테스나 혹은 피타고라스 정도라야 비로소 예수의 비전에 접근할 수 있을 것이다.4) 우리는 아마도 이제까지 예수의 신성(神性)에 대한 주장을 뒷받침하거나 아니면 그 주장을 허무는 일에 너무 많은 관심을 기울여왔기 때문에, 정작 그가 무엇을 이룩하였는지를 보지 못하고 있을 것이다. 만일 우리가 그의 말과 삶을 지배체제의 배경에 비추어보면, 우리는 그의 말과 삶을 보다 포괄적인 관점에서 볼 수 있을 것이고, 또한 왜 권력자들이 그를 없애버리는 것 외에는 달리 선택의 여지가 없었는지를 이해할 수 있을 것이다.

그와 그의 추종자들은 권력과 부의 독재 정치적 가치들뿐만 아니라, 이런 가치들을 정당하다고 인정하며 지원하고 있는 기관들과 체제도 비판하였다. 그 가치들이란, 가족, 율법, 희생제도, 성전, 유태인 율법에 따라 정결한 음식 규정(Kosher food regulations), 정결한 것과 부정한 것의 구별, 가부장제도, 여인들과 아이들의 역할 규정, 계급제도, 폭력의 사용, 인종과 민족적 구분, 내부인과 외부인의 구별--사실인즉, 지배, 구분, 최상의 지배권의 모든 가능한 버팀목들이다. 앞에서도 말한 바 있듯이, 복음이란 지배체제의 악들에 대한 그때 그 자리의 구체적 상황에 의거한 구제(救濟)를 말한다.

아래에서 예수의 가르침을 분석할 때, 지배체제를 거부하고 파트너십(동반자 관계)의 가치를 반영하고 있는 한, 나는 예수가 정말로 말한 진술이나 행동들과 예수가 했다고 교회가 주장한 진술이나 행동들과를 자세하게 구별하지 않기로 하겠다. 때로는, 특히 교회의 주장이 그의 해방시키는 영성을 유지하지 못할 경우에, 나는 예수의 관점과 교회의 관점을 구분하겠다. 예수 자신도 인종 중심적 태도로부터 완전히 자유롭지 못했던 경우도 있다. 즉

에서는 권력자들은 그들이 무엇을 하고 있는지 또 누구에게 하고 있는지를 모르는 사람들로 그려내고 있다.

4) Eisler, *The Chalice and the Blade* (San Francisco: Harper & Row, 1987), 116-24.

시로 페니키아 여인의 이야기를 문자 그대로 받아들이면, 그녀는 이방인들을 향한 편견이 예수 안에 있음을 폭로하였다--예수는 이방인을 "개"(dog) 혹은 "강아지"(Puppies)로 불렀기 때문이다. 그러나 그녀는 재치 있는 대답과 물러서지 않는 단호한 각오로(막 7:24-30/마 15:21-28) 그를 설복(說服)하여 찬성하게 했다.

지배체제에 대한 예수의 비판을 인식의 렌즈로 삼으면, 복음이 초대교회의 남성 통치적 태도로 길들여지면서 상실하게 된 강조점들을 되찾을 수 있다. 때로는 예수의 가르침들이 한 걸음 더 급진적으로 되기도 했지만(사도행전 7장의 스테반이 성전을 비판하는 것이나, 혹은 선교의 장을 이방인에게 확장하는 것처럼), 복음 전승의 주된 경향은 (목회서신들의 경우처럼) 지배구조에 의미 있도록 맞추어 복음을 수용하는 것이었다. 지배를 비판하는 것을 기준으로 삼는다고 해서, 신약성경 학자들에 의하여 주의 깊게 사용되어온 역사적 기준들을 대치하지는 않는다.5) 지배에 대한 비판은 그런 역사적 기준들을 확증하며, 보충한다.

나는 역사적 예수에 대해 어떤 확실한 그림을 제공하려고 시도하지는 않겠다. 그 대신 나는 그에게서 나오고 그의 제자들에 의하여 계승된 처음 충격과 자극에 초점을 맞추고자 한다. 예수의 말과 행동은, 저 신기한 레이저(laser) 광선을 사용한 사진에서 그 음화(negative)의 각 부분에 사진의 전체영상이 보존되는 홀로그램(hologram)과 같다. 바로 그처럼, 예수에 의하여 선포된 드라마틱하게 새로운 실재는 심지어 그의 단 한 번의 행동이나 말 속에도 재현된다. 예수 전승의 복잡함에도 불구하고 그의 정신은 그 속에서 빛나고 있다. 우리는 예수가 지배를 거부하는 것에서부터 시작한다.

지배(支配)

제자들 사이에서 누구를 제일 높게 볼 것이냐는 서로 흉내내기 경쟁(mimetic

---

5) Robert Funk, "Rules of Evidence," in *The Gospel of Mark: Red Letter Edition*, ed. Funk with Mahlon Smith (Sonoma, Calif.: Polebridge Press, 1991), 29-52.

rivalry)의6) 문제로 옥신각신하는 것을 보시고, 예수께서 이렇게 말씀하셨다. "이 세상의 왕들은 강제로 백성을 다스린다. 그리고 백성들에게 권력을 휘두르는 사람들은 백성의 은인으로 행세한다. 그러나 너희는 그래서는 안 된다. 오히려 너희 중에서 제일 나이 많은 사람은 제일 젊은 사람처럼 처신해야 하고 지배하는 사람은 섬기는 사람처럼 처신해야 한다. 식탁에 앉은 사람과 심부름하는 사람 중에 어느 편이 더 높은 사람이냐? 높은 사람은 식탁에 앉은 사람이 아니냐? 그러나 나는 심부름하는 사람으로 너희들 가운데 와 있다."(눅 22:24-27)

예수는 야망이나 포부를 비난하지 않는다. 그는 다만 그런 야망이 지향하는 가치들을 바꿀 뿐이다. 즉 "첫째가 되고자 하는 사람은 꼴찌가 되어 모든 사람을 섬기는 사람이 되어야 한다"(막 9:35).7) 그는 권력을 배척하지는 않는다. 다만 다른 사람들 위에 군림하려고 사용하는 것을 배척할 뿐이다. 그는 위대한 것을 배척하지는 않는다. 다만 그 위대함을 사회의 바닥에 있는 궁핍한 사람들과 연대하고 동일시(同一視) 하는 것에서 찾을 뿐이다(마 5:3-12/ 눅 6:20-23). 그는 영웅주의를 비난하지는 않으나, 죽음의 힘들을 배격하고, 혹은 당국자들의 막강한 힘을 맨주먹으로 대결하는 것으로 그 영웅주의를 나타낸다.

그가 지배의 위계질서를 배격함은 놀랍게도 이렇게 가르치는 것에서 가장 잘 완성된다. 즉, "주인이 돌아왔을 때 깨어 있다가 주인을 맞이하는

---

6) *Philoneikia*는 "승리를 사랑함"(love of victory)을 뜻하고, 르네 지라르(René Girard)가 흉내내기 욕망(mimetic desire)이라고 부른 것에 긍정적으로 사용될 수 있다. "경쟁, 대항, 경쟁하려는 열망." 그러나 가장 흔히는 부정적으로 사용되어, "적대, 논쟁하기 좋아함"--한 마디로 지라르가 흉내내기 적대관계(mimetic rivalry)라고 한 것을 뜻한다.

7) 막 9:35 병행구들; 10:43-44 병행구들; 눅 14:11//마 23:12; 눅 18:14; 마 18:4. 예수가 여자들이 아니라 남자들에게 말했다는 점을 주목하는 것이 중요하다. 그것들은 남성 지배에 대한 공격이요, 여성의 노예적 굴종을 강화하려는 시도가 아니다. 벧전 5:2-3도 이런 주제를 계속하고 있는데, "하느님께서 여러분들에게 맡겨주신 양떼를 잘 치십시오. 그들을 잘 돌보되 억지로 할 것이 아니라 하느님의 뜻을 따라 자진해서 하며 부정한 이익을 탐내서 할 것이 아니라 기쁜 마음으로 하십시오, 여러분에게 맡겨진 양떼를 지배하려들지 말고, 오히려 그들의 모범이 되십시오." 그러나 영지주의자들은 상당히 타당한 이유를 가지고 질문하기를 왜 목자(牧者: shepherds)에는 도대체 위계질서가 있어야 하는지를 물었다.

종들은 행복하다. 그 주인은 띠를 띠고 그들을 식탁에 앉히고 (문자 그대로는 의례적인 식사나 잔치에서처럼 '비스듬히 기대앉게 하고') 곁에 와서 시중을 들어 줄 것이다"(눅 12:37).

예수는 부자에게 정색을 하고 권면하기를, "잔치를 벌일 때는 너의 친구들을 초청하지 말라. 왜냐하면 그들도 거꾸로 너를 초대하여 갚을 것이니, 그 대신 가난한 사람, 불구자, 절름발이, 소경 같은 사람들을 초대하라.8) ... 누가 너를 잔치에 초대하거든 윗자리에 가서 앉지 말고, ... 맨 끝자리에 가서 앉아라"(눅 14:7-11)고 한다. 기도할 때 덮는 어깨걸이에 장식을 하고 옷을 화려하게 걸치고, 장터에서 인사 받기를 좋아하고, 회당에서는 가장 높은 자리를 찾으며, 잔칫집에 가면 제일 윗자리에 앉으려고 하고, 남에게 보이려고 기도는 길게 하는 그런 종교 지도자들처럼 되지 말라.9) 이런 신분 과시적 행동은 사회에서 위치와 특권이 없는 사람들을 경멸하고 창피를 주는 짓이다(고전 11:22).

이런 것들은 작은 개혁자의 말과 행동이 아니라, 지배가 근거하고 있는 바로 그 토대를 비난하는 평등주의적 예언자의 말과 행동이다. 그 토대란, 권력과 부와 남에게 창피를 주는 일이나 혹은 화려한 직함 등의 수단으로 남들 위에 군림하려는 그런 사람들의 권한이다.

그의 **8복 선언**(Beatitudes), 치유의 기적들, 죄인이나 사회에서 버림받은 자들과 식탁을 함께 함으로써, 예수는 피억압자들을 위한 하느님의 특별하신 관심을 선언한다. 하느님은 가난한 사람들의 편을 드시는데, 이는 그들의 도덕성 때문이 아니라 그들의 고난 때문이며, 그들이 선하기 때문이 아니라 그들이 부자들의 죄 지음을 온몸으로 당했다는 것 때문이다.10) 그리고 예수는 그들을 축복하였는데, 이는 가난함이 거룩해서가 아니라 가난함이 그들에게 예수가 부자들을 비난하는 시각을 이해할 수 있게 해주었기 때문이다. 그는 우는 사람들을 복되다고 하였는데, 그들의 고통이 좋은 인품을 형성해 주어서가 아니라, 남아프리카의 흑인들이나 팔레스타인들의 의식을 높여주

---

8) 눅 14:12-14; 14:15-24//마 22:1-10.
9) 마 23:5-7; 막 12:38-40//눅 20:46; 18:9-14.
10) Albert Nolan, *God in South Africa* (Grand Rapids: Wm. B. Eerdmans, 1988), 66-67.

는 장례식에서처럼, 그것이 사물을 새롭게 보는 눈들을 뜨게 해주기 때문이다. 진실로 8복 선언이야말로 지배체제를 조직적으로 그리고 드러내놓고 비판하는 것이 아니고 무엇이겠는가?

예수 자신은 사람들이 그에게 씌워주려는 칭호들(titles)들을 거부하였다. 즉 대부분의 성서학자들은 그가 자신에게 적용된 하느님의 신분, 하느님의 아들, 메시아 등의 칭호들을 그 스스로 주장하지는 않았다고 본다. 이런 것들은 부활 사건 이후에 그를 따르는 사람들이 십자가의 빛에서 그에 관하여 해석하면서 그에게 붙여준 것들이다. 예수는 모세 같은 예언자, 제사장 같은 메시아, 다윗 왕 같은 통치자의 역할을 거부하였으며,11) 그를 칭송하는 사람들이 그를 임금으로 만들고자 하는 것도 허락하지 않았다(요 6:15). "만일 당신이 하느님의 아들이거든 메시아처럼 행동하고, 이스라엘의 위대한 영웅이 되시오" 하고 악마가 사주하였다. 예수는 이를 거절하였다(마 4:1-11/눅 4:1-13).

그를 따르는 사람들도 특권적 칭호를 택하면 안 된다. "그러나 너희는 스승 소리를 듣지 말라. 너희의 스승은 오직 한 분뿐이고 너희는 모두 형제들이다. 또 이 세상 누구를 보고도 아버지라 부르지 말라. 너희의 아버지는 하늘에 계신 아버지 한 분뿐이시다. 또 너희는 지도자라는 말도 듣지 말라. 너희의 지도자는 그리스도 한 분뿐이시다"(마 23:8-10). 그를 따르는 사람들은 여자를 포함한 평등한 제자들로서 지배가 없는 관계를 유지해야만 한다.12) 즉 주인과 종, 스승과 제자로서 위계질서를 지닌 관계는 존속해선 안 된다. "이제 나는 너희를 종이라고 부르지 않고 벗이라고 부르겠다. 종은 주인이 하는 일을 모른다"(요 15:15).13) 예수는 제자들이 참된 친구가 되기를 원한다.

---

11) 마 4:1-11//눅 4:1-13; 막 12:35-37 병; 눅 12:13-14; 마 11:2-6//눅 7:18-23; 막 8:27-33병; 막 15:2-5 병; 마 26:63-64//눅 22:70; 눅 22:67-69. 막 14:61-62는 마태와 누가가 마가에서 베낀 원본의 읽음이 아닐 것이다. 마가의 고백 "나는 [그리스도]이다"를 그들이 정말 예수가 그리스도라고 믿었다면 상당히 모호한 표현인, "네가 그렇게 말한 것이다"라고 각각 독립적으로 똑같이 고친 것을 어떻게 설명할 수 있는가? 막 14:62의 어떤 사본에서는 "네가 그렇게 말한 것이다"라고 되어 있다. 아마도 이것이 보다 더 먼저였을 것이다.

12) Elisabeth Schuessler Fiorenza, *In Memory of Her* (New York: Crossroad, 1984), 107, 121, 143. 이 책은 본 장의 주제들을 가장 잘 다룬 책이다.

13) 다른 데서와 마찬가지로 여기에서 내가 인용한 것은, 예수의 말씀이라고 제4 복음서에서 돌려진 것들인데 역사적으로 사실이 아닐지도 모르지만, 예수의 지배체제 비판을

"제자가 스승보다 더 높을 수는 없다, 그러나 누구든지 다 배우고 나면 자기의 스승과 같이 될 것이다"(눅 6:40, 표준 새번역 개정판.-- 역자 주).

예수의 행동은 그의 말을 구체적으로 실천한 것이다. 제4 복음서에 의하면, 예수는 제자들의 발을 씻는데, 그런 일은 너무도 천박한 일이기에 주인이 유태인 종에게 그렇게 해달고 할 수도 없는 일이었다(요 13:1-20).14) 그는 또한 제자들에게 성안에 들어가 물동이를 메고 가는 남자를 만나서 최후의 만찬을 준비하도록 했는데, 물동이를 나르는 일은 엄격히 여자의 일이었다(막 14:13, 눅 22:10, 마태복음은 이것을 분명히 그냥 놔둘 수 없어서 아예 빼버렸을 것이다).

그가 지금껏 말하고 행동한 것과 일치하게도, 예수는 익살맞게도 당나귀를 타고 예루살렘에 입성한다. 훗날 교회는 즈가리아 9:9의 위력으로(정의를 세우려고 임금이 찾아오는데, 겸손하여 나귀를 타고 온다는 것- 역자 주) 이 사건에 당당한 의미를 주도록 읽어내었다(마 21:5; 요 12:15). 그러나 마가와 누가는 즈가리아를 언급하지 않고, 예수의 의도에 더 가깝도록 생각한 것 같다. 즉, 역설적인 반전에 의하여 다윗의 왕권을 풍자하였다(막 11:1-10/눅 19:28- 38). 자기 머리 하나 둘 곳 없었던 사람이니(눅 9:57-58 /마 8:19-20), 가진 것 하나 없어– 말 한 마리조차 없어서–당나귀도 빌려야만 하는 바로 그런 "임금"이지! 즈가리아 9:9 자체가 이미 익살스러운 것이고, 그래서 예수는 이런 영감을 거기서 얻었을지도 모른다. 만일 그가 말문(馬門 Horse Gate, 느 3:28; 렘 31:40)--그 문은 예수가 들어온 동쪽 방향에 위치해 있으니--을 통해서 예루살렘에 들어왔더

정확히 반영한 것들이다.

14) *Mek. Exod.* 21:2 (Jacob Z. Lauterbach, ed. *Mekilta de-Rabbi Ishmael* [Philadelphia: Jewish Publication Society of America, 1961], vol.3, p.5). 발을 씻기는 이야기에 명백히 나타난 것처럼 초대 교회에서 상당히 급진적인 써클이 있었다. 예를 들면, **The Passion of Andrew** 25를 읽어보면, 가공의 인물 **Stratocles**라는 사람이 **Andrew**의 설교를 듣고 나서, 기름병을 체육관까지 스스로 나르고, 공중 앞에서 허드렛일들을 스스로 하여--채소, 빵, 그리고 다른 생활필수품의 자질구레한 것들을 자신이 직접 사서는 등에 지고 시내 한 복판을 걸어서--수많은 노예를 부리는 "Achaea 지방에서 가장 존경을 받는 귀족"인 그가 마치 "모든 사람에게 보기 싫은 꼴"을 하였다 (*The Acts of Andrew and the Acts of Andrew and Matthias in the City of the Cannibals*, ed. Dennis Ronald MacDonald [Atlanta: Scholars Press, 1990], 357). John Dominic Crossan, "Early Christian Feminism," in *The Fourth R* (Westar Institute, Sonoma, Calif.), May 1990, 8-10.

라면, 그 아이러니(풍자적 반어법)는 훨씬 더 컸을 텐데 말이다(말의 통행 문을 당나귀를 타고 들어온 것을 말함 - 역자 주).

훗날의 교회는 멋진 예수 탄생 설화에서 이런 가치의 전도를 발전시켰다. 즉 누가복음 2장에 의하면, 우주를 창조하신 하느님의 아들인데도 막상 여관에서는 그의 가족들에게 아무도 방을 내어 주지 않아 예수는 마구간 구유에 태어났다. 그리고 거기 예수의 탄생을 유일하게 증언한 목자들이란 의로운 사람들에게는 정직하지 못한 자들, 불결한 사람들, 그래서 이방인 노예보다 나을 것이 없는 자들, 따라서 증인이 될 수 없도록 금지된 사람들이다.15) 그러니 예수 탄생의 증언자들(목자들)이나 예수 부활의 증언자들(여인들)은 모두 유태종교에서는 증인으로 선택될 수 없는 자들이다. 마태복음의 동방박사들(마 2:1-12, 지혜로운 자들: 현자들, 점성가들), 마리아의 노래(Magnificat: 눅 1:46-55), 그리고 마태 28:18에 이 낮은 신분의 목수에게 "하늘과 땅의 모든 권위가 주어졌다"는 주장과, 그리스도가 자기부정을 통하여 종의 신분으로 낮아진다는 바울의 랩소디(서사시)에도(빌 2:5-11) 동일한 주제가 나타난다.

기독론(基督論: Christology)의 발전 단계에서 우리는 찬란한 권력을 지닌 존경스러운 칭호를 예수에게 붙여서 그를 다시금 위계질서 속으로 도로 집어넣으려 했다는 욕구가 있었으리라는 가능성을 고려해야만 한다. 이런 모든 조작은 아첨하는 헌신의--이런 헌신 자체가 지배체제의 감출 수 없는 표징이다-- 베일 뒤에 가려져 있다.

평등성(Equality)

예수의 복음은 경제적 평등을 옹호하고 있는데, 이는 경제적인 불평들이야말로 지배의 근거가 되기 때문이다. 즉 계급, 지배의 위계질서, 그리고 계급주의는 모두 과도한 부(富)가 제공하는 축적된 권력 위에 세워진다. 농업 사회에서는 권력을 잡은 사람들이 세금, 토지수용, 부채, 그리고 독점적 가격

---

15) T. B. *Sanh.* 25b; M. B. *Kam* 10:9; T. B. *Kam* 94b Bar.; J. Jeremias, *Jerusalem in the Time of Jesus* (Philadelphia: Fortress, 1969), 304-11.

조정 등을 통하여 가난한 사람들이 그 수준 이상으로 성장할 수 없도록 지켜보고 있다. 현대의 경제 제도에서는, 가난한 사람들이 경제적 사회적 지위 상승에 대한 약속에 의하여, 시키는 대로 고분고분하게 되는데, 그 약속이란 사회가 계급적 불평등 위에 구성되어 있다는 비판을 하지 않고, 각 개인들이 그들의 계급 위로 올라설 수 있다는 그런 약속이다. 이런 두 가지 타협에서는 각각, 지배계급에게 복종함으로써 잃을 것이 가장 많은 자들이 그 지배계급에 가장 충실한 협조자로 변하도록 보장하는 신화적인 혹은 이념적인 제재(sanction)가 냉엄한 경제적 통치 속에 주어진다.

지배를 끊어버리는 것은 소수에 의하여 다수가 수탈당하는 것을 종식시키는 것을 뜻한다. 힘센 자들이 자진하여 그들의 부(富)를 포기할 것 같지는 않으니, 가난한 자들은 지배의 시대 안에 있으면서 그것을 초월할 수 있는 길을 발견해야만 할 것이다.

세례자 요한은 이후 그를 따르는 모든 어조의 본을 세웠다. 즉 "속옷 두벌을 가진 사람은 한 벌 없는 사람에게 주고 먹을 것이 있는 사람도 이와 같이 남과 나누어 먹어야 한다"(눅 3:11).16) 예수 자신도 화려한 옷을 입고 궁중에 사는 사람들에게 비난을 퍼붓는다(마 11:8/눅 7:25). 그는 채권자들에게 이자를 받지 말뿐만 아니라, 심지어는 아예 돈을 되돌려 받지 말라고까지 권한다.17) 그를 따르려는 사람들에게, 소유를 다 팔아 버리라고 권면하며, 부자는 다가오는 새로운 사회에 결코 들어갈 수 없다고 경고한다.18) 화려한 것을 잔뜩 쌓아둔 채 문전에 찾아오는 가난한 자들을 외면한 사람들에게는 그들의 죽음과 또 하늘의 심판이 있을 것을 말한다(눅 12:13-21; 16:19-31). 불의한 제도 안에서 재물을 축적하면서도 또한 "영적"인 사람이 될 수 있기를 꿈꾸는 종교적인 사람들에게, 예수는 무조건적인 "아니요"를 선언한다: "하느님과 재물을 함께 섬길 수는 없다"(마 6:24/눅 16:13).

그는 주장하기를, 우리가 서로 평등하게 나누기만 하면, 오직 그럴 때

---

16) 이 구절에 대한 역사적 사실 여부는 Joseph Ernst, *Johannes det Taeufer* (Berlin: Walter de Gruyter, 1989), 93-98을 보라.
17) 눅 6:34. 도마복음서 95는 마 5:42나 눅 6:30보다 훨씬 더 오래된 것을 나타낸다 (R. McL. Wilson, *Studies in the Gospel of Thomas* [London: Mowbray, 1960], 128).
18) 눅 12:33-34//마 6:19-21; 눅 14:33; 막 10:17-31 병; 마 13:44-46.

만, 땅은 우리가 필요로 하는 모든 것을 산출하도록 되어 있다. 즉 "너희는 먼저 하느님 나라와 하느님께서 의롭게 여기시는 것을 먼저 구하여라. 그러면 이 모든 것도 곁들여 받게 될 것이다"(마 6:33/눅 12:31). 그를 따르는 사람들은 새로운 질서가 이미 도래한 것"처럼"(as if) 살기를 지금 시작해야 한다. 예수와 그의 제자들은 모든 돈을 한 주머니에 넣고 쓰면서 살았다(눅 8:1-3; 요 12:6; 13:29). 그는 새로운 질서에 대하여 설교하라고 제자들을 내보내면서 정작 필요한 식량이나, 돈이나, 옷을 주지 않았는데, 이는 설교를 듣는 사람들의 관대함을 통하여 하느님께서 돌보심을 믿었던 것이다(막 6:7-11 및 병행구; 10:29-30 및 병행구). 그들은 "모든 것을 공동 소유로 내어놓고, 재산과 물건을 팔아서 모든 사람에게 필요한 만큼 나누어주었다"(행 2:44-45; 4:32-5:11).[19] 그들은 그들 가운데 부자라고 해서 어떤 특별한 신분을 인정하지 않았다(고전 11:20-22; 약 1:9-11; 2:1-7).

가난한 자들을 착취하는 사람들은 다음과 같이 비난받았다.

이번에는 부자들에게도 한 마디 하겠습니다. 당신들에게 닥쳐올 비참한 일들을 생각하고 울며 통곡하십시오. 당신들의 재물은 썩었고 그 많은 옷가지들은 좀 먹어버렸습니다. 당신들이 금과 은은 녹이 슬었고 그 녹은 장차 당신들을 고발할 증거가 되며 불과 같이 당신들의 살을 삼켜버릴 것입니다. 당신들은 이와 같은 말세에도 재물을 쌓았습니다. 잘 들으시오. 당신들은 당신들의 밭에서 곡식을 거두어들인 일꾼들에게 품삯을 주지 않고 가로챘습니다. 그 품삯이 소리를 지르고 있습니다. 또 추수한 일꾼들의 아우성이 만군의 주님의 귀에 들렸습니다. 이제 당신들은 이 세상에서 사치와 쾌락을 누리며

---

19) 사도행전의 소유를 공유하고 나누어 쓴다는 기사의 역사적 진실성에 대한 회의가 일어난 것은 19세기 사회주의의 등장과 때를 같이한다. 1853년 프랑스 아카데미는 초대교회가 원시 공산주의를 실천하지 않았다는 것을 증명하는 최고의 에쎄이 콘테스트를 벌였다. Brian J. Capper는 초대 크리스천들이 정말로 서로 나눔을 실천한 것이 사실이라는 상당히 설득력 있는 글을 썼다. "Community of Goods in the Earliest Jerusalem Church," *ANRW*, forthcoming; *All Things in Common*, Wissenschaftlishe Untersuchungen zum Neuen Testament (Tuebingen: J. C. B. Mohr, forthcoming); "The Interpretation of Acts 5:4," *Journal for the Study of the New Testament* 19 (1983):117-31; "In der Hand des Ananias ....'Erwaegungen zu 1 QS VI, 20 und der urchristlichen Guetergemeinschaft," *Revue de Qumran* 46 (1986):223-36.

지냈고 도살당할 날을 눈앞에 두고도 마음은 욕심으로 가득 채웠습니다. 당신들은 죄 없는 사람을 단죄하고 죽였습니다. 그러나 그는 당신들을 대항하지 않습니다.(약 5:1-6)

하느님이 선택하시고 강복하신 자들은 오히려 가난한 자들, 이 땅 위에 오고 있는 하느님의 통치를 물려받을 사람들인 온유한 자들, 그리고 마음이 무너진 자들과 멸시받은 자들이다. 하느님의 기쁨 속에 들어갈 사람들은 힘센 자들이 아니라 자비로운 사람들이며, 전쟁 용사들이 아니라 평화를 만드는 사람들이며, 귀족들이 아니라 박해를 당한 사람들이다(마 5:3-12//눅 6:20-26). 야고보서 2:5에는 **가난한 사람들에 대한 하느님의 우선적인 선택**(God's preferential option for the poor)이 언급되어 있다: "하느님께서는 이 세상의 가난한 사람들을 택하셔서 믿음을 부요하게 하시고, 당신을 사랑하는 사람들에게 약속해 주신 그 나라를 차지하게 하지 않으셨습니까?"

거듭되는 비유들에서 예수는 농사짓는 일과 여인들의 일에서 사실적인 묘사를 예로 들어가면서 "하느님의 통치"(the reigning of God)에 대하여 언급한다.20) 그것은 하늘 높은 곳에서 땅으로 내려오는 것이 아니라, 이 땅 위에서 조용히 눈치 채지 못하는 가운데 일어나는 것이다. 그것은 군대들이나 군사력으로 이루어지는 것이 아니라, 보통 사람들 가운데서 아래로부터 자라나는 불가피한 과정에 의하여 이루어지는 것이다. 그 빛깔은 황금색이나 진홍색 혹은 보라색이 아니라, 흙의 색이니, 즉, 갈색, 노랑색, 초록색이다. 그 상징은 남성적(왕, 칼, 군마, 방패, 창, 등등)이 아니라 여성적(물, 흙, 밀가루 반죽, 여인, 가정 등등)이다.21)

다른 사람들은 하늘을 올려다보며 하느님의 개입을 기다리고 있을 때, 예수는 하느님의 통치가 바로 그들 가운데서 이미 시작되었다고 말한다(눅

---

20) '왕국'(Kingdom)이란 말은 히브리 말 *malkuth*의 정확한 번역이 아니다. *malkuth*는 어떤 통치 영역을 가리키는 말이라 기보다는, 다스리시는 하느님의 행동, 혹은 실재의 차원을 가리키는 말이다. 영어의 동명사 'reigning'이 동사 'reign'보다 더 정확할 것이지만, 그러나 어딘지 좀 거북해 보인다.
21) 막 4:1-9 병; 26-29, 30-32 병 = 도마복음 20; 마 13:24-30 = 도마복음 57; 마 13:33//눅 13:20-21 = 도마복음 96; 마 13:44-46 = 도마복음 76, 109; 눅 15:8-10; 마 18:23-35; 20:1-16; 21:28-32; 25:1-13, 14-30 //눅 19:12-27; 마 25:31-46.

17:20-21). 다른 사람들은 약속의 시간이 언제 오겠느냐고 물을 때, 예수는 병든 자들을 고치고 마귀들을 쫓아낸다("그러나 나는 하느님의 능력으로 마귀를 쫓아내고 있다. 그렇다면 하느님의 나라는 너희에게 이미 와 있는 것이다." 눅 11:20/마 12:28). 다른 사람들은 이스라엘이 그들 주변의 이방 나라들 위에 군림하는 레바논의 거대한 삼나무처럼 되기를 바라고 있을 때(겔 17:22-24), 예수는 하느님의 나라를 장차 정원에서 거대한 나무로 자라나서 "관목들 가운데 가장 크게 될"(막 4:30-32, 병행구=도마복음 20) 겨자씨에 비꼬는 투로 비유한다. 결과적으로 그는 그 자신을 위한, 혹은 어느 누구를 위해서도, 하느님의 뜻을 이 세상 위에다 강요하기 위하여 힘을 사용하는 왕국을 바라보지 않는다. 그는 지배가 없는 탈지배적 사회라는 새 시대의 막을 연다.

정결함과 거룩함(Purity and Holiness)

노만 페린에 의하면, 죄인들과 더불어 식탁에서 벌이는 친교는 예수의 목회에서 가장 중심적인 특징이었다.22) 1세기의 팔레스타인에서 "죄인들"이란 주관적인 죄책감에 시달리는 사람들을 가리킨 것이 아니고(후일 기독교에서는 그렇게 여겨졌지만), 사회적으로 추방된 자들로서 신원확인이 가능한 무리들이었다. 즉, 멸시받을 만한 직업에 종사하는 사람들(가령, 세금 걷는 사람들을 포함하여); 악명 높게 부도덕한 자들(간음, 매매춘, 직무상 부당 취득, 살인, 우상숭배 등); 종교적 권위자들에 의하여 세워진 표준에 따라 율법을 지키지 못한 자들; 사마리아 사람들과 이방인들이었다. 마커스 보그는 지적하기를, 이런 모든 부류들은 1세기 팔레스타인의 일부 집단에 의하여 해석된 이스라엘 성결법(聖潔法 Holiness Code)을 범한 사람들이었다. 사회에서 추방된 이런 사람들을 하느님의 왕국에 포함시킨다는 것은, 자신들을 이 세상의 불결함으로부터 구별된 것으로 해석하는 포로기 이후의 유태교를 거부하는 일이다. 예수는 죄인들로 잘못 낙인찍힌 사람들, 즉 실제로는 배타적인 억압의 체제에서

---

22) Norman Perrin, *Rediscovering the Teaching of Jesus* (New York: Harper & Row, 1967), 107.

희생된 사람들과, 남들에 의해 악인으로 된 것이 아니라, 자신들의 가슴에서 죄를 진 진짜 죄인들(막 7:21-23)을 구별한다.

사회적 추방자들과 식탁에서 벌인 예수의 친교는 용서의 시대를 여는 행동으로서의 비유였다. 보그에 의하면, 예수는 유태교의 바리사이파 사람들이나 다른 무리들의 거룩함을 위한 모든 프로그램을 고의적으로 위반하였다고 한다. 예수는 거룩함(holiness)과 구별(separation)을 같은 것으로 보지 않았다. 예수는 외부적인 것이 사람의 본질적 존재를 더럽게 만들거나 타락시킨다는 의견을 거부하였다(막 7:15/마 15:11).[23] 그는 사마리아 사람들에 대한 그의 긍정적인 태도 때문에, 그의 청중들을 분노하게 만들었다.[24] 이제 사람들을 불결하게 만드는 것은 무덤이 아니라, 종교적 지도자들 자신들이다: "너희는 화를 입을 것이다. 너희는 드러나지 않는 무덤과 같다. 사람들은 무덤인 줄도 모르고 그 위를 밟고 지나다닌다"(눅 11:44).

구별함으로서의 거룩함 대신, 예수는 이스라엘의 원수들을 포함한 모든 사람들, 특히 아웃사이더(국외자)들에게 펴는 자비의 섭리를 제공하였다고, 보그는 지적한다. 원수를--무엇보다도 로마인들을 지칭하는 것이리라--사랑하라는 계명은 성결법전(聖潔法典)의 배타성을 넘어서, 모두를 포용하는 무제약적인 동정(compassion, 함께 아파함)과 친절을 가리킨다.[25] 탕자의 돌아옴을 지켜보는 아버지처럼, 하느님은 가장 못된 죄인까지도 기쁨으로 받아들인다(눅 15:11-32). 잃어버린 동전을 찾는 여인처럼 하느님은 길 잃은 사람들을 찾는다(눅 15:8-10). 이런 이상한 하느님은 원수도, 감사할 줄 모르는 사람과 이기적인 사람도, 선한 자나 악한 자나, 의로운 자나 불의한 자나, 모두를 포용하여 사랑한다(마 5:43-48/눅 6:27-28, 32-36).

---

23) Marcus Borg, *Conflict, Holiness and Politics in the Teaching of Jesus* (New York: Edwin Mellen Press, 1984), 51-200; Helmut Merkel, "The Opposition between Jesus and Judaism," in *Jesus and the Politics of His Day*, ed. E. Bammel and C. F. D. Moule (Cambridge: Cambridge Univ. Press, 1984), 140-41; Roger P. Booth, *Jesus and the Laws of Purity*, Journal for the Study of the New Testament Supplement Series 13 (Sheffield: Univ. of Sheffield, 1986).

24) 눅 10:33; 9:51-56; 여기에 더하여 교회는 눅 17:11-19와 요 4:1-42 (아마도 교회의 사마리아 전도를 반영한 듯--행 8:25?)를 첨가하였다.

25) Borg, *Conflict, Holiness and Politics*, 51-200.

정결함과 부정함에 대한 율법은 하느님의 거룩하심, 즉 "내가 거룩하니 너희도 거룩하여야 한다"(레 11:45)에 근거하고 있다. 결국 예수는 정결법을 폐기함으로써 하느님에 대한 새로운 형상을 선포한다: 그 하느님은 깨끗한 것에 대하여 관심이 없으신 분, 주변으로 내몰린 사람들과 버림받은 사람들을 바로 그 이유 때문에 사랑하는 분, 초대받지 못한 자들과 사랑 받지 못한 자들을 감싸려고 그 애정 어린 자궁(womb)이 열망하는 분, 그리고 우리들 모두에게 아버지와 어머니로서 남녀의 성(性)을 초월한 동정심 깊은 어버이이신 하느님이다.26)

의식의 정결(ritual purity)을 위한 규칙들은 여러 종류의 사람들과 사회의 각 부분을 그들에게 배당된 "마땅한" 자리에 묶어두는 것들이다.27) 정결 규정이 없으면, 여자들이 남자들과 평등하고, 외부 사람들이 내부 사람들과 동등하고, 거룩한 것이 세속적인 것과 다를 것이 없는, 그리하여 모든 사람과 모든 것들이 구별되지 않는 위기를 맞게 될 것이다. 즉 거룩한 장소도, 거룩한 사제들도, 혹은 거룩한 사람들도 없게 될 것이다. 이방인들이 유태인과 다를 것이 없게 될 것이다. "정결한" 사람들이 "부정한" 사람들과 한 식탁에 앉게 되며, 아무도 하느님 눈에는 더 낫고 못함이 없게 될 것이다. 육체에 대하여 사회가 수치스러운 것으로 규정한 것이 사람들로 하여금 그들에게 옳은 것이 무엇인지를 즉각적으로 느끼게 하는 감각을 약화시켜서 사회적 권위자들에게 복종하게 만든다. 그런 수치심이 없으면, 무엇이 사회적 권위를 만들어 낸단 말인가? 지배는 계급으로 이루어진다. 그런 구별이 없으면, 누구 위에 군림할 것인가를 어찌 알 수 있겠는가?

---

26) 마 6:9//눅 11:2; 마 7:7-11//눅 11:9-13; 마 6:25-34//눅 12:22-31; 마 10:29//눅 12:6-7; 마 18:19;눅 15:1-7//마 18:12-14; 마 11:25-27//눅 10:21-22; 막 11:25; 14:36 병; 눅 12:32; 23:34; 그리고 요한복음에 있는 대부분의 "아버지" 언급. 에스겔 22:26은 한 줄 한 줄이 사실상 예수를 고발하는 내용 그대로이다. "[제사장들]은 나의 법을 짓밟고 거룩한 나의 소유물을 소중하게 여기지 아니한다. 거룩한 것과 속된 것을 분별하지 않고 부정한 것과 정한 것을 기리는 법을 가르치지 않으며 나에게 바쳐진 안식일도 무시한다. 내가 이렇게 네 안에서 욕을 보고 있다." 지성소의 커튼이 찢어지는 것은 이런 신성을 더럽히는 과정의 완성을 상징하는 것이라, 에스겔의 입장에서 보면, 하느님께서도 거절하실 일이다.
27) 이 논의를 위해서는 나는 정결 규정을 엄격히 위생건강과 관련된 것으로 제쳐 두겠다. 위생 건강 문제는 별도의 문제다.

부정함이 전염된다는 전통적 견해와는 대조적으로, 예수는 거룩함/온전함이 다른 사람에게 전염된다고 본다. 의사는 병자들에 의하여 정복되지 않고, 그들의 질병을 정복하는 것이다. 그래서 예수는 전염될 것을 두려워하지 않고, 문둥병자들, 부정한 자들, 여인들, 아픈 자들의 몸을 만졌다. 이런 접촉으로 예수가 부정하게 되지 않고, 오히려 사회가 부정하다고 여긴 사람들이 깨끗하게 되었다. 그가 보기로는 거룩함이란 보호되어야 할 그 무엇이 아니라, 오히려 하느님의 변화시키시는 신비한 힘이다. 하느님의 거룩함은 훼손되어서는 안 되고, 오직 널리 보급될 수 있을 뿐이다.28)

초기의 교회에서는 육체적인 정결함이란 도덕성과 분리되어서, 사람이 하느님과 갖는 관계에 더 이상 결정적 요인이 되지는 않았다. 육체의 정결함을 위한 규정들을 계속 지키려는 사람들은 그렇게 한다고 누가 말리지는 않았지만, 그러나 복음의 메시지 그 자체는 전반적으로 정결 규정을 무시하는 것이었다. 그게 바로 가나의 혼인잔치에서 일어난 이야기의 핵심이다. 즉 유태교의 정결의식에 사용할 물이 새로운 질서의 포도주로 변한 것이다(요 2:1-11). 하느님은 외형적인 정결함을 보지 않고, 마음을 보신다.29)

인종차별주의/종족중심주의

정결에 대한 예수의 새로운 태도와 논리적으로 상호 관련된 것은, 민족적 혹은 인종적 구별을 철폐하는 것이다. 예수가 자기의 복음이 이 문제를 포함하고 있음을 어느 정도로 감지했는지를 결정하기는 어렵다. 그는 백인대장(百人隊長)의 종(혹은 아들)을 치유하였지만, 갈릴리 지역의 병사들은 헤롯 안티파스(Herod Antipas)의 군대들이었고, 로마 병사들이 아니었으니, 요한복음에서처럼 그 병사는 아마도 유태인이었을 것이다(막 8:5-13/ 눅 7:1-10: 요 4:46-53). 그는 페니키아에서 온 시리아 여인의 딸을 치유하였고(막 7:24-30 /마 15:21-28), 데카폴리스(Decapolis)에서는 아마도 이방인이었을 마귀 들린 사람을

---

28) Marcus Borg, *Conflict, Holiness and Politics*, 51-200.
29) L. William Countryman, *Dirt, Greed, and Sex* (Philadelphia: Fortress Press, 1988), 86, 94-96.

고쳤다(막 5:1-20, 병행구); 그리고 하느님의 통치가 실현되면 동쪽 서쪽에서 많은 사람들이 와서 아브라함, 이삭, 야곱과 같은 식탁에 앉게 될 것이나, 왕국의 후예들은 제외될 것이라고 그가 예언한 것으로 기억된다.30) 그러나 예수가 이방인들에게 문호를 활짝 열었다는 내용은 어디에도 없다. 이처럼 이방인들에게 문호를 개방한 일은, 예수가 거룩함과 불결함에 대한 율법을 거부하고, 주변에 내몰리고 배척된 사람들에 대한 우선적 사랑을 베푼 일과, 하느님을 아빠(Abba)라고 한 가르침의 당연한 논리적 귀결로, 그의 제자들에 의하여 행하여진 그 다음 행보(行步)였다.

교회는 일찍부터 그의 가르침이 내포한 보편화의 의미를 잘 파악했던 것 같다. 즉 이방인들의 사도였던 바울은 유태인과 이방인 사이의 적대감의 장벽을 무너뜨리는 것이 역사상 가장 큰 분기점들의 하나라고 보았다. 아빠(Abba)로서의 하느님의 이미지를 통하여 야훼(Yahweh)가 이제 모든 사람에게 접근 가능한 존재로 되었다.31) 교회가 깨달은 것은 하느님이 편애(偏愛)를 하지 않고 편파적이 아닌 신이라고, 그래서 하느님은 좋은 사람이나 나쁜 사람에게 똑같이 해와 비를 내리신다는 것이다.32) 흔히 간과되는 것은, 이방인 선교를 통하여 유태교를 보편화하는 것이, 곧 기독교의 초기에 비폭력과 원수를 사랑하라는 예수의 가르침을 가장 놀랍게 실연(實演)했다는 점이다. 오랜 원수(怨讐)관계를 해소하고, 유태인과 이방인 사이, 거룩한 사람들과 야만인들 사이, 선택된 백성과 배척당한 백성들 사이를 갈라놓았던 장벽을 무너뜨리는 일은, 화해의 복음을 위한 바울의 위대한 공헌(비록 그가 새로 도입한 것은 아니지만)이었다.

바울의 추종자로서 에베소서를 썼던 기자는 이방인들을 위하여 문호를 여는 의미를 충실히 발전시켜나갔다(엡 2-3장). 즉 그리스도의 피가 율법과 희생 제사를 대치하여서, "유다인과 이방인을 하나의 새 민족으로 만들었다"(엡 2:15). 그리스도 안에서 그들은 다함께 삶의 옛 방식, 즉 옛날의 자신을

---

30) 마 8:11-12//눅 13:28-30; 눅 10:29-37. 이방인의 구원에 대한 복음서들의 다른 언급들은 아마도 편집자들의 것이리라: 눅 2:32; 3:6; 4:27; 14:22-23; 17:16b; 막 8:1-10//마 15:32-39; 마 10:18; 12:21; 요 10:16; 12:20-26.
31) 롬 1:16; 9-11; 15:9-12, 16-29; 갈 3:28.
32) 마 5:45//눅 6:35; 행 10:34; 롬 2:11; 갈 2:6; 엡 6:9; 골 3:25;약 2:1,9.

버리고, "하느님의 형상대로 창조된 새 사람으로" 옷을 갈아입는다(엡 4:22-24). 이렇게 하느님 안에서 인종과 종족들을 화해시키는 일은 이 세계의 모든 나라들 가운데서 참다운 인간적인 동반자 관계(true human partnership)의 선구자가 된다.33)

가족(家族)

가족이란 교육, 사회적 통제, 문화적응, 그리고 사회 안에서 훈련을 실행시키는 가장 기초적인 기구다. 그러나 가족은 가부장제에 깊이 뿌리박혀 있고, 남성 지배의 성채(城砦)요, 성별(性別)로 역할 분담을 되풀이하여 교육하며, 변화를 거부하는 중요한 억제자(抑制者)다. "남자의 권력과 여성의 억압이 가장 노골적으로, 그리고 개인적으로 실행되는 곳은 바로 가족 안에서다."34) 대부분의 여자와 어린이들이 얻어맞는 곳, 그리고 많은 살인이 벌어지는 곳이 바로 가족들 가운데에서다. 많은 문화에서 남자들은 그들의 아내들을 때리고, 강간하고, 그리고 욕을 퍼붓는 양도할 수 없는 권리를 부여받은 것으로 여겨진다. 가부장적 지배의 거대한 구조는 가부장적 가족의 작은 방에서부터 성장되었다고, 거다 러너는 지적한다. 고대의 국가들은 가부장적 가족이

---

33) 노예제도는 남성통치 사회가 만들어낸 가장 고약한 것들 중의 하나지만, 예수나 혹은 교회는 노예제도를 악이라고 공격하지 않았다. 모든 노예들이 혹심하게 취급된 것은 아니어서, 어떤 노예는 거대한 상업거래와 재산을 관리하며, 매우 강력하고 유복한 지위를 갖기도 했다 (마 25:14-30//눅 19:12-27; 눅 16:1-13; 마 18:23-35; 막 12:1-12 병). 그러나 대부분의 노예들에게는 겨우 겨우 견딜 정도의 모멸이었다. 바울은 최소한 원칙적으로 평등주의를 선언했다: 그리스도 안에서는 "노예도 자유인"도 없다(갈 3:28), 그리고 자기의 자유를 얻기를 원하는 사람을 격려하였다 (고전 7:21-24; 빌레몬). 역설적인 반전으로, 예수는 노예가 새로운 질서에서는 가장 높은 가치들을 지닌 사람들로 만든다 (마 10:44 병; 눅 12:37-38; 요 13; 그리고 신약성경 군데군데에서) 그러나 다른 곳에서는 교회가 노예제도를 비판 없이 받아들인다, 심지어는 노예를 때리는 권리까지도(눅 12:39-46//마 24:43-51[Q]; 눅 12:47-48 [누가의 편집]; 눅 17:7-10; 엡 6:5-9; 골 3:22-4:1; 딤전 6:1-2; 딛 2:9-10).

34) Thelma Jean Goodrich, "Women, Power, and Family Therapy: What's Wrong with this Picture," in *Women and Power: Perspectives for Family Therapy,* ed. Goodrich (New York: W. W. Norton, 1991), 11.

부풀려 커진 것에 불과하다. "딸들의 처녀성을 가족의 재산으로 여길 권리를 가진 아버지들은 임금의 권위와 마찬가지로 절대적 권위를 대표한다. 그런 권위 안에서 성장하고 사회화된 어린이들은 자라나면 절대적인 왕권을 필요로 하는 시민이 된다."35)

부모에게 복종하는 것은 모세의 십계명이 명령한 것이다. 그러나 예수는 선언하기를, "누구든지 나에게 올 때 자기 부모나 처자나 형제자매나 심지어 자기 자신마저 미워하지 않으면 내 제자가 될 수 없다"(눅 14:26; 마 10:37을 보라)고 한다. "내가 이 세상을 평화롭게 하려고 온 줄로 아느냐? 아니다. 사실은 분열을 일으키러 왔다. 한 가정에 다섯 식구가 있다면 이제부터는 세 사람이 두 사람을 반대하고, 두 사람이 세 사람을 반대하여 갈라지게 될 것이다. 아버지가 아들을 반대하고 아들이 아버지를 반대할 것이며, 어머니가 딸을 반대하고 딸이 어머니를 반대할 것이며, 시어머니가 며느리를 반대하고 며느리가 시어머니를 반대하여 갈라질 것이다"(눅 12:51-53/마 10:34-36). 모든 문화에 알려진 종교적 의무를 지키지 않고, 예수는 한 사람에게 죽어가는 그의 아버지의 곁을 떠나라고, 그의 아버지의 장례를 치르는 아들로서의 의무를 무시하고 단호하게 예수를 따르라고 말한다(눅 9:59-60/마 8:21-22).

도전적인 행동, 반항적인 행동, 그리고 용기 있는 행동을 못하도록 억제하는 첫 번째 사람은 대체로 가족의 한 사람이다. 가족이 지배체제의 가치라는 그물에 너무도 깊이 걸려 있어서, 사회의 가치가 위태하게 된 것을 그냥 두고 보기보다는, 심지어 사람들의 혈육끼리도 서로 배반한다. "형제끼리 서로 잡아 넘겨 죽게 할 것이며 아비도 제 자식을 또한 그렇게 하고, 자식들도 제 부모를 고발하여 죽게 할 것이다"(막 13:12 병행구들). 이것은 마가복음서 기자가 이 글을 쓸 당시의 교회가 실제로 겪고 있었던 충격이었다.

예수는 아마도 다윗의 혈통에서 태어났을 것이다(마 1:1-17; 눅 3:23-38). 그렇더라도 그는 결코 그 점에 호소하지 않는다. 마가복음 2:23-28 및 병행구절에서, 예수가 다윗의 권위로부터 다윗의 자손에 이르기까지 혈통을 강조하며 논쟁할만하다고 기대해 볼 수도 있는데, 그는 돌연히 사람의 아들(the son of man)로 화제를 바꾼다. 그리고 마가복음 12:35-37에선 예수가 메시아가

---

35) Gerda Lerner, *The Creation of Patriarchy* (Oxford: Oxford Univ. Press, 1986), 140, 209.

다윗의 자손이란 생각을 명백히 거부한다. 그는 아버지의 혈통을 따라 구성되는 가족을 포기한다. 즉 예수의 어머니와 형제들이 그가 미쳤다고 여기고 집으로 데려가려고 왔을 때, 그는 그들과의 혈연관계를 거부하면서 밖에 나가 그들을 만나지 않았다. " '누가 내 어머니이며 누가 내 형제들이냐?' 하고 반문하시고, 둘러앉은 사람들을 돌아보시며 말씀하셨다. '바로 이 사람들이 내 어머니이며 내 형제들이다. 하느님의 뜻을 행하는 사람이 곧 내 형제요, 자매요, 어머니이다.'"(막 3:21, 31-35 및 병행구절). 여기서 예수는 이런 가부장적 가족에 대한 대안을 제시하는데, 그 대안은 새로운 가족(a new family)으로서, 이 새로운 가족은 기만에서 벗어난 사람들, 가장 질긴 인연인 혈육의 인연에 의해 서로 연결된 것이 아니라, 하느님의 뜻을 행함으로써 서로 연결된 사람들로 이루어진 새로운 가족이다. 이런 사람들이 바로 "내 형제요, 자매요, 어머니이다."36) 여기서 고의로 아버지를 빼놓는 것을 주목하라. 또한 마가복음 10:29-30 에서도, "누구든지 나를 위하여 또 복음을 위하여 집이나 형제나 자매나 어머니나 아버지나 자녀나 토지를 버린 사람은.... 집과 형제와 자매와 어머니와 자녀와 토지의 축복도 백 배나 받을 것이며(여기에도 아버지는 없다)."

예수의 새로운 가족에는 어린이들만 있고 가부장들은 없다: "이 세상 누구를 보고도 아버지라 부르지 말라. 너희의 아버지는 하늘에 계신 아버지 한 분뿐이다"(마 23:9). 엘리자베스 쉬쓸러 피오렌자는 논평하기를,

> 예수의 말씀에서 하느님의 이름을 "아버지"라고 사용하는 것은 사회와 교회 안에 있는 가부장적 권력구조를 정당화하려는 것이 아니라, 모든 지배 구조를 결정적으로 전복시키는 것이다. 예수의 "아버지" 하느님은 어떤 아버지도 그리고 모든 가부장 제도를 거부함으로써, "남자들의 자매관계"(sisterhood of men: Mary Daly의 말)를 가능하게 한 것이다. 기독교 공동체에서 "형제들"도 "자매들"도 "아버지의 권위"를 주장할 수 없으니, 왜냐하면 그것(아버지의 권위)은 하느님에게만 지정된 권위와 권력이기 때문이다.37)

---

36) Ken Taylor, "Church/Family" (D. Min. thesis, Hartford Seminary, 1978), 121, 145.
37) Fiorenza, *In Memory of Her*, 151. 가나의 혼인잔치에 대해서, 피로렌자는 아들이 어머니를 "여인이여"(woman)(요 2:4)라고 부른 전례가 유태사회나 그리스 로마 사회에는 없었

인간은 물론 생물학적 가족으로 태어남을 계속할 것이다.38) 가족은 태어나면서 본래적으로 악한 것이 아니다. 모든 권세들과 마찬가지로 가족도 하느님이 창조하신 것이라, 가족도 거룩하고 올바르고 선한 것이다; 그것은 타락한다; 그것은 구원될 수 있다. 그러기에 가족은 보호되어야만 한다. 즉 철저한 제자의 길은 매정하게 부모를(막 7:9-13), 배우자를(막 10:1-12), 혹은 어린이를(막 10:13-16 및 병행구, 9:37 및 병행구) 무시하도록 허락되어서는 안 된다. 그러나 또한 가족은 비판되고 도전되어야 하는데, 이런 기능은 예수에 의하여 이룩된 새로운 가족에 의하여 이루어져야 한다. 우리는 결코 혈육관계의 필요를 초월하지 않는다. 실제로는 오늘날 대부분의 사회들이 서로서로 혈육으로 보살피지 못하는 고통을 겪고 있다고 엘리 세이건은 논평한다. 그러나 가부장적 가족관계를 초월하지 못하는 것이 이 세계의 많은 지역에서 민주주의를 불가능하게 만들고 있는데, 이는 가족이 구성된 것과 똑같이 나라도 그렇게 구성되기 때문이다.39) 목표는 혈육관계를 없애자는 것이 아니라, 그것을 변화시켜서 사랑으로 상호 관계된 비가부장적(nonpatriarchal) 공동체로 만들자는 것이다. 사정이 그러하니, 가족들은 예수의 새로운 가족의 본보기가 될 수 있다.

고린토 전서 7장에 나타난 바울의 반(反)가족적 태도는 예수의 가르침의 빛에서 보다 잘 이해할 수 있다. 바울은 단순히 곧 역사가 끝장날 것을 기대한 것이 아니다. 그는 인간 사회에서 가장 심오하게 영혼을 형성하는 기관으로부터 교인들이 풀려나게 되기를 바랐던 것이다. 어떤 여인들은 가

다고 한다. 제 4 복음서 기자는 이리하여 예수를 그의 생물학적인 어머니로부터 멀리하고, 어머니가 가족관계를 이유로 그에게 가진 어떤 주장도 배격하였다고 한다 (p. 327).

38) 신화론적으로 말하면, 예수는 가부장적 유전의 계승을 끊어버리고 자유롭게 되기 위해서는 처녀의 몸에서 탄생해야 했다. 이 "임금"은 다른 인간 군주들이 가진 땅 위의 아버지가 없이 여자의 몸에서 "마리아의 아들" 로 태어났다 (막 6:3). 사내아이들은 아버지의 이름으로 알려졌다: "마리아의 아들" 은 아마도 불법적인 탄생을 뜻했을 것이다. Jane Schaberg (*The Illegitimacy of Jesus* [San Francisco: Harper & Row, 1987], 199)는 전승이 예수를 불법적으로 태어난 아이로 취급해서 가부장적 가족제도를 무너뜨린다고 믿고 있다. 즉, 그는 생물학적 어머니 혹은 법적인 아버지에 첨부된 것이 아닌, 자기 자신의 초월적 가치를 지닌 것으로.

39) Eli Sagan, *At the Dawn of Tyranny: The Origins of Individualism, Political Oppression, and the State* (New York: Alfred A. Knoph, 1985), 294.

사에만 제한되게 매여 사는 삶, 무제한의 숫자로 어린이를 낳아야 하는 것, 결혼을 해야만 하는 것 등으로부터 해방되는 고마운 안도감을 발견하였을 것이다.40) 이런 점에서 바울은 그가 예수의 마음에 가까웠다고 인정받았던 것보다 훨씬 더 가깝게 있었을 것이다.41)

성결법전, 율법, 이방인들과의 관계, 성전(聖殿), 희생제도, 그리고 다른 문제에 대하여, 교회는 예수의 가르침을 한 걸음 더 발전시켰다. 그러나 가족과 여인의 역할 및 그밖에 남성의 우위를 다루는 모든 문제에는 교회가 일반적으로 태도를 부드럽게 했고, 타협하였으며, 마침내는 예수의 입장을 몽땅 저버리고 말았다.42)

율법(律法 Law)

유태인 소년들은 심지어 회당에서보다도 오히려 가족 안에서 더 많은 율법을 배웠다.(딸들은 비록 남자형제들이 율법을 배울 때 엿듣기는 하였겠지만, 그녀

---

40) Antoinette Clark Wire, *The Corinthian Women Prophets* (Minneapolis: Fortress Press, 1990). 그 당시 거의 대부분의 여인들이 첫 아기를 낳느라고 몸이 상하고, 대부분의 여인들이 7번째 혹은 8번째 아기를 낳다가 죽어간 사실을 고려할 때, 어떤 여인들이 모든 성적인 활동을 중단하라는 종교적 규정을 발견하고 상당히 안심하였음은 놀랄 일이 아니다 (data in Marielouise Janssen-Jurreit, *Sexism* [New York: Farrar Straus Giroux, 1982], 197).

41) 마태 19:12, "하느님 나라를 위하여 스스로 고자가 된 사람도 있고"라는 알 수 없는 말씀은 가족제도에 대한 육체적 항거의 표현이라고 할 것이다. 예언자들은 성적인 활동을 금욕한 사람들로 오래 동안 알려져 왔다; 이제 이런 가르침을 받아들일 수 있는 사람들은 성적인 욕망과 가족의 통제를 초월할 자신의 수도원 운동은 이런 가르침에 진정으로 응답한 것이었다. Arthur J. Dewey, "The Unkindest Cut of All? --Matt 19:11-12," paper presented to the Jesus Seminar, Cincinnati, Ohio, October 1990,를 참조하라.

42) 마태복음 10:37은 누가 복음의 "아버지와 어머니를 미워함"을 "아버지와 어머니를 나보다 더 사랑함"으로 바꾸어버렸는데, 이 변경은 눅 14:26의 원래 의도한 충격을 약화시켰을 뿐만 아니라, 누가복음에서처럼 하느님의 일을 하기 위하여 예수를 따르는 것에서 그 초점을 옮겨서 예수를 가장 높은 가치로 만들어 버렸다. 도마 복음서 101은 누가복음을 지원하면서도 역시 "그의 아버지와 어머니를 내가 미워하는 것처럼 미워하지 않는 사람은 내 제자가 될 수 없다. *그리고 그 아버지와 어머니를 내가 사랑하는 것처럼 사랑하지 않는 사람도 내 제자가 될 수 없다*"라고 약간 수정을 덧붙여서 충격을 완화하려고 하였다.

들은 주로 부정한 것에 관한 부정적인 계명들만 공식적으로 배웠다). 유태인 율법은 정의, 이웃 사랑, 과부와 고아에 대한 돌봄, 주기적으로 부채를 청산함, 그리고 노예의 해방 등을 장려하였다. 율법이 인간의 필요에 대하여 케케묵고, 잔인하고, 나쁜 것이라고 기독교가 투박하게 풍자한 것을 뭉개버리려고 학자들은 오랫동안 고심을 하였다. 그러나 초대교회의 많은 교인들은 조만간 율법을 지키기를 포기하였으며, 구약성경을 보면서 엄청난 우화화(寓話化 allegorizing), 또는 멋대로 여기 저기 골라내어서 그걸 그리스도의 오심을 예언한 것으로 간주하여, 구약성경에 가까스로 의지하였다. 예수가 이미 율법을 거부하는 씨를 뿌리지 않았다면, 어떻게 유태교의 한 분파에 불과했던 기독교가 그토록 신속히 율법을 내버릴 수가 있었겠는가?43)

예수는 성결과 정결법에 대한 당시의 해석을 버렸을 뿐만 아니라, 거듭 거듭 안식일에 병자를 치유하였다.44) 안식일 법을 위반하는 것은 사형으로 다스렸다(출 31:15). 그러나 무엇이 그 법을 어기는 것이냐에 대해서는 랍비들 가운데 상당한 논쟁이 있었다. 1세기 팔레스타인에서 안식일 범법자를 실제 사형집행 하였을 것 같지는 않다. 종교 지도자들은 아마도 갈릴리에서 안식일 준수가 서서히 손상되는 것을 늦추기 위하여 후방에서 싸웠던 것 같다.

그렇다면 왜 예수는 농사꾼들 가운데서는 무관심으로 인해 이미 약화된 당시의 규정을 업신여기기 위하여 구태여 나섰던가? 안식일에는 자비와 치유의 행위를 하는 것이 적절한 것이라고 예수가 단순히 고집한 것 이상의 그 무엇이 분명히 있다(예를 들면, 막 3;1-6 및 병행구; 눅 13:10-17). 왜냐하면 그는

---

43) 이방 기독교인들이 유태 율법을 거부한 것은 놀라운 일이 아니다. 가짜 클레멘타인 저작(베드로의 설교)에 있는 유태인 크리스천들의 주장, 즉 희생제사 제도를 거부하고 구약성경은 사탄에 의하여 영감을 받은 "허위 단락들"이 삽입되었다고 주장하는 것을 설명하기가 더 어렵다 (Jean Danielou, *The Theology of Jewish Christianity* [Chicago: Regnery, 1964], 57, 183, 229).

44) 막 1:21-28 병; 3:1-6; 6:1-6//마 13:54-58; 눅 13:10-17; 14:1-6; 요 5:1-18; 7:21-24; 9:1-41. 복음서들에서는 병든 자들이 언제나 치유를 위해서 먼저 시작한다-안식일이 끝날 때를 기다려 도움을 청하려는 경우를 제외하고는 (막 1:32-34). 안식일에는 언제나 예수가 치유를 위한 주도권을 쥐고 행사한다 (Marcus Borg, *Conflict, Holiness, and Politics*, 148). 안식일 법을 어기는 것은 복음서 밖에서는 언급된 곳이 없다. 분명히 초대교회는 안식일을 범하는 것을 예수가 문제로 삼듯이 문제화하지 않았다. 그리고 이방인 크리스천들에게는 더구나 문제시되지 않았으리라.

제자들이 안식일에 수확을 하면 안 된다는 율법을 명백히 위반하였음에도 그것을 변호한다(막 2:23-28 및 병행구). 그들은 사전에 준비하지 못했거나, 혹은 예수를 따라 다니느라고 미리 안식일에 먹을 음식을 마련할 장소가 없었을 것이다. 그 때 예수는 하나의 원칙을 천명한다: "안식일이 사람을 위해 있는 것이지, 사람이 안식일을 위해 있는 것은 아니다. 따라서 사람(사람의 아들)은 또한 안식일의 주인이다"(막 2:27-28).

여기서 "사람의 아들"(son of man)이 그리스도의 칭호라고 생각하면, 이 본문은 예수를 율법보다도 더 위에 올리는 것처럼 보인다. 그러나 "사람의 아들"이 "사람"을 뜻하는 히브리 관용어라고 간단히 생각하면, 여기 "사람의 아들"은 말 그대로를 뜻한다. 즉, 자기들이 하느님의 형상으로 창조되었음을 인정하는 인간들이, "안식일을 거룩하게 만드는 것"[45])이 무엇인지를 판단하는 자들인 것이다.

기독교 전통의 주변으로 밀려난 곳에서, 비록 안식일이 예수의 부활의 날(일요일)로 이동되었음에도, 교회는 안식일의 의미를 보존하려고 관심을 기울였음을 보여주는 말들이 있다. 도마복음서 27b에는, "만일 당신이 안식일을 안식일로 지키지 않으면, 당신은 아버지를 보지 못하게 될 것이다"라고 기록했다. 더 재미있는 것은, 누가복음 6:4의 베자 사본(Codex Bezae)에는 "같은 날, 안식일에 일하고 있는 어떤 사람을 보시고, 그는 말씀하시기를, '사람아(사람의 아들아), 네가 무엇을 하고 있는지를 안다면, 너는 복을 받았도다. 그러나 만일 네가 그걸 모른다면, 네게 화 있을 것이니, 너는 율법을 범한 자다'"라고 써있다. 예수가 죽은 지 단지 20여 년 후에, 바울은 이미 율법에 대하여 일찍이 쓴 어떤 것보다도 가장 놀라운 변증법적 논쟁을 썼으며(로마서), 그리고 제4복음서 기자(요한)는 사랑의 계명으로 율법 전체를 대치시켜 버렸다.

예수가 무엇을 풀어놓았는가? 율법은 지배적인 사회가 등장함으로써

---

45) 예수는 안식일을 없애려고 했는가? 아니면, 최후의 대망의 날, 즉 시간의 끝 날의 완전한 의미를 주려고 했는가 (눅 13:15-16)? 분명히 안식일은 고된 노역의 날은 아니고 모든 피조물들을 위하여 하느님이 성취하시는 최고의 자유를 예고하는 징표였다 (히 4:9-10). 그리하여 예수가 안식일에 병을 고치는 것은 안식일 법을 모욕하는 것이 아니라, 안식일의 의미를 완벽히 존중하는 것이었다. 즉, 시간의 완성을 위하여 하느님의 거룩한 뜻을 좌절시키고 변형시킨 모든 것들로부터 이날에 얻는 자유의 의미(Andre Trocme, *Jesus and the Nonviolent Revolution* [Scottdale, Pa.: Herald Press, 1973], 68).

풀려난 폭력의 홍수에 대항하는 가장 성공적인 방어수단의 하나가 되어왔던 터이다. 즉 율법에 의하여 힘센 자들의 폭력이 통제될 수 있었다. 과도한 만행(蠻行)을 저지할 수 있었다. 보다 덜 힘센 자들의 권리가, 항상 강화되지는 못했다 할지라도, 최소한 옹호될 수 있었다. 오늘에 이르기까지, 사회의 주요한 변화는 새로운 법률을 통과시키는 것으로 자취를 남겼다. 즉 대헌장(The Magna Carta), 권리장전(The Bill of Rights), 1964년 시민권리 선언(The Civil Rights Act of 1964) 등이 그것이다. 잘만하면 법률이야말로 이상(理想)이 제대로 활동하고 제도화되는 길이다.

그러나 법률은, 심지어 유태 율법서(The Torah)조차도, 탐욕스런 사람들과 지배자들에 의하여 몰수될 수 있고, 그래서 폭력을 강화시키는 데 포로가 되기도 한다. 유태 율법서 안에는, 여성을 낮추고, 이방인들을 비인간화하고, 야훼의 이름으로 지독한 폭력, 심지어는 종족살해적 파괴를 변호하고, 수많은 동물의 희생제물, 제도화된 가부장제를 지시하는 규정들을 소중히 간직하고 있다.

바울이 변증법적으로 명료하게 보았듯이, 율법은 선한 것이며, 타락하며, 그리고 구원되어야 한다. 그것은 "거룩하고 정당하고 좋은 것"인데(롬 7:12), 왜냐하면 어떤 종류의 폭력을 억제하고 통제하고 완화시킬 수 있으며, 또한 인간 공동체의 생존을 위해 필요한 기본적 가치를 표현하기 때문이다. 그러나 율법은 죄와 지배에 흡수되어(롬 7:7-13), 그 지배를 강화시키기 위한 폭력에 포로로 잡혀 있다. 율법이 권력자들의 투쟁의 소용돌이에 빨려 들어가서, 폭력의 발생자 또는 폭력의 앞잡이가 되어, 폭력을 감소시키고 제거하는 수단으로서의 그 효용성을 제한 받게 된다.[46] 다가오는 하느님의 통치에서는 율법이 폭력에 밀착된 것에서 자유롭게 되고, 그리하여 비폭력적 제재의 힘이 강화될 것이다--초대교회가 이미 그들의 삶에서 실현하려고 했던 것을 가르치면서 말이다(롬 12장; 마 5-7장/눅 6장).

보다 구체적으로는, 윌리엄 헤르쪼그 2세가 언급하였듯이, 예수는 그가 돌아다니면서 만났던 시골의 가난뱅이들, 농사꾼들, 장인들에게 억압적인

---

46) Edwin A. Hallsten, "The Community that Kills--Paul and Prohibition," Colloquium on Religion and Violence, New Orleans, Nov. 16, 1990, 33-34.

것으로 판명된 그런 방식으로 율법을 해석하는 것에 반대하였다. 예수는 율법을 거부하지는 않았으나, 다만 종교 지도자들이 해석한 그런 방식에 대하여서는 반대하였는데, 그들의 권력의 자리는 예루살렘에 있었고, 그들은 "땅의 사람들(암 하 아레츠-- 역자 주)"을 희생시키면서 외국의 지배자들에게 협조하는 예루살렘의 엘리트들(elites 지배계층)의 지배를 영속하도록 율법을 읽어 내었던 것이다. 이들 종교 지도자들은 종종 권력 브로커(power brokers 거간꾼)들이었는데, 그들이 대서(代書)해주고 받는 값은 종교적 경건을 가장한 경제적 이익(돈)을 위한 것이었다. 결과적으로, 예수는 율법 준수 그 자체를 공격하지는 않았지만, 그러나 율법이 갖는 해방의 힘에 역행하여 율법에 호소함으로써 법적 정당성을 주장하는 사회적 체계를 공격하였다. 특별히 예수는 변두리 인생들, 보통사람들의 명예를 회복하도록 율법을 읽어야 한다고, 따라서 율법사나 서기관들이 의미를 해석한 것에 의하여 그들을 수치스럽게 낙인찍은 것을 제거해야 한다고 논박하였다.47) 율법주의의 허울과 율법(토라)에 복종해야만 한다고 강요하는 뒷면에서, 예언자적 비판이 다시 한 번 용(龍 Dragon)의 가면을 분별해내고 있다.

유태교뿐만 아니라, 경전을 가진 모든 종교들은 주기적으로 율법주의로 타락한다. 즉 영적인 타락이 예루살렘 성전이나 바티칸, 혹은 다른 어떤 경건한 힘의 중앙집권제처럼 거대한 경제적 그리고 정치적 권세들과 짝짜꿍이가 되면, 그들 종교적 지도자들은 그들의 재물과 권력을 유지하기 위하여 단호하게, 필요하면 때로는 살인적으로 반동한다. 이렇게 말하는 것은 권력의 속성에 대한 서술이지, 어떤 특정 종교의 전통에 대한 서술은 아니다. 그것은 유태교에 대해서 참이듯이 기독교나 무슬림 기관에 대해서도 참이다.

그것은 단지 유태교 지도자들에게만 아니라, 정의, 자비, 그리고 사랑(눅 11:42 /마 23:23) 등 율법의 중요한 문제에 대해서는 게을리 하면서, 자질구레한 의식절차에 몰두하는 종교 지도자들, 혹은 사람들을 각종 율법규정으로 짓누르고 그것을 가볍게 해주기 위해서는 아무 일도 하지 않는(눅 11:46/ 마 23:4),

---

47) Kansas City, Mo. Nov. 24, 1991에 열린 Society of Biblical Literature 연차 모임에서 Historical Jesus 분야에 내가 강연한 "Jesus against Domination"에 William R. Herzog II가 응답한 논문에서.

혹은 지식의 열쇠를 제거하고는 자기도 안 들어가고 남도 못 들어가게 하는 (눅 11:52/마 23:13), 모든 종교 지도자들 일반에게 해당된다. 널리 알려진 사실처럼, 로마인들(로마제국의 관리들)이 대제사장직을 가장 비싼 경매에 붙여서 돈 많은 제사장 가족에서나 감히 나와서 사게 했다. 그러니 시골 제사장들은 탐욕스러운 제사장 귀족들이 만들어낸 불공평에 희생되어 빈곤하게 되었다. 모든 시대의 종교 지도자들은 너무나도 자주 사람들로 하여금 하느님께 나가도록 하기보다는 오히려 그 길을 막아버렸다.

이미 신약성경 안에서도, 기독교인들은 유태인들이 예수를 처형하는 데서 영원한 죄악을 저질렀다고 비난하면서,48) 심지어는 성경에서도, 로마제국의 죄악상을 경감시켰다.49) 그러나 분명한 것을 거부한다고 해서 진리가 가려지는 게 아니다. 즉 1세기 팔레스타인의 유태교는 꼭대기부터 타락하였었고, 너무도 율법주의적이었으며, 세계의 다른 부분들과의 관계에서 너무도 편협하였다. 예수는 예언자의 전통에 서서 그것을 공격하였으며, 그가 아빠(Abba)라고 불렀던 그들의 아버지들과 어머니들의 하느님과의 관계를 새롭게 하고자 하였다. 율법을 공격함에 있어서, 예수와 바울은 유태교 그 자체를 공격하지 않고, 자기들의 목적을 위해서는 **율법까지도 부패시킨 지배체제 전체를 공격**하였다.

예수가 코셔 음식(Kosher:유태 율법에 따라 정결하게 요리한 음식--역자 주) 규정을 포기한 것 같지는 않다. 왜냐하면 만일 예수가 그것을 포기했다면, 베드로가 받은 비젼에서 정결 음식을 취소한 것이 불필요한 것이 되기 때문이다 (행 10:1-11:18; 15:7-11). 그러나 그 논점은 토론의 여지가 있는 것이, 예수가 부정한 사람들과 함께 음식을 먹었으니 그런 규정 배후에 있는 **원칙**을 어긴 것이다.50) 그는 제자들에게 음식을 먹기 전에 손을 씻으라고 요구하지 않았

---

48) 눅 11:50-51//마 23:35-36; 마 27:25; 막 12:1-12 병; 눅 19:12-14, 27.
49) 막 15:2-5 병; 눅 23:6-16; 마 27:19, 24-25; 눅 23:47.
50) 세금 걷는 자들(稅吏)과 죄인들: 막 2:13-17 병; 마 11:19//눅 7:34; 눅 19:1-10. 베드로가 코넬리우스의 초대를 받았을 때 (행 9:43; 10:6, 32), 그는 가죽 무두질하는 사람(갖바치) 시몬(Simon)의 집에 머물고 있었는데, 시몬의 그 직업은 불결하고 멸시받는 것이었지만 (M. *Ketub*, 7:10; T. B. *Kidd*, 82b Bar.; T. B. *Pes*. 65a Bar.), 베드로는 (사도행전에 의하면) 정결하지 않은 음식은 먹은 적이 없다고 주장한다(행 10:14)!

고(막 7:1-23 /마 15:1-20), 정결함과 불결함에 대한 전체 제도의 근본을 뒤엎어 버릴 원칙을 한 문장으로 말하였다. "무엇이든지 밖에서 몸 안으로 들어가는 것은 사람을 더럽히지 않는다. 더럽히는 것은 도리어 사람에게서 나오는 것이다"(막 7:15/마 15:11).

그가 이런 통찰에 도달하였기에 그가 문둥병자에게 손을 갖다 대고(막 1:40-45, 및 병행구), 또 창녀가 그에게 손을 대는 것을(눅 7:36-50) 허락하였을까? 아니면, 그가 그들의 비참한 상태를 보고 난 뒤에 동정심에 가득하여 그런 원칙을 생각해내었을까?

불결함에 관한 율법을 깨는 예수의 능력에 대하여, 바울은 자기가 바리사이파 사람으로서 받았던 교육과 사회화를 못마땅하게 여긴 끝에 선언하기를, "주 예수를 믿는 나는 무엇이든지 그 자체가 더러운 것은 하나도 없고, 다만 더럽다고 생각하는 사람에게만 더럽게 여겨진다는 것을 알고 또 확신합니다"(롬 14:14)라고 했다.

별로 알려지지 않은 선언에서, "너희는 무엇이 옳은 일인지 왜 스스로 판단하지 못하느냐?"(눅 12:57) 하고 예수는 물었다. 그런 도전은 쉽게 얻어지지 않는 성숙한 인간이라야 할 수 있는 말이다. 아빠(Abba)로서 하느님은 노예와 같은 복종을 원하지 않고, 사랑의 상호관계를 원하신다. 지배체제는 스스로 생각하는 사람들을 용납하지 못한다. 그런 독립적인 자유는 유태인이거나 기독교인 당국자들, 혹은 종교적이든 세속적이든 지도자들의 가슴에 공포를 불러일으킨다. 예수와 그의 추종자들은 신의 뜻을 안다고 하는 사람들을 분별하는 엄격한 공동체를 통하여 이런 자유가 가져올 제멋대로의 혼란을 저지하였다. 우리는 바울이 분쟁 중인 고린토 교인들 때문에 고심하면서 품위와 질서를 유지하는 것이 얼마나 어려운지를 본다. 나중에 몬타니즘(Montanism)과 영지주의(Gnosticism)가 신의 뜻을 안다고 하는 수많은 사람들을 낳았기 때문에, 교회는 폭군적인 교권제도를 만들어 과도하게 반응하였다. 즉, 교회의 성경, 교회의 법규를 정하고, 유태인들이 모세나 에즈라 혹은 마카비 때에 가졌던 그 어떤 것보다도 더욱 엄격하게, 그리고 폭력적으로 정통주의를 방어했다.

희생제사(犧牲祭祀 Sacrifice)

율법과 정결 제도뿐만 아니라 성전과 희생제사 제도까지도, 이 외과 의사의 사정없는 칼 아래 들어왔다. 그러나 여기에서 우리는 진짜 수수께끼를 만난다. 스데반(스테파노)의 연설을 누가(Luke)가 재구성한 것에는(행 7:41. 역자 주) 이스라엘이 처음 희생 제물을 드린 것은 하느님에게가 아니라 황금 송아지였다고 고발하는 것이 포함되어 있는데, 그래서 하느님의 처벌은 그들로 하여금 희생제물을 몰록(Moloch) 신과 레판(Rephan) 신과 하늘의 천군(天軍)들에게 드리게 하였다고 한다. 그러나 그가 상기시키는 것은 하느님이 사람의 손으로 만든 집에 거하지 않으신다는 점이다. 이 점은 또한 바울이 나중에 아테네 사람들에게 지적한 것이기도 하다.51) 이는 처음 시작부터 희생제사의 정당성이 근본적으로 거부되었음을 뜻하는 것이다. 어디서부터 그런 전면적인 고발이 힘을 얻기 시작하였는가?

더군다나 바울은 재빨리 그리스도의 몸이 곧 새로운 성전(聖殿)이고, 각 교인들은 개인적으로 그 성전의 회원이라고 설명하였다.52) 그러나 만일 우리의 개인적인 혹은 집단적인 몸이 성령의 성전이라면(고전 6:19-20), 그리고 하느님께 우리의 몸을 산 제물로 바쳐야 한다면(롬 12:1), 성전은 더 이상 무슨 소용이 있단 말인가? 만일 예수가 단 한 번에 모두 우리를 죄로부터 자유롭게 하기 위하여 죽었다면, 그렇다면 성전은 불필요한 것이고 이미 대치된 것이다.53) 예수의 죽음은 희생제사 제도를 끝장낸 것이다. 그가 죽을 때, 성전의 지성소(The Holy of the Holies) 앞에 있는 커튼(장막)이 위에서 아래까지 찢어져 내렸는데(막 15:38), 이는 성전의 거룩한 권능이 끝났다는 상징적 표현이다.54) 영적인 희생이 동물을 도살하는 것을 대신하였다(벧전 2:5). 하느님은

---

51) 행 6:13; 7:41-43, 48-50; 17:24-25.

52) 고전 3:16-17; 고후 6:16; 막 9:42-47 (여기 "몸"을 공동체로 이해하고); 엡 2:21-22; 히 10:5, 20; 벧전 2:4-10. 그러니 바울이 행전 25:8에서 성전에 대항하여 위법을 행한 적이 없었다고 주장하는 것은 기술적으로는 옳은 말이다. 그는 단지 그것을 없는 것으로 만들었으니까!

53) 롬 3:25; 딤전 2:5-6; 딛 2:14; 히 1:3; 2:9, 14-17; 7:27; 9:22-28; 10:4-31; 13:12-16, 20-21; 벧전 1:18-19; 3:18; 요일 1:7; 3:16-18; 4:9-10; 계 5:9-10; 21:22.

자비를 원하시지, 희생을 원하시지 않는다(마 9:13, 12:7=호 6:6).

예수가 문둥병자를 깨끗하게 만들어주고는 그를 보고 제사장에게 가서 성전에 희생 제물을 바치라고 보냈는데, 그는 예수가 자기에게 한 일만 선포하고 제사장이나 성전은 무시해 버렸다.55) 한 여자가 예수의 옷을 만지고 병이 나았는데, 그 여자는 산비둘기 두 마리를 희생 제물로, 즉 "한 마리는 속죄 제물로(마치 그녀의 병이 죄 때문이었던 것처럼) 바치고, 다른 한 마리는 번제물로" 바쳐야 한다는 레위기 15:25-30의 규정을 예수는 완전히 무시하였다(마 5:24b-34, 및 병행구절). 예수는 죄가 용서받았다고 선언하여(막 2:1-12 및 병행구절; 눅 7:48), 성전을 불필요한 것으로 만들어 버렸다. 이 사실을 서기관들이 재빨리 주목하고 그를 신성모독(神聖冒瀆)의 죄목으로 걸었던 것이다.

요한계시록 21-22장에 의하면, 그 이미지들이 온 나라의 재물이 성전을 장식하기 위해 예루살렘으로 몰리던 이사야 60장에서 이끌어왔음에도 불구하고, 새 예루살렘에는 성전도, 제단도, 희생제도도 없다(계 21:22). 희생 제물을 바치는 것은 고대 종교에 널리 행해진 의식이었다. 그러니 교회가 희생 제사를 폐지하자 "무신론"(Atheism 無神論)의 죄목으로 우스꽝스럽게 고발당했다.56) 유태계 기독교의 한 분파에서는 예수가 이렇게 말했다고 기록하기도 했다: "나는 희생 제사를 없애기 위해서 왔으니, 만일 너희가 희생 제사를 멈추지 않으면, 너희를 향한 하느님의 분노도 멈추지 않으실 것이다"(에비온의 복음서, 제6 조각).57)

성전과 희생제사에 대한 예수 자신의 태도는 수수께끼다. 그는 성전의 붕괴를 예언하였지만, 실제로 일어났던 것처럼 화재로 타버리기보다는, 돌 하나하나가 무너질 것으로 기대하였다. 이런 사실로 보아 그의 예언은 기원

---

54) Sardis의 Melito는 그 상징을 확대하였다: 즉, 성전의 천사가 그 휘장을 찢었다는 것이다: "[예수의 죽음에] 사람들은 옷을 찢지 않았지만, 천사는 그의 옷을 찢었다" (*Homily on the Passion* 98).

55) Dominique Barbe, *A Theology of Conflict* (Maryknoll, N.Y.: Orbis Books, 1989), 52.

56) Frances M. Young, *Sacrifice and the Death of Christ* (London: SPCK, 1975), 9.

57) *NT Apoc.*, 1:158. 유사 클레멘타인 저작 *Recognitions*는 주장하기를, 희생제사 제도는 결코 하느님의 뜻이 아니었지만, 이스라엘 사람들이 이집트의 우상에 너무도 사로잡혀 있어서, 서서히 이 악습을 버리는 과정이 필요했다고 한다(1.36-39).

후 70년에 실제로 예루살렘이 무너지고 난 후에, 교회가 그의 입술을 빌려서 말한 것이 아님을 암시한다(막 13:1-2, 및 병행구절).58) 예수는 폭력적인 저항을 기대한 것일까, 혹은 성전과 전체 종교제도에 대한 심판을 하고 있는 것일까? 그의 재판에서, 그는 성전을 파괴하겠다고 말한 것으로 고발당했지만, 증언이 일치하지 않았고, 대제사장의 인정함으로 그 고발은 받아들여지지 않았다. 그가 무어라고 말했을까? 요한복음은 예수의 말씀을 은유적(隱喩的)으로 재해석하여 놓았는데, "이 성전을 허물어라. 내가 사흘 후에 다시 세우겠다"(요 2:19, 21)라고 했다. 여기서 그는 자신의 몸을 두고 성전이라고 말하고 있다. 예수는 마태 5:23-24와 마태 23:16-22에서 성전에 대하여 긍정적으로 보았으며, 전승에 의하면 그는 성전을 두고 "내 아버지의 집"(눅 2:49, 요 2:16), 혹은 하느님의 집(막 11:17 및 병행구)이라고 말했다. 만일 그의 최후의 만찬이 유월절 음식(이 문제는 상당히 논쟁되었지만)이라면, 그는 유월절 양을 잡았을 것이었다. 사도행전 6:7에는 "수많은 사제들도 예수를 믿게 되었다"고 하는데, 그들은 표면적으로는 계속해서 성전에서 희생 제사를 드렸을 것이다. 초대교회에서는 성전에서 기도하고, 설교하고, 병을 치유하기도 했다.59) 그렇다면 교회가 결과적으로 성전을 완전히 배척한 것은 어떤 까닭이었을까?60)

  70년에 성전이 파괴된 것이 희생 제사를 다시 생각해볼 가장 결정적인 요인이었을 것은 틀림없다. 그러나 교회가 성전을 배척한 씨앗은 훨씬 전에 이미 뿌려졌다. 아마도 그 실마리를 요한 2:22에서 발견하는데, 여기서 요한

---

58) Ched Myers, *Binding the Strong Man* (Maryknoll, N.Y.: Orbis Books, 1988), 322.
59) 행 2:46; 3:1-4:4; 5;20-21, 25, 42; 21:26-30; 22:17; 24:18; 26:21. 유일한 예외는 행 21:26인데 바울이 성전에 돈을 내고 나지르(Nazir)인 서약에 묶인 4 사람을 위하여 양과 비둘기의 제물을 드리는 희생제사에 함께 참여하였다. 그러나 이것은 반대자들을 안심시키려고 일부러 시도한 것이고, 그런 희생제사가 필요하다고 더 이상 믿지 않으면서도, 교회의 평화를 위하여 그가 양보한 것이다.
60) 히브리 성경에도 희생제사 제도 전체를 통렬히 비판한 곳이 여러 군데 있다 (시 40:6; 51:16-17; 사 1:11-17; 17:7-8; 66:3; 렘 7; 호 6:6; 암 5:21-24, 미 6:6-8), 그리고 한 본문은 희생양제도를 폭로하기도 했다(사 53). 예수가 이런 구절들을 알고 있었음에는 틀림없지만, 이것들이 그의 생각을 어떻게 형성하였는지를 알기는 어렵다. 복음서 기자들이 이것들을 인용하지 않고 이사야 56:7과 예레미야 7:11을 인용한 것은 의미심장하다.

은 말하기를, 제자들은 예수가 성전에서 설명한 것을 그가 죽은 자들 가운데서 다시 살아나기까지는 이해하지 못했다고 한다. 그 당시에는 그들은 이해하지 못했다. 예수 자신이 의도했던 바가 그의 제자들에게는 명확히 이해되지 못했다.

우리는 예수의 마음속에 들어가서 그의 동기가 무엇이었던지 다시 추적 해볼 도리가 없다. 그의 행동으로 예수가 무엇을 의도했든지 간에, 교회는 점차로 그의 삶과 가르침이 성전종교가 토대로 삼고 서 있던 성결의 신학(theology of holiness)을 무너뜨렸다는 것을 알아차리게 되었다. 또한 그들이 믿게 된 것은, 예수의 죽음이 희생제물의 전 제도를 폭로하고 없애버렸다는 것, 그리하여 성전 도살--한 마디로 거룩한 폭력--을 끝장내었다는 점이다.

그의 행동은 상징적으로 이해되었다. 그것은 정결한 희생을 회복하거나, 성전 뜰에서 상업 행위 하는 것을 없애버리기 위하여 실행한, 성전 "정화(淨化)"나 개혁이 아니었다. 이들 장사꾼들이나 환전상들이 없이는 성전은 제 기능을 하지 못할 것이었다. 오히려 복음서가 그리는 예수는 그가 성전의 분리주의(Separatism)와 배타성에 대하여 격노한 것이다 ("내 집은 만민이 기도하는 집이라," 막 11:17). 성전 세금을 내지 않고 희생제물 획득을 방지하고, 심지어는 성전 뜰을 지름길로(막 11:16) 사용하는 것을 금지함으로써, 그는 성전이 완전히 문 닫게 되기를 원했다.

성전은 떨어짐(분리)으로서 이해된 거룩함이 기관으로서 구체화된 것이다--그 거룩함이란 정결한 유태인 남자들 이외에는 하느님께 직접 접근하지 못하게 하는 것이다. 예수는 거룩함과 속됨을 본래부터 구별함으로써 성전이 유지하는 타락한 제도를 철폐한다. 이런 구별(분리)은 제사장계급의 특권층에게 엄청난 경제적 이득을 주도록 작용하였다 ("그러나 너희는 이 집을 강도의 소굴로 만들어 버렸구나." 막 11:17b).[61]

동시에 예수의 십자가처형은 희생제사의 참된 성격을 폭로하였는데, 이는 대신 죽임을 당하는 필요를 하느님에게 투사하였다. 즉 수많은 동물들을 희생시켜 억제하고자한 폭력은 결코 만족되지 않았다. 그 제도는 인간의

---

61) Herman Waetjen, *A Reordering of Power: A Socio-Political Reading of Mark's Gospel* (Minneapolis: Fortress Press, 1989), 183. Marcus Borg, *Conflict, Holiness, and Politics*, 197.

생명까지도 희생시킬 것을 요구하였다. 그러나 이 사람은 단순히 또 다른 하나의 무죄한 희생자가 아니었다. 이 사람은 자신의 생명을 자원하여, 자유롭게, 그리고 **고의로** 바쳤다.

교회는 희생양(Scapegoat) 제도를 온 세상이 다 보게 폭로하여 모든 희생 제사를 끝내고자 바친 결정적 희생으로 그의 행동을 이해하였다. 몸과 피를 바쳐서 그는 취소할 수 없는 영원한 새로운 계약(a new covenant)을 봉인(封印)했다. 그 새로운 계약에 다른 사람이 들어가려면, 그 옛 질서에 대해 상징적이고 영적인 죽음을 거쳐, 그 새로운 질서에 다시 태어나야 한다(막 14:22-25 및 병행구, 롬 6:1-11).

그들에게 분명했던 것은 권세들이 마지막 제재를 예수에게 가했으나 그를 침묵시키지 못하였다는 점이었다. 그들의 마지막 수단, 곧 죽음으로도 그를 억제하지 못하였다. 그러나 만일 갈릴리 장인(목수)에 불과했던 그가 전 지배체제에 항거하여 이겨냈다면, 권세들의 힘도 결국 궁극적인 것은 아니다. 우주에는 다른 힘이 있어서, 가령 물처럼, 돌이라도 뚫어낸다. 그것은 곧 희생적인 사랑, 즉, 능동적인 비폭력(active nonviolence)이다.

비폭력(非暴力 Non-violence)

예수는 폭력을 거절한다. 그의 제자들이 하늘에서 불을 내려다가 불친절한 사마리아 사람들을 태워버리자고 허락을 요청하자, 예수는 그들을 꾸짖는다(눅 9:51-56). 성경 본문에 상당히 널리 알려진 후대의 첨가(添加)로 예수의 태도를 설명하는 말씀, 즉 "너희는 너희들이 어떤 영에 속하였는지를 모른다. 사람이 사람들의 생명을 파괴하려고 온 것이 아니라, 구하러 왔다"는 말씀이 있다.62) 그는 억압적인 권세들에 대항하여 싸우기 위하여 억압적인 수단을 사용하는 것을 경고한다(눅 13:1-3). 한 제자가 예수의 체포를 막아보려고 대제사장의 종의 귀를 잘라버렸을 때, 예수는 명령하기를, "그만해!"(눅

---

62) D 사본을 제외하고는 초기의 중요한 사본에는 이 부분이 빠져있고, 단지 후대의 사본들에만 나와 있다. 그러나 이것은 예수의 비폭력적 영성을 잘 확대하고 있다.

22:51)–그 후 교회는 3세기 동안 문자 그대로 그 명령을 지켰다. 마태복음에서는 예수가 말하기를, "칼을 도로 칼집에 꽂아라. 칼을 쓰는 사람을 칼로 망하는 법이다"라고 하였다(마 26:52).63) 고린토 후서 10:4 이 초대 교회 공동체의 일반적인 관점을 집약한다: "우리는 세속(Kosmos, 지배체제)의 무기를 가지고 싸우는 것이 아니라 아무리 견고한 성이라도 무너뜨릴 수 있는 하느님의 강한 무기를 가지고 싸우는 것입니다." 그들이 선교 여행에 나설 때는 자기 방어를 위하여 지팡이도 가지고 가지 못한다.64) 남들이 욕을 하면, 예수의 제자들은 그들을 축복하고, 저주를 받으면 그들을 괴롭히는 사람들을 위하여 기도한다. 하느님께서 하신 것처럼, 그들은 원수를 사랑함으로써 아빠(Abba)의 삶에 그들의 삶을 일치시키려고 하고, 그들을 미워하는 사람들에게 선한 일을 베푼다.65)

완전을 위한 조언이나 겁쟁이를 위한 격려와는 거리가 멀지만, 예수의 비폭력 입장은 억압을 하는 자나 억압을 당하는 자가 모두 좀체 인정하지 않는 권능을 전제로 하고 있다--그 권능은 하느님 통치의 새로운 실재에 너무도 중요하기에 이 책의 제 3부는 그 문제를 다루기로 한다. 그 중심은 악을 거울처럼 흉내내지 않기, 사람이 개탄하는 것에 의하여 자기의 반응을 결정하지 않기다. 오른 뺨을 치거든 왼 뺨도 돌려대기, 속옷을 달라면 겉옷까지 벗어주기, 군인의 등짐을 지고 오리를 가자하면 십리를 가주기(마 5:39-41/눅 6:29) 등은 앞으로 제 9장에서 보겠지만, 악을 마지못해 묵인하고 따르는 것이 아니라, 주도권(initiative)을 잡고 악을 악의 추진력을 이용하여 거꾸러뜨리는, 배우고 의도적인 방법이다.66)

성찬식은 폭력의 추진력(운동량: momentum)을 그의 몸으로 흡수함으로써 폭력의 악순환(the spiral of violence)을 예수의 비폭력으로 끊어버린 것을 기념하는 예식이다. 예수의 길이란 용서하는 삶을 사는 길이요, 화해하는 행동을

---

63) 눅 21:20-24 는 로마군에 대항하여 싸우기보다는 펠라(Pella)로 도망가려고 예루살렘을 떠나는 교회의 결정을 반영하고 있다.
64) 마 10:10//눅 9:3(막 6:8과 모순되지만).
65) 마 5:43-48//눅 6:27-28, 32-36, 롬 12:14-21.
66) 마 5:38-42//눅 6:29-30; 롬 12:14-21; 살전 5:15; 벧전 3:9.

행하는 것이다. 그것은 분노를 다루어, 그리고 그 분노를 남에게 퍼붓는 것을 잘 다루어서 건강한 공공의 관계를 유지하게 하는 것을 포함한다.67) 아마도 비폭력의 가장 근본적인 선언은 **황금률**(Golden Rule)일 것이다: "너희는 남에게서 바라는 대로 남에게 해주어라"(마 7:12/눅 6:31).

메시아(구세주) 역할에 대한 그의 태도가 어떠했든지 간에, 예수는 유태인의 슬픔을 군사적으로 보상하는 것을 배척했다. 즉 그는 군대를 이끌고 메시아로서 전쟁을 벌이는 것이나, 자기의 문제를 폭력적 수단으로 해결하는 것을 거부했다. 그는 자신의 비폭력주의에 어긋나게 행동하기보다는 오히려 십자가를 견뎌냈다. (한 세기 이내에 교회는 악을 수동적으로 용납하는 것으로 되돌아감으로써 예수의 능동적 비폭력을 변모시키기 시작했다: 노예제도, 예수가 그랬듯이 학대에 굴복--벧전 2:21, 23).

동족들의 오랜 세월동안의 폭력적 저항운동과 비폭력 저항운동을 통해 그 경험에서 예수가 여과 추출해낸 것은 악에게 저항하되, 그 과정에서 악하게 되지 않는 방법이다. 그는 수단이 원하는 목표에 일치하기를 주장하였다: 그 목표란 정의로운 사회, 평화로운 사회, 그리고 권위주의와 억압과 계급이 없는 평등한 사회다. 그의 목표도 그의 방법도 지배가 없는 탈지배적인 (domination-free) 것이었다. 마침내 여기에 "구원하는 폭력"의 정치에 대한 완벽한 새로운 대안(代案)이 등장한다.

***

예수의 비폭력에 대해 몇 마디 덧붙임

예수가 비폭력을 가르쳤다는 것은 논쟁의 여지가 없다. 그러나 그가 그렇게 비폭력적으로 살았는가? 두 곳의 성경말씀이 우리로 하여금

---

67) 마 5:21-24; 7:1-5//눅 6:37-38, 41-42; 눅 10:29-37; 마 6:12//눅 11:4; 막 1125//마 6:14-15; 막 2:1-12 병; 3:28//마 12:31; 마 12:32//눅 12:10;마 18:21-22//눅 17:3-4;마 18:23-35; 눅 7:36-50; 눅 23:34; 행 7:60; 엡 4:26-27, 32; 골 3:13; 히 12:14-15; 약 1:19-20.

질문을 하게 한다: "두 자루의 칼" 말씀과 잘못 이름지어진 "성전 정화" 대목이다.

첫 번째 것은 누가복음 22:35-38이다. 누가는 그의 수난 기사(passion narrative) 가운데 선교에 대한 담론(mission discourse)을 넣었다: "내가 돈지갑, 자루, 혹은 신발도 없이 너희를 선교여행 내보내었을 때(눅 10:4), 무엇 부족한 것이 있었더냐?" 그들은 말하기를, "아닙니다. 아무것도 부족하지 않았습니다." 그는 다시 말하기를, "그러나 지금은 돈주머니가 있는 사람들은 그것을 가지고 가고, 식량자루도 가지고 가거라. 또 칼이 없는 사람은 겉옷을 팔아서라도 칼을 사 가지고 가거라." 이 자료는 수난 기사 가운데 전혀 어울리지 않는다. 이 말은 여행을 생각하는 것이지 (가지고....take), 체포를 염두에 둔 것이 아니다. 분명히 돈주머니와 식량자루는 예수를 방어하는 데 아무 소용이 없는 것들이다!

제자들의 반응이란, "주님, 여기에 칼 두 자루가 있습니다"(38절)이었는데, 이는 틀림없이 눅 22:49-50에 있는 변칙적 내용을 고려한 누가(Luke)의 편집일 것이다--어떻게 예수의 제자들이 칼을 소유할 수 있었단 말인가? 누가는 이사야서 53:12에 있는 예언의 증거, 예수가 제자들의 칼을 사용한 것을 꾸짖은 것, 종의 귀를 고쳐준 것 등을 첨가하였으니, 최소한 예수가 무장투쟁을 비난한 것으로 누가가 이해한 것에 대해서는 의문의 여지가 없다. 칼 두 자루가 이 이야기와 관계가 없는 것은 마가, 마태, 요한복음에서와 마찬가지로, "그들 중 하나"만이 칼을 휘둘렀다는 사실을 보아서도 알 수 있다. 누가는 예수가 칼을 사용하는 것을 책망할 기회를 주기 위하여 특별히 이 이야기에 "**칼 두 자루**"를 덧붙인 것이다. 이것은 눅 6:27-29에서 예수가 폭력을 배척하는 것과 일치한다.[68]

예수가 성전에서 벌인 극적인 소동은 보다 덜 복잡하지만 실제는 보다 더 큰 문제를 일으키는 것이다. 무엇이 폭력을 이루는가? 비둘기

---

68) David Low Dodge, "The Mediator's Kingdom"(1809), in *The Universe Bends Towards Justice*, ed. Angie O'Gorman (Philadelphia: New Society Publishers, 1990), 40-41; G. W. H. Lampe, "The Two Swords," in *Jesus and the Politics of His Day*, 347.

장사들과 환전상(換錢商)들의 탁자를 뒤엎은 것이 폭력적인가? 그는 어떻게 성전 안에서 거래를 한 사람들을 "몰아낼" 수 있었을까?(막 11:15 및 병행구절들) 요한복음에서 일종의 해답을 준 것 같았는데, 예수는 끈으로(혹은 골풀로)69) 회초리를 만들어, 소와 양을 몰아내었다(요 2:15). 상인들은 예수가 다가서자 일단 물러섰고,70) 소와 양들은 이런 방법으로 고통 없이 몰아내어졌을 뿐만 아니라 희생 제물로 도살되지 않게(최소한 잠깐 동안 만이라도) 되었다.71)

결국 사실상의 문제는 정도의 문제이니, 어느 정도의 공격성이면 폭력적인 것인가? 이 문제는 실제적이다. 억압자들이 고무 총알이나 혹은 강철 탄알을 사용해서 생긴 사상자가 훨씬 많은데도, 남아프리카나 팔레스타인 소년들이 돌을 던지는 것이 과연 폭력적인가? 젊은이들이 선전포고도 하지 않은 베트남 전쟁에 끌려가서, 죽이고 죽임을 당하는 것을 방지하기 위하여 베리간 형제들이(the Berrigans) 군인 징병 기록에 네이팜을 들어부은 것은 폭력적인 것이었나?

가장 간단히 말해서, 폭력은 상처를 입히거나 죽이는 해로움을 끼치는 것을 말한다. 치명적이지 않은 힘이나 어떤 종류의 강제를 폭력과 같다고 할 수는 없다.72) 가축을 몰아내는 것이나, 징병기록을 불태우는 것은 상처를 입히는 것은 아니다. 돌을 던지는 것은 그 경계선에 있는

---

69) Raymond E. Brown, *The Gospel According to John,* Anchor Bible, 2 vols. (Garden City, N.Y.: Doubleday, 1966-1970), 1:115.

70) 만일 그리스어 *pantas*(all; 모두)가 동물들에만 해당되는 것이라면, *probata* (sheep: 양)과 일치하게 중성이어야 한다고 반박되었다. 남성으로 되어 있으니, 팔고 사는 장사꾼들에 대한 것이라는 것이다. G. H. C. MacGregor는 이를 다시 반박하기를, 한 개의 형용사가 성별이 다른 두 개 이상의 명사에 적용될 경우에는 그 형용사의 성은 위치에 관계없이 (예: 히3:6), 중성 명사가 아니라, 남성 혹은 여성 명사와 일치(여기서는 *boas*: ox 황소)한다는 것이다. 만일 예수가 사람에게 폭력을 사용했다면, 더 많은 수의 성전 경비병들에 의하여 압도되었을 것이다. 채찍이 아니라, 그의 도덕적 권위가 장사꾼들을 몰아냈을 것이다 (*The New Testament Basis of Pacifism* [London: Fellowship of Reconciliation, (1936) 1953], 17 n.2).

71) 만일 요한의 진술, 혹은 사건 그 자체를 의심하기로 한다면, 그러면 예수의 표면상의 폭력의 문제는 아예 없어지는 것이다.

72) Jean Lasserre, *War and the Gospel* (Scottdale, Pa.: Herald Press, 1962), 45.

데, 폭력적이지만 그러나 치명적인 것은 아니다.

　각 사람이 이런 질문에 대하여 스스로 고심하고 분투하지 않으면 안 된다. "규범적인 해답"은 없다. 예수가 성전에서 보여준 것은 비폭력이 최소한 어떤 이상주의자들이 좋아하는 것보다 훨씬 더 공격적이라는 사실을 증명한다.

***

여인들과 어린이들

　여성학적 성서주석(feminist exegesis)이 등장하기까지는, 예수가 여인들을 어떻게 대했는가 하는 문제는 예외적인 것쯤으로 여겨졌다. 그것이 얼마나 특징적이었던가는 오직 몇몇 학자들만이 느꼈던 것이다.[73] 여성학적 성서주석의 렌즈를 통하여 비로소 우리가 보게 된 것은, 4개의 복음서 안에서 여인들과 만나는 각각의 경우에 예수는 그 당시 사회의 관습을 모두 위반하였다는 것이다. 만일 그를 하느님의 아들 혹은 완전함의 이미지(형상)를 떠나서 본다면, 예수가 여인들을 대하는 태도는, 완전히 "현대적"이라거나 여성주의적이라거나, 뭐 그런 식은 아니지만, 그럼에도 불구하고 그가 태어나기 전 대략 3,000년에 가부장제도가 생겨난 이래, "문명화"된 사회에서 그 유례가 없을 만큼 놀라운 것이다.

　교양 있는 유태인 여인들은 남들 보는데서 남자와 말을 나누지 않아야 했다; 예수는 여인들과 자유롭게 말을 나누었다.[74] 여인은 자기 남편이 아니면 남자에게 손을 대어서는 안 되었다; 예수는 여인들에 의하여 접촉되었고, 예수도 여인들에게 손을 대었다.[75] 한 창녀가[76] 남자들만 있는 잔치 자리에

---

73) 주로 J. Jeremias, *Jerusalem in the Time of Jesus*, 359-76.

74) 요 4:4-42; 막 5:33-34//눅 8:47-48; 막 7:24-30//마 15:21-28.

75) 막 5:24b-34 병; 눅 13:10-17;막 1:29-31//마 8:14-15; 막 5:21-24a, 35-43 병; 눅 7:36- 50; 요20:17 "붙잡다"; 고전 7:1–바울은 그의 옛날 훈련을 반영한다. "남자가 여자를 손대지

뛰어들어서, 그의 발 앞에 무릎을 꿇고 그 발에 입 맞추고, 회개와 안도의 눈물을 그의 발에 쏟아 내리고, 그녀의 머리칼로 닦아내고, 향유를 발랐다. 이 모든 일을 다른 사람들이 보고 있음에도 불구하고, 그리고 그 여인이 규칙상 예수를 불결하게 만들며 그 밖의 손님들의 체면을 잃게 만들었음에도 불구하고, 예수는 그녀를 받아들여 그 여인의 편을 들어주었다. 그 이야기의 끝말이 본래부터 있었던 것이었든 아니든(눅 7:50. 역자 주), 그녀가 믿음으로 구원을 받아, 진정 자기의 허물이 용서되었음을 안 사람답게 행동하였다. 만일 예수가 정말 "너의 죄는 용서받았다"(48절. 역자 주)라고 말했다면, 그것은 신성모독이며, 돌에 맞아 죽임을 당해 마땅한 일이었다(눅 7:36-50).

예수는 회당에서 18년간 병마에 사로잡혀 등이 굽어진 여인을 가까이 불러내어 손을 얹어 안수하고 병을 고쳐주었다. 그 결과 벌어진 논쟁(그는 안식일에 병을 고쳤기에)에서, 예수는 그 여인을 "아브라함의 딸"이라고 불렀는데, 내가 조사해본 바로는 고대 유태문헌 어디에서도 이렇게 표현을 한 곳을 발견하지 못하였다. 즉 여인들은 남편을 통해서 구원받도록 되어 있어서, 여자를 "아브라함의 딸"이라고 부르는 것은 그녀를 계약의 완전한 일원이 되어 하느님 앞에 남자들과 동등하게 서게 한다는 뜻이다(눅 13:10-17). 그녀를 안식일에 치유해 준다는 것은, 안식일을 해방하여 회복과 해방의 **희년 축제일**(Jubilee)로 만든 것이다. 그녀를 손으로 접촉하는 것은 월경 중 불결함에

않는 것이 좋겠습니다."

76) 그녀는 창녀였나? 그녀의 머리는 여러 사람들 보는 앞에서, 남자 앞에서 풀어져 있었으니, 그런 행동은 존경받는 여자로서는 하지 않는 행동이었다 (M. *Sota* 3:8; 여럿 앞에서 머리를 풀어헤치는 것은 이혼의 조건이 된다. T. B. Ket. 72a; "긴 머리는 방탕한 여자에게나 맞지 소년에게는 맞지 않는다" –*Pseudo-Phocylides* 212 [OT Ps. 2:581]). 그녀는 "죄인이요 마을의 여자"(a woman in the city, who was a sinner)라 오늘날 "거리의 여자"(woman of the streets)를 생각나게 한다; 바리사이 사람들은 예수가 그녀의 외양만 보고도 그녀가 어떤 종류의 여자인지를 알 것이라고 예상하였다; 그녀가 한 짓은 매우 육감적(sensual)이고 아마도 심지어 성애적(sexual)이었다; 그녀는 향유(香油: myrrh 몰약)를 담은 병을 가지고 왔는데, 요한 12:5은 그 값어치가 일 년 임금에 해당한다고 했다–아마도 손님이 준 선물로, 그녀의 직업에 사용하던 것이었으리라(잠7:17). 상당히 상세한 정황을 그려내고 있지만, 결국 매매춘(prostitution)을 말하고 있다. "존경받을 만한" 남자들과 따돌림을 받는 여자의 대비가 그녀는 사회적으로 멸시를 당할 것을 기대한다. 창녀를 필요로 하면서도 그 여인들의 인간됨을 인정하지 않는 가부장적인 사회 제도의 대표자에 대항하여, 예수는 그녀와 함께 맞서고 문화적 가치들을 뒤집어 버린다.

대한 남자의 망설임이나, 혹은 성적인 구애에 관한 성결 규정(Holiness Code)을 무효화한 것이다. 남들이 보는데서 여인과 말을 건네는 것은 여인들의 자유를 제약하는 남성들의 법도를 내던져 버리는 것인데, 그 법도란 여인들을 성적으로 소유하며 성적인 유혹자로 우습게 그려내려고 생겨난 것들이다. 그녀를 회당 한 가운데로 불러내는 것은 하느님의 은혜와 하느님께 나가는 것을 남자들이 독점해온 것에 대하여 도전한 것이다. 그녀의 질병이 하느님의 처벌이 아니라, 사탄의 억압으로 말미암은 것이라고 선언하는 것은, 사탄을 영으로 삼아 사람들을 혹사하는 지배체제 전체를 향하여 전쟁을 선포하는 것이다.

이처럼 이 작은 드라마는 세계-역사적인 몫을 떠맡고 있다. 이 여인을 사탄(Satan)의 권능에서 해방시킴으로써, 예수는 동시에 그녀를 가부장제도, 종교적 남성중심 엘리트주의, 다른 사람의 이익을 위하여 어떤 사람들을 불리하게 만든 금기(禁忌)의 그물에서 풀려나게 한 것이다. 지배체제는 남의 의지에 의하여 좌우되는 것이다. 그 지배력을 어느 한 점에서 분쇄시켜 버리는 것은 그 전체 연결 줄에서 안정성을 위협하는 것이다.

성경에서 가장 아름다운 이야기의 하나는, 비록 그 본문의 유래가 불확실하긴 하지만, 예수가 한 **간음한 여인**을 구원하는 것이다. 그 여인을 고발한 사람들이 그녀를 간음현장에서 잡았다고는 하지만, 남자는 체포하지 않았으니 분명히 신명기 22:22을 위반한 것이다. 예수에게 올가미를 씌우려고, 그들은 예수에게 묻기를, 율법이 정한대로 그녀를 돌로 쳐죽여야 하지 않겠느냐고 한다. 지배체제는 간음을 가장 나쁜 성적 범죄로 처벌하는데, 이는 여인에 대한 남성의 소유권을 침해하는 괘씸하기 짝이 없는 범죄이기 때문이다. 아마도 예수는 남자들이 벌거벗은 여인의 가슴에 (간음한 여인들에게는 이렇게 창피를 주었는데) 주의를 집중시키지 않도록 할 생각으로, 땅 바닥에다 무언가를 쓰고, 그리고는 누구든지 죄 없는 사람이 먼저 돌을 들어 치라고 한다. 그리곤 다시 땅 바닥에 무언가를 써서 그 고발자들이 자신들에게 주의를 끌지 않게 슬몃슬몃 사라지도록 하고 나서, 그는 그녀에게 묻는다. "여자여, 그들은 다 어디 있는가? 누가 너를 정죄하던가?" 그녀는 대답한다: "아무도 없습니다. 주님." "나도 너를 정죄하지 않을 것이니, 어서 돌아가라. 그리고 이제부터 다시는 죄를 짓지 말라"(요 7:53-8:11)고 예수는 말한다.

제4 복음서는 또한 예수가 **사마리아 여인**에게 말을 걸뿐만 아니라, 그녀의 불결한 손에서 물을 받아 마시는 것으로 기록하고 있다. 그의 제자들이 그것을 보고는, "예수께서 여자와 이야기하는 것에 놀랐다"(요 4:27). 또 다른 것으로, 12년 동안 하혈증을 앓고 있던 한 여인이 군중들 틈에서 예수의 옷에 손을 대었다. 이는 예수를 불결하게 만들뿐만 아니라, 군중 사이를 헤치고 지나가면서 다른 사람들도 다 불결하게 만드는 것이었지만, 예수는 그녀를 "딸"(Daughter)이라고 부르면서 그가 만들어 나가고 있는 새로운 가족 속에 포함한다. 그리고 그의 권능이 아니라 그녀의 믿음이 그녀를 고쳤다고 선언한다(막 5:24b-34 및 병행구).

거룩함의 전염이 불결함의 전염을 능가한다. 그리고 그가 다른 데서도 분명히 한 대로, 그의 새로운 가족은 남자들뿐만 아니라 여자들도 포함한다: "누구든지(막3:35 및 병행구-- 아버지는 없다. 또한 막 10:29-30, 마23:9를 보라), 하느님의 뜻을 행하는 사람이 곧 내 형제요 자매요, 어머니이다."

심지어 어린이들도 이 새로운 가족 안에서는 제 몫을 차지하며, 그 가족 속에 들어가는 자격의 본보기가 된다(막 10:13-16 및 병행구; 막 9:36-37 및 병행구). 이는 여인들과 마찬가지로 어린이들은 별 가치가 없는 것으로 보아온 세계에서는, 어린이를 보는 극단적으로 새로운 관점을 이룬다고 예레미아스는 말한다.77) "예수의 말은 어린이처럼 순수하고 단순하게 되라는 것이 아니라, 남들 위에 군림하는 지배의 권력에 대한 모든 주장을 버리라는 도전이다."78)

신약성경에서 어떤 단락들은 여인들에 대한 태도에 있어서 우리를 매우 당황스럽게 하고 분노하게 하는 근원이 된다; 그런 단락들 중 어느 것도 예수의 가르침에 근거하고 있지 않다.79) 같은 시대의 유태 문서들도 유사한

---

77) Joachim Jeremias, *New Testament Theology* (New York: Charles Scribner's Sons, 1971), 227-28. 요한복음 3:1-12을 보라. "예수가 어린이들에게 주목하였다는 것만으로도 대단한 일이다, 왜냐하면 아이들은 비존재로 여겨졌기 때문이다. 어린아이들을 사회개혁 프로그램의 모델로 여기고 그들 앞에 예수가 다가갔다는 것은 정말 놀랍기까지 하다" (Ched Myers, *Binding the Strong Man*, 261).

78) Fiorenza, *In Memory of Her*, 148.

79) 고전 14:33b-36; 11:2-16; 엡 5:22-33; 딤전 2:8-15;5:3-16; 딛 2:3-5; 벧전 3:1-7; 계14:4.

가부장적 태도를 반영하고 있다. 한 예를 들면, "만일 누가 딸에게 율법의 지식을 가르친다면, 이는 그녀에게 음란한 행위를 가르치는 것이나 마찬가지다."80) 그 논리는 분명하다; 그녀에게 음행을 가르치는 것은 그녀 홀로 죄를 짓게 하는 것이다; 그녀에게 율법을 가르치는 것은 남성 우월감과 여성 열등감 사이의 장벽을 깨뜨려서, 율법을 해석하는 남성의 특권이 그 중심이 되는 남성지배체제의 조직을 위협하는 것이다. (이 문제는 오늘날에도 여성 안수의 문제로 기독교와 유태교에 상당히 그대로 살아남아 있다.)

여인들은 율법의 모든 부정적 계명의, 그리고 민사법과 형사법의 전체 효력의 지배를 받는다. 그러나 "연중 절기를 따라 모든 긍정적 규정을 지키는 것은 남자에게만 의무로 지워지지 여자에게는 해당되지 않는다."81) 즉 소년들만이 학교에 갈 수 있다. 그럼에도 불구하고, 예수 당시보다 늦게 나온 랍비 문서들의 기록에 의하면, 율법을 배우겠다고 주장한 여자들이 있었다고 한다.82) 복음서에도 그런 예가 마리아(Mary)인데, 그녀의 언니 마르다(Martha)가 예수에게 불평하기를, 그녀가 저녁 준비를 하는 것과 식후의 설거지하는 일을 마리아는 도와주지는 않고 예수의 발아래 앉아 있다고 했다—그렇게 앉아 있는 것은 남자 제자들의 특권이었다. 예수가 직접 일어나서 음식 준비와 식후 설거지를 도와주었으면 하고 우리가 아무리 바랄지라도-- 그런 일을 그가 싫어하지 않을 것 같은데(눅 12:37; 요 21:9-14에서는 부활한 예수가 흔히 여자와 종들의 몫이라고 여겨진 음식 준비를 자신이 직접 제자들의 아침식사를 마련함으로써 자기의 정체성을 확증한다.)-- 마르다조차도 해방되지 못한 뿌리깊은 금지조항을 예수와 마리아가 위반했다는 사실은 여전히 남는다.83) 여자들을 그녀들의 자리에 묶어 두어라! 한 여인이 외치기를, "당신을 낳아서 젖을 먹인 여인은 얼마나 행복합니까?" 하면서, 유태 문화가 허락하는 유일한 방법으로

---

80) M. *Sota* 3:4, Rabbi Eliezer, first century; Ben Azzai는 그 반대로 가르쳤으나, 널리 받아들여지지 않았다. *M Ned.* 4:3는 딸에게도 율법을 가르치는 것을 허락하였으나, 어떤 본문에선 이 부분이 빠져있다. *T. J. Sota* 3.4,19a7에는 이 주제의 약간 변화된 것이 실려 있다. 즉, 여자에게 율법서(Torah)를 가르치느니 태워버리는 것이 낫다.

81) M. *Kidd.* 1:7; Tos. *Sota* 2.8, 295; Jeremias, *Jerusalem in the Time of Jesus*, 372.

82) Tos. *Ketub.* 4.7; T. B. *Nid.* 48b; T. B. *Ketub.* 10b; T. B. *Hag.* 20a.

83) 눅 10:38-42.. 막 3:34-35도 여자 제자들도 남자제자들과 함께 마루 바닥에 앉아서 예수의 가르침을 듣고 있었음을 의미한다.

그의 어머니에게 명예를 돌리려 하나, 예수는 대꾸하기를, "하느님의 말씀을 듣고 그 말씀을 지키는 사람들이 오히려 행복하다!"고 거절한다(눅 11:27-28). 그 여인은 예수의 어머니 마리아와 마찬가지로 그녀의 가치는, 사내아이를 낳아서 그 아들을 통하여 자신의 야망을 달성하는 것이라고 굳게 믿고 있었다. 그러나 예수는 반박한다: 당신은 이제는 더 이상 아들을 낳음으로써 구원을 받지 않아도 된다. 당신은 여자로서 하느님의 말씀을 들을 수 있고 그것을 지키면 된다. 진정 가부장 제도를 뒤엎으려면, 가부장제도가 기대하는 것에 당신이 동의하지 않으면 된다. (2세기경이 되자, 여인들은 다시 아이를 낳음으로써 구원받고, 예배에서는 잠잠히 있어야만 되었다–딤전 2:11-15).

예수는 **지배가 없는 새로운 질서**(the new domination-free order)를 조직화한다. 그를 따르는 자들의 엉성한 그룹에는 악평이 자자하게 뒤섞여 있었으니, 눈물로 그의 발을 닦아준 창녀와 (그녀가 자기의 생계수단을 잃어버리고 그 그룹에 참가하였다면, 다른 일이라곤 무엇을 할 수 있었겠는가?) 같은 여인들, 막달라 마리아처럼 마귀에서 벗어난 사람들, 헤롯 대왕의 시종장의 아내인 요안나(Joanna)처럼 귀족계급인 여인들, 사재를 털어서 그 그룹을 도운 다른 많은 여인들이 있었다(눅 8:1-3). 여인들이 제자의 자격으로 여행자가 되어 스승을 따라 나서기 위하여 가정과, 가족과, 남편을 떠난다는 것은 일찍이 알려진 선례가 없었다. 한 부자 청년이 예수를 따르겠다고 허락해달라고 하자, 예수는 그에게 가진 재산을 다 팔아서 가난한 사람들에게–예수를 따르는 사람들이 아닌 다른 사람들에게– 나누어주고 나서 가난한 그를 따르라고 했다(막 10:17-22 병행구). 그러나 여인들에게는 후원자와 기부자의 역할을 허락한다. 먼저 된 자가 나중 되고, 나중 된 자가 먼저 되는 것이니, 이는 하느님 안에서 온전한 동역자(partnership)가 되는 길에 필요한 보상을 하기 위해 고치는 수정이다.

예수는 또한 매매춘(賣買春)의 구조적 원인을 변경시키고자 시도한다. 즉, 남자가 쉽사리 여자와 이혼하는 것을 고치고자 한다. 그의 선언의 엄격함은--그는 이혼의 이유를 허락하지 않는데, 심지어는 간통까지도 사유가 되지 않는다.[84]– 사실인즉 이혼 당한 전 부인이 거리에 몸 팔러 나서도록 버려지

---

84) 막 10:1-12//마 19:1-12. 마태는 이혼의 사유로서 간통을 허락함으로써 그 명령을 약간 완화시켰다. 그러나 그것은 오히려 예수의 입장을 다시 샴마이(Shammai)의 견해와 같게

는 것을 방지하고자 함이었다. 남성 우월적인 결혼에서는 이혼이 중요하다. 바리사이파 사람들이 예수에게 물은 남성 통치적 질문을 주목하라. "남자가 그의 아내를 이혼해도 합법적입니까?"(막 10:2). 예수는 대답하기를, 하느님은 가부장 제도를 만드시지 않았고, 남자와 여자가 처가거주 결혼(데릴사위)으로 한 몸이 되도록 했다고 한다. 예수는 남자가 그의 가부장적 가족을 떠나서 아내에게로 가서, 아내의 가족과 살기를 제안한 것일까?(막 10:7).[85]

동시에 예수는 간통을 완전히 새롭게 재정의(再定義)하였다. 즉 유태인 남자는 자기의 아내를 거역하여 간통을 하는 것이 아니라, 다만 다른 남자의 성적인 재산을 거역하여 간통을 하는 것이다. 그런 의미 구조 아래서는, 욕망이란 우리가 오늘날 흔히 사용하듯이 성적인 욕망과 흥분이 아니라, **다른 남자의 성적인 재산을 탐내는 욕망**인 것이다. 예수는 욕정이나 간통의 의미를 극단화하여, 여인들을 비인간화하는 마음의 작용까지도 포함시킨다. 그가 그렇게 하는 것은, 교회가 의례 이 말씀을 사용하여 왔듯이 사람들에게 죄책감을 소나기처럼 퍼붓기 위해서가 아니라, 율법 아래에서는 법적으로 간통을 하지는 않았지만, 여인들을 계속하여 성적인 대상물(sexual objects)로 대해온 사람들의 스스로 의로운 체험(self-righteousness)을 겨냥한 것이다.

마가복음 1:29-31과 그 병행구절들에서 예수가 베드로의 장모의 열병을 고쳐준 기사가 있는데, 거기에도 성별(性別) 역할의 차별이 드러나 있어서, 그 장모가 곧 일어나 저녁 준비를 한다! 그러나 성적 차별화는 늘 인간적으로 제한하는 것은 아니었을 것이다.[86] 보다 덜 모호하게 말하여, 예수는 오고 있는 시대의 성격을 말하는 그의 비유에서 여자들을 예표로 든다.[87] 즉 그 오고 있는 시대에는, 여자들은 더 이상 "결혼할 때 주어지는" 남자들의 재산이 아니라, 동등한 사람들이다(막 12:18-27 병행구).

수난 기사(Passion Narrative)에서는 남자들은 유약하고, 동요하고, 거부하고, 배반하고, 숨는 것으로 보여졌다. 예수가 무덤에 묻히기 전에 기름을 바

만들 뿐이다. 마 5:31-32; 눅 16:18도 보라.
85) Fiorenza, *In Memory of Her,* 143. 또한 고대의 가정 규칙들 및 그것들의 남성 지배와의 관계에 대한 그녀의 탁월한 주석도 보라 (pp. 251-84).
86) Ivan Illich, *Gender* (New York: Pantheon, 1982).
87) 눅 15:8-9; 18:1-8; 막 13:33//눅 13:20-21//도마복음 96.

른 사람은 여인이었기에, 복음이 전해지는 곳에서는 어디서든지 그녀의 친절이 기억되기를 예수가 부탁했었다(막 14:3-9, 병행구/마 26:6-13). 예수의 죽음을 지켜본 사람도,[88] 무덤에 찾아갔다가 무덤이 빈 것을 발견한 사람도,[89] 그리고 그가 부활 후 처음 그들 앞에 나타나 보인 것도 여인들이었다.[90]

나는 다른 데서 상세히 기록했지만, 누가 부활의 진정한 목격자이며, 그래서 누가 교회의 진정한 지도자냐를 두고 초대교회가 투쟁한 것을 적어두었다.[91] 그 때의 세계에선 여인들은 증인으로서의 정직성이 믿어지지 않았다.[92] 그렇다면 하느님이 여인들을 골라서 부활의 증인으로 삼은 것은 얼마나 이상스러운 일인가? 바울은 그의 부활 증인 목록에서 단 한 명의 여자도 거명하지 않고, 부활한 예수는 먼저 베드로(고전 15:3-8)에게 나타난 인상을 주고 있는데, 이에 비해 3개의 복음서(마가복음의 연장된 끝 부분을 포함하여--즉 16장 9절 이하. 역자 주)와 다른 정경에 포함되지 않은 복음서들에서는 부활한 예수를 본 첫 증인으로 막달라 마리아(Mary Magdalene) 및 그녀와 함께 있던 다른 여자들을 기록하고 있는 점에서 모두 일치한다.[93]

여인들은 교회가 세워지는 사건에서 성령을 받았고(행 1:14, 2:1), 남자들과 똑같은 자격으로 예언의 은사를 받았다.[94] 여인들은 가정교회들의 지도

---

88) 막 15:40 병; 요 19:25도 동의하지만, "사랑하는 제자"의 추종자들이 그를 기사 가운데 집어넣었다.

89) 막 16:1-8 병행구들; 요 20:1,11-18.

90) 요 20:1, 11-18; 마 28:9-10; 막 16:911.

91) Walter Wink, "'And the Lord Appeared First to Mary': Sexual Politics in the Resurrection Witness," in *Social Themes of the Christian Year*, ed. Dieter T. Hessel (Philadelphia: Geneva Press, 1983), 177-82.

92) 예외적인 것에 대해서는 Ben Witherington III, *Women in the Ministry of Jesus*, SNTSMS 51 (Cambridge: Cambridge Univ. Press, 1984), 9-10을 보라.

93) 요한 20:2 ("우리")은 다른 여자들이 원래 막달라 마리아와 함께 있었음을 암시한다. 베드로복음서 12:50(위경. 역자주)에서는 막달라 마리아가 제자라고 불러지고 있다. *Sophia Jesu Christi*는 제자의 신분으로 예수를 따라다닌 일곱 여자들을 말하고 있다. *Pistis Sophia* 96에는 막달라 마리아가 "말로 다할 수 없는 신비를 받게 될 모든 남자들과 나의 모든 제자들을 능가할 것이다"라고, 그래서 그녀는 그리스도의 오른편에 앉게 될 것이라고 써있다. 도마복음서 61(위경)에는 살로메(Salome)가 그녀 자신을 그리스도의 제자라고 부른다(*NT Apoc.*, 1:186-87, 246, 256-57, 298).

94) 행 2:17-21 = 요엘 2:28-32; 고전 11:5; 12:4-11, 28-31.

자들이었고,95) 전도의 새로운 분야를 열었으며(빌 4:2-3), 바울의 동역자들이었다.96) 그녀들은 남자들과 마찬가지로 박해를 당했고 감옥에 갔으며,97) 사도(Apostles),98) 제자,99) 집사들로100) 임명되어 교회를 인도하였으며(몬 1-2), 심지어는 바울보다 더 위의 권위를 가지기도 했다(롬 16:1-2--"for she [Phoebe] has been a ruler over many, indeed over me." --여기서 Walter Wink는 그리스어 *prostatis*를 영어의 helper, protectress를 넘어서 ruler라고 Swidler의 의견을 따라 다소 지나치게 확대 이해하고 있기에 "권위(authority)"라는 단어를 쓰고 있는 듯하다.--역자 주).101)

교회의 지도자 역할 및 증인으로서 여인들의 평등권은 부활 이야기의 정교한 부연을 통하여 계속 주장되어 왔다. 2세기 초엽에 쓰여진 『사도들의 편지』(*Epistula Apostolorum*)에서는 여인들이 부활한 예수를 처음 본 사람들이라고 기록되긴 하였으나, 남자 제자들에게 증언자로 보내진 것을 강조하고 있다. 그 남자 제자들이 믿기를 주저하자, 부활한 예수는 두 번째 여인을 보냈으나 여전히 그 남자들이 믿지 않자, 마침내 그들을 확신하도록 만들기 위하여 예수 자신이 모든 여자들과 함께 그들에게 간다.102)

마니의 복음서(*The Gospel of Mani*. 제 2 혹은 3세기)에서는 부활한 그리스도가 막달라 마리아를 보내어, "심부름 좀 해다오. 이들 헤매는 고아들에게 나를 위하여 말 좀 전해다오. 기뻐하라, 그리고 열한 명 제자들에게 가라"고

---

95) 행 12:12; 16:14-15, 40; 롬 16:1-2, 3, 5; 고전 16:19; 골 4:15.
96) 롬 16:3, 6,12; 행 18:1-3,18-19, 24-26; 고전 16:19; 딤후 4:19-21.
97) 행 8:3; 8:1-2; 22:4-5; 롬 16:7.
98) 롬 16:7은 틀림없이 여성의 이름인 "유니아(Junia)"를 말한다. 번역자들은 여자 사도가 있었다고 믿을 수가 없었고 또 믿기를 꺼려했기 때문에, 그 이름이 남자이름이라고 생각했다. 그래서 RSV는 "Greet Andronicus and Junias my kinsmen and my fellow prisoners; they are men of note among the apostles"라고 번역했다(NRSV에선 정정하였음).
99) 행 9:36-42.
100) 눅 8:3; 막 15:40-41 // 마 27:55-56; 롬 16:1-2; 딤전 3:8-13.
101) Leonard Swidler's translation, *Biblical Affirmations of Woman* (Philadelphia: Westminster Press, 1979), 310-11. Walter Bauer, *The Greek-English Lexicon of the New Testament*, trans. and augmented by W. F. Arndt, F.W. Gingrich, and F. W. Danker, 2d ed. (Chicago: Univ. of Chicago Press, 1979), lists under *prostatis* "protector, patroness, helper." The NRSV translates "benefactor."
102) *NT Apocl*, 1:195-96.

말한다. 여기에도 다시 제자들의 불신앙은 미리 예상되고 있다. 마리아는 심지어 열 한 제자들에게 그리스도의 목사(Pastor)가 되어, "양들을 목자(shepherd)에게" 데려오라고 보내어진다.103)

로마의 히폴리투스(Hippolytus of Rome: 2-3세기)는 막달라 마리아 및 다른 여인들이 사도와 전도자들이었다는 주제를 거듭 메아리쳐서, 영지주의 문학에도 영향을 주었다. 외경(外經 Apocrypha)에 포함된 『막달라 마리아의 복음서』(Gospel of Mary Magdalene)에서는 흔히 알려진 그 시대 문화의 성별 역할과는 반대로, 남자들이 울고 있고 무력하게 된 대신, 마리아는 확신에 차고 넘치며, 굳건하고 남들을 격려하고 있는 것으로 그려내고 있다. 그녀가 너무도 성공적으로 제자들을 위로하는 것이 그들을 질투하게 만든다--특히 안드레(Andrew)와 베드로(Peter)는 그녀가 그리스도의 진리를 그들보다도 더 잘 알고 있다고 생각한다고 그녀를 공격한다. 베드로가 인정하기를, "우리는 주님이 다른 모든 여자들보다 당신을 더 사랑하심을 안다"라고 말하고는, 다소 신경질적으로 질문하기를, "그럼 주님이 우리들보다도 그녀를 더 좋아하신다는 말인가?" 하고 말한다. 그러자 레위(Levi)가 베드로를 비난하기를, "그러나 만일 주님이 그녀를 그렇게 좋게 보셨다면, 네가 도대체 누구이기에, 그녀를 배척한단 말이냐? 틀림없이 주님께서는 그녀를 잘 알고 계실 것이다. 그러므로 주님은 우리들보다 그녀를 더 사랑하시는 것이지." 하고 말한다. 이렇게 설득 당하고 나서, 그들은 모두 복음을 전파하러 떠나갔다.104)

그러나 형편은 이미 바뀌었다. 대부분의 교회들은 남성 교권제도에 의하여 지배되었고, 여인들은 여자 집사들이나 등록된 과부들로 낮추어졌다. 권위를 행사하던 여인들은 소외되어 변두리로 밀려나거나, 이단자(異端者)들로 고발되거나, 아니면 입을 닫게 되었다.

여인들에 대한 태도 때문에 가끔 비판을 받고 있는 바울에게 교회 안에서 여인들의 입을 다물게 만든 책임을 돌릴 수는 없다(고전 14:33b-36). 이 부분은 편집자의 삽입구절로서, 바울이 성령의 은사를 논하는 문장 전후 맥락의 흐름을 중단하였다가, 다시 그 삽입 구절이 끝나면 본래의 문맥으로 되돌아

---

103) Ibid., 1:353-54.
104) Ibid., 1:342-44.

오게 한다. 그것은 문장맥락에 관계가 없으며, 고린토 전서 11:5에 모순되는데, 고전 11:5에서는 여인들이 교회 안에서 기도와 예언을 한다.105) 바울의 결점들이 무엇이었든, 갈라디아 3:28에서 크리스챤의 자유에 대한 헌장을 분명히 표현한 것은 바울이다: 즉 "유다인이나 그리이스인이나, 종이나 자유인이나, 남자나 여자나 아무런 차별이 없습니다. 그리스도 예수 안에서 여러분은 모두 한 몸을 이루었기 때문입니다." 결혼에서 상호 권리를 주장한 것도 바울인데, 그런 태도는 그 당시를 훨씬 앞선 것이었다(고전 7:3-5). 그러나 묵은 버릇은 좀체 쉽게 죽지 않는 법이다: 즉 고린토 전서 11:2-3에서 바울은 가부장적 위계질서를 변호하였고, 고린토전서 11: 4-16에서는 마땅히 버렸어야할 당시 풍습(머리를 덮는 것)에 대한 설명을 어설프게 다루고 있는데, 그 자신은 사실상 달리 원했던 것 같다(고전 11:11- 12).

바울은 에베소서 5:21-33, 디모테오전서 2:8-15; 5:3-16; 혹은 디도서 2:3-5를 쓰지 않았다, 비록 이 부분들도 그가 썼다고 돌려지기는 했지만 말이다. 아마도 초대교회의 누군가가 썼을 것이다. 베드로 전서 3:1-7과 요한계시록 14:4를 보면, 이 부분이나 다른 단락들이 초대 교회들이 예수의 극단적인 반(反)가부장적 관점을 유지할 수 없었음을 알 수 있다. 즉 세월이 지나면서, 남자들이 교회에서 지도력을 독점하였고, 가부장적 통치가 다시 한 번 모든 공격에도 끄떡없이 버틴 끈질김을 보여주었다.

교회가 여인들을 위하여 막을 연 새로운 질서를 배반한 것 때문에, 예수가 이룩한 것의 의미에 대해서 우리의 눈이 멀어서는 안 된다. 인류는 그의 메시지를 제대로 평가하지 못했다. 성경적 여성주의(Biblical Feminism)는 예수의 관심을 제대로 확대한 것일 뿐만 아니라, 우리가 그의 메시지의 중요한 면모를 처음으로 이해하게 만들었다. 이제 분명해진 것은, 예수가 여인들을 그렇게 대한 것이, 그가 여인들에게 정중하거나 품위 있어서가 아니라, 남자와 동역자(partnership)가 되도록 여인들의 완전한 인간성을 회복시키는 것이 다가오는 하느님의 평등한 질서에서 절대로 필요한 것이기 때문이다.

---

105) 고린토 전서 14:33b-36을 삽입된 부분이라고 지지할 본문상의 증거는 없다 (비록 문맥은 그렇게 지지하지만): 그런 까닭에 Fiorenza는 그 부분이 진짜라고 취급한다 (*In Memory of Her*, 230-35). 다른 많은 학자들은 그 부분이 끼워 넣어진 것으로 본다 (가령, Hans Conzelmann, *1 Corinthians*, Hermeneia [Philadelphia: Fortress Press, 19754], 246).

치유와 귀신 쫓아내기(Healing and Exorcism)

함께 아파하는 마음(Compassion)은 예수가 믿는 하느님의 품질보증서다. 예수의 사역의 중요한 역할을 한 치유와 귀신 쫓아내기는 어차피 죽을 몸에 붙인 임시수습의 반창고들이 아니라, 그것들이야말로 지금 이 땅 위에 나타난 하느님의 다스리심, 영원의 차원이 시간 속에 뚫고 들어옴, 하느님의 자비로운 본성의 계시, 우주를 만든 사랑하는 창조주의 가슴 속에 있는 만물을 회복하려는 약속이 나타난 것이다. "그러나 만일 내가 마귀들을 쫓아내고 있는 것이 하느님의 손가락에 의한 것이라면, 그렇다면 하느님의 나라는 이미 너희에게 와 있는 것이다"(눅 11:20/마 12:28). 하느님의 비폭력적 통치(God's nonviolent reign)는 악마적인 힘들을 비폭력적 수단으로(through nonviolent means) 극복하는 것이다.106)

귀신 쫓아내기는 특히 초대교회의 마음을 빼앗았다. 세례의식 자체도 세례 받는 사람을 그 전에 옭아매고 있던 기만적 체제로부터 해방시키는 가입식-축귀식(逐鬼式 귀신 쫓아내기: Entry-exorcism)이었다. 그러나 귀신 쫓아내기는 매우 드물고 극단적인 하느님의 간섭이 아니었다. 그것은 "새로운 마음"(metanoia)을 얻기 위한 필수불가결의 전제조건이었다. 예수의 가르침 그 자체도 일종의 귀신 쫓아내기라고 할 수 있는데, 사람들로 하여금 권세들의 노예가 되게 한 잘못된 정보들을 마음에서 쓸어내는 것이었다(막 1:21- 28). 그리고 하느님의 임재와 행동이 바로 눈앞에서 일어나고 있어도, 이를 감지하지 못하도록 사람을 훈련시켜 놓은 그런 눈먼 상태를 치유하는 것이 곧 믿음이다 (막 6:30-10:52).107)

***

예수의 사역과 메시지 안에 나타난 하느님의 탈지배적인 질서("하느님의

---

106) John Pairman Brown, "The Kingdom of God," *Encyclopedia of Religion*, ed. Mircea Eliade (New Yrok: Macmillan, 1987), 8:304-12.

107) Walter Wink, "The Education of the Apostles: Mark's View of Human Transformation," *Religious Education* 83 (1988): 277-90.

왕국")에 대한 다른 모든 것들, 즉 새로운 가치들, 새로운 가상들, 개인과 사회의 변혁을 위한 새로운 전략들을 논의하기에는 지면이 허락하지 않는다. 그러나 예수의 메시지가 그토록 강력한 것은, 그것이 이 세상에서는 실현될 수 없으니 수동적으로 먼 미래를 기다리고 있어야할 그런 이상을 말한 것이 아니기 때문이다. 그는 말한 대로 살았다. 그는 말한 것을 행동화하였다. 그는 실제로 사람들을 속박으로부터 풀어주어 그의 말을 실현하였다.

여기까지 오는 동안, 나는 교회가 예수의 해방시키는 비전을 지속하지 못한 것을 이미 암시적으로 언급하였다. 이제 우리는 다른 것들을 보아야 하겠다. 그러나 우선, 교회가 그 창설자에게 충실하려고 한 영역들을 주목해 볼 가치가 있다. 신약성경 어디에도, 혹은 콘스탄틴(Constantine)황제 이전의 전통에서는 어디에도 폭력이 옹호된 적이 없다. 심지어는 이른바 "정당한 전쟁"(Just War)의 이름으로도 옹호된 적이 없다. 마찬가지로, 교회는 외부인들에게 개방성과 진정한 보편주의를 유지할 수 있었다. 다만, 한 가지 예외는, 제 4세기에 세속적인 권력을 얻은 후에, 교회들은 수세기 전에 자기들을 추방하였던 유태인 회당들에게 복수했다. 그러나 교회가 동물희생 제사, 유태인 정결음식 규정(Kosher), 불결함에 대한 규정 등으로 되돌아가지는 않았지만, 대신에 유태인들이 알았던 것들과 똑같이 해로운 새로운 율법주의를 발전시켰고, 유태교에는 없던 도그마(Dogma 신조, 교리)에 대한 복종을 요구하였다. 남자들은 여자들을 억압하였다. 지배를 위한 교권제도가 회복되었고, 남자들에 의하여 지위가 채워졌다. 평등의 이상은 살아 있긴 했으나, 별로 실천되지는 않았다. 예수에게 남성 통치적 제왕의 모습을 덧씌운 기독론들(Christologies)이 생겨났다. 하느님은 동양의 군주(君主)의 모습으로 그려졌다.

아마도 신약성경 속에서 예수의 표준으로부터 가장 자주 벗어난 것은 악한 사람을 처벌하려는 욕망일 것이다. 이는 서로가 상대방을 흉내내는 적대관계로 역행하는 초기의 행태를 나타내는 것으로, 교회는 그 박해자들에게 원수를 갚으려고 했다. 이런 점에 관해 다른 복음서에는 병행구절이 없는 상당히 많은 수의 내용을 마태복음이 싣고 있다. 즉 마태 기자는 복음이 잘 전달되지 않은 데 대한 필요에서 그것들을 첨가하였을 것이다. "울며 이를 간다"는 표현들은 한 개를 제외하고는 모두 마태의 것이며(마 8:12; 13:42, 50;

22:13; 24:51; 25:30), 그 제외된 한 개는 지옥의 정황을 말한 것이 아니다(눅 13:28). 마태가 묘사한 지옥 불, 영원한 고문, 끊임없는 형벌 등에 대한 내용은 마가복음과 누가복음에 그 병행구절들이 없는 것으로 보아, 이미 있던 그의 자료를 사용하지 않고 마태가 일부러 첨가한 것들이다(마 5:22; 7:19; 12:36-37; 13:40, 42; 16:27; 18:34-35; 22:7; 25:41, 46). 가끔씩은 이런 보복적인 요소들이 마가복음(막 9:43-48 및 병행, 12:1-12 및 병행) 혹은 누가복음(눅 12:46 Q 자료, 47-48a; 16:23; 19:27)에서도 발견되지만, 그러나 중심적인 내용이 아니며, 대부분의 경우 그 출처를 예수에게 되돌릴 수 없는 것들로 보인다. 마태는 "세리와 이방인"에 대하여 매우 경멸적인 표현을 쓰고 있는데, 이는 예수의 태도와는 완전히 상반된다(마 5:46-47; 18:17). 마태는 또한 서기관과 바리사이파 사람들에게 이들은 모두 위선자들이라고 분통을 터뜨리고 있다. 세례자 요한이(마 3:7) "독사의 족속들"이라고 부른 것을 이제는 그들을 향해 터뜨리고 있다(마 23:33).

도덕적 존재를 위하여 심판은 필요한 요소다. 정의를 요구함에 있어서 그것은 중요하다. 하느님은 단순히 아빠(Abba)일 뿐만 아니라 또한 심판관이며, 예수가 복음서 기자들이 부연한 내용들의 자료출처임에는 틀림이 없다. 마찬가지로 바울 서신에서도 하느님 앞에 책임을 져야 한다는 상당히 엄격한 내용이 있기는 하지만, 그러나 처벌에 대해서는 언급하지 않는다 (고전 16:22; 살후 1:6-9). 그러나 요한계시록은 지배체제에 대한 통찰력에도 불구하고, 구원을 위한 폭력(redemptive violence)이 아니라, 훨씬 고약한 처벌을 위한 폭력(punitive violence)의 갈망으로 가득 차 있다. 물론 이런 폭력들이 하느님에 의하여 실행되어서 요한 자신은 손을 더럽히지 않고 깨끗하게 유지한다. 여기에서 우리는 예수에게서 멀리, 참으로 멀리 떨어져 있는 것이다.

결론(結論)

예수의 사역을 되돌아보면, 상쾌하고 명백하게 떠오르는 것은 그의 비전의 **포괄적** 성격이다. 그는 헌 옷에 새로운 천 조각을 대려하거나, 헌 가죽 자루에 새 포도주를 넣으려고 의도하지 않았다(막 2:21-22 및 병행구). 그는 율법을 더 잘 읽어내어 대안을 제공하는 개혁자(reformer)가 아니었다. 또한 그는 하나의 억압적인 권력을 뒤엎어버리고 대신에 다른 억압적 권력으로 대치하려는 혁명가(revolutionary)도 아니었다. 그는 혁명을 넘어서 갔다. 즉 그가 공격한 것은 억압 그 자체의 기본적 전제조건과 구조에 대항해서였다. 폭력적인 혁명은 그것이 충분히 혁명적이지 못하기 때문에 실패한다. 그것은 지배자(ruler)를 바꾸긴 하지만 그 통치(rule) 자체를 바꾸지는 못하며, 그 결과(ends)를 바꾸긴 하나 그 수단(means)을 바꾸지는 못한다. 예전의 남성통치적 가치들과 기만적 억설(臆說)들은 대부분 변함없이 그대로 남아 있다. 세상과 심지어 교회까지도 그런 근본적인 변화를 위한 범주(categories)를 갖고 있지 못하다. 예수의 과격함이 오래지 않아 교회에 의하여 약화된 것은 놀랄 일이 아니다. 그러나 그의 과격함은 꺼질 수 없는 진리임이 증명되었다.108) 하느님의 새로 다가오는 질서를 우리가 무엇이라고 부르든 간에, 또 이 땅 위에 그것이 실현되기까지 아무리 오래 걸린다 할지라도, 예수가 천명한 가치는 그 가치가 좋은 것임을 예를 보인 바로 그 가치임을 우리는 안다.

예수가 일찍이 살지 않았더라면, 우리는 그를 발명해낼 수는 없었을 터이다. 그의 가르침과 삶의 완전함에서 지배체제를 폭로하고 거부한 것은 그 체제 안에 갇혀 있는 자로서는 아무도 예수처럼 성취할 수 없는 일이었다. 그가 하늘에서 내려온 하느님의 아들로 여겨진 것은 놀랄 일이 아니다. 그의 존재가 "이 세상의 것(즉, 지배체제의 것)"이 아님은 참으로 진실이다. 그의 개인적 혹은 사회적 초월의, 그 유례가 없는 힘에 대한 설명은 독자들의 몫으로 남겨 둔다.

그의 죽음으로, 그는 곧 그의 신화 속으로 들어갔다. 그는 생전의 모습보다 크게 되었다. 예수를 하느님으로 예배하는 것이 그의 일과 삶을 그의 방식대로 계속해야 할 힘드는 과제를 무색하게 만들어 버리고 말았다. 그가 땅 위에 비춘 평등의 빛의 파편들은 남성통치에 의하여 조직적으로 탐색되고 억제되고 병 속에 집어넣어서 성물(聖物)처럼 신전에 안치되어 버리고 말

---

108) "기독교의 이상이 그 형성되던 때의 온전한 의미대로 받아들여지지 않았던 것은 불가피한 일이었다. 기존의 질서 전체를 해치는 교리(敎理)가 그대로 전체가 다 받아들여질 수는 없었을 것이다; 그러니 그것이 곧 잘못 표현된 형태로 채택된 이유다"(Leo Tolstoy, *The Law of Love and the Law of Violence* [London: Anthony Blond, (1909) 1948], 72).

왔다. 일반 세상이 그의 영향을 죽여 없애기 위하여 모든 힘을 다하는 동안, 교회 자체도 이 두 가지 힘들(지배와 탈 지배 – 역자 주) 사이에 끼어서 투쟁한 장소가 되었다.

그러나 저 밖의 세상에는 "이 세상의 자식들"이 아닌 다른 사람들로서, 똑같은 빛을 본 사람들도 있었다. 그들은 동방박사들과는 다른 길을 택한 사람들이다. 그들은 포기의 길, 혹은 손실의, 혹은 분노의, 혹은 불신앙의 길을 갔다. 그들도 현실이라는 경찰의 손에 의하여, 그들의 진리 때문에 고초를 겪었다. 그들도 다른 대안의 계시를 보았고, 그들은 그것을 다른 이름으로 불렀다. 그들은 다른 신앙을 받아들이거나, 혹은 아예 신앙을 갖지 않았다. 그러나 그들이 섬긴 진리는 예수가 섬긴 진리와 같은 하나다.

만일 지배체제가 실제적으로 끝장나기만 한다면, 이들 예언자들 역시 자기네 몫을 다한 것이 될 것이다. 그들 또한 이 세상을 이겼으니, 우리 그들을 존중하자.

고함소리와 총소리 위로
치솟는 불꽃과 싸이렌의 울림.
지금 여기에는 없는
죽은 사람의 조용해진 목소리를 들어라

길 위에 행진하는 사람들의
끝없는 행렬의 발자국 소리 위로
죽은 사람의 보이지 않는 다리들
조용한 걸음소리를 들어라

문을 잠가라, 대문엔 군대를 배치하고
국회의사당을 경호하라.
그러나 죽은 사람이 올 때 떨어라,
그의 영혼이 벽을 뚫고 걸어 들어오거든.

- 이디트 러브조이 피어스, "꿈을 위한 북소리 장음계"[1]

---

1) Edith Lovejoy Pierce, from "Drum Major for a Dream," quoted by Vincent Harding, "Getting Ready for the Hero," *Sojourners* 15 (January 1986): 17.

7

폭력의 악순환 사슬을 끊기: 십자가의 권능

십자가의 승리

지배체제는 하느님의 새로운 질서의 냄새를 맡기만 해도, 자동적인 반사작용으로 그 자신의 모든 힘을 다하여 그 질서를 억누르려고 한다. 예수도 그를 향한 분노의 전모를 경험하기 전에, 이미 그는 분명히 그 결과를 예상하고 있었다.2) 악의 권세들은 너무도 강력하고, 반대는 너무도 약하여, 모든 근본적 변화를 위한 시도는 실패할 수밖에 없어 보인다. 권세들은 단지 이기는 것만으로는 좀체 만족하지 않고, 이기되 압도적으로 이겨서 다시는 반대 세력이 추진력을 얻기도 전에 사기를 꺾어 버리려고 한다. 언제나 처형하는

---

2) 마가복음 8:31, 9:31, 10:33-34의 고난 예언들은 확실히 십자가형 기사에서 이야기하고 있는 실제 사건에 의하여 색칠해진 "축소형 고난 설화"다. 그러나 다른 예언들은 그다지 분명하지 않다. 막 9:12 //마 17:12; 눅 9:44; 13:31-33; 17:25; 마 23:34 // 눅 11:49; 마 23:37 // 눅 13:34 등은 모두 부활에 대한 언급이 없이 죽음을 예언한 것이고, 마지막 것과 마 11:19 //눅 7:34 는 돌로 쳐죽임을 당하는 것을 예상하는 것 같이 보인다 ("즐겨 먹고 술 취하고"란 말은 신명기 21:18-21에서 돌로 쳐죽여야 할 "방탕한 아들"에 대한 기술적인 표현이다). 신성모독에 대한 처벌은 돌로 쳐죽이는 것이다(참조: 막 2:1-12 병행구절). 예수가 생명을 얻기 위하여 잃어야함을 가르치는 것은 하느님에게 충성함으로써 죽음을 생각하는 것이다(막 8:35; 눅 17:33; 요 12;25). 교회가 이런 예언들을 실제 일어난 것의 빛에 비추어 증폭하였음은 의심할 여지가 없다 (막 3:6 병행구; 막 8:34, 아마도 마 10:38 // 눅 14:27; 더욱 틀림없이 교회가 손을 댄 곳은 요 5:16, 18; 7:1, 19, 25, 30, 32,; 8:37, 59; 10:31, 39; 11:8, 16, 50, 53, 57, 그리고 12:10-11). 예수가 그의 선교가 야기시킨 저항, 죽음의 예상까지도 각오한 것을 부인할 적절한 이유는 없다. Martin Luther King, Jr.는 그런 예상을 매일같이 각오했고, 모든 해방운동의 지도자들도 그래야만 했다.

수단에는 까닭 없는 폭력, 무시하는 조롱, 협박하는 만행이 있다.3) 이런 모든 것들이 표준적이며 예사로 자행된다. 세상에 군림하는 권세들에 도전했던 다른 모든 사람들처럼 예수는 죽었다.

그러나 예수에게는 뭔가 잘못 실행되었다. 그들은 예수를 채찍으로 매질하였는데, 채찍을 한 번씩 휘두를 때마다 그들 자신의 불법성이 드러났다. 그들은 그에게 옷을 입히고 가시관을 씌워서 놀렸고, 침을 뱉었으며, 갈대로 그의 머리를 때렸고, 빈정거리는 칭찬으로 "유태인의 왕 만세!" 하고 그를 조롱하였다. 그들의 환호가 수세기를 두고 메아리쳐 내려올 것을 알지 못한 채 말이다. 그들은 그를 벌거벗기고, 수치스럽게 십자가에 처형하였는데, 모두들 바로 이 행동이 그들의 폭력이 지켜준 그들의 삶 전체의 크나큰 잘못을 가려준 가면의 마지막 은폐를 벗겨버린 것을 몰랐다. 그들은 그를 십자가에 못 박았는데, 망치질 한 번씩 두드릴 때마다 전 세계가 다 보도록 "므네 므네 드켈 그리고 브라신"(MENE MENE TEKEL and PARSIN) 즉, 지배체제의 햇수를 세어보고, 무게를 달아보아, 그 양이 모자라는 것을 알고 마침내 끝을 보도록 높이 못 박아 내거는 것임을 모르고 있었다(단 5:25-28).

예수를 죽인 것은 비종교적인 것이 아니라, 도리어 종교 그 자체였다. 법이 없어서가 아니라 도리어 율법이, 무정부주의 때문이 아니라 질서를 받드는 사람들이 예수를 죽인 것이다. 거룩한 지혜를 보여주도록 태어난 그 사람을 십자가에 처형한 사람들은 짐승같이 야만적인 사람들이 아니라 당대 최고라고 여겨진 사람들이었다. 그리고 그는 무죄였을 뿐만 아니라, 참된 종교, 참된 율법, 참된 질서의 화신(化身)이었기에, 이 희생은 그들의 폭력을 그대로 드러낸 것이었다. 사회를 지키기 위한 것이 아니라, 하느님을 공격한 것이었다.4)

---

3) 막 14:65 병행구, 15:15-20 // 마 27:26-31 // 요 19:1-3; 막 15:22-32 병행구.

4) "예수의 죽음은 양호한 문명이 낳은 단순히 불행한 부산물이 아니다; 그것은 그 문명의 좋은 제도가 현명하게 결정한 의도적인 결과다. 율법이 그리스도를 저주하고 죽인 것이며, 그리하여 율법이 봉사하는 질서의 폭력적 근거를 폭로하였다.(갈 3:13).... 그런 폭로는 옛 질서에 대하여 반율법적인 새로운 질서가 있음을, 그리고 그 새 질서는 사랑이라고 불리는 비폭력의 근거한 초월적 힘에 의하여 유지됨을, 그리고 옛 질서는 예수를 죽인 그런 폭력의 힘에 얽매어 있는 것으로 보인다는 것을 뜻한다"(Robert G. Hamerton-Kelly, "Sacred Violence and Sinful Desire: Paul's Interpretation of Adam's Sin in the Letter to

바울은 주장하기를, 권세들(권력자들)이 무너진 것은 부활을 통해서가 아니라 십자가를 통해서라고 했다:

> 여러분이 전에는 잘못을 저질렀고, 할례를 받지 않았으나, 하느님께서는 여러분을 그리스도와 함께 다시 살려 주시고 우리의 잘못을 모두 용서해 주셨습니다. 또 하느님께서는 여러 가지 달갑지 않은 조항이 들어 있는 우리의 빚 문서를 무효화하시고 그것을 십자가에 못 박아 없애 버리셨습니다. 또 하느님께서는 십자가라는 수단을 통해 권세와 세력의 천신들(Principalities and Powers)의 가면을 벗기시고, 그들을 공개적으로 수치스럽게 만드셨으며, 그리스도의 개선의 행진 속에 그들을 드러내셨습니다.(골 2:13-15*)5)

그가 심판 받은 율법 그 자체가 심판되고, 사용 중지되며, 십자가에 못 박힌다. 그를 벌거벗겨서 공개적으로 그에게 수치를 준 당국자들이, 그들을 보호하는 덮개가 벗겨지고, 죽음의 행동대들임이 드러났다. 그를 골고다로 끌고 간 권세들이 이제는 하느님의 승리의 행진에 끌려가서 십자가에 의하여 정복당한다. 그들이 그를 죽이려고 했을 때, 그들은 사실 하느님이 파놓은 함정에 빠진 것이다. "악마는 예수를 상금이라고 보고, 미끼를 덥석 물었고, 그리하여 모든 사람이 보게 물 밖으로 끌어내졌다"(Luther). 결국, 하느님의 승리의 축제에 잡혀 와서 시위행진에 진열된 것은 권세들 자신들이다. 십자가는 하느님의 실패가 아니라 폭력의 실패를 표시한다.

어떻게 하여 이런 패배가 승리를 불러올 수 있단 말인가? 권세들은 십자가 처형 전이나 마찬가지로 후에도 여전히 강력하였다. 아무것도 눈에 보이게 달라진 것이라곤 없었다. 그럼에도 모든 것이 변하였다. 이제는 권세들이 "죽은 사람의 보이지 않는 조용한 발자국 소리를 들어야 하고", "벽을 통과하면서 걸어 다니는" 영과 싸워야만 하게 되었다.

예를 들어보자. 베니뇨 아퀴노(Benigno Aquino)가 폭력을 거부하고 필리

---

the Romans," in *The Conversation Continues: Studies in Paul and John in Honor of J. Louis Martyn*, ed. Robert T. Fortna and Beverly R. Gaventa [Nashville: Abingdon Press, 1990], 36-37.

5) 번역의 문제에 관해서는 *Naming the Powers*, 55-60을 보라.

핀의 독재자 페르디난드 마르코스(Ferdinand Marcos)에 대항하여 비폭력 투쟁을 하기로 결심하였을 때, 그는 망명을 끝내고 거의 확실한 죽음을 향하여 유유히 돌아왔다. 그는 비행기에서 채 내리기도 전에 군인에 의하여 사살되었다. 그의 죽음이 바꾼 거라곤 없었다. 마르코스는 그의 유일한 적수를 제거하고 오히려 전보다 더 강력해졌다. 그러나 그의 죽음은 모든 것을 바꾸어버렸다. 2년 반 후에 마르코스는 비폭력적으로 권좌에서 물러나게 되었다. 그러나 보는 눈을 가진 사람에게는, 아퀴노가 활주로에 쓰러질 때 마르코스도 쓰러졌던 것이다.

예수의 죽음도 그와 같은 것이나, 단지 그는 단 한 명의 지배자와 겨룬 것이 아니었다. 그의 죽음으로 그는 지배체제 전체에 도전한 것이다.

수 천 년을 두고 기만의 체제는 사물의 본성에 지배가 이미 주어진 것이라고 가르쳤다. 사람들이 언제나 선한 것을 기다려왔던 곳에서 이제 십자가가 악을 폭로하였다. 사람들의 신앙의 수호자들 안에서 말이다. 헤르만 봐에트엔은 다음과 같이 논평한다.6) 종교적 엘리트들이 그를 배척하여 로마 관헌들로 하여금 십자가에 처형하도록 넘겨주었는데, 이것은 바로 그가 이룩하려고 한 하느님의 통치가, 그들이 하느님에게서 비롯되었다고 간주하는 질서, 곧 로마 군인들의 폭력을 통하여 보호해온 도덕적 질서를 마침내 무너뜨릴 것이었기 때문이라고 말이다.

십자가는 인간이 그 권세들과 공범관계임을 폭로하고, 그리고 이익을 얻기 위해서라면 기꺼이 자유를 처분하려는 우리들의 마음을 폭로하였다. 십자가는 우리가 지금 어떤 유한한 것을 절대적인 것처럼 주장하거나, 혹은 하부 조직이 전체인 것이라고 주장하는 것을 자유롭게 거부할 수 있음을 보여준다.

십자가는 또한 권세들이 예수로 하여금 그들이 원하는 사람이 되게 만들 수 없음을, 혹은 그의 사람됨을 중지시켜 버릴 수 없음을 폭로한다. 여기에 하느님의 뜻이라고 느끼는 대로 완전하게 살 수 있었던 한 사람이 있다. 그는 폭력과 타협하느니 차라리 죽기를 선택했다. 권세들은 자기들이 갖고

---

6) Herman Waetjen, *A Reordering of Power: A Socio-Political Reading of Mark's Gospel* (Minneapolis: Fortress Press, 1989), 145.

있던 모든 무기를 그에게 사용하여 보았다. 그러나 그들은 예수와 하느님이 길 표시를 하며 길을 내고 있던 그 길에서 그를 벗어나게 할 수 없었다. 그가 이렇게 살았으므로, 우리도 우리들 자신의 길을 찾을 수 있다.

그들이 예수 속에 살아 있던 것을 죽일 수 없었으므로, 십자가는 또한 죽임의 무력함을 폭로했다. 죽임은 권세들이 쓰는 마지막 처벌이다. 십자가 처형을 받는 예수는 그 흑암과 싸우지도 않고, 혹은 그 흑암의 보호 밑으로 도망가지도 않고, 오히려 그것과 동행하며 그 속으로 들어갔다. 그는 자유롭게 그리고 자진하여 그 흑암 속으로 들어갔다. 그 흑암은 없어지지도 혹은 환하게 밝혀지지도 않았고, 여전히 광대하고 사납고 공허한 채 남아 있다. 그러나 아무튼 그는 그것을 품어 버렸다. 그것은 하느님의 흑암이 되었다. 이제는 어떤 흑암 속에도 들어갈 수 있고, 하느님이 그 흑암으로부터 그것의 의미와 결합력과 부활을 빼앗아버리심을 신뢰할 수 있게 되었다.

예수의 진리는 죽일 수가 없었다. 그 진리에 맞서서 반대편에 도열해 섰던 수많은 힘들은 자유로운 인간의 힘 앞에서는 보잘 것 없는 것임을 드러낸다. 천안문(天安門) 광장에 줄을 선 탱크들 앞에서 한 순간을 영원히 홀로 가로막고 버티고 서 있던 한 중국인 청년이 이 힘을 그림처럼 드러내 보였다. 소련과 동구 공산권의 몰락은 어떤 악도 무한정 지배권을 장악할 수 없음을 감동적으로 상기시켜 준다. 마틴 루터 킹 2세(Martin Luther King Jr.)가 예언자적인 눈으로 보았듯이, 우주는 정의를 향해 마음을 기울인다.

죽음의 두려움에서 자유롭게 된 사람들은 그 결과의 하나로 폭력의 악순환의 사슬을 끊어버릴 수 있다. 십자가 위에서 예수는 자진하여 전체 체제의 폭력을 그 자신이 짊어졌다. "그분은 모욕을 당하시면서도 모욕으로 갚지 않으셨으며, 고통을 당하시면서도 위협하지 않으시고 정의대로 심판하시는 분에게 모든 것을 다 맡기셨습니다"(벧전 2:23). 십자가는 비폭력의 궁극적인 패러다임(Paradigm 전형)이다. 하느님은 십자가를 통하여 전에도 여러 차례 시도해 보았던 것을, 이제는 철저히 프로그램의 실천으로 보여주신, 새로운 방식을 내보이시고 있다.

천안문 광장에서 붉은 군대에 둘러싸여서 겨우 5천에서 만 명 정도만 남았을 때, 챠이 링(Chai Ling)은 학생 지도자였다. 그녀는 몇 명의 학생들이

기관총을 갖고 있는 것을 발견하였다. 그들을 불러모으고, 그녀는 이렇게 말했다: 십 억의 개미가 높은 산에 살고 있는데, 산 아래에서 불이 났다. 보기엔 그 십 억의 개미가 모두 불에 타죽게 생겼는데, 개미들이 뭉쳐서 공처럼 만들어 불 속을 뚫고 산비탈을 굴러 내려와 안전하게 되었다. 그러나 공의 표면에 있던 개미들은 죽었다. 그녀는 "우리가 바로 그 표면에 있는 개미들이다"라고 말했다. 그러자 학생들은 무기를 부셔버리고 조용히 앉아서 틀림없이 다가오는 죽음을 기다리고 있었다. 아마도 3천 명 가량이 살해되었을 것이다.7) 폭력을 사용하기를 거부함으로써, 그들은 공산주의 체제의 "하늘이 내린 위임통치"를 빼앗아버리고, 결국에는 무너지든, 혹은 변화를 가져오게 하도록 하였다. 리쳐드 디이츠는 예언하기를, "인도의 자유를 위한 투쟁의 끝에 영국이 저질렀던 암리차르(Amritsar) 대학살이 민주주의의 끝장이 아니었듯이, 마찬가지로 1989년 6월 4일 대학살은 중국의 민주주의의 끝장이 아니다. 끝장이라기보다는, 오히려 장차 언젠가는 그 시작이었다고 기억될 것이다"라고 말했다.8)

예수의 비폭력적 대응은 우리의 자유를 축소하지 않는 유일한 방법으로서의 십자가를 통하여, 배반하는 인간에게 손을 내밀어 접촉하려는 하느님의 본성을 그대로 반영하였다. 만일 하느님이 그 거룩한 사랑을 비천하고 유약한 행동을 통하여 전적으로 비강제적, 비조작적으로 베푸는 것을 우리가 경험하지 못했다면, 우리 존재의 진리는 우리가 스스로 자유롭게 선택하지 않고 도리어 우리들에게 강요되었을 것이었다. 바로 이처럼 자신을 비우는 행동(act of self-emptying)을 통하여, 예수는 우리를 권력 피라밋의 꼭대기에서가 아니라 그 밑바닥에서 만나준다: "다른 사람들에 의하여 멸시되고 배척된" 사회의 범죄자요 모든 것들의 쓰레기로서의 예수가 말이다.

십자가에 처형된 사람으로서, 예수는 이처럼 고문, 근친상간, 혹은 성폭행의 희생자들 모두와, 또 상대하는 적군의 순찰병들에게 십자포화를 맞는 모든 농부들과 함께, 그리고 매일 굶어 죽어 가는 4만 명의 어린이들 하나

---

7) 국가 방어를 위한 비폭력적 제재(Non-violent Sanction)에 대하여 1990년 2월 10일 Boston에서 열린 Albert Einstein Institution 대회에서 그녀의 대리자인 Li Lu가 말해준 바에 의함.

8) Richard Deats, "Journey to Asia," *Fellowship* 56 (1990): 8.

하나와 함께 자신을 동일시한다. 십자가 위에서 "나의 하느님, 나의 하느님, 어찌하여 나를 버리셨습니까?" 하고 그가 부르짖을 때, 그는 의심을 품는 모든 사람들, 즉 자신들이 하느님을 믿을 수 있는 능력을 압도하는 이 세상의 정의에 대해 의심을 품는 모든 사람들과 하나가 되고, 용감한 아들 혹은 딸의 숨이 끊어진 몸을 흔들며 애통해 하고 있는 어머니나 아버지와 하나가 되고, 서서히 인식의 능력을 상실해가고 있는 알츠하이머(Alzheimer) 환자와 하나가 된다. 예수 안에서 우리는 고통을 당하고 있는 사람들과 함께 하시는 하느님, 그들 안에 계시면서 고난당하시는 하느님을 본다.

십자가는 하느님이 또 다른 예상치 않은 방식으로 승리하는 것이다. 즉 권세들의 모습을 있는 그대로 폭로하는 행동에 있어서, 예수는 그럼에도 불구하고 하느님에 의하여 세워진 그들의 권위에 복종한다. 예수의 비폭력적 방법은 억압하는 율법에 저항하는 행동에 있어서도 그 율법의 규정을 준수한다. 권세들의 권위에 복종함으로써, 예수는 그들의 필요성을 인정하였지만, 그러나 그들의 거짓된 주장의 합법성을 부정했다. 그를 처형하는 권세에 복종하였지만, 그러나 그렇게 함으로써 그들에게 복종한 예수에게 오히려 그들이 복종하는 것임을 보여주어서, 그들을 비우상화, 비절대화, 그리고 상대화하였다.

그러므로 에베소서에 의하면, 하느님이 예수를 하늘에서 하느님 오른 편에 앉히시고, "권세와 능력과 주권의 여러 천신들을 지배하게 하시고 또 현세와 내세의 모든 권력자들 위에 올려놓으셨습니다. 하느님께서는 만물을 그리스도의 발아래 굴복시키셨으며, 그분을 교회의 머리로 삼으셔서 모든 것을 지배하게 하셨습니다"(엡 1:21-22 . 역자 주).9) 결국, 우리가 권세들과 투쟁할 때, 우리가 우주의 그리스도(the cosmic Christ)를 그들의 주님으로 만들 필요는 없다. 즉, 우주의 그리스도는 이미 그런 주님이시다. 우리가 그리스도를 체제성의 원리로 확립할 필요는 없다(골 1:17- *synesteken*). 세계가 이미 그를 통하여 일관성을 갖고 있다는 사실을 주목하게 하는 특권만은 우리가 갖고 있다. 권세들은 이를 부정하려는 노력을 꾸준히 해왔음에도 불구하고, 그들이 진체와 불가분의 관계를 갖고 있으며, 전체를 떠나서는 아무리 우상숭배

---

9) Eph. 1:20-22a, REB, 성차별적인 언어를 제거하기 위하여 약간 고침.

를 해볼지라도, 단 한 순간도 존재할 수 없다. 이런 진리가 분명해진 것은 십자가 사건 속에서다.

　권세들로 하여금 하느님이 주신 그들의 사명을 상기하도록 노력해보다가, 보통은 선한 사람들이 진다. "네 십자가를 지고, 나를 따르라!" 하는 말은 권세들의 분노가 우리들의 몸에 파도처럼 덮칠 것을 예상한다는 뜻이다. 우리는 비극적인 무능함의 십자가를 지고, 희망을 장사지낸 무덤의 저편에는 빛이 비추일 것을 기도하면서, 그 십자가를 하느님께 드린다. 그것이 바로 백여 년 이상 동안 흑인 노예들이 할 수 있었던 전부였고, 어떻게든 그것을 모두 하느님께 들어 올림으로써 고난의 한 가운데서 초월의 행동을 한 것이었다.10) 우리는 세상이 의미를 갖기를, 일들이 제대로 돌아가기를, 그리고 문제들이 해결되기를 간절히 원한다. 그러나 만일 그렇게 안 되면? 십자가는 우리가 권세들에 의하여 짓밟힐 때 경험하는 하느님의 정말로 버리심과 또한 무의미함을 그 안에 간직하고 있다.

　한 걸음 더 나아가, 십자가는 권세들에 대한 하느님의 승리인데, 까닭은 이 사건에서 예수 안에 성육신되고 인간화된 그리스도의 원리(the Christ-principle)가 그에게 끌린 모든 사람들에게 인간됨의 원형(the archetype of humanness for all who are drawn to him)이 되도록 해방되어 보편화되었기 때문이다. 예수는 유태종교의 율법과 예언을 완성했을 뿐만 아니라, 이방세계의 신화도 완성했다. 즉 그는 유태종교의 옛 계약의 내적인 의미를 살아냄으로써 그 옛 계약을 새로운 차원으로 끌어 올렸을 뿐 아니라, 또한 이 땅 위에 있는 신화들이 말한 죽음과 다시 살아남의 방식을 그의 일상적인 삶과 가르침에서 살아내었을 뿐만 아니라, 그의 죽음과 부활에서 좋은 예로 보여주었다. 이런 신화들이 인간과 사회의 발전에 필요한 과정이라고 그려낸 것을, 예수는 실제로 인간이 할 수 있는 것이라고 입증하였다. 그렇게 함으로써, 그 자신의 역사가 신화적이고 보편적인 것으로 되어버렸다. 이들 신화들을 역사화 함으로써 그는 그의 역사를 신화화하였다. 동시에 그는 이 죽음에서 실제

---

10) Theophus Smith, "King and Nonviolent Religion in Black America," in *Curing Violence: Religion and the Thought of Rene Girard*, ed. Mark I. Wallace and Smith (Sonoma, Calif.: Polebridge Press, forthcoming).

사회적-정치적인 앞잡이들이 한 일을 폭로함으로써 이들 신화들을 비신비화 하였다. 언제나 되풀이되는 죽음과 다시 살아남이, 반대를 침묵시키기 위하여 사람을 죽이는 권세들의 면전에서, 인간적 존재를 위한 투쟁으로 이렇게 특정 시간 속에 역사화 되었다.

십자가 위에 예수의 죽음은 우주공간의 블랙홀(Black Hole)과 같은 것이니, 그 블랙홀은 우주의 의미를 그 붕괴하는 소용돌이 속으로 빨아들여서 강력한 압축을 통하여 거꾸로 튀어나오는 폭발이 있기까지 흡수하고, 그리고 성운(星雲 Galaxy)들이 만들어진 물질을 우주 속으로 내뿜는다. 우주의 그리스도로서 예수도 그렇게 보편화되어, 참된 사람, 즉 우리들의 삶의 최고의 가능성을 지닌 사람이 되었다(So Jesus as the cosmic Christ became universal, the truly Human One, and as such, the bearer of our own utmost possibilities for living.).

예수를 죽인 것은 마치 민들레 씨앗들을 불어 없앰으로써 민들레를 죽이려고 하는 것과 같다. 그것은 태양을 깨뜨려서 수 백 만의 빛의 조각들로 만드는 것과 같다.

폭력의 악순환을 끊기: 지라르(Girard)의 가설

그러나 왜 십자가가 존재해야만 한단 말인가? 왜 인류는 이토록 폭력적인가? 지배체제가 폭력 위에 세워졌다는 사실은 분명하지만, 왜(Why) 그런지는 명백하지 않다. 십자가는 폭력이 하느님의 가슴을 향해 행하여진 것을 나타내긴 하지만, 그 근원을 설명하지는 않는다. 그러나 한 가지 가설(假說)이 있는데, 아직도 시험 중이긴 하지만, 상당히 교육적인 면이 있는 것이어서, 자세히 생각해볼 만한 것이다. 그것은 르네 지라르(René Girard)의 희생양(Scapegoat) 이론이다.

일련의 뛰어난 연구를 통해서, 지라르는 폭력의 뿌리를 거슬러 올라가면 흉내내는 투쟁의 기제(the mechanism of mimetic conflict)에 이른다고 주장한다.11) 그의 이론을 여기에서 설명하고, 다음 부분에서는 몇 가지 비평(비록

---

11) Rene Girard, *Violence and the Sacred* (Baltimore: Johns Hopkins Univ. Press, 1977); *Thing*

대체로 그와 동의하지만)을 하고자 한다.

지라르에 의하면, 폭력의 문제는 농업문명의 대두와 함께 처음 발생한 것이 아니라, 인간 사회의 최초 시작으로부터 풍토병처럼 존재해왔다. 늑대가 패배한 싸움의 상대를 살려주게 하는 본능적인 그런 제동장치(brake)가 인간에게는 없기에, 사람은 점점 더 상승하는 보복의 끝없는 악순환으로 곤두박질치며 빠져 들어갔다.

그가 믿기로는, 살아남은 사회들은 모든 패거리들이 대리 희생자를 "마지막으로" 죽임으로써 더 이상 죽이는 짓을 하지 않도록 하는 기제를 발견했기에 살아남을 수 있었다는 것이다. 흔히 무작위적으로 선택된, 몸이 불구가 된, 이상한, 그리고 주변에 밀려난 희생양(犧牲羊)은, 그가 죽든 쫓겨나든 아무도 그를 위해 복수하려고 하지 않기에, 모든 분쟁의 비난을 받아 마땅한 것으로 모두가 동의할 그런 자이다. 희생양은 밉살스럽고, 괴물 같고, 증오와 경멸의 대상으로 여겨진다. 그러나 그(혹은 그녀)의 죽음이 분쟁 중인 패거리들의 화해를 가져오기에, 그는 때때로 구세주, 신, 혹은 종교적 숭배의 인물로 여겨지기도 한다. 여기에 신들의, 종교의, 희생제도의, 종교의식의, 그리고 신화의 기원(起源)이 있다고 지라르는 주장한다.

전통적으로는, 희생양을 절벽 끝에 데려다가 세워놓고, 전 공동체가 반원을 그리고 둘러서서 돌을 던진다. 그래서 그 희생물의 죽음에 대해 모두가 죄책감을 지게 된다. 그러므로 그것은 어느 누구의 죄도 아니다. 이 위협을 제거하고, 그 희생양 때문에 이루어진 화해를 축하하고, 공동체는 평화를 되찾았다.

희생양을 살해하는 본성을 호도하기 위하여 이 사건에 대해 허구적인 설명을 마련함으로써 신화가 생겨나는 것이라고 지라르는 말한다. 즉 마음대로 희생물을 죽이는 것을 은폐하려고 그것이 거룩한 필요성(a divine necessity)이라고 선언한다. 인간들에 의하여 이렇게 창조된 신들은 희생물의 죽음을 요구한다. 그러나 신들에게 투사한 피의 굶주림은 사실은 땅에 흘린 무죄한 피가 외치는 소리를 안 들리게 하려고 살해자들이 만들어낸 형이상

Hidden since the Foundation of the World, with Jean-Michel Ourgoulian and Guy Lefort (Stanford: Stanford Univ. Press, 1987); *The Scapegoat* (Baltimore: Johns Hopkins Univ. Press, 1986).

학적 울부짖음(포효)에 불과하다.

집단적인 황홀경이 너무도 강력하고, 춤과 옷들과 구경거리들과 의식의 북소리가 너무도 꼼짝달싹 못하게 매혹적이라서, 아즈텍(Aztec)의 처녀들이나, 스탈린(Stalin)의 숙청의 희생자들처럼, 심지어는 자진하여 제물이 되기도 한다. 이리하여 그 집단은 폭력을 의식에서 분리하여 무의식에 전가하는 것이 아니라 종교적, 혹은 유사 종교적 정치 기관들에게 넘겨버린다.12)

희생양 기제(scapegoat mechanism)는 다음과 같은 요소들로 특징지어진다:

1. **흉내내는 욕망**(Mimetic Desire): 우리는 대체로 남들이 무엇을 원하는가를 배워서, 그리고 그걸 그대로 복사하면서 인간이 된다. 우리는 그들이 원하는 것을 원함으로써 그들을 흉내낸다(mimesis). 그런 욕망은 그 자체로서는 좋은 것이다. 우리는 무엇이 쟁취할만한 좋은 것인지를 흉내내면서 배운다. 우리를 위한 가치란 우리가 사모하는 그 어떤 사람이 원하는 것이라고 정의한다.

2. **흉내내는 경쟁자**(Mimetic Rivalry): 그러나 원하는 것이 늘 넉넉히 있지 않은 세계에서는, 흉내내는 욕망은 이중적 곤경을 낳는다. 즉 흉내내어지는 사람은 말하기를, "나처럼 되라. 이 목표물을 귀하게 여겨라." 그러나 흉내내는 사람이 손을 뻗어서 그것을 잡고자 하면, 경쟁이 생겨나고, 그 흉내내어지는 사람은 말하기를, "나처럼 되지 말라. 그것은 내 것이야..."라고 한다.13) 흉내 내는 욕망에서는 불가피하게 갈등이 생겨나는데, 이는 양쪽이 모두 똑같은 것을 경쟁적으로 욕망하기 때문이다. 이런 모형에서는 외디푸스(Oedipus)적인 갈등이 프로이트(Freud) 모형보다 훨씬 쉽게 설명될 수 있고, 그리고 다른 모든 경쟁들도 이 이론으로 잘 설명된다고 지라르(Girard)는 믿고 있다. 일단 행동을 흉내 내고 나면, 경쟁자는 적대감과 아마도 폭력의 대상이 되고 만다.

---

12) R. G. Hamerton-Kelly, "Sacred Violence and Sinful Desire," 35-54.
13) Burton Mack, "Introduction," in *Violent Origins*, ed. R. G. Hamerton-Kelly (Stanford: Stanford Univ. Press, 1987), 9.

3. **구별의 위기**(Crisis of Distinctions): 동일한 것을 원하는 결과로 전에는 잠재적인 경쟁자를 분리했던 상이점들이 해소되고 나면, 질서를 유지하기 위해서 사회적으로 구별됐던 것들이 붕괴된다. 지라르는 이것을 "구별의 위기"라고 불렀다. 학생들이 행정본부 건물을 장악하고 농성하면서, 전에는 행정관들만의 특권이었던 의사결정의 능력을 자기들도 갖겠다고 요구한다. 제조공장의 노동자들이 공장을 닫아버리고, 새로운 계약에 대하여 그들의 목소리를 주장한다. 사회가 그토록 주의해서 이룩한 위계질서의 장벽들은 비록 올바른 것이 아니라 할지라도 무질서의 홍수를 막는 사회의 제방이다. 이런 구별들이 무너지면(베트남 전쟁에서 장교가 명령을 해도 사병들이 복종하기를 거부한 것처럼), 그 사회는 붕괴의 가능성에 직면한다. 그러나 만일 사회가 희생양을 발견할 수만 있으면, 붕괴는 피할 수 있다.

4. **필요한 희생자**(Necessary Victim): 희생양은 외국인, 괴벽스런 사람, 공산주의자(혹은 "공산주의자"라고 딱지가 붙은 어떤 사람), 마녀, 전염병을 옮기는 자, 동성애자, 새로운 아이디어를 제공하는 자, 혹은 예언자일 수도 있다 -- 어쨌거나 그의(그녀의) 죽음이 위기를 넘기게 한다. 희생양의 죄에 대해 꾸며낸 이야기는 사건의 진상과는 관계없이 유지되어야만 한다. 희생양이 살해된 다음에 적대감들이 사라진다는 사실은 그(그녀)가 문제의 원인이며, 그러니 처형이 정당화되는 것을 확증해주는 것 같다.14) 관건은 가야파(Caiaphas)의 원칙이니, 한 사람이 죽음으로써 온 나라가 멸망하지 않게 된다는 것이다(요 11:50). 그 패거리는 그 폭력을 희생양에게 뒤집어씌우고, 이제는 온 에너지를 상호간 협력과 심지어는 화해에 다시 기울이게 할 수 있다.

5. **희생양을 신성하게 만들기**(Sacralizing the Scapegoat): 필요한 희생은 동시에 저주받은 것이요, 또 생명을 주는 것으로 간주됨으로써 거룩하게 된다. 그의 혹은 그녀의 죽음에 대한 보상으로서, 희생자는 특별한 영예를 부여받으며, 때로는 신(神)의 위치로 격상된다. 폭력은 여전히 살아 남아있을 뿐만

---

14) Paul Dumouchel, "Introduction," in *Violence and Truth: On the Work of Rene Girard*, ed. Dumouchel (London: Athlone Press, 1988), 14.

아니라, 그것은 종교적 의식과 신화의 발전을 촉진시키고 그들이 끼치는 영향으로 법률제정과 인류 문화를 발전시키는 데 기여한다.

6. **희생의 반복**(Sacrificial Repetition): 계속되는 희생들은 희생양 제도의 원초적 구조를 엄격히 통제된 제례의식으로 반복한다. 내부적인 공격들이 이리하여 우회되고, 제례의식으로 확대되며, 사회적 구성은 보존된다.15)

지라르(Girard)에 의하면, 그러므로 종교는 사회의 평안을 위하여 봉사하는 조직화된 폭력(organized violence in the service of social tranquility)이다. 종교는 신화, 제례의식, 그리고 금지 등의 수단을 통하여, 그 희생 제도를 은폐한다. 종교는 폭력의 기원에 대한 기억상실증을 제도적으로 구조화하여, 폭력의 대가를 희생자에게 덮어씌우는 신(神)의 결정과 폭력의 필요성에 후광(後光 aura)을 씌워준다. 종교적 체제들은 그들의 폭력성을, 심지어는 그들 자신들에게조차도, 알려지도록 허락할 수 없다. 쇠렌 키에르케고르는 이런 혼미함을 명쾌하게 밝혀냈다: "아브라함이 행한 것에 대한 윤리적 표현은 그가 이삭(Isaac)을 살해하려고(murder) 했다는 것이요, 종교적 표현은 그가 이삭을 희생하려고(sacrifice) 했다는 것이다."16) 제례 의식의 수단을 통하여, 종교는 원래의 인간 희생을 동물로 대치하였다. 신화라는 수단을 통하여, 종교는 한편으로는 생명을 주는 힘에 보이지 않게 연결을 유지하면서, 원래의 폭력적 살해를 은폐한다. 희생자를 신의 경지에까지 격상시킴으로써 그의(그녀의) 죽음에 대한 양심의 가책을 지워버린다.

그러나 지라르는 말하기를, 우주 안에는 신화, 제례의식, 그리고 종교의 힘에 대해 대항하는 힘이 있는데, 그것은 "영원한 거짓말을 폭로하려는 경향"을 가진 것으로서, 바로 기독교의 복음이라고 한다.17) 지라르는 히브리 성경이 폭력과 거룩한 투사(投射)의 세계에서 뛰쳐나오는 길고도 지루한 탈

---

15) Raymond Schwager, *Must There Be Scapegoats?* (San Francisco: Harper & Row, 1987), 46-47.
16) Soeren Kierkegaard, *Fear and Trembling* (Garden City, N.Y.: Doubleday, 1954), 41.
17) Girard, *Scapegoats*, 100.

출(exodus)로 이해하는데, 그 탈출은 수많은 역행(逆行)으로 시달렸고 그 목표에 미달한 것이다. 즉 폭력과 투사의 기제(機制)가 아직도 부분적으로 숨어 있다. 계시의 과정에도 불구하고, 옛날의 그 거룩한 개념이 그 참다운 의미대로 충분히 드러나지 않았다.18) 그럼에도 불구하고, 여기에서, 오직 여기에서만, 그 과정이 시작된 것이다.

구약성경의 폭력성은 항상 기독교의 걸림돌(scandal)이 되어 왔다. 교회는 흔히 구약의 폭력성에 대해 기피하고 우화화(寓話化)하거나, 마르씨온주의(Marcionism: 2세기 기독교 개혁자 Marcion은 구약성경을 전부 거부하였음 - 역자 주), 혹은 특별한 변명을 함으로써19) 그 문제를 회피하여왔다. 레이문트 쉬바거는, 히브리 성경에는 명백한 폭력을 보여주는 600개의 본문단락, 하느님 자신의 폭력적 처벌을 그린 1,000개의 구절, 야훼가 사람들을 죽이라고 명령한 본문단락이 100개 있으며, 그리고 몇 개의 이야기에서는 하느님이 명백한 이유도 없이(예, 출 4:24-26) 사람을 죽였거나 죽이려고 했다고 지적해냈다. 폭력은 히브리 성경의 가장 자주 언급된 행동이요 중심적 테마라고 쉬바거는 결론지었다.20)

이런 폭력은 부분적으로는 일반적인 인간의 과거로부터 넘어온, 하느님에 대한 잘못된 생각의 남은 찌꺼기(殘滓)다. 그러나 또한 그것은 희생양 제도를 의식(儀式)에 떠올려서, 이들을 하느님에게 투사한 것들을 철회하려는 과정의 시작이기도하다. 인류 역사상 처음으로 이제 하느님이 폭력의 희생자들과 일체감을 보이기 시작한다(출애굽 전승, 이사야 53 장, 미가서 4:2-4; 이사야 19:19-25; 그리고 시편 51 등). 다른 모든 신화들은 희생자들에 대한 가해자들의 관점에서 써진 것이라고, 지라르는 말한다. 그러나 히브리 성경에서 가끔씩 등장하는 이런 지배에 대한 비판들은, 이스라엘에 명령하여 그 원수들을

---

18) Schwager, *Must There Be Scapegoats?*, 43.
19) 풍유(諷諭: Allegory)란 다른 데 외부에서 도입한 의미를 본문 속에 주입하여 읽는 것이다. 마르씨온(Marcion)은 제 2세기의 신학자로서, 율법과 정의에 사로잡혀 있고, 변덕스러우며 군주적이고 잔인한 창조의 신 Demiurge(조물주)에 의하여 히브리 성경이 만들어졌음을 배격하였다. 이런 창조의 신은 예수에 의하여 계시된 온전히 사랑이신 하느님과는 아무런 관계가 없다고 마르씨온은 주장하였다. *(Oxford Dictionary of the Christian Church*, ed. F. L. Cross [London: Oxford Univ. Press, 1958], 854).
20) Schwager, *Must There Be Scapegoats?*, 47-67, 119.

지금 당장, 혹은 마지막 날에 씨를 말리라고 하는 본문들과, 계속 공존해왔다 (미가 4:13; 요엘 3:1-21).[21]

히브리 성경에서는, 모두가 전설적인 몇 개의 예외를 빼놓고는, 하느님이 처벌하려고 할 때는, 하느님은 인간들을 시켜서 서로 공격하도록 만든다. 이것이야말로 사람을 죽이는 실제의 주도권은 하느님에게서 나온 것이 아니라, 복수를 하려는 사람들이 하느님에게 투사한 것임을 증명하는 것이라고 쉬바거는 지적한다. 야훼의 추종자들은 자기들의 질투를 하느님에게 투사하여, 하느님을 자기들처럼 질투하는 하느님으로 만들어버렸다. 그럼에도 불구하고 뭔가 새로운 것이 나타난다. 즉, 야훼는 이 질투를 공공연히 주장하는데, 이는 야훼의 이스라엘에 대한 독특한 관계가 사랑의 관계임을 드러내기 시작한 것이다.[22]

성경의 폭력은 그 의미를 점차적으로 인식하기 위한 한 전제조건이다. 희생양 제도는 오직 폭력적인 사회에서만 감지되는 것이다. 폭력의 문제는 폭력의 한 복판에서만 생겨나는 것인데, 즉 지구상에서 전쟁으로 인해 가장 황폐해진 회랑(回廊)지역에서, 거듭되는 정복에 의하여 어느 상당한 기간 동안 권력을 잡거나 휘둘러볼 수 없었던 사람들에 의하여 폭력이 심각한 문제로서 대두한다. 오늘날 우리들을 그토록 당황스럽게 만드는 성경의 폭력은, 거룩한 폭력(sacred violence)이 어떤 것인지를 계시하는 수단이 되었는데, 그 거룩한 폭력이란, 희생자들을 향한 거짓말, 즉 폭력을 통하여 폭력이 어떤 것인지를 폭로하며, 신의 본성이 비폭력적임을 계시하는, 하느님의 이름으로 희생자를 향하여 하는 거짓말이다.

신약성경에 와서야 비로소 희생양의 기제가 완전히 폭로되었고 무효화되었다. 여기에서 마침내 희생자의 관점에서 쓴 책들의 전체가 수집되었다고 지라르는 주장한다. 성경은 박해받고 고난당하는 사람들을 회복시킨다. 하느님은 희생을 요구하는 자로서가 아니라, 희생당하는 자들에 동참하는 자로서 계시된다. 창세기에서 요한계시록까지, 희생자들이 그들을 희생양이

---

21) Ibid., James Williams는 *The Bible, Violence and the Sacred* (San Francisco: Harper SanFrancisco, 1991)에서 히브리성경의 이런 계시적인 동기를 철저히 설명하였다.
22) Schwager, *Must There Be Scapegoats?*, 67, 75.

되게 만든 신화의 세계로부터 구원되는 정의가 이루어지게 해달라고 울부짖는다. 십자가에서 이들의 울부짖음이 입증된다.

예수의 죽음에 특별히 별다른 것은 없다--그의 고통, 그의 박해, 그가 희생양이 됨 등이다. 또한 한 사람이 여럿을 위하여 죽음으로써 나라가 붕괴되지 않도록 하자는 의도로(요 11:50), 세속의 권력자들이 연합하는 점에 있어서도 특별히 별다를 것은 없다. 놀라운 것이라면, 다른 신화적, 정치적, 그리고 철학적 본문들과는 달리, 이들 권력자들이 내린 판결이 정의에 대한 전적인 오심(誤審)이며, 비진리(非眞理 : untruth)의 완벽한 예증이요, 하느님께 대한 범죄라고 복음서가 비난하고 있다는 점이라고, 지라르는 논평한다. 복음서들은 예수에 대한 고발이 논리에 맞지 않음을 보여주려고 고심하는데, 이것은 체제전복을 의심받지 않기 위해서가 아니라, 희생양 기제를 정확히 드러내기 위해서이다. 사실인즉, 국가와 종교의 원수는 죄 없는 희생자다.

요한복음에서는 사탄(Satan)이 "거짓말의 아버지"라고 불러진다. "그(사탄)는 처음부터 살인자였고 진리 쪽에 서본 적이 없다. 그에게는 진리가 없기 때문이다. 그가 거짓말을 할 때마다 제 본성을 드러낸다. 그는 정녕 거짓말쟁이이며 거짓말의 아비이기 때문이다"(요 8:44). 그 거짓말은 사회의 밑바탕에서 폭력을 모른 체하는 바로 그 점에 있다고 도미니끄 바르베는 지적한다. 살인은 또 `다른 살인을 불러내고, 이리하여 학살의 악순환의 사슬은 단 하나의 거짓말의 결과로 이루어진다. 기념식, 웅변, 그리고 축하행진 등을 통하여 그토록 축제를 벌이고 후광(後光)을 씌운 구제하는 폭력이란, 세상을 살인과 거짓의 연쇄(連鎖) 속에 묶어두려는 사탄이 낳은 거짓말이다.23) 그리고 고통스러운 일이지만, 요한의 교회가 자기들을 배척한 유태인들을 향하여 지닌 증오와 배척이 유독한 침전물이 되어, 훗날 교회가 강력하게 되자, 기독교인들에 의한 유태인 학살로 이끌었던 것이다.

예수는 결코 박해자의 관점에 굴복하지 않았다. 즉 긍정적으로 그의 처형인에게 동의하지도 않았고, 부정적으로 처형인의 범죄를 흉내내어 그대로 복수를 반복하려고 하지도 않았다. 예수 안에는 긍정적이든 부정적이든 폭력에 연루함이 전혀 없었다. 그의 체포, 재판, 십자가형, 그리고 죽음에서,

---

23) Dominique Barbe, *A Theology of Conflict* (Maryknoll, N.Y.: Orbis Books, 1989), 54.

마침내 희생양 기제가 온 세상이 다 보게 결정적으로 드러났다. 다른 죽음들이 그의 죽음에서 드러난 진리를 반영하는 한, 그들도 그 진리의 완전함에 참여하고 그 진리의 계시를 지속하는 것이다.24)

초기의 기독교인들은 이 계시의 강렬함을 유지하지 못하고, 그것을 흐리게 하고 말았는데, 이는 희생양 기제가 어떠한 것임을 드러내려는 하느님의 의도와, 하느님이 예수를 죽게 하려고 의도했다는 견해를 혼동하였기 때문이다. 이리하여 희생양 신학에 새로운 이론을 집어넣게 하였으니, 즉, 예수는 최후의 희생양이 되어 단 한번이자 마지막으로(once and for all) 우리가 하느님과 화해하도록 하느님에 의하여 보내어졌다는 것이다(히브리서).

그러나 이것은 권세들로 하여금 그 궁지를 벗어나게 해주었다. 초기의 서신들이나 모든 복음서들은 예수가 권세들에 의하여 죽임을 당했다고 증언한다.25) 권세들의 손에 의하여 자신의 불가피한 죽음을 예견한 예수는 하느님의 비폭력적 통치가 오직 필사적인 저항과 지배체제의 폭력적 반발을 거쳐서만 다가올 것으로 보았다: "세례자 요한의 때로부터 지금에 이르기까지, 하느님의 통치는 폭행을 당해 왔다."26) 그러나 이제 기독교 신학은 주장하기를, 예수를 우리 대신에 희생당할 어린양으로 보낸 분은 바로 하느님이시며, 하느님은 화가 나고 마음이 상해 있으니 피의 희생 제사를 통하여 달래드려야 하며, 그리고 마지막으로, 하느님이 희생을 시키시는 분이며 동시에 희생을 당하시는 분이라는 것이다. 그러므로 예수는 더 이상 그의 인간으로서의 성실성 때문에 처형을 당한 사람이 아니라, "우리 모두를 하느님 앞에 속죄하기에 충분한 신인(神人 Godman)"이 된다(Basil).27) 즉 십자가 위에서 자신을 희생한 예수의 비폭력을 통하여 하느님이 권세들 위에 승리하신 것이 아니라, 권세들은 논의에서 사라지고, 하느님이 전적으로 하느님 자신 안에서 처리하는 화해에 관여하고 말게 되었다. 그러나 오직 무죄한 희생자의 죽음을

---

24) Girard, *Scapegoat*, 114, 126.
25) 눅 23:13, 35; 24:20; 요 7:26; 행 3:17; 4:8-10, 26; 13:27-28; 고전 2:6-8; 살전 2:14-16; 그리고 주3번을 참조. *Naming the Powers*, 40-45도 참조하라.
26) 마 11:12; 23:37-39 //눅 13:34-35; 눅 11:47-51//마 23:29-35.
27) Paul W. Newman, "Identifying with Jesus: Atonement as Royal Metaphor," *Christian Century* 108 (January 30, 1991):116에서 출처 없이 인용.

통해서만 법적인 회계장부의 손익 계산이 균형을 이룬다니, 이런 하느님이라면 뭔가 잘못되지 않았는가? 예수는 단순히 사람들에게 용서를 선포하였고, 이것은 그가 하느님의 마음을 말한다고 확신했다. 그렇다면 용서를 확실히 하기 위하여 왜 또 무슨 희생이 필요하단 말인가? 예수의 죽음이 바로 그런 모든 희생은 불필요하다고 계시한 것이 아닌가?

예수가 계시한 하느님은 더 이상 우리의 적대자가 아니며, 더 이상 위협을 하거나 복수를 하려고 하지도 않는, 무제약적으로 사랑하고 용서하는 하느님, 그러므로 피를 드려야 만족해할 필요가 없는 그런 하느님인데, 이런 무한히 자비하신 하느님(God of infinite mercy)이 교회에 의하여 피의 속죄를 요구하는 분노의 하느님(a wrathful God)으로 변형되어, 결국 우리 모두를 대신하여 당신의 아들이 죽을 것을 하느님이 요구하기에 이르렀다. 예수의 비폭력적인 하느님이 유례가 없는 폭력의 하느님으로 그려졌으니, 이는 하느님이 자기에게 이른바 가장 가깝고 귀한 자(외아들-역자 주)를 희생시켜 그 피를 요구하였을 뿐만 아니라, 또한 하느님이 예상하고 요구한 하나의 죽음에 대하여 전체 인류에게 그 책임이 있다고 했기 때문이다.28) 그런 하느님의 형상에 대하여 반항하고 일어선 무신론(atheism)은 차라리 순수한 종교의 행위라고 하겠다.

이와는 대조적으로, 예수가 계시한 하느님은 모든 종류의 앙갚음을 멀리하고 희생제물을 요구하지 않는다. 하느님은 거룩한 전쟁, 정당한 전쟁, 폭력의 종교를 보증하지 않는다. 폭력에 의하여 쫓겨남을 통해서만, 하느님이 인간들에게 신호를 보내는데, 그 신호란 신적인 것은 비폭력적이며 폭력의 왕국에 반대한다는 것이다.29) 시몬느 베이유가 말했듯이, 가짜 하느님은 고난을 폭력으로 바꾸고, 참 하느님은 폭력을 고난으로 바꾼다.30) 예수의 메시지가 계시하는 바는, 거룩한 폭력을 믿는 사람들은 아직 사탄의 세계 속에 빠져 있다는 것이다.31) 이런 하느님의 자녀가 되려면 무조건적인 그리

---

28) Girard, *Things Hidden*, 213. Frances M. Young, *Sacrifice and the Death of Christ* (London: SPCK, 1975); Ellis Rivlin, *What Crucified Jesus?* (Nashville: Abingdon Press, 1984).

29) Girard, *Things Hidden*, 219.

30) *The Simone Weil Reader*, ed. George A. Panichas (New York: David McKay Co., 1977), 384.

고 일방적인 폭력의 포기를 필요로 한다. 하느님의 통치가 뜻하는 것은 개인이나 국가 간의 모든 종류의 폭력을 완전히 그리고 결정적으로 없애버림이다. 이는 폭력을 옹호함으로 스스로 만든 감옥에 갇힌 사람들로서는 결코 생각조차 할 수 없는 영역이요 가능성이다.32) "여러분은 그리스도 예수께서 지니셨던 마음을 여러분의 마음으로 간직하십시오. 그리스도 예수는 비록 하느님의 형태로 계셨지만, 굳이 폭력을 사용하여 하느님과 동등한 존재가 되려 하지 않으시고, 오히려 자신에게서 모방하려는 마음(the mimetic spirit)을 비웠습니다."(빌 2:5-6*).

처음 몇 세기에는, 교회는 로마제국과 갈등을 겪으며 지냈고, 그 갈등의 이미지로서 십자가의 유효성을 설명하였다. 하느님과 사탄이 우주적인 투쟁을 벌였다. 하느님의 아들이 "악마들을 박멸하기 위해" 사람이 되었다고 순교자 저스틴은 썼다.33) 두 개의 서로 화해할 수 없는 체제가 인간의 충성과 헌신을 얻으려고 분투하였다. 승리자 그리스도(Christus Victor) 혹은 속죄의 사회적 이론은 (조직적인 교리라기보다는 차라리 한 벌의 이미지들이지만) 지배체제에 의하여 기만당하고 노예가 되었던 사람들이 풀려나는 것을 선포했고, 전력을 다하여 그 체제에 대항했다.

그러나 콘스탄틴(Constantine) 황제의 개종과 더불어, 역사 속에 활동하는 하느님의 섭리의 대행자 역할을 로마제국이 교회로부터 떠맡았다. 데니 위버는 지적하기를, 일단 기독교가 제국의 종교로 되자, 기독교의 성공은 제국의 성공과 직결되었고, **제국을 보호 유지하는 것이 윤리적 행동의 결정적 판단 기준이 되었다**고 말했다. 승리자 그리스도 신학(Christus Victor Theology)은 눈 밖에 나고 말았는데, 그 이유는 이 신학이 본질적으로 부적당하고 무능해서가 아니라, 이 신학이 국가 종교로서의 교회의 역할을 타도하려고(subversive) 했기 때문이었다. 교회는 제국 그 자체 안에 도사린 악마를 더 이상은 보지 못하게 되었고, 오히려 제국의 원수들 속에 악마가 있다고 보았다. 속죄는 믿는 자와 하느님 사이에서 처리되는 고도로 개인적인 화해가 되었고, 사회

---

31) Girard, *Scapegoat*, 187-92.
32) Girard, *Things Hidden*, 197.
33) Justin, 2 *Apol*, 6.

는 기독교 사회라고 여겨졌기에, 그리스도의 사역이 사회에 대한 철저한 비판(the radical critique of society)이라는 생각은 대체로 버려졌다.34)

피로 대속(代贖) 한다(Atonement by blood)는 이론은 기독교 역사를 통하여 보통은 반동적인 현상유지(a reactionary status quo)를 지원하는 데 서로 관련되어 왔다.35) 그것은 우리가 범한 율법들이 (인간적인, 혹은 이른바 "신적인") 그것들 자체로서 어느 정도로 죄 많은 것이며, 억압적이고, 악한 지를 (예를 들면, 남쪽의 "Jim Crow" 법, 혹은 여인들에 대한 이슬람의 법들) 인정하지는 않고, 다만 예수가 우리들의 죄를 위해 죽었다는 것만을 강조한다. 율법들도 역시 권세들이며, 상대적이고, 문화마다 다르고, 시대마다 변한다. 모든 권세들과 마찬가지로, 율법들은 인간의 삶을 위해 필요하다. 그것들은 선하기도 하고, 타락하기도 하며, 그래서 끊임없이 수정되어야 한다. 진정한 부도덕은 자신보다 더 큰 권세들에게 밀착된 증상이거나, 혹은 이 세계에서 사람이 진정한 존재로 있기 위한 기본적 필요조건을 배반한다는 것이다. 그러나 하느님이 권위주의적 율법 수여자(lawgiver)로 모형이 될 때는, 최고의 도덕률은 복종인데, 그런 복종은 우리가 복종하는 율법이 **우리에게서 근본적인 존재를 박탈해 갈 때에도** 복종할 것을 요구한다.

이와는 대조적으로, 승리자 그리스도(Christ Victor) 혹은 속죄의 사회적 이론은 그리스도가 정복한 것이 바로 권세들 자체라고 말한다. 골로새서 2:13-14이 말하는 용서란 우리들 자신의 억압과 다른 사람들의 억압에 우리가 공범자였던 것을 용서함이다. 우리가 소외(疎外) 되었던 것은 단지 우리가 하느님을 배반한 결과만은 아니다. 그것은 또한 우리가 사람들을 소외시키는 사회적 규정들과 요구들에 합치하여 따른 사회화의 결과이기도 하다. 우리는 우리의 진정한 존재를 자진하여 내어준 것이 아니라, 우리들에게서 권

---

34) J. Denny Weaver, "Atonement for the Non-Constantinian Church," *Modern Theology* 6 (July 1990): 307-23. Gustav Aulen, *Christus Victor* (New York: Macmillan, 1931)도 참조.

35) 마찬가지로, 성경무오설과 완전한 영감의 교리는 희생의 해석학(sacrificial hermeneutics)이 성경을 읽는데 있어서 유일한 해석학적 눈금이 된다는 뜻이니, 왜냐하면 이 교리는 히브리성경의 희생제사적 요소를 포함한 성경전체가 계시로 된 것으로 보기 때문이다. (Michael Hardin, "The Biblical Testaments as a Marriage of Convenience: Rene Girard and Biblical Interpretation," a paper presented to the Colloquium on Violence and Religion, New Orleans, November 19, 1990, 25).

세들이 그것을 훔쳐간 것이다. 우리가 선택할 수 있는 연령에 도달하기 전에, 우리의 독특함에 대해서는 무관심한 체제에 의하여 우리의 선택이 상당한 정도로 이미 이루어진 것이다. 율법 그 자체가 우리를 하느님의 사랑에서 분리시키는 권세들의 일종이다. 즉, 우리를 "죽이는 것"은 "문자"(文字)다(고후 3:6).36) 그러므로 예수는 "우리를 이 지배의 시대(Domination Epoch, aiōn)에서 건져내시려고 우리 죄를 짊어지시고 당신 자신을 제물로 바치셨습니다"(갈 1:4*).

기독교는 전체적으로 이제까지 인간의 종교의 중심에 있는 폭력의 가면을 벗겨버리는 일에서 유태교와 마찬가지로 성공하지 못했다. 즉 기독교는 정당한 전쟁(just war)이라는 무한히 유연한 이데올로기를 가지고 정치권력에 적응하였고, 피의 속죄론을 위하여 승리자 그리스도(Christus Victor)나 속죄의 사회적 이론을 포기하였고, 하느님의 나라(통치)를 사후(死後)세계나 먼 미래에 투사하였다. 이 모든 것들이 교회의 메시지의 가장 혁명적인 요소들을 깡그리 파괴했다. 결과적으로 예수는 다른 많은 대리 희생자들처럼 신이 되었고, 미사(Mass: Trent 공의회의 신학에서)는 모든 희생제도의 필요를 끝장내기보다는 오히려 영원히 존속하는 희생제도가 되었으며, 유태인들은 예수를 죽였다는 이유로 억울한 희생양이 되어, 또다시 그 폭력적 모방의 과정을 다시 거듭하게 되었다.37)

---

36) 신정통주의 신학자들에 의하여 예수의 죽음에 대속적인 권능을 부여하지 못했다고 숱하게 비판받은 누가(Luke)는, 그렇게 하지 않음으로써 오히려 다른 사람들보다도 그 죽음에 대하여 더 잘 이해하고 있었던 것 같다. 실제로, David L. Tiede에 의하면 누가는 심판과 구원을 함께 계시하시는 하느님의 계책으로 예수의 죽음의 뜻을 본다는 것이다. 즉, 예수의 죽음과 예루살렘의 파괴에서 심판을, 그리고 회개와 예수 안의 신앙, 죄의 용서, 성령을 받음, 그리고 궁극적으로는 모든 것의 회복에서 구원을 본다 ("The Death of Jesus and the Trial of Israel," SBL *Seminar Papers*, Annual Meeting, 1990 [Altanta: Scholars Press, 1990], 158-64; David P. Moessner, "'The Christ Must Suffer,' The Chruch Must Suffer: Rethinking the Theology of the Cross in Luke-Acts," in ibid., 165-95).

37) 초대교회 교인들처럼 박해를 받는 그룹이, 비록 그늘로서는 박해자들에게 원수를 갚을 능력이 있었으면 하고 바랐겠지만, 그러나 박해의 내용을 쓰기란 거의 불가능했을 것이다. 기독교가 권력을 잡고 난 후에야 유태인들을 박해한 것을 정당화하기 위하여 그런 문서를 썼을 것이다. 그러나 제4 복음서(요한복음)에 나타난 "유태인들"에 대한 증오; 마태복음에 "그의 피가 우리와 우리 자손들에게!"(마 27:25) 하고 모든 유태인들이 외치게 만든 것; 누가복음에 예루살렘 성이 무너진 것은 유태인들이 예수를 죽인 것에

그럼에도 불구하고, 모든 사람들이 읽을 수 있는 이야기가 복음서들 안에 있어서, 이 세상에서 그 신빙성이 약화되기는 했지만 아직도 공식적으로 제재를 가하는 희생양 제도에 대한 해독제로서, 시간이 지남에 따라 그 약효를 방출하는 캡슐처럼, 그 이야기가 작용을 계속하고 있다. 현재의 문화적 질서가 희생양 기제(scapegoating mechanism)를 폭로하는 것을 견뎌내지 못한다고 지라르는 지적한다. 지배체제는 폭력은 폭력으로 극복해야 한다는 신념에 근거하고 있다. 복음이 참으로 들려지는 곳이라면 어디에서든, 희생양 기제는 무력하게 되고, 합법적으로 행동했다는 박해자들의 보고는 더 이상 신뢰를 받지 못하며, 무고한 희생자를 처형하는 것을 공식적으로 옹호하는 데 권세들이 공범을 저지른 것은 사법적 살인이라고 폭로된다.(여기에 정치적 고문이나 실종 등에 대한 국제사면위원회Amnesty International, 인권 감시단 Human Rights Watch의 폭로가 갖는 세계사적 중요성이 있다.)

"여기에서 말하는 지혜는 하느님의 심오한 지혜입니다. 그것은 하느님께서 우리의 영광을 위하여 천지 창조 이전부터 미리 마련하여 감추어 두셨던 지혜입니다. 이 세상 권세들(archontōn)은 아무도 이 지혜를 깨닫지 못했습니다. 만일 그들이 깨달았더라면 영광의 주님을 십자가에 못 박지는 않았을 것입니다"라고 바울은 썼다(고전 2:7-8*). 세상이 생겨날 때부터 숨겨온 이 비밀이란 곧 희생양 기제인데, 만일 통치자들이 예수를 처형하는 것이 그 비밀의 덮개를 날려보내는 것임을 미리 알았더라면 그들은 그를 처형하지 않았을 것이다.

레이문트 쉬바거는 지라르의 이론을 한 발자국 더 밀고 나간다. 예수는 "우리 죄를 당신 몸에 친히 지시고 십자가에 달리셨는데"(벧전 2:24), 이는 보혈 속죄론이 말하듯 하느님을 우리와 화해시키기 위한 것이 아니라, 우리를 하느님과 화해시키려고 한 것이다(고후 5:18). 하느님은 죄를 따지기를 단념하며, 그러니 배상(賠償)이란 필요하지도 가능하지도 않다. 하느님은 엄격하고 완강한 치안판사가 아니라, 사랑하는 아버지(Abba)다. 그렇다면 왜 구속(救贖)의 행위가 필요하단 말인가? 우리의 하느님께 대한 원한과 사람을 죽이려는

대한 처벌이라고 해석한 것(눅 21:20-24); 그리고 요한계시록에서 스미르나의 유태인들에 대하여 "사탄의 무리"(계 2:9) 라고 비방한 것 등등, 이런 모든 것은 현재에 이르기까지 유태인 박해에 필요한 불쏘시개를 제공한 셈이다.

의지 때문에 우리가 하느님께 돌아서지 못하는 것이다. "하느님은 배상금을 필요로 하지 않는다. 그러나 인간이 대가 없이 베푸는 사랑의 순수한 선물을 받을 수 있으려면, 인간은 그들 자신의 감옥 밖으로 나와야만 한다…. 노여움을 진정해 드려야할 것은 하느님이 아니라, 인간들이 하느님을 미워하는 데서부터 구원되어야만 한다."38)

특별히 바울에게 있어서, 죄의 근본은 하느님과 같이 되려는 욕망인데, 이는 사실상 하느님과 모방하는 경쟁관계에 들어간다는 뜻이다. 하느님이 선악을 알게 하는 나무의 열매를 욕망하지 말라고 금지한 것을 알고는, 욕망 자신이 스스로에게 설득하기를 하느님이 먼저 샘을 내셨다고 하면서 욕망도 스스로 샘을 내도록 타락하였다. 로버트 햄머튼-켈리는 지적하기를, 우리는 하느님을 흉내 내게 되어 있는데, 그러나 모방이 샘내는 것에 눈을 돌려 하느님이 우리의 궁극적 경쟁자가 되면, 죄가 들어오게 된다고 말했다. 이리하여 욕망은 하느님을 우상으로 변화시키고, 그 우상에게 인간의 폭력과 증오를 투사할 뿐만 아니라, 모든 종교체제의 중심에서 폭력을 성화(聖化)시키는 분으로 그려낸다.39) 하느님의 자리를 차지하려고 욕망하는 것은, 불가피하게도 사람으로 하여금 질투하는 경쟁자의 형상으로 하느님을 창조하게 만들고, 무의식적으로 하느님을 죽이고 싶은 소원을 갖게 만든다.40)

인간이 하느님이 되고 싶은 욕망은 하느님이 인간으로 되고 싶은 욕망에 의해 맞받아쳐진다. 즉 하느님은 거룩한 약함을 십자가 위에서 드러내는

---

38) Schwager, *Must There Be Scapegoats?*, 209.
39) Hamerton-Kelly, "Sacred Violence and Sinful Desire," 47-49.
40) Robert T. Fortna의 도전적인 논문에 의하면, 바울이 빌립보서를 쓸 당시 (갈라디아와 로마서를 쓰기 전)까지만 해도, 그 자신도 예수에 필적할 만한 위대한 희생을 치름으로써 그 자신의 의로움을 성취할 수 있으리라고 믿었다는 것이다. 그러나 에베소에서 겪은 고통 (이 이론에 의하면) 이후에, 인간은 자신의 구원을 위해서는 아무 것도 이바지할 수 없고, 심지어는 모든 것을 다 포기해도 부정적이고 여전히 이기적인 공헌으로는 아무 것도 이룩하지 못한다는 결론에 도달했다. ("Philippians: Paul's Most Egocentric Letter," in *The Conversation Continues*, ed. Fortna and Gaventa, 220-34). 지라르의 말을 빌리자면, 바울은 아직도 예수 and /or 하느님과 그 자신이 나란히 함께 하기에 적당함을 증명하려고 흉내내기 경쟁관계에 있었다는 것이다. 은혜는 인력으로 얻을 수 없음을 이해하게 되어 마침내 바울은 하느님이 되려는 투쟁으로부터 자유롭게 되었다는 것이다 (이런 자유가 그의 회심의 때에 얻은 것이든, 혹은 에베소에서 얻은 것이든).

데, 영혼 속에 시샘할 만한 전능한 경쟁자를 남기지 않음으로써, 모방할 욕망의 의욕을 끊어 버린다. "늠름한 풍채도 멋진 모습도 그에게는 없었다. 눈길을 끌만한 볼품도 없었다"(사 53:2). 예수는 사람들과 권세들이 그에게 가한 모든 폭력을 다 흡수하였지만, 그러나 여전히 그들을 사랑하였다. 그러나 만일 우리의 삶을 위하여 내린 하느님의 의도를 완벽하게 구체적으로 표현한 사람을 인간들이 죽였다면, 그런데도 하느님이 아직도 우리를 사랑하고 계신다면, 하느님의 사랑을 얻으려고 노력할 필요도 없다. 하느님이 무조건적으로 우리를 사랑한다면, 헌신의 대가로 보상을 약속하는 각종 권세들에게서 조건부의 사랑을 찾을 필요가 없다.

초대 기독교인들이 "이분을 힘입지 않고는 구원이 없다"(행 4:12)라고 선포하였을 때, 이것은 문자 그대로 받아들여야만 했다. 즉 오직 예수를 통해서만 희생제물의 기제가 폭로되고 폭력의 순환 고리가 끊어졌다는 말이다. 여기 "구원"(Salvation)이란 단어는 신학적인 용어가 아니라, 인간학적 용어다. 그것은 순전히 인간의 폭력 앞에서 인간의 생존에 대한 사실을 말하고 있다. 아무것도 감출 것이 없고 모두 드러난다(막 4:22). 심지어는 "실종자"들과 고문을 당한 자들이 지배체제의 폭력성을 폭로하는 데 도와주어, 권력자들이 내건 것들(반공주의, 반자본주의, 국가안보 등)의 이념적 합리화가 점점 설득력이 떨어지게 된다. 문제는 일단 복음이 사회에서 희생양 기제를 제거하면, 그 사회가 신뢰하는 바로 그 폭력에 대해서 방어할 대책이 없다는 것이다. 오늘날 우리들에게, 유일한 사랑의 대안과 비폭력은 천지개벽(apocalypse)이다. 천지개벽을 시작하는 자는 복수에 불타는 하느님이 아니라, 우리들 자신들이다. 하느님의 분노와 심판은 우리들 자신의 폭력성의 결과에 "우리를 내어 맡기는 것"이다(롬 1:18-32, 행 7:42). 질 베일리의 말에 의하면, 지금 복음과 복음의 효과가 경주한다. 즉, 우리가 모방하는 폭력과 희생양 삼기를 중지하든지, 아니면 희생양 기제를 우리의 폭력을 위한 감정의 배출구로 삼기를 그만두고, 대신 우리가 천지개벽의 불 속에 타서 없어지든지 둘 중의 하나를 택하도록 그렇게 경주하고 있는 것이다.41) 로마제국 당시의 세계보다 더욱 긴박

---

41) Gil Bailie, "Billy Budd," audio cassette, tape 2 of 4, Temenos, P.O. Box 925, Sonoma, CA 95476 --지라르의 사상에 대해서 내가 본 것들 중 최고의 입문 안내.

하게도, 핵무기의 세계에서는 희생양 삼기가 폭로되어 철폐되어야만 한다. 아니면, 우리들이 모두 자신들을 파괴하고 말 것이기 때문이다.

지라르(Girard)의 가설에 대한 평가

지라르와 같이 전 세계적 관점을 가진 이론은 대충 적당히 접근할 수가 없다. 그의 생각의 폭과 깊이를 재어보는 데는 여러 분야의 학자들이 한 세대를 두고 연구해야 할 것이다. 폭력에 대한 그의 주장에 대해 나는 근본적으로 동의한다. 그러나 동시에 몇 가지 토론할 것이 있다.

1. 나는 모든 신화들이 폭력을 낳는 사건들을 은폐하는 거짓말들이라는 지라르의 생각에는 찬동할 수 없다. 내가 믿기로는 그 신화들이 흔히 진실을 말하기도 하며, 구원하는 폭력의 바빌론 신화처럼, 어느 한 사회의 실제적 권력관계들을 솔직하게 그려낸 것도 있다.

2. 나는 희생양 삼기(scapegoat)의 주제가 단지 폭력이라는 주제의 변종 혹은 부속물(희생자들이 실제로 불의하게 당했음을 은폐하려는 시도로)에 불과하다고 보며, 구원하는 폭력의 전투 신화를 보다 포괄적이고 통상적인 것으로 본다. 맞붙어 싸움의 자세를 취하거나, 혹은 끝까지 분투하거나 하는 것이 통상적인 규범이지, 대개는 제 3자의 희생이 관련되는 것은 아니다(예를 들면, 표준적인 만화 형식에서). 희생양 삼기는 국가 간에서보다는 그룹들 간에 더 자주 일어난다. 이와는 대조적으로, 전쟁에서는 보다 힘센 자가 간단히 이기고, 진 자를 굴복시켜 버린다.

드러나게 희생양 삼기 행동을 하는 것은 아프리카산 꼬리가 긴 마캐크(macaque) 원숭이들 사이에도 있는 일임이 보고되어 있다. 그러나 지라르가 그의 이론에서 다루지 않은 것은 **화해의 행동**(reconciliatory behavior)인데, 이는 아마도 3천만 년 전에 이미 영장류(靈長類)들 가운데 있었다. 프랑스 드 발에 의하면, 영장류 동물들이 서로 빗질해주기, 복종하기, 제 3자의 중개, 포옹해

주기, 입 맞추기 등을 통해서 분쟁들을 피하거나 화해한다고 한다. 호모 싸피엔스(Homo Sapiens: 이성적 원시인간)의 자녀들 가운데는 이런 화해의 행동들에 덧붙여, 사과하기, 선물주기, 협동을 약속하기, 음식이나 장난감들을 서로 나누기 등이 추가된다.42) 유혈 충돌을 회피하기 위해서는 희생양 삼기만이 아니라, 여러 가지 행동들과 문화적 기관들(법, 경찰, 재판소, 공공의견, 습관, 등등)이 돕고 있다. 희생양 삼기는 극도의 폭력적 해결책인데, 폭력을 방지하기 위한 보통의 방법이 실패했음을 나타내는 것이다.

3. 예수의 희생적이고 대속적인 죽음의 아이디어는 지라르가 인정하는 것보다 훨씬 더 많이 신약성경에 두루 스며있다(막 14:24 및 병행구//고전 11:24-25; 요 1:29, 36; 롬 3:25; 4;25; 5:6-9; 8:3; 14:15; 고전 5:7; 10:16-21; 15:3; 고후 5:14; 갈 1:4; 2:20; 3:13; 엡 5:2; 골 1:20; 살전 5:10; 히 벧전 1:2, 19; 3:18; 요일 1:7; 2:2; 계 1:5; 5:9 등등).43) 예수의 죽음에 대한 희생적 해석학(sacrificial hermeneutic)이 다시 대두되는 데 결정적 영향을 준 것은 히브리서가 아니라, 바울 자신이었다.

바울은 그리스도의 희생에 대하여 어떤 모호함을 드러낸다. 지라르는 그 모호함의 한 면을 강조하였고, 그의 비판자들은 그 다른 면을 강조했다. 지라르가 옳게 지적한대로, 바울에게는 그리스도가 희생제사의 **끝**(end)이며 희생양 기제를 폭로하는 분이다. 그러나 그리스도를 희생 제물로 그려냄으로써, 바울도 또한 하느님이 예수를 "그가 피를 흘려서 속죄하게 하여주려고 **마지막**(final) 제물로" 되게(롬 3:25) 하였다는 견해를 믿었다. 만일 그리스도의 죽음이 우리를 하느님의 진노에서 구하게 한다면(롬 5;9), 만일 예수는 속죄 제물로 하느님이 보낸 분이라면(고전 15:3, 롬 8:3); 또 만일 그리스도는 우리를 대신하여 죽은 유월절 양이라면(고전 5:7), 정말 하느님의 진노가 가라앉혀진 것처럼 보인다. 바울은 그리스도의 죽음이 하느님께 속죄하는 **마지막**(final) 제물이란 견해와, 그리스도는 희생제사의 **끝**(end)이라는 견해 사이의 명확한 차이를 완전히 구별하지 못한 것 같다. 그래서 이후에 내내 기독교는 이 혼동

---

42) Frans de Waal, *Peacemaking among Primates* (Cambridge: Harvard Univ. Press, 1989), 248, 268.

43) Lucian Scubla, "The Christianity of Rene Girard and the Nature of Religion, " in *Violence and Truth*, 160-71 에 있는 Girard 에 대한 통찰력있는 논평을 참조하라.

을 겪게 되었다.

4. 나는 희생양 주제가 전 세계의 신화들의 바탕이라거나, 혹은 유태교-기독교 성경이 폭력에 대한 비판을 독점했다고는 생각하지 않는다. 비폭력적인 신화도 있어서(하나만 예를 들면 Hopi 인디언의 탈출신화),44) 기독교가 설명한 것들 못지않게 참된 것들도 있으니, 지라르가 말하는 기독교 승리주의(Christian Triumphalism)는 그런 것들에게 잘못을 저지르는 것이다. 많은 점에서 비폭력적인 세계 종교의 지류들도 있고(자이나교, 불교, 힌두교), 현실적 실천에서 비폭력적인 원시 미개 사회가 아직 더러 남아 있다.45) 그러나 (지라르에게 공평하게 말해서) 이런 전통들이 제례의식, 금욕주의, 금지명령, 예표 등을 통해서 폭력을 상당히 감소시켰지만, 그러나 그것들이 희생양 기제를 사회적 의식으로 높이지는 못했다. 그것들은 세계가 시작된 이래, 혹은 희생양 제도가 시작된 이래, 감추어져온 비밀을 들추어내지는 못했다.

5. 언제부터 인간을 희생 제물로 바치기 시작했는가? 사냥꾼-채집자들이 행한 동물 혹은 인간 희생의 피상적인 증거들이 있다. 김부타스(Gimbutas)는 함부르크(Hamburg) 근처의 쉬텔모오르(Stellmoor)에서 45 마리의 사슴 시체를 돌에 매달아 물 속에 던져 넣었던 것을 발견했다(약 기원전 20,000-12,000년). 곰을 희생 제물로 사용한 것은 상고 구석기 시대로 거슬러간다. 오래 전부터 빈카(Vinca) 문명이나 동부 발칸(Balkan)에서는 새나 뱀의 여신들에게 숫양이나 황소를 제물로 드렸다.46) 그러나 동물 희생은 원시 농업 또는 목축업 사회

---

44) Frank Waters, *Book of the Hopi* (New York: Penguin Books, [1963], 1982).

45) Ashley Montague, *Learning Non-Aggression: The Experience of Non- Literate Societies* (New York: Oxford Univ. Press, 1978).

46) Marija Gimbutas, *The Language of the Goddess* (San Francisco: Harper & Row, 1989), 113, 116; *The Goddess and Gods of Old Europe* (London: Thames & Hudson, 1982), 74, 148, 196. 기원전 7천년 후기에서 6천년 초기에 다뉴브 지역 제단(祭壇)에서 발견된 큰 물고기, 개, 돼지, 사슴 등의 뼈가 발견되었다; 신석기 중엽 혹은 후엽에 레바논에서 독수리가 희생 제물로 드려졌고, 그리고 기원전 8천년 경에 Scotland, Orkney, Iraq 북쪽지역에서 여러 가지 죽은 고기를 먹는 짐승들이 희생 제물로 바쳐졌다 (*Language of the Goddess*, 157, 187, 189).

에서 동물들을 가축으로 길들인 후에 비로소 대량으로 실행되었다.

그러나 남성통치시기가 시작되기(약 기원전 3,000년) 전에는 인간을 희생제물로 바친 증거가 거의 없다.47) 그러니 희생양 삼기가 인류의 기원과 함께 시작되었는지는 확실하지 않다. 여기에 다시, 마르크스, 프로이트, 아이슬러 등과 마찬가지로, 역사적 사실에 신화적 근거를 대려는 충동이 있다. 지라르의 경우엔 이는 특별히 아이러니 한 것이, 그는 모든 신화를 참이 아니라고 보니까 말이다.

아마도 지라르와 아이슬러 모두가 맞을지도 모르겠다. 희생양의 기제는 더 큰 폭력을 피해가기 위한 수단으로 실행되었을 것이다. 그러므로 상대적으로 평화로운 사회는 위대한 문명이 발생되기 이전에 있었다. 실제로, 초기 사회들에 대한 아이슬러의 다분히 목가적인 그림을 약간 수정하여, 그 사회들이 평온할 수 있었던 것은 희생양 기제를 발견했기 때문이라고 할 수 있겠다. 불행하게도 희생양 행위는 제단도 필요 없이 다만 돌로 쳐죽이는 것이라서,48) 고고학적 증거를 별로 남기지 못했고, 오늘 날 남아 있는 원시사회에서는 희생양 제례의식을 행하지 않는다.

6. 증거가 불충분함에도 불구하고, 원시 역사이전 문화에 대하여 억측을 분석하는 이론을 세우는 것은 위험하다. 폭력의 문제에 대한 단일 원인적 해법(single-cause solution)을 위한 보편적 주장은 언제나 과거에 이미 충분히 부풀려왔으니, 이제 다시 여기에 뭔가 새로운 것이 있으리라고 기대할 수 없다. 그러나 지라르의 가설의 진짜 가치는 그 원인에 대한 이론이 아니라, 오늘날 인간 폭력의 본성을 벗기는 분석능력에 있다. 지라르의 전반적인 논

---

47) Jonathan Z. Smith, "The Domestication of Violence," in *Violent Origins*, 197; Riane Eisler, *The Chalice and the Blade* (San Francisco: Harper & Row, 1987), 212 n. 24; Joseph Campbell, *Myth to Live By* (New York: Viking, 1972), 55; Elise Boulding, *The Underside of History* (Boulder, Colo.: Westview Press, 1976), 139.

48) 고고학적으로 발굴된 고대의 인간 해골들은 그 위에 쌓인 돌과 흙의 점증하는 압력으로 인하여 마치 몽둥이로 맞은 것처럼 납작해지고 찌그러져 버렸다. 지라르의 논점을 확증하기 위하여, 문제는 적당히 돌에 맞아 죽은 해골을 발견하는 것이 아니라, 거의 모든 해골들이 돌에 맞은 것처럼 보인다는 점이다 (Richard E. Leakey and Roger Lewin, *People of the Lake* [Garden City, N.Y.: Anchor/Doubleday, 1978], 270-71).

제들의 여러 면들이 확실히 수긍이 가게 하지는 못했어도, 모방하는 경쟁과 충돌, 그리고 희생양에 대한 그의 이해는 우리 시대의 가장 심오한 지적 발견의 하나로서, 우리가 예수의 십자가 처형의 뜻을 이해하는 데 두고두고 지속적인 공헌을 할 것이다.

소멸될 수 있는 모든 것은 소멸시켜야지.
예루살렘의 어린이들은 노예에서 구출되어야지.
....

자신을 검증하여 내 영혼의 얼굴을 깨끗하게 하려고,
생명의 물에 목욕하고, 비인간적인 것들을 씻어 버리려고,
나는 자기 소멸과 웅대한 영감 속으로 들어오나니...

    - 윌리엄 블레이크, "밀톤"[1)

---

1) William Blake, "Milton," in *The Complete Poetry and Prose of William Blake*, ed. David V. Erdman, rev. ed. (Berkley: Univ. of California Press, 1982), plates 40-41, p. 142.

8

비인간적인 것을 씻어내기:
써버릴 수 있게 되기

    사람은 권세들을 정면에서 공격하여 이겨냄으로써 해방되지는 않는다. 차라리, 그들의 통제에 대해 죽어주어서 비로소 해방된다. 여기에서도 십자가가 모델이 된다. 즉 우리는 우리를 노예로 만드는 것들을 반격하여서 해방되는 것이 아니라--반격하는 것은 우리가 아직도 폭력의 이념에 매어 있기 때문이다-- 오히려 그들의 지배와 관할과 명령에 죽어주어서 해방되는 것이다. 1989년 동독에서 공산주의 체제의 붕괴를 주도한 뉴 포럼(New Forum)의 창시자 중 한 명이 말하기를, "체제를 향해서 외치는 데는 그다지 큰 용기가 필요하지 않다. 다만 처벌되든지 얻어맞든지 더 이상 상관하여 염려하지 않기 위해서는 용기가 필요하다."[2)]

권세들에 대해 죽어주기

    "만일 여러분이 그리스도와 함께 죽고 지배체제(Domination System)의 근본적인 원리들(*stoicheia tou kosmou*)-- 여기 이 사회가 유지되는 세속적 규칙과

---

2) Jens Reich, "You Don't Need Courage; You Just Need Not to Care," *Newsweek*, December 25, 1989, 20.

법칙들3)--에 대해 죽었다면 어찌하여 아직도 그 체제(kosmos)에 속하여 사는 것처럼 .... 규정에 묶여 있습니까?"(골 2:20*) 죽어주는 힘(the power of dying)에 의하여 죽이는 힘(the power of death)으로부터 풀려나는 일, 이 얼마나 이상한 완화책(緩和策)인가? 에베소서는 우리가 권세들에 의하여 죽임을 당했다고 말한다. "여러분도 전에는 죄와 잘못을 저질러서 **죽었던** 사람들입니다. 여러분이 죄에 얽매여 있던 때에는 지배체제(kosmos)를 따라 살았습니다."(엡 2:1-2*). 그렇다면 죽어주는 것이 어떻게 죽은 사람들을 살려 일으킬 수 있을까?

우리가 사회화되어 불의(不義)의 패턴을 따라 사는 한, 우리는 죽은 것이다. 우리들의 본질에 맞지 않는 낯선 기대들이 우리들 자신에게 강요됨에 따라 우리도 조금 씩 조금 씩 죽어갔다. 우리들 자신의 소외와 타인들의 소외 속에서 공범자로 연루되기 시작할 때 우리는 죽어갔다. 우리의 속박을 사랑하고, 그 속박을 합리화하며, 정당화하고, 급기야는 그 속박을 옹호함에 따라 우리는 죽어갔다. 일종의 신적인 동종요법(同種療法 homeopathy: 건강한 사람이 복용하면 그 질병과 비슷한 증세를 일으키는 약을 소량 투여시키는 치료법–역자 주)을 사용하여, 우리가 살아나기 위해서는 우리를 죽인 것을 삼키지 않으면 안 된다.

우리들 각자는 우리가 일찍 그것을 발견하는 길을 알았더라면 우리의 길이 되었을 것을 이미 상실해버렸다(롬 3:9-20). 달리는 어쩔 수가 없는 일이 있으니, 어린이들은 사회화시켜 사회적 요구에 합치하게 만들어야만 한다. 즉 규칙들, 관습들, 버릇들은 배워 익혀야 하고, 그것도 지배하는 체제의 감시를 받으며 배워야 한다. 그리고 달리는 어찌할 수 없는 일이 있으니, 살다 보면 언젠가는 우리들 자신이 되기 시작해야만 한다. 그러자면, 이미 죽어 있는 우리는 다시 죽어야만 한다.

권세들로부터 자유롭게 되려는 투쟁의 과정을 위해, 왜 신약성경은 이런 죽음의 이미지(형상)를 사용하고 있을까? 융(Jung)에 의하면, 무의식이 원초적 법칙에 따라 아직도 작용하고 있으므로, 정신병적 상태는 우선 이를

---

3) "The Elements of the Universe," in *Naming the Powers*, 66-67; "The Elements of the Universe," in *Unmasking the Powers*, 128-52. 내가 두 책에서 골로새서 2;20 의 *stoicheia tou kosmou*를 번역한 것보다 "Fundamental assumptions of the Domination System"이라고 번역했으면 더 좋았을 것이다.

근절시켜 없애버리지 않고는 변경되지 않는다. 그리고 이 근절은 전반적이라야만 한다. "예물은 마치 파괴되기 위한 듯이 드려져야 한다."4) 이는 이스라엘의 희생제사에서 번제물은 그 전체가 불태워져 다시 사용할 수 없게 버려지는 것으로 상징되어 있다. 즉 희생제물 전체가 불에 태워져서 아무것도 유용한 것이 남아 있지 않도록 해야만 한다. 희생제사 제도에서는 아욕(我慾 ego)이 동물에게 옮겨진다. 이 옮겨짐(투사)에서 시선을 돌리면, 우리는 마땅히 되어야만 할 진정한 자신이 되기 위해, 사회적으로 형성된 자아(아욕)에 대해 죽어야만 하는 과제에 직면한다.

그러나 거듭남이란 개인적이고 내면적인 사건만은 아니다. 왜냐하면, 이는 또한 비본래적으로 우리들을 형성한 사회적 환경에 대해서도 우리가 죽어야할 필요를 포함하기 때문이다. 본래적으로 살기 위해서는 지배체제에 대해서도 우리는 죽어야만 한다.

특권과 풍요 속에 태어난 사람들은 그들의 욕망을 둘러싼 우주의 중심에 놓여 있기에 참된 생명을 놓치게 될 수 있다. 다른 사람들, 즉, 참담한 가난과 지배계급의 경멸 속에 태어난 사람들은 그들이 진실로 사람다움을 느껴보지 못함으로써 참 생명을 놓치게 될 수 있다. 만일 기득권의 혜택을 누리는 자들이 자기중심주의에 대해 죽어야만 한다면, 혜택을 받지 못한 사람들은 그들의 희망 없음, 숙명론, 자신의 권리박탈에 대한 침묵 등에 대하여 역시 죽어야만 한다.

합리주의자들은 그들의 마음의 우상에 대하여 죽어야 하고, 지배적인 인물들은 그들의 능력에 대하여, 자랑스러운 성공자들은 그들의 성취에 대하여, 모두 죽을 필요가 있다. 전통적으로는, 이런 부류들이 주로 남자들이어서 자신들의 교만과 자부심을 거슬러 쓴 신학들이란 게 모두 여성들, 즉 기회가 거부되고, 성취가 금지되며, 낮은 자부심의 부담을 지고 허덕인 여성들에게 억압적이었다.5) 그런 여성들은 남성이 다스리는 사회의 기대와 금기에

---

4) Jung, "Transformation Symbolism in the Mass," in *Psychology and Religion: West and East*, CW 11 (1977), 256.

5) Judith Plaskow, Sex, *Sin and Grace: Women's Experience and the Theologies of Reinhold Niebuhr and Paul Tillich* (Washington, D. C.: Univ. Press of America, 1980).

대하여 죽을 필요가 있다. 자신의 생명을 도둑맞은 사람들도 그 생명을 찾기 위해서는 그들의 생명을 잃어버려야 한다. 그들을 죽인(kill) 것에 대하여 죽어야(die) 한다.

내가 보기엔, 이것이 바로 가난한 계층의 사람들 가운데 복음주의적 근본주의가 보다 더 성공적인 이유가 될 것이다. "회심"(Conversion)을 점잖은 관계에서는 잘 어울리지 않는 단어라고 생각하고, 생명의 변화란 곧 생각의 변화(따라서 교육을 강조하는)와 동일시하는 이른바 보다 자유로운 그룹들과는 달리, 복음주의자들은 보다 급진적인 수술이 필요함을 직감한다. 그들은 가슴(heart)을 향해 공격하는데, 가슴이야말로 자아, 의견, 감정, 믿음, 그리고 신화의 통일적 전체다. 그러나 그들 복음주의적 근본주의자들의 주된 잘못은 권세의 차원을 무시하는 것이다. 결과적으로 진심으로 회개하고 개종한 사람이 죄악의 사회적 차원에 대해서는 별로 알지 못하는 채로, 변함없는 옛 세계 속으로 다시 돌아가는 것이다. 그들에게 있어서 죄란 모든 것을 "사탄"(Satan)에게 떠맡겨 비난함으로써 일종의 신비화된 것인데, 사탄이란 지배체제의 정신이라기보다는 일종의 도깨비나 요괴라고 생각되는 존재인 것이다.

예수는 이렇게 권세들에게 죽어주는 과정을 그의 사역의 중심적 역설로 설명했다. 즉 "누구든지 자기 목숨을 아끼는 사람은 잃을 것이며, 이 세상에서 자기 목숨을 미워하는 사람은 목숨을 보전할 것이다."6) 그 이미지는 매우 풍요롭다: "목숨을 아낀다"(make life secure)는 말은 문자 그대로 "빙 두른다"(make around: *peripoiein*)는 뜻인데, 이는 전답이나 토지에 경계선을 설치함을 말한다. 자기의 목숨을 둘러싸는 경계를 만들고 그것을 보호하고 제한하려는 사람들은 그 목숨을 잃거나 파괴시킬 것(*apolesei*)이니, 이는 이렇게 생겨난 아집(the ego)이 의식적으로 발전시킨 부분은 진짜 그 자신의 전체 윤곽의 아름다움이 어떤지 알지 못하기 때문이다. 모든 경계선, 장벽들이란 부모들의 기대, 사회의 표준, 신경증적 보상책략에 의하여 마음대로 그려진 것이다.

---

6) 눅 17:33. 아마도 이 절이 단어들 그대로는 아니라도, 가장 오래된 말씀의 회복할 수 있는 구조였을 것이다. "나를 위하여"(마 10:39; 16:25; 눅 9:24)와 "나를 위하여 그리고 복음을 위하여"(막 8:35)란 구절은 후대의 덧붙임처럼 보인다. 왜냐하면 눅 17:33과 요 12:25에는 그런 비슷한 것도 없고, 보다 덜 발전된 기독론, 아니 사실상 기독론도 아닌 것을 반영하고 있기 때문이다.

심층심리학이나 동양의 신비종교들은 모두 에고(我執 ego)의 죽음에 대하여 심오하게 설명한다. 융(Jung)은 자아중심주의(ego-centricity)를 자신의 더 큰 차원에 묶인 "자율적 복합증상"(autonomous complex)으로서 일종의 홀림(憑依)현상으로 본다.7) 이런 접근방법들이 명확히 설명하지 못한 것은, 자아(自我 ego)가 또한 어느 정도로 내면화된 **사회적** 관습의 짜여진 그물이며, 지배체제에 의하여 날조된 자기 정의인가 하는 점이다. 우리는 자율적으로 내면화된 콤플렉스(복합증상)로서의 자아뿐만 아니라, 내면화한 타율적 외부 신념들에 의해서도 우리의 정신이 지배되고 있다. 이런 자아중심의 사회적 차원이 제대로 취급되지 않기 때문에, "새로 태어남"(重生)의 진정한 종교적 경험조차 근본적으로 변화된 삶을 만들어내지 못하고 만다. 칠레에 있는 많은 성령 은사파 기독교인들이 자기들의 개인적인 자아에 대해서는 그토록 잘 죽었는데도, 독재자 피노체트에게는 죽지 못했다. 많은 남아프리카 복음주의자들이 그토록 자기들의 개인적인 자아에 대해서는 잘 죽었지만, 인종차별주의(Apartheid)에 대해서는 죽지 못했다. 많은 북아메리카 사람들이 자기들의 개인적인 자아에 대해서는 죽었으되, 미국의 제국주의의 여러 가지 혼성물(混成物)들에 대해서는 죽지 못했다. 이처럼, 자기의 자아에 대해 죽는다는 것이, 권세들에 대해 죽는 것을 포함하지 않는 한, 또 다른 기만적인 영성에 불과할 수 있다.

우리가 자아의 수단을 통하여 자아로부터 자유롭게 될 수 없는 것은, 권세들의 수단을 통하여 권세들로부터 자유롭게 될 수 없는 것과 마찬가지다. 자아는 그 중심에서 전적으로 하느님을 향하여 새롭게 방향정립을 해야 하는데, 이는 자아로서는 불가능한 일이다. 필요한 것은 자아를 십자가에 처형하는 것인데, 그렇게 함으로써 자아가 세계와 정신계의 중심에 있다는 미망(迷妄)에 대해 죽고, 하느님의 우주와 더 큰 자신(self)에 의하여 도전 받게 된다.

스스로 놀랍게도, 자아(ego)는 자아소멸의 저쪽 편에서 자신이 살아 있음을 다시 발견하게 되는데, 거기서 새로운 중심둘레에 조직되어 우주와 함

---

7) Ira Progoff, *Jung's Psychology and Its Social Meaning* (Garden City, N.Y.: Anchor Books, 1973), 151.

께 동일한 공간에 걸친다. 자신을 내어 준다는 것은 사람이 줄 수 있는 자신을 갖고 있음을 증명한다. 바울은 그 경험을 이렇게 쓰고 있다:

> 나(문자적으로는 ego)는 그리스도와 함께 십자가에 달려 죽었습니다. 이제는 내(ego)가 사는 것이 아니라 그리스도가 내(the true self) 안에서 사시는 것입니다. 지금 내(ego)가 살고 있는 것은 나를 사랑하시고 또 나를 위해서 당신의 몸을 내어주신 하느님의 아들을 믿는 믿음으로 사는 것입니다(갈 2:19-20).
>
> 나에게는 우리 주 예수 그리스도의 십자가 밖에는 아무것도 자랑할 것이 없습니다. 그리스도께서 십자가에 못 박히심으로써 지배체제(kosmos)는 나에게 대해서 죽었고 나는 세상에 대해서 죽었습니다(갈 6:14*).

일단 에고(自我)가 자신(self)과 동일하지 않음을 알고, 무한히 보다 광대한 자신(이것은 사람 안에서 활동하는 하느님의 행동과 구별할 수 없다)과 더 이상 혼동하지 않게 되면, 에고(自我)는 의식을 구성하는 요소로서, 무의식의 내용을 대낮의 빛 속으로 들어 올리도록 된, 종속적이고도 필요한 역할을 자유롭게 행사한다.

말하자면, 에고(自我)는 집의 소유권을 주장해온 거짓 소유권 증서를 찢어버리고, 모든 재산이 하느님께 속했다고 인정한다. 그러면 보라! 하느님은 그 에고(自我)를 거기에서 계속 살도록 허락한다. 이제 에고(自我)는 그 집이 누구의 것인지를 의심할 여지도 없이 잘 알지만, 그러나 습관의 탓으로 자기가 그 집을 소유하고 있는 양 지난 날로 되돌아가기도 한다. 이제는 그런 허위와 핑계를 그만두도록 하기 위하여 억지를 부릴 필요가 없다. 보통은 간단히 상기시켜주기만 해도 된다. 이것이 바로 우리가 **예배**하는 이유다. 예배하는 것은 누가 그 집의 소유주인가를 기억하는 일이다.

죄의 고백(告白 confession)은 전통적으로 유태교와 기독교에서 중심적인 역할을 해왔는데, 그것도 권세들에 의하여 타락될 수 있다. 우리는 권세들과 공범이 되어, 우리가 유리하도록 이루어진 불의를 이용하여 이익을 얻은 방법, 그리고 남들과 만날 때 별 생각 없이 영속시킨 인종차별과 성적인 유형화(stereotype) 등을 고백해야만 할 것이다. 그러나 우리는 권세들 자신들이 세워놓은 규칙을 위반했음을 고백하는 경향이 있다. 죄의 고백은 가끔 기만의 체제로부터 해방시키는 행동으로서가 아니라, 오히려 그 체제 안으로 도로 집어넣는 의식으로 작용한다. 바울이 회개와 용서의 언어를 회피하려는 경향과 그 대신에 의인(義認 justification)이라는 언어를 더 좋아한 것에 대하여 학자들은 항상 호기심을 일으켜왔다. 바울은 비록 조직적인 언어로 설명하지는 못했지만, 그의 이런 직관은 맞는 것 같다. 즉, 우리가 필요로 하는 것은 깨끗하게 청소한 다음에 다시 부패한 사회 속으로 되돌려 보내지는 것이 아니라, 하느님의 다스리시는 행동에 의하여 그 사회 밖으로 끌어내지는 것인데, 그 하느님은 과거를 깨끗이 청산하고는, 이 세계가 생길 때부터 우리를 위해 만들어진 새로운 실재를 제공한다.

기도(祈禱 prayer)는 누가 집을 소유하고 있는지 다시 또 상기하게 하는 것이다. 기도를 하면서 우리는 죽음을 연습하고 무능하게 만드는 공포를 경험하며 그것들과 미리 친숙해지게 되는데, 그리하여 우리의 존재를 하느님께 산 제물로 드리는 것이다(롬 12:1). 권세들은 두려움을 통해서 우리를 길들인다. 예수는 이렇게 권고한다. "나의 친구들아 잘 들어라. 육신은 죽여도 그 이상은 더 어떻게 하지 못하는 자들에 대한 두려움에 의해 통제되지 말라"(눅 12:4*; 참조 마 10:28). 물론 우리는 두려움을 감정으로서 극복할 수는 없다. 두려움은 피할 수 없으며 자연스러운 것이다. 그러나 그 두려움이 우리들 앞에 서서 우리의 길을 막아서도록 하는 대신, 우리는 그것을 우리 뒤에다 둘 수 있다. 그러면 우리는 하느님이 열어주신 길을 걸을 수 있게 되어, 아마도 두려움으로부터 도망칠 수는 없겠지만, 그러나 그것이 우리를 통제하도록 놔두지도 않을 것이다. 그 두려움이 일시적으로 감소되거나 심지어는 실제로 사라질 수도 있을 것이다. 만일 그렇다면, 그것은 성령의 특별한 선물이지 두려움을 억제한 결과는 아닐 것이다.8)

고난(苦難)이 유일한 혹은 심지어 최고의 스승은 아니다. 고통을 당하지 않으면 안 되는 것과 고통을 당하기로 **선택**하는 것은 다르다. 후자는 어떤 사람들에게는 매우 강력하게 구원을 이루게 하는 것이다. 그런 순교는 풍요함에서 나오는 것이다. 이런 고난은 필요한 것은 아니지만 그러나 선택한

---

8) Jean Vanier, "Reflections on Christian Community," *Sojourners* 6 (December, 1977), 12.

것이다. "누가 나에게서 목숨을 빼앗아 가는 것이 아니라 내가 스스로 바치는 것이다"(요 10:18). 순교자들은 악에 의하여 압도된 희생자가 아니라, 악에게 몰래 접근하여 그들 자신의 몸들을 미끼로 바쳐서 악을 열린 장소로 끌어내는 사냥꾼들이다. "아무것도 희생하지 못했거나, 혹은 했다 하더라도 아주 적은 것을 희생한 사람들은, 역사에 아무것도 바치지 못했거나, 혹은 아주 적은 것을 바친 것이다. 다시 말하고 싶은 것은 그들은 자기 자신의 영혼을 위해서도 아무것도 못 바치거나, 혹은 아주 적은 것을 바칠 뿐이다."9)

죽고 되살아나는 과정은 구원하는 신화에 사로잡힌 사람들에게는 매우 위협적인 것인데, 그 이유는 이것이 그들 안에서 악을 대면하는 것을 뜻하며, 그들이 악을 천벌이라고 보게 되는 것이기 때문이다. 왜냐하면 이 신화 안에서는 구원이란 자기 자신을 옳은 편에 속해 있다는 이유로 자신은 선하다고 자기 정체성을 얻는 데 있기 때문이다. 심리적으로는, 이는 자신의 행복감을 성취하기 위하여 자신을 선하다고 정의함을 뜻한다. 자기 자신의 내면의 그림자(inner shadow 인식되지 않은 증오, 분노, 폭력, 정욕, 탐욕 등)가 주는 견디기 힘든 압박은, 다른 것에 대한 독선적인 광포(狂暴)를 폭발시킬 수 있는 대상에게 이를 투사함으로써만 이를 완화할 수 있다. 구원하는 폭력이라는 신화는 최소한의 자각(자기 인식)만 가지고도 치명적으로 위협을 받는다.

생명은 잃음으로써 이를 다시 얻는다는 예수의 말씀은 다른 말씀, 즉 "나를 따르려는 사람은 누구든지 자기를 버리고 제 십자가를 지고 따라야 한다"(막 8:34)와 짝을 이룬다. 예수는 더 많은 자기 부정을 하라고 하지는 않는다. 여기 *aparneomai*라는 그리스어 단어는 *arneomai*(부정하다 deny)의 강조어로서 "철저히 부정하다, 의절(義絶)하다"라는 뜻이다. 이는 마치 사순절(四旬節 Lent) 기간 동안에는 아이스크림을 안 먹겠다는 것처럼, 어떤 것을 자신에게 부정한다는 뜻이 아니라, 이 생명을 소유하겠다고 주장하는 에고(自我)와 관계를 끊어버림을 뜻한다. 이는 에고(自我)의 수단으로 에고(自我)를 정복하는 것이 아니라(이는 오늘날 많은 "새로운 영성들 new spiritualities"의 끈덕진 기만책이다), 신성한 것에 대항하는 이 세상 권세들과 겨루시는 하느님의 투쟁 안에서, 하느님의 구원하시는 주도권에게 자기를 항복하는 것이다. 그것은

---

9) Daniel Berrigan, *No Bars to Manhood* (Garden City, N.Y.: Doubleday, 1970), 115.

개인으로서 뿐만 아니라, 문화들로서, 국가들로서, 심지어는 인간종족으로서, 자아 중심성을 포기하고, 전 생명체계의 필요 앞에 우리들의 욕망을 종속시키는 일이다. 사람들을 소외시키는 지배체제에서 뻗어 나온 넝쿨손들에 에고(自我)가 얽매어 있기 때문에, 자신의 조건들에 대해 죽는 과정은 완전히 끝날 수가 없다.

룽야(Lung-ya)에게 한 승려가 묻기를, "옛 현자들은 마지막 단계에 도달하면 무엇을 얻습니까?" 하니, "그들은 빈 집에 들어온 강도와 같았느니라"라고 대답했다. 이에 대하여 뇨겐(Nyogen)은 주석하기를, "이 승려는 현자들이 남들은 가지지 못한 것을 가진 것으로 생각했지만, 사실은 그 현자들은 남들이 가진 것은 아무것도 갖지 못했다"라고 했다.10)

어떤 "뉴 에이지"(New Age) 영성들은, 기독교 영성의 변형 종파들처럼, 에고(自我)와 자신(self)을 혼동하는 방식으로 인간을 신성화(deification)하는 것에 대하여 말한다. 이것은 엄청난 과장(誇張)으로 내달아, 그 그림자가 불가피하게 제 성격을 다시 주장하고 나서면, 결국은 정신적 파멸로 초대될 것이다. 스스로 자신의 신성(神性)을 주장하려는 욕망은 자신의 에고(自我)가 얼마나 사라지지 않았는지를 폭로할 것이다. 인간이 되는 것의 경이를 이제 겨우 발견하기 시작했는데, 우리는 왜 신이 되려고 원한단 말인가?

자신의 에고(ego)에 죽고 보다 충만한 삶으로 다시 태어난다는 개념은 기독교에만 있는 특징적인 것은 아니다. 특징적인 것은 예수가 이런 거의 보편적인 죽음과 다시 살아남의 신화를 자신의 삶에서 실현한 방식이다. 그가 보여준 바대로, 그 과정은 내면적인 것과 동시에 외면적인 것이다. 즉 내면에서의 전적인 방향재정립(total reorientation)은 하느님이 "무조건적 가치가 되어 이와 갈등을 일으키는 다른 그 무엇에든 우선하는 것이며,"11) 외면에서의 전적인 방향재정립은 하느님의 사회의식이 그 자신을 불태우는 정열이 되는 것이다.12)

---

10) Andrew Bard Schmookler, *Out of Weakness* (Toronto: Bantam, 1988), 177에 인용되어 있음.

11) Eleanor Bertine, *Jung's Contribution to Our Time*, ed. Elizabeth C. Rohrbach (New York: Putnam, 1968), 6.

12) "하느님의 사회적 의지"(Social will of God)란 말은 칠레의 노동자-신부 Mariano Pugo가

권세들에 대해 죽어주는 과정이 내면적이며 동시에 외면적인 까닭에, 우리는 양쪽 어느 방향으로부터라도 그것에 접근할 수 있다. 많은 신학적 편견과는 반대로, 신비주의자들이 우리들 가운데 가장 유력한 행동주의자들이기도 하고(St. Francis, Mother Theresa, Frank Laubach, Stanley Jones, Dorothy Day, Dag Hammarskjoeld, Muriel Lester, Richard Deats, 등), 과거에는 묵상생활에 몰두했던 수녀들이 종종 불의에 대항하는 가장 고집스러운 대적자들이다.

또한 우리는 권세들에게 죽는 과정을 외부로부터 시작할 수도 있다. 진 엠 파라다이스(Jeanne M. Paradise)는 한 작은 그룹의 행동주의자들에 대한 보고서를 내었는데, 그들은 매주일 함께 모여 예배하고는 보스톤에 있는 무기 연구소인 드레이퍼 실험소(Draper Laboratory) 앞에 가서 항의농성을 했던 것이다. 한 참가자는 이렇게 말했다. "행동을 하기 전에는, 나는 늘 생각하기를 반핵(反核) 운동가들은 그들의 신앙에 대해 깨끗이 포장한 팩키지(꾸러미)를 이미 갖고 있으며, 그래서 그들이 무엇을 믿고 어디에 서야 할지를 알고 있으며, 그래서 밖으로 나가 행동으로 돌입한다고 여겼었다. 그런데 내가 발견한 것은 그 반대였다. 즉 내가 나서지 않을 수 없다고 생각한 행동에 뛰어들고 난 다음에야 비로소, 나는 내가 무엇을 믿는지를 깨닫게 되었다."

또 한 사람은 인습적인 종교에 별로 깊이 관여하지 않았었는데, 자신이 비폭력 공개행동에 처음 가담하였을 때 비로소 "본질적인 회심의 체험"을 하게 되었다고 말하였다. "나는 나라는 사람으로서 들어갔지만, 나올 땐 딴 사람이 되어 있었다.... 나는 삶이 바뀌었다는 굉장한 느낌을 받았고.... 아무 것도 다시는 예전과 같지 않게 되었다." 감옥에 가는 것에 대하여 한 여인은 말하기를, "아주 자유스런 해방감이었다. 감옥에 자유롭게 간다는 게 우습겠지만, 그러나 결과에 대한 염려를 하지 않고 산다는 것이 아주 자유로웠다"고 했다.13)

변혁을 위한 비폭력운동에 참여하는 것이 수백만의 참여자들에게 변화를 겪는 효과가 있었다. 1989년 5-6월 북경(北京 Beijing)에서는 사람들이 민주

"하느님 왕국"(Kingdom of God)을 바꾸어 말한 탁월한 표현이다.

13) Jeanne M. Paradise, "Making Peace. A Psychosocial Study of a Group of Nonviolent Nuclear Resisters" (Ph.D. diss., Boston University School of Education, May 1987), 104-5, 113, 124.

화운동을 지원하여 전 시내에서 자발적으로 조직하였고, 억압이 다시 가해지기까지의 비록 짧은 기간 동안이나마 공산주의 전제정치 아래서 특징적이었던 서로간의 의심, 두려움, 그리고 소외를 벗어 던질 수 있었다.14) 똑같은 현상이 필리핀에서도, 그리고 미국의 시민운동에서도 보고되었는데, 진실로 이는 비폭력투쟁에서 겪는 거의 보편적인 경험이다. 사람들이 비폭력 저항에 참여하면, 그들은 뭔가 보다 높은 단계의 자신을 경험하게 된다. 왜냐하면 비폭력은 오고 있는 하느님의 통치의 특징이며, 그 초월적인 실재를 미리 맛보는 것이기 때문이다.

자신의 십자가를 진다는 것은 특별히 로마제국이 사용한 위협과 처형의 도구를 가리킨다. 그것은 또한 예수의 해방의 길을 따른다는 것이 우리로 하여금 억압적인 체제와 기관들에 정면충돌하도록 하는데, 그런 체제와 기관들은 저항을 분쇄하기 위해서는 필요하면 무슨 짓이라도 하고 마는 터이다. 자발적으로 그리고 심사숙고한 끝에 죽음을 각오하고 나서면서, 사람은 죽음이 억제하는 힘으로부터 자유롭게 된다. "폭력을 훈련하는 과정에서 죽이는 기술을 배워야만 하듯이, 비폭력을 훈련하는 과정에서도 죽는 기술을 배워야만 한다"고 간디(Gandhi)는 가르쳤다.15)

리챠드 스틸이 남아프리카 국가 방위군에 복무하기를 거부한 탓으로 감옥에 가게 되었을 때, 그는 감옥에서 죽임을 당할 가능성을 고려해야만 했다. "나는 내가 믿는 것을 위해 죽을 준비가 되어있는가?" 하고 그는 자신에게 물었다.

> 마침내 나는 내가 준비되어 있음을 알았고, 그래서 엄청난 불안으로부터 자유롭게 되었다... 두려움 없음이 주는 힘은 놀라운 것이었다. 나는 내게 명령을 내리는 사람들을 생각하였다. 그들이야말로 정말 포악무도함의 지배를 받고 있었고, 나보다도 훨씬 더 그 포악함의 희생자들이었다. 그들이 내게 명령을 내리느라고 고함을 치고 있을 때, 나는 이들이 내 발을 괴롭히는 분명히 왜소한 동물들의 형상을 한 것으로 보았고, 이들은 자기들과 같은 수준에

---

14) Joel Kovel, *History and Spirit* (Boston: Beacon Press, 1991), 78.
15) Robert L. Holmes, *Nonviolence in Theory and Practice* (Belmont, Calif.: Wadsworth Pub. Co., 1990), 55에 인용됨.

있지 않고 오히려 저만치 그들보다 위에 있는 나를 향해 명령으로 무너뜨리려고 하는 것이었다. 그들은 무엇이든 가지고 나를 위협할 수는 있겠지만, 내가 두려워하지 않고 있으니, 나를 어쩌지 못하는 것이었다. 이것이 이내 나를 해방시키는 것이었다. 나는 그들을 두려워하지 않는 내가 될 수 있었다. 그들은 내게 아무런 힘도 행사할 수 없다.16)

이렇게 죽음의 권세에 영적으로 "죽어줌"으로써 다스림을 초월하는 태도는 요한 일비싸커(John Ylvisaker)의 노래에 날카롭게 표현되어있다: "너는 나를 죽일 수 없어. 난 이미 죽었으니까. 내 운명을 결정하는 것은 네 힘이 미치는 범위 밖이야." 나치스(Nazis)에 의하여 처형된 첫 목사였던 파울 쉬나이더(Paul Schneider)로 하여금 감옥에서 점호를 받을 때 성경구절을 노래하게 한 내면의 자유도 바로 이런 것이었는데, 그는 고문과 굶주림에도 굴하지 아니하고, 감옥에 갇힌 자들을 때리는 사람들에게 "내가 네 하는 짓을 보아 두었으니, 내 그대로 하느님 앞에 너를 고발할 꺼야!" 하고 소리쳤던 것이다17).

권세들에 대해 죽은 사람들만이 자신들을 희생하게 만들 수 있다. 우리가 말하는 바는, 간단히 말해 사탄(Satan)과 그의 일들을 모두 거부하는 **세례**(洗禮)의 의미다. 의미심장한 바는, 예수가 세례에 대해서 말한 것을 인용한 것은 죽는 것을 뜻한 것 이외엔 없다(막 10:38-39; 눅 12:50). 바울도 세례를 죽는 것과 연관시켰다. 즉 우리는 "세례를 받고 죽어서" 그리스도와 함께 묻혔으니, "예전의 낡은 우리 자신(anthropos)은 그분과 함께 십자가에 못 박혀서 죄에 물든 육체는 죽어버리고 이제는 죄의 종살이에서 벗어나게 되었다"(롬 6:4, 6). 세례는 예수에 의하여 육화(肉化)되고 분명히 표현된 변혁의 가치들에 헌신하는 그런 공동체에 가입하는 표시다. 교회는 거듭거듭 이런 가치들을 배신하여 왔다. 그러나 교회의 존재의 유일한 목적은 온 세상이 궁극적으로 살아가야 할 길을 따라 지금 살기 시작하는 것이니, 이리하여 인류의 미래를 붙잡고 있는 또 다른 실재의 약속을 나타내는 것이다.18)

---

16) Richard Steele과의 인터뷰. "The Power of Fearlessness," *International Fellowship of Reconciliation Report*, Nov. 1981, 10-14.

17) Carl Scovel, "Christian Responses to the Nazi State," *Katallagete* 11 (Spring, 1978): 38.

그러나 권세들에 죽어주는 것은 새로운 탄생, 즉 **중생**(重生 rebirth)의 아랫부분에 불과하다. 중생이란 온 우주를 가슴에 절실히 느끼는 것, 창조의 아름다움과 기쁨을 재발견하는 것, 사랑하는 능력을 회복하는 것이다. 그것은 영원함의 어린이가 되는 기쁨, 영원함에 속하는 기쁨이다. 그것은 오고 있는 동반자(partnership)의 사회의 가치들에 몰입하는 것이다. 그리고 중생이란 한 기관과 함께 투쟁하는 것이며, 또한 그 기관에 대항하여 투쟁하는 것인데, 그 이유는 그 기관의 영광스런 사명이 대대적인 직무태만을 통해 완전히 가려지기도 하기 때문이다. 그 기관이 바로 교회다.

교회와 권세들(The Church and the Powers)

교회는 많은 기능을 갖고 있는데, 그 모든 기능이 권세들과 관련된 것만은 아니다. 그러나 권세들에 관한 한, 우리가 본대로, 그 사명이란 권세들의 우상 숭배적 보호의 가면을 벗기는 것, 그들의 비인간적 가치를 밝혀내는 것, 그들의 존경의 허물을 벗겨 버리는 것, 그리고 그들에 의해 희생된 자들을 해방하는 것이다. 교회는 사람들로 하여금 권세들의 가면을 벗기고 또 죽어주게 하는 특별한 사명을 갖추고 있는 것이다.

권세들과 투쟁하는 교회를 위한 헌장은 에베소서 3:10에 잘 표현되어 있다. "결국 하늘에 있는 천신들과 세력의 천신들까지도 교회를 통하여 하느님의 무궁무진한 지혜를 알게 되는 것입니다." 이는 교회의 사명에 대한 흔한 설명을 거부하는 문장으로서, 우리가 『사탄들에 대한 이름짓기』(Naming the Powers)에서 본 바와 같다. 즉 어떻게 이 땅 위에 있는 교회가 **하늘에 있는** 권세들에 대하여 이를 계시하는 사명을 이루어 나갈 수 있겠는가?19) 우리가

---

18) John Howard Yoder, *The Priestly Kingdom* (Notre Dame: Univ. of Notre Dame Press, 1984), 92.

19) *Naming the Powers*, 89-96. Clinton E. Arnold는 교회가 엡 3:10에서 수동적이었다고 최근에 주장함으로써 이 문제를 회피하려고 시도하였다. 교회는 설교함으로써가 아니라, 바로 존재함으로써 권세들에게 자신을 입증하는 것이라고. 그러나 그는 이 입장을 유지할 수 없게 되었으니, 그 자신도 믿기를 교회는 악의 세력에 대항하여 영적인 전쟁을

발견한 바는, "하늘에 있는"(ta epourania)이란 표현은 공간의 저쪽 어느 떨어져 있는 끝을 가리키는 것이 아니라, 땅 위에 있는 체제, 기관, 조직들의 내부(interiority)에서 우리들 한 가운데 있는 것이다. 그렇다면, 교회의 사명이란 이들 권세들의 영성을 폭로하는 목회를 실천하는 것이다.20)

에베소 교인들이 직접 겪는 상황에서는, 예수의 십자가를 통하여 세상에 알려진 신비란 이제 인종적 혹은 민족적 적대감의 근거가 해소되었다는 점이다. 즉 유태인이나 이방인이나 그리스도 안에서 하나가 되었다. 교회의 사명은 이 새로운 사실을, 인종차별이 너무도 깊이 새겨진 보이지 않는 영역, 즉 "하늘에 있는" 통치 권세들에게 알려주는 것이다.

인종차별을 뿌리뽑기 위해서는 새로운 외부적 장치가 필요한데, 교회가 그것을 제공하는 것이다: 즉, 동등한 자들의 사귐이 함께 성장하여 "거룩한 성전"(엡 2:21)에 이르게 하는 것이다. 그러나 더욱 중요한 것은 인종차별의 영(spirit)을 뿌리뽑아 버리는 것인데, 그것은 오직 평탄히 고르게 하는 복음의 힘에 의해서만 맞서게 할 수 있다.

그러나 교회가 권세들의 환심을 사려고 하거나, 권세들이 말을 들어주기를 바라려고 노력하여서는 교회가 거룩한 사명을 다 할 수 없다. 지배체제에 적응하려는 그런 시도들이 참으로 딱한 것은, 그 지배체제는 자기들을

벌여야한다는 것(엡 6;10-20), 그리고 권세들에 능동적으로 증언해야하기 때문이다 (*Ephesians: Power and Magic*, SNTSMS 63 [Cambridge: Cambridge Univ. Press, 1989], 64). "믿는 자들은 악의 왕국에 대항하여 그리스도의 복음을 선포함으로써 공격적인 행동을 하도록 격려된다"(ibid., 170; 120, 121, 126). 곧 나올 *Journal of Biblical Literature*에 실린 나의 논평을 보라.

20) 빌립에게 보낸 베드로의 편지(*Letter of Peter to Philip*. 2세기 후반 혹은 3세기 전반)는 이 "하늘의"에 대한 이런 해석을 확증하는 놀라운 내용을 제공한다(*Ep. Pet. Phil.* 137:10-13). 부활하신 예수께 제자들이 질문을 하는데, 분명히 엡3:10을 언급하는 내용으로, "주님, 우리가 어떻게 Archons와 싸워야하겠습니까? 그 Archons는 우리들 위에 있는데요?"–즉, 하늘에 있는데요. 한 목소리 있어 대답하기를, "이제 너희들은 그들과 이렇게 싸워라. Archons들은 내적인 인간과 싸우고 있으니까(*NHL*, 1st ed. 396-97). 권세들의 영적인 면은 결국 '위에' 있는 것이 아니라 '속에' 있다. 그들은 기관들의 내부적인 것이라, 영성의 구별로만 알 수 있다('속 사람'). 그러므로 '싸움'은 내부에서 시작하고, 거기서 우선 우리의 승낙을 얻어서 우리의 생명들을 통치한다. 그 편지는 말하기를, 그러므로 우리는 공동체 속에 들어와서, 이 세상을 가르치며, 거룩한 능력으로 자신들을 방어하고, 기도를 통하여 그런 것들을 배격해야한다고 한다 (*Ep. Pet. Phil.* 137:23-30).

기분 나쁘게 만드는 복음의 요소들을 이미 인정하고 있으며, 자신들의 난처함을 복음과 조정함으로써 복음을 배신하는 사람들을 경멸한다. 안티옥의 이그나시우스(Ignatius of Antioch)는 그런 미적지근한 태도를 비웃어 말하기를, "기독교의 위대함은 지배체제(kosmos)에 의하여 미움을 받는 데 있지, 그 체제에게 믿을 만하게 되는 데 있지 않다"고 했다.21)

권세들의 정신 상태를 변화시키는 것이 저항운동의 주요한 부분이라고 말하면, 사회적 투쟁의 정치적 측면에 그들의 생애를 헌신한 사람들은 어리둥절해 하거나 심지어 약간 불안해 할 것이다. 그들은 기독교인들이 인류의 일반적인 발전을 위하여 형식적인 기도들을 하는 데 국한하여 노력하는 것을 너무도 많이 보아왔다. 그들이 염려하는 것도 무리는 아니다. 미국의 주요 교단들에 대한 최근의 연구 결과는 78%의 성인 교인들이 사회정의의 발전을 위하여서는 **전혀** 시간을 보낸 적이 없다고 밝혔다.22) 문제의 관건은 이것이냐/저것이냐(either/or)의 양자택일이 아니라, 이것도/저것도(both/ and)의 양자겸용임을 강조하는 것이 중요하다. 즉 구조적 변화를 위한 노력은, 또한 그 구조적 변화 이후에도 여전히 살아남아서 그 변화의 효과를 잠식할지도 모를, 영적인 형태를 변경하는 것도 포함해야만 한다.

영적인 변화 없이 구조적 변화만으로는 어떤 사회적 투쟁도 유효하게 되기를 바랄 수 없다. 우리들의 편지 쓰기, 청원서내기, 정치적 혹은 공동체 조직하기, 데모하기, 시민불복종운동, 기도와 금식 등 이런 모든 것들이 한가지 목표를 지향하는데, 즉, 권세들로 하여금 **예수 안에 계시된 하느님의 인간화 목적을 상기하게 하는 것**(to recall the Powers to the humanizing purposes of God revealed in Jesus)이다. 우리는 새로운 사회를 만들도록 위임되지 않았다. 사실인즉, 우리가 그럴 능력도 별로 없다. 교회가 할 수 있는 최선은, 비록 그렇게 하는 일이 거의 없기는 하지만, 불의한 체제를 불법이라고 인정하고, **영적으로 반대되는 풍토**(spiritual counterclimate)를 조성하는 것이다. 교회가 노숙자들(homeless)의 문제를 해결할 지혜는 없을 것이다. 그래서 우리가 교회로서 노

---

21) Ignatius, *Rom* 3:3.
22) Eugene C. Roehlkepartain, "What Makes Faith Mature?" *Christian Century* 108 (May 9, 1990): 497.

력하는 것, 즉 노숙자들을 먹이고 입히고 재우고 하는 것은, 노숙자들이 생겨나는 진정한 원인을 흐리게 만들고, 다만 우리 자신을 거짓된 의로움으로 채울 수도 있다. 그러나 우리가 할 수 있는 것은 노숙자들 문제를 발본색원하도록 지속적으로 요구하는 것이다.

이전 세대들이 즐겨 말하듯이 "왕국을 건설"하는 것은 우리가 할 일이 아니다. 간단히 말해서, 우리는 권세들로 하여금 변화하도록 강요할 힘이 없다. 우리는 직접적인 영향을 줄 전망에 대하여 허황한 꿈을 갖지 않고, 우리가 할 수 있는 일을 성실하게 할 뿐이다. 즉 우리는 땅을 마련하고 씨앗을 뿌릴 뿐이다. 그 씨앗은 수확을 거둘 때까지 밤낮으로 스스로 자라난다(막 4:26-29). 그러면 하느님이--이것이 우리의 가장 심원한 확신인데--그 수확을 거둘 것이다.

이는 물론 우리들이 권세들에 반대하는 것이, 비록 가련하게 보일지 모르나, 아무런 의미가 없다는 뜻은 아니다. 절대 그런 건 아니다. 교회는 코끼리 다리에 이빨을 박아대는 불독(bulldog)과 같다. 코끼리를 당장 쓰러뜨릴 수는 없지만, 코끼리의 정신을 너무 산란하게 만들어 코끼리가 함정을 발견하지 못하고 거기에 빠지게 할 수는 있다.

모든 억압적인 통치체제는 스스로 코끼리 함정을 주기적으로 판다. 오만(hybris=hubris)은 그들의 권력을 향한 욕망의 본질이다. 독재자 마르코스나 피노체트 자신들이 그들의 몰락을 가져올 선거를 요구했다. 소련에서는 실패한 쿠데타(1991)가 오히려 그 쿠데타를 통하여 차단시키려고 했던 개혁을 불러왔다. 그러나 이런 대 실수를 포착하여 기회로 삼도록 준비해 온 한 무리의 사람들이 없이는, 아무것도 그들에게 일어나지 않는다. 그러나 사람들이 준비되어 있으면, 이런 오만의 행위들은 평화 운동가 빌 모이어(Bill Moyer)가 이른바 **"방아쇠 사건들"**(trigger events: 계기 사건)이라고 부른 것이 된다. 즉, 일반인들의 각성과 의분을 자아내는 공공의 분노가 준비된 반대와 딱 일치하는 것이다.23)

---

23) Bill Moyer, *The Movement Action Plan: A Strategy Describing the Eight Stages of Successful Social Movements*, rev. ed., 1987. (Movement for a New Society, 721 Shrader St., San Francisco, CA 94117). 나는 이 문서가 사회 변혁을 위한 그룹의 손에 들려줄 가장 중요한 문서라고 생각한다.

버스 뒤에 가서 앉기를 거부하였다고 체포당했고, 그래서 민권운동의 불을 당겼던 로자 파크스(Rosa Parks)는 단지 피곤했기에 그렇게 된 것만은 아니었다. 그녀는 NAACP의 간부였고, 비폭력 저항 운동의 훈련과정에 참석했었다. 그리고 그녀의 체포가 민권운동의 불을 당길 수 있었던 것은, 일 년 반 전에 알라바마 주립 대학(Alabama State College)의 영문학 교수인 조 앤 깁슨 로빈슨(Jo Ann Gibson Robinson)이 몽고메리(Montgomery) 시장을 향하여 만일 흑인들에 대한 버스의 제한이 개선되지 않으면 보이코트(버스 승차 동맹거부)를 하겠다고 위협을 했었기 때문이었다. 몇 개월 전에 그녀가 회장으로 있던 흑인여성 정치협의회(Black Women's Political Council)는 버스승차를 거부하는 동맹을 선포하는 5만 장의 전단을 마련할 계획을 세워놓았었다. 다만 구체적인 시간과 장소만 덧붙이면 되는 것이었다. 마침 로자 파크스의 체포 소식을 듣고 나서, 그녀는 두 명의 학생들의 도움을 얻어 보이코트를 알리는 수 만 통의 전단을 밤새워 등사하였다. 전단을 돌리는 전달계통이 이미 여성들에 의하여 세워져 있었기 때문에, 불과 수 시간 만에 버스 보이코트의 소식은 몽고메리 시의 거의 모든 흑인 남자, 여자, 그리고 아이들까지 다 알게 되었다.24) 파크스와 로빈슨은 그야말로 그들의 운동을 시작하게 만들 방아쇠 사건을 숨어서 기다리고 있었던 셈이다.

핵에너지 반대운동도 꾸준히 지지자들을 확보하였다가, 민주적 간섭, 시민투표, 금지 명령 등 모든 가능한 수단을 다 동원하였다. 그러나 그런 반대운동만으로는 핵발전소의 증가를 혼자의 힘으로 중지시킬 수가 없었다. 1974년에 이미 260기의 핵 원자로가 가동 중이거나, 주문되었거나, 계약을 체결한 상태였다. 1979년에 쓰리마일 아일랜드(Three Mile Island)의 원자로 사고가 나자, 사람들의 공공연한 저항이 활기를 띠기 시작하였고, 원자로를 추가로 건설하기 위하여 기공식을 하는 것이 중단되었다.

그러나 1966년 알라바마에서도 페르미 원자로(Fermi Reactor)에서 비슷한 사고가 터졌지만, 그 사실은 일반에 알려지지 않았다. 그 사고에 대한 정보가 새어나올 수 있는 항의와 반대의 운동이 없었기에, 일반의 태도는 아직도

---

24) James W. Douglass, *The Nonviolent Coming of God* (Maryknoll, N. Y. : Orbis Books, 1991), 42-44.

신뢰하는 것일 뿐이다. 사람들이 이용할 준비가 되어 있지 않으면, 방아쇠 사건(계기 사건)들은 그대로 낭비되어 버리고 만다.25) 지혜의 예기치 않은 기회들은, 이제 성벽의 열린 틈으로 밀고 들어갈 준비가 된 지혜의 자식들에 의하여 만나져야만 한다.

실제로 구조적 변화를 이루도록 효력을 주는 점에서는 아마도 다른 기관들이 훨씬 더 유능할 것이지만, 그러나 사회에 있는 모든 기관들 가운데서 **교회야말로 인간 체제의 우상 숭배적인 영성을 폭로**하는 데는 가장 잘 준비되어 있다. 공산주의가 인류의 삼분의 일에 강요한 노예제도는 경제적인 것이 아니라 영적인 것이다. 나치즘(Nazism)이 사람들의 감정을 동원한 능력도 정치적인 것이 아니라 영적인 것이다. 그토록 강력한 우상 숭배는 단지 혐오함으로만 맞설 수 있는 것이 아니다. 필요한 것은 이들 다루기 힘든 권세들로 하여금 그것들이 그 안에서, 그를 통하여, 그리고 그를 위해서 존재할 그 무엇을 생각나도록 해야 한다. 그들을 폭로하고 당황하게 만드는 그 무엇, 그들로 하여금 불같이 화가 나게 하여 하느님이 마련하는 역사적 아이러니(예상 외의 전개)의 코끼리 함정을 못 보게 만들 그 무엇이 하느님을 찬양하도록 요청되어야 한다. 시편 29:1-2*에 어떻게 이것을 해야 할 것인가가 표현되어 있다:

하늘에 있는 자들(문자적으로는, 신들의 아들들)아, 야훼께 돌려드려라.
영광과 권능을 야훼께 돌려 드려라.
그 이름이 지니는 영광 야훼께 돌려 드려라.
거룩한 법정에서 야훼께 머리를 조아려라.

여기에 천신들과 권세들(Principalities and Powers)이 그들의 영적인 나타남에 있어서—즉, 땅 위에 있는 기관들의 내면성으로서— 절대적인 것 앞에서 모든 뽐냄을 포기하고, 참 하느님 앞에 찬미와 경배를 드리도록 요청되고 있다. 찬미야말로 우주의 생리적 항상성(homeostasis: 체내의 화학성분, 체온 등을 평형케 유지하는 일— 역자 주)의 원리다. 그것은 전체가 부분들에 의하여 위치와

---

25) Moyer, *Movement Action Plan*, ibid.

권리를 강탈당하는 것을 방지함으로써 전체의 조화를 유지하게 한다. 찬미는 모든 피조물들이 창조주와의 유기적인 관계에 복종하는 거룩한 생태학적 원리다. **찬미는 권세들의 배반을 고쳐주는 치유행위다.**

시편에 나타난 명령은 그러나 하느님이 내신 명령이 아니라 우리들이 낸 것이다! 간단히 말해서, 이것이야말로 마침내 교회가 권세들에 대항하는 사명인데, 즉, 권세들로 하여금 그들이 누구에게 속하였는가를 상기시키는 것이다. "하늘에 있는 자들아, 야훼께 돌려드려라. 영광과 권능을 야훼께 돌려드려라." 모든 것이 너무도 분명하다. 우리는 단지 IBM이나 Gulf + Western이나 현재의 행정당국과 궤변으로 변호하는 관료들에게, 그들은 그들 자체 안에 있는 목적으로서 존재하는 것이 아니라, 예수 안에 계시된 하느님의 인간화 목적을 위해 존재함을 선포해야 한다. 우리는 그들을 하느님에게 연관시킬 필요는 없다. 그들은 이미 그들의 만들어짐에 의하여 하느님께 관계되어 있다. 우리는 단지 그들에게 하느님 안에서, 하느님을 통하여, 하느님을 위하여 그들이 존재함을 상기시키기만 하면 된다.

사람들이 이미 자신들이 그처럼 보다 큰 전체에 속해 있다는 점을 감지하고 있다는 사실은 기이한 일이다. 그들의 윤리적 야만성과는 상관없이, 자신들은 남들로부터 인간적 가치들에 따라 대접받기를 원한다. 즉 사람들은 친절함이 옳은 것이며, 지배가 나쁜 것임을 뼛속까지 알고 있다. 정부와 기업체들은 자기들이 도덕적 가치들을 준수한다는 것을 스스로와 남들에게 확신시키기 위해 수십 억 달러를 사용한다. 실제로는 그런 도덕적 가치들을 극악무도하게 짓밟을 때조차 말이다. 교회는 단지 그들에게, 그들이 심층적 차원에서, 이미 알고 있는 것을 상기시켜야만 한다.

그러나 교회는 권세들을 인간화시키기 위하여 투쟁하는 많은 그룹들 가운데 하나에 불과하다. 다행하게도 하느님은 교회에만 의존하지는 않는다! 마태복음 25:31-46에는, 아버지(Abba)의 축복을 받은 사람들이 반드시 기독교인들은 아니고, 굶주린 자들, 집이 없는 자들, 피난민들, 감옥에 갇힌 이들을 향하여 실제로 사랑을 베푼 사람들이다. 그들은 이렇게 베풀면 그들이 그리스도에게 베푸는 것이라고 배웠기에 이런 식으로 행동하는 것이 아니다. 실제로는 그들의 그런 사랑의 행동들이 사실상 그리스도에게 행한 것이라고 여겨짐을 발견하고는 오히려 놀라워했다. 그렇다고 그들이 의무적으로 그렇게 행하거나, 혹은 보상을 바라고 그렇게 한 것도 아니다. 사실상 우리는 왜 그들이 그렇게 하는지, 혹은 그들이 누구인지도 알지 못한다. 그들은 아마도 무신론자들, 유태인들, 무슬림(Muslim 회교도)들, 혹은 마약중독자들, 범죄인들, 창녀들일 수도 있다. 세리(稅吏 세금징수원)들이나 창녀들이 어떤 종류의 종교적 사람들보다 먼저 하느님 나라에 들어갈 것이라고 예수는 주장했다(마 21:31). 명백히 예수의 하느님은 오직 한 가지에만 관심을 갖는다. 즉, 우리가 오고 있는 하느님의 질서에 합당하게 행동하느냐이다. 우리들의 종교적 선호, 관행, 교파 등은 그 다음으로서, 별로 관심 없는 문제다.

그렇다면 교회는 어떻게 권세들과의 투쟁을 효과적으로 수행해 나갈 수 있는가? 어떻게 교회는 기관으로서의 자신을 보존해 가려는 숨막히는 무게를 털어 내어버리고, 이 세계를 다르게 만들 수 있단 말인가? 어떻게 교회는 십자가의 구제하는 능력과 권세들이 겨루게 할 수 있단 말인가? 어떤 종류의 영성과 행동을 길러내어야, 권세들을 구원해 냄으로써 하느님을 섬길 수 있게 될 것인가? 이런 문제들을 나는 이 책의 남은 부분에서 다루고자 한다.

제3부

사탄의 세력들을 비폭력적으로 맞붙기

권세들이란 절대로 고쳐지지 않는 것은 아니다. 역사 속에 나타난 것은 역사 속에서 구제될 수 있다. 심지어 타락한 형태인 채로도, 각 기관들은 어느 정도 자유를 보전하며 정의를 확보할 수 있다. 공산권 블록들이 떼지어 전체주의를 떠나는 것을 보면, 인간의 영혼이 말할 자유, 여행할 자유, 일할 자유, 그리고 창조적 주도권을 행사할 자유를 갈망하는 것이 얼마나 깊은가를 보여준다.

이상적으로는, 민주주의란 비폭력이 제도화된 것이다. 그것은 원칙적으로 지배를 거부하는 유일한 정치적 질서이며, 법 앞에서 평등함에 근거하고 있다. 부유한 자들과 권력을 가진 자들에 의하여 조작되기 쉬운 약점에도 불구하고, 민주주의는 전체의 복리를 추구하면서도 개인의 권리를 보호하도록 지금까지 만들어진 것들 중에서 가장 좋은 체제다. 나는 미국식 민주주의, 혹은 스웨덴식 민주주의, 혹은 인도식 민주주의를 생각하고 있는 게 아니라, 일반적인 민주주의를 생각하고 있는데, 즉, 대표자로 이루어진 형태의 정부와 시민 생활을 통하여 분쟁이나 갈등을 비폭력적으로 해결하는 체제를 말한다. 물론, 실제에 있어서는, 대부분의 민주주의들이 기본적인 필요와 인간의 권리들에 동등한 접근을 제공하는 데 이모저모로 실패하고 있다. 나름대로 기능을 하고 있는 민주주의란 어떤 정당이 선출되든 권력을 유지하는 소수 독재자들에 의하여 운영되고 있으며, 그들은 봉건영지(封建領地)를 지키는 데 여념이 없는 관료주의자들과 공동전선을 펴나간다. 심지어 지역 수준에서도 민주적 정부는 비능률적이고, 이론이 분분하며, 근시안적이고, 그리고 욕심이 많은 것이다. 처칠(Churchill)이 말한 대로, "때때로 시험해본 다른 모든 종류의 형태를 제외하고, 민주주의란 가장 나쁜 형태의 정부다." 그러나 제도들이 보다 인간적이 되지 못한다는 본질적인 이유란 없다. 어떤 나라들, 도시들, 사무실들, 그리고 가정들은 다른 것들보다 더 평화스럽고 올바르다.

어떤 체제들은 그들의 구성원들이 참여하도록 허락하는 점에서 다른 체제들보다 더 낫다.

민주주의가 제대로 역할을 발휘하면, 비폭력은 단순히 전 체제의 운용법(modus operandi)이라고 할 수 있다. 비폭력은 투표나, 입법과정의 토론들, 공동체 구성, 그리고 공공정책을 변경하거나 사회적 필요에 부응하기 위하여 자원자들이 서로 제휴(提携)함을 통하여 표현된다. 그것은 비공식적인 중재, 위원회의 결정, 조사과정의 보고, 뉴스로 폭로함 등, 막후에서 조용히 일어난다. 비폭력은 국가와 국제적 갈등을 해결하기 위한 법적 절차의 연장으로 실행된다. 국제연합(United Nations)을 강화하면 이 목적을 잘 시행할 수 있을 것이다. 평생을 무미건조한 말만 해온 것을 뒤늦게 발견한 사람처럼, 어떤 사람들에게는 비폭력이란 그들이 시민으로서 내내 해온 일임을 발견하고 깜짝 놀라기도 할 것이다.

민주주의는 그 명백한 실패에도 불구하고 계속하여 사람들의 인기를 끌 것인데, 왜냐하면 다른 어떤 체제도 군중의 폭력이나 독재자의 통치에 호소하지 않은 채, 각 사람의 가치와 존엄성을 지키는 법에 의하여 통치되도록 하는 데서 민주주의만큼 근접한 것은 아직 없기 때문이다. 민주국가는 서로 전쟁을 벌이지 않는 경향이 있다.[1] 그러나 가장 잘된 민주주의라도 필요한 변화를 싫어한다. 선출된 정치인들이 자주 국민 대중의 의견에 대하여 무반응으로 대하거나, 혹은 대중이 기대하는 지독히 나쁜 도덕성만 열심히 실천하기도 한다. 그런 때에는, 제도 밖의 수단을 동원할 수밖에 없는데, 가령 파업(罷業), 보이코트(Boycott), 데모, 시민 불복종 등을 벌이게 된다. 그러나 권위주의적이거나 혹은 전체주의적인 사회에서는 비폭력적 정면 대응이 아

---

[1] George Weigel, *Tranquillitas Ordinis* (Oxford: Oxford Univ. Press, 1987), 385, 390.

마도 변화를 가져올 유일한 길일 것이며, 그것은 인간의 고통과 희생을 각오하는 매우 높은 대가를 지불하게 될 것이다.

제임스 더글라스(James W. Douglass)가 주의하기를, 예수의 위아래가 바뀌는 왕국(天地開闢 Jesus' upside-down kingdom)은 독재자를 민주주의로 바꾼다고 해서 완전히 실현되는 것은 아니라고 했다. 그 왕국은 "차라리 그런 변혁의 운동들에 의하여 순간적으로 표출된 힘이다--즉, 내부에서 그리고 아래에서 나온 힘, 지배의 형태를 바꾸는 것이 아니라, 지배 그 자체를 극복하는 힘이다. 이런 비폭력적인 힘은 한 때 비폭력에 의존하였던 같은 운동들이 이제는 그들 안에 있는 매우 다른 종류의 힘을 통합 강화하는 주기(cycle)에 접어들기 시작하자, 오히려 그 비폭력을 거부할 수도 있다."2)

아래에 계속되는 장(chapter)에서, 나는 "비폭력"(nonviolence)이란 단어를 생명에 지장을 주지 않는 방침으로서 가장 넓은 의미로 사용하기도 하고, 또한 구체적으로는 폭력에 호소하지 않고 변화를 실천하기 위한 여러 가지 전략이나 전술을 뜻하는 것으로 사용한다. 또한 나는 이 후자를 "비폭력적 정면 대응"(nonviolent direct action)이라고 부른다. 바라기는, 문맥에 따라 넓은 의미로 사용되었느냐 혹은 좁은 의미로 사용되었느냐가 명백히 드러날 것이다. 나는 "비폭력"이란 말이 주는 부정적인 말투를 잘 알고 있다. 나는 다른 대안의 방법이 없겠나--즉, "비무장 저항운동," "무서운 인내력," "싸티야그라하"(satyagraha: Gandhi 의 무저항불복종 운동. 역자주), "비파괴적인 공격성," "예수의 제 3의 길" 등등을 사용해 보았으나, 어느 것도 완전히 만족스럽지 못했다. "비폭력"(Non-violence)이란 말 자체가 이미 고상한 역사를 갖고 있어서, 나는 그것으로 만족하기로 마음먹었다. 처음부터 분명히 해 둘 것은, 나는

---

2) James W. Douglass, *The Nonviolent Coming of God* (Maryknoll, N.Y.: Orbis Books, 1991) 의 원고 중에서 한 대목을 잘라옴.

"비폭력"(non-violence)과 "평화주의"(pacifism)가 서로 같지 않음을 강조해 둔다. 오히려 나는 폭력적인 사람들, 즉 전쟁에 대해서는 반대하지만, 그렇다고 모든 경우에 사랑으로 대응할 능력에 대하여는 자신이 없는 바로 나 같은 폭력적인 사람들을 위해서 비폭력을 제안한다. 아마도 많은 평화주의자들이나 정당한 전쟁을 옹호하는 사람들 역시 그런 폭력적인 사람들에 포함된다고 볼 것이다. 아마도 우리는 평화주의나 정당한 전쟁(just war)을 넘어서 새로운 종합에 이를 것인데, 그런 종합이란 비폭력을 포함하고 동시에 무력적 침공, 테러리즘, 그리고 시민분쟁 등에 대처할 수 있을 것이다.

제 3부에서 우리가 탐구해 보고자 하는 것은, 예수의 가르침에서 비폭력의 근거(9장), 모방하는 폭력의 위험성(10장), 평화주의와 정당한 전쟁간의 논쟁을 초월하기(11장), 비폭력적 대안들을 상상해보는 기술(12장), 최근의 성공 사례들의 빛에서 본 비폭력의 미래(13장) 등이다. 제 9장에선 비폭력이야말로 예수의 길, 10장 비폭력은 책임적임, 11장은 비폭력은 합리적임, 12장은 비폭력은 사실상 실행 가능함, 13장은 비폭력이 실제로 일어나고 있음을 논증하게 될 것이다.

비폭력은 더 이상 평화주의자들만의 관심이 아니고, 인간사의 전면(前面)에, 아마도 바람직한 미래를 위해 유일하게 존속 가능한 수단으로 들어왔다. 비폭력은 가장 근본적인 인권은 죽임을 당하지 않을 권리라고 인정한다. 최소한 한 가지에는 모든 기독교인들이 동의할 것인데, 곧, 다가오는 하느님의 통치는 폭력적인 체제의 엄청난 반대를 불러올 것이지만, 하느님의 통치 그 자체는 비폭력적이라는 점이다. 아래의 각 장들에서 주장하고자 하는 바는 우리의 비폭력적인 미래가 이미 시작되었다는 점이다.

우리는 평화를 만드는 사람들이라고 자처해왔지만, 그러나 대체로 보아서 우리는 그에 상당한 대가를 치르는 것에는 선뜻 나서지 않았다. 그리고 우리는 평화를 절반의 마음, 절반의 생명과 의지로 원하기에, 전쟁은 물론 계속된다. 왜냐하면 전쟁을 벌이는 것은 그 성격상 전부를 거는 것인데, 평화를 유지하는 것은 우리들 자신의 비겁함으로 인하여 부분적으로 대처하기 때문이다. 따라서 전쟁을 하려는 전적인 의지, 전적인 마음, 전적인 국가의 생명을 거는 것이 평화를 향한 불완전한 의지(아직 행동에 이르지 못한 약한 의욕: velleity)를 압도한다. 우리는 외치기를, "물론 우리 평화를 갖자! 그러나 동시에 우리는 정상 상태를 유지하자. 우리는 아무것도 잃지 말자, 우리들의 삶에는 아무 손상을 입지 말자, 우리는 감옥이나 나쁜 평판이나 관계의 단절 같은 것은 모르는 것으로 하자" 하고 말한다. 평화를 만드는 사람들이 없어서 평화를 얻지 못한다. 평화를 만드는 것이 적어도 전쟁을 하는 것만큼 비싼 값을 지불해야 하므로 평화를 만드는 사람이 없는 것이다. 아무래도 위급하며, 아무래도 분열을 일으키며, 아무래도 불명예와 감옥과 죽음이 뒤따르는 것이기 때문이다.

- 다니엘 베리건, *No Bars to Manhood*[1]

---

[1] Daniel Berrigan, *No Bars to Manhood* (Garden City, N.Y.: Doubleday, 1970), 57-58.

9

예수의 제3의 길: 비폭력적으로 맞붙기

인간의 진화과정은 폭력에 대해 두 가지 매우 본능적인 대응을 이루어 냈다. 즉, 회피(flight)와 응전(fight)이 그것이다. 예수는 제 3의 길을 제공한다. 즉, 비폭력적인 정면 행동(nonviolent direct action)이 그것이다.2) 고전적인 본문으로 마태복음 5:38-42를 보자:

38) "눈은 눈으로, 이는 이로 갚아라" 하고 말한 것을 너희는 들었다.
39) 그러나 나는 너희에게 말한다. 악한 사람에게 맞서지 말아라.
누가 네 오른쪽 뺨을 치거든, 왼쪽 뺨마저 돌려 대어라.
40) 너를 걸어 고소하여 네 속옷을 가지려는 사람에게는, 겉옷까지도 내주어라.
41) 누가 너더러 억지로 오 리를 가자고 하거든, 십 리를 같이 가 주어라.
42) 네게 달라는 사람에게는 주고, 네게 꾸려고 하는 사람을 물리치지 말아라.3)(표준새번역 개정판, 또한 눅 6:29-30을 보라)

---

2) 보다 상세한 주석에 대해서는 나의 글 "Neither Passivity nor Violence: Jesus' Third Way," *Forum* 7 (1991): 5-28을 참조하라.
3) 마태복음의 말씀의 핵심은 비록 42절은 원래의 집합에 속하지 않았지만, 마5:39a-42이다. vv. 39b-41에서는 억압자가 하는 가해 일과 억압받는 자가 되돌려주는 일에 초점을 맞추고 있다. 42절에서는 듣는 자가 다른 사람들이 간청하거나 빌려달라고 할 때 어떻게 해야 할지에 초점이 옮겨간다. 누가복음(6;29-30)은 마태의 서론, 주제 설명, 그리고 강제 노동에 대한 말씀이 없다. 누가는 Q 자료에 몇 군데 수정을 했다. 누가는 뺨때리는 것을 무장 강도로 오해하였고, 그 대응은 굴복이다. 즉, 다른 뺨을 돌려대어 주먹으로 연타를 당하게 한다. 결국, 그는 "오른쪽" 이 어떤 식으로 때리는 가를, 즉 공격이나

대체로 기독교인들은 이 가르침을 무시해왔다. 그것은 비실제적이며, 피학적이고, 자멸적으로 보인다. 즉 사람을 괴롭히는 자들이나 아내를 두드려 패는 자들에게 무기력한 기독교 희생자들을 참패시키라는 초청처럼 보인다. 예수의 말씀을 따르려고 노력하는 어떤 사람들에게 이 말씀은 무저항(non-resistance)을 뜻하기도 했다. 즉, 압제자로 하여금 저항 받지 않고 계속 악을 저지르게 하라는 뜻으로 말이다. 심지어는 학자들도 이 본문을 굴욕을 참고 삼켰다. 즉 어거스틴(Augustine) 이래 근래의 학자들에 이르기까지 수많은 주석서 가운데 한 가지만 인용한다면, "자신의 법적인 권한을 주장하기보다는 모든 것을 내주고 벌거벗고 수모를 당하고 사는 것이 낫다"라고 한다.4) 이렇게 해석하여, 이 본문은 기독교인들이 악에 대하여 침묵하고 겁쟁이로 살도록 조직적인 훈련을 하는 근거가 되어왔다.

예수에게 겁쟁이란 말은 어울리지 않는다. 예수가 스스로를 분명하게 하지 않았거나, 우리가 그를 잘못 이해하였거나 둘 중 하나다. 후자일 것으로

상처를 주려하기 보다는 모멸감을 주려는 의도임을 알아차리지 못하고, 마태의 "오른" 뺨을 빠뜨려 버렸다. 마찬가지로, 그는 겉옷을 가져가는 것을 도둑질로 여겼다: 제자들은 도둑놈들에게 자기들이 가진 마지막 옷도 주어야하는 것이다. 누가 6:30절에서 거지에게 주라는 마태복음 5:42절의 훈령을 보존하였는데, 후반부에 가서는 약탈행위로 되돌아가 버렸다: 즉, 누가 강제로 너의 물건을 빼앗거든, 되찾을 생각을 말라. 그는 사실상 전 문단을 무장 강도에 대한 대응으로 읽었기에, 누가는 군인이 강제로 물건을 지고 가라고 하는 말은 쓸데가 없어서 아예 그 부분을 빼버리고 말았다. 그러나 누가는 옷을 가져가는 순서는 잘 보존하였다: 처음엔 himation(겉옷),그리고 chiton(속옷) 순서로. 이 말씀 단원의 구조적 분석을 위해서는 John Dominic Crossan, "Divine Immediacy and Human Immidiacy," in *Semeia* 44 (1988): 121-40을 참조하라. 이 단원의 Q 자료에 대해서는 John Kloppenborg, *The Formation of Q* (Philadelphia: Fortress Press, 1987), 173-80을 참조하라. 이 단원의 전체적인 의미에 대해서는 Gerhard Lohfink, "Der ekklesiale Sitz im Leben der Aufforderung Jesu zum Gewaltverzicht (Mt. 5,39b-42//Lk 6, 28f)," *Theologische Quartalschrift* 162 (1982): 236-53 (그는 예수의 말씀을 듣는 청중을 본문 자체에서 추출한 사람들, 즉 뺨맞은 사람, 소송당한 사람, 강제 동원된 사람–그 땅의 보통사람들이 아니라, 제자들이라고 잘못 설정하였다); 좀 더 나은 취급으로 Jean Lambert, S. J. , "The Sayings of Jesus on Nonviolence," *Louvain Studies* 12 (1987):291-305; W. Wolbert, "Bergpredigt und Gewaltlosigkeit," *Theologie und Philosophie* 57 (1982):498-525; 그리고 Juergen Sauer, "Traditions-geschichtliche Erwaegungen zu den synoptischen und paulinischen Aussagen ueber Feindesliebe und Wieder- vergeltungsverzicht," *Zeitschrift fuer die Neutestamentliche Wissenschatf* 76 (1985): 1-28을 참조하라.

4) Eduard Schweizer, *The Good News according to Matthew* (London: SPCK, 1976), 130.

믿을 만한 충분한 이유가 있다. 우선은 38-39a 절의 주제 선언은 잠시 접어두고, 그가 말한 세 가지 실제적인 예에 대하여 초점을 맞추어 보자.

예수의 비폭력적 맞붙기

1. 다른 뺨을 돌려 대라.

"누가 네 오른쪽 뺨을 치거든 왼쪽 뺨마저 돌려 대어라." 왜 하필 **오른쪽** 뺨인가? 오른 손잡이의 세계에서 오른손 주먹으로 때리면 상대방은 **왼쪽** 뺨을 맞게 되어 있다. 손뼉을 펴서 뺨을 갈겨도 왼 뺨을 맞게 된다. 오른쪽 뺨을 치려면 왼쪽 손을 써야하는데, 그 사회에서는 왼쪽 손은 불결한 일을 할 때만 사용하는 것이었다. 쿰란(Qumran) 공동체에서는 왼쪽 손으로 손짓만 해도 열흘간 속죄의 고행으로 처벌을 받아야 했다.5) 오른쪽 뺨을 오른 손으로 자연스럽게 때릴 수 있는 유일한 방법은 손등으로 때리는 수밖에 없다. 손등으로 상대방을 때리는 것은 모욕을 주려는 것이지, 주먹싸움을 하려는 것이 아니다. 즉 손등으로 상대방을 때리는 행동이 명백히 의도하는 바는 상대방에게 상처를 입히자는 것이 아니라, 수치스럽게 만들자는 것이며, 상대방이 자기의 꼬락서니를 알아서 자기 분수를 지키라고 훈계하려는 것이다. 보통은 사

---

5) 1QS 7. 다른 전승에서 어떤 경향이 있든 (Crossan, "Divine Immediacy"에 반대하여), "오른쪽"이란 단어가 마태 본문에 삽입된 것이라고 보아서는 안 된다. 그렇지 않으면, 어떻게 때리는지가 정해지지 않고, 손등이 아니라 주먹으로 치는 것(누가)으로 간주되어야한다. "오른 뺨을 치거든"이란 해부학적 표현이 아니라 유효한 기술적인 표현이다. (나의 분석의 결론의 일부에 일치하는 Pinchas Lapide, *The Sermon on the Mount* [Maryknoll, N.Y.: Orbis Books, 1986], 121).

*Didache*는 일반적으로 마태복음 and /or 누가복음에 의존하고 있다고 여겨진다. 그러나 Aaron Milavec는 *Didache*가 공관복음서와 관계없이 예수 전승에 연결되어있다는 상당한 증거를 제시하였다. ("The Didache as Independent of the Gospels," paper presented at Jesus Seminar, Sonoma, California, March 1-3, 1991). 이 말씀을 위해서, *Did.* 1:4가 아마도 현존하는 가장 오랜 내용을 보존하고 있다: (1) 그것은 마태복음처럼 오른쪽 뺨을 지정한다. (2) 그럼에도 그 순서는 "겉 옷 ... 속 옷"이라는 누가복음을 따르고 있다. (3) 누가와는 반대로 마태복음에서처럼 한 마일 더(second mile)가 주는 말씀을 포함하고 있다.

람이 동급자를 이런 식으로 때리지는 않으며, 만일 그렇게 때린다면 엄청난 벌금을 각오해야만 했다. 미쉬나(Mishna)의 본문에 *Baba Kamma*는 사람이 같은 계층의 상대방을 때린 데 대하여 물어야할 벌금을 지정하였는데, 주먹으로 친 것은 4 주즈(zuz: 한 주즈는 하루의 품삯), 따귀를 때린 것은 200 주즈, 그러나 손등으로 때린 것은 400 주즈였다. 그러나 노예를 모욕하기 위해 때렸을 경우에는 벌금을 물지 않았다(8:1-7).[6]

손등으로 상대방의 오른쪽 뺨을 때리는 것은 흔히 자기보다 열등한 사람에게 경고하는 일반적인 수단이었다. 즉 주인이 노예를, 남편이 아내를, 어버이가 자식들을, 남자가 여자를, 그리고 로마인이 유태인을 그렇게 때렸다. 여기 우리는 **동등하지 않은 관계**로 된 일련의 무리들을 보는데, 각 경우에 감히 맞섰다가는 또 다른 보복을 당하게 되었을 것이다. 유일한 대응 방식은 그저 바짝 움츠리고 복종하는 것이었다.

예수의 말씀을 둘러싼 혼동의 많은 부분이 도대체 예수의 말씀을 듣는 사람들이 누군가를 묻지 않아서 생겨난 것이다. 마태복음 5:39b-41 안에 있는 세 가지 예화들 속에서, 예수의 말씀을 듣고 있는 청중은 사람을 때린 자들, 법정 고소를 제기한 자들, 강제 노동을 시키는 자들이 아니라, 그들의 희생자들("누가 네 오른쪽 뺨을 치거든..... 너를 걸어 고소하여 네 속옷을 가지려는.... 누가 너더러 억지로 오 리를 가자고 하거든....")이다. 그의 말을 듣는 청중 가운데는 바로 이런 모욕을 당한 사람들이 있어서, 제국주의의 식민지 점령 아래서 발생한 결과로서, 또한 계급, 인종, 성별, 연령, 그리고 신분의 차별적 체제에 의하여, 비인간적인 대우를 받으면서도 자기들의 분노를 억제하지 않으면 안 되었다.

그렇다면 왜 예수는 이렇게 이미 모욕을 당한 사람들에게 다른 쪽 뺨도 돌려대라고 조언을 하는가? 왜냐하면 이렇게 하는 것이 억압자의 비인간적인 힘을 빼앗는 것이기 때문이다. 다른 쪽 뺨을 돌려대는 사람은 사실상 이렇게 말하는 것이다. "어디 한 번 더 때려봐. 네가 처음 때린 것이 의도했던 효과가 실패했단 말이야. 나는 네가 나를 모욕하려는 힘을 거부한다. 나도

---

6) 함무라비법전(The Code of Hammurabi) 202는 명령하기를 군대나 행정 직위에 있는 사람이 상사의 뺨을 때렸을 때는 회중 앞에서 황소 채찍(한국에선 쇠좃매 라고함. 역자주)으로 60번을 맞는다 (*The Ancient Near East: An Anthology of Texts and Pictures*, ed. James B. Pritchard [Princeton: Princeton Univ. Press, 1969], 161).

너와 마찬가지로 사람이란 말이다. 네 신분이 그 점을 변경하지는 못해. 너는 내 품격을 떨어뜨리지 못해."

그런 대응은 때리는 사람에게 엄청난 어려움을 안겨주는 것이다. 순전히 논리적으로는 어떻게 그렇게 돌려댄 뺨을 때릴 수가 있겠는가? 그는 돌려댄 왼쪽 뺨을 오른 손등으로는 때릴 수가 없다(왜 그런가 한번 시험해보면 문제를 알게 된다).[7] 그렇다고 주먹으로 때리면, 상대방을 자기와 동등한 동급자로 여기는 것이 된다. 손등을 사용하는 요지는 구조적 불평등을 강화하기 위한 것이다. 설사 윗사람이 그 아랫사람의 "뻔뻔스런"("cheeky" 뺨을 돌려댄다는 뜻과 뻔뻔하다는 뜻을 동시에 교묘하게 표현함. 역자주) 행동에 대하여 채찍질을 하라고(손으로 때리는 대신에--역자 주) 명령을 해도(이렇게 하면 갈등을 피할 재주가 없다), 목표는 취소할 수 없이 확실하게 달성되는 것이다. 이 아랫사람도 인간임을 (윗사람에게) 알려준 것이다. 그처럼 명예와 수치가 목숨처럼 귀중했던 세계에서, 그가 아랫사람에게 수치심을 안겨주려는 것이 불가능하게 되어버렸다.[8] 다른 사람을 비인간화하려는 그의 힘은 박탈되었다. 간디(Gandhi)가 가르친 대로, "비폭력 행동의 첫 번째 원칙은 모든 굴욕감을 주려는 것에 대하여 협조하지 않는 것이다."[9]

이런 형태의 행동은 예수 자신의 동시대인들에 의하여 이미 행해졌다. 즉 빌라도가 유대 총독으로 임명된(기원후 26년) 바로 직후에, 그는 로마황제의 흉상(bust 胸像)을 붙인 군기(軍旗)를 밤에 예루살렘으로 들여왔는데,[10] 이를 유태인들은 우상(偶像)으로 간주했고, 그리하여 거룩한 도성에 대한 신성모독으로 간주했다. 유태인 군중들이 가이사랴(Caesarea)에 있는 빌라도의 본영(本營)으로 몰려가서, 군기를 제거해 달라고 탄원을 했다. 빌라도가 거절하

---

7) Today's English Version에서 "Let him slap your left cheek too"는 잘못된 번역이다. 오른 손등으로 때리는 것을 포기하지 않는 한, 그렇게는 할 수 없는 일이다.
8) "토지소유주는 존경을 받기를 원하는데, 왜냐하면 소작인들이나 그들이나 중요한 것은 영예다. 토지소유주가 "신분의 지원"을 받는 것은 그의 소작인들에 의한 것이다" (Bruce J. Malina, "Patron and Client: The Analogy behind Synoptic Theology," *Forum* 4 [1988]:3).
9) Gandhi, in *Harijan*, March 10,1946; cited by Mark Juergensmeyer, *Fighting with Gandhi* (San Francisco: Harper & Row, 1984), 43.
10) Josephus, *Ant.* 18:55.

자, 군중들은 그 자리에 엎드려져서 닷새 낮과 밤을 버텼다. 엿새째 되는 날, 빌라도는 대답을 내린다는 구실로 군중들을 경기장으로 불러내었다. 대답 대신 그들이 발견한 것은 3열로 둘러싸고 있는 병정들이었다.

> 만일 씨저(Caesar: 로마황제)의 흉상을 받아들이기를 거부하면, 그들을 칼로 베어버리겠다고 위협하고 나서, 빌라도는 병정들에게 칼을 뽑으라고 명령했다. 그러자 유태인들은 일치된 행동으로 땅바닥에 한 몸같이 엎어져서, 목을 길게 늘이고는 외치기를, 자기들은 율법을 어기느니 차라리 죽을 준비가 되어 있다고 했다. 그 엄청난 종교적 열정에 놀란 나머지, 빌라도는 예루살렘에서 군기를 제거하라고 즉시 명령을 내렸다.[11]

그렇다면, 예수는 당시 사람들에게 낯선 개념을 설명한 것이 아니라, 경우에 따라 무의식적으로 거침없이 사용되었던 것을, 다가오는 하느님 나라의 중심요소로 삼은 것이다.

2. 속옷까지도 벗어주어라

예수가 예로 든 두 번째의 것은, 법정에서 일어나는 것이다. 누군가가 겉옷 때문에 재판을 걸었다. 누가 그런 짓을 할 것이며, 또 어떤 환경에서였을까? 히브리 성경이 그 실마리를 제공한다.

> 너희 가운데 누가 *어렵게 사는* 나의 백성에게 돈을 꾸어 주게 되거든 그에게 채권자 행세를 하거나 이자를 받지 말라. 만일 너희가 이웃에게서 겉옷(70인역 LXX에선 *himation*)을 담보로 잡거든, 해가 지기 전에 반드시 돌려 주어야한다. 덮을 것이라고는 그것 밖에 없고 몸을 가릴 것이라고는 그 겉옷(*himation*)

---

11) Josephus, *War* 2. 169-74. 기원 후 41년 Caligula 황제가 자기의 상을 성전에 비치하고자 했을 때, 똑같은 저항 행동이 취해졌고 결과도 같은 성공이었다 (Josephus, *Ant.* 18:261-309; Philo, *Leg.* 225-29). 나중에 Cumanus가 총독이었던 시절(48-52 C. E.) 한 병사가 율법의 한 장을 찢어 불에 던져 넣었다. 군중들이 Caesarea로 몰려 내려와서, Cumanus는 유태인들을 달래기 위하여 그 병사를 처형하였다(*War* 2.229-31). Philo, *Leg.* 299-305 도 참조하라.

뿐인데 무엇을 덮고 자겠느냐? 그가 나에게 호소하면 자애로운 나는 그 호소를 들어주지 않을 수 없다.(출 22:25-27, LXX 22:24-26)

너희는 동족에게 무엇을 꾸어줄 때 담보물을 잡으려고 그의 집에 들어가지 말라. 너희에게 꾸려는 사람이 담보물을 가지고 나오기까지 너희는 밖에 서 있어야한다. *그 사람이 지극히 가난한 자*일 경우 너희는 그가 잡힌 담보물을 덮고 자면 안 된다. 해질 무렵이면 그 담보물을 반드시 돌려주어야 한다. 그러면 그는 그 옷을 덮고 자리에 들며, 너희에게 복을 빌어줄 것이다. 이렇게 하는 것이 너희 하느님 야훼 보시기에 잘하는 일이다.... 과부의 옷(*himation*)을 저당잡지 말라.(신 24:10-13, 17).

너희는 힘없는 자의 머리를 땅에다 짓이기고...... 저당물로 잡은 겉옷(*himatia*)을 제단들 옆에 펴놓고 그 위에 뒹굴며, 벌금으로 받은 술을 저희의 산당에서 마신다.(암 2:7-8, 또한 겔 18:5-9).

오직 가난한 자들 중에서도 가장 가난한 사람들만이 빚을 얻기 위한 담보물로 겉옷을 내놓을 것이다. 유태인들의 율법은 매일 저녁 해가 지고 나면 그 겉옷을 되돌려주도록 엄격히 요구했다.12)

마태와 누가는 담보로 잡은 것이 겉옷인지(누가 6:29) 혹은 속옷인지(마태 5:40)에 대하여 일치하지 않는다. 그러나 유태인들은 실제로 겉옷을 담보로 잡는 일이 있었으니(겉옷이라야 잘 때 덮개로라도 사용할 수 있어서), 비록 누가는 법적인 절차를 말하지는 않았지만, 누가복음의 내용이 옳을 것이다. 리델-스코트(Lidell-Scott)에 의하면, 모든 그리스어 사용에서는, *himation*은 "항상 겉옷으로서... *chiton* 위에 입는 것"이고, 이에 비하여 *chiton*은 "살갗에 닿도록 입는 것"이다.13) 싸프레이와 스턴은 유태인들의 평상복에 대하여, 털로 된 겉옷 혹은 망토와, 아마포로 만든 속옷 혹은 튜닉(tunic)을 말한다.14) 혼동을 피

---

12) 가난한 채무자의 권한은 성경이 보호하였지만, 채권자도 채무자의 겉옷을 매일 아침 가져가서 그를 괴롭히는 것이 허락되었다. *Mek de R. Ishmael on Exod* 22:25-27 에 의하면 채권자가 낮이면 밤에 입을 옷을 가져가고, 밤이면 낮에 입을 옷을 가져가서 빚 독촉을 강화한다. T. B. *Tem* 6a; B. *Metz* 31b, 114ab; *Sanh.* 21a도 참조하라.

13) H. G. Liddell and R. Scott, *A Greek-English Lexicon,* 9th ed. (Oxford: Clarendon Press, 1958), 829.

14) S. Safrai and M. Stern, eds., *The Jewish People in the First Century* (Philadelphia: Fortress

하기 위하여, 나는 단지 "겉옷" 과 "속옷" 이라고 하겠다. 예수가 말하는 상황은 그의 청중들에게는 모두 너무도 친숙한 것들이었다. 즉 채무자는 점점 가난 속으로 빠져들어 빚을 갚지 못하게 되고, 채권자는 그를 법정(krithenai)에 세워서 법의 수단을 빌어 빚을 받아냈다.

빚을 지는 것은 1세기 팔레스타인 지역에서는 풍토병이나 다름없었다. 예수의 비유들은 채무자들, 즉 입에 풀칠이라도 하여 살아남기 위해 버둥거리던 채무자들로 가득하다. 그러나 무거운 빚은 무능력자들을 덮친 자연재해가 아니었다. 그것은 로마제국의 정책이 가져온 직접적인 결과였다. 즉 황제는 전쟁을 치르기 위하여 부자들에게 세금을 너무도 과하게 매겼기에, 부자들은 자신들의 부(富)를 안전하게 보호할 안전한 투자를 찾기 시작했다. 땅이 가장 좋은 대상이었지만, 땅은 옛날 조상들이 소유했다가 대를 물리면서 유산으로 상속되고, 어느 농부도 자진하여 땅을 양도하려고 하지 않았다. 그러나 터무니없이 과도한 이자를 부과하여 토지 소유주들을 점점 더 빚더미 위에 올라앉게 만들 수는 있었다. 로마에 조공을 바치고자 헤롯 안티파스가 부과한 무거운 세금과 함께, 이런 빚이 경제적인 지렛대가 되어 갈릴리 농사꾼들로 하여금 그들의 땅을 잃게 만들었다. 예수 당시에는 이런 과정이 이미 많이 진행되었으니, 광대한 토지를 로마의 부재지주(不在地主)들이 소유하고, 청지기를 두어 관리하며, 소작농과 일용 노동자들과 노예를 부려서 경작하였다. 기원후 66년에 봉기한 혁명가들이 빚 문서가 보관되어 있던 예루살렘 성전의 금고를 먼저 불태운 것은 전혀 우연이 아니었다.15)

이런 상황에 대하여 예수는 말한 것이다. 그의 청중들은 가난한 자들 ("너를 걸어 고소하여....")이었다. 그들의 땅과 재산과 마침내는 겉옷까지 빼앗아버림으로써 자기들을 수치스럽게 만들어버린 제도에 대하여 그들은 모두들 마음에 사무친 증오를 품고 있었다. 그렇다면, 왜 예수는 그들의 속옷까

Press, 1987),I.2.797-98; J. M. Myers, "Dress," *IDB* 1:869-71; 또다. de R. Ishmael on Exod. 22:27-"*For That is His Only Covering.* This refers to his cloak. *It Is the Garment for His Skin.* This refers to the shirt." 마태만 이 문제로 혼동한 유일한 복음서 기자는 아니다. 마가도 대제사장의 외투를 chiton이라고 썼으 (막 14:63), 마태는 (70역을 따라서) himation을 썼다.

15) Josephus, *War* 2.427. 빚에 몰려 토지를 잃는 경우에 대하여는 Martin Goodman, *The Ruling Class of Judea* (Cambridge: Cambridge Univ. Press, 1987), 55-58을 참조하라.

지도 벗어주라고 권고하는 걸까? 이는 곧 있는 옷을 다 벗어주고 법정에서 벌거벗고 걸어 나가라는 말이지 않은가? 이 말에 대하여 갑작스럽게 터져 나올 웃음을 상상해 보라. 거기에는 가난한 채무자의 겉옷을 한 손에 들고, 다른 손에는 속옷을 들고, 창피한 모습으로 채권자가 서 있다. 입장이 채권자 쪽으로 불리하게 전환된 것이다. 법이 채권자에게 유리하게 되어 있으니, 채무자로서는 이길 희망이 전혀 없다. 그러나 가난한 사람은 그를 모욕하려는 상대의 의도를 초월하여버렸다. 그는 창피를 넘어서서 일어섰다. 이와 동시에 그는 자기가 빚을 지도록 만들어버린 제도에 항거하는 놀라운 저항을 제기한 것이다. 그는 실제적으로 이렇게 말한 것이나 다름없다. "너 내 옷을 원해? 자, 여기 있으니 모두 가져가라! 너는 이제 내 몸뚱어리를 빼놓고는 모두 차지하였구나. 다음엔 내 몸뚱이를 가져갈 참인가?"

유태교에선 벌거벗는 것이 율법적인 금기였고, 벗은 사람보다도 이를 보고 있는 사람과 그를 벗긴 사람에게 더 큰 부끄러움을 돌렸다 (창 9:20-27).[16] 즉 그 채무자는 속옷까지 벗어줌으로써, 가나안에게 저주를 가져왔던 똑같

---

[16] 어거스틴(Augustine)은 분명히 예수께서 벌거벗을 몸(裸體)을 말하고 있다고 이해하였다. "너의 속옷(튜닉)을 가져가려는 사람에게는, 무엇이든지 걸친 것이면 내어 주라"(*Sermon on the Mount* 1.19.60). 유사 클레멘타인(Pseudo-Clementine) 설교집 15.5에서 마태복음 5:40을 인용하면서, 사람이 벌거벗게 되는 연상을 피하기 위하여 "속 옷"이란 말을 바꾸어 버렸다. *ANF*(*Anti-Nicene Fathers*) 번역자 A. Cleveland Coxe는 논평하기를, "외투와 속옷을 잃어버린 사람은 벌거벗게 된다, 그래서 이것은 그리스도께서 명령하지 않았으리라고 기자는 생각한 것 같다"(*ANF*, 8:310). 마태 5:40이 나체를 의미한 것임을 증명하는 다른 출처는 도마복음서 21인데, 예수의 벌거벗기는 것에 대한 말씀을 영지주의적으로 발전시킨 것으로 보인다. 토지의 소유주가 와서 땅을 되찾아 가려고 하면, 어린이들이 지주 앞에서 옷을 벗고 나체가 된다—매우 훌륭한 비폭력적 계책인데, 여기서는 악마 Archons 앞에서 죽은 다음에 몸을 벗어버리는 것으로 불행히도 그 뜻을 왜곡하였다.

나체는 사회통념상 거부되는 것인데, 왜냐하면 옷으로 사회적 위치를 정할 수 있는 계급 구분의 제도를 거부하는 것이다. 옷이 없으면 사회가 질서를 잡고 보호되는 경계가 무너진다. 의복은 사람의 사회적 위치, 성별, 신분을 의미한다 (Jerome H. Neyrey, "A Symbolic Approach to Mark 7," *Forum* 4/3 [1988]: 72). 하여 예수는 길가에 상처입고 버려진 사람을 벌거벗은 것으로 그려내어, 레위인이나 사제가 그의 사회적 신분을 보고 가 아니라 순전히 인간임을 보고 행동하도록 한다(눅 10:30). 그러므로 자진하여 채권자나 관헌 앞에서 옷을 벗고 나체를 보이는 것은, 가난한 채무자에게 빚을 갚으라고 부끄러움을 주는 상황에서, 오히려 사람을 구별하는 계급 구조를 거부하는 것이다.

은 금지조항 아래에 채권자를 세운 것이다. 그리고 이사야가 예언자적 상징으로 "벌거벗고 맨발로 삼 년 동안 걸어 다닌 것"(사 20:1-6)과 마찬가지로, 채무자도 그를 의도적으로 가난하게 만든 제도에 대하여 예언적인 항거를 하여 벌거벗고 걸어 나간다. 벌거벗고 법정을 걸어 나가는 그를 상상해 보라. 그의 친구들과 이웃들이 아연실색하여 웬일이냐고 물을 것이다. 그는 설명한다. 그러면 그들은 그의 행진에 동참하여 대열은 점점 더 불어날 것이고, 그리하여 이젠 승리의 행진처럼 될 것이다. 채무자들을 억압한 전체 제도가 이리하여 이제 공공연히 그 가면을 벗게 된다. 이제 채권자는 합법적으로 돈을 빌려준 자가 아니라, 한 사회 계급 전체를 땅이 없고, 박탈당하고, 굴욕적이게 만든 무리로 드러난다. 그러므로 이런 가면 벗기기는 단지 상대방을 처벌하려는 것은 아니다. 이렇게 하면 채권자로서는 난생처음 그가 행한 것이 무엇을 야기시켰는가를 똑똑히 보고, 회개할 기회를 갖게 하는 것이다.

당국자(當局者 The Power That Be)는 문자 그대로 그 자신들의 체면 위에 서 있다. 재치 있는 풍자보다 더 신속하게 그들의 힘을 빼는 것은 없다. 그들의 힘에 대하여 두려워하기를 거절함으로써, 당장 제도의 변화는 가능하지 않을지라도, 힘이 없는 자들이 주도권(initiative)을 쥐도록 대담해지는 것이다. 이 땅의 삶에서 얻을 수 없는 완전함을 쟁취하라는 그런 충고와는 거리가 멀지만, 이 메시지는 억압받는 사람들에게 능력을 부여하는 실제적이고 전략적인 대책으로서, 자신들의 역사를 자신들의 손에 붙잡을 준비가 된 전 세계의 힘없는 사람들에 의하여 오늘날에도 실현되고 있는 중이다.

여기서 예수는 전체 체제의 본질적인 잔인성의 가면을 벗기고, 정의의 구실을 희화화(戱畵化 우스꽝스럽게 만듦)함으로써, 전체 체제에 대결하는 방법의 한 힌트를 주고 있다. 여기에 부자들에 의하여 스폰지처럼 바짝 쥐어 짜지기를 거부하는 한 가난한 사람이 있다. 그는 율법들을 있는 그대로 받아들여서, 이를 어리석게 만들 데까지 밀고 나가서, 그 율법들이 무슨 꼴이 되어 있는지를 폭로한다. 그는 벌거벗고, 그의 동료들이 보고 있는 데서 걸어 나감으로써, 그의 채권자와 그 채권자가 대표하는 경제적 체제를 적나라하게 벗겨버리는 것이다.

3. 일부러 더 많이 걸어가 주어라

"만일 점령군의 한 사람이 그의 배낭을 지고 1 마일을 가자고 강요하거든(angareusei), 2 마일을 가주어라"(마 5:41, Today's English Version). 예수의 이 세 번째 예화는 로마 점령군이 정복지의 사람들에게 부과할 수 있는 강제노역(angareia)의 분량을 1 마일로 제한한, 상대적으로 부담 가볍게 한 당시의 관행에서 그 예를 들었다.17) angareia라는 그리스어는 아마도 원래는 페르시아 말이었는데, 아람어, 그리스어, 라틴어 속으로 들어온 단어였을 것이다. 유태인 역사가 요세푸스는 셀류싯 왕조(Seleucid)의 데메트리우스(Demetrius) 왕을 언급하면서, 그가 왕이 되는데 필요한 유태인들의 지지를 얻어내기 위하여 약속하기를, "유태인들의 짐 싣는 동물들을 우리 군대가 징용(angareuesthai)해서는 안 된다"고 했다고 기록했다(Ant. 13.52). 더 잘 알려진 것으로 예수의 수난 이야기에서, 병사들이 키레네의 시몬(Simon of Cyrene)을 "붙들어 억지로"

---

17) 내가 말할 수 있는 한, 로마법에 *angareia*(강제동원)를 1 마일로 제한한 것이 없다. 그러나 학자들은 본문의 표현으로 추정하여 보아서 (맞게 추정한 것으로 믿고), 그런 규정이 있었다고 생각한다. 로마 사람들의 거리표(이정표)는 이탈리아에서는 기원전 249년까지 거슬러 올라간다. 팔레스타인 지방에서 발견된 이정표 500여 개 중에서 한 4분의1 정도가 비문이 새겨 있는데, 그중 어느 것도 기원 후 69년 이전 것은 없다. Israel Roll은 Bar Kokhba의 반란 이전의 이정표가 드문 것은 이들 5 피트 내지 8 피트 높이의 이정표 비석들이 주로 로마제국의 강성함을 선전하기 위한 것이었기 때문이라고 믿고 있다. 30마일 여행하려면 29개의 마일 이정표(Milestone)를 통과해야하는데, 이들 중 많은 것이 5개 혹은 그 이상의 석주(돌기둥)에 로마제국의 지배자들 이름이 새겨져있었다. "이렇게 세뇌"(洗腦)시키는 것은 여행자들로 하여금 과거와 현재의 로마제국의 힘을 인식하고, 이 땅 위의 어떤 힘도 로마 정부에 미래에도 감히 도전하지 못하도록 하려는 뜻이었다. 이들 이정표들에는 또한 로마 점령군에게 군수물자 보급이나 우편제도를 위한 동물들을 제공하도록 지역의 의무조항들이 적혀있었다. 그러니 반란군들이 기원후 132-135 년 봉기했을 때 이들 표상들을 모두 파괴할 충분한 이유가 있었다. ("The Roman Road System in Judaea," *The Jerusalem Cathedra III*, ed. Lee I. Levine [Detroint: Wayne State Uviv. Press, 1983], 153). M. Avi-Yonah, "The Development of the Roman Road System in Palestine," *Israel Exploration Journal* 1 (1950-51): 54-60; Peter Thomsen, "Die roemischen Meilensteine der Provinzen Syria, Arabia und Palaestina," *Zeitschrift des Deutschen Palaestina-Vereins* 40 (1917):1-103; B. H. Isaac and I. Roll, "A Milestone of A.D. 69 from Judaea; The Elder Trajan and Vespasian," *Journal of Roman Studies* 66 (1976): 15-19; and idem., *Roman Roads in Judaea I: The Legio-Schythopolis Road*, BAR International Series 141,(Oxford: BAR, 1982).

(*angareuousin*) 예수의 십자가를 지고 가게 하였다는 것이다(막 15:21/마 27:32). 그런 강제 노역은 팔레스타인에서는 페르시아 점령기부터 후기 로마 점령기까지 노상 겪어온 것이며, 길에서 발견되면 누구든지 봉사하도록 강요되었다.18) 징용의 대부분은 우편을 보내기 위하여 말을 차출하는 것이든지, 혹은 병사들이 자기들의 배낭을 운반하게 할 필요에서 민간인을 차출하는 것들이었다. 마태복음의 내용은 분명히 후자에 근거한 것이다. 문제는 동물을 징용한 게 아니라 사람을 징용한 것이다.

이런 강제 노역은 로마제국의 지배를 받는 모든 사람들에게 고통스러운 원한을 불러일으켰다. 어떤 기록에는, "*Angareia*는 죽음과 같다"고 불평했다.19) 심지어 후기 로마제국에서도, *Angareia*를 악용함에 대하여 자주 법을

---

18) M. Rostovtzeff, "Angareia," Klio. *Beitraege zur alten Geschichte* 6 (1906): 249-58. 아람어로 써진 Tobit에서는, 그 시절 "angareia(강제 노역 동원)이 극심하져서, 그걸 두려워한 나머지 여행객들이 거리에서 사라졌으므로," Tobit가 Rages에 묻어둔 황금을 가져올 수가 없었다 (*The Book of Tobit. A Chaldee Text from a Unique MS in the Bodleian Library*, ed. A. Neubauer. [Oxford: Clarendon, 1878], 4, lines 7-9 (mistranslated "tribute," p. xxviii). *angareia*에 대한 다른 초기의 참조서들은 *Pap. Teb.* I 5, 178ff.와 252ff. (second century B.C.E.)에서 발견된다. 전자는 병사들이나 공무를 집행중인 사람들에게 지역 주민들이나 짐승들을 그들의 개인적인 필요에 강제노역 동원(*angareuein*)시키지 못하게, 또는 송아지들을 징발하지 못하게 명령하고 있다. 마찬가지로 *Orientis Graece Inscriptiones Selectae*, ed. W. Dittenberger, 2 vols. (1903-1905), I:665.21.

19) T. J. B. *Metz* 6.3, 11a, cited by Paul Fiebig, "angareuo," *Zeitschrift fuer die neutestamentliche Wissenschaft* 18 (1918):64-72. 추가적인 유태 문헌을 위해서는 Gustaf Dalman, *Aramaeisch-neuhebraeisches Handwoerterbuch*, 2d ed. (Frankfurt: J. Kauffmann, 1897-1901), 105 및 Marcus Jastrow, *A Dictionary of the Targumim, the Talmud Babli and Yerushalmi, and the Midrashic Literature* (New York: Pardes, 1950), 81을 참조. for Greek, "*angareia*," in Liddell-Scott, *Greek-English Lexicon*, 7; for Latin, "*angaria, angario*," in *Thesaurus Linguae Latinae* (Lipsiae: B. G. Teubneri, 1940-46), 2.43. See also August Wuensche, *Neue Beitraege zur Erlaeuterung der Evangelien aus Talmud und Midrasch* (Goettingen: Vandenhoeck & Ruprecht, 1878), 64-65; L. Goldschmid, "Impots et droints de douane en Judee sous les Romains," *Revue des etudes juives* 34 (1897):207-8; Friedrich Preisgke, "Die ptolemaeische Staatspost," *Klio* 7 (1907):275-77; Ulrich Wilcken, "Transport-Requistionen fuer Beamte und Truppen," in *Grundzuege und Chrestomathie der Papyruskunde*, L. Mitteis and U. Wilcken, eds. (Leipzig/Berlin: B. G. Teubner, 1912), I:374-76; Vincente Garcia de Diego, "Notas etimologicas: Angaria," *Boletin de la real Academia Espanola* 40 (1960): 380-99; T. Henckels and H. G. Crocker, *Memorandum of Authorities on the Law of Angary* (Washington, D. C.: Government Printing Office, 1919), 25-30; J. Le Clere, *Les mesures coercitives sur les navires de commerce etrangers* (Paris: Librairie generale de droit et de

제정한 것을 보아, 얼마나 그 법규정이 툭하면 위반되었는지를 알 수 있다. 기원후 49년에 이집트의 기록은 "지위를 막론하고 로마 병사들이 지역을 통과할 때, 사령관의 위임장이 없이는 강제 운반(*angareia*)을 위하여 사람을 징용하지 못하도록" 명령하고 있는데,20) 이것은 분명히 로마병사들이 특권을 악용했기에 이를 금지할 필요로 만들어진 명령일 것이다. 기원후 133-137년 간에 만들어진 다른 이집트 칙령은 이런 악용에 대하여 다음과 같이 기록하고 있다. "많은 병사들이 징용명령서를 지니지도 않고 나라 안을 여행하면서, 배나 짐 싣는 동물들과 사람들을 차출하고 있는데, 때로는 강제로 물건을 약탈하기도하고... 그래서 일반 민간인들을 학대하고 위협하는 지경에 이르러, 결과적으로 군대는 오만하고 불의한 무리로 여겨지게 된다."21) 정복지에서 원한을 최소화하기 위하여, 로마정부는 적어도 징발에 관한 법을 어긴 사람들을 처벌하는 약간의 노력을 보였다.

데오도시우스(Theodosius)의 법 조항에서는 *angareia*에 관하여 온통 한 부분을 다 할애하였는데,22) 그 조항들 가운데는 이런 것들이 있다:

---

jurisprudence, 1949), 19-21, 35-36; Adolf Deissmann, *Bible Studies* (Edinburgh: T. & T. Clark, 1901), 86-87; A. H. Schroeder, *Das Angarienrecht* (Hamburg: Forschungsstelle fuer Voelkerrecht und auslaendisches oeffentliches Recht der Universitaet Hamburg, 1965), 15-18; Joshua Gutmann and Daniel Sperber, "Angaria," *Encyclopaedia Judaica,* ed. C. Roth and G. Wigoder, 16 vols. (Jerusalem: Keter, 1971), 2:950-51; D.Sperber, *Nautica Talmudica* (Ramat-Gan: Bar-Ilan University, 1986), 115-18; "Angaria in Rabbinic Literature," *L'Antiquite Classique* 38 (1969):164-68; G. E. M. de Ste. Croix, *The Class Struggle in the Ancient Greek World*(Ithaca, N.Y.: Cornell Univ. Press, 1981), 14-16; and Iu. A. Solodukho, "Podati I povinnosti v Irake v III-V vv.nashi ery"(Taxes and obligations in Iraq in the third to fifth centuries of our era), *Sovetskoe vostokovedenie* 5(1948):69, sect. 9 and n.1.

20) *Corpus Inscriptionum Graecarum* no. 4956, A21, cited by Edwin Hatch, *Essays in Biblical Greek* (Amsterdam: Philo, [1889] 1970), 37. Hatch는 마태 5:41이 "너를 보고 1 마일 가자고 강요하는 누구든지"(whosoever shall compel thee to go one mile)가 아니라 "너를 보고 그의 짐을 지고 1 마일을 가자고 강요하는 누구든지"(whosoever shall compel thee to carry his baggage one mile)로 번역되어야 한다고 하는데, 그러나 그의 조언을 따른 역본은 매우 드물다. 영어성경(TEV)이 "만일 점령군의 한 병사가 너를 보고 그의 등짐을 지고 1 마일을 가자고 강요하면"(If one of the occupation troops forces you to carry his pack one mile)라고 가장 가깝게 번역되었다--비록 갈릴리 지방에서는 이런 강제 동원을 할 군인은 점령군이 아니라 안티파스(Antipass)의 군대였을 것이지만.

21) *Papyri greci e latini* 446 (133-137 C.E.),cited by Ramsay MacMullen, *Soldier and Civilian in the Late Roman Empire* (Cambridge: Harvard Univ. Press, 1963), 89 n. 42, my emphasis.

만일 어떤 사람이 여행 중에 공공장소 말뚝에 매어있지 않고 쟁기에 매어있는 황소를 훔쳤을 경우, 그는 그 지역 경찰에 의하여 강제로 체포되어야하며…. 그는 판사(보통은 총독) 앞에 끌려와야 한다.(8.5.1, 315 C.E.).

그러나 이 금지 명령으로 우리는 어떤 사람도 짐 싣는 동물이나 파발마(擺撥馬)를 요청할 수 있다고 생각하는 것을 금한다. 그러니 만일 어떤 사람이 분별없게도 뻔뻔스럽게 행동하면 그는 엄중히 처벌받을 것이다.(8.5.6, 354 C.E.).

어떤 부대(legion)가 목적지를 향하여 행군할 때, 두 마리 이상의 파발마(*angariae*)를 징용하려고 해서는 안 되며, 단지 아픈 사람을 위해서만 말을 징발할 수 있다(8.5.11, 360 C.E.)

이런 규정들이 후대의 것들이긴 하지만, 그것들은 페르시아 제국 이래 거의 변하지 않은 상황을 반영하는 것이다. 군대는 여러 나라를 신속히 통과해야만 했다. 어떤 군단은 그들의 60내지 85파운드나 되는 (무기를 포함하지 않은 무게) 무거운 배낭을 운반할 노예를 사기도 했다.23) 그러나 대부분의 하사관과 사병들은 현지 징발 민간인들에 의존하였다. 군인들의 짐을 운반하도록 강제 동원되는 것을 피하여 온 동리가 피난을 간 경우나, 혹은 좀 더 넉넉한 마을에서는 겨울 동안 군인들을 마을 민가에 숙사를 배정하지 않으려고 거액의 돈을 낸 경우도 분명히 기록에 남아 있다.24)

---

22) *The Theodosian Code*, ed. Clyde Pharr (Princeton: Princeton Univ. Press, 1952), sections 8.5.1, 2, 6, 7, 8.1, 11, 66. *The Digests of Justinian* ed. Th. Mommsen (Philadelphia: Univ. of Pennsylvania, 1985), sections 49.18.4; 50.4.18.21-22, 29, 50.5.10, 11; 그리고 Justinian's *Novella* (Constitutions) 16.9, 10; 17.1, 9, 22 (in The Civil Law, trans. S. P. Scott [Cincinnati: Central Trust, 1973]).

23) Tacitus에 의하면, Vitellius가 로마로 진군한 군대에는 병사들보다도 노예들과 비전투종군자(상인, 위안부 등) 수가 더 많았다고 한다(*Hist.* 2.20). 사도행전 10:7에는 백인대장 코르넬리오의 "시중들고 있는 사람들" 가운데 최소한 병사 한 명과 하인 2명을 말하고 있다. 후대의 것에 대해서는 MacMullen, *Soldier and Civilian*, 106, n. 29, 126-27.

24) Michael Grant, *The Army of the Caesars* (London: Weidenfeld & Nicolson, 1974), xxi-xxx; Fiebig, "angareuo," especially Lev. *Rab.* 12; T. B. *Sanh.* 101b; B. *Kam* 38b; *Sota* 10a; *Ber.* 9b; *Yoma* 35b; *Ned.* 32a. Vegetius, *De re militari* 는 로마군 병사의 등짐 속에 있는 내용물들에 대한 상세한 기술과 강제 행군의 엄격함을 말하고 있다 (trans. in *Roots of Strategy*,

약간의 예외가 있긴 하지만, 심각한 경우엔 군단의 사령관이 친히 판결을 하고, 나머지 다른 경우들은 그의 부하들이 적절히 징계를 하여 통솔하도록 하였다. 백인대장(Centurion: 100명을 지휘 통솔하는 장교)은 군기를 단속하는 데 거의 무제한적인 권위를 갖고 있었다. 성문화된 군법(軍法)이 거의 남아 있지 않거나, 있다 해도 매우 후대의 것일 뿐인 기이한 사유는 바로 이런 점을 보면 이해가 된다. 그러나 로마 군대의 역사를 연구하는 사람들은 로마 제국의 기간 동안 군법은 거의 바뀌지 않았다는 점에서 의견이 일치한다.25) 규정된 거리 이상으로 민간인을 징발하여 강제로 짐을 지게 한 군인을 어떻게 처벌하였는지에 관한 기록이 오늘날 남아 있지는 않지만, 그러나 최소한 약간의 힌트는 있다: "만일 겨울 3개월 동안, 캠프를 치고 있거나 아니면 행군 중일 때, 장교든 사병이든 민간인에게 피해를 입혔고, 이를 충분히 그대로 고쳐놓지 않았으면, 두 배로 물어주어야 한다."26) 그러나, 이건 기대한 것보다 훨씬 가벼운 처벌이다. 요세푸스의 논평은 비록 통설적인 인상을 적은 것이긴 하지만 상당히 과장되었다: 로마 군대는 "병영을 이탈한 사병뿐만 아니라 의무를 게을리 한 사병도 사형으로 다스린 군법을 갖고 있었다"(*War* 3. 102-8). 이런 극단적 처벌 외에, 봉급을 깎거나, 밀 대신 보리로 식량을 주거나, 계급을 강등시키거나, 불명예제대를 시키거나, 병영 밖에 천막을 치고

---

ed. T. R. Phillips [Harrisburg, Pa.: Military Service Publ., 1955], 76-88). Josephus 는 "보병 병사는 짐을 나르는 당나귀처럼 잔뜩 짐을 졌다"고 한다(*War* 3.95).

25) "로마 군대의 기강의 중심을 이루는 것은 백인대장(centurion)들인데, 그들은 개인적으로 강압에 의하여 이를 이행하였다"(C. E. Brand, *Roman Military Law* [Austin: Univ. of Texas, 1968], 81, 42). 병사들이 시민들에게 과중한 짓을 했을 때 이를 불평한 시민들의 고발을 판단하는 것은 백인대장의 책임이다(Roy W. Davies, *Service in the Roman Army* [New York: Columbian Univ. Press, 1989], 37, 51, 57, 174). Robert R. Evans, *Soldiers of Rome* (Washington, D. C.: Seven Locks, 1986), 74; G. W. Currie, *The Military Discipline of the Romans from the Founding of the Empire the Close of the Republic* (Bloomington: Indiana Univ. Press, 1928), 10, 12, 161; Abel H. J. Greenridge, "The Provocatio Militiae and Provincial Jurisdiction," *Classical Review* 10 (1896): 226; Richard E. Smith, *Service in the Post-Marian Roman Army* (Manchester: Manchester Univ. Press, 1958); Robert O. Fink, *Roman Military Records on Papyrus* (Cleveland: Case Western Univ. Press, 1971), esp. 383-86; Michael P. Speidel, *Guards of the Roman Armies* (Bonn: Rudolf Habelt, 1978).

26) Maurice, *Strategica* 7.3, my emphasis; cited by Brand, *Roman Military Laws*, 21. 또한 4.10(Brand, 195)도 보라.

머물게 하거나, 사령관의 숙소 밖에서 손에 흙덩어리를 들고 하루 종일 서 있게 하거나, 공공장소에서 맨발로 서 있게 하는 것 등의 처벌이 있었다. 그러나 가장 흔히 처벌하는 방법은 채찍으로 매질하는 것이었다.27)

*angareia*를 악용하지 못하도록 자주 명령을 내린 것을 보아서, 이 점에 대해서는 군기가 느슨하게 제대로 지켜지지 않았음을 알 수 있다. 아마도 병사들은 꾸중 정도를 받았을 것이다. 그러나 문제는 병사들이 이를 위반할 경우 무슨 일이 벌어날지 모르고 있었다는 점이다.

예수가 말하는 것은 바로 이처럼 로마 군대가 점령하고 있던 상황에서 였다.28) 그는 반란을 일으키라고 권하지 않는다. 사람은 병사들에게 "친구처럼" 대하면서, 옆으로 끌어내어, 그 옆구리에 칼을 찌르지는 않는다. 예수는 로마제국의 힘에 대항하여 무장봉기를 하는 것은 아무 쓸데없는 헛일임을 잘 알고 있었다. 그는 분명히 로마에 대한 증오가 폭력으로 비화할 지경에 이른 사람들을 격려하지는 않았다.

그러나 왜 병사의 배낭을 지고 두 배의 거리를 가라는 말인가? 이렇게 하면 오히려 적군을 부추기거나 도와주는 것이 되지 않는가?29) 결코 그렇지

---

27) Brand, *Roman Military Laws*, 104-6. 어쨌든 군법이 시민법보다는 그 처벌에 있어서 언제나 더 혹심하였다. 병사를 처벌하는 102 가지 예들 가운데 40 가지는 사형이다 (Currie, *Military Discipline*, 38).

28) Josephus는 유대 땅을 행군해 지나가는 군대의 예를 들고 이를 방지하려는 유태인 지도자들의 노력을 기술하고 있다(*Ant.* 18:120-24). 그러나 심지어 예루살렘에서도 예수의 십자가를 대신 지도록 동원된 키레네 사람 시몬(눅 23:26. 역자주)에게 했던 것과 마찬가지로 갈릴리에서 온 순례자들을 대하였다. 헤롯(Herod)은 사마리아에 예비군을 육성하고 카이사리아(Caesarea)에 주둔시켰고, 그의 아들 헤롯 안티파스(Herod Antipass)는 갈릴리에 군대를 조성하여 로마주둔군과 나란히 배치하였는데, 이들이 툭하면 강제노역 징용을 하였다. 수시로 우편물 배달, 군대 배치, 군수보급품들이 이집트와 시리아 사이의 팔레스타인 지역을 통과했다. 로마 병사들은 또한 카라반(약대 상인들)과 동행하며 강도들의 약탈을 방지하는 경찰 역할도 했다. George Leonard Chessman, *The Auxilia of the Roman Imperial Army* (Hildesheim: Georg Olms Verlag, 1971), 161-63.

29) 에픽테투스(Epictetus)는 강제노역 징용에 대하여 마태복음에서 예수께서 하신 충고와는 정 반대 되는 수동적 복종을 예로 들었다. "너는 너의 몸을 마치 짐을 잔뜩 실은 나귀처럼 취급해야한다. .... 그리고 만일 강제징용을 당하거나(*angareia*), 군인이 뭔가를 잡으면 놓아주고 반항(*antiteine*)하거나 불평하지 말라. 만일 저항하거나 불평하다가는 너는 얻어맞거나 나귀까지도 빼앗기고 말 것이다"(*Disc.* 4.1.79). *angareia*(강제징용)가 군대들에 의하여 악용된 것에 대하여는, Ramsey MacMullen, *Soldier and Civilian*, 85-86;

않다. 앞의 두 경우에서와 마찬가지로, 여기서도 문제는 당분간 조건이 바뀌어 질 수 없는 상황에서, 어떻게 억압받는 사람들이 그들의 인간적 존엄성을 유지하고 주도권을 회복할 수 있는가 하는 것이다. 규칙은 로마황제의 규칙이지만, 그런 규칙에 어떻게 반응하느냐 하는 것은 하느님의 규칙이며, 이에 대해서는 로마황제라도 권력을 행사할 수 없다.

1마일을 다 가서 다음 마일 도로표지가 있는 곳에 이르러, 이제 로마병사가 배낭을 돌려받게 되었는데, 민간인이 말하기를, "아니요. 내가 1 마일을 더 지고 가지요" 하고 말했을 때, 그 로마병사의 표정이 얼마나 놀랄지 상상해 보라. 왜 이 녀석은 이렇게 하려는 것일까? 무슨 짓을 하려는 속셈인가? 보통이라면 로마병사들이 사람들에게 자기들의 짐을 지고 가라고 강요하는 것이지만, 이 유태인은 자진하여 기뻐하면서 멈추지 않고 더 가겠다니! 이거 도발하는 거야 뭐야? 이 친구 로마군단의 힘을 모욕하는 건가? 친절을 베푸는 것인가? 징발의 규칙을 어겼다고 내가 얼차려를 받도록 만들 셈인가? 이 민간인이 불평신고를 할 것인가? 문제를 복잡하게 만들 작정인가?

굴종적인 징용의 상황에서 억압받는 자들은 돌연히 주도권을 잡게 되었다. 그들은 선택의 능력을 되찾았다. 희생자의 반응에 대한 예상이 빗나가자 그 병사는 평정을 잃어버렸다. 이런 식으로 문제를 겪어본 일은 일찍이 없었다. 예전에 경험이 없었던 일에 대하여 이제 그 병사는 뭔가 결정을 내려야 한다. 그 전까지는 피정복자들에 대한 우월감을 즐겼었는데, 오늘은 더 이상 이를 즐길 수가 없게 되었다. 로마군 보병이 그 유태인 짐꾼에게서 자기 짐을 되돌려달라고 사정한다고 한번 상상해보자. 이런 장면의 유머는 오늘 우리들로선 느낄 수가 없겠지만, 예수의 말씀을 듣는 자들로서는 그들의 억압자들을 당황하게 만들 것을 예상만 해도 즐거워해 마지않았을 것이다.

예수는 유태인들에게 하늘에 상금을 쌓기 위해서, 혹은 직무 이상으로 일하는 경건함을 훈련하라고, 아니면, 그 병사를 친절한 행동으로 죽이라고, 그래서 두 곱절 거리를 걸어 가주라고 격려한 것이 아니다. 예수는 억압받는 사람들에게 전 로마제국에서 비난이 자자한 골치 아픈 관행을 무효로 만들

그리고 M. Rostovtzeff, *The Social and Economic History of the Roman Empire*, 2d ed. (Oxford: Clarendon Press, 1957), 1:424, 2:721-23 nn. 45-47을 참조하라.

고, 또 그에 대해 항거하는 방법을 도와주려고 한 것일 뿐이다. 그는 세계를 초월하는 영적인, 그리고 비정치적인 메시지를 주려고 한 것이 아니다. 그는 제국의 손아귀에 사로잡혀 있거나, 혹은 사회의 밑바닥에 있는 사람들이 그들의 인간성을 회복하는 방법을 배우도록 하기 위해, 이 세상 속에서의 영성(worldly spirituality)을 가르치고자 한 것이다.

우리는 예수의 권고를 보복을 위한 것으로 쉽게 악용할 여지가 있다. 그러기에 그 권고는 원수를 사랑하라는 명령과 분리해서는 안 되는 것이니, 마태복음과 누가복음 모두 이 두 가지를 밀접히 연결시켜 놓았다. 그러나 사랑은 법의 힘을 빌려, 그 법이 지니고 있는 억압적인 추진력(운동량)을 이용하여 그 병사가 일찍이 경험하지 못했던 불확실하고 불안한 지경으로 던져버리는 것에 반대하지 않는다.

그런 복수를 획책하는 전술은 결코 두 번 다시 또 써먹을 수는 없다. 가령 예수가 유발시킨 사태가 지난 며칠 후, 당국자가 새로운 법을 통과시킨다고 생각해 보라. 즉 이번엔 법정에서 벌거벗는 것에는 벌금을, 규정된 거리보다 더 짐을 운반해주겠다는 것에는 매질을 하도록 새로운 법을 통과시킬 것이다. 상대방을 정신 못 차리게 평정을 잃게 하려면, 새로운 전술을 그때마다 즉석에서 만들어 내도록 창조적이어야만 한다.

주인 앞에서는 굽실거리면서 평생을 살아온 사람들에게, 예수는 노예적 행동과 노예적 정신 상태에서 해방되도록 새로운 길을 제시한다. 그리고 그는 혁명이 일어나기 **전에도** 그들이 그 일을 할 수 있다고 주장한다. 즉 로마제국이 전쟁에 패하고, 농사꾼들이 땅을 갖게 되고, 노예들이 해방될 때까지 기다릴 필요도 없다. 그들은 옛 질서가 바뀌지 않은 상황 아래서도 지금 당장 인간성을 되찾으며 존엄성을 갖고 행동할 수 있다. 예수의 하느님 나라가 곧 임박했다는 생각은 사회적인 관련을 지녔다. 하느님의 통치는 이미 이 세계 속으로 깨뜨리고 들어오고 있으며, 그 나라는 위에서부터 부과되는 것이 아니라, 마치 **누룩**이 빵 덩어리를 부풀게 하듯이 그렇게 온다(마 13:33/눅 13:20-21). 비폭력에 대한 예수의 가르침은 이처럼 하느님 나라가 동터온다는 그의 선포와 동일한 것이다.

1세기 팔레스타인의 상황에서는, 로마제국에 대한 정치적 혁명은 66-70

년에 있었던 사건이 증명하듯이, 단지 대 참사가 되고 말뿐이다. 예수는 무장 봉기를 제언하지 않는다. 그러나 리챠드 호슬리가 지적했듯이, 그는 **사회적 혁명**의 기초를 놓았다. 그러나 사회적 혁명이 수용의 한계에 도달하면 그만 정치적이 되고 만다. 이게 바로 기독교 교회가 로마제국을 아래에서부터 솟아올라 압도하고 나니까 실제로 그렇게 되었던 것이다.30)

또한 농부들이나 노예들은 정면으로 공격하여서 경제적인 체제를 변화시킬 수 있는 자리에 있지 않았다. 그러나 그들이 이미 회복한 존엄성과 자유에 의해 행동함으로써, 그런 행동의 궁극적인 결과는 마침내 혁명적이 될 것이다. 그 결과를 위하여, 예수는 자진하여 빚을 면제해주라고 거듭거듭 말했다.31)

그렇다면 마태 5:42/누가 6:30/도마 95에서 **빚(부채)**에 대하여 말한 것이 이런 부분에 첨가된 것은 지극히 당연하다. 예수는 그의 청중들에게 권면하기를, 돈으로 자선을 베풀고, 위험을 각오하면서라도 돈을 빌려주라고, 그리고 빌려주되 이자를 받을 생각은 말라고, 심지어는 원금까지도 되돌려 받을 생각을 말라고 하였다.32) 그처럼 극단적으로 평등하게 나눔이 가난한 팔레스타인 농부들을 그들의 역경에서 구원하기에 필요하였을 것이다. 즉 그토록 놀라운 너그러움을 실행해야 할 이유로서 임박한 역사의 종말을 내세울 필요는 없다. 그리고 이런 일은 새로운 것도 아니다. 즉 예수는 율법서(Torah) 속의 안식년(sabbatical year)에 관한 계명을 새로운 상황에 알맞게 적용시켜 지키라고 이스라엘을 향하여 예언적인 권고를 했을 뿐이다.33)

---

30) Horsley, *Jesus and the Spiral of Violence* (San Francisco: Harper & Row, 1987), 318-26.
31) Sharon H. Ringe, *Jesus, Liberation, and the Biblical Jubilee*, Overtures to Biblical Theology (Philadelphia: Fortress, 1985).
32) 구체적인 상황에서 예수가 그런 행동을 제안하였다는 것은 부자청년의 이야기에 잘 설명되어있다 (막 10:17-22, 병). 같은 종류의 해방시키는 관대함이 눅 7:41-42; 10:35; 막 10:23-31 병행구들에서도 보인다. Douglas E. Oakman, *Jesus and Economic Questions of His Day* (Lewiston: Edwin Mellen Press, 1986), 166, 215-16도 참조.
33) 42절의 보다 원래 있었던 번역은 누가복음 6:35–"그러나 되받을 생각을 말고 꾸어주어라,"와 도마복음서 95–"네가 만일 돈이 있으면 이자 받을 생각으로 빌려주지 말고, 주되....그에게서 되받을 것을 기대하지 말고..."에 잘 보존되어있다. 마태복음에서는 희사, 혹은 돈을 꾸어줌으로 부드럽게 격려되었던 것이 그에 앞선 누가복음이나 도마복음서에서는 매우 놀라운 명령으로 나타난다: 이자를 받지 못해도 꾸어 주라. 되돌려 받을 희망

진정한 공동체를 회복하기 위해서는 그런 극단적인 나눔이 필요했을 것이다. 왜냐하면 예수가 주장하는 권세들에 대한 위험한 도전은 불가피하게도 개인에 대한 경제적 보복과 육체적 처벌을 낳았을 것이었기 때문이다. 그들은 경제적 지원이 필요했을 것이다. 마태복음에서(5:42), "달라는(*aitounti* 반드시 "구걸"을 뜻하는 것은 아님) 사람에게 주라"고 한 말은 간단히 말해서 이런 상호간의 생계를 위한 필요를 가리키는 것이었으리라. 압도적인 이자와 세금들 때문에 농사꾼들은 고립되어, 하나씩 하나씩 파멸하고 만다. 이게 바로 제국주의의 "분열시켜놓고 다스리기"(Divide and Rule)라는 전형적인 전술이었다34).

예수의 해결책은 유토피아(Utopia)를 지향하는 것도 아니고, 그렇다고 세상이 끝장나는 종말(Apocalypse)을 지향하는 것도 아니다. 그것은 단순한 현실주의(realism)였다. 유태인 농사꾼들의 경제적 쇠퇴를 중지하거나 혹은 거꾸로 돌려놓는 데는, 무엇보다도 현찰로 보조금을 주는 경제적 평등을 회복하고, 고리대금과 빚을 완전히 없애는 것보다 더 중요한 것은 없다. 실제로 사도행전에 의하면 초대교회 공동체에서 이를 실행했던 것이었다.35)

정확히 누구의 독창성에 의한 것이었는지에 관해서, 마태 5:39b-41에 있는 비무장 정면 행동의 예들은 예수에게서 나온 것처럼 보인다. 1세기뿐만 아니라 인류의 전체 역사 속에서도, 일찍이 억압자들에게 도전하기 위하여 뺨을 돌려대거나, 법정에서 옷을 벗고 알몸이 되거나, 혹은 등짐을 두 곱절거리나 더 지고 가서 병사를 위태롭게 하는 것을 주장한 사람은 아무도 없었다. 처음 3세기 동안 초대교회는 예수의 비폭력 명령을 지켰다. 그러나 초대

이 없는 자에게도 꾸어 주라. "예수를 따르는 자들이 이자를 받지 않고도 꾸어줄 뿐만 아니라, 그냥 내어준다. 만일 그렇다면, 그 말씀의 극단적인 내용이 진짜임을 암시한 다"(R. McL. Wilson, *Studies in the Gospel of Thomas* [London: Mowbray, 1960], 128).

34) Horsley, *Jesus and the Spiral of Violence*, 32.
35) 행 2:43-47; 4:32-5:11; 6:1. 이들 기록들은 아마도 이상화 되었을지는 몰라도 결코 순전히 지어낸 말들은 아니다. 예루살렘 교회가 잘 알려진 대로 매우 가난하였던 점은 아마도 재물의 분배에 대한 예수의 엄격한 교훈과 곧 다가올 역사의 끝 날에 대한 교회의 믿음이 뒤섞여서 이루어진 의도되지 않은 결과였을 것이다. 그래서 초대 공동체에서는 공산사회의 경제적 협정에 의하여 나누어 쓰기보다는, 현금을 다 써버리고 그때그때 생기는 대로 살아가느라고 곧바로 매우 궁핍하게 되었다.

교부들은 말할 것도 없고, 초대 교회 그 어디에서도 그 독창성이나 유머러스 함에 있어서 이것들과 유사한 말을 발견할 수가 없다. 사실상 이런 말씀들이 너무도 극단적이고, 전례가 없고, 위협적이라서, 그 의미를 처음으로 파악하기 위해서 지금껏 모든 세기를 지내야만 했을 정도이다.

주제 선언: 악을 그대로 닮지 말라(Do Not Mirror Evil)

더욱 어려운 것은 마태 5:39a에 있는 단어 *antistēnai*의 뜻이다. 영어성경에는 거의 모두 "저항하다"(resist)로 번역되었다(NRSV: "Do not resist an evildoer"). 이 번역어의 뜻은 물론 잘 입증되어 있지만, 그러나 이 본문에서 이 번역어를 사용하는 것은 받아들일 수 없다. 순전히 논리적인 이유에서, "저항하지 말라"(resist not)는 것은 그 다음에 뒤를 따르는 세 가지 예들에 나오는 능동적인 비폭력 행동들에 잘 맞지 않는다. 왜냐하면 이들 세 가지 예에서 예수는 억압에 저항하는 전략을 알려주고 있는데, 그 예수가 같은 입으로 사람들에게 저항하지 말라고 권면했다면, 전체적으로 조화가 안 되는 모순이기 때문이다. 마태 기자가 그 단어를 덧붙였을까, 아니면 잘못 번역된 것일까?

마태 5:39a는 또한 잘못된 선택 대안을 제시하는 것처럼 보인다. 즉, 악을 저항하든지, 혹은 저항하지 말든지, 다시 말해서, 맞붙어 싸우든지 혹은 도망치든지(Fight or Flight), 둘 중에 하나를 선택하도록 제시하는 것처럼 보인다. 다른 가능성은 존재하지 않는 것처럼 보인다. 즉 만일 예수가 우리들에게 저항하지 말라고 명령한다면, 우리들의 유일한 선택은 억압 앞에서 수동적이 되거나, 공범이 되거나, 혹은 항복하는 것이다. 악에게 복종하는 것이 하느님의 뜻인 것처럼 된다. 이것이 바로 대부분의 기독교인들이 이 본문을 해석해왔던 방식이다. "다른 뺨을 돌려대라"는 말씀은 누가 우리에게 폭력적으로 행동하면 무기력하게 굴종하라고 명령한 것으로 이해되었다. "네 속옷도 벗어 주어라"는 말씀은 불의의 면전에서 기운 없이 걸어가도록, 그리고 손에 지닌 마지막 것까지 넘겨주라고 사람들을 격려하였다. "두 배 거리를 짐을 지고 가 주어라"는 말씀 역시 "너 자신이 크게 아량을 베풀어라"는 것과 다름없는 진부한 뜻으로 변하고 말았다. 즉 억압을 받는 자들로 하여금 억압자들에게 저항하도록 격려하기보다는, 이들 혁명적인 발언이 자신에 대한 약탈을 약탈자와 공모하라는 명령처럼 들렸다.

그러나 번역자들은 *anthistēmi*라는 단어가 얼마나 자주 군사 용어로 사용되었던가를 주목하지 못했다. 저항은 "반격"을 뜻하는 것으로, 누군가가 시작한 적대행위에 대한 반응이다. 리델-스코트(Liddell-Scott)는 *anthistēmi*를 "특히 전쟁에서 맞서는 것, 항거하는 것"이라고 정의했다. 에베소서 6:13은 그 군사 용어로 사용한 좋은 예다. "그러므로 지금 하느님의 무기로 완전무장을 하십시오. 그래야 악한 무리가 공격해 올 때에 그들을 대항하여(*antistēnai*, 문자적으로는 원수를 향하여 전열을 정하다) 원수를 완전히 무찌르고(*stēnai*, 문자적으로는 전열을 좁히고 싸움을 계속하다) 승리를 거둘 수 있을 것입니다." 그 단어는 70인역 성경(LXX)에서는 주로 전쟁에서 무력 저항하는 데 사용되었다(71번 가운데 44회). 요세푸스는 *anthistēmi*를 17번 가운데 15회는 폭력적 투쟁에 사용하였고, 필로는 10번 가운데 4회 그런 의미로 사용했다. 제임스 더글러스가 지적한 것처럼, 예수의 이 대답은 로마제국에 대한 무장투쟁이라는 긴박한 문제를 배경으로 한 것이다. 그런 상황에서 "저항"이란 단어는 곧 "죽음에 이르는 폭력"이라는 단지 한 가지 뜻만 가질 수 있을 것이다.36)

간단히 말해서, *antistēnai*가 마태 5:39a에서는 단지 "맞서다" 또는 "저항하다"란 뜻보다 더 많은 것을 의미한다.37) 그것은 **폭력적으로** 저항하다, 폭동을 일으키다, 혹은 반란을 일으키다, 저항하여 봉기한다는 뜻이다. 이 본문의 문맥이 지닌 논리상 그런 뜻을 요구한다. 즉 한편으로는, 무기력하게 네가 받는 억압에 공범자가 되기를 계속하지 말라. 그러나 다른 한편, 그 억압에 폭력적으로 반응하지 말라. 그보다는, 제 3의 길, 즉 굴종도 아니며 폭력적

---

36) James W. Douglass, *The Non-Violent Cross* (New York: Macmillan, 1968), 193.
37) *Stasis*는 *stenai*의 명사형으로서 군대용어에서 적군에 대항하여 "맞섬, 저항"을 뜻한다. 이것에서 연장하여 "선동적인 목적으로 이루어진 당파, 선동, 봉기" 등을 뜻하기도 한다. 영어성경 NRSV에서는 *stasis*를 막 15:7 "민중 폭동(insurrection)"으로 (눅 23:19, 25에서도 마찬가지), 행19:40에서도 "폭동, 소요(rioting)"로, 행 23:10에서는 "폭력적인 의견충돌(violent dissension)"로 번역하였다. *anthistēmi*의 군대용어 사용 및 그 같은 어족에 대한 논의는 Walter Wink, "Beyond Just War and Pacifism: Jesus' Nonviolent Way," *Review and Expositor* 89 (19992): 197-214를 참조하라.

반격도 아닌, 도망치는 것도 아니요 싸우는 것도 아닌, 그래서 너의 인간적 존엄성을 확보할 수 있고, 혁명 이전에 지금이라도 힘의 평형상태를 변화시키는 길을 찾아보자. 너의 뺨을 돌려대라. 그리하여 손등으로 너를 때리는 사람에게 그가 너를 굴종시켜 수치스럽게 만들자는 의도가 실패했음을 알리자. 옷을 홀랑 벗어주고 알몸으로 법정에서 걸어 나와라. 그리하여 법의 힘과 전체 부채의 경제를 들어올려, 이를 유도(柔道)하듯이 홱 뒤집어서 법의 익살 연극을 벌이자. 한 마일을 더 걸어주자. 그리하여 점령군에게 그들의 통제에 돌연한 도전을 벌여 그들을 놀래주자. 물론 이것들은 법적으로 따라야 할 규칙들은 아니고, 새롭고 변화된 환경 속에서 무한히 다양한 창조적 대응을 자극하여 일으키는 예(例)들이다. 그것들은 유머와 조롱으로 비인간화의 사슬을 끊어버리고, 체제의 불의함을 폭로하는 것이다. 그것들은 억압자로 하여금 가난한 사람들을 새로운 빛에서 보도록 강요할 수 있는 일말의 주도권을 가난한 사람들에게 회복시켜준다.

이런 저항에 대한 말씀의 원형이 신약성경 서신들에 가장 잘 보존되어 있다고 의심할 상당한 이유가 있다. 바울의 다른 어느 서신보다도 로마서 12장에는 예수의 가르침에 대한 암시가 더 많이 발견된다. 몇 개를 보면,

> 12:14--"여러분을 박해하는 사람들을 축복하십시오. 저주하지 말고 복을 빌어 주십시오"; 참조. 마 5:44/눅 6:28.
> 12:15--"기뻐하는 사람이 있으면 함께 기뻐해 주고, 우는 사람이 있으면 함께 울어 주십시오"; 참조. 마 5:4, 12/눅 6:21, 23.
> 12:17--"아무에게도 악을 악으로 갚지 말고," 12:21--"악에게 굴복하지 말고 선으로써 악을 이겨내십시오."; 참조. 마 5:39a.

데살로니카 전서 5:15("여러분 중에는 악을 악으로 갚는 사람이 하나도 없도록 하고")와 베드로 전서 3:9("악을 악으로 갚거나, 욕을 욕으로 갚지 말고, 도리어 축복해 주십시오")가 로마서 12:17과 같은 말씀을 보존하고 있다. 아마도 여기서 보는 것은 초기에 확정된 교리문답 전승으로서, 가장 일찍 씌진 서신서들보다도 먼저 확정된 것으로 보인다.38) 따라서, 비폭력에 대한 가르침은 분명히 유태 전쟁(Jewish War)보다도 앞선 것으로서, 그 전쟁에 대한 반작용으로 나온

것이 아니었다.

"아무에게도 악을 악으로 갚지 말라"(롬 12:17)는 표현은 마태 5:39a에서 우리가 발견한 뜻을 그대로 전하고 있다. 즉 "악을 그대로 반사하지 말라" (Do not mirror evil). 마태 5:39a-41에 나오는 예들은 사실상 그런 뜻을 미리 전제하고 있다. 이 옛적의 교리문답 전승이 원래부터 마태의 전승을 이어받은 것일까? "악을 악으로 갚지 말라"는 것과 "무력으로 악을 저항하지 말라"는 것이 같은 뜻을 가진 것이라면, 이 둘은 같은 전승의 단지 서로 다른 판본들인가?

우리는 이제 처음으로 그 질문에 조심스럽게 "그렇다"고 대답할 수 있다. 죠오지 하워드 는 최근에 마태복음의 초기 히브리어 본문이라고 여겨지는 것을 발견하였는데, 거기서는 마태 5:39a가 "그러나 나는 이렇게 말한다. **악을 악으로 갚지 말라**"39)라고 읽혀진다. 만일 이 새로 발견한 것이 하워드

---

38) Victor Paul Furnish, *The Love Commandment in the New Testament* (Nashville: Abingdon Press, 1972), 106; C. E. B Cranfield, *The Epistle to the Romans,* International Critical Commentary, 2 vols. (Edinburgh: T. & T. Clark, 1975-79), 1:645. 비기독교적 병행자료에 대해서는 William Klassen, *Love of Enemies,* Overtures to Biblical Theology (Philadelphia: Fortress Press, 1984), 115-16 and 130 nn.5-8을 참조하라. 실제로 병행되는 단어들의 표현이 놀랍다:

   medeni   *kakon anti kakou*   *apodidontes* (롬 12:17)
   me....   *kakon anti kakou .....* *apodo*   (살전 5:15)
   me apodidontes kakon anti kakou   (벧전 3:9)

Joseph and Asenath 23:9; 28:5, 14; and 29:3 모두 동일한 반복 "악을 악으로" 갚지 말라고 되어 있는데, 그 시기는 확실치 않다(기원전 1세기-기원후 2세기 경); 또한 *Apocalypse of Sedrach* 7:9 (세드락의 묵시록) (*OT Ps.*, 1:611--150-500 C.E.). 또한 예수의 말씀에 대한 상당히 유력한 언급이 *The Acts of Andrew and Matthias in the City of the Cannibals* 26, ed. and trans. Dennis Ronald MacDonald (Atlanta: Scholars Press, 1990), 139에 있는데, 안드레아가 복수하기보다는 차라리 고문을 견디는 고통을 당하는데, 이는 "당신이 말씀하시기를 '그들의 불신앙에 *똑같이 대응하자*(respond in kind) 말라'고 하신 명령 때문"이다 (사선체는 나의 강조).

39) George Howard, *The Gospel of Matthew according to a Primitive Hebrew Text* (Macon: Mercer Univ. Press, 1987), 20-21. Howard는 이에 더하여 주의하기를 ("The Textual Nature of Shem-Tob's Hebrew Matthew," *Journal of Biblical Literature* 108 [1989]:253-54) 마태복음의 Shem-Tob 히브리어 역본 산상수훈(山上垂訓: Sermon on the Mount)에는 누가복음에는 아예 그 병행구절이 없든지, 혹은 누가복음의 다른 장소에 그 병행구절이 나타나는 곳에서 16 차례나 "예수가 그의 제자들에게 말하였다"(Jesus said to his disciples)라는

가 주장하듯이 그렇게 오래된 것이라면, 이는 우리가 추측한대로 마태 5:39a, 로마서 12:17의 교리문답적인 말씀, 데살로니카 전서 5:15, 그리고 베드로 전서 3:9 등이 모두 사실상 같은 전승에서 나온 것이라는 점을 강화시켜준다.40) 그리고 이 본문이 하워드가 주장한 것처럼 그렇게 일찍부터 있었던 것이 아니라고 할지라도, 어느 시대부터였든 이 본문이 존재해왔다는 것은 곧 적어도 한 히브리 사본의 "악을 악으로 갚지 말라"는 표현이 마태 5:39a를 읽는 올바른 방법임을 증명한다.41)

만일 이런 식의 주장이 옳다면, 39절a의 원본은 아마도 "악을 악으로 갚지 말라"에 가까운 것이었으리라. 이것이 39a-41 전체가 요구하는 의미이

말이 끼어들었음을 지적하였다. 이는 도마복음서 같은 내용의 서론이 모두 빠져서 전체적으로 보다 매끄럽게 만든 우리의 그리스어 정경 마태복음보다 히브리어 마태복음이 훨씬 먼저 있었음을 반영하는 것 같다. 이게 만일 사실이라면, 가장 오래된 원래 말씀은 "악을 악으로 갚지 말라"(Do not return evil for evil.)이었음의 또 다른 확증이 될 것이다.

40) 칼빈(Calvin)은 이미 직관적으로 이렇게 읽어내었다(*On a Harmony of the Evangelists* [Grand Rapids: Wm. B. Eerdmans, 1949], 1:298). Pseudo-Chrysostom은 "악에 저항하지 말라"(resist not evil)와 "악을 악으로 갚지 말라"(do not render evil for evil)를 같은 것으로 여겼다(Thomas Aquinas, *Commentary on the Four Gospels* [Oxford: James Parker, 1894], 197에 인용됨). 마찬가지로 현대의 주석가들 Pinchas Lapide (*Sermon on the Mount*, 134), 그리고 G. H. C. Macgregor (*The Relevance of an Impossible Ideal* [London: Fellowship of Reconciliation, 1960], 48) 도 그러하다. 또한 Christian Common Bible (Queson City, Philippines: Claretian Publications, 1988) 도 "Do not oppose evil with evil"(악을 악으로 맞서지 말라)고 썼다. 매우 조심스럽게 주석을 하면서, David Wenham도 마태복음의 "Do not resist evil"(악에 저항하지 말라)과 바울/베드로의 "Do not return evil for evil"(악을 악으로 되돌려 갚지 말라)이 예수의 똑같은 말씀을 달리 표현한 것으로 결론하고, 후자가 보다 원래의 말씀이었다고 주장한다("Paul's Use of the Jesus Tradition: Three Samples," in *Gospel Perspectives*, vol. 5. *The Jesus Tradition Outside the Gospels*, ed. Wenham [Sheffield: JSOT Press, 1985], 18-19).

41) 가장 오래된, 그리고 아마도 옳은 해결 방법은 마태 5:39a를 마태 기자가 첨가해 넣은 것으로 보는 것이다. *poneros*란 단어는 확실히 마태가 매우 좋아했던 말이다 (마태에 26번, 마가에 2 번, 누가에 13번 나오는데, 마태에선 12 번을 Q 형식으로 사용하고 있다). 산상수훈에서 대조되는 반대구절들은 그것들의 각자의 역사적 전승이 어떻든 전체적으로 마태 자신이 넣은 것이다. 마태는 39a 절에서 단지 "그러나 나는 너희에게 말하노니..." 하고 덧붙여 말하면서 반대의 형식에 맞게 적응시킨다. 그래서 "악한 사람에게 앙갚음하지 말라" 는 내용의 출처는 여전히 문제. 상당한 확신을 가지고 우리가 말할 수 있는 것은 "악에게 폭력적으로 저항하지 말라"(Do not resist evil violently)와 "악을 악으로 되갚지 말라"(Do not return evil for evil)란 말이 모두 같은 내용을 표현한 것이라는 점이다. 즉, 악에게 저항하되 그 대신 악하게 되지 말라는 영적인 도덕률이다.

다. 마태 5:39a-42에서 예수가 든 예들의 논리는 무행동(inaction)과 과잉반응(overreaction), 항복과 살인적인 대응폭력(對應暴力 counterviolence)을 넘어서서, 새로운 대응, 곧, 사랑의 도가니에 불을 질러서 억압받는 자들을 악으로부터 해방시키고, 마찬가지로 억압하는 자들도 죄에서 자유롭게 만드는 새로운 대응이다. "악에게 폭력적으로 대응하지 말라, 악을 같은 악으로 되갚지 말라, 악으로 하여금 너의 반대하는 조건들을 지정하게 하지 말라, 폭력이 너를 똑같이 흉내내는 적대감으로 끌어들이게 하지 말라."--이것은 오래 전부터 알려져 있는 혁명적인 원칙인데,42) 이를 예수는 권세들과 비폭력적으로 겨루는 것의 근본으로 명쾌하게 표현했던 것이다.

아마도 우리가 논의하고 있는 이런 대안적인 내용들을 도표를 쓰면 보다 생생하게 나타낼 수 있을 것이다.

예수의 제 3의 길(Jesus' Third Way)

* 도덕적인 주도권을 잡아라.
* 폭력에 대한 창조적인 대안을 발견하라.
* 당신의 인격과 존엄성을 주장하라.
* 폭력에 조롱이나 유머로 맞서라.
* 굴욕과 창피의 악순환을 끊어라.
* 열등한 위치를 수용하기를 거부하라.
* 체제의 불의함을 폭로하라.
* 권력의 역동성을 장악하라.
* 억압자가 회개하도록 수치스럽게 만들어라.

---

42) 기원전 1700-1600 연대의 바빌론의 격언은 놀랍게도 예수의 말과 비슷하다: "당신과 다투고 있는 사람에게 악으로 되돌려 갚지 말라. 당신에게 악을 행하는 사람에게 친절함으로 갚아 주어라. 당신의 원수에게 정의를 행하라. 당신의 적대자에게 웃음을 보여라. ... 당신의 마음을 악에 물들지 않게 하라"(W. G. Lambert, *Babylonian Wisdom Literature* [Oxford: Clarendon Press, 1960], 101, lines 36-38). *Enuma Elish* 신화의 고장 중심에서 나온 이런 정서는 남성통치적 제도로부터 어느 정도로 벗어나는 것이 가능한 지를 보여 준다.

* 당신의 입장에 확고히 서라.
* 권세들로 하여금 그들이 미처 준비하지 못한 결정을 하도록 만들어라.
* 당신 자신의 능력을 인정하라.
* 복수를 하려고 하지 말고 차라리 기꺼이 고난을 당하라.
* 억압자로 하여금 당신을 새로운 빛에서 보도록 만들어라.
* 억압자가 그의 힘을 보이는 것이 효과적인 상황을 제거하라.
* 부당한 법은 위반하고 기꺼이 처벌을 받아라.
* 케케묵은 질서와 규칙들을 두려워하지 말라.
* 억압자의 변화를 찾아라.

회피(Flight)	투쟁(Fight)
굴종(Submission)	무장 폭동(Armed revolt)
무저항(Passivity)	폭력적인 반란(Violent rebellion)
철회(Withdrawal)	정면 보복(Direct retaliation)
항복(Surrender)	복수(Revenge)

간디(Gandhi)는 독립을 위한 투쟁에 무기를 들고 기꺼이 싸울 각오가 된 사람이 아니면 자기와 동조하지 말라고 주장했다. 그들은 자기들이 즐기지 못했던 것을 자진하여 단념할 수가 없었던 것이다. 사람은 "회피"(Flight)로부터 직접 "예수의 제 3의 길"로 넘어갈 수가 없다. 단지 자기 자신의 폭력에 대한 내적인 능력을 발견하기 위해서, "투쟁"(Fight)의 단계를 거칠 필요가 있다(다음 쪽의 그림을 보라). 정말로 폭력적이 될 필요는 없지만, 그러나 불의에 대하여 분노를 지니고, 그래서 기꺼이 싸울 각오와, 필요하다면, 그것의 근절을 위하여 죽음도 불사할 각오가 필요하다. 그래야만 비로소 그런 사람은 폭력을 비난하고 능동적인 비폭력을 기꺼이 받아들일 수가 있다.

자기 자신의 내적인 폭력성을 아직 알지 못하는 사람들 옆에서 비폭력 투쟁을 벌이는 것은 위험하다.43)

---

43) A. J. Muste는 사람은 평화주의자가 되기 이전에 먼저 혁명가가 되어야 한다고 주장했다. "비혁명적 평화주의자란 말은 언어도단이다" ("Pacifism and Class War"(1928), in *The*

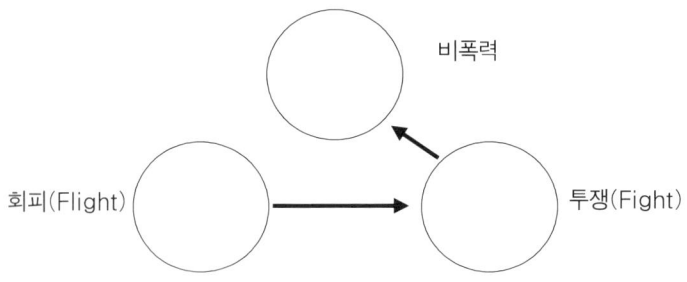

　예수의 제 3의 길은 진공 속에서 생겨난 것이 아니었다. 그것은 이스라엘의 이상화된 거룩한 전쟁(聖戰)의 논리적인 발전이었다. 그 발전은 (1) 굴복에서 (2) 거룩한 전쟁에로, 그리고 (3) 예언자적인 평화 만들기로 움직여간다. 폴 발리에르(Paul Valliere)가 본대로, 히브리 성경 창세기의 창조 설화는 그 지역 그 시절의 다른 창조 설화와 비교해보아도 확실히 비상한 점이 있는데, 이는 정확히 말해서 전쟁을 사물의 본성으로 보지 않았기 때문이다. 헤시오드(Hesiod)의 『신통보』(神統譜 *Theogony*)나, 바빌론의 창조신화 에누마 엘리쉬(*Enuma Elish*)에서와는 달리, 전쟁은 세상을 정복하는 수단이 아니었다. 처음부터 평화가 우주의 규범이었다. "거룩한 전쟁"은, 히브리 노예들을 싸우지도 않고 이집트에서 해방시키는 하느님의 통치 행위로 설화에 들어왔다. 하느님, 그리고 오직 하느님만이 그들을 대신해서 싸웠다.

　하느님은 칼을 써서가 아니라, 말벌, 공포, 공황, 혹은 질병을 이용하여 가나안 원주민들을 몰아냈었다(출 23:28; 신 7:20; 수 24:12). 여리고의 성벽은 군사작전에 의한 것이 아니라(비록 마지막 소탕작전은 히브리 군사들에 의하여 수행되었지만--여호수아 6장) 종교적 의식 후에 무너졌고, 하느님이 횃불과 나팔로 무장한 300명의 병사를 가지고 미디안 군대를 정복하였다(판관기 7장). 전쟁 노획물품을 파괴시킴으로써 그것들을 하느님께 드리는, 이른바 "금지령"도 전쟁의 결과를 즐기려는 데 대하여 극도의 금욕적인 제한을 가하는 것으로 볼 수 있다.(그것은 또한 이스라엘의 신학과 정치에 구원하는 신화가 얼마나 깊이 침투하였는지를 보여주는 것이기도 하다.) 적어도 이스라엘의 성찰의 한 부류는 거룩

Universe Bends Toward Justice: A Reader on Christian Nonviolence in the U. S, ed. Angie O'Gorman [Philadelphia: New Society Publishers, 1990], 113).

한 전쟁을 하느님의 이름으로, 혹은 하느님의 이름을 위하여 싸운 전쟁이 아니라, **하느님이 홀로 싸우는 전쟁**으로 생각하였다.

왕조로 기울어지자, 이스라엘은 정치적 전쟁들을 벌이기 시작했고, 거짓 선지자들은 이를 거룩한 전쟁이라고 합법화하려고 했다. 이스라엘은 하느님보다는 군사적인 힘을 신뢰하였고(호 10:13), 그러나 하느님은 계속하여 백성들을 구원하고자 했지만, "칼이나 전쟁이나 말이나 기마병들에 의존하지 않았다"(호 1:7, 또한 슥 4:6을 보라). 참된 선지자들의 특별한 공로는 거룩한 전쟁을 정치적인 전쟁으로 만들기를 거부했다는 점이다. 이 때문에 그들은 가끔 믿음이 없는 이스라엘에 **맞서서** 하느님이 거룩한 전쟁을 벌였다고 선포하기도 했다.44) 그들은 이스라엘을 위하여 싸우시는 하느님께 철저한 의존을 지속하면서도, 동시에 국가 상비군을 유지하고 외국과 조약을 맺는 따위는 불가능한 일이라고 인식하였다. 선지자들은 일종의 "예언자적 평화주의"(prophetic pacifism)를 지향했다. 거룩한 전쟁이란 칼로 싸우는 것이 아니라 거룩한 말씀으로 싸우는 것, 즉 진리가 권력에 맞서서 싸우는 것이라고 이해되었다. 옛날의 병사들이 지녔던 금욕주의가 새로운 양상으로 등장하여, 국가방위, 해방, 정복을 위한 전쟁이 유일한 구원의 희망이라고 확신하는 전 국민들을 상대로 히브리 선지자들은 외로운 도덕적 투쟁을 하였다. 이스라엘은 구원하는 폭력이라는 신화에 굴복하였으나, 선지자들은 하느님의 말씀이 백성들을 위하여, 또는 반대하여 양쪽으로 날이 선 칼이라고 생각하였다(참조, 히 4:12).45)

그런 예언자적 전통의 중심에서 솟아 나와, 예수는 지배체제의 외형적인 그리고 영적인 출현에 대항하여 맞섰다. 그의 비폭력에 대한 가르침은 폭력의 악순환을 끊어버릴, 세계 속의 존재방식을 위한 헌장(the charter for a way of being in the world that breaks the spiral of violence)이 된다. 여기에서 예수는 우리가 대항하여 싸우는 바로 그 악의 모양으로 변화되지 않으면서도 전력을 다하여 악과 투쟁하는 방식을 알려준다. 그것은 우리가 증오하는 것이

---

44) 이사야 10:5-6; 22:1-8; 28:1-22; 29:1-4; 30:8-17; 아모스 3:1-2; 5:18-20.

45) Paul Valliere, *Holy War and Pentecostal Peace* (New York: Seabury Press, 1983), 46-48; 또한 Howard Goeringer, "Jesus' Teaching of Nonresistance," *The Jesus Journal,* no. 51 (P. O. Box 3772, Tallahassee, FL 32315), n.d. or page.

되지 않는 길--단 하나 가능한 길--이다. "악을 그대로 되돌려 주지 말라." --이 통찰은 예수 당시의 유태인들이 그토록 용감하게 그리고 효과적으로 로마에 대항하여 비폭력 정면 행동을 실천했던 경험을 매우 단순하게 정제(精製)시킨 본질이다.46)

간단히 말해서, 예수는 무대응이나 폭력을 모두 싫어했다. 그는 자신의 백성들의 투쟁의 역사를 통해서 얻은 지혜로, 악을 그대로 반사하지 않고도 악에 대항하는 길, 흉내 내지 않고도 억압자를 반대하는 길, 파괴시키지 않고도 적을 물리치는 길을 설명해냈다. 예수의 말씀대로 산 사람들, 즉 레오 톨스토이(Leo Tolstoy), 모한다스 간디(Mohandas K. Gandhi), 마틴 루터 킹 주니어(Martin Luther King, Jr.), 도로씨 데이(Dorothy Day), 쎄자르 챠베즈(Cesar Chavez), 아돌포 페레즈(Adolpho Perez) 등은 악에 대항하는 새로운 길을 우리에게 보여주었는데, 그들의 인간적인 혹은 사회적인 변혁을 우리는 이제 비로소 이해하기 시작했다.47)

---

46) *Jos. War* 2. 169-74; *Ant.* 18.55-59; *War* 2.229-31; *Philo Leg.* 299-305; 그리고 나중에 *Jos. Ant.* 18.261-309와 *Philo Leg.* 225-29, 그리고 Horsley의 훌륭한 논의인 *Jesus and the Spiral of Violence*, 90-120. 그러나 Horsley가 유태인들이 유행적인 비폭력적 저항을 시작하였으며, 예수와 마태 5:38-42는 사실상 그 상황과 무관한 것으로 그려낸 것에 대하여 나로서는 상당히 당황스럽다. 그는 주장하기를 "원수들"은 외부의 사람들이 아니라 오히려 동료 농사꾼들을 가리킨다고 한다. 그러나 나는 이 본문에서 예수가 마음 속에 두고 있는 원수들을 상당히 구체적으로 지적할 수 있다. "원수들"은 부하들을 손등으로 때리는 주인들이고 (39절), "원수들"은 채무자의 빚 대신 겉옷을 가져가는 빚쟁이들이고 (40절), "원수들"은 시민들을 강제 동원하여 등짐을 운반시키는 병사들이다(41절). 303 쪽(page)에서 Horsley는 "원수들, 곧 예수 당시에는, 분명히 로마사람들"에 의한 예루살렘의 파괴를 말하면서 스스로 모순을 범하고 있다. 그는 비폭력을 발견하기에 고통스런 산고를 경험한 사회를 억지로 그려내고는, 이윽고 매우 의심스러운 논조를 펴면서 드다(Theudas)와 별다를 바 없는 꿈을 꾸는 사람으로서의 예수를 만들고 있다. 내가 보기엔 나의 재구성한 견해가 Horsley에 의하여 훌륭하게 재구성된 정치사회적 상황을 그의 견해보다 훨씬 더 잘 설명한다고 여겨진다.

47) 나는 내 책 *Violence and Nonviolence in South Africa* (Philadelphia: New Society Publishers, 1987)에서 남아프리카 공화국의 상황에 예수의 "제 3의 길"을 적용하여 보려고 시도해 보았다. 제 1 세기 팔레스타인에서 비폭력을 무르익은 철학적 선택이라고 생각했다면 시대착오적이었을 것이다. 간디(Gandhi)야말로 비폭력을 인생의 전적인 형식, 철학, 사회변혁의 방법으로 발전시킨 첫 번째 사람이었을 것이다. 그러나 그런 모든 종합의 요소들이 예수의 삶과 가르침에 이미 나타나있었다. Ched Myers, *Binding the Strong Man* (Maryknoll, N.Y.: Orbis Books, 1988), 47를 참조하라.

예수의 가르침을 실천하기

예수의 비폭력에 대한 가르침을 율법적으로 생각하는 것보다 더 위험한 것은 없다. 남편들에게 구타당한 아내들에게 "다른 쪽 뺨을 돌려대라"고 말해서, 예수의 실제 의도와는 관계없이 남편들로 하여금 계속하여 아내들을 학대하도록 만들기 때문이다. 만일 우리가 예수의 이런 말씀들이 세우려는 자유를 다시 생각하면, 우리는 구타당한 사람들에게 주도권을 장악하고, 그 남편으로 하여금 그녀의 권리를 인정하게 하고, 그의 행동을 남들 앞에 폭로하고, 그리하여 모욕과 죄책감과 상처 입음의 악순환을 끊도록 권고하게 될 것이다.

내가 상담한 사회사업가들에 의하면, 미국의 법률 제도에서는, 매 맞은 아내가 할 수 있는 가장 멋진 일은 그녀의 남편을 체포당하게 하는 것이란다. 이렇게 하는 것이 그 문제를 공개하여, 그가 폭력을 계속하면 감옥에 보냄을 뜻하는 법정의 금지명령을 받게 하고, 그를 구타당하는 사람들을 위한 치유 그룹에 참여시켜서, 그 여인으로 하여금 구타당하는 것에서 구조할 뿐만 아니라, 그 남편도 더 이상 구타하지 않게 되는 치유과정을 시작하여, 그 자신에게도 이익이 되도록 하는 것이다. 내가 이런 주장을 인용하는 것은, 이것이 우리가 흔히 사랑이 의미하는 감상적인(sentimental) 개념에 반대되기 때문이다. 아마도 더 나은 길들이 있을 것이다. 그러나 그 길들도 확실히 엄한 사랑(tough love)일 것이요, 결코 너무도 자주 기독교적인 것으로 가장하는 유약한 덮어주기는 아닐 것이다.

학교에서 자주 놀림을 당하는 소년에게 "다른 뺨을 돌려대라"고 말하는 것은 간단히 말해서 겁쟁이가 되라고 격려하는 것이다. 물론 비폭력적 해결이 우선적인 것이고, 또 그런 방법도 흔히 발견할 수는 있다.48) 그러나 사람은 그가 가지지 않은 것을 희생할 수는 없다는 것이 영적인 삶의 기본적인 원칙이다. 예수는 노예들에게 이기적 자아를 죽이기 위해서 존엄성의 의식

---

48) Stephanie Judson, *A Manual on Nonviolence and Children* (Philadelphia: New Society Publishers, 1984); 혹은 Children's Creative Response to Conflict, P. O. Box 7283, Arlington, VA 22207에 연락해 보라.

을 포기하라고 권한 적이 없다. 그들의 자아(ego)는 수천 번이나 이미 죽임을 당해서, 대부분의 노예들은 그들의 열등감을 내면화해 버렸다. 그들은 하느님을 위해서 자기 존경심을 포기할 수가 없다. 그들은 노예제도가 생긴 이래 오래 전에 이미 자기 존경심을 박탈당했던 것이다. 예수가 비폭력적 주장을 권면한 것은 바로 그 존엄성과 자기 존경심을 회복하게 하기 위한 것이었다.

그렇다면, 만일 한 소년이 큰 고통을 감내하면서라도 싸울 능력도 있고 싸울 용의도 있을 때, 그 때 비로소 그에게 폭력을 버리고 제 3의 길을 모색해 보라고 권하면 좋을 것이다. 그러나 자신의 권리를 위하여 싸울 내적인 힘이 없어서, 복음을 빙자하여 폭력을 회피하는 것은 정직하지도 않고 비겁한 일이다.

간디(Gandhi)는 겁쟁이하고는 아무 일도 할 수 없다는 점을, 그리고 폭력적인 사람은 비폭력적으로 만들 수 있다는 점을 단호히 주장하였다. "나는 비겁함과 폭력 사이에서 선택하라면 나로서는 폭력을 선택하라고 조언하겠다.... 그러나 내가 믿기로는 비폭력이 폭력보다는 한정 없이 더 우월하다."49) "모든 회의에서 내가 거듭하여 주의를 준 것은, 그들이 이전에 가졌던 힘, 그리고 익숙하게 사용해 왔던 힘보다 훨씬 더 우월한 힘을 비폭력 속에서 지니게 되었다고 느끼지 못한다면, 그들은 비폭력과는 아무 상관이 없으며, 차라리 그전에 가졌던 무기(무장상태)로 되돌아가라고 했다."50)

싸티아그라하(Satyagraha: 인도의 비폭력 불복종운동-- 역자 주)에 완전히 헌신하기 전에, 일찍이 간디는 사람들에게 비폭력의 용기 있는 행동을 가르치다가 지쳐서 심지어 사람들에게 군대에 입대하라고 제언하기도 했는데, 이는 전쟁터에서 자기 목숨을 걸고 싸워본 사람이라야 비폭력 투쟁에서도 목숨을 걸 준비가 더 잘 될 것이라고 생각했기 때문이었다.51) 누가복음 9:60에서 예수가 장차 제자가 될 사람들을 부르는 장면에도 같은 투지를 볼 수 있는데,

---

49) Devi Prasad, "Gandhi's Attitude Towards Violent Struggles for Freedom," *International Fellowship of Reconciliation Report*, April 1980, 20; *Young India*, 11 August 1920을 인용.
50) Gandhi, in Joan V. Bondurant, *Conquest of Violence* (Princeton: Princeton Univ. Press, 1958), 139.
51) Eknath Easwaran , *A Man to Match His Mountains: Badshah Khan, Nonviolent Soldier of Islam* (Petaluma, Calif.: Milgiri Press, 1984), 194.

거기에선 제자의 길이 마치 거룩한 전쟁에 나갈 병사를 징집하는 것에 비유된다. 보통의 상황에서라면 아버지의 장례를 치르는 효도의 의무를 경멸하는 것은 정당화될 근거가 없다. 그러나 문제가 전쟁이거나, 혹은 뭔가 더 급한 일(하느님의 통치)이라면, 보통의 의무를 다할 시간이 없는 것이다.

세상 사람들에게는 무대응(無對應)으로 보이는 것이 실상은 제 3의 길일 수도 있다. 재키 로빈슨(Jackie Robinson)이 메이저 리그 야구 연맹(Major League Baseball)에서 야구를 한 첫 흑인 선수가 되었을 때, 브룩클린 다져스(Brooklyn Dodgers) 팀의 브랜취 리키(Branch Rickey)는 이 매우 경쟁적인 선수를 다그쳐서 앞으로 3년 동안은 그에게 어떤 모욕이 닥쳐와도 단 한 마디도 응대하지 않기로 서로 약속을 하자고 하였다. 로빈슨은 마침내 말하기를, "미스터 리키, 당신은 되받아 치기를 두려워하는 검둥이(negro)를 찾고 있습니까?"라고 하자, 리키는 대답하기를, "나는 되받아 치지 않을 만큼 배짱이 있는 야구선수를 찾고 있는 거야"라고 했다.[52]

유머와 재치는 분쟁 중에 있는 모든 편들에게 인간성을 보존할 수 있도록 도움이 된다. 한번은 남아프리카의 공유지에 무단 입주한 불법점거 공동체에서 한 보호소(Shelter)에 이(虱)가 득실거리는 것을 발견하였다. 시 당국자들이 소독을 하여주기를 거절하자, 공동체의 지도위원들이 이가 잔뜩 꼬인 담뇨를 한 자루 들고 가서 시 행정당국 사무실 마루바닥에 쏟아 놓았다. 당장 문제가 해결되었다.[53]

남아프리카의 거리에서 한 흑인 여자가 어린이들과 함께 걷고 있었는데, 한 백인 남자가 지나가다가 그녀의 얼굴에다 침을 뱉었다. 그녀는 멈추어서서, "고맙소이다. 이번엔 애들에게도 해주시지요"라고 말했다. 그는 당황해서 어찌할 바를 몰라 했다.

때로는 재치에도 가시가 돋혀 있을 수 있다. 데스몬드 투투 감독이 건축현장 옆에 한 사람이 겨우 지나갈 통로를 걷고 있었다. 마침 반대편 끝에서 한 백인 남자가 투투를 알아보고는, "나는 고릴라에게는 길을 양보하지 않

---

52) *The New York Times*, April 12, 1987, 8.
53) Africa Watch Committee, *No Neutral Ground: South Africa's Confrontation with the Activist Churches* (New York: Human Rights Watch, 1989), 65.

아"라고 말했다. 투투는 옆으로 비켜서면서 손으로 어서 지나가라고 표시하면서, "아 그래요. 그러나 나는 양보합니다"라고 대꾸했다.

조롱을 하는 것도 사람들에게 충격을 주어 그들의 행동이 무엇을 뜻하는지를 깨닫게 하는 역할을 할 수 있다. 자이레(Zaire) 동북쪽 지역에서 사냥과 농업을 하며 살고 있는, 이 세상에서 가장 평화로운 사람들의 하나인 음부티(Mbuti) 족은, 웃음을 통하여 분노를 발산한다. 만일 한 떼의 어린이들이 시끄럽게 떠들다가 어른을 낮잠에서 깨어나게 했다고, 한 어린이에게 소리를 지르거나 때리면, 그걸 본 모든 어린이들이 몰려와서 어른의 흉내를 내어 소리를 지르기도 하고 서로 때리면서 놀이를 벌인다. 어른은 이렇게 자기가 조롱을 당하는 것을 깨닫고, 물러서든지 아니면 같이 자신을 조롱하는 웃음에 동참하든지 하고 만다.54)

마찬가지로, 정부 당국의 정책에 대항하여 데모하는 것이 금지된 중국의 학생들이, 공산당 지도자들의 가면을 쓰고서 "계엄령을 지원하자!" 혹은 "독재자를 지원하자!" 혹은 "인플레를 지원하자!" 등등을 쓴 플래카드를 들고 행진하였다.

폴란드에서 쏠리대리티(Solidarity 자유노조) 투쟁을 하던 때, 한 그룹이 싼타 클로스 복장을 하고는 생활필수품들을 얻기가 어려운 것을 풍자하느라고, 지나가는 여인들에게 품귀한 생리대를 나누어주었다. 이들 싼타들이 체포되었을 때, 다른 한 떼의 싼타들이 감옥에 나타나서는 그들은 가짜고 자기들이 진짜 싼타들이라고 주장을 했다.

간디(Gandhi)는 정부의 처벌을 두려워하지 않는 것이 중요함을 강조하느라고, 감옥에 들어가는 것을 두고 신랑이 신부의 방에 들어가는 것과 같다고 말하기도 했다. 1930년에 시민 불복종 운동을 벌이던 중에 간디가 체포되었을 때, 정부가 그를 체포한 것을 축하하는 대규모 군중집회가 열렸는데, 그렇게 축하하는 무리들을 정부가 체포할 수야 없었던 것이다.55)

예수는 완전한 사람들을 위하여서가 아니라, 폭력적인 사람들을 위하

---

54) Colin M. Turnbull, "The Politics of Non-Aggression(Zaire)," in *Teaching Non-Aggression*, ed. Ashley Montague (New York: Oxford University Press, 1978), 187-91.

55) George Lakey, *Powerful Peacemaking*(Philadelphia: New Society Publishers, 1987), 112.

여 비폭력 운동을 선포한 것이다. 그의 비폭력은 보통 사람들이 할 수 있고 도달할 수 있는 실제적인 비폭력이었다. 온유한 사람들에 대한 팔복은 "**비폭력적인** 사람들은 복이 있나니, 그들이 땅을 물려받을 것임이요"(마 5:5)라고 번역할 수 있을 것이다.56) 예수의 길은 개인주의적인 것이 아니라 집단적인 것이며, 그래서 보통 조직들, 공동체들, 사회적 계급들, 혹은 인종 그룹들이 참여하는 것이다. 전쟁을 하는 젊은이들만이 아니라, 어린 아기들에서부터 나이 먹은 노인들에 이르기까지 모든 인구가 참여할 수 있다. "전통적으로는 여기에 남자들이 자기들의 여자들은 집안에 머물도록 잡아두는 것이다. 그러나 이제 남편들은 그들의 아내들을 밖으로 나가 정치적 활동에 참여하도록 허락하고 있다. 여인들은 자기들의 모든 에너지를 거기에 쏟아 붓는다. 비폭력운동은 모든 사람들을 끌어내어 강력한 연합을 형성할 수 있다"57)고 팔레스타인 인티파다(Intifada: 1987년 Gaza strip과 West Bank 이스라엘 점령지역에서 일어난 팔레스타인 사람들의 반란-역자 주) 가 일어나고 있는 동안 무라바크 아와드(Murabak Awad)가 말했다.

예수의 제 3의 길은 강압(強壓 coercion)을 사용하는 것을 반대하지 않는다. 그의 방법은 상대편의 마음을 바꾸는 것을 목표로 한다. 그것이 실패하면, 항의하는 사람들을 떨쳐내기 위하여서는 상대방에 어떤 변화가 일어나게 되기를 희망한다. 그러나 만일 그것조차도 안 되면, 비폭력은 강압을 택한다. 즉, 비록 그가 여전히 적대적으로 남아 있을지라도, 그가 완전히 권력을

---

56) Bernard Haering, *The Healing Power of Peace* (New York: Paulist Press, 1986), 25. Mary Lou Kownacki도 비슷한 번역을 했다: "힘(무력)을 사용하지 않는 자는 복되도다" ("Behold the Nonviolent One," *Sojourners* 18 [October 1989]: 23).

57) Marjorie Hope and James Young, "Christians and Nonviolent Resistance in the Occupied Territories," *Christian Century* 105 (April 27, 1988): 432. 유태인 성전에 자신의 동상을 세우려한 칼리굴라 황제의 계획에 비폭력적으로 저항한 것에 대하여, 필로는 유태인들이 여섯 개의 단위로 조직하였다고 말한다: "늙은 남자들, 젊은 남자들, 소년들, 늙은 여인들, 장성한 여인들, 소녀들" (*Leg.* 226-27). 무력의 "정당한" 사용을 주장한 많은 지성인들 가운데서, 억압받는 민중들과 연대하여 실제로 총을 들고 체 게바라나, 까밀로 토르레스 신부처럼 싸운 사람은 거의 없다. 그 대신, 그들은 자기들을 전장에 내보내지 않아 준 혁명적 지식인들을 위해서 특별한 "사명"을 담당하겠다고 호소했다. 이와는 대조적으로 비폭력주의 이론가들은 데모, 시민불복종, 체포에, 때로는 생명의 위협을 당하면서도 참여하였다.

빼앗기는 고통을 당하기보다는 변화를 택할 수밖에 없도록 밀어붙인다.58) 그러나 예수의 방법은 폭력적인 강압을 택하지는 않는다.

바바라 데밍이 말하듯이, 비폭력에서는 "상대방을 그 자신으로부터 분리시키려는 것이 아니라, 본래 그 자신의 것이 아닌 요소로부터 그를 분리시키려고 하는 것이며, 그에게 복종했던 모든 사람들이 그에게 빌려준 힘으로부터 그를 분리시키려고 강제적 힘을 사용한다."59) 알라바마의 셀마(Selma)에 있는 다리를 건너, 당국의 행진 허가도 없이 시민의 권리를 위한 행진에 참가한 사람들은 당국자들로 하여금 두 가지 중에 하나를 선택하도록 강요하였는데, 둘 중 어느 것도 당국자들의 입장에 손상을 주는 것이었다. 즉, 흑인들로 하여금 행진을 하도록 허락하여 그들의 저항이 합법적임을 인정하든지, 아니면 강제로 행진을 중단시켜서 그들의 지역적 특징인 폭력을 전 세계가 다 보도록 폭로하는 것이었다. 폭력을 선택한 것은 백인 우월주의자들에게는 비극적인 파멸을, 그리고 행진한 사람들에게는 충돌로 말미암아 부상자가 생겼음에도 불구하고 중대한 승리를 가져왔다.

끝으로, 비폭력은 충돌을 회피하기 위한 방법으로 간주되어선 안 된다. 복음이 가져오는 "평화"는 충돌이 없는 것이 결코 아니고, 충돌의 중심에서 말로 다할 수 없는 신적인 확신을 뜻하는 것이라, 그런 평화는 인간의 이해를 넘어서는 것이다. 기독교인들은 너무도 자주 비폭력을 요청하지만, 실제로 그들이 원하는 것은 조용함(靜寂)일 경우가 많다. 비폭력은 실제로는 충돌을 찾으며, 충돌을 불러일으키며, 충돌을 악화시켜서, 그것을 공개된 장소에 끌어내어 곪은 데를 수술하고자 한다. 그것은 악에 대하여 이상주의적이지도 않고, 감상주의적이지도 않다. 그것은 공격자들을 부추기지도 않고 버릇없도록 옹호하지도 않지만, 그러나 불의라고 인정된 것에 대항하여, 가장 주전론적(主戰論的)인 군사주의자들처럼 민첩함을 가지고 사전에 행동한다.

아이슬러가 우리에게 상기시켜준 대로, 동반자(partnership) 사회는 갈등이 없는 것이 아니라, 그 갈등이 자유를 위한 필요불가결의 대가라고 평가한

---

58) Rob Fairrmichael, "Nonviolent Methods," *Dawn Train* 9 (Belfast, N. Ireland, 1990), 29.
59) Barbara Deming, "On Revolution and Equilibrium," cited by Robert L. Holmes, *Nonviolence in Theory and Practice* (Belmont, Calif.: Wadsworth Publishing Co., 1990), 101.

다. 그러나 그것은 충돌과 갈등을 비폭력적으로 다룬다. 이와는 대조적으로, 지배체제는 갈등을 진압함으로써 다룬다.60) 민주주의란 영구히 낮은 수준의 분쟁을 가진 상태다. 즉 시민들로 하여금 행동에 나서도록 선동할 만큼은 강경하며, 그렇다고 그 행동이 폭력으로 끓어 넘치지 않을 만큼 온건하다.

장차 수십 년 동안 "예수 기획"(Jesus Project)이라고 부르면 좋을 우리들의 과제는 주로 대응적이고, 일시적이며, 임시방편적인 비폭력운동으로부터 공격적이고, 지속적인 운동으로 전환하는 것이다. 우리의 목표는 준비된 비폭력 활동가들을 수백 만 명씩 훈련시켜서, 통보만 받으면 하느님의 인간화 목적을 위하여 일제히 행동에 돌입할 수 있게 하는 것이다.

물론 그런 투쟁은 기독교인들만의 유일한 영역은 아니다. 가장 위대한 비폭력주의자들의 일부는 비기독교인들이었다. 즉 힌두교인 간디(Gandhi), 무슬림(회교도) 압둘 가파르 칸(Abdul Ghaffar Khan), 불교도 틱 나트 한(Thich Nhat Hahn) 등은 모두 비기독교인들이었다. 이들 비폭력운동의 대표자들은 우리들로 하여금 비폭력이 우리 자신의 전통의 중심임을 깨닫도록 도움을 주었다.

세계와 교회가 깨어나고 있다! 이 얼마나 놀라운 전망이냐! 얼마나 경사스러운 기회인가! 이 순간에 살아 있다는 것이 얼마나 멋있는 때인가!

---

60) Riane Eisler and David Loye, *The Partnership Way* (San Francisco: HarperSan Francisco, 1990), 116.

우리가 너무도 잘 알지:
치사한 놈들의 증오도
우리들의 눈썹을 꼿꼿하게 만들고,
불의에 저항하는 분노라 할지라도
목소리를 거칠게 만들지.
아! 슬프다! 친절의 초석을 놓겠다는 우리도
스스로는 친절하지 못하니

    - 베르톨트 브레히트[1]

---

1) Bertolt Brecht, "To Posterity," in *Selected Poems*, trans. H. R. Hays (New York: Reynal & Hitchcock, 1947), 177.

10

우리가 증오하는 바로 그것처럼 되지 않기

앞에 있는 장에서 나는, "악에 저항하지 말라"(Resist not evil)는 말을 바꾸어서 "악을 악으로 갚지 말라"(Do not return evil for evil), "악을 그대로 반사하지 말라"(Do not mirror evil), "악을 같은 종류의 악으로 대응하지 말라"(Do not respond to evil in kind)고 번역하는 것이 더 낫다고 주장했다. 적대적인 반작용을 이렇게 거부하는 것은 성경에 있는 진리 가운데 가장 심오하고 어려운 것들 중의 하나다. 우리는 우리가 증오하는 바로 그것이 된다. 무언가를 증오한다는 행위 자체가 그 대상을 우리들 자신에게 끌어온다. 우리의 증오는 흔히 악이 우리들에게 저지른 것에 대한 직접적인 반응이므로, 거의 틀림없이 우리로 하여금 상대편 적대자에 의하여 이미 마련된 수단들로 대응하도록 만든다. 무엇이 일어나는지도 모르는 사이에, 우리는 우리가 반대하는 바로 그것이 되고 마는 것이다.

우리는 우리가 증오하는 것이 된다

이런 과정의 가장 좋은 예는 무기경쟁이다. 우리는 소련(쏘비에트연방)의 위협을 느꼈고, 그래서 우리의 군사력을 강화하였다. 이것이 이번에는 그들을 위협하였기에, 그들은 무기생산을 증가하였고, 그래서 이번에는 우리가 소련에 뒤졌다고 아우성을 치게 하였고, 따라서 우리는 각각 최후의 파멸의 날을 향하여 나선형을 그리며 한 걸음씩 다가왔다. 그러나 우리가 무기를 하나씩 첨가할 때마다 우리는 더욱 불안해짐을 느끼게 된다. 악에 대한 우리의 저항이 아무리 강력하게 되었어도, 소련의 저항 또한 같은 속도로 증가해 왔다. 머스티는 이런 행동을 두고 한 격언을 만들었다. 즉, "만일 당신이 무장을 하면, 이는 곧 당신의 원수를 무장시키는 것이다."2)

이렇게 서로 흉내내는 대결은 두 나라의 경제를 손상시켰다. 1954년에 리챠드 닉슨 미국 부통령은 소련의 목표에 대한 미국 측의 견해를 피력하였다. "그들(소련인)의 계획은 명백히 미국으로 하여금 빈틈없이 무장하도록 만들고, 그들 크레믈린 사람들이 선택한 이 세상 어느 곳에서도 싸울 준비가 되도록 만드는 것이다. 왜냐고? 그들은 이렇게 하면 우리가 국가파산에 이를 수밖에 없을 것이며, 우리가 자유를 수호하기 위하여 오히려 우리의 자유를 파괴시켜 버릴 것이라고 알고 있기 때문이다."3) 우리의 의도를 정확히 그대로 빼 닮은 의도를 소련도 갖게 되었다. 소련의 전략에 대하여 닉슨은 정확히 이해하고 있었지만, 미국은 그들의 전략에 넘어가 그들이 노리는 대로 되었고, 그들 또한 우리들의 전략에 넘어갔다. 소련을 극도로 증오한 로날드 레이건 대통령은, 그의 증오심에 의하여 그대로 흉내내어 되갚음을 당하였다. 즉 그가 지켜보는 가운데, 미국의 부채는 2조 달러($2,000,000,000,000. -역자 주)가 치솟았다. 즉 1980년대에 엄청난 군사비로 지출한 바로 그 금액만큼 증가했다. 윌리엄 블레이크는, "그들은 서로 바라보고, 그리곤 그들이 본 것대로 되어버렸다"라고 썼다.4)

각 나라의 전략은 성공했다. 소련의 경제는 아마도 장래 수십 년 동안

---

2) A. J. Muste, "Gandhi and the H-Bomb" (Nyack, N.Y.: Fellowship Publications, [1950], 1983), 11.

3) Morris Janowitz, *The Professional Soldier* (Glencoe, Ill.: Free Press, 1961), 328에서 인용. Urie Bronfenbrenner는 소련을 방문하면서 소련인들이 우리들의 모습을 변형시킨 것은 놀랍게도 우리가 그들을 보는 것과 비슷함을-사실상, 거울 속의 이미지임을 발견하였다 ("The Mirror Image of Soviet-American Relations," in *Psychology and the Prevention of Nuclear War*, ed. Ralph K. White [New York: New York Univ. Press, 1986], 71-81).

4) William Blake, "Jerusalem," chap. 2, plate 30, in *The Complete Poetry and Prose of William Blake*, ed. David V. Erdman, rev. ed. (Berkeley: Univ. of California Press, 1982), 177.

회복되기 어렵게 파괴되었다. 미국은 세계 최대의 채무국이 되었고, 날마다 그 경제적 토대를 일본과 독일에 잃어버리고 있는데, 그런 나라들이 연구와 자본개선에 투자하는 동안, 우리는 무기생산에다 돈을 쏟아 부었다.

이런 흉내내기 식의 경쟁관계에서, 우리는 소련 안에 있는 것들 가운데 우리가 반대한다고 주장한 바로 그런 것들을 흉내내었다. 닉슨(Nixon)이 예언하기를, "우리는 자유를 방어하는 것을 시도하느라고 오히려 그 자유를 파괴할 것이다"라고 했다. 아프리카, 아시아, 라틴 아메리카에 공산주의가 만연하는 것을 방지하기 위하여, 우리는 군대를 투입했고, 선거를 조작했으며, 합법적으로 선출된 지도부를 갈아치우고, 좌익계 지도자들을 암살해야만 한다고 생각했다. 돌보아야 될 나라들(client states)에 혁명이 안 일어나도록 하기 위하여, 그 지역의 경찰과 군대를 강화하고 훈련시켰는데, 결국은 어떤 나라에서는 그 군대들이 민주주의의 가장 거대한 위협이 되는 것을 보게 되었고, 그래서 나중엔 다른 편을 지원하기도 했다. 소련의 스파이들을 대항하기 위하여, 우리도 스파이 조직을 만들었고, 아무도 적국에 협조하지 못하게 하기 위하여 우리 자신의 시민들을 염탐하였다. 어디에선가 융(Jung)이 쓰기를, "당신은 항상 당신이 가장 싫어해서 대항하여 싸우는 바로 그 무엇이 되고 만다"(You always become the thing you fight the most.)라고 했는데, 우리는 결국 그가 옳다는 것을 증명하기 위하여 우리의 힘이 닿는 모든 일을 한 셈이다.5)

이는 단지 간혹 생기는 일탈(逸脫)이 아니다. 그것은 개인들 사이의 심리적 갈등으로부터 국가 간 관계에 이르기까지, 인간 행동의 고정된 규칙이다. "악에 저항"하려는 알코올 중독자는 자신의 강박적 욕망을 온 힘을 다해 정복해보려는 바로 그 시도가 쓸데없음을 재빨리 알게 된다. 사람들이 술을 끊겠다고

---

5) Bertrand de Jouvenal, *Power: The Natural History of Its Growth* (London: Balchworth Press, [1945] 1952), 15 –"원수는 ······ 상대편에 의하여 고대로 복사되어야 한다, 그렇지 않으면 불리한 여건에서 싸워야하니까"; 그리고 Michael Walzer, *Just and Unjust Wars* (London: Allan Lane,1978), 32–"여기에 궁극적인 일방적 독재가 있다: 공격을 저항하는 사람들은 흉내를 내도록 강요되며, 아마도 심지어는 공격자의 잔인함보다 더 심하게 되기도 한다." Carl von Clausewitz 남작(男爵: Baron)은 "상호간 닮아 가는 폭력"이 두 서로 싸우는 상대자들이 서로를 흉내내다가 마침내는 완전히 지칠 때까지 가기도 한다고 말하면서 이런 견해들을 이미 예상했다(Richard B. Gregg, *The Power of Nonviolence*, 2d ed. [Nyack, N.Y.: Fellowship Publications, 1959], 54에 인용됨).

강하게 결심하면 할수록, 그들은 더 많이 실패하고, 다시 시도해보려는 확신도 그리고 자신에 대한 존중도 더욱 적어진다. 아직도 술을 끊겠다고 노력하는 사람에게 성공적으로 술을 끊은 알코올 중독자가 흔히 하는 대꾸는 "그렇고 말고, 당신은 원하기만 하면 어느 때고 끊을 수 있어. 나도 언젠가는 한 주간에 서른 일곱 번이나 끊었다니까!"라고 한다. 익명의 알코올 중독자(Alcoholics Anonymous) 운동의 회원의 경험에 의하면, "악에 저항하라!"는 좀체 성공하지 못한다고 한다. 사람은 그 질병에 대하여 아무런 힘이 없음을 인정하고, 보다 높은 힘과 지원해주는 공동체에 도움을 청하는 것이 좋다. 우리가 뭔가를 미워하면, 우리는 그것을 우리 자신에게 더 가까이 끌어올 뿐이다.

악에 저항하기 위해 그 악을 금지(禁止)하는 것은 커다란 실패였다. 그것은 알코올 음료에 너무도 주의를 집중하게 만들어 법적 제한에 대하여 반발을 불러일으켜서, 금주운동이 폐기되자 금지법이 발효하기 전보다 훨씬 더 많은 알코올 음료가 소비되게 만들었다. 지금 우리들은 "마약"에 대한 전쟁에서 똑같은 어리석음을 반복하고 있는데, 마약을 "금지된 과일"로 만들어, 시장 가격을 앙등시키고, 다른 어떤 고용(雇用)의 대안보다도 돈이 벌리는 비즈니스(장사)로 만들고, 어린이들을 채용하여 판매, 망보기, 물품배달 등을 시키며, 깽단들로 하여금 관할구역에 대한 싸움과 어이없는 살인을 조장하며, 그 탐나는 약을 살 수 있는 현찰을 마련하기 위하여 강도를 하게 만든다. 크랙(Crack: 싼값에 구입할 수 있는 마약의 일종–역자 주) 자체도 마약을 금지시킨 결과 생겨난 것이다. "철칙(鐵則)은.... 법으로 금지하는 것이 심하면 심할수록, 마약은 더욱 강도 높은 것이 생겨난다." 왜냐하면 보다 고도로 농축된 약일수록 숨겨 들어오기가 쉽기 때문이다.6)

정면 공격은 그 뒷면을 활성화시킨다. 그것은 오히려 주의를 환기시키고, 의식적이든 무의식적이든 매혹 당하게 만들어, 어마어마한 양의 에너지를 준다. 니이체는 "누구든지 괴물과 싸우는 사람은 그 과정에서 자기 자신

---

6) Richard Cowan, "How the Narcs Created Crack," *National Review*, December 5, 1986, 26. 또한 나의 글 "Biting the Bullet: The Case for Legalizing Drugs," *Christian Century* 107 (August 8-15, 1990): 736-39를 참조하라.

이 괴물이 되지 않도록 주의해야만 한다"[7])라고 경고했다.

유럽에서 독재체제가 퍼지는 것을 막기 위하여 히틀러(Hitler)와 싸웠던 연합군은, 결국 유럽의 절반이 스탈린(Stalin)의 독재 밑으로 들어가는 것을 보고 말았다. 얄타(Yalta) 회담장에서 처칠(Churchill)은 스탈린에게, 영국은 "폴란드가 자유롭게 되고 독립국이 되게"[8])하려고 전쟁에 참여했다고 말했지만, 그 전쟁에서 폴란드는 민주주의로 되지도 않았고, 유태인들의 생명을 건지지도 못했다. 독일에서 부셔진 파시즘(Fascism)이 승리자들의 영혼 가운데서 불사조(不死鳥)처럼 일어났는데, 그 이유는 우리가 똑같은 방법을 택하여, 악마의 무기로 악마와 싸웠기 때문이다(We fought the Devil with the Devil's own weapons.).[9])

히틀러가 먼저 시민들을 공포로 몰아넣는 폭격을 감행했을 것이지만(바르샤바, 로테르담, 1939-40), 루프트봐페(Luftwaffe: 나치시대의 독일공군-- 역자 주)가 런던의 공군지원 지상기지들을 폭격하자, 영국도 똑같이 보복하였다. 정밀폭격이 그 당시엔 아직 불가능했다. 심지어는 엉뚱한 도시가 폭격을 당하기도 했다. 영국 공군(Royal Air Force)이 일관되게 군사 목표물에만 폭격을 하지 못하자, 하늘에서부터 내리는 테러에 의하여 독일 시민들의 사기를 꺾고자 했다. 1942년에서 1944년까지 영국 공군 승무원들에게는 실제로 공장이나

---

7) 그는 덧붙이기를, "네가 깊은 심연(深淵: 奈落: Abyss)을 오래 동안 응시하고 있으면, 그 심연도 너를 응시하고 있다"고 한다(Friedrich Nietzsche, *Beyond Good and Evil*, trans. Walter Kaufmann [New York: Vintage Books, 1966], 89, 경구(警句: epigram) 146).

8) Daniel Yergin, *Shattered Peace: The Origins of Cold War and the National Security State* (Boston: Houghton Mifflin Co., 1977), 63. Raymond Aron은 "유럽 사람들은 세상을 나누어 먹으려고 죽기를 각오하고 [두 차례 세계 대전에서] 싸운 것은 아니었다, 그러나 그들이 죽기를 각오하고 싸웠기에 그들은 함께 세계에 대한 지배를 잃어버렸다"고 지적했다 ("War and Industrial Society," in *War: Studies from Psychology, Sociology, Anthropology*, ed. Leon Bramson and George W. Goethals, rev. ed. [New York: Basic Books, 1968], 309).

9) 일반적인 징병제도의 이점을 처음으로 인정한 나폴레온(Napoleon) 은 전쟁을 혁신하여, 그의 상대방들이 "그는 자신의 승리의 요소들에 도취하여 정복되어야한다"는 것을 깨닫게 하였다 (Alfred Vagts, *The History of Militarism* [New York: W. W. Norton, 1937], 99). 남아프리카 국가안전위원회의 문서가 새어나와서 Johannesburg *Weekly Mail*, 에 "The Art of Counter-revolutionary Warfare,"란 제목으로 보도되었는데, 그 중심 주제는 "통치하는 권력은 어떤 혁명적 운동이라도 그 혁명적 운동의 책략과 원칙을 채택하여 그대로 반대로 적용하면 쉽게 물리칠 수 있다"고 주장하는 것이었다(May 20-26, 1988, 15).

군사시설을 폭격하지 못하도록 금지령이 내려졌었다. 연합군이 독일의 43개 도시를 조직적으로 파괴하기 시작하였을 때, 처칠은 이를 두고 말로 다할 수 없는 악을 중지시키기 위한 "극단의 응급조치"라고 합리화하여 말했다.10)

이 정책은 함부르크(Hamburg)에 무차별 폭격에서 정점에 달했는데, 그 근처에 있던 공장들이나 조선소들은 건드리지도 않았다. 따라서 그 전까지는 그 공장들이나 조선소들이 심각한 인력부족에 시달렸는데, 그 이후에는 일반 시민 고용업체에서 폭격으로 내몰린 식당 웨이터들, 가게 점원들, 사무실 일꾼들로 그 공장들이 채워졌다. 그리하여 수주일 만에 전쟁 물자 생산은 정상으로 회복되었다. 미국 전략 폭격 조사반의 결론은, "생활필수품이 아닌 것들의 소비를 감소시키고--달리 아무것도 할 수 없었다 -- 또 그런 생필품 물자를 공급하기 위한 인력 고용을 감소시킨 결과, 함부르크를 폭격한 것이 독일의 전쟁물자 생산을 증가시키고, 따라서 효과적인 전력의 증가를 가져온 확실한 가능성이 있다"11)고 평가했다.

독일과 일본의 도시들을 소이탄(燒夷彈)으로 폭격한 사전 조치는 나중에 미국으로 하여금 육지에서 떨어진 바다에서 원자폭탄의 위세를 과시만 해도 충분했을 텐데, 굳이 히로시마(廣島)와 나가사키(長崎)에 원자탄을 투하하기에 쉽도록 만들었다. 일본은 이미 항복의 조건을 교섭하는 중이었는데, 폭탄을 투하한 후에 우리가 받아들인 항복의 조건은 폭탄 투하 전에 그들이 내놓았던 조건과 정확히 똑같은 것들이었다. 조건부 항복문서를 강요하기 위하

---

10) Ken Brown, "By Any Means Possible," *Fellowship* 47 (October/November, 1981): 5, *In History of the Second World War* (London: Pan Books, 1973). B. H. Liddell-Hart는 말하기를 영국의 폭격의 효과는 당시에 매우 과장되었는데, 독일의 산업생산은 1942년에 50%나 증가하였다. 독일이 가장 다급하게 필요로 한 원료인 기름은 건드리지 않았기에 비행기 생산은 매우 확장되었다. Hart 는 영국이 도시를 폭격하고 군사 산업체들을 목표로 하지 않았던 것은 "기본적 도덕성을 무시"한 처사라고 비판한다. 그의 책 pp.617-41에서 전장을 읽어 보라. 또한 Peter Hoffmann, "Hitler's Good Right Arm," *New York Times Book Review*, May 28, 1989, 21을 보라. Michael Walzer는 영국의 폭격은 변명할 수 없는 범죄행위였으며, 처칠(Churchill)과 함께 이에 가장 책임을 져야할 Arthur Harris 장군은 당연히 Nuremberg 전범재판에 회부되었어야 한다고 주장한다 (*Just and Unjust Wars* [London: Allan Lane, 1978], 255-63, 323).

11) Steven Soter, "Bombing Civilians: The World War II Lesson," *New York Times*, May 22, 1983; Norman Cousins, "Lying for the Bomb," *Ground Zero* 6 (Winter 1987): 5.

여 본토 침공이 정말 필요했었는지 전혀 확실치 않다.12) 미국이 일본에 원자폭탄을 투하하였을 때, 가장 큰 손실은 우리들 자신이 한 국민으로서 지닌 도덕적 성실성이 파괴된 것이었다.

물론 우리는 그 행위로 인하여 돌연히 폭력적이 된 것은 아니었다. 즉 유럽에서 아메리카로 온 이주민들은 처음부터 폭력적이었다. 그러나 원자폭탄은 이 지구상에 생명의 생존 자체를 위협한, 일찍이 볼 수 없었던 파괴적인 힘의 문지방을 넘은 것이다. 우리가 그 문지방을 넘어섰을 때, 우리가 속박을 풀어놓은 바로 그 힘에 도리어 묶여버린 우리 자신들을 발견하였다.

시민들을 폭격하는 것이 서서히 확대되어 마침내 히로시마(廣島)와 나가사키(長崎)에 원폭을 사용한 것에서 그 정점에 이르렀고, 이것은 상호확증파괴(Mutually Assured Destruction)의 전략과 "선제공격"(First Strike)의 정책으로 가는 길을 닦아 놓았다. 히틀러의 유태인 인종 대량학살(genocide)에 대해 기가 막혀했던 나라들이 이제는 환경파괴(ecocide), 즉 땅 위에 있는 모든 생명을 대량학살(genocide)할 준비가 되어 있다. 우리가 전쟁에 나서면서까지 몰아내고자 했던 악령(spirit)이 방심한 구마자(驅魔者 exorcist)를 향하여 도로 덤벼서, 우리로 하여금 우리들 자신의 양심에 걸리는 죄를 짓게 만들고, 우리가 반대하기 시작한 악을 무력화시키는 지구(地球)를 향하여 죄를 범하게 한다. 폭력의 힘이란 그런 것이어서, 아주 고약한 악을 괴멸시키려고 폭력을 사용하였다 할지라도, 그 폭력을 사용한 사람에게 되돌아와서 그 원수와 똑같은 종류의 것으로 만들어 버린다.

그 무쇠 주먹은 폭군의 머리를 부셔버리고,
그리고는 그 대신 폭군으로 변해 버렸다.13)

르네 지라르(Rene Girard)는 "비극적인 충돌이 연장될수록, 그것은 폭력

---

12) Len Giovannitti and Fred Freed, *The Decision to Drop the Bomb*, (New York: Coward-McCann, 1965), 265; Gar Alperovits, "The Hiroshima Decision," *Sojourners* 14 (August/September 1985): 14-21.
13) William Blake, "The Grey Monk," in *The Complete Poetry and Prose of William Blake*, 490.

적 흉내내기로 자라난다. 싸우는 상대들이 비슷해지는 것은 날로 강해져서 마침내 각자는 상대방의 거울 속 이미지로 되어버린다"14)고 썼다. 그렇다면, 히틀러의 악을 힘으로 저항한 결과 미국은 어떤 모습의 승리를 거두었는가? 우리는 영원한 전쟁 경제체제와 국가안보를 위한 군사체제를 채용하고 말았다. 우리는 그렇게 하는 것이 자유세계의 경찰로서의 의무라고 여기고, 필요하다면 강제적 징집을 통해서라도 엄청난 군대 인력을 유지하도록 그 재정적 뒷받침을 담당한다. 우리는 눈에 보이지 않는 정찰과 스파이 장치들을 개발하였는데, 그것들은 애국적 항거와 선동을 구별할 수 없으며, 공적인 권위에 책임을 지지 않으며, 국회의 동의 없이 전쟁을 시작할 수 있게 한다.15) 우리는 점점 더 외교적 방법 대신 군사적 개입에, 그리고 협상 대신 힘에 의존하게 되었다. 우리는 전 지구상에 있는 나라들에게 무기를 판매하는 주

---

14) Rene Girard, *Violence and the Sacred* (Baltimore: Johns Hopkins Univ. Press, 1977), 47. 또한 그의 다른 책 *The Scapegoat* (Baltimore: Johns Hopkins Univ. Press, 1986), 130도 참조하라: "내 형제의 욕망을 흉내냄으로써, 나는 그가 욕망 하는 것을 욕망 한다; 우리는 서로 공통의 욕망을 달성하는 것을 방해한다. 양쪽에서 저항이 증대됨에 따라, 욕망도 그만큼 증대한다; 이런 모델은 점차 더욱 방해가 되고, 장애물들은 점차로 모델이 된다; 결국은 욕망이 반대하는 것만 관심을 갖게 되어..... 흉내내기가 더욱 악화되면, 그것은 끌어당김과 배척함의 양면성을 증가시켜, 그 자신을 한 개인에게서 다른 개인에게로 재빨리 혐오로 전달한다."

  이 장의 내 생각은, 비록 지라르(Girard)가 매우 심화시키기는 했지만, 그를 통해 얻은 것은 아니고, 오히려 1955년에 *Emmet Fox*를 읽으면서 얻은 것이다. 내가 이를 언급하는 것은 다만 지라르의 견해가, 결코 두드러진 전통은 아닐지라도, 상당히 오래된 영성의 전통에 의하여 지원되었고, 영성의 삶에서 끈질기게 남아있다는 점을 지적하기 위함이다.

15) 미국 육군 정보국(U.S. Army Intelligence)은 제2차 세계 대전 후에 수천의 나치스(Nazis) 요원들을 선발 채용하였는데, 그들 중에는 전쟁범죄자들도 있었다. 이는 분명히 그런 음모의 대가들이 순진한 민주주의적 정복자들에게 가르쳐줄 것이 많을 것이라는 예상 때문이었다. CIA (중앙정보국)는 나중에 나치의 고문(拷問) 기술을 샤(Shah) 가 집권하던 이란, 베트남, 중앙 아메리카, 남아메리카에 전수하여 주었다 (Christopher Simpson, *Blowback: America's Recruitment of Nazis and Its Effects on the Cold War* [New York: Weidenfeld & Nicolson, 1988]). 마찬가지로, 우리나라는 공식적으로는 한국(Korea)에서 중국인들(Chinese)이 사용했던 세뇌(洗腦)공작을 비난하였지만, Illinois의 Marion이나, Kentucky의 Lexington에 있는 연방최고 비밀 감옥들에서 수인(囚人)들의 심리적 저항을 파괴하기 위하여 중국인들이 사용했던 세뇌방법을 고의적으로 적용하기도 했다 (Dave Bellinger, "Playing with Prisoners' Minds," *Fellowship* 54 [March 1988]: 18-20).

요 공급자들 중 하나이며, 그들 중 많은 나라들은 자국의 백성들의 복지를 희생하여, 그리고 지역의 불안을 대가로 치르면서 무기를 구입한다.

간단히 말해서, 우리는 나치즘의 정신과 이념적 요소들을 채택함으로써 어떤 의미에서는 히틀러에게 일종의 승리를 허락한 셈이었다. 1941년에 베인즈(H. G. Baynes)는 이미 승리자가 패배자의 심리적인 요소들을 동화(同化)하는 것은 피할 수 없다고 썼다. 전사(戰士)가 상대방의 적을 죽인 다음에는 그 힘을 동화(同化)하기 위하여 원수의 심장을 꺼내어 먹듯이, 우리도 심리적인 의미에서 히틀러주의(Hitlerism)를 먹었다고 그는 경고하였다. 그리하여 문제는 적을 정복함에 있어서 우리가 패배자의 좋은 점들은 물론, 최악의 요소들까지 삼켜버린 결과, 승리를 통하여 패배자와 똑같이 되는 것이다. "히틀러의 어떤 면모들을 동화할 것인가를 결정할 때는 천사들이라 할지라도 숨을 죽일 것이다."16)

조오지 윌리엄 러쎌(George William Russell)은 쓰기를, "각 국가들은 적대국이 가지고 있을 것이라고 상상하는 특징들을, 증오의 강렬함에 의하여, 자기들 속에다 창조해낸다. 따라서 모든 격정적인 충돌은 그런 특징들의 교환에 의하여 발생하는 것이다"라고 했다. 적대자와 갈등 속으로 들어가는 행동 바로 그 자체가 이전에는 전혀 존재하지 않았던 관계들을 만들어낸다. 윌리엄 어윈 톰슨(William Irwin Thompson)은 제2차 세계대전 후에, 이런 "특징들의 교환"(interchange of characteristics)에 대하여 평하기를, "일본은 이제 로스 엔젤레스와 디트로이트가 되었고, 캘리포니아의 빅 슈르(Big Sur)는 산에 있는 불교 선원(禪院)이 되었다. 독일은 이제 소비사회요, 우리는 역사상 세계에서

---

16) H. G. Baynes, *Germany Possessed* (London: Jonathan Cape, 1941), 301. 1943년 11월 21일에 있은 설교에서 Harry Emerson Fosdick은 비슷한 경고를 말했다: "모든 역사는 전쟁에 대하여 최소한 한 가지 교훈을 가르친다--승리자로 하여금 패배자의 성격을 갖도록 하는 불가피한 경향.... 우리는 적군과 싸우면서 그들을 그대로 복사하여, 그들을 이겼기 때문에 우리는 우리가 그토록 대항하여 싸운 바로 그 태도 그 내용을 떠맡아버린다." 에돔인들(Edomites)을 정복한 아마지아(Amaziah)가 전쟁에 진 상대방의 신(神)을 떠메고 집으로 돌아와서 그것을 경배하였듯이, 전쟁에서 우리는 언제나 적대자들을 복사(고대로 베껴서)하여 그들의 신(神)들을 섬긴다. "전쟁이 남기는 이상한 역설(逆說)은 다른 사람들을 원수라고 부르면서, 그들의 방식이나 생각을 증오한다고 말하면서, 우리는 곧바로 매우 신속하게 그리고 열심히 그들을 흉내내게 된다." (*A Great Time to Be Alive* [Freeport, N.Y.: Books for Libraries Press, 1972], 155-62).

가장 큰 군사대국이 되었다. 우리는 우리의 적군과 똑같이 되어버렸다"17)라고 했다.

정복자들은 역사를 통하여 그들이 정복한 나라들에 의하여 정복되었다. 히틀러의 홍보 장관이었던 요세프 괴벨스(Joseph Goebbels)는 "우리가 설사 진다해도, 우리는 이길 것이니, 왜냐하면 우리의 이상(理想)들은 적군의 가슴 깊이에 스며들 것이기 때문이다"18)라고 말함으로써, 역사의 영리한 학생이든지, 아니면 예언자임을 증명하였다. 우리가 악에게 힘으로 복수하는 것은 마치 총구를 떠난 총알 같아서, 그 진로 상에 있는 악을 쓰러트릴 것을 우리는 확실히 믿고 싶어한다. 그러나 사실인즉, 그것은 오히려 투수가 던진 공이, 그럴 리야 없겠지만, 우리에게 되돌아오거나, 혹은 경기장 울타리를 훌쩍 넘어가는 것과 같다.

드니스 드 루즈몽(Denis de Rougemont)은 그의 책 『악마의 몫』(*The Devil's Share*)에서 아직 나치스(Nazis)가 패배하기도 전에 날카로운 경고를 하였는데, 우리 미국인들은 나치스가 우리들과는 확실히 다른 부류의 짐승들이라고 믿고 싶어한다고 설명했다. 우리는 언젠가는 그들도 우리와 마찬가지의 사람들임을 발견하게 될 위험을 안고 있다. 그는 말하기를, 그들도 우리와 같은 사람들이라고 했는데, 이는 그들의 죄가 또한 비밀스럽게 우리들 안에도 있

---

17) William Erwin Thomson, *Evil and World Order* (New York: Harper & Row, 1976), 19. Thomson은 또한 Russell을 인용한다. 나도 또한 Lewis A. Coser, *The Function of Social Conflict* (Glencoe, Ill.: Free Press, 1956), 121에서 인용한다. Raymond Aron, *The Century of Total War* (Garden City, N.Y.: Doubleday, 1954), 110: "공산주의는 그 대적자들 속에서 흉내내는 자들을 발견한다. 공산주의의 반대자들은 공산주의와 싸우기 위해서는, 볼쉐비크 주의자들이 자본주의에 대항하여 프롤레타리아들을 선동하였던 바로 그 방법을 동원하여 볼쉐비즘에 대항하도록 나라들을 선동해야한다."

18) Milton Mayer, *They Thought They Were Free: The Germans* 1933-45 (Chicago: Univ. of Chicago Press, 1955), 339. 피정복자가 정복자를 정복하는 특별히 생생한 실례를 고대 중국(中國)에서 발견한다. 유목민들인 몽골(Mongol)족이 말을 타고 중국을 침략하였지만, 결국 중국을 말 위에서 다스릴 수는 없는 일이었다. 점령지를 다스리기 위해서는 무엇보다도 그들의 정복을 가능하게 만들어 주었던 제도를 포기하고, 전통적인 중국인들의 정부형태를 채택할 수밖에 없었다. 토지를 소유하고 있는 귀족들이 사회의 뼈대임을 새삼 발견하고, 유목민들을 다스리던 원시적인 방식은 중국의 토착민들 방식에 따라 변경할 수밖에 없었다 (Andrew Bard Schmookler, *The Parable of the Tribes* [Berkeley: Univ. of California Press, 1984], 60).

다는 뜻에서 확실히 옳은 말이다.

이게 바로 오늘 우리가 가치 있는 민주주의자들에게 이렇게 말하려는 이유다: "우리들 가운데 있는 악마를 보라! 악마가 히틀러나 혹은 그의 모방자만 닮았다고 믿지 말라. 왜냐하면 그 악마가 가장 닮은 것은 바로 너 자신이기 때문이다! 그 악마를 현장에서 잡는 것은 오직 네 안에서 뿐이다. 그리고 나서야 너는 다른 사람들 속에 있는 악마의 가면을 벗길 수 있는 입장에 서게 될 것이며, 그 악마와 싸워서 이길 수 있게 될 것이다. 왜냐하면 그럴 때에만 너는 전체주의의 위험 앞에서 너의 믿을 수 없는 순진함을 치유 받을 수 있게 될 것이며, 최면을 거는 것에 대항할 수 있게 될 것이다. 우리는 악마의 현대적인 표현을 갖지 못하고 있다. 그러므로 우리는 더 이상 악마를 믿지 않아 왔다. 그리하여 우리는 악마는 히틀러(Hitler)라고 상상했고, 그 악마는 만족해했다. (그리고 히틀러도 만족해했다.)19)

폭력을 흉내내기

폭력적인 저항이 결국에는 그것이 반대하는 것으로 변하게 된다는 원칙의 관점에서 세계의 역사를 써본다면 참 재미있는 연구가 될 것이다. 진실로, 르네 지라르(René Girard)의 모방(mimesis) 이론에 대하여 전적인 평가를 하려면 바로 그게 필요할 것이다. 우리는 거의 모든 시대에서 그 예를 찾을 수 있을 것이다. 즉 마카비(Maccabees) 형제들은 팔레스타인에서 유태인들을 억지로 헬레니즘화 하지 못하도록 싸웠다. 마침내 그들이 그리이스 지배자들로부터 독립을 이루었을 때(143 B.C.E.), 그들은 그리이스 왕국과 관료정치를 자신들의 편리를 위하여 채택하였다. 시몬(Simon)은 사실상 군사적 종교적 지도자가 되었다(마카비상 14:41-48). 히르카누스(Hyrcanus)는 이스라엘 왕들의 무덤에서 강탈한 재물 가운데서 용병들에게 돈을 지불하였다. 알렉산더 얀네우스(Alexander Janneus)는 헬레니즘을 좋아하는 사두개파(Hellinizing Sadduces)

---

19) Denis de Rougemont, *The Devil's Share*, Bollingen Series 2 (New York: Pantheon Books, 1945), 94-95.

사람들의 편이 되어줄 뿐만 아니라, 이전에 마카비 형제가 유태인 농부들에게 재분배했던 농토를 빼앗아서 왕궁 소속으로 되돌려 받아, 자신의 군사작전을 지원하였다.20)

나중에, 로마가 유태인들을 복종시킨 후, 철학자 세네카(Seneca)는 유태인의 풍속이 로마인들의 삶에 침투하기 시작하였다고 이렇게 불평하였다. 즉, "정복당한 자들이 정복자들에게 율법을 주었다."21) 최후의 이방 시인이었던 루틸리우스 나마티아누스(Rutilius Namatianus)는 "신들에게라도, 유태인들은 정복당하지 않았을 것이다!"22)라고 동의했다. 로마는 기독교 교회를 파괴하려고 했지만--결국은 기독교의 교황 관할 구역(The Holy See)이 되고 말았다. 교회는 그 대신 영지주의(靈知主義 Gnosticism)와 죽기 살기의 투쟁에 갇혀 버렸고, 그 투쟁의 과정에서 영지주의자들의 경전주석 방법을 채택하였을 뿐만 아니라, 육체에 대한 혐오까지도 이어 받았다.

중세기에는, 가톨릭 교회는 영지주의의 후계자들인 카타리파(Cathari)와 알비젠스파(Albigensians)와 싸웠다. 빛과 어둠, 선과 악, 영혼과 물질, 하느님과 루시퍼(Lucifer) 사이의 영원한 투쟁을 강조한 이들의 마니교적(Manichaen) 개념을 이단(異端)이라고 선언하였다. 그러나 폭력적 수단으로 이단을 박멸하려고 노력하다가, 교회 자체가 마니교(Manichaen)처럼 되고 말았다. 즉 교회는 카타리파와 알비젠스파를 마귀로 만들고 나서, 군대를 동원하여 침략하였고, 산 채로 불태워 죽였으며, 도시 전체를 학살하였고, 결국 프랑스에서만도 약 1백만 명의 사람들을 죽였다. 1209년 7월 21일, 프랑스의 베지에르스(Beziers)를 포위 약탈하는 동안, 그 도시의 전체 주민 2만 명이, 이단자들이고 가톨릭이고 할 것 없이 모두 학살당했는데, 그때 교황의 특사는 내내 격려하기를, "모두 죽여라! 하느님은 당신의 백성을 알아보실 것이다!"23)라고 외쳤다.

---

20) Douglas E. Oakman, *Jesus and the Economic Questions of His Day* (Lewiston/ Queenston: Edwin Mellen Press, 1986), 43-44; Morton Scott Enslin, *Christian Beginnings*, parts 1-2 (New York: Harper & Brothers, 1956), 16-37.

21) Seneca를 Augustine이 그의 책 *City of God* 6, 11, 21에 인용. Horace, "정복당한 그리스인들은 그 맹렬한 정복자들을 포로로 만들어 버렸다"(*Epistle* 1.1.156).

22) E. M. Cioran, *The New Gods* (New York: Quadrangle/New York Times Book Co., 1969), 32.

또한, 마녀(魔女)들을 억제하려다가, 종교재판관들은 모든 마녀들이 저지른 악보다 훨씬 더 심한 악을 저질렀으며, 마녀들에게 너무 큰 관심을 집중한 탓으로 그들이 그토록 열심히 억압하려고 했던 마술에 대한 믿음과 실천을 오히려 더 번지게 만들었다.24)

히틀러주의와 홀로코스트(Holocaust: 유태인 집단학살-역자 주)의 악몽을 벗어난 유태인들이 "다시는 이런 일이 없기를!"(Never Again!) 하고 외쳤지만, 지금은 그들이 오히려 팔레스타인 사람들을 학대하고 있지 않은가! 즉 팔레스타인 사람들의 합법적인 항의(인티파다 Intifada의 지도력이 팔레스타인 해방기구로부터 Gaza 지구 및 West Bank 지역 지도자들에게 넘어간 후에는 놀랍게도 비폭력적이었건만)에 대한 고문과 집단 과민반응이 그 비인간성에 있어서 점차 증가하였다. 유태인 신학자 마르끄 엘리스가 쓰기를,

> 그 봉기(蜂起)는 유태교의 미래를 준엄하고 지속적인 괴로움 속에 넣을 것이라고 말해도 지나치지 않으리라. 유태인 학살(홀로코스트)의 비극은 유태인들의 의식 속에 지워지지 않을 흔적을 새겨 넣었다. 오늘날 유태 신학은 우리들의 고통을 이해하도록 도와준다. 그러나 그 신학은 오늘날 우리가 힘센 자가 되었다는 것을 거의 인정하지 못하고 있다. 그 신학은 홀로코스트와 우리가 힘이 있어야 한다는 필요를 서로 긴장 속에 있게 한다. 결국, 트레블린카(Treblinka)와 아우쉬비츠(Auschwitz)의 희생자들을 위해서는 웅변적으로 말하면서도, [최소한 이스라엘 군인들이 인정한 레바논의 학살 현장인] 사브라(Sabra)와 샤틸라(Shatila)는 모른 체 할 수 있게 한다. 바르샤바(Warsaw) 유태인 집단거주지(Ghetto)에서 봉기한 것에는 칭찬을 하면서도, 이스라엘이 지배하는 지역 저편에서 일어난 봉기에 대하여는 아무 말도 안 한다. 유태인 신학자들은 유태인 어린이들을 고문하고 학살한 것에 대해서는 종교 의식과 신앙에서 탄식을 하며 기념하면서도, 팔레스타인 어린이들이 고문당하고 살해되는 것에 대해서는 아직도 그 가능성을 상상 속에서만 생각한다. 홀로코스트 신학은 유태인들의 이야기를 그 아름다움과 고통으로 연관시키면서도, 팔레스타인 사람들의 현실의 이야기는 우리들의 삶에 중요

---

23) Jean-Michel Angebert (pseud.), *The Occult and the Third Reich* (New York: McGraw Hill, 1975), 24, 35-36.

24) Aldous Huxley, *The Devils of London* (New York: Harper & Brothers, 1952), 128.

한 것으로 이해하지 않는다. 그러므로 이 신학은 우리가 과거에 누구였던가를 설명하지만, 오늘 우리가 어떤 사람들이 되었는지를 이해하는 데는 더 이상 도움이 되지 않는다.25)

기묘하게 얽힌 논리를 가지고, 이스라엘 택시 운전수는 자기 생각을 말하면서, "우리는 그들[팔레스타인 녀석들]의 골통을 까부셔야한다. 그놈들을 패주고 패주어서, 마침내 그들이 우리를 미워하지 않을 때까지 두드려 패야한다"26)라고 한다.

혹은, 제 2차 세계대전으로 돌아가서, 우리는 일본이 태평양 연안 지역을 그들의 경제적 연못으로 만들지 못하도록 하려고 싸웠다. 그러나 전쟁이 끝난 후, 우리들은 공산주의를 두려워하는 것에 자극되어, 소련과 중국에 대항하는 자본주의적 반공산주의 완충지대를 창출하기 위하여 일본을 도와 경제 대국으로 건설하여 주었다. 이제 태평양 연안이 일본의 경제적 연못이 되고 나니, 심지어는 우리들의 국내 경제도 그 경쟁을 견뎌내기 힘들게 되었다.

내 주장의 요점은 단지 전쟁은 나쁘다는 것에 그치지 않는다. 문제는 훨씬 더 깊은 데 있다. 그것은 전쟁이 지성적이고, 도덕적이며, 참 좋은 사람들까지도 흉내내기 폭력에로 끌어들인다는 점이다. 그들이 깨닫기도 전에, 그들 자신들은 이미 극도로 야만적인 행동을 모른 체하고 있거나 이미 자신들도 그렇게 하고 있으면서, 달리는 어찌 행동할 바를 모른다고 느낀다.

폭력적인 저항은 그 자신이 반대하는 바로 그것으로 자신을 만들어 버린다. 우리가 "기독교인"으로서 폭력을 정당화하기를 계속하는 한, 우리는 흉내내기 적대관계의 최면에 걸린 자신을 보지 못하는 맹인으로 남아 있는 것이다. 진실로 우리는 구원하는 폭력이라는 신화에 의해 내몰려서, 지배체제를 지원하기를 계속해야 할지, 아니면 말아야 할지를 선택해야만 한다. 이것이야말로 복음의 이데올로기적 위조품에 의하여 제공된 모든 분명히 강제적인 정당화로부터 참된 복음을 갈라 세우는 위대한 분기점이다. 지배체제

---

25) Marc H. Ellis, "The Occupation Is Over," *Christianity and Crisis* 48 (May 16, 1988): 174.
26) Anthony Lewis, "Fear, Hatred, Retaliation," *New York Times*, Sunday, May 28, 1989, 15E.

에 의하여 설정된 수단들에 의하여 우리가 이길 것이라고 약속하는 어떤 종교적인 메시지도 배신자의 목소리다. 구원하는 폭력을 통하여 승리나, 성공, 국가적 우세함을 약속하는 어떤 신학도 배신자의 목소리다. 남보다 앞서기, 일등(number one)이 되기, 혹은 애국심을 통하여 구원을 약속하는 것을 그게 곧 복음과 같다고 말하는 그 어떤 경건함도 배신자의 목소리다.

예수가 말하기를, "누구든지 제 목숨을 살리려는 사람을 잃을 것이며, 제 목숨을 잃는 사람은 살릴 것이다"(눅 17:33)라고 했을 때, 그는 땅 위에다 선을 그으며 우리들이 그 선을 넘어 갈 것이냐고 물은 것이었다. 즉 폭력이 언제나 궁극적 해결책인 세계에서 걸어 나가서, 폭력의 충격을 자신들의 몸으로 기꺼이 흡수하겠다는 사람들에 의해 폭력의 악순환 고리가 끊어진 그런 다른 세계 속으로, 선을 넘어 가겠는가 하고 물은 것이다.

세계 제 2차 대전은 정당한 전쟁, 혹은 최소한 필요한 전쟁이었다고, 많은 사람들이 아직도 느낀다. 국제적 분쟁을 해결하는 수단으로서의 비폭력주의는 너무도 최근의 일이라--국제 비폭력 운동("평화 교회들" 과는 별도로)은 고작 1914년에 시작했으니--독일 안팎에서 비폭력적 대안이 효과적이기에는 시기상조였다. (그러나 비폭력 정면행동은 나치스를 대항하여 사용된 모든 경우에 실제적인 효과를 내었음이 증명되었다.) 10년 내지 15년이 지나서라면, 우리는 국제적 비폭력 저항의 쇄도로 인하여 분쟁에 대해 보다 준비된 대처를 할 수 있을 것이다. 그러니, 슬픈 일이지만, 그 당시 전쟁에 대해 다른 대안을 낼 수는 없었을 것이다.

내가 말하고자 하는 요점은 비록 전쟁이 정당하게 보일지라도, 혹은 슬픈 일이지만 꼭 필요하고 불가피할지라도, 전쟁은 상대적으로 보다 정당한 편(그런 편이 있다고 치고)으로 하여금 그 반대편의 적과 똑같은 모양으로 점점 변해 버리도록 필연적으로 요구한다는 점이다. 가장 큰 악은 흔히 어떤 악을 박멸하기 위하여 모든 수단방법을 동원하는 사람들에 의하여 저질러진다. 전쟁이란 단지 외교적 수단의 다른 한 방법일 뿐이라고 클라우제비츠(Clausewitz)가 주장하였지만, 전쟁은 정말은 그런 것이 아니다. 전쟁은 외교적 수단의 비열한 실패이며, 바라는 결과를 성취하기에는 가장 희망이 없는 수단을 채택하는 것이다.27)

마틴 루터 킹 2세가 말하기를, "폭력의 궁극적 취약점은 그것이 내려가는 소용돌이 같아서, 없애버리고자 노력한 바로 그 대상과 똑같은 것을 생산한다는 점이다"28)라고 했다(소용돌이가 아래로 내려가 없어지는 대신 그 위에 새로운 소용돌이를 만드는 유체역학적 현상을 관찰한 것-역자 주). 우리는 더 이상 살인이 일어나지 않도록 하기 위하여, 살인자를 처형하는데, 그래서 우리들 자신이 살인자가 되고 만다. 우리는 어린이들이 서로 싸우지 않도록 하기 위하여 노력한다. 그들을 때려줌으로써 말이다. 우리는 도시를 구하기 위하여 그 도시를 파괴해야만 했다. 그래서 공산주의자들이 베트남을 파괴하기 위하여 베트남을 구원할 수 있도록 말이다.29)

왜 감옥은 범죄자들을 갱생시키지 못하는가? 그 자신이 한번 감옥 생활을 해보았던 마크 메이슨(Mark Mason)은 말하기를, 범죄 방지 제도가 모든 수단을 동원하여 감옥 생활의 풍토에 범죄자들이 잘 적응하도록 해주기 때문이라고 지적했다. 감옥 속에서는 죄수들이 어떻게 걷고, 말하고, 숨을 쉬어야 하고, 보여야 하고, 반항해야 하는가를 감옥의 간수들, 행정관들, 그리고 감옥 동료들이 잘도 가르쳐준다. 감옥은 개인의 자아에 대한 생각을 박탈하고, 대신 교도소 내의 삶의 풍토에 잘 적응하도록 사회화시킨다. 결국, 자그만치 80%에 해당하는 출감자들이 감옥으로 되돌아오고 만다. "범죄자로서의 자

---

27) Kennedy 대통령, Johnson 대통령 시절에 국방장관을 지냈고, 세계은행(World Bank)의 총재이기도 한 Robert McNamara는 이른바 "McNamara's Law"(맥나마라의 법칙)이라는 것을 백악관과 국방성 현관 위에 새겨놓고, 이를 Berlin이든, Vietnam, 혹은 중동(Middle East), Libya, Grenada 등지에 모든 군사적 개입을 할 경우에 적용하였다: "사고나, 잘못 계산하거나, 부주의, 혹은 통제력 상실 등 때문에 군사력을 사용할 때, 그 결과를 확실히 예상하기란 불가능하다" (J. Anthony Lukas, "Class Reunion," *New York Times Magazine*, August 30, 1987, 61). 불행하게도, 그는 베트남을 와해시키려고 그가 도와주기 전에 이런 교훈을 깨닫지는 못하였던 것이다.

28) Martin Luther King, Jr., *Where Do We Go from Here: Chaos or Community* (New York: Harper & Row, 1967), 62. Schmookler는 비슷한 점을 지적하였다. 능력을 최대화한 공격자에 대항하여 성공적인 방어를 하려면, 한 사회는 그 사회를 위협하는 다른 사회와 같이 되어야한다. 권력의 독재는 성격상 자체방어라 할지라도 일종의 항복처럼 되고 만다. 왜냐하면 폭력적인 저항은 자신을 공격자와 똑같도록 변화시키기 때문이다 (*Parable of The Tribes*, 21, 54.).

29) Pico Iyer가 "Romancing Vietnam," New York Times Book Review, 5 Dec. 1991, 9에서 한, 말 뒤집기.

아"(criminal self)를 발전시키고, 범죄자 집단의 삶과 수많은 범죄자 인구에 자신을 동화하였기 때문에, 그들 대부분은 남들과 떠나 홀로 자신의 삶을 영위하지 못한다. 범죄 방지제도(사법제도)는 범죄를 양산하는 학교일 뿐만 아니라, 실제로는 감옥들이 마땅히 비난해야 할 바로 그런 정체성으로 사람들의 영혼을 형성하고 있다. 그들의 참된 자아에서 소외되었기에, 그들에게는 집단적으로 부정적인 자아 정체성 밖에는 아무것도 남겨진 것이 없게 되어, 저주받은 자들의 지옥 같은 떼거리들 밖에선 살아 갈 곳이 없게 된다는 말이다.30)

"전체 지배체제(*kosmos*)가 악의 힘 아래 놓이게 된다"(요일 5:19*). 폭력적 저항이 그 반대의 것으로 변화하는 이 오래된 행태는 나라에서 가족에 이르기까지 집단적인 삶의 모습을 다스린다. 우리는 폭력에 중독되었고, 얄궂은 것은 이 중독이 좌익이든 우익이든 모두에게 매우 심하다는 점이다.

예를 들어, 베트남 전쟁 반대 운동의 극단적 좌파는 미국 정부가 아시아에서 저지르고 있는 악을 정확히 밝혀내고는, 그것을 반대하기 위하여 똑같은 폭력적 수단을 채택하였다. 그게 전부가 아닌 것이, 그들은 자기들이 증오한 것의 실제적 이미지가 되어버렸다. 즉 그들이 반대한 권력들과 마찬가지로, 그들은 숨기는 경향을 띠게 되었다(테러리스트들이 그래야 하는 것처럼). 이로써 그들은 대중적 인기가 있는 정치적 바탕을 세워나갈 모든 시도를 포기하고, 점차로 엘리트, 즉, "나머지 다른 사람들에게 무엇이 가장 좋은 것인지를 알고 있는" 소수의 독재자들이 되어 갔다. 메시아적 아메리카 제국주의를 반대하기 위하여, 그들은 그 대신 자기들에게 좋은 것이면 남에게도 강요하는 메시아주의자들(messianists)이 되어버렸다. 여기서도, 늘 그렇듯이, 명제(thesis)가 반대명제(antithesis) 속에 계속 살아남아 있다. 그들이 반대하는 정부와 똑같은 폭력적 수단을 채택함으로써, 지하기후(Weather Underground: 1960년대 미국의 극좌파 학생운동 그룹의 명칭-역자 주) 조직의 회원들은 불합리한 폭력 그대로의 축도(縮圖)처럼 닮도록 변화하여버렸다. 그 과정에서, 베트남 전쟁을 반대하는 데 훨씬 효과적인 비폭력 그룹들을 상대로 비밀 잠입, 전화도청,

---

30) 1989년 5월, 뉴욕신학대학이 후원하여 Sing Sing Prison에서 나의 아내 June Keener-Wink 와 내가 함께 가르친 석사학위 프로그램 강의에서 Mark Mason이 제출한 미간행 페이퍼.

괴롭히기, 정보 수집 등을 할 구실을 그들의 지도부에게 주었다. 이들 이른바 극단주의자들은, 만일 그들이 중앙정보국(CIA)의 요원이었었다면 (약간 명은 실제로 그러했음에 틀림없고!), 전쟁 수행에 그 이상 더 잘 봉사할 수는 없었을 정도였다.31)

우리는 자연과의 관계에서도 흉내내기 반대저항(mimetic counter-resistance)의 원칙을 지켜왔다. 1950년까지, 많은 과학자들이 DDT는 수많은 생명체 종자들에게 유독함을 인정하였지만, 우리는 이미 그 사용에 길들어 있었다. 얼마 후에 말라리아 모기들이 점점 DDT에 면역이 되어버렸는데, 그렇다고 DDT 사용을 중단하는 일이 쉬운 일이 아닌 것이, 모기를 잡아 먹고살던 다른 동물들이 DDT에 의하여 이미 거의 멸종되었기 때문이었다(그러니 DDT라도 계속 사용하는 수밖에 없었다−역자 주). 1980년에 이르자 43가지 종류의 말라리아 모기들이 강력한 주력 구충제들에 저항력이 생겨났다. 결과적으로, 지난 15년 동안에 어떤 나라에서는 말라리아 발생이 100배나 증가하였다. 이에 대한 한 가지 반응은 마치 냉전(Cold War) 정치를 기묘하게 풍자하듯, 뿌려대는 살충제의 독성을 증가시키자는 것이었다.32) 폭력적인 반작용이 생태계 자체

---

31) 우리가 문제로 삼는 것은 Weathermen들의 구조적으로 폭력을 필요로 한다는 점이지 각 개인이 잘못되었다고 하는 것은 아님이 Red Army Faction이나 혹은 서독(西獨)의 Baader-Meinhof 그룹들의 유사한 경우에도 보여진다. 25명 이상이 되어본 적이 없는 그들은 처음부터 희망이 없는 공공연한 반항을 하였다. 그들은 대중의 지지를 얻어내려 하지 않았고, 그들의 세포 조직에는 곧 경찰의 정보원이 잠입하였으며, 그들의 테러 행위는 정부당국의 대대적인 대응 조치들을 불러들였다: 새로운 컴퓨터화된 추적방법, 아파트나 세포 조직에 도청장치 설치, 특별히 훈련받은 반테러 경찰부대 구성, 누구든지 약간만 반정부적이라고 여겨지는 사람은 시민권리를 대폭 차단당하도록 하는 새로운 입법 등. Baader-Meinhof 그룹은 사실상 서독을 변화시켰다−즉, 그 그룹이 뒤집어 엎어보려고 희망해온 서독의 억압을 제도적으로 더욱 강화시켜 버렸다 (Robert Gerald Livingston, "Violence Is the Only Way," New York Times Book Review, January 3, 1988, 6).

32) Morris Berman, *The Reenchantment of the World* (Toronto: Bantam Books, 1984), 261-62. 곤충들의 저항력이 너무도 신속히 발전되어, Illinois Natural History Survey의 경제 곤충학자인 Allan Felsot는 예언하기를, "새로운 종류의 구충제를 개발하여 적절히 사용하는 방법을 배우지 못하면, 우리가 지금 가지고 있는 모든 화학물질들은 더 이상 아무런 소용이 없어질 것이다"라고 했다. 구충제(驅虫劑) 사용이 곤충들에게 선택적으로 압박을 가하여 결과적으로 보다 저항적인 종류들만 살아남게 되었다. "안타까운 현실은 곤충들에게 손실된 곡물량의 퍼센테지가 1900년이래 사과(apples)를 제외한 거의 모든

를 위협하는 반사적인 경련처럼 되었다.

서양 의학의 대증요법(對症療法)도 꼭 같은 전면전(total-war)의 시나리오를 연출하고 있다. 식이요법(食餌療法), 명상, 스트레스 감소, 그리고 운동 등은 최근까지 의사들에 의하여 거의 전적으로 무시되었고, 그 대신 해로운 부분뿐만 아니라 이로운 부분에도 치명적인 독한 화학약품을 투여하여 질병과 싸우는 것을 선호하였다. 고도로 자체 치유를 할 수 있도록 몸의 건강을 길러주는 대신, 우리들의 의료 전문가들은, 정상적 건강한 몸에는 손상을 주지 않고 일반적으로 공존할 수 있는 세균이나 바이러스들에 대항하여 끊임없이 악순환을 거듭하며 점증하는 전쟁을 벌이는, 박테리아전쟁 국방성(Pentagon)처럼 되었다.

이렇게 우스꽝스럽게 절룩거리는 거인(巨人)처럼, 우리는 소련 제국주의의 팽창을 저지할 목적으로, 차례차례 여러 나라에게 무력을 사용했다. 이란, 과테말라, 쿠바, 자이레, 베트남, 칠레, 엘 살바도르, 니카라과 등이다. 그러나 CIA나 미국 군대가 질서를 강화하고 공산주의에 저항하고자 개입한 모든 곳에서, 그런 개입은 반대의 효과를 내기만 했다.33) 제한 전쟁이나 개입이 불가피하다고 주장한 이론은 군사 계획관들로 하여금 그런 전쟁에 대비하게 만들었다. 그러나 준비의 각 단계는--군사기지를 포위함, 해안에 함대들 배치, 국가적 군사 및 경찰력을 도와줌, 선전(宣傳) 공세 등--실제로 도발이며, 그래서 이미 일종의 군사적 개입이 되었다.

군사 이론은 일종의 스스로 이행하는 예언(예언한 대로 실제 일어나게 하는: self-fulfilling prophecy)이 되었다. 우리의 지도자들은 다른 나라들이 한 제국주의로부터 구원되어 또 다른 제국주의에 삼켜지는 것을 열망하지 않는다는 것을 이해할 수 없었다. 그래서 우리의 대외정책은 한 가지 일을 향하여 다른 나라들을 몰아대느라고 엄청난 힘의 전 추진력으로 밀어붙였다. 우리는 제3세계에서 원주민의 봉기나 게릴라 전쟁이 번지는 것을 막기 위하여 수십억 달러의 돈을 탕진하였다. 이제는 국내에서 우리를 둘러싸고 있는 부패,

---

종류의 곡물에 급속히 증가하였다는 점이다"(Larry Doyle, "Pesticides Create 'Monster Bugs,' Immune to Poison," *Los Angeles Times*, April 5, 1987, part 1, p. 2).

33) Jonathan Keitny, *Endless Enemies* (New York: Congdon and Weed, Inc., 1984); Philip Agee, *Inside the Company: CIA Diary* (Toronto: Bantam Books, 1975).

노숙자(露宿者), 마약전쟁 등에 대처할 돈이 남아있지 않다. 그 결과 우리는 아메리카 안의 도시들에서 원주민 봉기와 게릴라 전쟁을 치르게 되었다.34)

그렇게 무력으로 개입한 대가는 전장(戰場)에서만 그 사상자가 발생하는 것이 아니다. 즉 우리는 베트남 전쟁의 충격을 여러 각도에서 그리고 넌더리가 날 정도로 아직도 겪어가고 있다. 3백만 베트남 참전군인들 가운데 약 70만 명이 아직도 외상후 스트레스 징후(Post Traumatic Stress Syndrome)로 고통을 당하고 있다. 미국 내의 감옥에 수감된 자들 가운데 약 4분의 1 정도가 베트남 참전 군인들이며, 그 숫자의 3배 내지 5배의 인원들이 지난 15년 동안에 감옥을 거쳐갔다. 8만 명의 베트남 참전 군인들이 자살했으며, 수많은 사람들이 마약이나 알코올 중독, 단독 차량 사고, 그리고 다른 형태의 자해(自害) 행동으로 죽어갔다. 아마도 노숙자(露宿者)들의 50%는 재향 군인들, 주로 베트남 참전 군인들일 것이다.35)

의료전문 기자 루이스 토마스는 주장하기를, 모든 질병 가운데 가장 중대한 피해는 육체가 자체 방어를 위하여 공포에 질린 과잉반응(panicked over-reaction)을 한 결과로 온다고 했다.36) 이는 확실히 미국이라는 국가(the body politics)에 맞는 말이다. 즉 공산 제국주의에 대한 우리의 과잉반응은, 맥카씨즘, 냉전, 무기경쟁, 모든 악을 공산주의에 덮어씌우기, 공산세력을 봉쇄하기 위한 잘못 건의된 전쟁 등등, 공산주의자들이 우리에게 행한 어떤 것보다도 의심할 바 없이 더 큰 해악을 우리들 자신에게 끼쳤다. 그 과정에서 우리는 필연적으로, 그리고 부지불식간에 우리가 두려워한 바로 그것으로 변형되었다.37)

---

34) Richard J. Barnet, *Intervention and Revolution* (New York: New American Library, 1972), 320.

35) David L. Shalk, *War and the Ivory Tower: Algeria and Vietnam* (New York/London: Oxford Univ. Press, 1991); Doug Magee, "Viet Nam: The Body Count Still Rises," *Christianity and Crisis* 41 (October 5, 1981): 259, 269; Charlene Spretnak, "Naming the Cultural Forces that Push Us Toward War," in *Nuclear Strategy and the Code of the Warrior*, ed. R. Grossinger and Lindy Hough (Berkeley: North Atlantic Books, 1984), 47; "Two Thirds of Vietnam Vets Have Disorders, Study Says," *Fellowship* 55 (April/May 1989):24에서는 American Legion 의 연구 결과를 인용함.

36) Lewis Thomas, *The Lives of a Cell* (Toronto: Bantam Books, 1980), 88-94.

소련의 모든 전쟁 행위, 다른 나라들에 대한 그의 영향력 증대, 그들의 병기고에 새로운 무기를 첨가하는 것, 그 각각에 대하여 미국 안에서는 반사적인 군사 대결의 경종을 울리는 반응과 억압적인 감시를 촉발했다. 우리들의 방역(防疫)제도는--경찰, 군대, 법정, FBI, CIA, 그리고 행형(行刑)제도--많은 사람들에게 더 이상 보호자들이 아니라 오히려 적대자로 인식된다. 너무도 자주 치유가 질병보다 더 나쁜 것이 되어, 우리는 만성적 스트레스에 고통을 당하는 나라가 되었다. 그리고 소련도 우리를 대항하느라고 똑 같은 과정을 겪으면서, 우리는 서로를 점점 더 닮게 되었다.

　나는 미국과 소련이 서로 다른 점이 전혀 없었다고 말하고 싶지는 않다. 어떤 흉내내기도 전부를 닮는 것은 아니다. 미국인들은 소련 사람들보다 훨씬 더 많은 자유, 경제적 풍요, 정치적인 힘을 누렸다. 이것이야말로 바로 흉내내기를 그토록 악마적으로 만드는 것이다. 즉 흉내내기는 상대편을 닮는 경쟁에서 자신들의 가장 중요하며 독특한 가치들을 포기하게 만들기 때문이다.

악의 전염

　악은 전염병이다. 아무도 악과 맞붙어 싸우고서도 전염되지 않을 수는 없다. 1982년에 나와 내 아내 쥰(June)은 라틴 아메리카에서 4개월을 보내면서, 군사독재를 관찰하고, 고문당한 사람들과 이야기를 나누고, 빈민가를 방문할 기회를 가졌다. 무엇이 일어나고 있는지 알지 못한 채로, 나는 영적인 암흑 속으로 들어가기 시작했고, 마침내 나는 몸이 수척해지고 영적으로 황폐하게 되었다. 훨씬 후에 드디어, 혁명 전의 니카라과(Nicaragua)에서 소모사

---

37) 미국은 라틴 아메리카에 대하여 상호 모순된 정책을 추구하여왔다. 한편으로는 우리는 안정된 민주주의적 정부를 원했지만, 다른 편으로는 전통적으로 반민주적이고, 잔혹하고 부패한 군부를 강화시켰다. "미국의 기본적인 이해관계는 혁명적 세력 자신들보다도 그런 혁명적 세력들에 대응한 미국의 관행적 처리방식에 의하여 더욱 위협을 받았다"(Richard Feinbergb and Kenneth Oye, "After Fall: U. S. Policy toward Radical Regimes," *World Policy Journal* 1 [Fall 1983]: 201).

(Somoza) 정권의 수용소를 탈출하려는 꿈을 꿀 때까지는, 나는 무엇이 일어났는지 몰랐다. 그 꿈은 내 신세를 착실히 반영하였는데, 나는 정신병적인 구금 상태에 있었다. 그 후 수십 년을 두고 나는 일련의 그런 꿈을 꾸었는데, 늘 포악한 독재자로부터 탈출하려는 것이었다. 고문(拷問)과 구금의 장면이나 이야기들은 그 때 내게는 알려지지 않은 것이었는데도 내 속에 깊이 스며들어서 옛 상처를 덧나게 하고, 그래서 나는 문자 그대로 포로 신세가 되어 있었다.38)

구금당한 희생자들의 고통이 내 기억 속에서 처형과 투옥의 고통스런 경험으로 공명(共鳴)되었다. 내가 어린 아이였을 때, 나는 아버지의 노여움이 겁나서 종종 거짓말을 했었다. 어느 날 아버지께서 일터에서 돌아오시자 내가 차고(車庫)에다가 자전거를 넣었느냐고 물으셨다. 나는 그랬노라고 대답을 하고선, 그 자전거를 치우려고 앞마당으로 뛰어나갔다. 자전거가 거기에 없었다. 나는 집안으로 뛰어 들어오면서 내 자전거를 도둑맞았다고 소리쳤다. "어디에 두었었는데?" 하고 아버지가 물으셨다. 나는 순진하게도 "앞마당에요" 하고 대답했다. 아버지는 "나는 네가 차고에 두었다고 말한 것으로 아는데" 하고 말씀하셨다. 나는 걸려들었다. 사실은 아버지가 그 자전거를 숨겼던 것이다. 저녁 식사 후 그 날 밤, 나의 아버지와 어머니는 부엌 식탁 앞에서 재판을 벌였고, 나는 재판정에 서는 신세가 되었다. 그들은 내가 거짓말쟁이라고 유죄선고를 하고는, 두 가지 선택을 내게 내렸다. 영원히 집을 떠나든지, 아니면 그 날 밤을 차고에 붙은 창고에서 지내든지 둘 중의 하나를 택하는 것이었다. 나의 가족들 속에서의 내 삶은 끝장났다고 느껴서, 나는 집을 떠나기로 했다. 그때 나는 아홉 살이었다. 그들은 내가 누구에게 갈 작정이냐고 물었다. 내가 누군가를 댈 때마다 그들은 말하기를, "오, 아니야. 그들은 거짓말쟁이와 살지 않으려고 할 걸" 했다. 그러니 차고에 붙은 창고를 택하는 수밖에 없었다. 그 날 밤, 정말이지 나는 깊은 뜻에서 정서적으로 "죽었다." 그리고 지금 그때로부터 수십 년 뒤에 라틴 아메리카에서 억압당

---

38) 같은 맥락에서 융(Jung) 해석자인 H. G. Baynes는 세계 2차 대전 중에 보고하기를, 그의 영국인 환자들 가운데서 꿈에 히틀러를 보는 환자들이 있었는데 이는 히틀러를 물리치기 위하여 온통 에너지를 쏟아 부은 사람들의 무의식 속에 심리적인 전염이 심어진 것임을 가리키는 것이라고 했다(*Germany Possessed*, 252).

한 상황 속에 희망을 잃고 있는 중에, 나는 내 집에서 처음으로 수감자가 되었던 옛날의 절망 속으로 다시 빠져 들어간 자신을 발견하였다.

우리가 가졌던 워크숍(work shop 연구집회)에서 한 여자가 비슷한 경험을 이야기했다. 그녀는 미국이 (니카라과의 산디니스타 혁명정부를 몰락시키기 위해 이란에 판 무기대금을 국고에 넣지 않고 불법적으로 빼돌려 -역자주) 돈을 댄 콘트라 (Contras)의 손에 의하여 니카라과 사람들이 얼마나 고통을 당했는지, 평화의 증인(Witness for Peace)의 대표단의 일원이 되어, 직접 체험으로 그 일을 보고서는 얼마나 깊이 상심(傷心)했나를 이야기했다. 그녀는 미국의 정책을 바꾸기 위해서는 무슨 짓이든 하겠노라고 결심하고 돌아왔다. 그녀는 여러 차례 그리고 매우 잘 강연(講演)했다. 그러나 뭔가를 쓰겠다고 자리에 앉을 때마다, 그녀가 할 수 있는 거라곤 그냥 우는 것이었다. 그 여행에서 무슨 상처와 고통 때문에 그렇게 자극을 받았는지 생각해보라고 독촉을 받고서는, 그녀는 자기 아버지가 오빠를 어떻게 혹독하게 대했는지, 그리고 그보다 좀 덜하긴 했지만 그녀에게도 얼마나 잔인하게 대했었는지를 기억해내었다. 그녀는 오빠를 돕고 싶었으나 어떻게 할 수가 없었다. 이제 다른 사람들이 똑같이 잔인하게 당하는 것을 도와줄 기회가 주어지자, 그 옛날 아무런 힘이 없었던 기억이 되살아나서 그녀를 다시 마비시켜버린 것이다.

우리를 뒤흔드는 모든 불의(不義)는 어떤 식으로든 우리 자신의 개인적인 상처를 되살려낸다고 나는 생각한다. 투사(投射 projection--주관의 객관화)와 투입(投入 introjection--객관의 주관화)의 이중적 행동이 있다. 즉 우리 안에 있는 악을 세계에다 투사하고, 세계 속에서 본 악을 우리 안의 정신에다 투입한다. 그러므로 악에 대해 저항하는 것은, 우리가 반대하는 외부의 악과 비슷한 것이면 무엇이든, 우리들 속에 깊숙이 응어리지게 만든다. 즉 우리의 저항 바로 그것이 내면적 그림자(the inner shadow)를 키운다. 우리가 신랄하게 반대한다는 그 자체가 우리가 반대하는 것을 흉내내려고 우리의 일부가 비밀스럽게 욕망하고 있음을 가리키는 것이리라.[39] (사람들이 개인적으로 직접 겪

---

[39] Erich Newmann은 특별히 인격의 그림자 부분을 대면하는 첫 과정에서 사람은 지금까지 무시해 왔던 자신의 그림자 부분의 폭력성에 충격을 받는다고 지적한다. 에고(ego)가 이 부분을 대면하기를 원하지 않으면 않을수록, 그만큼 더 에고(ego)는 외부에 대하여 더욱 폭력적이 되도록 자신을 몰아세운다 (*Depth Psychology and a New Ethic* [London:

은 가장 큰 폭력은 평화운동을 하는 동료들에게서 당한 것이라고 말하는 것을 얼마나 자주 들었던가!)

우리가 가장 귀에 거슬리게 비난한 바로 그 악에게 흔히 우리는 무의식적으로 매력을 느끼지 않는가? 우리가 악에 대하여 반대하는 그 강도(强度)가 곧 그것이 우리를 매혹하고 있다는 위험한 징조는 아닌가? 눈으로 악을 보면 영혼 속에 있는 악에 불이 붙는다(The very sight of evil kindles evil in the soul.)고 융(Jung)은 썼다. "성인(聖人)이라 할지라도, 히틀러(Hitler)와 힘믈러(Himmler), 게슈타포(Gestapo: Geheime Staats Polizei=나치스 독일 비밀경찰)나 SS(Secret Service=기밀정보부)의 영혼을 위해서 끊임없이 기도하지 않을 수 없을 것인데, 이것은 자신의 영혼에 끼친 피해를 지체 없이 고치기 위해서다." 우리의 의식적인 태도가 어떠하든 관계없이, 우리는 악의 불결함에 불가피하게 끌려 들어간다.40)

당신의 전문분야에서 당신보다 높은 자리에 있던 사람이 중풍을 맞아 불구가 되었다는 소식을 듣고 남몰래 좋아하다가 들킨 적은 없는가? 아마도 이제 당신은 한 자리 승진할 테니까. 혹은, 아이고 하느님, 내가 아니라 그녀가 그 지경을 당했으니 감사합니다. 남의 집이 불타는 것을 구경하는 것은 뭔가 신나는 일이 아니던가? 두려움이 있기는 하지만, 또한 일종의 기쁨이 있지 않은가? 다만 그게 우리 집이 아닌 한! 로쉬푸꼬(Rochefoucauld) 가문의 공작(公爵)이 말한 대로, 친구들의 불행 속에서 우리를 불쾌하게 만들지 않는 그 무엇을 우리는 발견한다. 그리고 다른 사람들이 겪는 운명으로부터 우리가 개인적으로 면제된 기분이야말로 전쟁이 주는 깊은 만족감의 하나가 아닌가? "당신 주변의 수많은 사람들이 죽어갔는데도 당신만은 살아남았다는 기쁨!"41)

Hodder & Stoughton, 1969], 81). 간단히 말해서, 우리가 자신의 내부에서 억제하는 것을, 우리는 다른 사람에게 옮겨서 억압한다 (*What we repress in ourselves, we oppress in others*).

40) Carl G. Jung, "After the Catastrophe" 1945), in *Civilization in Transition*, CW 10 (1970), 198-99.

41) Glenn Gray, *The Warriors* (New York: Harper & Row, 1970), 27; William Broyles, Jr., "Why Men Love War," *Esquire* 102 (November 1984): 55-58.

사회 정의 운동에 투쟁하는 우리들 가운데 어떤 사람들은 우리들 자신의 정신세계 안에서 무엇이 일어나고 있는가에 대해서는 믿지 못할 만큼 순진하다. 우리들의 자아정체성(self-identity)은 가끔 악에 대한 우리의 저항으로 정의된다. 우리들 자신에 대하여 기분 좋게 느끼는 식으로 말이다. 즉 만일 우리가 악에 반대한다면, 우리는 착함에 틀림없다는 식으로 말이다. 어떤 운동가들이 명상, 기도, 그리고 내적 치유(治癒)를 갈망하고 있는 그 자체가 그들이 자신의 내부를 들여다본다면 무엇을 발견할 것인지에 대한 불완전한 지식을 나타내는 것이리라. 왜냐하면 **악에 대한 투쟁이 우리를 악으로 만들 수 있기 때문**(For the struggle against evil can make us evil.)이며, 아무리 좋은 의도를 많이 가졌다고 해도 그것이 일어나는 것을 방지할 재주가 없기 때문이다. 우리에게 완전무장을 하라는 하느님의 권면(엡 6:10-20)은 특별히 우리들의 영혼 속에 악의 전염을 방지하기 위한 것이며, 그 무장의 금속들은 모두 기도(祈禱)로 담금질한 것이다.

외부의 악에 대한 투쟁이 우리의 영혼 내부의 악으로 하여금 제멋대로 하도록 그 속박을 풀어준다. 그렇다고 투쟁을 회피할 수는 없다. 어쩌면 그런 투쟁만이 우리의 목표가 우리에게 요구하는 영적인 업무임을 발견할 수 있는 유일한 길일 것이다. 외부에 있는 원수들에게 투사한 것을 취소하고 우리의 내부에 있는 두려운 그림자를 직시하든지, 아니면 두려운 적대자에 대항하여 흉내내면서 끝까지 투쟁하다가 온 세계의 기둥을 잡아당겨 우리 머리 위에 무너지게 하든지 둘 중 하나다(여기 히브리 성경 삼손의 고사를 참조: 판관기 16:28-31—역자 주). 우리들 내부의 영적인 불을 피워내든지, 아니면, 우리가 불덩어리에 타서 없어지든지 둘 중 하나다. 다른 인종, 나라, 경제체제를 두려워하면서도 하나의 세계에서 살기를 배우든지, 아니면, 인종, 나라들, 경제체제들에 관계없이 모두가 하나의 세계로서 죽어가든지 둘 중 하나다.

예수의 제 3의 길은 외부에 대한 복수의 악순환을 저지하면서도, 그것이 일으키는 내부의 전염(傳染)을 직시하도록 우리를 대비하게 한다. 그의 길은 악이 요구하는 조건대로 악에게 무언의 동조를 하는 것도 아니요, 맹목적(盲目的)으로 악에게 우리 자신을 내동댕이치는 것도 아닌 그런 방식으로 악에 맞서는 길이다.

한결 더욱 깊은 차원에서, 비폭력은 영웅적인 모습의 영적인 도전이다. 그것은 무한대의 위험성에 대하여 자신의 생명을 걸기 위하여, 그리고 남을 위하여 자신을 내어주는 자기 초월을 위하여, 영혼의 진정한 영웅주의에의 갈망을 요청하는 것이다.

동양(東洋)에서는 악에 거슬러 역으로 대항하는 일이 허망함을 깨닫는 것을 중심으로 무술(武術)과 영성의 체계가 이루어져 있다. 즉 유도, 합기도, 태극권 등이 그렇다. 세부사항에서는 서로 차이가 있긴 하지만, 이들 모두에 기본적인 방침은 상대방의 운동량(추진력)과 에너지를 이용하여 될 수 있는 한 적은 상처를 입히면서 상대방을 무장해제(武裝解除)시키는 것이다. 그 의도는 힘은 사용하지만, 폭력은 쓰지 않는다. 어린 아기를 출산하는 여인들은 오랜 세월동안 똑같은 원리를 알고 있다. 즉 고통에 대항하여 몸을 옥죄는 것은 단지 그 고통을 더할 뿐이다. 그 고통에 내맡기고 깊이 호흡하며, 그 중심으로 서서히 들어가는 것이 자궁수축의 고통을 감소하게 한다. 다른 사람들도 같은 원리를 인생 일반에 적용한다. 즉 암(癌)이나, 외로움, 두려운 그림자를 싸워서 물리치려고 노력하는 대신, 그것을 받아들이고, 그것과 함께 호흡하고, 그것을 향하여 마주하고, 열린 손으로(손에 무기를 들지 않고) 대하고, 그것에 사랑과 받아들임과 은혜로운 변화의 가능성을 준다.42)

물리적이든 영적이든, 모든 행동은 똑같은 반작용을 창출하도록, 실재는 그렇게 구성되어 있는 것 같다. 따라서 지배적인 수단으로 지배체제와 싸우려는 모든 시도는 결국 지배로 끝나고 만다. 우리가 악을 악으로 대항하고, 그것을 그대로 거울처럼 반사하고, 똑같은 것으로 앙갚음하면, 우리는 단지 그 악을 영원히 지속하게 할 뿐이다. 비폭력의 길, 예수가 선택한 길만이 지배를 이겨내는 유일한 길이다. 지배를 독점하려는 데 갇혀 있는 사람에

---

42) Jivaro 샤만(무당)은 한 서구의 인류학자를 위해 아마존(Amazon) 지역에서 샤만의 visionary initiation (강신굿)을 준비하면서, 그에게 말하기를, "가장 중요한 것은 당신이 무서워하지 않는 것이요. 뭔가 이상한 것이 나타나더라도, 도망치지 마시오. 오히려 다가가서 그것을 만져 보시오." (Michel Harner, *The Way of the Shaman* [Toronto: Bantam Books, 1986], 18-19). 치유에서 비폭력성의 의미에 대하여서는 George Lakey, *Powerful Peace-making* (Philadelphia: New Society Publishers, 1987), xv; 그리고 O Carl Simonton and Stephanie Mathews Simonton, *Getting Well Again* (Los Angeles: J. P. Tarcher, 1978), 149-52를 참조하라.

게는 비폭력이 자살행위로 보일 것이다. 즉, 십자가 처형일 따름으로 보인다. 그러나 일상적인 세상의 폭력의 기록에 대하여 단호하게 보는 사람에게는, 비폭력은 우리에게 남아 있는 유일한 선택이다. 그것도, 단지 기독교인들을 위해서만이 아니라, 세계를 위해서도 그렇다.

많은 사람들, 점잖고 친절한 사람들, 조용하고 비공격적인 사람들이 마침내 할 말이 있다는 게 놀라울 것 없지: "마르코스(Marcose: 필리핀 독재자-역자 주) 일가나, 엔릴레(Enrile: 악명 높았던 필리핀 상원의원-역자 주) 같은 사람들을 놓고 우리가 할 말은 단 하나, 크메르 루즈(Khmer Rouge: 1970년대 캄보디아를 통치한 공산 군사정권, 수백만 명을 학살한 악명을 떨침-역자 주)를 두고 할 말은 단 하나, 우리로선 기쁨이 아니라 마지못해 하는 서글픈 언어, 그러나 이들이 이해하는 단 하나의 언어는, "총"(Gun)!

그런 사람들에게 할 말이라곤, "어서 돌아와, 환영해!(Welcome home!) 이 세계가 일찍부터 알아온 가장 큰 일치에로: 동서가 일치하는, 자본주의자도 공산주의자도 일치하는, 이슬람의 모스크, 기독교의 교회, 유태교의 회당이 모두 일치하게 동의하는 의견에, 여기로 어서 와요. 모두가 한 가지 의견으로 동의하는 건, 언젠가 서로를 죽이는 것이 정당하다고 여길 때가 온다는 거야. 이 세계가 세워진 한 가지 공동의 의견으로, 이 고향집으로 어서 와요, 환영해!"

궁극적으로 우리가 가진 두 가지 선택은, 최후의 수단으로서는 죽이는 것도 도덕적이라고 하면서 정당한 전쟁이라는 "신화"를 받아들이거나, 아니면, 비폭력의 "신화"를 선택하여, 죽이는 것은 결코 옳은 일이 아니며 최후의 수단이란 없다고 하거나, 둘 중의 하나다. 전자의 경우엔, 폭력을 쓸 수밖에 없는 한계에 도달하였음을 확인하고 "최후의 수단"에 이르렀다고 할 순간이 조만간 곧 올 것이다. 후자의 경우엔, 폭력은 결코 정당화될 수 없으며 "최후의 수단"이란 없다는 "신화"를 굳게 믿기에, 사람들이 그들의 창조성의 깊이에서 다른 대안을 생각해 낼 것이다.... 우리는 더불어 함께 살아갈 것을 배울 수 있고, 또 배우고야 말 것이다. 그러나 오직 그 "최후의 수단"이라는 탈출구를 닫아버린 뒤에야 될 것이다.

- 니알 오브라이엔, "신화를 사실로 만들기"[1]

---

[1] Niall O'Brien, "Making the Myth Real," *Fellowship* 53 (March 1987): 15.

11

정당한 전쟁과 평화주의를 넘어서

초대 교회의 비폭력

예수가 선포한 새로운 실재는 비폭력적이었다. 단지 산상수훈(山上垂訓: 마태복음 5-7장) 때문만이 아니라, 그의 전 생애와 가르침, 그리고 무엇보다도 그가 죽음을 맞아들이는 태도를 보아, 그 점만은 분명하다. 그의 비폭력은 거의 폭력을 독점한 로마제국에 대항하여 도저히 맞설 수 없음을 알고, 단지 기회를 보아 전술적으로, 혹은 실용적으로 취한 비폭력이 아니었다. 오히려, 그는 비폭력이야말로 하느님의 본성에 따른 당연한 결론이며, 하느님으로부터 이 세계 속에 일어나는 새로운 실재라고 보았다. 초대 교회가 처음 4세기 동안 신약성서에서 가장 많이 인용한 한 말씀에서, 예수는 가르치기를, 하느님은 모든 사람을 사랑하시며, 심지어는 하느님의 원수가 된 사람들까지를 포함해서 모두를 귀하게 여기신다고 하였다. 그러므로 우리도 또한 그렇게 해야 한다(마태 5:45, 참조 누가 6:35).

하느님의 통치, 즉 평화로운 왕국은 그 군주제조의 용어에도 불구하고 남성이 통치하는 사회의 특징인 불평등, 폭력, 지배 등이 물러나는 새로운 질서다. 그러므로 비폭력은 단순히 하느님의 통치에 이르는 수단만이 아니다. 그것은 하느님의 왕국 그 자체다. 비폭력적 삶을 살아가는 사람들은, 심지어 지배체제의 통제적 조건 속에 살면서도, 이미 하느님의 질서의 변화된 실재를 증명하고 있는 것이다.

비폭력이란 생각은 새로운 것이 아니다. 히브리 민족의 옛 산파(産婆)들, 고대 그리스의 비극(悲劇) 작가들, 자이나 종교(Jainism: 비폭력주의로 유명한 인도 종교--역자 주), 불교, 힌두교, 노자(老子), 그리고 유태교가, 인생의 길로서, 혹은 사회 변혁의 전술로서, 모두들 비폭력에 대하여 상당히 친숙하다. 새로운 것이라면, 초대교회가 비폭력이야말로 **유일한** 길이며 전쟁은 단념해야만 한다는 것을 예수의 가르침으로 단정했다는 점이다. 평화의 아이디어, 폭력에 대한 일반적인 거부는 기독교 이전의 다른 문화에서도 발견된다고, 피터 브로크가 말했지만, 그러나 군대 복무, 즉 병역을 거부하기에 이른 실질적인 반군사주의(Antimilitarism)를 기독교 밖의 다른 데서는 발견할 수가 없다는 사실이다.2)

전쟁에 반대하는 초대 기독교도들의 주장은 도처에 널려 있다.3) 순교자 저스틴은 그 대표자로서 이렇게 말했다: "한때는 서로를 죽이기도 했던 우리가 이제는 전쟁을 하지 않을 뿐만 아니라, 우리의 심문관들에게 거짓말을 하지 않으려고 그리스도를 고백하며 기꺼이 죽는다."4) "왜냐하면 예수를 위해서 평화의 자녀가 된 우리는, 더 이상 나라를 향하여 칼을 들지도 않고, 전쟁을 배우지도 않는다"5)라고 오리겐(Origen)은 썼다. 터툴리안(Tertullian)은

---

2) Peter Brock, *The Roots of War Resistance: Pacifism from the Early Church to Tolstoy* (Nyack, N.Y.: Fellowship of Reconciliation, 1981), 9. Brock은 기독교 이전에는 전쟁에 참여하기를 양심적으로 거부하는 실례가 알려진 바 없다고 한다. 심지어는 19세기에 이르도록 전쟁에 실제적으로 동조하지 않는 운동은 오직 기독교 전통 내부에서만 발견된다고 그는 말한다. Jenny Teichman도 이 견해를 지지한다 (*Pacifism and the Just War* [Oxford: Basil Blackwell, 1986], 10). 그러나 동양에서는 자이나교(Jainism)가 특히 폭력과 파괴에 가담하는 것을 금지하였으며, 전폭적인 비폭력 선서를 하기도 했지만, 오직 영적인 엘리트들만이 이를 실제 자기 자신들의 삶에 적용하였다 (I. C. Sharma, "The Ethics of Jainism," in *Nonviolence in Theory and Practice*, ed. Robert L. Holmes [Belmon, Calif.: Wadsworth Publishing Co., 1990], 13).

3) C. J. Cadoux는 전쟁에 참여하는 것을 거부하는 초대교회의 신학자들 및 신약성경에서 인용한 것들로 160 페이지 모두를 채웠다 (*The Early Christian Attitude to War* [London: George Allen & Unwin, (1919) 1940]).

4) Justin, *1 Apol.* 39 (Cyril C. Richardson, *Early Christian Fathers* [Philadelphia: Westminster Press, 1953], 266).

5) Origen, *Against Celsus* 5.33. 또한 3.8도 보라--그리스도는 크리스천들에게 살인하지 말라고 명령하셨다. 히폴리투스(Hippolytus) 는 교리입문반에 있는 학생들은 군대에 복무해

오히려 더욱 단호하여, "그리스도는 베드로를 무장 해제시킴으로써 모든 병사들의 띠를 풀어서 칼을 벗겼다"6)고 말했다. 그는 묻기를, "어떻게 **기독교인**이 전쟁을 하겠는가? 아니지. 주님께서 칼을 빼앗아 버리셨으니, 칼도 없이 비록 평화시에라도 어떻게 병사 노릇을 할 수 있겠는가?"라고 했다. 이방인 켈수스(Celsus)는 기독교인들이 군대에 복무하기를 거부함으로써 로마제국에 대하여 불충(不忠)하다고 공격했다. 그는 비난하기를, 만일 모든 사람이 크리스천들처럼 행동하면, 제국은 곧 멸망하고 말 것이라고 공격했다. 이것은 초기 신학자들의 가르침이 실제로 실천되었음을 분명히 보여주는 증거인 것이다.7)

초대 교회가 전쟁을 비난했다는 점은 누구나 동의한다. 처음 3세기 동안은 크리스천으로서 전쟁에 참여하는 것을 반대하는 점에 대해 모든 크리스천들이 이구동성으로 같은 의견이었다.8) 우리가 가진 자료에 의하면, 평화시에라도 군대에 가는 것은 문제가 되었다. 개종한 군인들에게 터툴리안이 한 충고는 힘차고 간결하였다: "군대를 떠나라, 아니면, 순교자가 되라."9)

선 안 된다고, 만일 어기면 교회에서 축출될 것임을 선언하였다 (*Apos. Trad.* 16, 17, 19). Cyprian(씨프리안)은 전쟁으로 신체를 상해하는 죄를 맹렬히 비난하였다(*Donat.* 6.10). Minucius Felix는 전쟁을 좋아하는 로마, 그리고 전투 부대에서 행해지는 우상숭배에 대하여 비판하였다(*Octavian* 25).

6) Tertullian, *On Idol.* 19.3. 또한 *Apol.* 37.5를 보라--우리 종교에선 "죽이는 것 보다 죽임을 당하는 것이 더 낫다"고 여겨진다: Of Patience 3.8--예수는 "장차 다가올 시대엔 칼로 일을 꾸미는 것을 저주하셨다": *The Chaplet (De Cor.)* 11.4--세례를 받은 다음에는 기독교인들은 군대에 남아있으면 안되었다. 그러나 그의 이전 작품 *Apology*에서는 로마 제국의 안전과 용감한 군인들을 위하여 기도하고 있고(*Apol. 30*), 그리고 기독교인들이 로마군대와 더불어 함께 싸워야한다고 말한다(*Apol. 42*). 명백한 것은 기독교인들이 병적(兵籍)에 편입할 수 없었지만, 군인들은 개종하고도 군인으로 남아있을 수 있었다.

7) Origen, *Against Celsus* 8.68-75.

8) Ronald Bainton, *Christian Attitudes Toward War and Peace* (London: Hodder & Stoughton, 1961), 66. The Acts of Andrew (200 C.E. at the latest) 는 군대 복무를 비난하였고, 그리스도를 위하여 무기를 버린 병사들의 소설 같은 내용을 싣고 있다 (*Gregory's Epitome* 18, in Dennis Ronald MacDonald, *The Acts of Andrew and the Acts of Andrew and Matthias in the City of Cannibals* [Atlanta: Scholars Press, 1990]). 그리고 *Passion of Andrew* 52에서, Stratocles(스트라토클레스)는 철학을 공부하기 위하여 군대를 떠나며, 조야(粗野)한 비폭력을 신봉한다(ibid).

9) *The Chaplet (De Cor.)* 11. Tertullian은 자기 자신이 식민지 총독의 백인대장의 아들이었다

최근 100여 년간 열띤 논쟁을 벌인 것은, 기독교인들이 군대에 가는 것을 반대한 이유가 원칙적으로 죽이는 것을 반대했기 때문이냐, 아니면 단지 군대 생활에는 우상숭배적인 관습이 너무 많아서 이방인들의 종교의식에 참여하지 않는 것이 불가능했기 때문이냐 이다. 평화주의자들은 전자를 옹호하고, 정당한 전쟁(just war) 주장자들은 후자를 택한다. 결론이 나지 않는 논의의 대부분이 그렇듯이, 양편이 모두 자기들의 주장을 뒷받침할 상당한 증거들을 모아놓고 있다. 어떤 기록에는 초기 신학자들이 죽이는 것을 반대했고, 다른 기록에는 군대 복무에서 우상숭배적인 관행을 반대했으며, 또 다른 곳에서는 두 가지 모두에 반대했는데, 이 양자를 냉철하게 제안하는 학자들을 발견하기란 매우 어렵다.10)

한 가지 구미가 당기는 해결은 타협(妥協)하는 것이다. 즉 비록 초대 교회들이 **군대복무**를 절대로 반대하지는 않았지만, 초기 신학자들이 전쟁에서 죽이는 것을 반대한 것에는 의심의 여지가 없다. 기원후 170년 어간에 이르러서는, 기독교로 개종하고도 군대복무를 계속한 사람들의 말을 듣기 시작한다. 교회의 지도적인 사상가들은 죽이는 것과 우상숭배를 모두 거부함으로써 이런 흐름을 억제하려고 했지만, 오리겐(Origen)이 불평했던 교인들의

(*ANF*, 3:5). Clement of Alexandria는 병사들로 하여금 그들이 불려나온 현 상태에 머물러 있기를 권하는 보다 타협적인 견해를 지녔다(*Exhort. to the Heathen* 10.100). 그러나 이집트에선 병사들은 거의 전적으로 경찰 노릇을 하였다.

10) 아마도 가장 객관적인 취급은 아돌프 하르낙(Adolf Harnack)의 *Militia Christi* (그리스도의군대) (Philadelphia: Fortress Press, [1905] 1981)일 것이다. David McInnes Gracie 가 쓴 소개(introduction)는 오늘에 맞는 개정으로 도움이 된다. John Helgeland의 논문, "Christians and the Roman Army form Marcus Aurelius to Constantine," *ANRW II*. 23.1 (1979): 724-834는 군대복무를 반대한 것은 우상숭배 때문이라고 설명한 탁월한 논증이다. Cadoux, Bainton, Jean-Michel Hornus (*It is Not Lawful for Me to Fight* [Scottdale, Pa.: Herald Press, 1980]) 등은 평화주의자의 입장을 취했고, James Moffatt 는 그의 논문 "War" in *the Dictionary of the Apostolic Church*, ed. James Hastings (New York: Scribners, 1916), 2:646-73에서 초대교회의 전통이 전쟁을 지지하였다고 주장한다. 마찬가지로, E. A. Ryan, "The Rejection of Military Service by the Early Christians," *Theological Studies* 13 (1952): 1-32. Louis J Swift는 평화주의를 지원하지는 않지만, 교부(敎父)들이 전체적으로는 우상숭배보다는 살인에 더 많은 우려를 표명하였다고 결론한다("War and the Christian Conscience I: The Early Years," *ANRW* II.23.1 [1979]:835-68). 또한 Kurt Aland, "The Relation between Church and State in Early Times: A Reinterpretation," *Journal of Theological Studies* 19 (1968): 115-27.

일반적으로 해이(解弛)해진 태도와, 점차로 기독교가 로마문화에 흡수되는 것은 거부할 도리가 없는 추세였다. 비록 비폭력적이긴 했지만, 기독교인들이 로마제국에 이렇게 충성을 바치는 것은 그들이 콘스탄틴(Constantine) 황제에 의해 흡수될 좋은 목표가 되게 하였다. 뒤이은 세기(世紀)에서 군대복무에 대하여 교회가 들고일어나지 않은 것을 보면, 교회가 군대복무를 포함하여 로마제국에 완전히 협조하도록 넘어가는 것이, 비록 일부 교회들이 마지못해 양보했다고는 해도, 상당히 쉬웠다는 증거이다.

그런 그림은 최소한 사실에 부합하며 여러 학자들의 견해를 조화시키는 것으로서, 여기까지는 그것이 맞는다고 나는 믿는다. 그러나 그것이 간과(看過)한 것은, 전쟁에서 죽이는 것을 반대하는 것과 우상숭배를 거부하는 것의 속 깊은 **정체성**이다. 만일 교회가 군대복무를 거부하는 유일한 이유가 우상숭배 때문이었다면, 왜 어떤 교부(敎父)들이 군인들에게 단언적으로 사람 죽이는 것을 금지했단 말인가? 만일 죽이는 것이 군대복무 반대의 이유였다면, 왜 어떤 교부들은(심지어 같은 교부들이!) 군대에서 우상숭배의 문제를 거론하였단 말인가?

여기서 평화주의냐 정당한 전쟁이냐, "매파"(hawks)냐 "비둘기파"(doves)냐 하는 것은 단지 문제를 혼란스럽게 할뿐이다. 로마제국의 군대생활의 모든 면은 성스러운 것이었다. 즉 병영(兵營)은 성스러운 땅이요, 그 둘레는 거룩한 경계였다. 군기(軍旗)들은 지역의 신(神)들처럼 경배의 대상들이었다. 군복이나 무기들조차도 신(神)들에 의하여 신성한 것으로 축성(祝聖)되었다.11) 이렇게 거룩하게 된 군대조직은 로마 제국주의를 위하여 전적으로 봉사하는 것이다. 로마와 그 힘을 경배했던 사람들에게는, 이것이 제국의 영성(the spirituality of the empire)을 자연스럽게 연장한 표현이었다. 제국이 확대된 것은 바로 이런 수단을 통해서였다.12)

---

11) Helgeland는 "Roman Army Religion," *ANRW* II.16.2 (1978): 1470-1505에서 로마 군대의 생활 가운데 종교적인 성격을 탁월하게 재구성하였다.

12) 콘스탄틴이 등극하기 바로 전에 쓴 글에서 Lactantius는 대어놓고 제국의 정책에 대하여 공격했다: 로마인들은 "용감하고 전쟁을 좋아하는 장군들은 신(神)들의 모이는 곳에 가입할 수 있고, 그래서 군대를 인솔하고, 남의 영역을 황폐화시키고, 도시들을 파괴하고, 마을들을 뒤집어 엎어놓으며, 자유인들을 죽이거나 노예로 삼는 길 밖에는 영원성을

이에 함축된 의미는 크리스천들에게는 참으로 심대한 영향을 준 것인데, 터툴리안(Tertullian)은 그의 『우상숭배에 대하여』(On Idolatry)라는 책에서 그것들을 잘 표현했다. 남성통치를 대표하는 로마(Rome)의 전쟁 기구를 경배하는 것은 폭력의 종교가 심각하게 출현한 것이라는 지적이다. 교회의 문제는 단순히 피 흘림에 대한 신경질이나, 혹은 고통당하는 사람과 희생자들에 대한 동료로서의 느낌이나, 혹은 전쟁 경비에 대한 실용적인 계산이나, 하느님의 형상으로 지음 받은 사람들의 생명을 학살하는 것만은 아니었다. 물론 이들 모두를 고려했지만 말이다. 이런 모든 요소들이 폭로하는 것은 결국 하느님의 통치와 지배체제의 충돌이었다. 로마의 전쟁 종교(war cult)는 구원하는 폭력(redemptive violence)이 절대적 가치에로 올려진 것이다. 따라서 로마로 하여금 세계를 지배하게 만든 군대의 신(神)들을 기독교인이라면 경배할 수 없었던 것이다.

따라서 학자들의 논쟁은 엉터리였다. 문제는 전쟁에 대한 반대와 로마

얻을 길이 없다. 진실로 더 많은 수의 사람들을 무너뜨리고 약탈하며 살해할수록, 그만큼 더 그들 자신들은 고귀하고 구별되게 된다고, 그래서 공허한 영광의 허세에 얽매어서, 그들은 자신들의 죄악에다 덕목이란 이름을 주었다"고 생각했다(*Divine Inst.* 1.18). 지배체제에 대하여 이보다 더 움츠러들게 하는 고발을 생각하기란 어려운 일이다. 그는 "남에게서 폭력적으로 빼앗은 영토를 더욱 확장하는 것, 국가의 권력을 강화하는 것, 재정 수입원을 확보하는 것....등의 욕망과, 어떻게 한 사람이 남을 상처 입히고, 남을 미워하고, 남을 망치게 하고, 남을 죽이는 자신을 정당화할 수 있는가?"에 대하여 말한다(6.6). Lactantius는 Cicero 의 로마제국을 위한 정당한 전쟁의 합리화를 배격하면서, 그것은 정의나 진정한 도덕적 덕목에 수용된 것이 아니라, 이 땅 위의 삶과 민간 기관에 수용된 것이라고 명백하게 비판한다(ibid). 제 4 세기가 넘어가는 시점에서도, 여전히 "결코 예외는 있을 수 없다. 하느님이 거룩한 동물이 되기를 원하신 사람을 죽이는 것은 불법"이라고 믿는 기독교인이 있었다. 그러므로 "의로운 사람이 전쟁에 참여하는 것은 합법적이 아닌 것"이다(6.20). 콘스탄틴 황제에 의하여 별로 변화된 것이 없다고 주장하는 Helgeland는, 후기의 Lactantius는 콘스탄틴 황제가 교회를 호의적으로 대하여 준 탓으로 과거의 자기 자신에 대하여 획기적으로 반대의 길을 가게 되어, 드디어 "콘스탄틴 황제의 승리에 대한 참을 수 없는 열정을 억제할 수가 없다"고 했다고 비판한다 ("Christians and the Roman Army," 758)--이런 비판은 얼마나 현실 수용이 정말로 일어났던가를 설명하는 것이다. 그러나 이런 수용은 복음서 가운데서 이미 그 씨앗이 뿌려진 것이니, 복음서 기자들이 예루살렘의 파괴는 유태인들이 예수를 죽인 것에 대한 하느님의 심판이고, 그리하여 로마는 역사를 심판하시는 하느님의 대행자로 여긴 것이다. James W. Douglass, *The Nonviolent Coming of God* (Maryknoll, N.Y.: Orbis Books, 1991), chap. 5.

군대의 우상숭배에 대한 반대 사이의 대결이 아니었다. 그것들은 같은 문제였다. 즉 전쟁을 반대한 것은 로마가 제국을 형성하고 자체 경배(self-worship)의 대상이 되게 한 바로 그 수단을 반대한 것이기도 하다. 로마의 자체 경배를 반대한 것은 로마가 패권을 장악하고 또 유지하도록 만든 전쟁의 신성화(the divinization of war)를 반대한 것이었다. 전쟁을 반대한 것과 군대 우상숭배 반대는 동일한 것이었다. 바로 그 점이 왜 죽이는 것과 우상숭배를 구분하는 현대의 논쟁이 초기의 신학자들에게는 결코 일어나지 않았던 이유다.13)

321년에 콘스탄틴(Constantine) 황제가 군대에 의한 희생 제사를 금지하였을 때, 기독교인들은 이것을 두고 군대 복무를 반대한 주요 문제가 제거된 것으로 생각했다. 또 다른 반대, 즉 죽이는 것은 쉽게 합리화되었는데, 상대적으로 평화롭던 기간 동안에는 제국이 영토 팽창을 위한 전쟁을 하지 않고 단지 국경을 보호하기 위해서 아주 드문 경우에만 싸움을 하였기 때문이었다. 군인들은 대체로 경찰처럼 행동하여, 우편 제도를 보호하고 강도들을 추적하는 일이나 하였다. 기독교 교회가 한때는 꾸준히 반대해 왔던 제국에 의하여 특혜를 받게 되기 시작하자, 한때는 그토록 악이라고 생각되었던 전쟁도 이제는 복음을 전파하고 유지하기 위하여서 **필요한 것**으로 여겨지게 되었다.

처음에 기독교가 무기를 사용하지 않은 채 **로마제국에 대해 승리**했던 것이, 결국에는 로마제국이 무기를 사용하지 않은 채 **복음에 대해 승리**한 것으로 끝나고 말았다. 패배하고서도 승리를 했노라고 그토록 완벽하게 위장할 수는 없는 일이다. 303년에는 디오클레시안(Diocletian) 황제가 칙명으로 어떤 로마군인도 기독교인이 되면 안 된다고 금지했는데,14) 416년에 이르러서는 기독교인이 아니면 로마 군인이 될 수 없다고 변했다.15)

---

13) Helgeland는 최근의 논문에서 "무엇보다도, 죽이는 것은 우상숭배다"라고 쓰면서 거의 같은 결론으로 움직여 가는 것 같다. 그는 주장하기를, 교회가 반대한 것은 로마의 군대 내에서 행해진 우상숭배 속에 포함된 죽임의 문화였다고 한다("The Early Church and War: The Sociology of Idolatry," in *Peace in a Nuclear Age*, ed. Charles J. Reid, Jr. [Washington, D.C.: Catholic Univ. of America, 1986], 40, 46-47).

14) 이것이 군대 안에서 모든 기독교인들을 몰아내려는 디오클레시아 황제의 시도가 시작된 날이다.

15) Emmanuel Charles C. McCarthy, "Christian Nonviolence: The Great Failure, The Only Hope,"

의심할 여지도 없이, 교회가 로마 사회 속에 동화된 요소들이 일찍이 바울, 누가, 목회서신들, 그리고 클레멘트 1서 등에서 발견된다. 마찬가지로 확실한 것은, 기독교의 본래적인 모습도 콘스탄틴 황제의 타협 이후에도 살아남았다는 점이다. 그러나 교회가 한때는 박해를 받고 약했었는데 이제는 그 대신 **박해자**로서 강력하게 된 근본적인 변화가 일어났다는 것을 부정하면, 이는 종교가 일단 국가를 합법화할 충분한 힘을 획득하고 나면 그 종교는 또한 필연적으로 억압을 행사한다는 점이 여러 문서에 거듭 기록된 사실을 무시하는 것이다. 조로아스터교(Zoroastrianism)나 이슬람(Islam) 종교에서는 그런 변화가 일어나도 거의 파문(波紋)이 일어나지 않을 수 있다. 그러나 지배체제를 비판하고, 비폭력적 사회 질서를 전망함으로써 살았던 종교로서는 그런 변화란 가히 상전벽해(桑田碧海)의 변화니, 왜냐하면 그것은 단지 억압을 옹호하고 합리화한다는 것을 뜻하기 때문이다.

정당한 전쟁(Just War) 이론

기독교가 국가를 떠받치는 특권 종교로서의 새로운 위치를 수용하도록 하는 것은 어거스틴(439년 사망)에게 떨어진 몫이었다. 어거스틴은 기독교인들이 폭력으로부터 자신을 방어할 권리가 없다고 믿었다. 그러나 그는 앞서 간 신학자들이 일찍이 다루지 않았던 문제를 인정했다. 즉, 무죄한 사람들을 악으로부터 방어하기 위하여 필요하다면 폭력을 쓰는 것이 사랑의 의무라고 어거스틴은 생각한 것이다. 스토아(Stoic) 철학의 정당한 전쟁(just war)이라는 원칙들을 인용하여, 그는 그때부터 현재에 이르기까지 교회의 가르침을 지배한 입장을 설명해 내었다.

만일 질문을 받으면, 비록 가톨릭이든 프로테스탄트이든 대부분의 기독교인들이 정당한 전쟁이란 생각에 입각하여 어떤 경우에는 폭력을 사용하는 것을 지지한다고 주장은 하겠지만, 그들이 그런 일을 하지는 않는다.16)

오디오/비디오 테이프 씨리즈에서 전사(轉寫)한 것임. rev. April 1986, p. 66.
16) "폭력"(violence)이란 단어를 쓰면서, 내가 의미하는 바는 살인 가능한 힘(lethal force)을

정당한 전쟁의 이론은 매우 엄격하고 복잡한 윤리적 분야이다. 그것은 보통의 교회 교인들에게나, 심지어는 대부분의 성직자들에게도 일찍이 교육된 적이 없다. 대부분의 직업적인 신학자들도 정당한 전쟁을 결정하는 7가지 혹은 그 이상의 기준을 열거하라면 당황하게 될 것이다. 대부분의 사람들이 이른바 "정당한 전쟁"이라고 부르는 것은 사실은 뭔가 다른 것이다. 즉 어떤 이들은 그것을 전적으로 다른 **성전**(聖戰) 혹은 **십자군전쟁**(Crusade), 즉 아무 제한도 없고 윤리적으로 난처한 입장도 인정하지 않는 그런 전쟁을 뜻할 것이다. 히브리인들의 가나안(Canaan) 정복으로부터, 중세의 십자군 전쟁을 거쳐, 세계 제 1차 대전("민주주의를 위하여 안전한 세계"를 만드는 전쟁)에 이르기까지, 성전(聖戰)은 원수를 진멸하고 완전히 복종시키는 것을 노리는 전면 전쟁이었다.17)

자기들은 정당한 전쟁을 주장한다고 믿고 있는 또 다른 사람들은 사실상은 **정치적 전쟁**, 혹은 **국가 이익을 위한 전쟁**을 지지하기도 한다.18) 예를 들어, 이라크의 1980년의 이란 침공과 1990년의 쿠웨이트 침공, 미국의 베트남, 그레나다 및 파나마 파병, 소련의 아프가니스탄 전쟁, 베트남의 캄보디아 점령, 그리고 순전히 실용적인 정치 경제적 이유들로 남의 나라 사건에 수많은 군사적 개입 등이다. 이런 전쟁들은 윤리적 사고로는 정당화될 수 없고, 단지 권력 정치의 참견할 필요성으로 정당화된다. 여기서는 간단히 말해서 힘이면 다다(Might simply makes right).

뜻한다. 보다 정확히는, 폭력이란 "육체적인 힘을 사용하여 다른 사람에게 해를 끼치는 국제적인 현상"을 말한다(James F. Childress, *Moral Responsibility in Conflict* [Baton Rouge: Louisiana State Univ. Press, 1982], 14). 혹은 "상해를 입히거나, 죽이거나 혹은 파괴를 일으킬 의도로 힘을 사용하는 것, 혹은 이런 것들이 예상 가능한 결과를 일으킬 수 있도록 하는 것이다"(Robert L. Holmes, *On War and Morality* [Princeton: Princeton Univ. Press, 1989], 32).

17) 이슬람 종교에서 "지하드"(Jihad)는 우리가 이해하는 식의 성전(聖戰)은 아니다. 그것은 때로는 폭력을 일으키게도 만들지만, 때로는 폭력에 대하여 제동장치(brake) 노릇도 한다. "Jihad"란 말 자체가 종교적 수단으로 전쟁을 일으키는 것을 매우 제한된 경우들에만 국한시키려는 시도를 뜻한다(David Little과의 개인적인 대화에서). 제 9장에서 보았듯이, 이스라엘에서 거룩한 전쟁이란 실제로 일어났던 전쟁으로부터 진화하여 말씀의 예언적인 싸움에까지 확대된다.

18) John Howard Yoder, *When War Is Unjust* (Minneapolis: Augsburg, 1984), 21.

전쟁의 세 번째 범주는 **남자다움**(machismo) 혹은 **자아중심성**(ego-centricity)을 **추구**하기 위하여 하는 것이다. 이 경우에는 한 나라 혹은 그 지도자의 자존심 혹은 명예 때문에, 상대방에게서 물러서지 않고 맞서거나, 혹은 그의 (그녀의) 용기를 증명하기 위하여, 다른 모든 고려들은--인간이 생명을 잃는 것도 포함해서--다 비교가 되지 않는 미미한 것으로 본다. 포크랜드/말비나스(Faukland/Malvinas) 전쟁과 영국 수상 대처(Thatcher), 쿠웨이트에서 물러나기를 한사코 거절한 싸담 후쎄인(Sadam Hussein), 혹은 미국 대통령 부시(Bush--아버지 부시-역자 주)가 싸담 후쎄인과의 전쟁을 마치 두 사람 사이의 대결처럼 개인 간의 문제화한 것을 생각해 보라.

정당한 전쟁 이론은 이런 세 가지 유형의 전쟁과는, 비록 끝없이 혼동이 되기는 하지만, 구별되는 것이다. 세계 여러 나라의 크리스천들이 벌인 모든 전쟁은 거룩한 십자군 전쟁이든지, 국가의 이익을 위한 전쟁이든지, 남성다움을 과시하려는 전쟁이든지 그 중 하나였다. 싸움이 시작되기 전에, 어떤 권위 있는 기독교 기관에서 일찍이 정당한 전쟁 이론의 판단 기준에 의하여 이쪽이든 저쪽이든 정당하다고 선언한 적이 없다.

그 대신 유감스러운 기록들이 보여주는 바는, 기독교 교회들은 항상 자기들이 속한 나라 편을 지지해주었다. 멕시코-미국 간의 전쟁, 미국의 남북전쟁, 베트남 전쟁 등의 경우처럼, 상당히 많은 인구가 전쟁을 반대했다. 그러나 어떤 국가적 교회 기관(그리고 매우 적은 수의 기독교 지도자들)도 자기네 나라가 시작한 국가의 이익을 위한 전쟁을 초기에 적대감이 시작되었을 때에 비판한 것을 나는 알지 못한다. (사상 처음으로, 전쟁이 시작되기 전에, 교황을 포함한 많은 기독교 지도자들이 페르시아만 전쟁이 정당한 전쟁의 기준에 맞지 않는다고 선언했다.)

포크랜드/말비나스 섬의 전쟁이 한창이던 1982년에 나와 내 아내 쥰(June)은 부에노스 아이레스에 있었다. 우리와 이야기를 나눈 모든 신학자들이 아르헨티나가 그 섬들은 자기 것이라고 주장한 것은 옳다고 느꼈다. 노벨 평화상 수상자 아돌포 페레즈 에스퀴벨(Adolfo Perez Esquivel) 만이 유일하게 아르헨티나가 그 섬을 침공한 것을 비난하였지만, 그도 아르헨티나의 주장은 정당하다고 생각했다.

나중에 영국에서도 동일한 형태가 반복되었다. 우리와 이야기를 나눈 모든 신학자들은 영국이 아르헨티나에 군사적 대응을 한 것은 정당하다고 믿었다. 누가 옳고 그른 것을 떠나서, 여기 놀라운 것은 이런 반응들을 예상할 수 있었다는 점이다. 기독교의 도덕적 분별력은 나라의 깃발을 따르는 경향이 있어서, 아모스, 이사야, 혹은 쏘로우(Thoreau)처럼 하느님이 자기 나라 편이 아닐지도 모른다고 생각한 사람은 극히 소수다.

세계 제 2차 대전은 승전국들에 의하여 거의 보편적으로 "정당한 전쟁"이라고 생각되었다. 그러나 전쟁 전이나 전쟁 중이나 어떤 교회 기관도 그 전쟁을 "정당한 전쟁의 판단기준"에 비추어 조사하지 않았다.19) 당시 정당한 전쟁 이론에 대한 로마 가톨릭교회의 저명한 해설가였던 존 코트니 머레이(John Courtney Murrey)는 가톨릭 윤리학자들 가운데 그 전쟁 전이나 전쟁 중에 2차 대전에 대해 일관된 비판을 한 사람이 아무도 없었다고 인정했다. "2차 대전 중에는 어떤 전통적인 이론도 소용이 없었다."20)

비폭력의 엄숙한 요청과 정당한 전쟁 이론의 요구로부터 자신들을 발뺌하면서, 콘스탄틴 황제 이후의 기독교인들은 그들의 근원과는 매우 어긋나는 극도의 만행을 저지르며 서로 싸웠다. 끌레보의 버나드(Bernard of Clairvaux)는 템플 기사단(Knights Templars: 1118년경 예루살렘의 예수묘지와 참례자 보호를 위해 조직--역자 주)에게 연설하면서 이렇게 격려하였다: "그리스도의 군병은 언제 죽여야 할 지 그 때를 안다.... 그는 이유 없이 칼을 차고 다니는 것이 아니니, 그리스도와 함께 죽이는 것이다. 그는 착한 사람들을 칭찬하고 악한 사람들을 처벌하기 위한 하느님의 종이다. 그가 악을 저지르는 사람을 죽일 때는, 그는 살인자가 아니라 오히려 악의 살해자요, 악을 행하는 자에 대항하는 그리스도의 복수자라고 불려야 할 것이다."21) 승전(勝戰)을 위한

---

19) 유일한 예외라면 전쟁이 거의 끝날 무렵 1944년에 예수회 소속 사제(Jesuit Priest) 이었던 John C. Ford 신부였다. 그러나 그는 혼자 개인적으로 행동했다. 라인홀드 니이버(Reinhold Niebuhr)의 세계 제 2차 대전 지지는 정당한 전쟁 규범에 의거한 것이 아니었다. 그는 모든 전쟁은 불의하다고, 그러나 때로는 필요한 것이라고, 그래서 정당한 전쟁 이론은 너무도 율법주의적이며 괴변적이라고 보았다.

20) Yoder, *When War Is Unjust*, 49-50, 66.

21) Ramund Schwager, "The Theology of the Wrath of God," in *Violence and Truth,* ed. Paul Dumouchel (London: Athlone Press, 1988), 50.

기도들, 연대(聯隊) 깃발들, 교회 안에 세워놓은 국기(國旗)들, 사기(士氣)를 높이고 양심을 달래기 위하여 군대가 봉급을 주는 군목(軍牧)들, 이런 모든 것들은 성전(聖戰)의, 혹은 국가의 안전을 위한 전쟁의, 아니면, 자존심 때문에 싸우는 전쟁의 정신풍토를 나타내는 것들이다.22)

대부분의 크리스천들에게는 그들이 정당하다고 **느끼거나**, 단지 필요하고 피할 수 없는 전쟁이라고 **느끼는** 전쟁이면 어떤 전쟁이든 다 정당한 것이다. 그러나 정당한 전쟁의 판단 기준은 상당히 까다로운 것들이다. 그 기준들은 어떤 기독교인도 이들 기준 모두, 혹은 대부분에 맞지 않으면, 전쟁에 가담해서는 아니 됨을 미리 말한다.23) 그 증거를 댈 책임은 언제나 폭력에 의존하는 사람에게 달렸다.

정당한 전쟁 이론은 전쟁을 시작하는 것이 범죄임을, 그리고 오직 한 쪽만이(보통은 공격자가 아닌 쪽이) 정당할 수 있다고 예상한다.24) 정당한 전쟁 이론은 학문의 분야라기보다 전통이다. 그 의도는 행위자들이 정당하다고 선언하는 것이 아니라, 그들의 행위들만이 상대적으로 정당화된다. 정당한 전쟁 이론은 어찌하든 살아남아 구명도생(苟命徒生)하는 것이 개인이나 국가를 위해서 우선적인 고려사항이라고 생각하지 않는다. 그것은 옹호할 수 없는 수단을 사용하지 않고는 승리를 얻을 수 없는 그런 상황을 예상하며, 그럴 땐 그런 상황들을 비난하며, 패배가 영예로운 결과임을 인정한다.25)

---

22) 더 이상의 논의를 위해서는, James A. Aho, *Religious Mythology and the Art of War* (Westport, Conn.: Greenwood Press, 1981); 그리고 Paul Valliere, *Holy War and Pente- costal Peace* (New York: Seabury, 1983).

23) Paul Ramsey, with Stanley Hauerwas, *Speak Up for Just War or Pacifism* (University Park, Pa.: Pennsylvania State Univ. Press, 1988), 71.

24) Bernard T. Adeney, *Just War, Political Realism, and Faith,* American Theological Library Association Monograph Series 24 (Metuchen, N.J.: American Theological Library Association, 1988), 98.

25) Stanley Hauerwas, *Against the Nations* (Minneapolis: Winston Press, 1985), 138-39. George Weigel에 의하면, 정당한 전쟁 전통에서는 갈등(conflict)이 원죄(原罪)의 정치적인 표명이고, 전쟁은 갈등을 해결하기 위하여 합법적인 그러나 불가피한 것은 아닌 것이다. 하여, 전쟁은 합법적인 정치적 공동체와 인간의 권리들을 방어하기 위한 정당한 수단이고, 단지 인간의 타락상을 나타내는 또 다른 표현 방식만은 아니다 (*Tranquillitas Ordinis* [Oxford: Oxford Univ. Press, 1987], 329). 내가 주장하는 견해는 이것의 반대다. 나는 갈등(conflict)은 자유의 불가피한 결과이며, 따라서 그것도 하느님의 통치에 속한다고

여러 저자들이 약간씩 다른 목록을 제시하였지만, 전쟁에 나갈 결심을 하기 전에 정당화(jus ad bellum)되는 기본적인 조건들은 다음과 같다:

1. 정당한 전쟁은 정당한 원인(a just cause)이 있어야만 한다.
2. 그것은 합법적 권위(a legitimate authority)에 의하여 이루어져야만 한다.
3. 그것은 공식적으로 선포(formally declared)되어야만 한다.
4. 그것은 평화를 위한 의도(peaceful intention)로 싸워야만 한다.
5. 그것은 **최후의 수단**(a last resort)이어야만 한다.
6. 그것에는 성공에 대한 합리적인 희망(hope of success)이 있어야만 한다.
7. 사용되는 수단은 추구하는 결과에 균형(proportionality)이 맞아야 한다.

전쟁이 허용(jus in bello)될 수 있는 조건들에 관하여 다음 3가지 추가적인 조항이 맞아야 한다:

1. 비전투원들(noncombatants)에게는 면제특전을 주어야만 한다.
2. 포로들(prisoners)은 인도적으로 취급되어야만 한다.
3. 국제적인 조약과 관행들(international treaties and conventions)은 존중되어야만 한다.26)

본다. 갈등은 그러므로 인간의 죄의 표현은 아니고, 무엇이 선한 것인가를 두고 일어난 여러 가지 해석들이 불가피하게 서로 마찰하는 것이다. 이와는 대조적으로, 일반적으로 폭력적인 체제가 그러하듯이 전쟁도 인간의 원죄의 결과다. 한 나라가 자신을 방어하기 위하여 필요할지는 몰라도, 그렇게 하는 것도 인간성의 타락한 결과요, 그래서 전쟁은 그 자체로서 그런 타락성의 축도라고 할 수 있다.

26) 나는 정당한 전쟁 규준을 다음과 같은 출처에서 끌어내었다: David Little, "The Just War Tradition and the Pursuit of Peace," in *The One-Hundred Percent Challenge*, ed. Charles D. Smith (Washington, D. C.: Seven Locks Press, 1987), 24-25; Ramsey, *Speak Up*, 89: Hauerwas, *Against the Nations*, 136; Eckehart Lorenz, *Justice Through Violence?* (Geneva: Department of Studies, Lutheran World Federation, 1984), 10-11; Ted Honderich, *Violence for Equality. Inquiries in Political Philosophy* (London/New York: Routledge, 1989); John Howard Yoder, *When War Is Unjust*, 18; Michael Walzer, *Just and Unjust Wars* (London: Allan Lane, 1978), 32; James Turner Johnson, *Just War Tradition and the Restraint of War* (Princeton: Princeton Univ. Press, 1981); Ronald H. Stone, *Christian Realism and Peacemaking* (Nashville: Abingdon Press, 1989); Stephen Charles Mott, *Biblical Ethics and*

이런 일반적인 규정들은 구체적인 상황에서는 적용하기가 매우 어렵다.27) 즉 독재자를 타도하려고 일어선 게릴라 반군들에게 무엇이 합법적인 권위를 구성하겠는가? 우리는 어떻게 "공격적인" 혹은 "방어적인" 전쟁을 구별하며, 누가 정말 전쟁을 시작했는지 어떻게 결정할 수 있을까? 민주주의와 전면전의 시대에 비전투원들은 누구인가? 양편 모두가 정당한 전쟁의 이유를 댈 수 있다고 믿으면 어떻게 되나? 어떤 기준들은 다른 것들보다 더 중요한가? 그 모든 조건이 꼭 맞아야만 하는가?28) 이들 조건들은 핵무기 시대에도, 혹은 공격하는 사람들이 사용할 수 있는 미증유의 엄청난 화력(火力)을 앞에 두고도 여전히 유효한가? 왜 이런 조건들이 아직도 권위가 있다고 생각해야 하는가?

이런 기준들의 결의론적(casuistic) 형식에도 불구하고, 그리고 그것들을 실제로 적용하기가 어려움에도 불구하고, 전쟁의 폭력을 완화시키려는 노력에는 이 기준들이 반드시 필요하다고 나는 믿는다. 문제가 되는 것은 그 기준들 자체가 아니라, 그것들이 구원하는 폭력의 신화에 종속되어 왔다는 사실이라고 생각한다. 그 신화의 맥락에서는, 옹호할 수 없는 전쟁들을 합법화하기 위하여 보통 정당한 전쟁 이론이 사용되었다. 그런 상황을 벗어나서, 그리고 비폭력을 위한 교회의 사명 아래에 두어, 이들 기준들은 전쟁을 방지하기 위하여, 그리고 피할 수 없는 전쟁에서 폭력을 감소시키기 위하여, 중대한

Social Change (New York: Oxford Univ. Press, 1982).

27) 똑같은 정당한 전쟁 이론의 규준을 사용하여, James Turner Johnson은 페르시아만 전쟁은 정당하였다고, 그리고 Allan Geyer는 정당하지 못했다고 논쟁하였다 ("Just War Tradition and the War in the Gulf," *Christian Century* 108 [February 6-13, 1991]: 134-35). 그들의 차이가 있다 해서 그 기준을 무효라고 판정내린 것은 아니고, 다만 그들이 기준들을 사용하는 것이 각자 처음 출발한 가정에 의하여 조건지어졌기 때문임을 예증한 것이다.

28) Hauerwas, *Against the Nations*, 136. 어떤 정당한 전쟁 이론가들은 그 기준들을 언뜻 보기에 합당한 의무라고 취급하지만, 보다 엄중한 설득력이 있는 의무에 의하여 무효화되지 않는 한, 그 기준은 지켜져야 한다. 다른 이들은 단 하나의 기준만이라도 맞아야만 하는 것은 아니라고, 그래서 적어도 몇 가지의 기준들이 맞아야 전쟁이 합리화될 수 있다고 주장한다 (이런 입장은 대부분의 전쟁이 모두 합리화될 수 있는 것이고). 또 다른 사람들은 그 기준들이 우리가 무엇을 해야할지를 비추어주기는 하지만 규정해주지는 못하는 단지 "어림짐작의 규칙들"(rules of thumb)이라고 본다 (James F. Childress, *Moral Responsibility in Conflicts*, 82).

역할을 할 수 있다.

정당한 전쟁 이론가들은, 평화주의자들의 윤리적 수단에 대한 관심이 정의에 대한 요청을 종종 혼돈스럽게 만든다고, 평화주의자들의 완전주의에 대해 화를 내곤 한다. 반면에 평화주의자들은, 정당한 전쟁 이론가들이 전쟁 기구들의 선동을 돕고, 제국의 필요에 의한 군사적 개입에 대해 도덕적 합리화를 제공한다고 비판한다. 평화주의자들은 무책임한 듯이 보여 왔다. 정당한 전쟁 이론가들은 순응적(順應的)이라고 보여 졌다. 여기 평화주의자의 비폭력과 정당한 전쟁 이론가의 전쟁에 있어서도 도덕적 책임을 위한 관심을 모두 인정하는 제 3의 길은 없는가? 나는 있다고 믿으며, 그것은 우선 비폭력에 헌신하고, 흔히 그래 왔던 것보다는 훨씬 더 엄정한 정당한 전쟁 기준을 포함하는 것이다.

비폭력에 대한 교회의 사명

정당한 전쟁이라는 생각이 억압적인 체제의 잔혹함에 의하여 고통을 당하는 사람에겐 매혹적인 것임이 이해는 된다. 우리의 유일한 관심이 **정의**(正義)를 위한 투쟁인 한, 우리는 역설적이게도 폭력을 비난하지 못하게 될 것인데, 이는 단기적인 목표들을 성취하는 데는 폭력이 가끔씩 성공적이라고 증명되기 때문이다. 그리고 다른 사람들이 감내(堪耐)해야 할 불의에는 상관하지 않고, 특정한 불평거리에 대하여만 정의를 찾는 경향이 있다. 그러므로 아직도 전쟁을 위한 체제를 유지하면서도, 인종차별, 성차별, 그리고 가난을 종결시킬 수는 있다.[29] 그러나 복음은 우리로 하여금 보다 넓은 전망에 눈을 돌리게 하는데, 곧, 특수한 불의를 끝내도록 하되, 그 어느 경우에도 다가오고 있는 하느님의 탈지배적인 질서를 어서 속히 땅 위에 도래하도록 하는 수단을 보게 한다.

---

29) John Swomley, "Where the Disarmament Movement Is Today," *Fellowship* 56 (January/February 1990): 13.

우리는 쉽게 억압적인 독재자를 죽일 수 있으나, 그렇게 하는 것은 우리를 살인자로 만든다. 우리는 악을 뿌리뽑기 위하여 이번을 마지막으로 최후의 폭력을 사용하고, 그리고 장래에는 폭력을 사용할 필요가 없게 되기를 믿고 싶어한다. 그러나 아무리 그 이유가 정당하다 해도, 우리가 사용하는 폭력은 새로운 폭력을 낳고야 만다. 그것은 진 사람 편에서는 "정의"라고 부르는 것을 위하여 그들의 복수의 집념을 심어준다. 그리고 그들은 우리가 보여준 것을 보고는 어떻게 하면 폭력을 더욱 효과적으로 사용할 수 있을 것인가를 배우고야 말 것이다. **폭력은 결코 폭력을 끝장내지 못할 것이니, 왜냐하면 그 폭력이 성공함으로써 다른 편으로 하여금 그 폭력을 흉내내도록 만들기 때문**이다. 역설적이게도, 폭력은 그것이 성공할 때 오히려 가장 위험한 것이다.30)

연합군들이 페르시아만(Persian Gulf) 전쟁에서 놀라운 성공을 거둔 것 때문에 U.N. 감시 아래 하던 경제제재를 수년간 뒤로 돌려놓고 말았다. 시청률이 높은 황금시간대 전쟁으로도 빠른 결과를 거둘 수 있는데, 무엇 하러 힘드는 외교와 많은 시간이 소요되는 경제제재를 한단 말인가? 그러나 그 전쟁은 또한 미국이나 혹은 어떤 나라로 하여금 다른 나라 일에 일방적으로 개입하는 것을 더욱 어렵게 만들었으니, 이는 U.N.이 페르시아만 전쟁에서 상당한 신뢰를 얻었기 때문이다.

문제는 단지 정의를 실현한다는 것만이 아니라, 지배체제를 끝내는 것이다. 해방을 위해서 투쟁하는 사람들은 상대적으로 보다 큰 정의를 그들

---

30) 일단 폭력에 중독되고 나면, 한 사회는 쉽사리 그런 습관을 벗어버리지 못한다. 종종 폭력을 사용하는 사람들은 해방의 이유와는 아무 관계도 없는 옛날의 문제를 해결하기 위하여 상호복수를 계속한다. 이리하여, 팔레스타인 해방기구(P.L.O.)는 최근에 아부 니달(Abu Nidal)에 의하여 이끌려지고 있는 보다 더 급진적인 팔레스타인 해방 그룹과 레바논에서 전면적인 싸움에 돌입했다. 전쟁과는 관계없는 동족살해의 폭력으로부터 독립하기 위한 알제리아 전쟁에서도 수천 명이 죽었는데, 이유는 단지 폭력이 생명을 너무도 값싸게 만들어 버렸기 때문이었다. 미국의 독립전쟁 기간 동안, South Carolina는 특별히 유혈이 낭자한 모습을 보였는데, 이는 "반역자 대 영국군인"이란 표지 아래 옛날의 원수들이 서로 보복을 꾀했기 때문이었다. 부녀자 성폭행(강간)은 예사였다. 식민지 주민들도 억압자들에게 포악무도한 행위를 그대로 되갚았다(Christopher Hibbert, *Redcoats and Rebels: The American Revolution through British Eyes* [New York: W. W. Norton, 1990], 154, 254, 271-74).

편에서 성취할 수도 있을 것이나, 그렇게 하는 것이 오히려 더 큰 현안과제인 가부장(家父長)제도, 지배의 계급구조, 지위, 빈부의 계층화, 인종차별, 엘리트주의(정예인사주의), 환경의 붕괴, 혹은 폭력 등의 문제를 제대로 취급하지 못하게 할 수도 있다. 억압에 대항하여 투쟁하다 보면, 모든 폭력의 새로운 증가는 단지 지배체제의 수명을 연장시키고, 구원하는 수단으로서의 폭력에 대한 신앙을 깊게 만든다. 지배체제의 방법을 사용해서는 사람들을 그 지배체제로부터 자유롭게 만들 수 없다. 죽음의 무기를 사용해서 생명의 도시(the City of Life)를 건설할 수는 없다. 전쟁은 평화를-진정한 평화를-만들 수 없다.

교회는 비폭력에 대한 사명을 가진다. 그 사명이란 예수의 가르침, 하느님의 성격, 하느님 나라의 기풍, 그리고 부활의 힘에 근거하고 있다. 예수는 "정당한 전쟁"이 아닌 비폭력을 가르쳤다. 간디(Gandhi)는 "그리스도와 그의 가르침을 비폭력적이라고 보지 않는 유일한 사람들은 크리스천들이다"[31]라고 지적했다. 예수가 이 세계에 대한 하느님의 장차 하실 통치의 윤리를 구체적으로 자기의 몸을 통하여(成肉身) 보여준 한, 그는 그것(하느님 통치)의 특성, 본질을 계시하는 분이다. 예수는 미래의 인간의 삶을 살았다. **제자도**(弟子道)란 그의 일을 지속하는 것, 그의 가치를 구체화하는 것, 또 그의 진리에 의하여 사람들이 형성됨을 뜻한다. 마치 군대 훈련이 도망치고 싶은 본능과 이에 대응하는 두려움의 감정을 통제하고 훈련시킬 수 있듯이, 비폭력의 훈련도 공격을 위한 똑같이 자연적 능력과 이에 상응하는 분노의 감정을 더욱 잘 통제하고 훈련시킬 수 있다.[32]

그의 비폭력적 교훈, 생애, 죽음에서, 예수는 비폭력의 하느님을 계시하였다. 출애굽(Exodus)에서 노예상태로 잡힌 백성들을 구해내신 하느님은 이제 억압에서 모든 인생들을 구해내시는 분으로 보여 진다. 출애굽 전승에서 하느님과 연관된 폭력은 주변으로 흩어져 버렸고, 대신 그 결과로 사랑하는 부모로서의 하느님 형상을 남겼다. 권세들의 폭력성이 폭로됨과 동시에, 하느님을 그들의 억압을 합법화해 주는 자로 불경스럽게 잘못 이해했음도 드

---

31) Dale W. Brown, *Biblical Pacifism* (Elgin, Ill.: Brethren Press, 1986), ix.
32) Richard B. Gregg, *The Power of Nonviolence* (Nyack, N.Y.: Fellowship Publications, 1959), 67.

러났다.

그러나 교회가 로마제국의 잔인한 억압을 비폭력적으로 버텨낸 것이 이상스럽게도 오히려 승리를 거둔 것으로 되었을 때, 교회는 협조해주기를 바라는 로마제국에게 **긍정의 어용 목사** 역할을 순진하게 떠맡고 말았다. 그것은 마치 사탄(Satan)이 폭력으로 교회를 이겨내지 못하자, 교회에게 항복하고 교회의 피보호자가 된 것과 마찬가지다. 그러나 교회가 치른 대가는 제국을 유지하기 위해서 폭력을 옹호하는 것이었다. 그러나 복음에서 비폭력을 제거한 것은 아치(arch)형 건물에서 머릿돌(keystone)을 빼낸 것이나 다름없어서, 기독교는 분노하고 겁주는 하느님이 방심하지 않고 지키시는 사후생명(死後生命 afterlife)을 위한 **개인적인 구원의 종교로 전락**하고 말았는데, 이런 전체 체제는 이제 역사 속에서 일하시는 하느님의 선택된 대행자인 세속의 권력자들이 직접 뒤를 돌보아주는 엘리트 사제(司祭)들 집단에 의하여 치밀하게 운영되었다.

교회는 그 순수성(purity)을 보존하기 위하여서가 아니라 그 충실성(fidelity)을 표현하기 위하여 비폭력이 요청되는 것이다. 그것은 율법이 아니라 은총이다. 설사 비폭력을 강요할 수 있다 해도, 그런 강제는 그 자체로서 이미 비폭력의 본질을 부정하는 것이다. 그것은 하느님이 세상을 위해 이미 갖고 계신 것을 우리가 찾을 때 주어지는 것이다. 오늘날 죽음의 왕국을 거부하는 사람들은 복종을 요구하는 신(神)을 기쁘게 해드리기 위해서 그런 것이 아니라, 그들이 자신을 생명의 영역에 헌신했기 때문에 그런 것이다. 그들이 살인을 금지하는 것은, 그렇게 하라고 누가 명령해서가 아니라, 모든 사람 속에 있는 하느님의 그 무엇을 인정하고 우리가 이들 중 가장 작은 것--우리의 원수들--에게 해주는 것이 곧 우리가 하느님께 하는 것이라고 이해하기 때문이다.

비폭력은 율법주의의 문제가 아니라, 제자도(弟子道)의 문제다. 그것은 세상의 악을 전복시켜 버리고자 하느님이 선택하신 방법이다. 그것은 하느님의 체제의 실천(praxis)이다. 기독교인들이 비폭력을 실천해야 하는 이유는 그게 "성과가 있어서"가 아니라, 하느님의 성품을 반영하기 때문이다(마 5:45/눅 6:35). 비폭력은 주변의 이차적인 관심사가 아니다. 그것은 복음의 핵심이다. 그러므로 예수의 비폭력운동을 따르는 사람들은 평화주의자로 불러져서는 안 되고, 단지 기독교인들이라고 불러져야 한다.

브라질의 대주교 돈 호세 마리아 피레스가 말한 것처럼, 북미주 사람들이 비폭력이라고 부르는 것은 간단히 말해서 복음의 가르침을 따라 사는 것이다. 그것은 모든 종류의 지배를 극복하기로 단호한 결심을 유지하면서, 그들의 계급과 역할이 무엇이든, 각 사람의 거룩함을 존중하기로 헌신 약속하는 것이다.[33]

캘리포니아에 사는 브라이언 윌슨은, 억압적인 중앙 아메리카 정부를 위하여 사용할 화약을 실은 기차가, 그 수송을 막으려고 선로 위에서 데모하는 사람들 앞에서 정지하지 않는 바람에, 두 다리를 잃었다. 그의 경험을 회상하며, 그는 이렇게 말했다:

> 내가 생각하는 비폭력은 하나의 전략이 아니라, 오히려 세계를 자신 안에서 경험하는 길이며, 모든 생명이 서로 거룩하게 연결되어 있음을 이해하는 길이다. 그것은 어떻게 모든 것들이 서로 연결되어 있나를 지속적인 상호관계 속에서 이해하는 것이다. 우리가 모든 다른 것들을--사람들, 초목들, 동물들, 물, 햇빛, 구름...등--생명의 부분들로 존경하지 않으면, 우리 자신들의 본성을 거역하는 것이다. 비폭력은 생태학적 영성의 차원을 가진 생명의 길이요 태도다.[34]

예수는 우리의 구원이 비폭력적인 데 달렸다는 윤리적 완전주의를 주창하는 것이 아니다. 하느님은 우리가 비폭력적이 되지 못함을 용서하신다. 그것은 "의롭다"고 인정받기 위하여 우리가 성취해야할 "일"이 아니다. 우리는 비폭력적 행동이 모든 경우에 하느님의 뜻이라고 말할 수는 없다. 어떤 주어진 상황에서 나의 비폭력이 가증한 범죄가 아닌지, 혹은 하느님이 원하

---

[33] Dom Jose Maria Pires, cited by Judith Hurley, "Brasil: A Troubled Journey to the Promised Land," in *Relentless Persistence*, ed. Philip McManus and Gerald Schlabach (Philadelphia: New Society Publishers, 1991), 192.

[34] John Dear, S. J., "The Road to Transformation: A Conversation with Brian Willson," *Fellowship 56* (March 1990): 7.

시는 것을 완전히 잘못 계산한 것인지, 내가 어떻게 알 수가 있겠는가? 나는 하느님을 판단할 수는 없다. 내가 말할 수 있는 것은 비폭력이 복음의 핵심이고, 교회의 사명은 이 누룩을 세계의 생명 속에 퍼뜨리는 것이라는 점이다.

기독교인은 구원받기 위해서, 혹은 절대적 윤리의 규범에 맞도록 살기 위해서, 비폭력적으로 사는 것이 아니라, 하느님의 은혜가 우리를 초청하고 능력을 주시기 때문에 그렇게 사는 것이다. 목표는 윤리적 확실성이 아니라 성실성이다. 복음은 우리가 올바르게 **되려고** 갈망하는 것에는 전혀 관심이 없고, 올바른 일이 **이루어지는** 것을 보고 싶어한다. 그리고 그것은 곧, 예수의 부활에서 하느님이 이루신 죽음에 대한 승리로 이미 우리의 것이 된 그 승리를 통하여, 우리의 능력 안에서도 크건 작건 승리를 얻는 것을 뜻한다.

대부분의 시간 동안 우리가 성공한 것을 지적할 것이 별로 없다. 심지어는 혁명가들까지도 그들의 좋은 목적을 위하여 잔인하고 폭군적인 수단을 사용하는 세계에서, 비폭력은 힘겨운 투쟁을 겪고 있다. 그러나 어떤 의미에서, 비폭력은 결코 실패하지 않는데, 왜냐하면 모든 비폭력 행동은 하느님의 새로운 질서가 이 세계 속으로 들어오심을 계시하는 것이기 때문이다. 폭력적 행동은 실패하면 절망하는데, 그 이유는 그것이 마지막 수단이기 때문이고, 성공한다 해도 구원하는 죽음의 능력을 믿는 우상 숭배적인 신앙을 낳기 때문이다. 비폭력은 성공할 것처럼 보이든, 실패할 것처럼 보이든 관계없이, 결국 인류가 생존하려면 반드시 배워야만 하는 분쟁해결의 새로운 방법임을 보여준다.

예수의 십자가 처형과 부활은 심지어 가장 처참한 패배까지도 거룩한 승리로 변화시키기 위하여 이 세계 속에서 활동하고 있는 힘이 있음을 확신케 한다. 그러므로 우리는 반드시 성공해야 한다는 것으로부터 자유롭게 되었다. 우리는 그저 신실하기만 하면 되는 것이다. 우리는 뭔가 결과를 내야만 한다는 것으로부터 자유롭게 되었다. 우리는 그저 보이지 않는 것을 보는 것처럼 살기만 하면 된다. 우리는 절망으로부터 자유롭게 되었다. 우리는 모든 것들이 그 한 분을 위하여, 그 한 분을 통하여, 그리고 그 한 분 속에서 존재하는 바로 그 한 분을 신뢰하기만 하면 된다.

이마누엘 챨스 매카씨(Emmanuel Charles McCarthy)는 예수의 비폭력적 사랑의 진리를 선포하기 위하여 에큐메니칼 회의를 소집하자고 제안하였다. 아마도 그가 옳을 것이다. 그렇다면 아마도 비폭력 정면 행동과 분쟁해결을 훈련시키는 것이 모든 기독교인들의 세례교육의 일부가 될 것이다. 위기가 생기면, 수천 명의, 심지어 수백만 명의 훈련되고, 끈기 있게 비폭력 개입을 할 수 있는 기간요원들이 있게 될 것이다.

필리핀의 경우, 비록 그 내막 이야기를 아는 사람은 얼마 없지만, 이런 비젼이 어떻게 성취될 수 있는지를 보여주었다. 필리핀에서는 가톨릭과 프로테스탄트 교회에 모두 오랜 세월동안 비폭력 교육의 강한 저류(底流)가 있어 왔다. 즉 프란시스코 클래버(Francisco Claver) 주교, 호세 블랑코(Jose Blanco) 신부, 예수의 작은 자매들 수녀회(Little Sisters of Jesus) 등이 기세를 더했고, 게다가 베니뇨 아퀴노(Benigno Aquino) 상원의원이 감옥에 갇혀 있으면서 비폭력 혁명으로 전향해 강력한 참여를 했다. 거기에다 비폭력 공동체의 주도로 힐데가드(Hildegard)와 진 고쓰-메이어(Jean Goss-Mayer), 리챠드 디이츠(Richard Deats) 등을 불러들여 비폭력 훈련자들을 길러냈다. 일 년이 조금 넘어서, 이들 훈련자들과 다른 사람들이 50만 명이 넘는 선거 감시원단들에게 비폭력적 수단을 가르쳐서 마르코스(Marcos)의 심복들이 선거의 표를 훔치지 못하도록 했다. 혁명은 "그저 일어난" 것이 아니었다. 그것은 준비된 것이었다.35)

우리는 국제적 분쟁과 국가 방위를 해결하기 위하여 비폭력을 사용할 가능성을 탐색하여 보기로 하자. 진 샤프(Gene Sharp)와 그의 아인쉬타인 연구소(Einstein Institute)가 이 분야에서 선도적(先導的) 역할을 했고, 노르웨이, 스웨덴, 오스트리아, 미국 및 기타 몇 나라의 국방부 고위 관리들이 침략자들에 대한 비폭력적 방어의 가능성을 연구했다.36) 얼마의 시간이 지난 지금, 스웨

---

35) Richard Deats, "The Revolution That Didn't Just Happen," *Fellowship* 52 (July/August 1986): 33-34.

36) Gene Sharp, *The Politics of Nonviolent Action*, 3 vols. (Boston: Porter Sargent Publishers, 1973); *Making Europe Unconquerable* (Cambridge, Mass.: Ballinger Publishing Co., 1985). Adam Roberts, ed., *The Strategy of Civilian Defense: Nonviolent Resistance to Aggression* (London: Faber & Faber, 1967); Frank De Roose, "Military Responses to Civilian-based Defense," *Bulletin of Peace Proposals* 21 (1990): 421-29. 더 많은 논문이나 책들의 목록을 원한다면, The Albert Einstein Institution, 1430 Massachusetts Ave., Cambridge, MA 02138이

덴, 스위스, 모나코, 코스타 리카, 리히텐쉬타인, 그리고 노르웨이가 비공격적, 중립국의 입장을 탐구했고, 엄격히 방어만을 위한 군대와 경찰을 갖고 있다. 하나로 연합하여 가는 유럽도 인류 역사를 통하여 가장 유혈이 낭자했던 시대를 끝낼 징조를 나타내는 것 같다.37) 유엔 평화유지군도 예멘, 키프러스, 시나이, 인도-파키스탄 국경, 골란하이츠, 콩고, 나미비아 등지의 전투병사들 사이에 비무장 혹은 경무장으로 중간에 끼어 배치되었다. 유엔 안전보장이사회도 이라크의 쿠웨이트 침공을 처리하는 과정에서 처음엔 상당히 희망적이었다. 폴란드, 헝가리, 체코슬로바키아, 동독, 불가리아, 유고슬라비아, 루마니아, 몽골, 알바니아, 소련, 칠레, 브라질, 그리고 네팔 등지에서 1989-1990년 사이에 "백성(민중)들의 힘"으로 성공적인 혁명을 보여주었다.38) 이렇게 혁명들이 대부분의 경우에 비폭력의 기술, 영성 등에 대하여 훈련되지 않은 사람들에 의하여 이루어졌으니, 만일 훈련을 거치고 나면 얼마나 더 많은 행동들이 보다 효과적으로 될 것인가! 비폭력적 중재와 민주적 분쟁해결에 익숙하지 않은 나라들이 서서히 구조적 변화를 위하여 장기적 여론 환기와 담판을 할 수 있는 시민운동을 형성해나가고 있으니, 실제로 더 어려운 부분은 아직 앞에 놓여 있다.

나, The Association for Transarmament Studies, 3636 Lafayette, Omaha, NE 68131, 혹은 International Seminars on Training for Nonviolent Action, Box 515, Waltham, MA 022543에 연락하라. 비정부적인 갈등 해결에 대한 저작도 중요하다; John W. McDonald, Jr., and Diane B. Bendahmane, "Conflict Resolution: Track Two Diplomacy," Foreign Service Institute, U. S. Department of State (Washington, D.C.: Center for the Study of Foreign Affairs, 1987)을 보라. 그러나 주의할 것은 비폭력 행동은 화해(conciliation)와 협상(negotiation)을 위한 대역(代役)이 아니라, 폭력적인 갈등을 위한 대역인 것이다.

37) 1500년 이래 전쟁으로 죽은 사람들의 3분의 2가 유럽에서 죽었다 (Ruth Leger Sivard, *World Military and Social Expenditures 1991*, World Priorities, Box 25140, Washington, D. C. 20007, 20).

38) 강력한 이론의 결정적인 평가는 그 예언의 능력에 있다. 1959년으로 거슬러 올라가서, Richard B. Gregg는 이 지구상의 어떤 소련학 전문가도, 심지어 그 사건이 일어나던 그 해까지도, 아무도 기대하지 못했던 것을, 그는 예언하였다. 즉 동부 유럽의 공산 블록과 심지어 소련까지도 비폭력적 방법으로 무너질 것을 말이다(*Power of Nonviolence*, 89). Gene Sharp도 1983년에 비슷한 예언을 하였다 (*Making Europe Unconquerable*, 170). 그들은 이것을 미리 볼 수 있었는데, 그들이 예언자라서가 아니요, 이런 방식의 힘을 이해하였기 때문인데, 그 힘은 건드려주기만 기다리고 있었던 것이다.

"폭력 감소 기준"(Violence-Reduction Criteria)의 역할

정당한 전쟁 이론은 국가에 대하여, 그리고 국가에 의하여 폭력이 사용되는 것에 대한 윤리적 판단을 할 가능성을 심각히 다루었다. 그 이론은 인간의 모든 행동들이 심지어는 협박 아래서도 도덕적 평가를 받을 수 있는 그런 도덕적 조화를 이룬 우주에 살고 있다고 가정한다.39) 그러나 그 이론은 심각하게 불신되었는데, 왜냐하면 너무도 많은 전문적 윤리학자들이 누구라도 그 잔인함을 다 볼 수 있었던 베트남 전쟁을 정당한 전쟁 이론으로 뒷받침했기 때문이다. 즉 폴 램지(Paul Ramsey), 존 코트니 머레이(John Courtney Murray), 라인홀드 니이버(Reinhold Niebuhr) 등은 핵무기로 상대방을 억제하는 것과 냉전(Cold War: 미국과 소련의 대치)을 지지하였으며, 전 세계적인 평화운동에 대한 그들의 입장으로 인해 정당한 전쟁 이론의 평판을 더욱 불신하도록 만들었다.

정당한 전쟁 이론과 그 실천에 대하여 가장 큰 의심스러움을 일으키는 것은 그 모든 지적(知的)인 엄격함에도 불구하고, 그 이론이 때로 도덕적으로 느슨하게 보인다는 점이다. 즉 도덕적인 삶을 산다는 것은 불리한 환경을 직면해서도 구속력(拘束力)이 있는 의도를 세우고 그대로 실천한다는 뜻이다.40) 그러나 정당한 전쟁 이론은 예수 안에서 발견되는 구속력이 있는 의도를 피해서 우회(迂廻)해 가는 길을 발견하려고 노력하고, 또 우리시대의 가장 유혈(流血)을 일으키는 이데올로기인 국가주의(國家主義 Nationalism)의 이름으로 그렇게 하려는 경향이 있다. 도덕적인 원칙들은, 그 성격상, 예외를 만드는 것에 대하여 고도의 저항을 할 필요가 있다.41) 이에 비하여, 정당한 전쟁 이론은 그 신봉자들이 툭하면 예외를 만드는 것으로 악명이 높다. 그래서 그것은 군신(軍神) 마르스(Mars)를 위한 궤변(詭辯)에 불과한 것 같은 인상을 준다.

---

39) George Weigel, "Religion and Peace: An Argument Complexified," conference on "Conflict Resolution in the Post-Cold War Third World," United States Institute of Peace, Washington, D. C. October 3-5, 1990.
40) Barrie Paskins and Michael Dockrill, *The Ethics of War* (London: Duckworth, 1979), 232.
41) Ibid.

예를 들어, "비전투원 면제"의 기준에 의하면, 시민들은 정면 공격으로부터 보호되어야 한다. 그러나 정당한 전쟁 이론의 지도적 주장자의 하나인 폴 램지에 의하면, 이것이 금지하는 것은 고작 "시민들을 공격하려고 의도적으로 겨냥한 인간의 행동이지, 합법적이고도 중요한 군대의 공격목표를 겨냥한 것에 수반하여 일어나는 예상되는 파괴는 아니다."42) "비전투원의 죽음을 **초래하는** 것에 대한 금지 규정은 없고, 다만 그들을 직접 목표로 겨냥하는 것만 금지한다."43) 만일 게릴라들이 일반 시민들 가운데 들어가 숨기를 선택하면, 그때는 그들과 함께 시민들까지 폭력으로 날려버려도 합법적이라는 말이다. "베트콩(Vietcong)들의 광대한 거점들을 향하여 전쟁의 폭력을 집중하여 공격하면 엄청나게 많은 수의 민간인들도 불가피하게 함께 덩달아 죽게 되건만, 기독교인이나 도덕주의자나 어느 누구도 이것이 비전투원들을 직접적이고 의도적인 공격으로부터 면제시켜야 되는 것을 도덕적으로 위반하는 것이라고 주장하지 않았다."44) 베트남의 농사꾼들이 그들을 네이팜탄으로 불태우고 폭격을 퍼붓는 것이 "기독교적"으로, 혹은 "도덕적"으로 정당하다고 이해할 수 없었기 때문에, 그들은 그 전쟁에서 미국을 지지할 수 없었다. 그렇다면, 정당한 전쟁 이론의 기준이 잘못되었나, 아니면 그 이론에 대한 램지의 해석만 잘못된 것인가?45)

램지는 우리가 많은 민간인들을 죽이겠다고 **의도**하지만 않았다면, 우리는 그들이 죽을 것이 확실함을 미리 알고서도 그렇게 행동해도 좋다고 믿었다. 이런 의견은 윤리적으로 파산한 것이다. 실제에 있어서는, 그것은 천문학적 숫자의 민간인 살상을 허용하는 것이 되니, 결국 민간인 면제의 기준이 엉터리임을 말해주는 것이다. 처음에 이 기준을 선포했을 때는, 그 생각인즉 민간인들이 **결코** 죽임을 당해서는 안 된다는 것이었다. 그러나 만일 전쟁으

---

42) Ramsey, *Speak Up*, 53. 또한 그의 책 *War and the Christian Conscience* (Durham, N.C.: Duke Univ. Press, 1961).
43) Ramsey, *Speak Up*, 102.
44) Ramsey, *The Just War* (New York: Lanham, [1968] 1981), 503.
45) 이런 식의 예상치 않은 결과들에 대하여 논의하는 데는 일종의 2중 기준(Double Standard)이 있다. 어떤 평화주의자도 폭력을 포기함으로써 허용된 잔인 무도함을 "고의는 아니라"고 변명하며 무사히 빠져나갈 수는 없다.

로 농업 시설, 위생시설, 식품보급 등이 파괴될 때 불가피하게 발생한 민간인들의 죽음을 포함한다면, 1700년 이래 각 세기에 일어난 모든 전쟁에서 죽은 사람의 평균 50%는 민간인들이라는 결론에 도달한다.46) 1700년에서 1945년에 이르기까지는, 민간인 희생자 수의 변동이 별로 없었다. 1980년대에 이르자, 민간인 사망자 수는 74%로 껑충 뛰었고, 1990년에는 거의 90%에 도달했다. 이는 누구든지 전쟁을 준비하는 사람은, 그 전쟁으로 민간인 희생이 50%를 넘을 것이고, 현대 무기의 화력을 고려하면, 그보다 훨씬 많을 것을 거의 확실히 예상해야 한다는 뜻이다. 어떻게 생각해도 이는 민간인 면제라는 기준을 위반하는 것이다. 이런 근거만으로도, 지난 3세기 동안 일어난 전쟁들 가운데서 민간인 면제 기준을 위반하지 않은 전쟁은 거의 없었다.47)

이런 통계는 20세기에 일어난 전체 사망자의 엄청난 증가를 보여주지 못한다.

1500년대--- 1,600,000명 사망
1600년대--- 6,000,000
1700년대--- 7,000,000

---

46) 전쟁에서 죽은 사람의 숫자를 정확히 얻기는 매우 어렵다; 민간인 사망자들은 심지어 좀체로 계수조차 하지 않는다. 나는 언젠가 알제리아가 프랑스로부터 독립을 쟁취하려는 전쟁에서 양편 모두 합하여 얼마나 전체 사망자가 발생하였는가를 조사하려고 해본 적이 있다. 알제리아 대사관 대변인은 1백5십만 명이라고 했다. 대부분의 조사는 1백만 명을 잡고 있었다. 갈등에 대해 연구한 프랑스 역사학자들은 짐작하기를 434,000명, 혹은 314,000명, 또는 220,000 명 등 다양하였다. Sivard는 100,000 명 중 민간인이 80%라고 보고했다(*Expenditure*, 25). 베트남 전쟁에 대해서 그녀는 49%만이 민간인 사망자들이라고 했고, 다른 조사들은 모두 80% 정도라고 했다. 그러나 우리들의 목표를 위해서는, Sivard의 매우 적은 숫자가 가장 조심스러운 가능한 숫자를 제공한 것이다. William Eckhardt는 금세기 들어 민간인 평균 사망자 비율은 세계 제 1차 대전 때의 민간인 사망자의 매우 낮은 비율(34%) 때문에 계산상 낮아진 것일 뿐이라고 지적한다. 그러나 이 숫자는 전쟁 후 전 세계를 휩쓴 유행성독감으로 죽은 숫자를 포함하지 않은 것이다 ("Civilian Deaths in Wartime," *Bulletin of Peace Proposals*, 20 [1989]: 89-98; 또한 Magnus Haavelsrud, "Peace Education: Operationalizing of the Peace Concept," ibid., 18 [1987]: 363).

47) Falklands/Malvinas 전쟁은 금세기 들어 처음으로 민간인 면제가 실현된 유일한 전쟁이다: 민간인 사망자는 없었다. 군인은 1,000명이 죽었는데, 사실상 두 차례의 세계 대전을 제쳐두고는 금세기 들어 50% 이하의 민간인 사망자를 낸 유일한 전쟁이었다(Sivard, *Expenditures*, 20-25).

1800년대--- 19,400,000
1900년대---107,800,000 48)

평균 50%만 잡아도, 지난 5세기 동안 민간인 사망자들은 1500년대에 80만 명에서 1900년대에는 5천3백90만 명으로 증가한다. 마치 민간인들의 사망자 수의 수준이 전쟁을 영원히 도덕의 한계 너머로 추방하기에는 아직도 충분치 못한 것처럼, 어떤 정당한 전쟁 이론가들은 민간인의 사망자 수가 수천만 혹은 수억 명에 이를지라도 핵무기로 상대를 억제하는 것이 합리적이라고 주장한다.49)

만일 민간인을 죽이는 것이 금지된 것임을 동의한다면, 어떤 왜곡된 논리를 가지고 감히 그렇게 엄청난 사상자 수를 정당화할 수 있단 말인가? 우리가 비록 지배 국가가 생겨난(대략 기원전 3천년) 이후 전쟁으로 죽은 사람 수를 모두 합하고 과장해 보아도, 20세기에서 죽은 사람들의 숫자가 **지난 5천 년간 전쟁에서 죽은 사람 전부를 합한 것보다 더 많은 숫자**다. 그런데도 아직도 정당한 전쟁에 대한 문제를 말짱한 정신으로 생각하는 기독교인 윤리학자들이 있다니!

수 만 명의 이라크 사람들이 불과 며칠 만에 핵무기가 아닌 폭탄에 의해 죽어갔으니, 페르시아만 전쟁은 핵무기를 사용하는 것과 재래식 무기를 사용하는 것의 구분을 흐리게 만들었다. 강제 노동에도 징집을 실시했으니, 민간인 사상자와 군인 사상자를 구분할 수 없게 되었다. 사담 후세인이 그의

---

48) Sivard, *Expenditures*, 20. 전쟁으로 죽은 사람 숫자 증가율이 인구 증가율을 상회하였다.
49) Oliver O'Donovan은 핵무장 억제력에 반대하여 매우 간명하게 썼는데 (*Peace and Certainty* [Oxford: Oxford Univ. Press, 1989]), 그러나 끝에 가서는 재래식 무기를 강화하는 것에 대해 강력한 지지를 했다. 마찬가지로 간명하게, 그러나 보다 만족할만한 글은 Robert L. Holmes, *On War and Morality* (p.32)에 있다. Holmes가 지적한 대로, 재래식 무기의 성능, 즉, 그 절묘함, 정확함, 파괴력 등이 핵전쟁과 재래식 전쟁의 차이를 급속히 좁혀놓았다. 우리의 사명은 단지 핵전쟁뿐만 아니라, 전쟁 체제 그 자체를 없애 버리는 데 있다. 그리고 우리는 그런 전쟁수단을 개량 발전시킴으로써 전쟁을 없앨 수는 없다 (ibid., 4). John Finnis, Joseph M. Boyle, Jr., and Germain Grisez, *Nuclear Deterrence, Morality, and Realism* (Oxford: Clarendon Press, 1987); Paskins and Dockrill, *Ethics of War*, 193, 254-56, 312; Bernard Haering, *The Healing Power of Peace and Nonviolence* (New York: Paulist Press, 1986).

정권에 대한 내부의 위협을 청산해버릴 생각으로 최전방에 배치한 쿠르드족(Kurdish)과 시아파(Shiite) 병사들이 죽으면서도 그들의 나라 혹은 지도자를 위하여 기꺼이 죽어간 것은 아니었다.50)

혹은 "**최후 수단**"이라는 기준에 대해 살펴보자. 이론적으로는, 정당한 전쟁 이론가들이 전쟁에 나서기 전에 모든 가능한 비폭력적 대안을 사용한다고 약속한다. 사실 나로서는 전쟁 이론가들 가운데 비폭력적 대안에 헌신하는 단 한 명의 정당한 전쟁 이론가 제임스 췰드레스를 알고 있다.51) 다른 사람들은 무엇이 최후 수단이 될 수 있느냐에만 초점을 맞춘다. 그러나 이 초점은 윤리적 입장을 축소하는 효과가 있다. 즉 램지가 쓴 것처럼, "최후 수단(last resort)"은 "적시(適時) 수단"(timely resort)이 되고,52) 우리는 이내 "선제 공격"(preemptive strike), 혹은 "국가 원수를 암살," 그리고 심지어는 국방성(Pentagon)이 "예상하고 앞질러하는 보복"(anticipatory retaliation)이라고 이중으로 말하는 것을 논의하고 있는 우리 자신들을 발견하게 될 것이다. 이라크와 전쟁을 벌이기 전에, 우리는 경제 제재(sanction)가 효과를 발휘하도록 충분한 시간을 허락했던가? 그 전쟁은 정말 "최후 수단"이었던가?

다른 정당한 전쟁 기준들은 쉽게 조작할 수 있는 것들이다. 정당한 전쟁은 "**합법적인 권위**"에 의하여 선전포고되어야 한다. 그러나 베트남 전쟁은 미국 측에서는 그 권한을 위임받은 유일한 기관, 즉 미국 국회에 의하여 선전포고된 적이 없었다. 그러나 이 사실만으로는 많은 정당한 전쟁 이론가들이 그 전쟁은 부당한 것이라고 선언하도록 하지는 못했다. 선전포고 없이 하는

---

50) 이라크 도시들을 공중에서 폭격한 것은 민간 기본시설(infrastructure), 즉 댐, 교량, 고속도로, 상하수도, 철도, 기름 저장소 등을 파괴하고, 그래서 이라크 사람들의 의지와 사기를 꺾어 놓도록 계획된 것이었다. 이 작전 계획은 공군 참모총장 Michael Dugan 장군에 의하여 전쟁 발발 4개월 전인 1990년 9월 16일에 무분별하게도 공개되어 버렸다. 이는 행정부가 말하는 이른바 "부차적인 손실"(collateral damage)이 말과는 다르다는 것을 뜻한다. 그것은 미리 계획된 것이었다(Mark Saskaroff, "War Crimes in the Persian Gulf," *Fellowship* 57 [1991]: 18).

51) Childress, *Moral Responsibility in Conflicts*. George Weigel, in *Tranquillitas Ordinis* 등은 비폭력을 일반적으로 민주주의와 동등한 것으로 취급하고, 법률외적인 비폭력 정면 운동으로 여기지는 않았다.

52) Ramsey, *Speak Up*, 71.

기습공격이 아니고는, 어떤 핵전쟁이라도 이길 수 없을 것이다. 그렇다면 그건 전통적인 정당한 전쟁 이론이 요구하는 "공식적인 선전포고"를 완전히 벗어난 것이다.53)

전쟁은 "**정당한 이유**"가 있어야 한다. 그러나 이마누엘 챨스 맥카씨가 지적한대로, 전쟁의 첫 희생자가 진실인데, 그런 상황에서 일반 대중이 그 전쟁의 이유는 정당하다고 어떻게 알 수 있단 말인가?54) 베트남 해역에서 벌어진 통킨(Tonkin) 만 사건은 분명히 국회의 전쟁 지원 동의를 얻어내기 위하여 **조작**된 것이었다.

반복하지만, 전쟁에서 사용하는 수단은 얻고자 하는 최후의 목표에 "비례"하는 것이어야 한다. 그러나 무력 충돌에서 어느 정도의 파괴가 생길지 어떻게 미리 알 수 있단 말인가? 사망자들, 파괴된 도시들, 극도로 폭락한 경제, 강간을 당하거나 창녀가 된 여인들, 영양실조와 소화기관 질병으로 죽는 어린이들, 이런 것들말고도, 장차 계속 터지는 지뢰나 폭탄들의 위험, 마약 중독, 알코올 중독, 정신병들, 육체가 불구가 되는 것, 자살 등이 지속되는 미래를 어떻게 일일이 측정할 것인가? 어떻게 이런 것들을 전쟁 전이나 혹은 전쟁 중에라도 측정할 수 있겠는가?55)

전쟁은 비이성적(irrational)인 것이라는 사실을--톨스토이(Tolstoy)가 그의 책『전쟁과 평화』(*War and Peace*) 끝부분에서 말한 것처럼, 전쟁이란 보통의

---

53) Adeney, *Just War*, 98-101. 미국은 분명히 Grenada와 Panama 침공 당시 미리 경고를 하거나 선전포고를 하지 않았다.

54) McCarthy, "Christian Nonviolence," 68. 미국 국방성은 페르시아만 전쟁 기간 동안 미국 국민들이 도덕적 결정을 하는 데 필요한 정보를 얻지 못하도록 고의적으로 어렵게 만들었다.

55) 어거스틴(Augustine)은 다른 기준을 추가하였는데, 현대의 정당한 전쟁 이론가들은 자비롭게도 이를 빠뜨려 버렸다: 즉, 모든 전쟁 행위는 사랑으로 실천되어야 한다. 예수의 명령이 움직인 방향은 원수들을 죽이는 대신(instead) 그들을 사랑하라는 것이었지, 우리가 그들을 죽이면서(as) 그들을 사랑하라는 것이 아니었다. 그러나 어거스틴은 정당한 전쟁 이론의 속뜻을 알고 있었다: 일단 죽이는 것이 정당화되면, 어떻게든 그것은 사랑과 비폭력을 주장한 복음서에 끼어 들어가 들어맞아야 한다. Peter Mayhew 는 최근에 어거스틴의 입장에 대하여 매우 적절하지 않은 모양으로 재천명하여 책을 내었다. *A Theology of Force and Violence* (London: SCM Press, 1989).

의미로 보아서 이유가 없는 것임을--모호하게 만드는 정당한 전쟁에 대한 과도이성적(hyperrational) 논의에는 초현실적인(surrealistic) 요소가 있다.56) 마치 먼지가 돌개바람에 휩쓸려 들어가듯이 나라들은 전쟁에 빨려 들어가는 것 같다. 국가의 이성(理性)이란 것이 마치 연막(煙幕)과 같아서, 선전(宣傳)의 필요에 따라 수시로 바뀐다. 전쟁은 군신(軍神) 마르스(Mars)와 사랑의 신 비너스(Venus)의 작품이다. 전쟁을 생각하는 사람들은 이런 권세들에 사로잡힌다. 그들은 자신들의 의견과 다른 의견에는 접촉을 끊는다. 그들은 성공에 대한 자극적인 전망, 영웅주의, 그리고 야성적인 것의 과시에 우쭐해진다. 그들은 보통 전투의 격렬함과 그 기간을 과소평가한다. 그들의 마음은 어두워지고, 타인을 죽이고 상처를 주는 것을 금지하는 것은 그만 잊어버리고 만다. 이성적인 논쟁은 개인의 의사를 휩쓸어버리는 군중의 의지로 달아오른 분위기에 그만 침묵하게 된다. 그런 지도자들은 선전의 목적을 위해서 이용하는 것 말고는 정당한 전쟁의 기준 따위는 고려할 것 같지 않다. 이처럼 부시(Bush) 미국 대통령은 파나마 침공을 명령했고, 마약 거래를 중지하겠다는 목적은 완전히 실패하고 터무니없이 높은 민간인 사상자를 내고 말았다. 그 공격작전 명칭이 "정당한 이유의 작전"(Operation Just Cause)이었다. 우크라이나 속담이 말하듯, "현수막이 펴지면, 모든 이성(理性)은 트럼펫 나팔 소리 속에 있다."57)

정당한 전쟁 이론의 가정들은 조심스럽게 조사해볼 필요가 있다. 이 이론은 하느님이 자기의 가족, 친구, 그리고 동포들을 원수들보다 더 많이 사랑함을 가정한다고 존 하워드 요더(John Howard Yoder)는 지적했다. 그 이론은 공격자의 생명이 공격을 받는 자들의 생명보다 가치가 더 적다고 가정한다. 그 이론은 악을 방지하는 책임은 비록 공격자를 죽이는 한이 있어도 거룩한 신의 뜻의 표현이라고 가정한다. 그리고 그 이론은 악이 일어나도록 놔두는 것은 그 악을 범하는 것과 마찬가지로 비난받아 마땅하다고 가정한다. 그것은 또한 가정하기를, 전제(專制)정치가 전쟁보다 나쁘며, 국가의 주권은 국가

---

56) Holmes, *On War and Morality*, 192.
57) Konrad Lorenz, *On Aggression* (New York: Bantam Books, 1969), 260.

의 정체성과 보전을 위하여 중요하며, 전제군주의 통치로부터 백성을 해방시키기 위해서는 불미스런 방법을 사용하는 것도 허용되며, 그리고 하느님은 **우리**나라와 **우리**의 정치 경제적 체제를 사랑하시므로 그것들을 지키기 위해서는 모든 희생을 각오해야만 한다고 주장한다.58)

그러나 정당한 전쟁 이론에 대한 모든 반대들을 잘 분석해보면, 결국 한 가지 점에 이르게 되는데, 즉 정당한 전쟁 이론은 구원하는 폭력이라는 신화에 사로잡혀 있을 때만 반대할 만한 것이라는 점이다.

아마도 정당한 전쟁 이론과 그것을 주장하는 사람들을 구별해야 할 것 같은데, 그 주장자들은 냉전 시대 동안에 다른 나라 내정에 간섭하는 자의 신조(Credo)에 밀착되었다. 또한 우리는 그 혼동의 원인이 "정당한 전쟁"(Just War)이라는 말 자체에 들어 있음을 주목해야 할 것 같은데, "정당한 전쟁"이란 말 자체가 전쟁에도 정당한 전쟁이 **있고**, 교회나 혹은 윤리신학자들은 **어떤** 전쟁이 정당한지를 식별해내는 능력이 있을 것을 뜻한다. 많은 사람이 **어떤** 전쟁이라도 정당하다는 주장은 거부할 것이다. 이 때문에 어떤 사람들은 정당한 전쟁이란 말을 통째로 버리게 되었다. 그러나 심지어는 그들도 정당한 전쟁이란 견해를 거부하는 이유를 설명하기 위해서 정당한 전쟁의 기준을 사용하고 있음이 발견된다. 실제로 지옥 같은 전쟁을 방지하거나 완화하기 위해서 노력하려면, 정당한 전쟁의 기준은 필요불가결한 것이다.

나는 "정당한 전쟁"이라는 논의를 종결할 것을 주장한다. "평화주의"(Pacifism)라는 단어가 너무도 "수동성"처럼 들리듯이, "정당한 전쟁"이라는 말도 너무도 마치 "전쟁은 합리화할 수 있는 것이다"라고 들린다. "정당한 전쟁"이라는 말 자체가 이미 받아들일 수 없는 전쟁의 의로움에 대한 환상으로 가득 차 있다. 모든 전쟁은 범죄라고 생각하는 사람들은 본질적으로 부적당한 술어들을 가지고 논의하도록 강요될 때, 이처럼 도움이 되는 정당한 전쟁의 기준들을 이용할 것 같지는 않다.

---

58) Yoder, *The Original Revolution* (Scottdale, Pa.: Herald Press, 1972), 84-85; *Nevertheless* (Scottdale, Pa.: Herald Press, 1971), 119.

기독교인들은 정당한 성폭행, 정당한 아동 학대, 정당한 학살 (그리고 이런 모든 것들은 결국 전쟁의 행렬로 이끌어 들일 것이고)이라고 말할 수 없듯이, 정당한 전쟁이라는 말도 할 수 없다. 그러나 또한 우리는 다른 사람들의 폭력에 의하여 우리도 뭔가 어려운 결심을 내려야 하고, 그리고 비폭력적 해결방안들은 항상 떠오르지 않는 그런 세계 속에 살지만, 이런 어리둥절하도록 복잡한 세계가 그만 없어졌으면 좋겠다고 바랄 수는 없는 일이다.

그 대신, 나는 "정당한 전쟁 기준"을 "폭력 감소 기준들"이라고 새로 이름짓자고 제언한다. 결국, 그것이야말로 우리들 대부분이 원하는 것이다. 우리는 어떤 특정 전쟁을 합법화할 명분을 찾고자 하는 것이 아니라, 전쟁이 발발하기 전에 예방할 방법, 혹은 전쟁이 일단 시작되었으면 어찌하든 그 잔혹상을 감소시킬 방법을 찾고자한다. 아마도 정당한 전쟁 이론가들이나 비폭력 주장자들이 모두 "폭력 감소 기준들"이라는 말 속에서 호전성(好戰性)을 금지하는 공통의 근거를 발견할 수 있을 것이다.

결국, 비폭력주의와 정당 전쟁 이론은 아래 몇 가지 점에 서로 동의한다:

1. 둘 모두 비폭력이 폭력보다 바람직하다고 인정한다.
2. 둘 모두 무죄한 사람들은 가능한 한 보호되어야 한다고 동의한다.
3. 둘 모두 십자군 정신, 국가 안보의 이해관계, 혹은 개인적 자아 중심성 때문에 일어난 전쟁을 방어하기를 거부한다.
4. 둘 모두 나라들이 폭력의 수준을 감소시키도록 설득하기를 원한다.
5. 둘 모두 전쟁이, 분쟁 이전과 분쟁 도중에도, 도덕적 가치에 대하여 책임을 질 것을 바란다.

우리는 비폭력을 예수가 성경의 산상수훈(山上垂訓)에서 취급한 다른 문제, 즉 이혼(離婚)과 비교해보았으면 한다. 예수의 이혼 금지는 절대적이다. 간통을 예외로 해서 그것을 약화시킨 것은 마태(Matthew)다.[59] 그러나 기독교

---

59) 마태 5:31-32을 마 19:9, 막 10:11-12 및 눅 16:18과 비교하여 보면, 예수는 이혼의 근거를 허락하지 않았음을 알 수 있는데, 그래서 마태 기자는 이런 엄격함을 완화하기 위하여

인들은 고통, 죄책감, 그리고 슬픔을 감내하며 이혼한다. 금지명령은 분명하고, 이를 위반하는 것도 분명하다. 어떤 사람들이 전쟁을 합리화하듯이, 어떤 사람들은 이혼도 합리화한다. 그러나 복음은 분명히 이혼을 반대한다. 우리가 이혼할 때, 우리는 관계의 맥락이 끊어진 것, 즉 배우자 상실, 가족의 해체, 자식들과의 인연을 손상함 등에 대해 죄책감을 짊어진다. 아무 것도--심지어 어떤 면이 좀 나아진다 해도--우리의 행동을 정당화할 수 없다. 그러나 하느님은 우리를 아무 대가 없이 용서해주신다.

폭력에 대해서도 마찬가지다. 그것은 복음에 위반된다. 그러나 우리는 항상 복음에 걸맞게 살 수는 없다. 나를 화나게 만드는 사람에게 내가 얼마나 쉽게 폭언을 퍼부을 수 있는지 스스로 당황한다(나를 곤란하게 만드는 것은 내가 화를 낸다는 것이 아니라 폭언을 한다는 점이다). 비록 그렇다 할지라도, 개인이나 국가로서 우리가 비폭력적으로 행동하지 못할 때, 우리의 행동에 대하여 변명해선 안 되며, 그것을 정당화하려고 해서도 안 된다.

그러나 불의한 질서가 대대적인 폭력을 사용하는 것에 필사적으로 맞서 대항 폭력을 사용하는 사람을 비난할 수도 없다. 그들 자신이 구원하는 폭력의 신화에 아직 사로잡혀 있을지라도, 우리로선 그들이 성공하기를 바란다. 누가 알겠는가? 혹시 그들의 승리가 어떤 억압적 요소들을 의식적으로 없애버리는 보다 나은 사회를 불러들이게 될지 말이다. (혁명적인 니카라과는 콘트라가 전쟁 상황으로 강제 복귀시키기 전에는 어느 정도 이렇게 하고 있었다.)

우리는 구원하는 폭력의 신화에 속박된 자신을 인정하지 않으면 안 된다. 그 속박은 알코올이나 마약에 대한 속박만큼이나 끈질기고 유혹적인 것이다. 문명은 폭력에 중독(中毒)되어 있다. 그러므로 합리적인 논쟁만으로는 그 폭력의 손아귀에서 벗어나기에 충분하지 않다. 우리로서는 다만 폭력에 대한 종속적 의존(co-dependency)을 인정하고, 힘의 강요를 숭배하는 것으로부터 자신을 구해내기 위해 보다 높은 능력에 도움을 청해야 한다.60)

랍비 샴마이(Rabbi Shammai)의 예외(간통)를 첨가하였고, 예수의 가르치심을 엄격한 바리사이파 입장에 맞도록 하였다.

60) Anne Wilson Schaef, *When Society Becomes an Addict* (San Francisco: Harper & Row, 1987).

초대교회 기독교인들은 진리를 위하여 죽는 것이 어리석다고 생각하지 않았다. 죄를 범하기보다는 오히려 죽음을, 악을 퍼뜨리기보다는 차라리 죽음을, 복음을 근본적으로 배신하기보다는 오히려 죽음을, 지배체제에 굴복하기보다는 차라리 죽음을, 하느님을 배신하기보다는 오히려 죽음을 택하였다. 우리는 이제 너무도 편안하고, 너무도 세련되고, 너무도 해이하고, 너무도 타협적이 되어, 더 이상 그런 용기를 가질 수가 없게 되었는가? 20세기에 들어와서 지난 1900년 동안 전부를 합한 것보다도 더 많은 기독교인들이 신앙 때문에 순교를 당했다. 그들은 "구름 같은 증인들"의 일부로서 양보하지 않는 인내력(*firmeza permanente*)으로 우리에게 힘을 준다.

    아마도 대량학살(genocide)을 중단시키기 위해 전쟁은 필요하다고 판단될지 모르겠다 (2차 세계대전의 경우처럼 전쟁이 대량학살의 계기를 만들어 주는 경우가 많다. 또한 탄자니아가 우간다의 대량학살을 종식시키려고 무장 개입을 한 결과 단지 희생자들 대상만 변경시켰을 뿐이다).61) 국가들은 그에 관계없이 그들이 하고자 하는 것을 할 것이다. 그러나 기독교인들은 오직 한 가지 필요만 아는데, 그것은 곧 복음의 완전함이다.

    더 큰 악을 방지하기 위하여 국가는 전쟁을 해야 한다고 느낄 것이다. 그렇다고 해서 더 작은 악으로 하여금 악이 아닌 것으로 되게 하는 것은 아니다. 전쟁이 정당하다고 선언하는 것은 단지 우리들의 죄책감을 덜고자하는 계략일 뿐이다. 그러나 우리가 선전포고했다고 곧 죄책감으로부터 자유롭게 될 수 없는 것은, 허락 받았다고 죄책감에서 벗어날 수 없는 것과 마찬가지다. 만일 우리가 살인을 하면, 그건 죄악이고, 오직 하느님만이 용서하실 수 있는 것이지, 우리의 더러운 전쟁을 "정당하다"고 선언하는 선전 장치가 용서하는 것은 아니다. 정부나 게릴라 대장이 우리를 죄에서 용서하는 힘을 부여받은 것은 아니다. 오직 하느님만이 그렇게 하실 수 있다. 그리고 하느님은 조롱받으실 분이 아니시다. "정당한" 전쟁이란 논의 전체가 기독교인답지 못한 일이다.

---

61) Ervin Staub가 조사한 대량학살에 대한 3가지 경우는 모두 전쟁 중에 일어난 것들이거나 (Turkey, Germany), 혹은 시민전쟁 직후에(Cambodia) 일어난 것이었다 (*The Roots of Evil: The Origins of Genocide and Other Group Violence* [Cambridge: Cambridge Univ. Press, 1989], 232).

만일 **대항하기 위한 폭력**(counter-violence)이 유일한 선택일 경우에도, 그렇다고 이런 폭력도 정당한 것은 아니다. 본회퍼(Bonhoeffer)는 이 점에 있어서 매우 잘못 이해되어 왔다. 그는 히틀러 암살단에 가입하였다. 그러나 그는 그의 행동이 죄악임을 인정했고, 그런 자신에 대해서는 하느님의 자비에 맡겨버렸다. 본회퍼를 인용하면서, 두 세대 동안 기독교인들은 비폭력에 완전히 헌신하지 못하고 한 발짝 물러났다. 그의 시도가 실패할 것이라는 것을, 그리고 그토록 많은 기독교인들의 눈에 구원하는 폭력을 합리화하는 효과를 가져 올 것을 그가 미리 알았더라도, 여전히 그가 그렇게 행동하였을지 나는 의심한다.

폭력적인 환경에 봉착하면, 어떤 사람들은 살인이 보다 적은 악이거나 혹은 보다 나은 죄라고 믿으면서 살인할 것이다. 무조건적으로 비폭력에 헌신하는 다른 사람들은, 폭력을 영원히 지속하게 하는 것보다는 자신들을 죽음에 내어놓거나 자신들의 몸으로 차단하려고 할 것이다. 각 사람은 각각의 환경에서 스스로 결정해야 한다. 그런 경우에 우리가 남을 판단해서는 안 된다.

그러나 우리들의 행동을 끝까지 생각해보도록 서로 간에 도전하는 것은 반드시 필요하다. 전쟁이나 폭력을 최후의 수단으로 여기는 것의 문제는 우리가 이미 폭력이 대안이라고 생각하고 난 뒤에는 하느님께 끝까지 신뢰할 것 같지는 않다는 점이다. **믿음**은 가끔 물이 갈라지기 전에 물 속으로 걸어 들어갈 것을 요구하며(수 3:15-16), 치유된 증거가 눈에 보이기도 전에 치유에 대한 확인을 위하여 제사장에게 보여줄 것을 요구한다(눅 17:14). 사전에, 어떤 조건 아래서도 비폭력에 헌신하기로 약속하지 않은 사람들은 위기가 와서 매우 다급한 처지에 놓이면, 창조적인 비폭력을 선택할 가능성이 더 적다. 그들은 기도를 하거나 혹은 임시적으로 대응해야 할 때에, 이미 방아쇠를 더듬고 있는 것이다. 폭력을 무조건적으로 포기함으로써만, 위기가 닥치면 우리는 마음을 집중하여 비폭력적 대응을 할 수 있다.

만일 교회가 명백하게 비폭력에 헌신하기로 약속하면, 정부나 반란자들에게 전쟁의 야만스러운 정도를 완화하라고, 그리고 비폭력적 접근의 가능성을 고려해달라고 믿을만하게 요청할 수 있을 것이다.62) 이렇게 하면 가톨릭교회와 개신 교회가 서로 정당한 전쟁을 주장하고 있는 북 아일랜드(Northen Ireland)에 확실히 도움이 될 것이다. 결국, 그 교회들이 폭력에 대해 비난하는 것은 선택적이고, 모든 확신이 결여된 것이다.

더 나아가서, 폭력감소 기준들이 원칙적인 비폭력과 결합되지 않으면, 갈등에 임해서 그것들을 사용하려고 했다간 오히려 자신들이 쉽게 끌려 들어감을 발견하게 될 것이다. 가령 한 무리의 윤리학자들이 군인들에게 전술 핵무기를 사용하지 말라고 설득하고, 재래식 무기에 제한하여 사용하라고 했다 하자. 그러면 제한된 지역 충돌에서는 그런 재래식 무기를 사용한 것이 핵무기의 누적된 파괴력에 가깝게 되어도, 그 윤리학자들은 후자(재래식 무기)를 정당하다고 시인(是認)한 것처럼 되는 것이다.63)

폭력감소 기준들은 복음의 언어가 아무런 확신도 주지 못하는 정치 지도자들에게 신중한 도덕적 지렛대를 제공한다. 어떤 나라들은 이미 전쟁을 제한하기로 조치를 강구하고 또 전쟁에 도덕적 저항을 허용하기로 했다. 즉, 군대에 복무하는 것을 양심적으로 거부하는 것을 허락하는 법, 시민 불복종의 합법성을 인정하는 것, 전범(戰犯) 법정들, 그리고 불법적인 명령을 수행하기를 거부할 수 있는 병사들의 권리를 인정하는 것 등이다.64)

여기에 제안된 것은 어거스틴(Augustine)이 스토아 철학의 정당한 전쟁이론을 채택하기 전의 초대 교회의 옛 입장으로 돌아가는 것 그 이상이 아니다. 모든 전쟁을 반대한 초대 교인들은 그럼에도 불구하고, 적군을 인도적으로

---

62) *Violence and Nonviolence in South Africa* (Philadelphia; New Society Publishers, 1987)에서 나는 그런 접근을 시도하였는데, 폭력감소 기준(Violence Reduction Criteria)을 사용하여 인종차별(apartheid) 투쟁에 비폭력을 사용하는 실용적인 경우를 만들어 보려고 했다.
63) 베트남 전쟁 중에 교훈적인 경우가 발생하였는데, 전쟁을 반대하는 일단의 과학자들이 북쪽을 무차별적으로 폭격하는 것을 중지시키기 위해 "전자 전장"(Electronic Battlefield) 혹은 수백만 개의 지뢰를 매설하여 이른바 "울타리"(fence)를 만들어 베트콩들이 남쪽으로 잠입하는 것을 방지하자고 제안하였다. 그들은 단지 전쟁을 비난할 수도 있었지만, 그러나 그들은 자신들이 "내부자"(insider) 신분을 확보하면서 신뢰성을 유지하려면 뭔가 폭력에 대한 대안을 제시해야 한다고 느꼈던 것이다. 잠정적으로 폭격은 중단되었고, 지뢰 울타리는 설치되었다--그리고 전쟁은 다시 계속되었다(Joseph Weizenbaum, *Computer Power and Human Reason* [San Francisco: W. H. Freeman, 1976], 275). 그때 매설한 지뢰는 아직도 사람을 죽이고 있다.
64) Yoder, *When War is Unjust*, 71-72.

취급하는 것이 잔인함보다 훨씬 우월하다고 주장하면서, 전쟁들을 구별하였다. 그리하여 알렉산드리아의 클레멘트는 신명기 20장에 있는 전쟁법전의 개량된 요소들을 추천했고,65) 오리겐은 사람들이 꼭 싸워야만 된다면 싸우되, 자제력을 발휘하면서 싸우는 벌(蜂)을 본받으라고 제안했다.66) 전쟁, 군복무, 고문 등에 대하여 가장 요란한 반대자였던 터툴리안도, 행정장관에게 보다 덜 잔인하기를 청원하면서 "폭력감소 기준들"을 사용하였다.67) 이들 초기의 비폭력적 신학자들은 한편으로는 교회가 보다 높은 도덕적 규범을 유지하면서, 다른 한편 국가들에게 최소한의 도덕적 규범을 유지하기를 설득하려고 한 것에 대해 아무런 모순을 느끼지 않았다.68)

우리는 두 개의 영역들, 즉 하나는 하느님의, 다른 것은 황제(Caesar)의 영역을 생각하는 것이 아니라, 동심원(同心圓)들을, 즉 황제의 것은 작은 원, 하느님의 것은 더 큰 원69)을 생각하려고 한다. 그래서 교회의 사명은 그 보다 큰 하느님의 원으로부터 보다 작은 황제의 원에게 사정없는 압력을 유지하는 것이다.

정당한 전쟁과 평화주의를 넘어서

정당한 전쟁 이론은 부분적으로는 "악에 저항하지 말라"(마 5:39)는 말씀에 대한 오해에 근거하고 있는데, 어거스틴(Augustine)은 이 말씀을 악에 대한 무저항(*non-resistance*)의 절대적인 명령으로 간주했다. 그러므로 그는 주장하기를, 기독교인은 자기 방어를 위해서도 무기를 들면 안 되고, 죽음에 이르기

---

65) Clement of Alexandria, *Strom* 2.18.
66) Origen, *Against Celsus*, 4.82.
67) Tertullian, *Apol.* 2.
68) Pennsylvania 주지사였던 Quaker 교도 William Penn은 평화를 유지하기 위하여 나라들의 국회를 구성하자고 제의하였다. 모든 나라들이 다 Quaker 교도로 전향할 것을 예상하지 않았기 때문에, 그로서는 중재를 위한 모든 노력이 실패할 경우에 대비하여 군사제재(軍事制裁: military sanction)는 마지막 수단으로 사용할 것을 말하였다.
69) 이 이미지는 Jean Lasserre's *War and the Gospel* (Scottdale, Pa.: Herald Press, 1962), 88에 있는 것이다.

까지 수동적으로 굴복해야 한다고 했다. 혹은 기독교인들은 불의에 대항하여 자신들을 방어하면 안 되고, 자신들의 파멸에 이르더라도 기꺼이 협력해야 한다고 했다. 그러나 만일 **이웃**이 그렇게 취급되면 어떻게 할 것인가 하고 어거스틴은 묻고 나서, 그때는 그들을 방어해주기 위해서는 필요하면 무기를 들어야 할 것을 사랑의 계명이 요구한다고 했다.70)

앞의 제 9장에서 나는 이런 해석이 잘못이라고 주장했다. 예수는 무저항주의를 가르치지 않았다. 그보다는 오히려 그는 폭력적 저항을 부정하고 비폭력적 저항(非暴力的 抵抗)을 택했다. 기독교인들은 물론 악에 저항해야만 한다! 제대로 된 인간이라면 누구도 무죄한 사람들이 고통을 당하는 것을 곁에서 지켜보고 있기만 하고, 그들을 구하기 위해서 뭔가 하려고 하거나, 최소한 그걸 바라기라도 하지 않을 수는 없다. 문제는 간단히 말해서 그 수단인 것이다. 마찬가지로, 기독교인들이 자기 방어를 해선 안 된다고 예수가 금지하지는 않았다. 그러나 그들은 비폭력적으로 자기 방어를 해야만 하는 것이다. 예수는 악의 면전에서 수동적으로 무기력하게 있기를 가르치지 않았다. 그거야말로 바로 그가 극복하려고 노력한 것이었다!

평화주의도 그 기독교적인 형식에 있어서 마태복음 5:38-42에 있는 예수의 교훈을 잘못 이해한 것에 종종 근거하고 있다. 그것 또한 예수가 무저항을 명령한 것으로 이해하고 있다. 즉 일부의 평화주의자들은 비폭력 정면 행동들, 시민 불복종운동도 일종의 강압적이라는 이유로 반대한다. 그들이 믿기로는 무저항은 수동적인 저항만 허용한다. 그러니, "평화주의"(pacifism)와 "수동주의"(passivism) 사이의 혼동은 완전히 근거가 없는 것은 아니다.

예수의 제 3의 길은 억압자로 하여금 그들이 원하지 않는 것을 억지로 택하도록 만든다는 점에서 강압적이다. 그러나 그것은 **치명적**(致命的)이진 않다. 그것의 가장 큰 이점은 만일 우리가 잘못된 길을 택했다면, 우리의 상대방은 아직도 살아 있어서 우리의 사과를 받을 수 있다는 점이다. 전통적인 정당한 전쟁 이론의 성서적 근거를 손상시킨 똑같은 성서해석이 무저항적인

---

70) Augustine, *Sermon on the Mount* 1.19.56-68; *Reply to Faustus the Manichaen* 22.76; *On Lying* 27; *Letters* 47.5 (NPNF 1:293). Reinhold Niebuhr는 정확히 이 견해를 반영하고 있다. (*Christianity and Power Politics* [New York: Charles Scribner's Sons, 1940], 10; *An Interpretation of Christian Ethics* [New York: Harper & Brothers, 1935], 50, 62-83).

평화주의도 손상시키고 있다. 예수의 가르침은 우리로 하여금 정당한 전쟁과 평화주의 모두를 넘어서, 이미 우리들 현재에 하느님의 탈지배적 미래를 현실화시키는 투쟁적인 비폭력(militant nonviolence)으로 인도한다.

비폭력은 고도로 공격적이며, 예수야말로 그 가장 좋은 실례(實例)다. 그는 자기를 고발하는 사람들을 진리로 공격한다. 그는 그들이 진리를 받아들이거나, 아니면 그를 침묵시키거나 둘 중의 하나를 택하게 한다.71) 어거스틴이 기뻐한 것은, 예수가 대제사장의 질문에 무례하게 대답했다고 해서 한 경비병이 그의 뺨을 때렸을 때, 수동적으로 "다른 뺨을 돌려대지 않았다"는 점이다(요 18:19-24).72) 요한복음서에 기록된 예수의 말대꾸는 그가 가르쳐왔던 것과 일관된다. "내가 한 말에 잘못이 있다면 어디 대보아라. 그러나 잘못이 없다면 어찌하여 나를 때리느냐?"(요 18:23). 요한은 예수가 새로운 상황에서, 다른 뺨을 돌려대는 것과 똑같은 창조적인 행동을 발견했다고 묘사했다. 그는 굴복하지도 않았고, 상대방을 때려서 앙갚음하지도 않았지만, 그러나 진리를 위해서 공격적인 태세를 취했다.

신학자들은 때때로 예수가 죄인들의 자만심을 깨뜨려서 하느님의 은혜에 맡기려는 의도에서, 실현 불가능한 **완전주의적 윤리**(perfectionistic ethic)를 가르쳤다고 하면서, 예수의 제 3의 길의 엄격한 실천으로부터 기독교인들을 풀어주려고 노력했다. 다른 이들은 예수의 가르침이 곧 다가올 하느님의 왕국을 전제로 한, 비상한 표준의 **중간기적 윤리**(interim ethic)라고 설명해서, 이제 그 왕국의 도래가 지연됨에 따라, 그 엄청난 요구에 그대로 복종할 필요가 없다고 한다. 또 다른 이들은 그의 가르침이 단지 **개인적 윤리**(personal ethic)라서 각종 기관들이나, 경제, 또는 국가들에는 별 의미가 없다고 본다. 그러나 예수가 그의 가르침은 실현 불가능하다고 생각했다고 어디에 써 있는가? "하느님의 말씀을 듣고 그 말씀을 지키는 사람들이 오히려 행복하다!"(눅 11:28, 그리고 마 7:24-27/눅 6:47-49). 예수의 교훈이 실천 불가능하다고 선언하고, 그러면서 당연히 도덕적으로 불가능한 바로 그것을 실천하라고 가르친다면 얼마

---

71) Jean and Hildegard Goss-Mayr, *A Non-Violent Lifestyle*, ed. Gerard Houver (London: Marshall Morgan and Scott, 1989), 11-12.

72) Augustine, *On the Gospel of John* tractate 113.4, to John 18:13-27; *Sermon on the Mount* 1.19.58; *On Lying* 27; *Letters* 138.12-13.

나 심술궂은 일인가?

예수의 비폭력의 길은 결코 유토피아(Utopia) 같은 것이 아니다. 그것은 결코 사람들로 하여금 예외적인 영웅주의, 혹은 "새로운 인간성," 혹은 고도의 지성, 혹은 영적인 깨침 등을 이룩하라고 요구하는 것이 아니다. 수백만 명의 보통 사람들에 의하여 실천할 수 있고, 실천되었던 것이다.73)

예수의 새로운 프로그램의 실천 가능성을 역사 자체가 확인해오고 있는데, 이 점에 대해서는 제 13장에서 다시 다루겠다. 아이러니(예상외의 전개)가 그토록 쓰라리지 않다면, 참 재미있으리라. 즉, 지난 16세기 동안 진지한 신학자들이 기독교인들을 설득하려고 노력한 것은 그들의 복음이 폭력을 지지한다는 것(비록 기독교인들 빼놓고는 전 세계 사람들 누구든지 복음은 비폭력적이라는 것을 다들 알고 있음에도)이었는데 반하여, 공식적으로 무신론적인 국가들에서 하나하나씩 차례로 수많은 사람들이 쏟아져 나와서 비폭력에 대한 예수의 가르침이 해방의 수단으로 효과적임을 실제로 보여주었다.

"평화 교회"(peace church)의 전통으로부터 물려받아, 여기 제안된 입장은 오고 있는 하느님의 새로운 질서의 기본적인 특징이 비폭력임을 확인한다.

---

73) 수백만 명이란 말이 과장이 아니다. Latvia 사람들, Lithuania 사람들, Estonia 사람들이 그들의 나라의 한 끝에서 다른 끝까지 손을 잡아 연결한 430마일에 뻗친 인간사슬은 2-3백만 명 (전체 인구 7백만 가운데서 이만큼)이 참여하였으니, 아마도 인간 역사상 가장 커다란 데모였을 것이다(August 24, 1989). 북경(Beijing)에서는 민주화 항쟁운동에 참여한 사람들이 매일 10만 명이 넘었고(1989년 4월 22일 이후로), 5월 18일과 5월 21일에는 백만 명이 넘는 사람들이 나섰었다. 중국에서 데모에 교대로 참가한 총인구수는 (계속적인 인원 교대가 있었다) 줄잡아 1천만 명이 넘었을 것이다. Baku, Azerbaijan에서는 백여만 명이 소련의 군대점령에 항의하는 데모를 1990년 1월 23일에 벌였다. 1989년 11월 체코슬로바키아 프라하(Prague)의 Wenceslas Square에서 연 11일 동안 20만 내지 35만 명의 군중들이 데모를 했고, 작은 도시들에서도 부차적인 데모를 벌였다. 동독 Leipzig에서는 데모 군중들이 처음 1989년 8월 5일에는 겨우 수백 명, 10월 16일에는 10만 명, 10월 30일에는 30만 명으로 계속 불어났고, 동독의 다른 도시들에서도 같은 현상이 일어났다. 1988년 수십만 명의 데모대가 Armenia에서 행진하였고, 심지어 모스크바에서도 거대한 군중 데모가 있었다. Burma에서도 1988년 8월에 군사독재에 항거하는 수백만 명의 데모군중이 일어섰다 (Bertil Lintner, Outrage: *Burma's Struggle for Democracy* [Hong Kong: Review Publishing Co., Ltd., 1989], 156). 그리고 이런 숫자는 다만 몇 년간의 데모 사건만 수집한 것이다. 또한 1981-82년에 있었던 핵전쟁 반대 데모는 당시에 있었던 가장 큰 비폭력적 데모였다: Amsterdam에서 40만 명, Bonn에서 20만 명, Rome에서 20만 명, London에서 15만 명, Brussels에서 20만 명, Paris에서 20만 명, Athens에서 20만 명, Bucharest에서 30만 명, New York City에서 75만 명이었다.

그렇다면, 교회는 어떤 "전쟁"이나 폭력을 "좋다"거나 "정당하다"고 합리화할 수 없다. 그리고 "정당한 전쟁"의 전통으로부터 배워서, 정당한 전쟁 기준들은 "폭력감소 기준들"로 바뀔 수 있고, 원칙적 비폭력의 입장에서 전쟁의 파괴를 감소시키기 위하여 사용될 수 있다.74)

정당한 전쟁 이론이 잘못 채택되었다기보다는 구원하는 폭력의 이데올로기에 잘못 결합되었다. 그것은 지배체제에서 비롯된 그 이방적(스토아적-역자 주) 뿌리를 충분히 제거하지 못했다. 그 정당한 전쟁의 기준들이 국가적 이해관계나, 혹은 거룩한 십자군 전쟁, 혹은 이기적인 대결 때문에 생긴 전쟁을 위한 합리화로 잘못 사용되지 않아야, 헌신적인 비폭력적 관점으로부터 전쟁의 만행을 방지하거나 완화시키는 데 초점을 맞출 수 있다. 오늘날의 기독교인들은 더 이상 전쟁을 정책의 연장으로 보아서는 안 되고, 오히려 위험한 시대착오적인 것으로서, 하느님의 새로운 비폭력적 질서 속에서 잊혀지고 말 운명임을 보아야 한다.

물론 이에 대한 반론이 제기되어, 교회에 의한 비폭력의 긍정이 너무 단순하고, 또 실제 세계에서의 윤리적인 판단들은 훨씬 더 복잡하여 고정된 윤리적 입장을 채택할 수 없다고 주장할 것이다. 고백하거니와, 바로 이런 반론이 내가 여러 해 동안 무조건적으로 비폭력에 헌신하지 못한 이유들 가운데 하나다. 교회가 필요로 하는 가장 긴급한 것은 바로 그런 군더더기 없이 명백한 입장을 택하는 것이라고 나는 서서히 깨닫게 되었다. 정부들은 여전히 전쟁을 선택해야 할지 고민할 것이며, 아마도 윤리학자들은 그들의 결정을 도와줄 수 있을 것이다. 그러나 교회의 증언은 작은 어린이라도 이해할 수 있을 것이니, 즉 우리는 모든 형태의 폭력을 반대한다. 그 이유는 우리가 지배를 거부하기 때문이다. 이것은 어린이가 인정하듯, 때리는 것도 안 된다는 뜻이다. 여인들이 인정하듯, 가정폭력도 안 된다는 뜻이다. 남자들이 점차

---

74) Glen Stassen은 그의 책 *Just Peacemaking* (Louisville: Westminster/ John Knox Press, 1992)에서 역시 정당한 전쟁 이론과 평화주의 사이의 제 3의 길을 제안하였다. *Just Peace Church*, ed. by Susan Thistlethwaite (New York: United Church Press, 1986) 속에서 주장한 "Just Peace Theory"(정당한 평화 이론)의 열 가지 원칙들은 전쟁에 대한 윤리적 차별을 위한 기준들이 아니고, 평화를 위한 보다 큰 요구에 대한 교회의 각성을 넓히려는 목표요 이상이었다. 그것은 비폭력을 바람직하다고는 말했지만, 평화를 추구하는데 비폭력의 필요불가피성을 인정하는 데는 미흡하였다.

로 이해할 것은 이것이 남성 우월주의나 전쟁도 안 된다는 뜻이다. 모든 사람들이 이해해야 할 것은 이것이 환경을 더럽히는 것도 안 된다는 뜻이다.

교회는 아무런 조건 없이 비폭력을 긍정해야 하는데, 왜냐하면 비폭력이 곧 하느님의 탈지배적인 질서가 오고 있는 길이기 때문이다.

은색 파도타기 선수(만화틀 밖에서 말하고 있는)와 헐크(Hulk)
Marvel Comics.[1]

---

[1] *Marvel Treasury Edition: Giant Superhero Holiday Grab-Bag* (New York: Marvel Comics Group, 1976), 56. 전적으로 폭력물에 찌든 만화 씨리즈에서 이런 철학적인 말들이 나온다는 것은 정말 이상스러운 예외적 파행(跛行)이다.

| 12 |

그러나 만일 …이라면 어쩔 것인가?

비폭력을 삶의 길이요 사회변혁의 전략이라고 진지하게 고려하는 사람들이 거의 없는 것이 참으로 놀랍기만 하다. 우리는 너무도 폭력에 익숙해져서 폭력 이외에 다른 것을 **믿는** 것이 참으로 어렵다. 그리고 "믿는다"(believe in)는 말이 그 비밀을 제공한다. 즉 우리는 폭력을 신뢰한다. 폭력이 "구원한다." 그것은 "구원해내는" 것이다. 우리의 할 일은 우선 살아남는 것을 최고의 목표로 하고, 죽는 것은 최대의 악으로 만드는 것이요, 그래서 우리 자신들을 지배체제의 신(神)들에게 넘겨주는 것이다. 우리는 두려우니까 폭력을 신뢰하는 것이다. 그리고 보다 나은 대안을 상상할 수 있기 전까지는 우리의 두려움을 해소하지 못한다. 만일 노상강도에게 습격당하면 어쩌지? 만일 강도가 집을 부수고 쳐들어오면 어쩌지? 만일 다른 나라가 우리의 생존을 위협하면 어쩌지?

비폭력을 연습하기

기독교인들 대부분은 비폭력적 삶의 형태를 거부하는데, 이는 성서적 근거에 대한 혼동 때문만이 아니라, 비폭력이 효과를 낼 수 없다고 생각하는 상황이 너무도 많기 때문이기도 하다. 따라서 "만일 ….이라면 어쩔 것인가?"

(What if) 하는 질문은 순전히 도덕적 혼란에서 생겨나는 것이다. 수백만 년 동안 회피하거나(flight), 아니면 맞서서 싸우는(fight) 대응 속에서 몸의 상태를 조절해온 까닭에, 우리가 악에게 대항하는 제 3의 길에는 전혀 준비하지 못해왔다. 그러나 "만일 ...이라면 어쩔 것인가?" 하는 딜레마는 비폭력적 입장을 파괴하기는커녕, 오히려 당장 분명하게 비폭력을 실현할 준비를 갖추지 않았을지라도, 우선 비폭력의 가능성을 연습할 수 있게 해 준다.

"만일 무장한 괴한이 당신의 배우자나 자식들을 공격한다면 어쩔 것인가?"라는 질문처럼, "만일 ...라면 어쩔 것인가?"라는 질문을 하는 것 자체가 비폭력적 입장을 거부하는 것처럼 여겨진다. 이런 질문은 물론 비폭력 주장자이든 폭력 주장자이든 모두에게 공통적으로 들이닥치는 질문이다. 당신은 정말 어떻게 할 것인가? 범인들은 보통 그들이 남을 놀라게 하거나 우세한 무기를 갖고 있음을 확신할 때에만 공격한다. 그들이 권총이나 AK-47 자동소총으로 무장하고 있는데 당신은 주먹을 갖고 반항하려는가? 혹은, 상상할 수 있음직한 경우로, 당신이 늘 반자동 소총을 보관하고 있으며, 그래서 언제고 필요하면 그 총을 즉각 손에 잡을 수 있고, 게다가 당신은 공격자로부터 가려져 있어서, 당신이 보호하고자 하는 사람들을 죽일 위험이 없이 그 공격자들을 한꺼번에 싹 쓸어낼 수 있다면, 당신은 어떻게 할 것인가?2)

우리가 팔에 휴대무기를 차고 다니지 않는 한, 우리로선 아마도 그런 상황에서 폭력적이든 비폭력적이든 효과적으로 대응할 수가 없을 것이다. 그리고 심지어는 무장을 하고 다니는 사람들도 때로는 개입할 수 없는 경우가 있다. 역사상 다른 어떤 나라들보다도 훨씬 막강한 무력을 가진 미국도, 1953년에 동독을, 1956년에 헝가리를, 1968년에 체코슬로바키아를, 1980년에는 폴란드를, 그리고 1989년에는 중국의 학생들과 노동자들을 구하지 못했다. 예브게니 예프트센코가 들려준 이야기로서, 한 러시아 병사가 나치(Nazi)

---

2) 이런 가상적인 경우도 또한 남성다움에 호소하고 있다. "진정"한 남자라면 도움 받을 데 없는 지경에 빠진 신분 높은 여자를 구원하기 위하여 주먹을 휘두르면서 뛰어들 것이다. 그러나 C. J. Cadoux가 지적하였듯이, 똑같은 남자라도 만일 똑같은 여자가 몇 블록 떨어진 그녀의 집에서 남편에게 얻어맞고 있다면 손가락 하나 까딱하지 않을 것이다. 그렇다면 매맞고 사는 여자를 돕는 일에 장기적으로 헌신하는 것보다 길거리에서 이 여자를 보호해주는 것이 더 사랑의 테스트에 어째서 더 맞는다는 말인가? (*The Early Christian Attitude to War* [London: George Allen & Unwin, 1940], 84-87).

전선 후방에 있는 벨로러시아(Belorussia)에 레지스탕스 저항군들과 접촉하기 위하여 낙하산으로 투입되었다. 그는 12살 먹은 목동을 만났고, 그 소년은 그를 빨치산(게릴라 대원)에게 데려다 주기로 했다. 가는 길에, 그 병사는 숲 속에 숨어 있고, 소년은 나치 순찰병이 있는가를 보려고 먼저 건너갔다. 그때 돌연히 저쪽 편에서 잠복해 있던 독일병사 스무 명이 나타나서 그 소년을 심문하고, 드디어 담배 불로 고문하여 그 소년의 가슴 전체를 지졌고, 쓰러질 때까지 그 소년을 두드려 패고, 마침내 총알로 끝장을 내고 말았다. 그 동안 내내 병사의 손가락은 방아쇠에 걸려 있었지만, 그는 아무것도 하지 못할 만큼 힘이 없음을 느꼈다.3) 다른 사람을 구원하지 못하는 괴로움은 비폭력의 길을 선택한 사람들에게만 해당되는 것은 아니다.

비폭력의 유효성을 시험하기 위한 가상적인 경우의 문제는, 어떤 폭력을 선택하는가보다는 그런 폭력의 결과를 미리 없애기 위한 여러 가지 예상들을 해야만 한다는 점이다. 만일 우리가 전쟁을 고려한다면, 우리는 처음부터 이를 지원할 2백만 명 내지 3백만 명의 훈련된 인력과 연간 3천억 달러의 국방예산을 가진 미국 군대를 예상한다. 공정하게 하려면, 비폭력 주장자들도 정의를 위하여 필요할 경우에 병사들처럼 생명을 내걸 수 있는 비폭력 훈련을 받은 사람들을 수백만 명을 예상할 수 있어야만 한다. 로버트 호움즈는, 비폭력이 성공하기에 필요한 기초적인 조건들이 없이는 비폭력의 성공은 상상할 수 없다고 평했다. 현재 겨우 배태기(胚胎期)에 불과한 비폭력운동을 폭력의 체제, 즉 이미 고도의 발전단계에 도달하여 세계의 사회경제적인 체제에 깊숙이 둘러싸인 폭력의 체제와 비교하는 것은 잘못이다. 비교를 하려면 현재의 폭력체제와 장차 실제적으로 발전된 미래의 비폭력체제 사이를 비교해야 할 것이다.4)

데이비드 델린저가 지적한 것처럼, "능동적인 비폭력 운동은 그 단계가 대체로 마르코니(Marconi)와 에디슨(Edison) 시절의 초기 전기(電氣) 공학 발전 단계와 같다. 힘의 새로운 출처가 발견되기는 했지만, 그리고 어떤 특정한

---

3) Yevgeny Yevtushenko, *Wild Berries* (London: Macmillan, 1984), 233-34. 우리들의 목적을 위해서는 이 이야기가 꾸며낸 것일지라도 상관없다.

4) Holmes, *On War and Morality* (Princeton: Princeton Univ. Press, 1989), 276-78.

상황에서는 엉성하게 이용되기도 했지만, 그러나 우리의 경험과 지식이 아직 너무 초기단계이고 또 제한되어 있어서, 보다 복잡하고 중요한 일에 널리 적용하기엔 당연한 논쟁이 있었다."5)

윌리엄 제닝스 브라이언이 한번은 톨스토이를 방문하여, 만일 범인이 어린이를 막 죽이려 하고 있다면 어떻게 해야 하느냐는, 늘 있어온 오래된 질문으로 다그쳤다. 톨스토이는 대답하기를, 75년을 살아왔지만, 토론이 아닌 현실에서 "내 눈앞에서 어린이를 죽이거나 폭행하려는 그런 미친 도둑놈을 만난 적은 없었다. 그러나 거듭 거듭 내가 눈으로 본 바는 하나가 아니라 수백만 명의 도둑놈들이 동포들 위에 인정된 폭력의 권한이란 이름으로 모든 노동자들, 늙은이들, 남자들, 여자들, 그리고 어린이들에게 폭력을 사용하는 것은 보았고, 지금도 본다 고 말했더니, 나의 영리한 질문자는 내가 대답을 다 마칠 시간도 주지 않고, 웃고 나서 내 말이 만족스럽다고 인정했다."6)

그 질문자가 지녔던 동정심에는 상당한 아이러니(反論)가 있는데, 그는 한 할머니에 대한 성폭행의 가능성에 대해서는 그토록 관심하면서, 그가 전쟁을 받아들인다는 점, 즉 수많은 할머니들과 아내들과 딸들과 어린이들의 성폭행이 전쟁에서는 흔히 있는 일이라서 많은 병사들이 전쟁에선 그런 건 필수적인 전제조건처럼 당연시하는 전쟁을 받아들이고 있다는 점이다.

만일 당신의 배우자가 길거리의 강도에게 공격을 받고 있다면 **어쩔 것인가**? 어떤 이들은 도와달라고 소리 지를 것이고, 다른 이들은 경찰을 부르고, 혹은 자신들의 몸으로 막으려 하거나, 혹은 그 강도의 보다 높은 자아에 호소할 것이며, 더러는 그를 비무장화시키려고 육체적으로 노력할 것이며, 누구는 주도권을 잡는 놀라운 길을 발견하고 자기의 마음을 바꿀 수도 있다. 그러나 분명히 모든 사람은 할 수만 있으면 개입하려고 노력할 것이다. 앞의 9장에서 보았듯이, 예수는 자기 방어를 금지하지 않았다. 그는 **무저항**이 아니

---

5) David Dellinger, "The Future of Nonviolence," in *The Universe Bends Toward Justice*, ed. Angie O'Gorman (Philadelphia: New Society Publishers, 1990), 190.

6) Leo Tolstoy, *Tolstoy's Writings on Civil Disobedience and Non-Violence* (London: Peter Owen, 1968), 381. Joan Baez는 그녀의 자서전 *Daybreak* (New York: Dial Press, 1966), 131-34에서 똑같은 종류의 질문에 대하여 매우 현명한 답변을 내어놓고 있다. 또한 John Howard Yoder, *What Would You Do?* (Scottdale, Pa.: Herald Press, 1983)도 참조하라.

라 **비폭력**을 가르쳤다. 사실은 그런 상황에서는 그/그녀가 어떻게 반응하게 될지 아무도 모른다.(내 아내와 내가 길에서 강도의 습격을 받게 되었을 때, 내 아내는 그 강도에게 반항하기 시작했고, 나는 그녀를 달래면서 그들이 내 지갑을 가져가도록 했다. 그녀가 나를 보호하고 있었다!)

간디(Gandhi)는 그런 가상적인 문제에 대하여 준비된 대답을 갖고 있었다. 그는 거듭 거듭 반복해 말하기를, 비겁한 것보다는 폭력적인 것이 언제나 더 낫다고 했다. 그의 입장은 분명하였는데, 그는 폭력에 호소할 수는 없었다. 그러나 만일 누가 그런 영적인 각성의 수준에 도달하지 못했으면, 그는 자기에게 준비된 것을 해야만 한다. 즉, "만일 당신이 가슴속에 칼을 품고 있으면, 그걸 꺼내어 사나이답게 사용하라!"7)

대부분의 공격자들은 희생자가 어떻게 반응할 것인가에 대하여 몇 가지를 예상하면서 행동하며, 그들은 희생자가 희생자로서 행동할 것을 필요로 한다고, 앤지 오고르만은 말한다. 폭력적이고 적대적인 반응, 혹은 당황해 함이나 무기력함은, 공격자의 예상과 자아 확신, 그리고 통제하는 기분을 더 강화해준다. 그것은 또한 이미 적대적인 사람 안에 잔인함만 더해준다. 이는 곧 공격자가 어떻게 놀아야 할 것인가를 잘 아는 게임이다. 즉 그들은 자기들이 준비한 것은 잘 처리할 수 있다. 그 상황을 해결하기 위하여 폭력적 저항을 하는 것은, 공격자가 만든 게임의 규칙들에 자신을 국한시키는 것이다.

이와는 대조적으로, 경이감(驚異感, wonder)은 적대감을 흩어버리는 경향이 있다. 인간이 놀라워하는 경이감의 상태와 동시에 잔인한 상태에 빠진다는 것은 인간의 심리에서 거의 불가능한 것처럼 보인다. 경이감은 오고르만(O'Gorman)이 "회개의 맥락"(context of conversion)이라고 부른 것을 창조해낼 수 있다. 희생자가 경이감을 유발시키는 것에 집중하고 있으면, 흉내내고 싶은 욕망이 생겨나서, 일종의 긍정적인 모방(흉내내기)을 통해 폭력적인 성향과는 양립할 수 없는 새로운 강력한 충동을 공격자에게 불러일으킨다.

오고르만은 어느 날 밤늦게 그녀의 침실 방문을 걷어차고 뛰어든 한 남자에 의하여 그만 잠에서 깨어났다. 집에는 다른 사람은 없이 텅 비어 있었

---

7) Richard B. Gregg, *The Power of Nonviolence* (Nyack, N.Y.: Fellowship Publications, 1959), 50, 51. Dale W. Brown, *Biblical Pacifism* (Elgin, Ill.: Brethren Press, 1986), 151-59.

고, 전화는 아래층에 있었다.

그가 내 침대로 걸어오면서 뭔가 욕질을 하였다. 나는 어둠 속에서 그의 눈을 볼 수는 없었지만 그의 모습의 윤곽은 볼 수 있었다. 나는 누워 있는 채로, 일찍이 경험해보지 못한 두려움과 취약함을 느끼면서, 몇 가지 생각이 순간적으로 내 머리 속을 지나갔다. 첫째는 소리 질러 보았자 쓸데없다는 것. 둘째는 베개 밑에 권총을 숨겨놓으면 안전할 것이란 생각의 무모함. 어쨌든 내가 베개 밑에 있는 권총을 집으려고 하는 동안 그 사내가 참을성 있게 그냥 서있으리라고는 생각이 들지 않았다. 내가 믿기로는, 세 번째 생각이 나를 구해 주었다. 분명하게 떠오른 것은 그와 내가 함께 이 상황을 안전하게 넘어가든지, 아니면, 둘 다 상처를 입게 될 것이라는 사실이었다. 우리들의 안전은 서로 연결되어 있었다. 그가 나를 성폭행하면, 나는 육체적으로 감정적으로 피해를 당할 것이었다. 그도 마찬가지로 피해를 당할 것이다. 만일 그가 감옥엘 가면, 그 피해는 더욱 커질 것이었다. 그 생각이 **나를** 경계심에서 해방시켰다. 그 생각이 나를 격렬하게 덤벼들 생각이나 마비상태로부터 자유롭게 만들었다. 그 생각이 나를 두려운 감정에서 벗어나게 만들지는 못했지만, 그러나 두려움이 내 반응을 통제하는 것에서는 벗어나게 만들었다. 나는 두 사람 모두의 안전에 대한 관심으로 행동하는 나 자신을 발견하였고, 그것이 나로 하여금 어떤 확고함과 동시에 놀랍게도 적대감이 없는 목소리로 대응하게 만들었다.

나는 그에게 몇 시냐고 물었다. 그는 대답했다. 그건 좋은 징조였다. 나는 그의 시계와 내 책상 위에 놓인 시계가 서로 다른 시간을 가리킨다고 지적했다. 그의 시계는 2:30이었고, 내 시계는 2:45이었다. 나는 내 시계의 시간을 고쳤다. 나는 그의 시계가 고장나지 않았기를 바랐다. 그에게 언제 시간을 맞추었느냐고 물었고, 그는 대답했다. 나도 대답했다. 시간이 흐르지 않아서 끝이 없는 기분이었다. 분위기가 좀 가라앉자 나는 그가 어떻게 집으로 들어왔느냐고 물었다. 그는 뒷문의 유리를 깨뜨리고 들어왔단다. 나는 새로 유리를 살 돈도 없는데 그가 문제를 일으켰다고 말했다. 그는 자기 자신의 경제적 어려움에 대해서도 말했다. 우리는 서로 더 이상 낯선 사람으로 느껴지지 않을 때까지 말했고, 이제 그를 보고 나가달라고 말해도 안전하다고 느꼈다. 그는 안 나가겠다고 했다. 갈 데가 없다는 것이었다. 그를 강제로 내쫓을 육체적 힘이 내게 없음을 아는 이상, 나로선 확고하게 그러나 정중하게, 대등한 입장에서, 내가 그에게 깨끗한 침대보를 줄 테니, 아래층에 내려가서 그 자신이 침대를 마련해야 한다고 했다. 그는 아래층으로 내려갔고, 나는 일어나

침대에 앉아서 그 밤이 다 가도록 벌벌 떨며 지새웠다. 이튿날 아침 우리는 아침식사를 같이 먹었고, 그리고 그는 떠나갔다.

오고르만은 침입자를 인간으로 대접함으로써, 그의 경계심을 풀어주었다. 대화를 하면서 그의 폭력성을 분산시켰다. 기도, 명상, 비폭력의 훈련, 그리고 보다 작은 폭력의 경험을 통하여, 그녀는 회개의 맥락이 생겨나도록 만들 수 있었다. 그런 대응방식은 그녀가 평소에 비폭력을 미리 연습해두었기 때문에 가능했을 것이다.8)

놀라움과 경이: 만일 당신이 수퍼마켓에서 무거운 물건을 잔뜩 들고 후미진 길을 걸어 집으로 오는데, 문득 누군가가 뒤를 따라오고 있음을 느꼈다면 어쩔 것인가? 한 여자는 이렇게 했다. 발자국 소리가 그녀에게 가까이 다가오자, 그녀는 별안간에 휙 돌아서서 그녀에게 다가서는 낯선 사람에게 웃음을 보내며, 그녀의 물건 봉지를 내밀며 말했다: "나타나줘서 고마워요. 이런 길을 혼자 걷기 싫고, 이 물건은 너무 무거웠거든요." 그는 그녀를 집까지 안전하게 잘 바래다주었다.9)

만일 불법점거 마을에 살던 한 무리의 남아프리카 여인들이 졸지에 군인들과 불도저에 둘러싸여서, 2분 이내로 철수하라고 명령을 받으면 어찌하면 좋을까? 그녀들이 총을 들고 자신들을 방어해야 할까? 총은 없다. 그리고 남자들 대부분은 일 나가고 없다. 그녀들은 이렇게 했다. 교외지역에 사는 화란 개혁교회 아프리카너들(Dutch Reformed Afrikaners)이 얼마나 청교도적인 사람들인지 알기에, 그 흑인 여자들은 불도저 앞에 서서 일제히 옷들을 홀랑 벗어 버렸다. 경찰들은 등을 돌리고 가버렸고, 그 지역공동체는 내가 지금 이 책을 쓰는 동안까지는 여전히 남아 있다.10)

---

8) Angie O'Gorman, "Defense Through Disarmament: Nonviolence and Personal Assault," in *Universe Bends*, 242-46.

9) Nancy Forest Flier가 "Past Violent Shores," in *Expression* (St. Benedict Center, Madison, Wis., March/April 1988, 2)에 인용. 이런 예는 같은 주제를 다룬 책에서 택한 것임: Dorothy Samuel, *Safe Passage on City Streets* (Nashville: Abingdon Press, 1975). Pax Christi, USA, 348 E. Tenth St., Erie, PA 16503에서 만든 40분짜리 video tape인 *Nonviolent Response to Personal Assault*도 참조하라.

10) Letter from Sheena Duncan, Nov. 6, 1989.

임마누엘 챨스 맥카씨가 지적한 것처럼, 위기의 순간에 창조적인 비폭력 대응들을 발견할 수 있는 우리의 능력은, 최소한 어느 정도까지는, 우리의 매일의 생활에서 그것을 연습했느냐에 달려 있다. 만일 우리가 생활의 작은 일들에서 기독교적 비폭력의 사랑의 정신으로 산다면, 보다 큰 일들에서도 우리는 뭔가 부탁해볼 것, 보다 기대하지 않았던 것도 요청할 수 있게 될 것이다. 그러나 만일 우리가 예수의 마음을 지니고, 예수라면 당연히 어떻게 대응했을 것이라는 태도로 연습을 해보지 않았다면, 위기는 단지 공포, 두려움, 분노, 그리고 복수라는 구시대의 암울한 형상들을 촉발하고 말 것이다.11)

만일 팔레스타인 사람들이 그들의 아랍인 반란(Intifada: 1987년 Gaza Strip 과 West Bank 이스라엘 점령지역에서 팔레스타인계 아랍인 비폭력 반란– 역자 주)에서 총을 사용했더라면 어찌되었을까? 그들은 몽땅 학살당했을 것이다. 그 대신, 그들은 무바락크 아와드(Mubarak Awad)가 주창한 비폭력적 방법, 즉 상업지구의 파업, 경찰들의 대량 사표, 태업, 공사 중단, 납세 거부, 공식문서에 내용기재 거부, 거리에서 데모하기, 금지된 팔레스타인 기(旗)를 달기, 어린이들에게 영어 알파벳 가르치기(비상사태 하에서 법적으로 금지되었었음), 이스라엘 사람들을 위한 주택 건축을 하기 위하여 팔레스타인 지역에 들어온 불도저 앞에 드러눕기 등을 택하였다. 많은 젊은이들이 돌을 던지기는 했지만, 그런 낮은 저항은 단지 일부에 불과하였다.12) 그럼에도 불구하고, 신문 머리기사에는 항상 폭력이 있어온 듯이 그 돌맹이들만 독점적으로 떠올려서, 국제사회의 판단을 흐리게 하였다. 아와드(Awad)가 내게 말한 대로, 만일 3백 명의 팔레

---

11) Emmanuel Charles McCarthy, "Christian Nonviolence: The Great Failure, the Only Hope," audio-video tape series, rev. April 1986, 30-31에서 옮겨 적은 것.

12) Mubarak Awad, "Victory Within Ourselves. The Nonviolent Path to a Palestinian State," *Sojourners,* January 1989, 26-30; John Feffer, "All But a Gun," *Nuclear Times,* November/December 1988, 21-22; Ruth Benn, "The Occupation Must End," *The Nonviolent Activist,* March 1989, 5. 나는 팔레스타인이나 남아프리카에서 돌맹이들을 던지는 소년들을 책망할 생각이 없다. 그들은 최소한 수동적인 부모들보다는 도덕적으로 훨씬 나으며, 그 부모들을 일깨워 낼 것이다. 그러나 이런 석기시대의 방법은 책략치고는 매우 제한되어 있으며, 심지어 역효과를 내는 것이다. Jonatha Schell은 말하기를, 폴란드에서는 "작은 평화주의가 한창 전쟁중인 군대에게 해롭듯이, 아마도 작은 폭력은 Solidarity 운동에 오히려 해로울 것"이라고 했다 ("Reflections: A Better Today," *New Yorker,* February 3, 1986, 62).

스타인 젊은이들이 돌맹이를 던지다가 이스라엘 병사들의 총에 맞아 죽는 대신, 3백 명의 팔레스타인 젊은이들이 이스라엘의 불법에 항거하여 단식투쟁을 하다가 죽어간다면 어찌될 것인가?

만일 필리핀에서 암살단들이 마을의 양민들을 괴롭혀도 경찰이 아무 일도 안 하고 수수방관만 한다면 어찌 할 것인가? 그 암살단원을 죽여버릴까? 죽이는 것은 일단 종기를 수술하는 것이긴 하지만, 체내에 있는 면역체계를 발전시켜서 그 종기가 다시는 일어나지 않게 하는 것은 아니다. 사람들은 무엇을 해야 할까? 그들은 수적으로 우세하다. 그들은 개미들 같다고 니알 오브라이엔은 말했다. 그들은 떼로 몰려가서 이들 암살단들을 둘러싸고 그들의 행동을 비폭력적으로 중지시킬 수 있다. 그렇게 해도 안 되면, 누군가가 이들 하급 암살단원을 총격해서 죽일 것이고, 그러면 다른 사람들로 하여금 총에 대한 숭배를 다시금 확인하도록 만들뿐이다. 그래서 그 지역에 있는 교회의 사람들 천여 명이 한 암살자로 알려진 사람의 집으로 가서, 그 집을 둘러싸고 미사를 드렸다. 그 암살자에게는 성찬에 참여할 권한을 주지 않고, 그에게 그 지역을 떠나라고 명령했다. 그는 모든 무기들을 내어놓고, 그의 갱단들을 무장해제하고, 밤 새워 이야기한 끝에, 그의 행동을 회개하였다. 그의 회개를 통해, 그들은 일반 사람들로 하여금 진짜 게릴라를 불신하도록 만들기 위하여, 마르코스 군대가 지원한 가짜 게릴라들이었음이 밝혀졌다.[13]

힘 대(對) 폭력?

만일 당신이 경찰의 테러방지 기동타격대의 일원으로서, 지붕 위에서 군중들을 향하여 이제 막 총을 쏘려는 저격수(Sniper)를 중지시켜야 한다면, 어찌 할 것인가? 당신은 행동해야 할 의무가 있다. 만일 당신이 망원 조준경이 달린 소총을(우리는 여기 가상을 하는 거니까) 가진 저격수라면, 아마도 당신

---

13) Niall O'Brien, *Revolution from the Heart* (New York: Oxford Univ. Press, 1987), 210. Nicaragua의 독재자 Somoza에 대한 무장 혁명에 대한 비폭력적 대안에 관한 논의는 Miguel D'Escoto, "An Unfinished Canvas," *Sojourners* 12 (March 1983): 17을 참조하라.

은 그를 죽이지 않고 다만 그의 소총을 파괴하든지 혹은 그를 불구로 만들 수도 있을 것이다. 가령 한 발 잘못 쏜다 해도 그는 피하든지 당신을 상대하도록 강요되어, 그가 노린 사람들을 살려낼 수 있을 것이다. 아마도 좀 지연하면 최루 가스(tear gas)로 그를 제압할 시간을 벌 수도 있을 것이다. 그러나 아마도 그가 당신을 죽이고, 그리고 다른 사람들도 무차별 살해할지도 모른다. 자, 당신이라면 어떻게 하겠는가?

그러나 다시 말하거니와, 가상적으로 "만일 ...이라면 어쩔 것인가?" 하는 질문이 이미 사실상 폭력을 그 대응방식으로 **요구하는** 틀을 예상한 것이다. 그러나 왜 우리가 그 틀을 받아들여야만 하는가? 무기 판매가 금지되고 폭력의 문화가 억제되는 나라들이 있다(캐나다, 스칸디나비아). 소련에서도 살인은 일어났지만, 총을 사용하는 경우는 거의 없었는데, 이는 소련이 해체되기 전에는 무기들을 쉽게 입수할 수 없었기 때문이다. 어떤 사회에서는 경찰이 무장을 하지 않고 지내며, 무장을 했다 해도 최소한으로 한다(옛적의 브리튼에서 경찰들이 사용하던 야경봉은, 아 애석하게도, 급속히 사라지고 있다). 오랫동안 폭력에 의하여 발생한 상황을 치유하기 위하여 맨 마지막 수단으로 비폭력을 도입하면 그 효과는 훨씬 줄어든다. 우리가 현재 직면한 문제는 **비폭력의 토대 위에 사회를 건설하는 장기적인 과제**이다. 이것이 뜻하는 바는 총기의 유통을 제한하고, 경찰에게 비폭력적으로 통제하고 제어하는 방법을 훈련시키고, 장난감 총의 판매를 중단해서(스웨덴, 콜롬비아에서 한 것처럼), 비디오 폭력과 모든 종류의 지배에 대하여 보다 덜 관대한 사회를 창출해 가는 것이다. 그런 사회가 등장하기까지는 계속해서 폭력에 맞서 폭력을 사용하게 될 것이다. 그러나 기독교인들은 아직 지배의 시대를 살면서도, 이미 하느님의 탈지배적 질서(God's domination-free order)의 삶을 살기 시작해야만 한다.

어떤 윤리학자들은 경찰관의 딜레마(곤경)를 힘과 폭력을 구별함으로써 해결하려고 한다. "힘"(Force)은 무죄한 사람들이 피해를 입지 않도록 사용하는 억제력으로서, 도덕적으로 해명할 수 있고, 진실로 합법적이고 사회적으로 인가된 것이다. "폭력"(Violence)은 도덕적으로 불법이고, 혹은 지나치게 힘을 사용하는 것이다. 살인자를 체포할 경찰은 그 범인을 억제하기 위하여 힘을 사용할 수 있다. 그렇게 힘을 사용하는 것은 사회와 성경이 규정한 대로 그의 임무에 대한 정의 범위 안에 속한다(롬 13:4).

    그러나 오늘날 많은 나라들에서 위기는 어떻게 경찰이 힘을 사용하는 것을 합법화하느냐가 아니라, 경찰이 불필요한 힘을 매일같이 사용하는 것을 어떻게 억제하느냐이다. 어떤 경찰은 재판 법정을 확신할만하지 못하다고 의심한 나머지, 용의자를 구타, 고문, 혹은 살해까지 하는 약식의 정의를 집행한다. 흔히 다른 인종 혹은 다른 민족의 용의자일 경우에 특히 더욱 그렇다. 브라질에서는, 십 년 전에 있었던 자경단(Vigilante) 경찰제도가 발전하여, 이제는 사업가들(혹은 마약 중개자들)이 관광 사업을 증진시키기 위하여 근무 중이 아닌 경찰을 고용해서, 떼를 지어 거리에 떠돌아다니는 집 없는 어린이들을 깨끗이 쓸어버렸다. 이는 좀도둑들을 소탕하기 위해 어린이들을 한꺼번에 학살한 것이나 다름없다.--1990년에만 1,729건이 보고되었는데, 이것은 빙산의 일각이었다.14) 아니, 경찰은 더 이상의 폭력을 핑계로 무장을 할 필요가 없다.

    대부분의 경찰들은 사람을 죽여본 적도 없고 또 그걸 원하지도 않는다. 시카고 경찰국은 96번이나 연달아 일어난 인질사건을 폭력을 사용하지 않고도 끈기 있게 설득하여 96명의 사람들을 항복시켰다.15) "힘"(Force)이란 합법화된 폭력이 아니다. 그것은 치명적이 아닌 강제력으로서, 상해를 입힐 것을 의도하지 않은 것이다. 테러리스트를 죽이는 것은 보다 작은 악(lesser evil)이지만, 그래도 모든 것을 고려해도 악은 악이다. 비록 정당하게 구성된 당국자들의 손에 의한 폭력이라도 여전히 폭력은 폭력이고, 그래서 우리는 그것에 의존함에서 벗어나기를 배워야만 한다.

    전체 사회가 보다 덜 폭력적이 되기를 배울 수 있을까? 국제간의 수준에서는 상당히 긍정적인 징후가 있다. 즉 통합하는 유럽은 그 자체가 세계에서 가장 분쟁이 많은 지역의 하나가 함께 평화롭게 살기를 배울 수 있다는 증거다. 리투아니아 사람들은 1952년까지 소련에 대항하여 게릴라 전쟁을 벌이며 서방의 도움을 기대했지만, 결국 그 도움은 오지 않았다. 그들은 5만

---

14) Luis Claudio Oliveira, "Crincas e Adolescentes: um Desafio a Cidadania," *Tempo e Presenca* (Brazil) 13 (1991): 5-9, 13, 19, 23.
15) 텔레비젼에 나오는 폭력성에 항거하는 전국연합의 News 11 (July - September 1990), 6.

명이나 죽었고, 40만 명의 리투아니아 사람들이 시베리아로 유형을 당했다. "추방을 당하고 그리고 학살의 그 밤이 지난 후에, 우리 민중들은 무장 투쟁이 길이 아님을 깨달았습니다. 우리는 인내와 비폭력에 의존할 필요가 있었습니다. 그 순간 '눈에 보이지 않는' 비폭력 투쟁이 시작되었습니다" 하고 한 리투아니아 사람이 말했다. 소련 군대의 위협에도 불구하고, 가톨릭교회를 포함해 위로부터 아래로 각급 지도자들은 사랑의 정신을 유지하고 비폭력적으로 견딜 것을 민중들에게 강조하였다. "간디"(Gandhi)라는 영화가 널리 관람되고 크게 영향을 주었다.16) 리투아니아 국방부는 소련에 대항하여 비폭력적 국가방위 정책을 채택하는 데 상당한 진척을 보였으며, 경찰학교 교수들은 마틴 루터 킹 식의 비폭력운동을 경찰에게 가르치는 미국 쎈트 루이스의 챨스 알핀(Charles Alphin) 경감(警監)과 함께 비폭력적 방법을 탐색하였다. 진 샤프(Gene Sharp), 리챠드 디이츠(Richard Deats), 로버트 호움즈(Robert L. Holmes) 등이 리투아니아 정부와 상담하여 시간을 다투어가며 종합적인 비폭력 국가방위책을 만들어내는 데 도왔다. 그 방위책은 성공하여, 1991년에는 3개의 발틱(Baltic) 해 주변 국가들이 독립을 쟁취하였다.17)

　기독교인들은 분명히 비폭력운동에 나서도록 불림을 받는다. 그들은 모든 경우에 예외 없이, 비폭력적으로 악과 대결해야만 한다. 그들의 상황에서 확실치 않은 제3의 방법을 성령(聖靈)이 알려줄 것을 믿고, 그들의 모든 부담을 하느님의 은혜에 의지해야만 한다.

　그러나 위기가 터지면, 우리가 제3의 방법을 발견하기에는 충분히 창조적이지도, 개방적이지도, 상상적이지도 못하다는 것을 알게 될 것이다. 그러나 만일 우리가 폭력을 선택하면, 필요한 왕국을 위해서 자유의 영역을 포기하고 만다. 우리 생명을 하느님께 바치기로 했기에, 우리는 지배체제의 조수(助手)가 되고 만 것에 대해 양심의 가책을 느끼게 될 것이다. 그러나 우리가 역사에 남긴 행동의 잔인한 충격을 어떻게도 지울 수가 없지만, 하느님이

---

16) Jo Becker, "Lithuania's Nonviolent Struggle," *Fellowhsip* (December 1990), 20-1.

17) Richard L. Deats, "The Search for Nonviolent Solutions," *Fellowship* (July/August 1991), 5; Christopher Kruegler, "A Bold Initiative in Lithuanian Defense," in the *East European and Soviet Revolutions*, Monograph series 4 (Cambridge, Mass.: Albert Einstein Institution, 1991).

우리를 사랑의 영역에 회복시키시고, 우리의 발을 다시금 복음의 길 위에 세워주실 것이다. 비록 가끔은 불(火)을 통해서만 하시겠지만 말이다.

그러나 만일 우리가 준비를 했더라면, 단지 우리에게 행해진 만행(蠻行)에 의하여 고통을 당하는 것만으로도 우리가 꿈을 꾼 것보다 훨씬 더 많이 성취할 수 있음을 알게 될 것이다. 영국 군인들이 1930년에 바드샤 칸(Badshah Khan)의 비폭력적 군인들을 체포하자 곧 페샤와르(Peshawar)에서(오늘날엔 파키스탄에 속해 있는 도시) 자발적 파업과 행진이 시작되었다. 영국 군대는 비무장한 군중을 향해 발포하였고, 군중들은 이에 굴복하지 않고, 앞의 사람들이 총탄에 쓰러져도 뒷사람들이 이를 보충하며 계속 행진했다. 발포는 6시간이나 계속되었다. 2, 3백 명이 사망하였고, 많은 사람들이 상처를 입었으나, 그래도 파단(Pathans) 사람들은 여전히 비폭력적이었다. 영국 군대는 그들의 강력한 방법이 파단 사람들의 뜻을 꺾을 것이라고 확신하였다. 그러나 칸(Khan)이 그의 비폭력적 군대를 위하여 겨우 1천명을 모병할 수 있었던 곳에서, 이제는 점령군들에 의하여 과도한 무력을 행사한 결과, 지원병들이 8만 명이나 몰려들어 비폭력 선서를 하였다.18)

내가 주창하는 **비폭력운동은 초대교회의 입장을 재생하는 것**이므로, 국가가 인정한 무력을 향하여 그 양면성을 내가 말하는 것이 놀랄 일은 아니다. 즉 한편으로는 국가가 "공연히 칼을 차고 있는 것이 아니고"(롬 13:4), 정의의 구조 안에서 질서를 유지하기 위하여 신(神)이 인가한 것이다. 그것은 안전을 보장하고, 공정한 취급을 하고, 평온을 지키도록, 내부에서나 국경지대에서, 그리스도 안에서, 그리스도를 통하여, 그리고 그리스도를 위하여 만들어진 것이다. 그러나 초대교회는 국가의 경찰과 군대를 향하여 자신들의 태도를 정의하기가 매우 난처하였는데, 그 이유는 국가가 강도나 해적(海賊)들로부터 그들을 보호하기도 했지만, 동시에 국가의 대표자, 곧 신격화된 황제들을 통하여 국가를 우상화하는 것을 반대한다는 이유로 기독교인들을 박해하기도 했기 때문이다.

오늘날에도 마찬가지로, 구원하는 폭력을 신봉하는 국가 종교를 거부

---

18) Eknath Easwaran, *A Man to Match His Mountains: Badshah Khan, Nonviolent Soldier of Islam* (Petaluma, Calif.: Nilgiri Press, 1984).

하고, 하느님의 비폭력적 방법에 자신들의 생명을 거는 기독교인들은 그들의 시민으로서의 책임들에 관하여 당혹스러운 양면성을 경험하게 될 것이다. 글렌 틴더는 지적하기를, 국가는 기독교인들의 비위에 맞지 않을 수밖에 없는데, 이는 그 규모나 악의적인 의도 때문에 20세기를 역사상 유별난 세기로 만든 잔혹한 행위들은 대체로 국가 공무원들에 의하여 저질러졌기 때문이라고 했다.19) 그런 나라들에서, 기독교인들은 경찰의 지위를 맡으며, 경찰의 일을 하며, 혹은 군대에 복무하며, 혹은 심지어 투표를 해야 하는가? 그에 대한 답변들은 자명하지 않으며, 개인적인 직업과 국가의 위치의 문제인 만큼 도덕적 규범의 문제이기도 하다.

그러나 비폭력을 우리가 수용하기 어려워하는 것은 온전히 지성(知性)의 문제만은 아니다. 그것은 우리의 이해관계를 어떻게 생각하느냐의 문제다. 우리의 생명은 폭력 위에 **근거하고** 있다. 억압하는 자나 억압을 받는 자나 다 같이 폭력적인 체제 안에서 살고 있다. 어떤 이들은 좋은 삶을 움켜쥐고 있는 그 상태를 지속하기를 원하고, 다른 이들은 그걸 움켜쥐려고 한다. 비폭력은 힘있는 자들에게 위협이 되는데, 왜냐하면 비폭력은 그들의 부당하게 유리한 위치를 내어놓으라고 요구하기 때문이다. 그러나 힘이 없는 자들도 마찬가지로 비폭력을 두려워하는데, 그건 그들을 복종시키고 있는 바로 그 수단, 즉 폭력을 사용하여 권력을 얻고자하는 희망을 버려야하기 때문이다.

증명을 해야 할 부담은 항상 폭력을 주장하는 자들의 몫인데, 왜 비폭력보다 폭력을 택해야 하는가를 설명해야 하기 때문이다. 특히 비폭력적 방법은 아예 시도도 해보지 않은 경우에는 더욱 그렇다. 진리는 이렇다. **폭력으로 되는 경우라면 비폭력으로도 된다. 그리고 비폭력으로 안 되는 경우에는 폭력으로도 안 될 것이다.** 어느 것도 스탈린이 통치하던 러시아에선 효과적이었을 것 같지는 않다. 어느 것도 아직까지는 미얀마에선 성공하지 못했다. 쇠퇴하던 대영 제국은 폭력에게든 비폭력에게든 인도를 잃어버리고 말 것이었다. 그러나 후자를 선택하면 수십만 혹은 심지어 수백만 명 대신 단지 8천명의 희생자가 날뿐이다. 그러나 1989-1991년에 일어났던 대부분의 비폭력적

---

19) Glen Tinder, *The Political Meaning of Christianity* (Baton Rouge: Louisiana State Univ. Press, 1989), 103.

혁명들이 보여준 것처럼, **비폭력은 또한 폭력으론 안 되는 곳에서도 성공한다**.

폭력은 성공하는 것만큼 실패도 한다. 만일 한 쪽이 폭력을 써서 이기면, 다른 쪽은 진다. 비폭력은 그렇지 않다. 비폭력은 성공하면, 양쪽편이 모두 이기는 것이다. 그리고 설사 비폭력이 실패할지라도, 그것은 언젠가는 폭력을 이겨낼 하느님의 체제의 가치들을 증거한다.

그러나 단지 비극적이라 할 상황들도 있는데, 우리가 생각할 수 있는 그 무엇을 해도 도움이 되지 않는 경우다. 그런 상황들에선, 폭력적인 사람들이든 비폭력적인 사람들이든 다 함께 안 통하는 고뇌를 겪도록 강요된다. 그리하여 그들 자신들도 희생자가 되고 말 것이다.20)

씽씽 감옥(Sing Sing Prison)처럼 철통보안이 된 곳에서도 내가 비폭력적 태도를 유지할 수 있을 것인지는 나 자신도 잘 모르겠다. 비록 거기에서 그렇게 유지한 사람들도 있긴 하지만 말이다. 비록 평화의 증인(Witness for Peace) 단체가 콘트라 습격으로 곤경에 처한 지역(그리고 때로는 정부군의 습격으로도 곤경에 처한)에 북아메리카 인들을 배치시켜서 도와주기는 했지만, 어떻게 니카라과 사람들이 콘트라들에게 비폭력적으로 저항할 수 있었는지 나로선 모르겠다. 니카라과의 외무장관 미구엘 데스코토는 이렇게 말한다:

> 현재로선, 비폭력투쟁 운동이 잘 발전되어 있지 않은 터라, 그 역할은 우리 주권과 독립과 생명의 권리를 보호하는 통상적인 방법을 보충하는 정도다. 그러나 때가 되면 비폭력 운동이 옛날의 폭력적인 방법을 대치하게 될 것이다. 이런 모든 정당한 전쟁에 대한 신학이나 폭군살해 등등 모든 것에도 불구하고, 폭력은 간단히 말해서 기독교적이 아니란 것을 우리는 명심해야한다.

---

20) 비록 전략적인 이유에서라고는 해도, 비폭력은 북경(北京)에서는 통하지 않았다. 즉 전략적으로 데모는 2주간에 걸쳐 너무 오래 끌었다. 되돌아 볼 때, 학생 지도부들이 주장하였듯이, 38사단 군대가 비무장한 애국시민들에게 총을 발포하지 않고 주둔지로 되돌아간 뒤에, 그 데모는 중단되었어야 했다. 그러나 그 자리에 새로 막 도착한 수천의 학생들이 자기들 나름의 뭔가 행동을 하기를 원했다. 데모가 일어날 당시 마침 북경에 주재 중이었던 Gene Sharp와 Bruce Jenkins에 의한 탁월한 분석을 참고하라("Nonviolent Struggle in China: An Eyewitness Account," *Nonviolent Sanctions* 1/2 [Fall 1989]:1, 3-7). 그러나 기억할 것은 학생들은 그들의 항거를 비폭력적으로 할 수 있었지만, 강력한 서구(西歐)에서 속수무책으로 구경이나 하고 있는 동안, 내부의 무장한 항거라면 즉각 분쇄되었을 것이었다.

그게 마치 복음에서 나온 것인 양 선언해서는 안 된다. 폭력이란 사라져 지나가고 있는 세계에게 복음이 단지 양보한 것일 뿐이다. 그러나 그런 사라져 지나감도 우리가 이 세계가 이미 알고 있는 폭력적 수단을 비폭력적 수단으로 대치하기 시작할 때만 다가오는 것이다.21)

상황이 너무나 극단적이라서 폭력의 대안이 생각나지 않을 경우도 있을 것이다. 비폭력적 대안이 없는 곳일지라도, 그러나 가장 공격적이고 폭력적인 선택을 하는 것은 더욱 나쁘다. 그러나 억압적인 권력이 정의를 세우기 위한 모든 기회를 다 써버리고 날 때가 올 것이며, 사람들이 고난을 지속할 능력도 끊어질 것이다. 그러면 그 국가에 찾아온 폭력은 아무도 다치지 않는 사람이 없을 정도로 비극적인 세계 종말의 심판이 될 것이다. 그럴 때 아무 곳도 안전한 곳은 없으며, 그냥 생지옥(生地獄 living hell)이 될 것이다. 그러나 교회는 그럴 때에도, 헌신하기로 약속한 능동적 비폭력의 입장에서 폭력을 완화시킬 기준들을 지키기로 고집할 의무가 있다. 기독교인들은 다급한 상황에서 폭력을 택한 사람들을 비판해서는 안 된다. 죄책감은 정의를 옆으로 밀쳐놓고 종말의 심판이 올 때를 알지 못한 사람들의 몫이다. 그러나 교회는 또한 혁명가들이 성공하기를 진심으로 바라기는 하면서도, 전쟁의 폭력을 정당화해서는 안 된다. 그럴 때 교회 자체는 비폭력적 변화의 길로 사람들을 복음화 시키는 대신에, **길들이기와 순종의 복음을 가르쳐온 것에 대해 상당부분 책임을 져야만 한다.**

어떤 경우에도, 설사 의문의 여지없이 정당한 상황에서라도, 폭력을 사용하는 것을 교회가 그냥 놔두면 안 된다. 윌리엄 스트링펠로우는 통렬하게 다음과 같이 비판했다:

다른 사람들이나 마찬가지로 크리스천도 의지가 박약하고 긴장하면 특정한 폭력에 가담할 수가 있는데, 그들은 처음부터 끝까지 죄됨을 알면서도, 그렇게 한다. 크리스천들도 폭력에 연루되는데, 그들은 폭력의 끔찍함에 대하여

---

21) Miguel D'Escoto, cited by Paul Jeffrey, "Nicaragua: Planting Seeds of Nonviolence in the Midst of War," in *Relentless Persistence: Nonviolent Action in Latin America,* ed. Philip McManus and Gerald Schlabach (Philadelphia: New Society Publishers, 1991), 162.

어떤 변명도 없이, 폭력의 중대함에 대한 정상참작도 없이, 폭력이 상징하는 배신행위에 대한 순화(醇化)함도 없이, 폭력을 정의라고 강변함도 없이, 그들의 폭력이 다른 사람들의 폭력보다는 덜 죄가 된다는 환상도 없이, 특별히 진정하고 호소함도 없이, 허식(虛飾)도 없이, 하느님의 은혜를 조롱함도 없이, 그러면서도 폭력에 가담한다.22)

사람들이 충돌을 비폭력적으로 해결할 준비가 안 되어 있는 곳에서는 폭력은 불가피하다. 그러나 점점 더 많은 사람들이 비폭력적 방법과 친숙해짐에 따라, 폭력으로 되돌아간다는 것은 크게 줄어들 것이다. 비록 20세기에 폭력의 사용이 급격히 증가하였지만, 분쟁을 해결하는 데 비폭력을 사용하는 것도 그만큼 증가하였다. 진실로 전자가 사람들에게 압력을 가하여 후자를 발전시켜 낸 것이다. 오늘날 대부분의 민주 정부들이 하는 것도 비폭력적이다. 이상적으로는, 민주주의란 비폭력을 제도화한 것이라 할 수 있다. 죠지 와이겔은 심지어 이렇게까지 말했다: 민주적 정부형태는 "널리 알려진 비폭력적 분쟁 해결의 형태를 세계에서 가장 성공시키고 널리 발전시킨 것이다"라고.23) 이제 우리의 과제는 국제적 분쟁을 해결하기 위하여 민주주의를 유엔(U.N.)을 통하여 확장시키는 것이다. 강대국들의 개입, 일방주의, 그리고 세계의 경찰로서의 미국이란 생각으로부터 세계는 멀어져야 한다. 1990-1991년 페르시아 만 위기의 초기에는 불량국가를 고립화시키는 데 유엔(U.N.)이 매우 효과적임을 보였다. 우리는 그런 비젼을 돌보아야만 한다. 인류는 한 가족이 될 수 있다.

시민 불복종 운동과 비폭력 정면 행동의 목표는 분쟁이 폭력을 사용하지 않고도 해결되는 정치문화를 이룩하는 것이다. 전 세계가 민주주의를 향해 가고 있음은 그 자체로서 비폭력이야말로 인류의 미래라는 징표이다.

---

22) William Stringfellow, *An Ethic for Christians and Other Aliens in a Strange Land* (Waco, Tex.: Word Books, 1973), 133.

23) George Weigel, *Tranquillitas Ordinis* (Oxford: Oxford Univ. Press, 1987), 283.

내가 느끼기로는 내 배(boat)가
저 아래 깊은 곳에 있는
뭔가를 부딪쳤는데.
그런데, 아무런 일도 없다고?
아니면, 모든 일이 일어났거나.
그래서 지금 우린 이렇게
새로운 삶 가운데 조용히 서 있는가?

- 후안 라몬 히메네즈, "대양들"[1]

---

[1] Juan Ramon Jimenez, "Oceans," trans. by Robert Bly in *News of the Universe*, ed. Robert Bly (San Francisco: Sierra Club Books, 1980), 105.

13

역사의 새로운 전망: 비폭력 – 과거, 현재, 미래

비폭력의 과거와 현재

역사는 승리자에 의하여 기록되었다. 젊은이들이 학교에서 배우는 것은 주로 제왕들, 왕조들, 전쟁과 제국들의 역대기록이다. 남성통치적인 체제는 남성통치적인 역사를 가르친다. 비폭력적 저항이 성공을 거둔 곳에서도, 그런 내용은 무시된다. 비폭력의 역사가 존재하는 것을 모르도록 된 사람들은 자연히 비폭력이란 비실제적이며 비현실적이라고 믿게 된다. 인도에서 간디의 독립운동을 위한 투쟁이나 미국의 인권운동처럼 잘 알려진 경우에도, 그것은 반복될 수 없는 아주 희귀한 것으로 여겨진다. 권세들은 그들의 통치가 주로 무슨 이야기를 들려주어야 할까를 결정하는 것에 달려 있음을 너무도 잘 알고 있다.[2]

사람들은 과거에 있었던 비폭력 운동의 성과에 대하여 무지하도록 만들어질 뿐만 아니라, 그런 운동이 바로 자기들 코앞에서 벌어지고 있어도 이를 몰라보게 될 수 있다. 내가 사람들에게 자기들이 알고 있는 비폭력운동을 열거해보라고 물었더니, 많은 사람들이 2개 혹은 3개 이상은 말하지 못했다. 1985년에서 1989년에 이르는 기간 중, 인류 역사상 가장 창조적인 비폭력 정면 운동들이 쏟아져 나온 남아프리카에서는, 많은 사람들이 비폭력운동은 단지 무장투쟁과 더불어 반인종차별 운동의 일부쯤으로 알고 있었고, 그래서 "비폭력운동"은 곧 무저항과 수동성이라고 여기고 있었다.[3]

---

2) Carolyn G. Heilbrun, *Writing a Woman's Life* (New York: W.W. Norton, 1989), 44.

나는 역사를 독점하고 있는 남성통치적인 역사 독점을 깨뜨리는 한 방법으로서, 비폭력운동의 엄청난 사례들과 형태에 대해 사람들의 주의를 끄는 것이 도움이 된다는 사실을 발견했다. 즉 비폭력적 정면운동이 진귀한 것이 아님을, 그리고 그것이 자주 성공적으로 사용되었음을 우리가 깨닫게 되면, 우리는 그것을 우리 시대에도 적용할 수 있음을 전망하기 시작한다. 비폭력의 역사를 배우는 것은 그것을 연습하는 또 다른 한 방법이다. 더구나, 행동할 수 있는 우리의 능력은 굳건한 의지 못지 않게 비폭력의 방법과 영성을 아는 것에도 달려 있다. 독일 목사들이 국가에 반대한 능력은 그들의 용기에 달렸다기보다는 오히려 무엇이 중요한 현안 과제인가를 감지하는 능력에 달렸었다고 카알 스코빌은 논평하였다. "우리가 겁쟁이라고 부르는 것보다 앞선 죄는 혼란이었다. 우리가 용기라고 부르는 것보다 앞선 덕목은 명석함이었다."4)

다음에 있는 연대기적 기록들은 하나의 견본(見本)에 불과하다. 진 샤프는 그의 책 『비폭력적 행동의 정치학』에서 198 가지 종류나 되는 비폭력적 개입의 목록을 작성하였는데, 아마도 그의 목록 하나하나에서 수십 개의 사례들을 인용할 수 있을 것이다.5) 내가 선택한 것은 다소간 아무렇게나 뽑은

---

3) 그 비폭력운동의 다양한 이야기들은 *The Purple Shall Govern: A South African A to Z of Nonviolent Action*, ed. Dene Smuts and Shauna Westcott (Oxford: Oxford Univ. Press, 1991)에 잘 수록되어 있는데, 이는 나의 책 *Violence and Nonviolence in South Africa* (Philadelphia: New Society Publications, 1987)에서 내가 주장한 "아마도 인간 역사상 다양한 비폭력 운동이 가장 거대한 풀뿌리 민초(바닥 인생들)들의 봉기로 솟아오른 것"이라고 말한 것의 증언이 될 것이다.
4) Carl Scovil, "Christian Response to the Nazi States in Germany," *Katallagete* 11 (Spring 1978), 35.
5) Gene Sharp, *The Politics of Nonviolent Action* (Boston: Porter Sargent, 1973). 나는 또한 쪽지 "Historical Examples of Nonviolent Struggle," from Sharp's Albert Einstein Institution 과 *The Power of the People: Active Nonviolence in the United States*, ed. Robert Cooney and Helen Michalowski (Philadelphia: New Society Publishers, 1987) 및 다른 여러 신문 오려놓은 것들에서 자료를 얻었다. 다른 실례들은 Gene Sharp, *Making Europe Unconquerable: The Potential of Civilian-Based Deterrence and Defense* (Cambridge: Ballinger Publishing Co., 1985), 57-58; Pam McAllister, *You Can't Kill the Spirit* (Philadelphia: New Society Publishers, 1988), 203-25 등에 잘 수록되어 있다 (여자들에 의한 비폭력 운동 사례의 매우 인상 깊은 목록).

것이지만, 우리 시대의 가장 놀랄만한 사실들을 보여준다면 그것으로 충분하다. 즉, 지난 불과 수년 사이에 비폭력을 사용한 것이 급속히 증가하였다는 점이다. 인간의 사건들에 근본적으로 새로운 것이 일어나고 있는데도, 많은 사람들은 그걸 알아차리지 못하고 있다:

1,350 B.C.E.(?) 히브리 산파(産婆)들이 히브리 사내 아기들을 죽이라는 이집트 왕 파라오(Pharaoh)의 명령을 거역함으로써 시민불복종의 첫 번째 기록을 남겼다.

406 B.C.E. 소포클레스(Sophocles)가 지은 「안티고네」(*Antigone*)에서 왕의 명령을 거역하고 오라비를 묻어버리는 안티고네를 그려내었다.

388 B.C.E. 아리스토파네스(Aristophanes)의 『뤼씨스트라타』(*Lysistrata*)에서 전쟁 중인 양편의 아내들이 그녀들의 남편들에게 성행위(sex)에 응하기를 거부하여 전쟁을 종식시켰다고 썼다.

273-232 B.C.E. 인도의 마우이라(Mauyra) 왕조 아쇼카(Ashoka) 왕이 전쟁의 참상에 놀라서, 자기 자신이 불교 신도가 되어, 전쟁을 포기하고 왕실의 사냥놀이도 중단하고, 모든 살아있는 생명체에게 친절할 것을 설교했다.6)

167 B.C.E. 다니엘 서(Book of Daniel)에서 왕의 칙명을 거부하는 시민불복종을 기록했음(3장, 6장).

47 B.C.E. 헤롯(Herod)이 에제키아스(Ezekias)와 그 음모의 공범자 일당들을 정당한 법적 절차 없이 학살한 것에 항의하여, "성전에서 매일같이 희생자들의 어머니들이 모여서 임금과 백성들에게 헤롯을 재판해 달라고 빌었다."7)--이는 우리들의 시대에도 아르헨티나에서(Plaza de Mayo의 어머니들에 의하여), 엘 살바도르에서, 그리고 소련에서 적용한 방법이다.

26 C.E. 빌라도(Pilate) 총독이 로마제국의 군기를 유다(Judea)에 게양하자, 수

---

6) John H. Kautsky, *The Politics of Aristocratic Empires* (Chapel Hill: Univ. of North Carolina Press, 1982), 176.

7) Josephus, *Ant.* 14.167-68.

	천 명의 유태인들이 총독 관저 주변에 엎드려 5일 동안 항의하였다. 빌라도가 그들을 다 죽이겠다고 위협하자, 그들은 자기들의 목을 칼날 아래 내밀지언정 움직이지 않았고, 총독은 군기(軍旗)들을 철거하였다.
30 C.E.경	예수가 비폭력을 성육신(成肉身)하고 그것을 위하여 십자가에서 처형되었다.
30-312	기독교인들이 평화를 교란하고, 로마제국 황제를 예배하기를 거부하고, 군대에 복무를 거부, 혹은 전쟁에 참여하기를 거부하였다는 이유로 순교를 당했다.
41	가이우스 칼리굴라(Gaius Caligula) 황제가 자신의 화상(畵像)을 예루살렘 성전에 걸라고 명령. 수만 명의 유태인들이 땅에 엎드려 율법이 위반되는 것을 보느니 차라리 죽겠다고 시리아 특사 페트로니우스(Petronius)에게 항의. 페트로니우스는 칼리굴라 황제에게 마음을 돌리라고 요청하였는데, 황제가 암살되지 않았더라면 아마도 그의 생명을 잃었을지도 모르는 건의였다.
1181-1226	아씨시의 성 프란씨스(St. Francis of Assisi)는 비폭력적 삶을 보여주었음.
1400년대	타보르(Taborites: Jan Hus의 추종자들)들은 한동안 비폭력적이었음.
1537	멘노 시몬스(Menno Simons: Mennonites ca. 1537), 죠지 폭스(George Fox: Quakers, 1652), 알렉산더 매크(Alexander Mack: Brethren, 1708) 등이 역사적인 "평화 교회들"을 창설함.
1623	에메리크 크루체(Emeric Cruce)가 국제 분쟁을 해결하기 위한 강제적 중재를 위해 국제연합(United Nations Assembly)을 창설하자고 제안
1765~75	미국의 식민지 사람들이 영국의 통치에 대항하여 3차례 비폭력 저항운동을 하여, 사실상 1776년에 전쟁을 선포하기 전, 이미 1775년에 독립을 가져옴.8)

---

8) 미국의 식민지이주자들은 영국에 대항하여 상당히 효과적인 비폭력 방법을 통하여 성공을 거두고 있었지만, 투쟁의 수준과 차원을 사실상 한층 더 높였어야할 시기에, 그만 영국이 양보한 것을 곧 패배를 인정한 것으로 잘못 이해하였다. 군대 작전에 의거하는 대신 (이것도 즉각적인 효과를 얻지 못했거니와), 그들이 좀더 굴하지 않고 버텼더라면,

1780	퀘이커 교도들(Quakers)이 처음으로 미국의 노예제도 반대 결사를 시작
1815	마사추세츠 평화회(Massachusetts Peace Society)가 전쟁 대신 세계재판소를 만들 것을 주장
1818	베네주엘라(Venezuela)의 발렌씨아(Valencia)에서 병원의 빨래하는 사람들이 밀린 임금을 지불하라고 파업.
1840~60	"지하철도"(Underground Railroad)가 흑인 노예들을 미국 북부지역이나 캐나다로 도망가는 것을 도와줌
1846	쏘로오(Thoreau)가 멕시코-미국 전쟁에 세금 납부 거부로 하룻밤 철창에 수감됨.
1850	헝가리 국가주의자들, 프란시스 디이크(Francis Deak)의 지도로, 헝가리 국가주의자들이 오스트리아 통치에 저항 운동 시작, 결국 오스트리아-헝가리 연합의 일부로 헝가리(Hungary) 자치를 획득.
1871	파리의 여자들이 대포를 가로막고, 프루시안 군대와 파리 군대 사이에 서다.
1878	일본의 시고쿠 쿠수노세 키타(Kusunose Kita)가 여자로서 투표권도 없이 세금 낼 수 없다고 항의.
1890년대	톨스토이의 시민불복종과 비폭력에 대한 저작들이 전 세계에 나돌기 시작
1892	이다 웰스-바네트(Ida B. Wells-Barnett)가 흑인을 린치(私刑)하는 것에 항의하여, 처음으로 대중 불매운동, 그리고 멤피스를 떠나 북쪽 도시들로 이주 운동. 전 회중이 도시를 떠남--두 달 동안에 2천 명이 넘음.
1900년대	경제적 정의를 획득하기 위하여 노동운동이 (대체로 비폭력적인) 파업을 이용함

그들은 쉽게 이길 수 있었을 것인데, 왜냐하면 영국은 장기간에 걸친 결연한 저항을 이겨내며 미국 식민지 정책을 더 이상 유지하기 힘들었기 때문이다. *Resistance, Politics, and the American Struggle for Independence, 1765-1775,* ed. Walter Conser, Ronald McCarthy, David Toscano, and Gene Sharp (Boulder: Lynne Rienner, 1986); Gene Sharp, *Politics of Nonviolent Action,* 495, 그리고 "American Colonists" 라는 찾아보기 참조.

1901~5   핀란드 사람들이 러시아의 억압에 비폭력적 항거하여, 그들로 하여금 징병을 강요하는 법을 폐지.

1905~6   러시아 농부들, 노동자들, 학생들, 그리고 지성인들이 주요한 파업 및 다른 형태의 비폭력 행동을 벌여서, 황제(Czar)로 하여금 선거로 뽑은 의회를 창설하게 강요함.

1906   남아프리카에서 간디(Gandhi)가 비폭력운동을 거국적 규모로 할 터전을 놓음

1913~19   75년간 투쟁 끝에 미국의 여성투표권 쟁취운동이 국회의 법개정을 거쳐 여성도 투표할 수 있게 됨

1914   영국에서 화해의 친선(Fellowship of Reconciliation) 발족함(미국에선 1915년에)

1914~18   미국에서 세계 제 1차 대전을 양심적으로 거부. 몇 사람이 감옥에서 죽음

1917   대체로 비폭력적인 러시아 2월 혁명이 러시아 제국을 붕괴시킴

1917   미국 우정의 봉사회(American Friendship Service Committee) 생김

1919   일본의 점령에 한국인들의 항거, 그리고 세계 제 2차 대전 후에는 정부의 억압에 대항하여, 때로는 폭력적으로, 그러나 주로 기독교적 비폭력 저항운동.

1919~47   간디가 비폭력적 수단으로 인도의 독립을 위한 투쟁

1920   볼프강 카프(Wolfgang Kapp)의 인도로 독일 바이마르(Weimar) 공화국에서 쿠데타를 시작, 그러나 국민들이 광범위한 파업을 통하여 협력을 거부함으로써 실패로 끝남

1923   "비폭력"(nonviolence)이란 용어가 처음으로 사용되기 시작
전쟁 저항 동맹(War Resisters League) 창설
루르(Ruhr) 지방을 프랑스와 벨지움이 점령, 혹심한 진압에도 불구하고 독일인들이 비협조운동을 벌여 정치 경제적으로 점령이 너무 높은 대가를 필요로 하게되어 점령 철수.

1936~37   시온주의자(Zionist)들에 의하여 강제된 이주 및 재산몰수에 팔레스타인 사람들이 6개월간 파업에 돌입

1940~45	세계 제 2차 대전에 양심적 거부운동
1944	두 명의 중앙 아메리카 독재자들, 엘 살바도르의 막시밀리아노 헤르난데즈 마르티네즈(Maximiliano Hernandez Martinez)와 과테말라의 호르게 우비코(Jorge Ubico)가 비폭력적 시민 봉기 및 파업으로 물러남. 1931-1961년 사이에 11명의 대통령들이 시민 파업으로 권력의 자리를 물러남9)
1952~60	남아프리카의 아프리카국가의회(African National Congress)에 의한 비폭력운동
1953	소련의 강제노동수용소에서 일련의 파업으로 정치범 수용소의 생활 조건이 제한적이나마 약간 개선됨
1957	10년간 비폭력 투쟁 끝에 가나(Ghana)가 독립
1955~68	몽고메리(Montgomery)에서 버스 파업으로 미국 시민인권 투쟁시작. 경제적 불매운동, 대중 항의 데모, 행진, 감옥에 들어앉기, 자유를 위한 차량운행 등, 여러 가지 방법의 비폭력 투쟁 끝에, 1964년 민권 조례(Civil Rights Act), 1965년 투표권 조례(Voting Rights Act) 통과
1961	남아프리카의 알버트 루툴리(Albert Ruthuli) 추장이 비폭력 투쟁으로 노벨 평화상 수상
	고문과 사형(死刑)의 실례들을 조사 기록하기 위하여 국제사면위원회(Amnesty International) 창설
1963	6년간의 데모와 공청회 등 투쟁 끝에 대기권핵실험 금지 조약 체결
1964~75	베트남 전쟁에 미국 참전 반대를 표명하고자 징집장 소각. 이것이 미국 역사상 처음으로 정면행동을 통하여 비폭력적 수단으로 지연되는 전쟁을 끝내고자 한 운동.
1965	연합농장노동자 조합(United Farm Workers Union)이 포도 불매운동 전개
1968	"체코슬로바키아의 봄"(Czechoslovakian Spring)--8개월간 소련을 비폭

---

9) Patricia Parkman, *Nonviolent Insurrection in El Salvagor: The Fall of Maximilliano Hernandez* (Tucson: Univ. of Arizona Press, 1988). Parkman은 일찍이 1919부터 시작한 엘 살바도르의 비폭력 투쟁의 오랜 역사를 찾아낸다. 또한 그녀의 *Insurrectionary Civic Strikes in Latin America: 1931-1961* (Cambridge: Albert Einstein Institution, 1990)도 참조하라.

	력 항거한 끝에 바르샤바 협정(Warsaw Pact) 군대에 의하여 무너짐
1969	환경보호를 위하여 그린피스(Greenpeace) 운동이 비폭력투쟁 채택
1975-86	그린피스가 "고래를 구하자"(Save the Whales) 운동을 펴서 고래를 보호하기 위한 국제조약 체결
1976	매리드 코리간(Mairead Corrgan)과 베티 윌리암스(Betty Williams)가 북아일랜드의 화해를 위한 비폭력운동에 대하여 노벨 평화상 수상. 조개껍질 동맹(Clamshell Alliance)가 씨브룩(Seabrook) 핵발전소를 가동 중지하고자 했으나, 결국 실패. (1990년에 가동됨). 그러나 동조 그룹들, 집단 체포, 의견일치 결정 운동, 시민불복종을 위한 준비 훈련 등, 비폭력 운동을 재정비함.
1977~84	네슬레(Nestle) 불매운동 결과 세계 보건 기구(WHO)로 하여금 제3세계에 유아용 유동식 유통 및 판매를 제한하도록 함. 네슬레는 후에 이 협정을 위반하여 다시 불매운동이 일어남
1979	워싱톤에서 있은 게이(Gay: 남성 동성애자) 권리 행진에 10만 명이 모임. 펜실바니아의 쓰리 마일 아일랜드에 있는 원자력 발전소 사고 후에 핵 에너지에 대한 반대 운동. 마크 뒤보아(Mark Dubois)가 위기에 빠진 자연 경관의 강을 보존하려는 노력으로 캘리포니아의 스타니슬라우스 강(Stanislaus River) 강둑에 자신을 쇠사슬로 묶었는데, 미국 육군 공병대는 그가 물에 빠져 죽지 않도록 뉴멜론스 저수지(New Melons Reservoir) 담수를 중단.
1980~89	폴란드에서 연대운동(Solidarity) 창설: 1981년 계엄령으로 억압하여, 서구의 표준으로 보아 그 운동은 거의 죽었다고 여겼으나, 1989년 국회의원 선거에서 거의 모든 의석을 연대운동 회원들이 차지, 그리고 지금은 나라를 통치한다. 그 승리는 연대운동 회원들 백여 명이 죽었음에도 불구하고 연대운동 쪽에선 단 한 명도 폭력 행위를 하지 않고 쟁취한 것임.
1980	아돌포 페레즈 에스퀴벨(Adolfo Perez Esquivel)이 평화와 정의 운동

봉사의 공로로 노벨 평화상을 받았고, 이것은 라틴 아메리카 전역에 걸쳐 인권을 위한 중재 개입.

1980년대 평화의 증인(Witness for Peace) 운동이 미국이 뒷받침하고 있는 콘트라(Contra)의 폭력을 중지시키기 위해 수 천 명의 미국인들을 니카라과에 보내어 "사랑의 방패"(Shield of Love)를 유지.

1980년대 미국이 니카라과를 침공하면 시민불복종을 벌이겠다고 8만 명 이상이 서약하고(The Pledge of Resistance) 이에 서명. 사람들은 이것이 미국이 실제로 침공하는 것을 막았다고 믿음.

1981 영국의 그린햄 콤몬(Greenham Common 公有地)에 있는 크루즈 미사일에 항의 운동 시작. 저항이 최고조에 이르렀을 땐 캠프 밖에서 8천 명의 여인들이 천막을 치고 지내며 데모와 시민불복종을 전개.

1982 피신처 운동(Sanctuary Movement)이 교회의 성소(聖所)를 중앙아메리카 피난민들에게 피신처로 제공하여 미국 정부의 추방으로부터 보호하기 시작.

1983 5월 11일 오후 8시, 칠레 광산노동조합이 전국적 저항을 시작. 사람들은 냄비나 기타 주방기구들을 두드리고 휘파람을 불며 호응, 처음으로 독재자 피노체트(Pinochet) 장군에 대한 국민 대다수의 반대를 확인함. 페루에선 한 남자가 그의 아내를 때리자 여인들이 들고일어나 똑같은 식으로 저항을 벌임.

1984 뉴질랜드 정부는 핵추진 선박이나 핵무기들을 실은 선박의 입항을 거부. 미국은 지역군사동맹에서 뉴질랜드를 축출하여 이에 보복.

1986 필리핀에서 비폭력 혁명으로 억압적인 독재자 마르코스(Marcos)를 하야(下野)시킴.

국제 평화단(Peace Brigades International)이 과테말라 인권운동가들을 폭동진압 경찰과 총살 처형반(Death Squads)으로부터 보호하기 위하여 24시간 그들을 둘러싸고 동반해 "호송 봉사"(escort service)를 벌임.

비폭력운동들이 남아프리카에서 가속적으로 증가

1987	미국과 카나다에서 핵무기 반대 시민불복종 운동으로 5천3백 명이 체포됨. 십 년 동안 3만7천 차례의 핵무기 반대 시위가 있었음.[10]
1987	주로 비폭력적 수단을 사용하는 팔레스타인들이 이스라엘 점령지 구내 반란(Intifada)을 일으킴.
1988	남아프리카에서 긴급교회집회(Emergency Convocation of Churches). 흑인과 백인교회 지도자들이 인종차별(Apartheid)을 비난하고 자기들 교회에 능동적인 비폭력 저항 운동에 나서자고 호소.
	미얀마(Burma)에서 28년 동안의 마르크스주의 독재정권을 무너뜨리려는 투쟁의 처음엔 승리, 그러나 두 번째엔 패배.
	멕시코에서 대통령 선거에 동원된 부정에 항의하여 프렌테 민주주의 국가(Frente Democratico Nacional) 운동이 비폭력적 제재 사용. 143명의 남아프리카 백인들이 군대징집에 등록하기를 거부하고 6년간의 감옥살이를 직면. 마그누스 말란(Magnus Malan) 국방장관은 징집종지운동(End Conscriptio Campaign)을 "아프리카 국가 국회(African National Congress)나 마찬가지로 국방의 원수들"이라 부름.[11]
1989	미국 버지니아에서 피트스톤 석탄광산 파업(Pittston Coal Strike)이 처음으로 비폭력적 방법을 사용하여 파업. 십여 년만에 처음으로 주요 미국 노동운동의 승리를 기록.
	헝가리, 폴란드, 체코슬로바키아, 불가리아, 동독 등이 비폭력적 수단을 사용하여 소련의 지배로부터 독립.
	소련 연방 내, 라트비아(Latvia), 리투아니아(Lithuania), 에스토니아(Estonia), 죠지아(Georgia), 아르메니아(Armenia), 몰다비아(Moldavia), 우크레인(Ukraine) 등지에서 비폭력적 독립운동 전개.
	알바니아(Albania), 몽골(Mongolia), 유고슬라비아(Yugoslavia) 등지에서 비폭력적 저항으로 민주화 과정 시작.
	중국(中國)에서 민주화 운동이 강제로 진압 당함.

---

10) Jack and Felice Cohen-Joppa, "Nuclear Resistance, 1989," in *The Nuclear Resister*, nos. 67 and 68, January 25, 1990, 1.

11) *Berkshire Eagle*, August 4, 1988, A2.

남아프리카에서 해수욕장을 흑백인용으로 분리하는 것에 저항한 데모가 전국적 정면 분리반대 운동으로 번짐.

세계에서 가장 큰 금지된 종교에 속한 우크라이나 가톨릭 교회가 (5백만 신자를 가진) 법적 지위를 회복하기 위한 거대한 군중 저항 미사(Mass)를 올림.

학생들의 항의로 미국내 대학들 중 20%는 완전히 남아프리카 투자를 철회, 60%는 부분 철회.

남아프리카 감옥에서 927명이 단식투쟁을 벌이고, 수백 명 석방됨.

라슬로 토케스(Laszlo Tokes) 목사가 루마니아 독재자 챠우세스쿠(Ceausescu)에 감히 항의 성명을 발표, 이에 비밀경찰이 그를 체포하려고 하자, 교구 신도 2백여 명이 길을 메우고, 촛불을 켜들고, 움직이기를 거부. 매시간 군중들의 수가 늘어나서 시 중심가에 5만여 명 운집. 폭력으로 이를 강압하려는 정부 처사가 챠우세스쿠를 무너뜨린 혁명을 촉발하였고, 이 동안 군인들이 비밀경찰들과 싸우는 한편 민중들은 비폭력 데모를 함.

낙태찬성 이나 낙태반대나 그 항의 데모에 모두 시민불복종운동을 전개함

사람들의 핵 안전에 대한 관심으로 데모를 벌여 소련 핵 잠수함이 4개의 소련 태평양 항구들에서 입항이 거부됨

아마존 고무나무 수액(樹液) 채취자들이, 그들의 지도자 프란치스코 멘데스(Francisco Mendes)의 암살에도 불구하고, 열대림을 벗겨내는 불도저와 기계톱 앞에 자신들의 몸을 내어놓고 항의. 45번 중 15번은 성공.

인도에서 미사일 시험 지역을 만들기 위해 집단거주지 이전을 하려는 정부시책에 마을 사람들이 인간 바리케이드를 치고 순전히 숫자에만 의지하는 저항운동.

1990   미국 국회의사당 앞에서 신체 장애자들이 자신들의 시민권을 보장하는 법을 세우라고 촉구하는 데모를 벌임. 60명이 휠체어(Wheelchair)에서 내려와 의사당 계단을 기어올라가며 자기들의 요구를

	강조함
	네팔의 비렌드라(Birendra) 왕이 그의 정부를 무너뜨리려는 대중들의 민주화를 위한 데모에 굴복하고, 다수당 민주제도, 국회제도, 언론의 자유, 출판의 자유, 종교의 자유, 결사의 자유를 승인하여, 39년 전제정치를 끝냄.
	아프리카의 베닌(Benin)에서 파업과 데모로 일당독재정부 지배를 끝냄.
	1949년 이래 대만(Taiwan)을 통치한 중국국민당(Chinese Nationalist Party)으로부터 독립과 민주개혁을 요구하며 군중이 행진 데모.
1991	마다가스카르(Madagascar)에서 디디엘 라트시라카(Didier Ratsiraka) 대통령의 전제정치를 무너뜨리고자 데모를 벌이고, 전면 파업에 돌입.
	소련에서 수만 명의 데모군중들이 보리스 옐친(Boris Yeltsin) 대통령을 보호하기 위하여 대통령궁을 에워싸고 4백만 군대와 수십만 탱크와 비행기와 무기를 지닌 군사 지도자들이 쿠데타를 못하게 막아섰고, 결국 쿠데타는 실패함.

여기 가려 뽑은 이 목록은 골고루 잘 된 것도 아니며 완전한 것도 아니다. 그것은 영적으로 폭력적인 입장에서 비롯된 폭력의 경계선 가까이에 있는 비폭력과, 상대방 속에 있는 최선의 것을 일깨워주는 원수를 사랑하는 마음에서 솟아난 비폭력을 구별하지 않는다. 그러나 그것은 흔히 많은 사람들이 지난 몇 년 동안 "민중의 힘"(People Power)이라고 부르는 것 속에 크게 증대된 것을 정확히 표현하고 있다. 그것은 그 때가 되어 나타난 아이디어(사상)이며, 여러 부분에서 자연발생적으로 우리들에게 나타난 것처럼 보인다.

1988년 3월 13일, 단 한 번의 뉴스 보도 방송이 다룬 7가지 중 6가지가 비폭력에 관한 것이었다. 즉, 이스라엘의 점령지역 정책에 항거하여 5백 명 팔레스타인 경찰들이 집단 사표 제출, 네바다(Nevada) 주에 있는 핵 실험장에서 1천 5백 명의 데모 군중이 체포됨, 인종차별(apartheid)을 비난한 교회 회의를 금지하는 것에 항의하여 남아프리카에서 투투(Tutu) 대주교 및 기타 교회

지도자들이 도전하고 나섬, 미국에서 유일한 농아(聾啞) 학교에서 귀먹지 않은 교장이 사임하고 귀먹은 교장이 취임할 때까지 학생들이 닷새 동안 학교 문을 닫음, 소련 아르메니아에서 정치개혁을 요구하여 10만 명이 데모함, 동독(東獨)에서 국가를 향한 비판의 중심이 된 교회를 비밀경찰들이 괴롭힘 등의 보도가 그것이었다.

진실로, 비폭력에 대한 뉴스를 한 세기 동안 억제하여 왔던 것이 이제 끝나가고 있다는 사실은 질적으로 전혀 새로운 상황을 만들어내었다. 즉 루마니아의 혁명은 거의 전적으로 텔레비전이 주도한 첫 번째 혁명이었다고 그 운동의 한 계획자가 말했다. 필리핀 혁명은 트란지스터 라디오 덕분이었고, 이란 혁명은 카세트 테이프, 그리고 1992년 타이(Thai)의 비폭력 혁명은 휴대전화들을 통해 결집되었다. 중국의 학생들은 필리핀 혁명을 보도한 텔레비전을 시청하고 비폭력을 배웠고, 전두환 대통령을 물러나게 한 한국의 데모군중들은(항상 비폭력적이진 않았으나) 필리핀의 "민중의 힘"을 의도적으로 흉내 낸 것이었다. 리투아니아 국회가 소련에서 독립할 것을 논쟁하는 동안, 거리는 그야말로 텅 비었었다. 모든 사람들이 텔레비전 앞에 딱 붙어서 그 논쟁의 진행을 지켜보고 있었기 때문이다. 폴란드에서 한 신부가 연대운동(Solidarity)이 성공하기 전에 미리 논평하기를, 필리핀 혁명을 텔레비전이 보도한 덕분에 폴란드에서도 그들의 저항운동의 결과는 비폭력적으로 이루어질 것이라고 예언하였다. 중국의 학생들도 군대가 어디까지 움직이고 있으며 중국의 다른 도시들에서 반응이 어떠한지를 미국에 있는 중국학생들이 팩스로 정보를 보내어 이를 입수하였고, 또 중국 주재 보도 기자들이 보낸 내용들이 미국 내 언론들에 속속 접수되고 있었다. 미국 네바다 주 핵 실험장에서 벌인 데모를 보도한 것을 보고 영감을 받아, 소련에서도 카자크스탄(Kazakhstan)에 있는 소련 핵 실험장에서 데모를 계획하였다. 1991년 소련 공산당 강경파가 쿠데타를 획책하여, 모든 관영 언론매체를 장악하였지만, 그러나 서방 기자들이 입국할 때 가지고 들어갔다가 뒤에 남기고 나온 모든 단파 라디오들, 팩스기계들, 전자우편들을 전부 몰수할 수는 없었다. 결과적으로, 보리스 옐친(Boris Yeltsin) 대통령을 보호하기 위하여 모스크바의 대통령 궁을 에워싼 데모 군중들이 전 세계에서 지지를 보내온 메시지의 홍수를 받고 버티어 나가도록 격려를 받았다. 외국 정부들이 쿠데타 주역들에게 보낸 외교 관계를 인정하지 않겠다는 메시지를 포함하여 말이다.12) 우리는 선동과 심리통제를 위하여 언론매체를 이용하는 것에는 익숙해져 있었다. 그러나 이제 새로운 것은 해방을 위하여 현대 통신수단을 사용한다는 점이다.

이미 거의 5세기 전에 에티엔느 드 라 보에티에가 웅변적으로 지적하였듯이, 전쟁을 방지하고, 불의를 척결하고, 독재자들을 뒤엎어버리는 시민의 능력은 언제나 잠재력으로 속에 묻힌 채로 존재하여왔다.13) 그러나 시민들이 이 잠재력을 예전에는 이토록 엄청난 숫자로, 혹은 그토록 놀라운 성과로 현실화해본 적이 없었다. 그리고 아직도 "민중의 힘"은 이제 겨우 시작단계에 있다!

비폭력적인 국가방위의 한 특별한 실례가 19세기에 일어났는데, 샌드위치 아일랜드(Sandwich Islands) 정부가 사람들이 술에 중독되는 것을 감소시킬 생각으로, 프랑스 산 브랜디와 포도주에 세금을 부과하였다. 화가 난 프랑스 정부는 대형 군함을 보내어 그 정부에게 세금을 없애라고 위협하였다. 선장(船長)은 불과 몇 시간만 여유를 주고 명령에 복종할 것을 요구하였다. 그러나 그들은 단연코 복종하기를 거절하였다. 당시의 한 사람이었던 엘리후 부리트는 이런 유쾌한 기록을 남겼다:

> 프랑스 공사 부인이--착하고, 친절하고, 동정심 많은 여인이--남편과 함께 집집마다 찾아다니면서 간청하기를, 나쁜 정부가 프랑스 산 브랜디에 호된 세금을 매겨서 백성들은 아무나 감히 술에 취하지 못하게 하려 하므로, 이제 군함이 섬 전체를 공격해서 날려버리든 가라앉혀 버리든 할 것이라, 여러분

---

12) 이 자료는 천안문(天安門) 광장 민주화투쟁 당시 학생부 부지휘관이었던 Li Lu와 인터뷰를 통해 얻은 것이다; Lithuania에 대해서는, 1990년 2월 10일 Albert Einstein Institution에서 있었던 Lithuanian Academy of Science 의 Raymundas Rayalskas가 행한 연설; Kazakhstan에 대해서는, *Berkshire Eagle*, August 8, 1989, A7; Philippines에 대해서는 Peggy Rosenthal, "The Precarious Road," *Commonweal*, June 20, 1986, 366; 소련에 대해서는 Melissa Everett, "Citizen action abroad had anti-coup role," *Berkshire Eagle*, August 25, 1991, A1,5.

13) Etienne de la Boetie, *The Politics of Obedience: The Discovery of Voluntary Servitude* (Montreal: Black Rose Books, 1975).

은 그 군함 위로 피난을 가라고 했다. 그러나 단 한 사람도 피난을 가지 않았다. 정부는 단 한 순간도 동요하지 않고 그 결정을 고집하였다. 프랑스 함대 사령관은 상륙하여 전투 대열을 형성하였다. 병사들은 대포들 앞에 정렬하고 손에는 성냥을 들고 발사준비를 마쳤다. 복수의 시간이 왔다. 가엾은 작은 백성들! 당신들은 이제 어찌 될 것인가? 이런 저항할 수 없는 군사들에 맞서서 당신은 무엇으로 자신을 방어하려 하겠는가? 방어한다고? 아무것도 하지 않고, 그냥 가만히 견디는 거야....기록에 의하면, "왕은 그의 백성들에게 미리 명령을 내려서 프랑스 군인들에게 아무런 저항도 하지 말라고 해두었다. 위풍당당한 사령관은 그의 병사들을 상륙시켜서 요새를 점령하고, 세관, 정부의 건물들을 아무런 저항 없이 점거하였다. 모든 거리는 평온하였고, 모든 일들은 예전대로 진행되고 있었다. 여기에 그들은 며칠 동안 머물렀다. 그들이 모든 문제를 중재자에게 맡기기로 했지만, 정부는 그들의 요구에 응할 뜻이 전혀 없음을 발견하고, 기사도적인 프랑스 병사들은 요새를 해체하고 그 안에 있는 것을 모두 파괴하였다. 이런 반달족(Vandal: 5세기에 로마를 약탈한 게르만의 한 종족--역자 주) 같은 일을 끝내고, 그들은 깃발을 휘날리며 떠나갔다."14)

샌드위치 섬사람들이 십만 명의 군대를 가지고 있었다고 하더라도, 더 작은 수의 희생자(실제로 한 명도 없었으니), 더 적은 피해(딱 한 개의 요새, 그것도 더 이상 필요가 없는 것이었고)를 낸, 이보다 더 잘 국가를 방위할 수는 없었을 것이다. 이 작은 나라는 전쟁으로 대학살을 내고 승리한 것을 축하하기보다는, 그 당시 세계에서 가장 강력한 식민지 국가들 중의 하나인 프랑스에 대하여 도덕적이고 전략적인 승리를 축하했던 것이다.

오늘날, 자기들의 땅에 핵무기를 배치하고 군사기지를 삼으려는 미국의 거대한 힘에 대항하여, 이와 똑같은 씨나리오가 미크로네시아(Micronesia)에 있는 팔라우(Palau) 시민들에 의하여 반복되고 있다.

모든 합법적인 국가는 그 백성들을 방어할 권리와 의무가 있다. 만일 비폭력이 전쟁보다 더 위험하다고 느낀다면 아무도 이것을 기꺼이 옹호할

---

14) Elihu Berritt, in *Nonviolence in America: A Documentary History*, ed. Staughton Lynd (New York: Bobbs-Merrill, 1966), 94-96.

백성들은 없을 것이다. 진 샤프(Gene Sharp)와 그의 동료들이 보여주고자 한 것은 비폭력적 억제가 국가 방위의 **우월한** 형태를 제공한다는 것이다.15) 그 과정에서, 냉전(Cold War)의 현실정책을 이끌어간 이른바 자명한 전제들이 글라스노트(Glasnot: 소련 대통령 Gorbachev의 개방정책--역자 주) 시대에 하나씩 둘씩 스스로 무너져 버렸다. "현실주의자들"(realists)은 --독재자들은 민주화를 할 수 있지만, 좌익(左翼) 전제국가들은 할 수 없다고 말했다. 그러나 남아프리카처럼 우익이 억압했던 나라들이나, 공산주의 좌익이 억압했던 국가들이나 **모두** 민주화로 내달은 것을 우리가 지켜보았다.

"현실주의자들"은 제국의 법칙은 무한히 팽창하려고 시도한다고 말한다. 그러나 우리가 지켜본 바로는, 첫째는 영국(Britain)이, 그리고 이제는 소련이, 사실은 고르바쵸프(Gorbachev)가 그 동맹국들의 마지못해 하는 지도자들을 강권하여, 제국의 힘을 침착하게 양도하는 것을 보았다.

권력을 쥐고 있는 사람들은 결코 그것을 스스로 자원하여 내어놓지는 않고, 따라서 그 힘은 강제로 빼앗아야 한다고 "현실주의자들"은 말한다. 그러나 우리가 지켜 본 바로는, 일련의 지도자들이 스스로 그 권력을 양보하거나 분담하는 것을 보았다. 라틴 아메리카에서는 국가가 선도하여 위로부터 해방을 이루어 나가는 것이 중요한 요인이었지만, 아무도 러시아의 고르바쵸프(Gorbachev), 폴란드의 야루젤스키 (Jaruzelski), 스페인의 수아레즈(Suarez), 헝가리의 카다르(Kadar), 체코슬로바키아의 두브체크(Dubcek), 그리스의 카라만리스(Karamanlis), 슬로베니아의 쿠칸(Kucan), 네팔의 비렌드라(Birendra) 등에게서 이를 기대하지는 않았다. 이들 "물러섬의 정치인"(Politicians of Retreat)들은 새로운 품종의 정치 동물들이라고 존 키인(John Keane)은 썼다. 그들은 권력욕이나 정복을 통한 거대한 승리에 대한 비전 때문에 내몰린 사람들이 아니다. 그 대신 그들은 전제정치의 뚜껑을 여는 매우 어려운 기술에 능숙해진 사람들이다. 그들은 처음부터 국가의 선(善)을 위하여 자신들을 포기해야 함을 알았고, 그들의 경쟁자들이나 하수인들의 배은망덕이 결국 자신들의 궁

---

15) 다른 사람들도 Brig. Gen. Edward B. Atkeson ("The Relevance of Civilian-Based Defense to U. S. Security Interests," *Military Review* 56 [May 1976]: 24-32)로부터 Gandhians (Charles C. Walker, "A World Peace Gurar," Academy of Gandhian Studies, Hyderabad, India, n.d.)에 이르기까지 비폭력적 국가 방위에 대한 조사를 하고 있는 것은 매우 고무적인 일이다.

극적인 운명인 것도 알았다. 그들은 자기들이 내어놓는 힘이 결국 자신들을 무너뜨릴 것을 인정하면서도, 어쨌든 그들은 그것을 해냈다.16)

그리고 "현실주의자들"은 비폭력은 "점잖은" 미국인들이나 영국인들에겐 통하지만, 나치스(Nazis)나 공산주의자들처럼 잔인무도한 자들에겐 통하지 않는 것이라고 말한다. 그러나 우리가 지켜 본 바로는, 동부 유럽에서 몽고에 이르기까지 공산주의 국가들에서도 비폭력운동은 미증유의 효과가 있다. 실상은, 폴란드의 쏠리대리티 운동에 대한 글에서 죠나단 쉘은, "비폭력운동이 전체주의 국가에서는 효과가 없기는커녕, 오히려 그에 대항하여 싸우는 데 특히 잘 맞는 것으로 드러났다"17)고 지적했다.

1986년 남아프리카에서 집으로 돌아오자, 나는 "기독교 현실주의" 학파의 한 저명한 윤리학자를 만나 남아프리카에서 비폭력운동의 성공을 흥분해서 이야기했더니, 그는 간단히 알았다는 투의 웃음을 띠고, "남아프리카의 상황은 늘 그러했던 대로 폭력으로 해결될 것입니다"라고 말하고 사라졌다. 남아프리카의 드 클레르크(de Klerk) 대통령이 넬슨 만델라(Nelson Mandela)를 감옥에서 석방하고, 법으로 정한 인종차별(apartheid)을 해체하고 있는데도, 남아프리카에서 저항하던 사람들은 비폭력은 영국에서나 통하지 잔혹한 아프리카너(백인 아프리카인들)들에겐 통하지 않을 것이라는 옛날의 헛소문만 되풀이하고 있었다. 마르코스(Marcos)를 권좌에서 밀어낸 민중의 비폭력 혁명이 일어나기 일 년 전, 한 개신교 감독은 리챠드 디이츠(Richard Deats)에게 말하기를, "우리는 비폭력을 시도해 보았습니다. 그러나 비폭력의 시대는 오래 전에 지나버렸습니다. 동남 아시아의 히틀러인 마르코스는 폭력으로만 끌어내릴 수 있을 것입니다"라고 했다.

비폭력으로 나치스(Nazis)에 대항하였을 때는 언제나 **효과가 있었다.** 키릴(Kiril) 감독은 나치스 당국자들에게 말하기를, 만일 그들이 불가리아의 유태인들을 수용소에 보낸다면, 그 자신이 시민 불복종운동을 전개할 것이며, 호송 기차 앞에서 기찻길 레일에 드러눕겠다고 했다. 수천 명의 유태인들과

---

16) John Keane, "Soviet reforms herald regime in retreat," *The Guardian* (Manchester, England), May 4, 1990, 14.

17) Jonathan Schell, "Reflections: A Better Today," *The New Yorker*, February 3, 1986, 63.

비유태인들이 나치스의 명령에 대하여 협조하기를 거부하였다. 그들은 거리에서 행진하여 군중 데모를 벌이고, 편지와 전보의 홍수로 나치스 당국자들에게 반유태인 정책에 항의하였다. 불가리아의 성직자들과 평신도들은 유태인들을 숨겨주었다. 기독교 목사들은 많은 수의 유태인 "개종자"(改宗者)들을 받아들였는데, 이는 나치스로부터 도망시키는 속임수였고, 목사들은 그들 유태인들의 "개종 서약"이 진짜로 꼭 지켜져야 할 것으로 보지 않았다. 이런 비군사적인 방법들 때문에, "불가리아 유태인들은 나치스의 죽음의 수용소에 끌려가는 것으로부터 구조되었다."18) 루마니아는 처음엔 유태인들을 박해했지만, 나중엔 반대로 돌아서서, 그 나라의 국경 안에 살고 있는 유태인을 단 한 명도 죽음의 수용소에 보내도록 내어놓기를 거부했다.19)

핀란드(Finland)는 비군사적인 방법으로 유태인 시민들 중 단 여섯 명을 빼놓고는 모두 죽음의 수용소에 보내지 않고 구출하였다. 덴마크의 유태인 7천 명 중, 6천 5백 명은 사실상 전 국민들의 도움과 독일 점령군 내부의 비밀정보의 도움으로 스웨덴으로 도피하였다. 그리고 나머지 거의 전부는 전쟁이 지속되는 동안 안전하게 숨겨졌다.20) 덴마크의 저항은 참으로 효과적이어서, 아돌프 아이히만(Adolf Eichmann)조차도 "덴마크 유태인들을 향한 작전은 실패했다"고 인정하였다.21) 노르웨이(Norway) 지하조직은 9백 명의 유태인들을 안전하게 스웨덴으로 몰래 데리고 나갔고, 그러나 다른 756명은 죽음을 당했는데, 그중 20명을 제외하고는 전부 죽음의 수용소에서 살해당했다.22) 유태인들의 독일인 아내들은 전시(戰時) 중에 베를린에서 자기들의

---

18) Ron Sider and Richard K. Taylor, "International Aggression and Nonmilitary Defense," *Christian Century* 100 (July 6-13, 1983): 643-47. 부정적인 측면에서는, 불가리아 유태인들은 불가리아 시골에 있는 캠프로 추방되었다. 그들의 재산은 몰수되었고, 그들은 피구호민으로 전락했지만, 그러나 살아 남을 수 있었다. 마케도니아에서 불가리아가 유태인들을 취급한 처사는 이에 비하여 매우 악랄하였다 (Leni Yahil, *The Holocaust* [New York and Oxford: Oxford Univ. Press, 1990], 578-87).

19) Yahil, *Holocaust*, 591.

20) Jeremy Bennett, "The Resistance Against the German Occupation of Denmark 1940-5," in *The Strategy of Civilian Defense*, ed. Adam Roberts (London: Faber & Faber, 1967), 154-72; Yahil, *Holocaust*, 574, 578.

21) Sider and Taylor, "International Aggression and Nonmilitary Defense," 645.

남편을 위한 데모를 벌여서, 그들의 석방을 얻어냈다.23) 이탈리아에서는, 공무원들과 시민들이 유태인들을 독일인들에게 넘겨주는 일을 일부러 늦장을 부리는 태업(怠業 sabotage)을 하여, 많은 유태인들을 구출해내었다.24)

홀랜드(Holland)에서는 나치스 점령 하에, 철도 종사자들이 전반적인 파업을 벌여, 1944년 11월에서 1945년 5월까지 사실상 모든 교통을 마비시켰다. 겨울 내내 난방도 없이 그리고 식량부족을 견뎌가며 끝까지 저항한 극도의 궁핍에도 불구하고, 그들은 이렇게 해냈다. 노르웨이에서도 비슷한 저항을 벌여서, 히틀러의 대행자인 비드쿤 크뷔슬링(Vidkun Quisling)이 그 나라에 파시스트적인 "협조조합 국가"로 억압을 그 나라에 실행하지 못하도록 했다.25)

비극은 나치스에 항거하는데 비폭력이 효과가 없는 것이 아니라, 그것을 좀체 해보지 않은 것이었다. 유태인 자신들이 그것을 사용하지 않았고, 과거에 수많은 프로그램을 통해서 익혀온 수동적 무저항주의에 주로 의존하였다. 그리고 교회들은 나치스에 저항하거나 유태인들과 연대하여 효과적으로 행동하기엔, 전체적으로 너무도 순응적이거나 혹은 반유태주의적이었고, 그리고 복음의 비폭력적 메시지에 너무도 무지하였다.

우리 시대에 가장 중요한 군사문제 전문가로 널리 알려진 리델-하르트(B.H. Liddell-Hart)가 2차 대전 후에 나치스의 장군들을 질문하면서 발견한 것

---

22) Yahil, *Holocaust*, 395-96.
23) Nathan Stoltzfus, "The Women's Rosenstrasse Protest in Nazi Berlin," *Nonviolent Sanctions* 1/3 (Winter 1989-90): 3, 8.
24) Ervin Staub, *The Roots of Evil* (Cambridge: Cambridge Univ. Press, 1989), 154.
25) Gene Sharp, "Tyranny Could Not Quell Them," *Peace News* (London), n.d.; Ernst Schwarcz, "Nonviolent Resistance Against the Nazis in Norway and Holland During World War II," in *Nonviolence in Theory and Practice*, ed. Robert L. Holmes (Belmont, Calif.: Wadsworth Publishing Co., 1990), 187. Sharp에 의하면, 나치스에 대항하여 폭력적인 반대가 너무도 부족하였기에 유태인들이 파멸된 것이라고 논쟁하는 것은 잘못되었다는 것이다. 전쟁이 끝나갈 무렵에 보다 대담하고 빠른 개입이 이루어졌더라면 유태인들의 생명을 수천 명 더 구해낼 수 있었겠지만, 유태인들을 학살하게 만든 전제 조건은 전쟁이 제공한 것이다. 괴벨(Goebbels)은 그의 일기장에 적기를, "평화 시라면 안 될 일도 다행히 전쟁 시라서 일련의 가능성을 우리들에게 제공한 것이다"라고 썼다. 도망칠 수 있었던 사람들은 여러 계층의 사람들이, 심지어는 나치스 장교들까지도, 협력을 거부하였기에 가능했던 것이다. 비협조를 강화했더라면 더 많은 사람들이 구조될 수도 있었을 것이다(*Making Europe Unconquerable*, 136).

으로, 그들은 러시아나 발칸의 산악지대, 혹은 연합군이 이미 가까이 다가온 지역을 제외하고는, 폭력적 저항세력을 취급하는 데는 별 어려움이 없었다고 한다. 그러나 그들은 덴마크, 홀란드, 노르웨이, 그리고 보다 적은 범위에서 프랑스, 벨지움에서 일어난 비폭력적 저항을 다루는데는 완전히 불가능했음을 회상했다. "그들은 폭력에는 전문가들이었고, 똑 그런 방법을 쓰는 상대방을 대하는 데는 잘 훈련되었다. 그러나 다른 형태의 저항에는 어쩔줄 몰라 했다. 그들은 비폭력이 게릴라 작전과 혼합되었을 때는 차라리 안심을 하였는데, 한꺼번에 두 가지를 묶어서 억압적 작전을 사용하는 것이 더 쉬웠기 때문이었다." 친절한 비협조가 다른 어떤 형태의 저항보다도 더 좌절감을 주는 것이라, 그들을 상대할 적절한 수단이 없었다고 장군들은 말했다. "만일 유쾌한 미소를 가지고, 그리고 선의로 한 잘못을 사과하는 표정으로 실천하면, 이해할 수도 없고 다루기도 힘들어서, 더욱 황당하게 된다. ... 이런 묘한 종류의 저항은 힘으로는 어떻게 다룰 수가 없다: 진실로 그건 어떻게 해볼 수가 없다. 그런 태업전술(일부러 천천히 하는 수법)엔 정말이지 어떤 해답이 없다."26)

1986-90년 사이에 비폭력운동이 성공한 사례는 줄줄이 증언되었지만, 내가 알기로는 같은 시기에 폭력적 봉기로 성공한 것은 단 한 사례도 없다. 남아프리카에서도 사람들은 반정부 폭력운동을 말했지만, 결국 정부를 협상 테이블로 끌어낸 것은 비폭력 저항운동이었다. 아프리카 민족국회(African National Congress)의 일부 무장 부대들은 거의 전적으로 효과가 없었다. 이란(Iran)의 혁명도 그 모든 폭력적 언사들과 결과적으로 폭력의 기록에도 불구하고, 비폭력적이었다. 즉 "일반인들의 데모, 설교들, 카세트 녹음들, 이런 모든 것들이 샤(Shah) 정부에 대한 대중적 지지를 철회하게 만들었기 때문이다."27)

전통적으로 모스크바에 가장 충성을 바쳐온 칠레의 공산당이, 아우구

---

26) B. H. Liddell-Hart, "Lessons from Resistance Movements--Guerrilla and Nonviolent," in Roberts, ed., *The Strategy of Civilian Defense*, 205-7.

27) Soedjatmoko, "Violence in the Third World," in *The Quest for Peace*, ed. Raimo Vayrynen with Dieter Senghaas and Christian Schmidt (London and Beverly Hills: Sage Publications, 1987), 299.

스토 피노체(Augusto Pinochet) 장군의 독재정부를 무력으로 타도하려 한 전략은 잘못이었음을 매우 씁쓸했지만 인정해야만 했다. 당을 민주화하려다가 추방되었던 전 당의 고위 간부였던 루이스 구아스타비노(Luis Guastavino)는 논평하기를, "피노체트는 궁전(宮殿)을 떠났다. 그러나 우리의 길을 통하여서는 아니었다"고 했다. 그는 말하기를, 당으로서는 고통스럽지만 인정해야 했는데, 지금 대통령 파트리치오 아일윈(Patricio Aylwin) 정부 안에 있는 기독교민주당(Christian Democrats), 사회당(Socialists), 그리고 다른 사람들이 선택한 비폭력의 길이야말로 성공한 길이었다.28)

비폭력의 미래

1910년 톨스토이는 지금에 와선 예언이 되어버린 당시의 통찰력을 가지고, 트란스바알(Transvaal)에 있던 간디(Gandhi)에게 편지를 썼는데, 남아프리카에서 벌이는 수동적 저항이야말로 "현재의 세계가 참여할 가장 중요한 행동이며, 기독교인들뿐만 아니라 땅 위에 있는 모든 사람들이 참여할 것"29)이라고 했다.

서구의 많은 사람들이 마르크스주의(Marxism)가 사라진 것을 축하하고 있다. 그러나 공산주의의 붕괴가 곧 누군가가 주장했듯이 자본주의의 승리라는 증거는 아니다. 그것은 오히려 경제적 불평등을 극복하기가 그토록 어려움을 냉정히 지적하는 것일 뿐이다. **공산주의**는 그 자체로선 자본주의의 엄청난 악용에 대한 반작용일 뿐이었다. 그것의 실패가 의미하는 바는 경제적으로 불이익을 당하는 사람들은 보다 평등한 체제를 이루기 위해 이제 **비폭력적으로 싸워야 할 것**이란 뜻이다. 아마도 이런 노력들은 이데올로기나 일반적인 청사진(계획서) 없이 진행되어야 할 것이다. 그것들은 악명 높은 억압에 대하여 그때그때 사정에 따라 임의적인 수단(ad hoc means)이 될 것이다.

---

28) Shirley Christian, "Chilean Communists in Turmoil About the Future," *New York Times*, Sunday, September 23, 1990, A5.

29) Mary Benson, *South Africa: The Struggle for a Birthright* (Middlesex: Penguin Books, 19660, 118.

사람들이 비폭력주의의 규칙, 철학, 그리고 계획을 훈련받는 만큼, 그들의 노력은 보다 더 효과적이 될 것이다. 그러나 그들의 비양심적인 재물과 이미 얻은 경제적 이익을 비폭력이 격퇴할 수 있을 것인지는 전혀 확실치 않다.

왜냐하면, 정치적 독재의 뿌리에는 언제나 돈의 힘이 도사리고 있기 때문이다. 동부 유럽의 민주화는 단지 전 세계적인 체제 안으로 통합되는 것을 의미할 뿐인데, 그 체제 속에선 초특급부자들과 가난한 자들 사이의 간격이 날로 넓어지고, 중산층과 하류층은 계속하여 발판을 잃어가고 있다. 동부 유럽에서 일어나고 있는 물품부족, 실업, 물가앙등 등으로 촉발되는 분노가 언젠가는 식량폭동, 무정부상태, 쿠데타 시도 등으로 이어질 수도 있다. 정치적 자유를 쟁취한 바로 그 "민중의 힘"이 도리어 이제는, 각 이익집단, 혹은 화가 난 집단들이 이미 굳어진 정치권으로부터 양보를 얻어내려고 하면서, 폭민정치(暴民政治 mobocracy)로 쉽사리 퇴화될 수도 있다.

기독교 신학은 어떻게 올바른 경제적 체제를 만들어 낼 수 있을까 하는 점에는 아무런 특권적인 통찰력도 갖지 못하고 있다. 그러나 그것이 공헌해야 할 것은 지배체제의 가치와 악순환을 대치할 하느님의 올바른 질서, 곧 하느님의 통치에 대한 비전(a vision of the reign of God)이다. 그런 포괄적인 비전이 필요한 것은, 불의에 항거하는 모든 투쟁들을 하나로 모아서, 하느님의 형상으로 창조된 각 사람의 참된 성취를 위하여 잘 합의된 장기적인 투쟁을 도출해야 하기 때문이다.

나라와 나라들 **사이의** 전쟁은 실제로 점점 줄어들고 있다. 세계에서 가장 전쟁이 많이 휩쓴 지역 가운데 하나인 서구(西歐)에서 전쟁이란 이제는 생각할 수 없고, 소련과 미국 사이의 전쟁도, 지금 이 글을 쓰고 있는 이 시간에는, 지극히 가능성이 멀게 보인다. 중남미에서 이웃 나라와 일련의 전쟁을 벌인 일들이 언제였던가 기억하기도 어렵다. 어쩌면 나라와 나라 사이의 전쟁이 실제로 급격히 감소하여 결국엔 완전히 없어질 것도 같다. 전쟁의 주요 원인이었던 국가주의(Nationalism)도 물러가고 있다. **국내에서** 들고일어나는 폭동의 원인도 인종분규와 정의롭지 못한 처사가 그 자리를 대신 차지하게 될 것이다. 이미 현재 일어나고 있는 90%의 전쟁은 한 국가 안에서 여러 분파들 사이의 싸움들이다. 세계는 이제 하나의 통합된 경제체제로 움직여

나가고 있으며, 그 체제 안에서는 국가의 군대들이 경제적인 정당한 몫이 거부된 자국의 시민들을 억제하려고 존재한다.

이런 새로운 사태에서는, 외부의 힘이 지닌 이해관계나 능력이 매우 제한되어 있기 때문에, 비폭력운동이야말로 더욱 긴급히 적용되는 것이고, 억압을 당하는 사람들은 민중의 힘 밖에는 다른 선택이 없을 것이다. 그리고 승리자나 패배자나 대결이 끝나고도 함께 존재할 수밖에 없기 때문에, **원수를 사랑하는 것을 배워야만 하는 실제적인 임무**가 가장 높은 우선적인 과제가 되어야 할 것이다.

사람들로 하여금 이런 변혁을 찾도록 촉진시키며 또 희망을 갖도록 해줄 인물은 지난 19세기 동안 그러기 위하여 기다려온 분, 곧, **나사렛 예수**이시다! 그러나 이번에는 교리의 그리스도(Christ of dogma)가 아니라, 단지 예수(Jesus)이니, 그는 하느님을 자신의 몸으로 살아낸 분, 또 하느님이 그를 통해서 거룩한 사랑과 현현(顯現)을 계시한 분이다. 예수 안에서 우리는 벌써 하느님의 탈지배적 질서의 존재를 그 특성이나 윤곽을 본다. 그의 안에서 우리는 오고 있는 시대, 참된 인간의 전형(典型 model), 그리고 실제적인 삶의 안내자를 확신한다.

예수가 지금처럼 현실적 의미가 있었던 적은 일찍이 없었던 것 같다. 세계가 지금보다 더 잘 준비된 적은 없었다.

제4부

사탄의 세력들과 영적인 삶

변화를 위한 모든 역동적인 새 힘은 엄격한 단련과 기율로 뒷받침된다. 문화-기독교의 미적지근한 퇴폐성(데카당스)으로는 영적인 선수를 길러내지 못한다. 내일의 시대를 짊어지고 나갈 사람들은 남들이 말하는 단련을 거쳐야 하지만, 그러나 자신을 처벌하거나 혹은 하느님의 환심을 사려고 해서는 안 된다. 그들은 음식을 먹고 물을 마시듯이 단지 영적으로 살아 있기 위해서 필요한 것을 하기만 하면 된다.

앞으로 나오는 장(章)들에서 그런 단련과 기율을 전부 취급할 수는 없지만, 내가 생각하기에 가장 기본적인 것들 몇 가지는 포함시킬 것이다. 즉, 우리의 원수들을 사랑하는 법을 배우기(14장), 우리들 내면의 폭력성을 감시하기(15장), 그리고 거의 전투적인 기도를 올리기(16장) 등이다. 전체적으로 이들 장(章)에서 취급하려는 것은 일상의 생활 속에서 권세들을 이해하는 실제적 가치에 대한 것이다.

왜 이렇게 별안간 불안하고 혼동이 되는가?
(얼마나 그들의 얼굴들이 엄숙해졌는가?)
왜 거리와 광장은 재빨리 청소되고,
모두는 자기들 집으로 돌아가 버렸나,
그토록 생각이 깊어서?
밤은 여기 왔는데, 야만인들은 아직 안 왔고,
어떤 사람들은 전선에서 도착하였고,
전선엔 야만인이란 더 이상 없다고 말했다.

그래 이제 야만인이 없이 우리는 뭐가 될까?
그 사람들이 일종의 해결책이었지.

- 카바피, "야만인을 기대하며"(Expecting the Barbarians)[1]

---

[1] C. P. Cavafy, *The Complete Poems of Cavafy,* trans. Rac Dalven (New York: Harcourt, Brace & World, 1961), 19.

14

감식 테스트: 원수를 사랑하기

내가 믿기로는 다가오고 있는 영적 부흥기(spiritual renaissance)에 심장을 활기 띠게 할 것은, 종교개혁 당시나 혹은 웨슬리 부흥운동 때처럼 바울(Paul)의 메시지가 아니라, 인간 예수일 것이다. 그리고 예수의 가르침 가운데서도 비폭력과 원수 사랑에 대한 말씀이 그 중심을 차지할 것이다. 그 말씀들이 특별히 다른 것들보다 더 참되어서가 아니라, 그 말씀들이야말로 새로운 지배를 만들어내지 않고 지배를 극복해갈 유일한 수단이기 때문이다.

오늘날 궁극적으로 중요한 종교적 질문은, 종교개혁 때의 질문이었던 "내가 어떻게 은혜로우신 하느님을 발견할 수 있을까?"(How can I find a gracious God?)가 아니라, 오히려 **"우리는 어떻게 원수들 안에 있는 하느님을 발견할 수 있을까?"**(How can we find God in our enemies?)이다. 우리를 몰아 하느님께로 향하게 하는 몰이 막대기가, 루터에게는 죄책감(guilt)이 문제였듯이 우리에겐 원수들(enemies)이 문제다. 때로는 순전히 사적이고 개인적인 문제였던 것, 즉 은혜를 통해 믿음으로 의롭게 되는 것(justification by faith through grace)이 이제 우리 시대에 와서는 전 세계를 끌어안아야 할 만큼 성장하였다. 존 스토우너(John Stoner)가 논평하듯이, 우리가 우리의 원수들에게서 우리 자신들을 구원하지 못하는 것은 우리가 자신들을 죄에서 구원해내지 못하는 것이나 마찬가지지만, 그러나 하느님의 놀라우신 은총이 이 두 가지에서 모두 우리를 구원해 내신다.2)

---

2) 1986년 Pennsylvania 주의 Bangor에 있는 Kirkridge Retreat Center에서 있었던 평화 운동가

사실상, 우리 시대에서는 원수를 통하지 않고는 하느님께 이를 길이 없다. 왜냐하면 원수를 사랑하는 것이 핵무기 시대에 인류의 생존과 개인적인 변혁 둘 모두를 위한 가장 중요한 열쇠가 되어버렸기 때문이다. 냉전의 종식은 핵 위기를 해결한 것이 아니라 약간 완화했을 뿐인데, 이제는 전면전의 위협에 속박되지 않은 작은 나라들에 핵무기가 확산되고 있는 징조를 보인다. 이제는 국경분쟁이나 침략행위 등이 핵무기를 위험한 지경까지 몰고 나가는 극단정책으로, 혹은 테러로, 혹은 홀로코스트(holocaust 대량학살)로 처리될 수 있다. 오늘날, 그 어느 때보다 더욱, 우리는 악인이나 선인 모두의 머리 위에 태양이 떠오르게 하시는 하느님께 도움을 요청하든지, 혹은 아예 다시는 태양이 떠오르지 않게 만들 수도 있다.

예수의 비폭력 정면 행동과 원수 사랑에 대한 가르침은 또한 진정한 기독교의 감식(鑑識) 테스트(acid tests)다. 귀신을 쫓아내는 의식에서 악마가 하느님의 이름을 부르는 것을 견디어내지 못하듯이, 오늘날 우리의 거짓 예언자들도 원수 사랑을 말하는 것을 견디지 못한다. 전에 주의회 의장이요 도덕적 다수(Moral Majority)의 전국총무였던 그레그 딕슨(Greg Dixon) 목사는 "우린 이제 다른 뺨을 돌려대기에 지쳤다..... 제기랄, 그게 우리가 이제까지 한 모든 것이야"라고 주장하면서, 그들의 적대자들의 죽음을 위하여 기도하자고 그의 추종자들에게 강권하였다.3) 제리 폴웰(Jerry Falwell) 목사와 그의 동료들은 격투사의 정신상태, 그리고 힘을 통한 평화(peace through strength)를 주장하는 챔피언들이다. 그들에게 예수의 창조적 비폭력운동은 무기력한 비겁함과 다름없는 것이다. 제임스 샌더스는, "거짓 예언자는 하느님이 원수들의 하느님도 되심을 생각할 수 없다"4)고 우리들에게 상기시켜 주고 있다.

예수의 비폭력운동과 원수 사랑의 길은 종종 비실제적이고, 너무 이상적이고, 국가들이나 억압받는 사람들이 자신들을 방어할 필요에 부응하지 못한다고 무시되어 왔다. 그러나 구원하는 폭력(redemptive violence)이라는 신

들의 모임에서 한 논평.
3) 날짜가 찍히지 않은 편지(People for the American Way: 미국의 방식을 위한 사람들)에서 인용: 이 편지가 아니었으면 얻지 못했을 유용한 자료다.
4) James A. Sanders, "Hermeneutics in True and False Prophecy," in *From Sacred Story to Sacred Text* (Philadelphia: Fortress Press, 1987), 103.

화는 적어도 절반 정도는 실패하였음에도 불구하고, 그런 현실적 타당성이 없다고 비판된 적이 없다. 그 신화가 죽임으로써 구원하는 능력을 찬양하고, 지성인들이나 정치가들 (신학자들은 말할 것도 없고) 모두가 용인하는 특권적인 입장으로 인하여, 구원하는 폭력이라는 신화는 마르크스주의자나, 자본주의자, 파시스트(fascists 국수주의)나, 좌파든 무신론자든, 그리고 교회에 다니는 사람에게든, 그들 모두가 가장 좋아하는 신화가 되어버렸다. 구원하는 폭력은 종교와 민주주의 연구소(Institute of Religion and Democracy), 세계교회협의회(World Council of Churches)의 일부, 그리고 『오늘의 기독교』(Christianity Today)나 『기독교와 위기』(Christianity and Crisis)와 같은 잡지들, 그리고 해방신학이나 보수신학의 많은 부분에서 널리 받아들여지고 있는 이데올로기이다.

그리고 나서 미증유의 정치적 격변의 해, 기적의 해, 인류 역사상 어떤 집중적인 정치적 변동도 능가하며, 심지어 출애굽(Exodus)도 능가하는 시기인 1989-1990년이 왔다. 1989년 한 해에만도, 전 세계 인구의 32%가 넘는, 13개국의 16억 9천 5백 1십만 명 사람들이 비폭력적 혁명을 경험하였는데, 이는 중국을 제외하고는 모든 경우 아무도 전혀 예상조차 하지 못한 성공을 거두었고, 루마니아(Romania)와 남부 소련(U.S.S.R.)을 제외하고는 모든 경우에 완전히 비폭력적(참가자들 편에서는)이었다. 관련된 국가들은 폴란드, 동독, 헝가리, 체코슬로바키아, 불가리아, 루마니아, 알바니아, 유고슬라비아, 몽골, 소련, 브라질, 칠레, 그리고 중국 등이었다. 그 후로 네팔, 팔라우, 마다가스카르 등이 비폭력 투쟁을 벌였으며, 라트비아, 리투아니아, 그리고 에스토니아 등이 비폭력적으로 독립을 쟁취하였고, 소련은 여러 개의 공화국으로 해체되었으며, 몽골, 가봉, 방글라데시, 베닌, 알제리를 포함하여 12개도 넘는 나라들이 다수당 민주주의를 발전시켰다. 만일 1986년이래 주요한 비폭력 행동이 있었던 나라들(필리핀, 한국, 남아프리카, 이스라엘, 미얀마, 뉴칼레도니아, 뉴질란드)과 금세기의 비폭력운동을 한 다른 나라들을--인도와 가나의 독립운동, 이란에서 샤(Shah) 정권을 무너뜨림, 아르헨티나와 멕시코에서 독재정권 및 대토지 소유주들에 대항한 투쟁, 미국의 민권운동, 연합농장노동자, 베트남 전쟁 반대, 핵무기 반대 투쟁들--모두 합치면, 참가자들은 물경 33억 7천 4백만 명에 이른다. 이것은 전 세계 인구의 64%나 되는 엄청난 인원들이다!

끊임없이 되풀이되는 주장, 즉, 비폭력은 "실제" 세상에서는 안 통한다는 주장에도 불구하고 이런 결과가 있는 것이다. 마치 예수에 의하여 복음의 핵심이라고 설명된 비폭력적 방법이 마침내 부지불식간에 이런 추종세력을 만들어낸 것 같다. 어린이를 희생 제물로 바치는 일, 검투사들의 싸움, 노예제도, 식인(食人) 습관, 식민주의, 2인 결투 등이 사라져버린 것 같이, 이제 전쟁도 종식(終熄)시킬 꿈이 실현되는 첫 단계에 이른 것 같다.

지금 일어나고 있는 것들의 의미는 보다 큰 틀에서 보아야 할 것이다. 즉 인류는 진화(進化)의 과정이 그 자체를 의식하는 수단으로 생겨난 것 같다. 게르트 타이센에 의하면, 예수와 함께 발생한 것은 자연선택(natural selection), 즉 적자생존(survival of the fittest)의 비정함에 대한 **결정적 항거**인데, 그런 항거는 이미 이스라엘 종교에서 히브리 노예들이 이집트를 대량 탈출함으로써 시작되어 점점 더 명백하게 선포된 것이기도 하다. 예수는 자연에서나 인간 문화에서 "가장 잘 맞는 것," 즉 적자(the fittest)를 선택하는 것을 거부하여, 그는 자연 과정이 키질하여 골라 내버리는 것들, 즉, 온유한 자들, 가난한 자들, 불구가 된 자들, 병든 자들, 정신박약자들, 부랑자들, 천민들, 그리고 악령에 들린 사람들을 지지한다.5)

예수가 처음으로 비폭력을 실천한 사람은 아니다. 실제로, 그는 그것을 자기 주변 사람들에게서 배웠다.6) 그러나 비폭력을 몸으로 살아낸(肉化) 그

---

5) Gerd Theissen, *Biblical Faith: An Evolutionary Approach* (Philadelphia: Fortress Press, 1985), 112-19.

6) Josephus, *War* 2. 169-74; *Ant.* 18.55-59. 유태종교와 히브리 성경에서 비폭력과 원수 사랑에 대해서는 출 23:4-5 (신 22:1에 물 타기로 약화되긴 했지만), 왕상 3:10-12; 욥 31:29-30; 잠 24:17-18, 29; 25:21-22; 욘 4:2, 4, 11; 에녹2서 44:4-5; 50:3-4; 51:3; 60:1; 61:1-2; 전 28:1-9; *Letter of Aristeas* 207, 225, 227, 232; *Joseph and Asenath* 23:9; 28:4, 14; 29:3; *Test. Ben.* 4:2-3; *Jos.*18:2; *Gad* 5:5; 6:1-7; *Iss.* 7:6; *Zeb.* 7:2-4; *Pseudo-Phocylides* 140; *Abot de R. Nathan* 30; *Seder Eliahu Rab.* 49. 더 많은 참조를 위해서는, William Klassen의 철저한 text 카탈로그인, *Love of Enemies* (Philadelphia: Fortress Press, 1984); 또한 그의 "The Novel Elements in the Love Command of Jesus," in *The New Way of Jesus*, ed. Klassen (Newton, Kans.: Faith and Life Press, 1980), 100-14; Pinchas Lapide, *The Sermon on the Mount* (Maryknoll, N.Y.: Orbis Books, 1986), 77-97; Krister Stendahl, "Hate, Non-Retaliation, and Love," *Harvard Theological Review* 55 (1962): 347; Friedrich Heiler, "The History of Religions as a Preparation for the Cooperation of Religions," in *The History of Religions: Essays in Methodology*, ed. M. Eliade and J.M. Kitagawa (Chicago: Univ. of Chicago Press,

의 방식은 약한 자들 위에 강한 자들이 군림하는 형태를 거부하였다는 점에서 진화과정(進化過程)을 깨치고 뚫고 나온 **돌파구**(突破口)였다. 그는 약한 자들에게 근본적인 인간성을 긍정하도록 하는 방법을 제공하는데, 멀리 떨어진 미래에서 그 방법을 찾는 것이 아니라, 지금 당장 여기(here and now) 억압이 벌어지고 있는 현장에서 찾는 것이다.

폴란드의 쏠리대리티(연대운동: Solidarity)가 심지어는 공산주의와 계엄령 아래에 있는 상황에서도 예수의 비폭력적 방식은 가능함을 증명하였다. 사실상 사람들은 이렇게 말하는 셈이다: "어떻게 되었으면 좋겠다고 당신이 생각한 그대로 실천하기 시작하고, 사회가 어떤 모습이었으면 좋겠는지, 그대로 사세요. 당신은 언론의 자유를 믿는가요? 그럼 자유롭게 말하세요. 당신은 진리를 사랑하시나요? 그럼 그걸 말하세요. 당신은 개방된 사회를 원하시나요? 그럼 공개적으로 행동하세요. 당신은 너그럽고 인간다운 사회를 원하시나요? 그럼 너그럽고 인간답게 행동하세요." 이런 행동은 곧 유행이 되었고, 사실상 "닫힌 사회에서 자유라는 전염병"을 옮기고 말았다. "마치 …인 것처럼"(as if) 하고 행동하였기에, 폴란드는 이미 자유로운 나라가 되었으며, 쏠리대리티가 자유로운 나라를 **만들었다**. "마치…인 것처럼"은 곧 허위를 끝내고 사실이 되어버렸다. 10년 이내에 쏠리대리티는 정부를 이양 받았다. 이는 곧 사회 혁명이 정치적 혁명으로 되는 생생한 예일 뿐만 아니라, 또한 죠나단 쉘의 말대로 혁명의 역사에서 새로운 장(章)을 마련한 것이다. 즉 혁명 속의 혁명(a revolution in revolution)으로.7)

비폭력 정면 운동은, 그 고통스런 결과들을 자발적으로 감내할 필요가 있다는 사실을 생각할 때, 비록 그 운동이 사소한 이기적인 표현일 가능성이 매우 적지만, 우리들 가운데는 지지하지 못하는 이유들을 위해 사용될 수도 있다.8) 마찬가지로, 그것은 남들의 순수한 복지를 위한 관심이 없이, 그들을

1949), 147.

7) Jonathan Schell, "Reflections: A Better Today," *The New Yorker*, February 3, 1986, 47, 57, 60. 로마 가톨릭 교회의 급진적 좌파가 없었다면, Solidarity는 내부 분쟁으로 인하여 거의 와해될 뻔하였다. 그러나 그것은 살아남았을 뿐만 아니라, 결국은 이겼다.

8) 칠레의 중산층들에 의한 트럭 운전수들의 파업, 항아리를 두드리며 항의 데모를 벌여서, 1973년 아헨데(Allende) 정권을 무너뜨리는데 도움을 주었다. 미국에서는 임신중절에

멸시하거나 조작하여 속이거나, 혹은 복수를 하기 위하여 사용될 수도 있다. 원수에 대한 사랑이 없으면, 비폭력은 강제력이라는 화살통 속에 들어 있는 단지 또 하나의 화살에 불과할 것이다. 예수의 비폭력의 근본 원리는 단기적으로 비폭력적 전략의 유효함도 아니며, 혹은 장기적으로 인류의 이익도 아니고, 오히려 하느님의 본성이다.

하느님은 모두를 포용하신다

예수는 우리가 원수를 사랑해야만 하는데, 그 이유는 하느님이 그러하시기 때문이라고 말한다. 하느님은 "악한 사람에게나 선한 사람에게나 똑같이 햇빛을 주시고 옳은 사람에게나 옳지 않은 사람에게나 똑같이 비를 내려 주신다"(마 5:45). 우리는 원수를 사랑해야 하며 우리를 박해하는 사람들을 위해 기도해야만 한다. 그래서 우리가 "은혜를 모르는 자들과 악한 자들에게도 인자하신"(눅 6:35), 이 이상한 아버지-어머니의 자식들이 되기 위해서다.9)

반대하는 그룹들이 임신중절 시술소를 닫아버리도록 비폭력적 시위를 벌였다. 종교적 보수주의자들은 그들이 싫어하는 영화, 예컨대 *The Last Temptation of Christ* 같은 것을 상영금지 하도록 극장 앞에서 피켓을 들고 비폭력 시위를 벌였다. 한국(Korea)에서는 학생들의 장례식 행렬을 막기 위해서 경찰들이 길바닥에 누워버렸다. 나는 이런 일련의 사태에 대한 그들의 신념에는 동의할 수 없을지라도, 그들이 선택한 방법에는 박수를 보내는 바이다.

9) 이 본문에 대한 도서목록은 엄청나게 많은데, John Piper가 잘 모아놓았다: John Piper, '*Love Your Enemies*': *Jesus' Love Command in the Synoptic Gospels and in the Early Christian Paraenesis*, SNTSMS 38 (Cambridge: Cambridge Univ. Press, 1979), 235-48. 그의 목록 외에 더 보고 싶으면, Albert Nicolas, "Etude Biblique. La relation avec l'ennemi," *Foi et Vie* 59 (1960):235-51; E. K. Lee, "Hard Sayings--I. Be ye therefore perfect, even as your Father which is in heaven is perfect. Mt. 5:48," *Theology* 66 (1963): 318-20; G. A. Robson, "Hard Sayings," *Theology* 66 (1963): 462; P. Schruers, "La paternite divine dans Mt. 5:45 et 6:26-32," *Ephemerides Theologicae Lovanienses* 36 (1960): 593-624; Jacques Dupont, "L'appel a imiter Dieu en Mattieu 5:48 et Luc 6:36," *Rivista Biblica* 14 (1966): 137-58; " 'Soyez Misericordieux' (Lc., VI, 36)," *Sacra Pagina* 2, ed. J. Coppens, A. Descamps, E. Massaux, *Bibliotheca Ephemeridum Theolocarum Lovaniensium* 12/13 (1959), 150-62; P. J. du Plessis, "Love and Perfection in Mt. 5:43-48," *Neotestamentica* 1 (1967): 28-34; H. Ljungman, "Das Gesetz efuellen," *Lunds universitets aersskrift* I, 50(1954): 89-91; A. Georges, "Soyes parfaits comme votre Pere celeste (Matth. 5, 14-48)," *Bible et Vie Chretienne* 19

종교란 이름으로 알려진 많은 것들이 이런 하느님의 존재를 부정한다. 즉 "하느님"이란 착한 사람을 상주고 악한 사람을 벌주는 우주의 도덕적인 힘을 말하는 것이 아닌가? 이것이 바로 세례 요한의 메시지였으며, 후일 교회의 메시지로 된 것이다. 요한의 설교에서, 하느님은 악에 대항하여 엄청난 반대의 폭력을 사용하여 모든 악을 뿌리뽑는 분으로 묘사되었다. 실재의 한 편이 몽땅 쓸어버려질 것이다. 표면상으로, 요한은 쭉정이 같은 사람들을 생각하고 있었다. 하느님이 그들을 불로 태워버리실 것이다(마 3:7-12/ 눅 3:7- 18).

이와는 대조적으로, 예수는 심판을 마지막으로 보지 않고 시작으로 이해하였다. 불로 회개하게 하는 강(江)은 태워 버리기 위함이 아니라 깨끗하게 하기 위함이요, 없애기 위함이 아니라 구원하기 위함이다. 하느님의 심판이 의도하는 것은 파괴하기 위함이 아니라, 사람들로 하여금 자신들의 삶에 파괴적인 진리에 대하여 깨우침을 주고자 함이다. 예수는 임박한 대파국의 묵시적 비젼을 잡아서 이를 시간 속으로 던져 넣어, 즉, 하느님의 예상치 못했던, 혹은 설명할 수 없는 용서하심을 현재의 시간에서 만나도록 던져준다. 심판이란 이제 더 이상 실패한 삶에 대해 때려부수는 마지막 말씀이 아니라, 새로운 창조의 첫 번째 말씀이다. 예수는 이런 새로운 창조의 삶을 살아내었는데, 그는 이를 **식탁 교제**(table fellowship), 즉 기성종교가 하느님의 원수들이라고 낙인찍은 부랑자들, 죄인들, 배신자들과 식탁에서 친교(親交) 함으로써 이룩하였다. 즉 예수는 그들이 회개하기를, 존경할 만하게 되기를, 그리고 하느님의 용서와 인간들과 관계회복을 얻을 희망으로 선한 일들을 할 때까지 기다리지 않았다. 그 대신 그는 죄인들 앞에 불쑥 나타나서는, 그들이 회개를 하기도 전에, 관계회복이나 화해를 위한 무슨 행동을 하기도 전에, 과감히 그들의 죄가 용서되었다고 선언하였다. **모든 것이 뒤바뀌었다.** 당신은 용

(1957): 84-90; G. Lohfink, "Der ekklesiale Sitz im Leben der Aufforderung Jesu zum Gewaltverzicht (Mt. 5, 39b-42 /Lk 6, 29 f)," *Theologische Quartalschrift* 162 (1982): 236-53; Georg Strecker, "Compliance--Love of One's Enemy--The Golden Rule," *Australian Biblical Review* 29(1981): 38-46; Juergen Sauer, "Traditionsgeschicht- liche Erwaegungen zu den synoptischen und paul- inischen Aussagen ueber Feindesliebe und Wiedervergeltungsverzicht," *Zeitschrift fuer die Neutestamentliche Wissenschaft* 76 (1985): I-28; J. Lambert, "The Sayings of Jesus on Nonviolence," Louvain Studies 12 (1987): 291-305; Luise Schottroff and Wolfgang Stegemann, *Jesus and the Hope of the Poor* (Maryknoll, N.Y.: Orbis Books, 1986), 60-63.

서되었소, 그러니 이제 당신은 회개할 수 있소! 하느님이 당신을 사랑하신다오, 그러니 이제 당신의 눈을 들어 하느님을 바라볼 수 있소! 적대관계는 지나갔다. 당신은 원수였소, 그러나 하느님이 당신을 받아들이셨소! 이것을 얻기 위하여 당신이 뭔가를 할 필요는 없소. 당신은 다만 이걸 받아들이기만 하시오!

예수가 생각하는 하느님 이미지의 급진적 성격은 그가 자연으로부터 그려낸 당연함에 의하여 감추어져 있다. 즉 하느님은 분명히 사람들의 의로움에 따라서 누구에겐 햇빛과 비를 내려 편애(偏愛)하시고, 다른 이들에게는 가뭄과 어둠을 내리시지는 않는다. 그러나 사실상, 사회는 모든 방법을 동원하여, 오직 어떤 이들만 하느님의 사랑을 더 받고 다른 이들은 외면한다는 그런 인상을 만들어 내었다. 즉 의복, 피부색, 국적, 재산, 성별, 성적 편향, 교육, 언어, 생김새, 건강, 그 밖의 것들로 인하여, 우리가 축복 받은 자들인지 저주받은 자들인지, 사랑 받는 자들인지 배척받는 자들인지를 대변에 구별되도록 한다. 사람을 구별하는 이런 선발의 절차에 잘 어울리면 엄청난 이득이 있고, 만일 이를 배척하면 혹심한 처벌을 받게 된다. 왜냐하면 이들 유전적 요소와 계급이라는 우발적 특성이 사람의 사회적 위치와 권력을 결정하고, 누구든 이것들을 손상하는 자는 불평등한 특권의 토대를 무너뜨리는 것이기 때문이다. 따라서 하느님이 피라미드 꼭대기에 앉아 그 피라미드 전체 구조를 합법화하면서 앉아 있지 않다고 말하는 것, 그리고 누구는 편애하거나 누구는 배척하거나 하지 않는다고 말하는 것은, 그런 피라미드 전체 구조가 하느님의 본성을 무시하고 이룩한 인간의 계략이라고 폭로하는 것이다.

하느님의 모두를 포용하는 부모로서의 돌보심을 예수가 간명하게 언급한 것은, 그러므로 인간의 행동에 대하여 예상치 못한 결과가 부여됨을 말하고자 한 것이다. 즉 우리는 원수들을 사랑할 수 있다. 왜냐하면 하느님이 그러하시기 때문이다. 우리가 만일 우주의 중심적인 실재와 상응(相應)하기를 원한다면, 우리는 하느님이 행동하시는 것처럼 행동해야 한다--그리고 결국 하느님은 모든 것을 공평하게 받아들이신다. 하느님에 대한 이런 급진적인 비전은, 이미 히브리 예언자들에 의하여 감지되었지만, 그러나 현재 다스리고 있는 권세들 사이엔 별로 인기가 없었던 것으로서, 참된 인간 공동체의 바탕이다.

　우리가 원수들과 연대하는 것은 하느님을 공동의 부모로 갖고 있는 것뿐만 아니라, 또한 **우리들의 공통적인 악**에도 있다. 하느님은 "은혜를 모르는 자들에게도 그리고 사악한 자들에게도 친절하시다." 우리도 그들(사악한 자들)과 마찬가지로 하느님이 세상을 위하여 바라시는 것에 반대하여 적의(敵意) 속에서 산다. 우리는 자신들을 "의롭고" 도 "선한" 사람들로 정체성을 갖고 싶지만, 그러나 우리는 의와 불의, 선과 악의 혼합이다. 만일 하느님이 우리에게 동정적이 아니셨다면, 우리는 모두 다 구원받지 못했을 것이다. 만일 하느님이 우리들의 완화되지 않은 악에도 불구하고 우리를 향하여 동정적이시라면, 하느님이 우리의 원수들에 대하여서도 마찬가지로 대하실 것임에 틀림없다. 우리가 자신들의 내적인 그림자(inner shadow)를 인정하기 시작하면, 다른 사람들 속의 그림자에 대해서도 보다 너그럽게 될 것이다. 우리가 우리 자신들 속에 있는 원수들을 사랑하기 시작하면, 우리 밖에 있는 원수들을 사랑하기 위해 필요한 동정심을 발전시킬 것이다.

　그러나 만일 우리가 사랑하는 하느님이 우리가 미워하는 사람들을 미워하신다고 우리가 믿으면, 우리는 우리 자신들 속에 음흉한 의심을 집어넣는 것이다. 무의식적으로 우리가 알고 있는 것은, 다른 사람들을 향하여 적대적인 신(神)은 우리들을 향해서도 잠재적으로 적대적일 것이라는 점이다.10) 그리고 우리는 누구보다도 더 잘 알고 있는 바, 그런 적대감을 받을 충분한 이유가 우리에게 있다는 점이다. 만일 하느님이 모든 사람에게 공평하게 햇빛과 비를 보내시지 않는다면, 하느님은 모든 사람을 다 사랑하지는 않을 뿐만 아니라, 아무도 사랑하지 않는 것이 된다.

완전주의(完全主義 Perfectionism)에 반대하여

　마태복음에서 원수를 사랑하라는 말씀 속에 끼어 넣은 놀라운 말씀은

---

10) Edwin A. Hallsten, "The Commandment That Kills –Paul and Prohibition," a paper presented to the Colloquium on Religion and Violence, New Orleans, November 16, 1990.

이렇다: "하늘에 계신 아버지께서 완전하신 것같이 너희도 완전한 사람이 되어라"(마 5:48). 복음서는 두 가지 서로 상반된 것을 한꺼번에 말하고 있는 것 같다. 즉 하느님은 선하든 악하든 똑같이 모든 사람을 무조건적으로 사랑하신다. 그리고 하느님의 사랑은 결국 조건적이다. 왜냐하면 우리는 완전해야만 하기 때문이다. 이 마지막 줄은 예수가 가르친 모든 것에 반대되는 것 같다. 만일 내가 완전하지 않다면, 어떻게 되는가? 배척, 고립, 지옥 불의 운명이다! 우리의 하늘에 계신 부모는 더 이상 은혜를 모르는 자나 사악한 자에게 친절하지 않으신 것처럼 보이고, 그래서 이제 매우 사람을 봐가며 고르시는 분으로 된다. 즉, 제대로 생각할 줄 아는 사람이면 부모로 갖고 싶지 않은 그런 하느님, 받을 만한 가치만큼 정확히 측량해 사랑을 주시는 그런 하느님, 그분의 사랑은 우리가 노력해서 받아야만 하고, 분노는 진정시켜 드려야 하며, 배척하는 경향은 완화시켜 드려야만 하며, 무조건적인 사랑, 자비, 은혜를 베풀 줄 모르시는 무능하심을 기독교인들의 심리 속에 영원한 상처로 지니고 살아가야만 하는 그런 하느님이 되는 셈이다.

예수라면 결코 "완전하게 되어라!" 하고 말하였을 리가 없다는 점을 알고 나면, 즉시 위안이 된다. 아람어나 히브리어에는 그런 말이나 개념이 없다.11)

---

11) 히브리 성경의 영어 번역에서 "완전하다"(perfect)는 말은 오늘날 영어가 뜻하는 "흠 없는"(faultless), "순수한"(pure), "이상적인"(ideal) 것을 뜻하도록 전혀 이를 제대로 반영하지 못하고 있다. 봉헌(奉獻 offering)할 물건은 "완전한"(perfect) 것 (레 22:21, *tamim*)이어야만 했는데, 그러나 그것은 단지 일그러진 모양이나 병든 것("눈먼 것이나, 뼈가 부러졌거나, 다리가 잘린 것, 병들어 물이 나오는 것, 옴이나 종기가 많이 난 것" 레 22:22)이 아닌 것을 뜻했다. "완전한 지식"의 사람은 단지 주제를 전부 파악하고 있는 사람이다(*tamim*, 욥 36:4; 37:16). 율법이 "완전하고, 영혼을 소생시킨다"는 뜻은 "완전히 만족하게 하는 것"을 뜻한다(시19:7). 여자나 혹은 남자의 아름다움은 "온전하고"(total), "완전한" (complete) 것이 될 수 있다(*tamim*, 아 5:2; 6:9). 하느님은 완전하시다고 기록되어 있지만(*tamim*, 신 32:4; 삼하 22:31), 그러나 시편 18편에 그 의미의 실마리가 주어져 있다. 시편18:30은 "이 하느님-그의 길은 완전하시다"(*tamim*)고 말하며, 이를 32절에서 해설하기를, 하느님이 "나에게 힘을 주시어 나무랄 데 없이 잘 살게 해주셨다"라고 한다. 하느님의 길은 흠이 없다(flawless)고 하기보다는, 안전하고, 믿을 수 있는 것이다. 이리하여 신실한 사람은 "주님께 완전히 충성"(royal: *tamim*) 됨을 즐길 수 있다(신 18:13)-아마도 이 절이 마태 5:48의 모델이 된 것 같다. 몇몇 영어 성경에서는 히브리 성경의 *shalem*이란 단어를 "perfect"라고 번역하여 놓았는데, 거의 항상 "perfect heart" (완전한 마음)을 뜻한다; NRSV에서는 "perfect"란 단어를 없애고, "whole heart," "single mind," "true," "full intent," "devote yourselves completely"라고 써있다. 간단히 말해서, 히브리 성경에는 오늘

또한 그러기엔 상당한 이유가 있다. 십계명의 제2 계명은 모양을 본따서 만든 우상을 만드는 것을 금지하고 있다(출 20:4). 이스라엘은 결국 시각적인 예술을 발전시키지 못했다. 마태복음에서 사용한 "텔레이오스"(*teleios*)란 단어는 그리스어의 미학적인 단어다. 그것은 완전한 기하학적인 모양, 완전한 조각품을 그려낸 단어다. 그것은 윤리적 담론에서는 좀체 사용되지 않은 단어인데, 도덕적인 완전함은 인간의 한계를 넘어서는 것이고, 그래서 그리스의 신앙심으로서는 일종의 오만(hybris)으로 여겨지기 때문이다.12)

마태 기자는 "텔레이오스"(*teleios*)란 단어를 신명기 18:13을 번역한 그리스어에서 따온 듯한데, 신명기에선 히브리 단어 "타민"(*tamin*)을 사용하고 있었다.("타민"은 "온전하다 완성되었다, 끝내었다, 전체, 보전" 등을 뜻한다: whole, complete, finished, entire, integrity). 영어성경 NRSV에서는 "You must remain completely loyal to the Lord your God"("너희는 한 마음으로 너희 하느님 야훼만 섬겨라"--공동번역)로 번역되어 있다. 이스라엘에서는 완전(完全)에 가장 가까운 것은 흠이 없는 것이었다. 이는 순전히 부정적이고 기능적인 아이디어(생각)다. 형편없이 못 생긴 사람이라도, 신체장애자거나, 병자거나, 몸이 변형되거나 하지만 않았으면, 유태인의 희생제사에서 시중들고 일을 담당할 수 있었다. 아름다움에 대한 긍정적인 규범은 없었고, 다만 어떤 것들이 제외되어야 할 것인가에 대한 부정적인 기준만 있었다.13)

날 우리의 영어에서 쓰는 "perfect"란 단어에 일치하는 표현이 없었다.

12) 고전 그리스어에서 *teleios*는 오늘날 영어에서 "perfect"라는 뜻으로 연결되는 것이 거의 없었다. 그것은 흠이 없는 희생제물, 제의(祭儀)를 완벽히 해냄, 전조(前兆)를 확실히 말하는 것 등을 뜻했다. 그것은(즉 *teleios*) 여러 뜻을 가지고 있었는데, full, valid, authoritative, final, mature, fully grown, life-sized, adult, accomplished, expert, trained, qualified, serious, absolute, fulfilled, 등등. 신(神)들은 *teleioi* 했는데, 도덕적으로 완벽함이 아니었고(!), 단지 매우 강력하고, 기도를 이루어줄 수 있는 것을 뜻했다 (G. Delling, "*teleios*," *TDNT*, 8 [1972]: 67-78).

13) *Targum Pseudo-Jonathan* Lev. 22:28은 누가복음 6:36과 너무도 비슷한 하가다(Haggadah: Talmud 가운데 비율법적인 교훈. 역자주) 보충을 포함하고 있다--"나의 백성, 이스라엘의 자손들아, 너희의 아버지께서 자비하심같이 너희도 땅 위에서 자비하여라." 여기 하느님을 흠내내는(본받는) 주제가 등장하는데, 그러나 완전주의(perfectionism)에 대한 언급은 전혀 없다. 처음으로 도덕적 완전주의가 등장하는 것은 철저히 헬라화된 필로(Philo)에 의하여서였다(e.g., *Quod det*. 60). *teleios* 란 단어는 마태복음에만 딱 두 번 나오고, 다른 복음서들에는 전혀 나오지 않는데, 이는 분명히 마태 기자가 19:21(막 10:21, 눅 18:22와

그리스인들 가운데는, 완전함이란 사람에게서 나오는 것이 아니라, 예술 작품에서 나오는 것이다. 중세기에, 그리스어와 히브리어가 함께 유착(癒着)되어, 죄(罪)가 흠(欠)의 자리를 차지하게 되었다. 완전함이란 어떤 방식으로 행동하거나, 심지어 어떤 방식으로 생각하지 않는다는 점에서 부정적으로 정의되었다. 죄에 대한 생각이 너무도 깊어서 도덕적 완전주의는 일반인들에게는 전혀 문제가 되지도 않았고, 다만 "영적인 선수들"(spiritual athletes)이나, 금욕주의자들이 도덕적 완전함에 도달하는 것을 필생의 과제로 안고 살았을 뿐이다.

계몽주의 시대에 들어와서, 그리스의 미학적 규범들이 신고전주의 예술에 다시 소개되어 그 보편성의 추구와 함께 드디어 도덕적 완전주의가 실제적으로 널리 상상될 수 있게 된 것이다. 개신교의 종교적 평등주의(egalitarianism)와 계몽주의의 합리적 평등주의(equalitarianism)가 합류하여 처음으로 죄 없음(無罪)의 이상(理想)을 만들어내어 --액면그대로는 이단적인--문화적인 목표뿐만 아니라 심대한 강박관념이 되었다. 다만 많은 개신교 교회들이 은혜로만 의롭게 된다(justification by grace alone)는 생각을 공식적으로 신봉한 사실 때문에, 완전주의적 도덕주의의 발전을 점검할 여유가 없었다. 인간성이 스스로 완전하게 된다는 계몽주의의 이상이 서구 문화에 깊이 스며들어서, 괴상한 행동은 사회적 규범들에 일치하게 살지 못하는 실패로 정의되었는데, 그 사회적 규범들이라는 게, 이제는 위반을 하면 변명의 여지가 없고(가령 인간의 죄성 같은), 또 회복의 여지도(가령 용서) 없다. 이처럼 완전주의라는 것은 개신교의 특성일 뿐만 아니라, 서구 문화 일반의 유물(遺物)이기도 하다.14)

그 문단의 나머지 부분의 맥락에서 본다면, 예수가 하느님처럼 행동하라는 말씀을 한 것은 분명히 그 뜻이 드러난다. 즉 우리가 완전할 수는 없지만, 그러나 하느님처럼, 모든 것을 포용하고, 심지어 우리의 사랑에 대하여

비교하라)에 첨가한 것이요, 신명기 18:13과 레위기 19:2의 영향을 받아 마태 기자가 5:48에도 첨가한 것이리라(Isabel Ann Massey, *Interpreting the Sermon on the Mount in the Light of Jewish Tradition as Evidenced in the Palestinian Targums of Pentateuch* [Lewiston: Edwin Mellen, 1991], 13, 43-51, 68 n. 81: 독자들은 그녀가 *tamim*과 *shalem*를 번역하기 위하여 영어의 "perfect"란 단어를 무비판적으로 사용했음을 주의하기 바란다).
14) 나는 이것의 역사적 반성의 출처를 발견할 수는 없으나, 다만 Cornel West가 말한 것을 내가 들었다고 희미하게 기억하고 있다.

최소한의 권리와 주장을 하는 사람들까지도 사랑해야 한다. 심지어 원수를 향해서도 우리는 차별하지 말고, 모두를 포용하며, 용서하고, 이해해야만 한다. 우리가 원수를 볼 때, 우리가 하느님의 사랑을 받듯이 그들도 하느님의 사랑을 받음을 알아야 한다. 우리는 하느님이 동정적(compassionate, 어원상으로는 "함께 아파한다" -역자 주)이시듯이, 우리도 동정적이어야 한다.

이 말씀이 강조하는 사실은 당시의 다른 사람들이 성결법전(聖潔法典 Holiness Code)을 해석하던 대로는 예수가 해석하기를 거부한다는 점이다. 자비(慈悲 mercy --하느님이 모든 것을 받아들이시는 사랑)는 배타정책과 분리정책에 의도적으로 대비된다. 그의 말을 듣는 사람들은 여기에 레위기 19:2이 메아리치고 있음을 놓치지 않을 것이다. 다만, "나 야훼 너희 하느님이 거룩하니, 너희도 거룩하게 되어라"를 바꾸어 예수의 새로운 강조, 즉 "너희의 아버지께서 자비로우신 것같이, 너희도 자비로운 사람이 되어라"로 만들어서 누가(Luke) 기자가 이를 훨씬 더 효과적으로 표현한 점은 예외적이었다(눅 6:36).15) 포용의 의사표시(gesture)가 생리적으로 어떤 말들보다도 천 배나 웅변적인 효과를 낸다. 예수는 그가 발견한 하느님이 하시는 대로, 우리도 원수들에게 그렇게 행동하여 주기를 바란다.

예수는 "온전함"(wholeness)을 요청하지도 않았다. 비록 그것이 "완전함"(perfect)이란 말보다는 더 나은 번역이었겠지만 말이다. 왜냐하면, "온전함"이란 모든 초점(焦點)을 우리들 안으로 모으는 것이고, 예수는 우리 자신들로부터 **원수들**을 사랑하는 것으로 눈을 밖으로 돌리라고 하기 때문이다. 모든 것을 포용하는 사랑이 그의 목표다. 비록 그 사랑이 깨어지기도 하고, 우리들의 구원되지 못한 그림자의 요소들로 오염이 되고, 그리고 수시로 끊어질지라도 말이다. 다시 거듭하거니와, 그 의사표시는, **모든 사람**을 포용(包容)하는 것이다. 그렇게 하는 것이 완전하게 되는 것은 아니다. 예수에 의하면, 그처럼 모든 사람을 포용하는 것은 사람이 충분히 할 수 있는 일이다. 왜냐하면 하느님이 그 명령과 더불어 우리에게 그것을 할 수 있는 힘을 제공하시기 때문이다. 그는 우리로 하여금 우리 자신의 존재의 완전함을 강요하지 않고,

---

15) Marcus Borg, *Conflict, Holiness and Politics in the Teaching of Jesus* (New York: Edwin Mellen Press, 1984), 128.

완전을 향한 모든 꿈을 포기하라고, 그리고 우리가 생각하기에 가장 불완전한 자들, 우리의 삶에서 가장 가치가 없거나, 혹은 가장 위협을 주는 자들을 포용하라고 촉구한다. "그러므로 하늘에 계신 아버지(Abba)가 모두를 포용하시듯, 너희도 모두를 포용하는 사람들이 되어라."

예수는 우리가 얻을 수 없는 완전을 요구하는 것이 아니며, 율법이라는 곤봉으로 우리를 몰아서 은혜의 품에 안기도록 하는 것이 아니다. 그러나 여기에 은혜의 역할이 있다. 즉 뚫고 들어오는 하느님의 통치(the inbreaking reign of God)가, 지배체제 아래에서는 우리로서 불가능하였던 것을 돌연히 성취 가능하도록 만든다는 점에서 은혜이다. 우리는 자신을 의지로 닦달하여 그런 새로운 행동을 할 수는 없는 것이다. 왜냐하면 의지라는 것도 그 순간 전체적으로 조직된 인간성일 뿐이라서, 그 의지의 힘이 어떤 권고(勸告)나 더 열심히 한다고 해서 나오는 것이 아니라, 그 인간성의 조직 속으로 들어오는 여러 요소들의 힘에 달렸기 때문이다.16) 예수가 선포한 새로운 사회적 질서의 철저하게 새로운 행동을 위하여 우리를 자유롭게 만드는 것은, 의지로 되는 것이 아니라, 새로운 실재를 계시하시고 가져오시는 하느님께 우리 자신을 전적으로 내어 드리는 데 있다. 그렇게 자신을 모두 하느님께 드리는 것이 인간성의 새로운 조직을 창출하여, 그래서 이제 "나를 믿는 사람은 내가 하는 일을 행할 뿐만 아니라, 그보다 더 큰 일도 하게 될 것이다. 그것은 내가 이제 아버지께로 가기 때문이다"(요 14:12)라는 말씀이 실현될 수 있는 것이다.

물론, 우리는 예수의 비전을 유감없이 모두 실현할 수는 없다. 우리는 다소간 타협을 할 것이고, 우리들 내부에서 부추기고 있는 보다 큰 삶의 가능성들을 회피하기 위하여, 우리의 크기에 알맞게 그 비전을 축소하도록 타협할 것이다. 우리는 계급, 인종, 그리고 성별에 따른 이해관계에 매달려서, 그것들을 가장 순수한 정통성이라고 합리화할 지도 모른다. 하느님은 그런 모든 것들은 미리 용서하신다. 그리고 우리가 용서받았으니, 우리는 회개할 수 있다. 그러나 이제는 우리의 구원을 위해 다른 사람들이 만든 표준에 맞추어

---

16) Reinhold Niebuhr, *An Interpretation of Christian Ethics* (New York: Living Age Books, 1956), 193.

살도록 요구한 것에서 자유롭게 되었기 때문에, 그 용서라는 것이 우리를 제한하는 범위 안에서 머물도록 촉구하는 것이 아니다. 우리가 염원하는 보다 좋은 세계를 위하여, 우리의 사회적 처지를 끊임없이 초월하도록 우리를 이끄는 "정의를 향한 배고픔과 목마름," 사랑, 흥분에 의하여 우리는 생기를 띠게 된다.

예수의 원수사랑에 대한 본문을 완전주의자들이 잘못 읽은 결과, 엄청난 아이러니(Irony 反語)를 빚어낸다. 즉 완전하게 되기 위하여 원수를 사랑하겠다는 시도는 원수 사랑을 하나의 심리적인 불가능성으로 만든다. 하느님의 인색하신 사랑을 얻기 위해서 우리가 완전해져야만 한다면, 우리가 완전하지도 않고 또한 결코 그렇게 될 수도 없음을 너무도 잘 알고 있는 우리들 자신의 불완전한 모습들은 어쩌란 말인가? 다른 사람들의 고통에 대하여 우리의 성질 부림, 욕망, 비겁함, 탐욕, 무관심 등을 어찌하면 좋단 말인가? 우리가 만일 완전주의 게임을 어쨌든 계속하려 한다면(그것은 진정 위대한 현혹자에 의하여 저질러지는, 우리가 항상 손해보는 게임임에 틀림없다), 우리는 그런 모든 악들을 억눌러야만 한다. 안 보면, 잊혀지는 것(Out of sight, out of mind)이지만, 그러나 심리(psyche)에서는 그렇게 안 된다! 그러다가, 우리가 싫어하는 우리의 모습들, 그래서 억눌러 두었던 우리 자신의 요소들을 생각나게 하는 사람들을 만나면, 그만 우리의 무의식 속에서 일깨워낸 것들을 본의 아니게 그들에게 온통 투사하고 말게 된다. 그러므로 우리는 구조적으로 원수를 사랑하지 못하게 되는데, 우리의 투사에 대한 표적으로 그들이 필요하기 때문이다. 이와 같이 외부의 원수들에게 우리의 증오를 발산하여, 우리의 무의식 속에서 곪아가고 있는 폐쇄 에너지를 부분적으로나마 해소한다. 이처럼 이 본문을 완전주의로 읽는 것은 예수의 의도와는 정반대의 입장이 되어, 모든 것을 포용하는 원수 사랑을 문자 그대로 불가능하게 만들고 만다.

완전주의는 비밀리에 그리고 드러나지 않게 원수를 **필요로 하고** 있다. 완전주의자들은 비교적으로만 완전하다. 그들은 누군가를 멸시해 마땅한 대상이 필요하다. 그러나 이것이 바로 구원하는 폭력에 대한 고대 바빌론 신화를 처음 낳은 구조. 실재는 선과 악 두 부분으로 분열되어, 구원이란 자신을 온전히 선한 쪽과 동일시하고, 나쁜 것은 모두 악한 쪽에 투사하는데 있다. 이런 접근 방법은 자신의 그늘진 구석(shadow side)에 대한 통찰이 방해되는 한에 있어서만 유지될 수 있다.

폴 틸리히는 언젠가 논평하기를, "열광주의자의 약점은 그가 맞서 싸우는 상대들이 그에 대한 비밀을 알고 있다는 점"17)이라고 했다. 우리가 자신의 악한 것을 남에게 투사하면, 우리는 그들을 원수로서 공생적(共生的) 관계를 형성하는 것이다. 즉 우리는 원수를 **필요로 하며**, 은밀하게 그들의 악에 매혹 당하여, 어느 수준에서는 우리도 그렇게 되었으면 하고 바란다. 은밀하게, 질서를 숭배하는 사람들도 혼돈의 탐닉자(耽溺者)이기도 하다. 즉 그들은 공개적으로는 마르둑(Marduk)을 칭찬하지만, 무의식의 개인적인 요새 속에서는 티아맛(Tiamat)을 동경한다.18) 원수도 없고, 충돌도 없고, 백성의 통합을 외부로부터 위협하는 뭔가가 없으면, 상비군(常備軍)을 유지하기 위한 세금을 내라고 할 미끼도 없다. 마르둑은 복종시킬 티아맛을 가져야만 하며, 그렇지 않으면, 그걸 발명이라도 해야 한다. 질서를 가장 위협하는 것은 바로 평화다. 언젠가 윌리엄 그레이엄 썸너(Willam Graham Sumner)가 논평한 것처럼, 평화란 이를 해결하기 위하여 전쟁이 필요한 문제다.19) 냉전이 끝났으니, 이제 국가의 어두운 그림자를 짊어지고 갈 새로운 희생양(犧牲羊)들, 원수들, 그리고 바보들을 어떻게 만들어낼 것인지를 지켜보는 것은 흥미 있을 것이다. 싸담 후쎄인은 이미 그 역할을 훌륭히 해내었다. 다음은 누구 차례일까?

---

17) Paul Tillich, *The Courage To Be* (New Haven: Yale Univ. Press, 1964), 50.
18) 바빌로니아 신화는 이 마르둑(Marduk)과 티아맛(Tiamat)의 공생관계를 인정하고 있다. 어떤 찬송은 Marduk을 Mar Mummi, "son of Chaos"라고 부르고 있는데, 즉 그의 진정한 근원은 Tiamat 영역 안에 있음을 말하고 있다. 에누마 엘리쉬(*Enuma Elish*) 신화에서는 Marduk이 "깊은 곳의 중심에서" (즉, Tiamat로부터) 창조되었다고 한다. Carl G. Jung, *Psychology and Religion: West and East*, CW 11 (1969), 114-15; *Enuma Elish* I. 18 (J. B. Pritchard, *Ancient Near Eastern Texts Relating to the Old-Testament*, 3d ed. [Princeton: Princeton Univ. Press, 1969], 62).
19) 인용된 곳: Robert E. Park, "The Social Function of War," in *War: Studies in Psychology, Sociology, Anthropology*, ed. Leon Bramson and George W. Goethals, rev. ed. (New York: Basic Books, 1968), 243.

원수들이 주는 선물

일단 그 본문에 대한 완전주의자들의 마술이 깨어졌으니, 이제 우리가 얼마나 완전함과는 거리가 먼가를 예수가 예상하고 있었는지 알게 된다. "어찌하여 너는 형제의 눈 속에 있는 티는 보면서, 제 눈 속에 있는 들보는 깨닫지 못하느냐? 제 눈 속에 있는 들보도 보지 못하면서 어떻게 형제에게 '네 눈의 티를 빼내어 주겠다'고 하겠느냐? 이 위선자야! 먼저 네 눈에서 들보를 빼내어라. 그래야 눈이 잘 보여 형제의 눈에서 티를 빼낼 수 있지 않겠느냐?"(마 7:3-5 / 눅 6:41-42).

이것은 투사(投射)에 대한 아주 오래된 교훈이다. 우리는 예수가 투사를 발견한 의미를 좀체 찾아보지 않으려 한다. 그의 악에 대한 전체 이해는 바로 이 발견의 결과인데 말이다. 남의 눈 속에 들어 있는 "티"는 자기 눈 속에 들어 있는 "통나무"의 얇은 부스러기다. 우리는 자신 속에 있는 것은 못 보는 것을 남의 눈 속에서는 본다. 그런데, 왜 하필 보는 사람 눈 속에 있는 통나무(들보)인가? 흔히 우리는 말하기를, "나는 약간 나쁘고(아마도--티쯤), 너는 진짜 나쁘다(아마도--통나무쯤)" 한다. 왜 예수는 그런 인습적인 말의 표현 순서를 바꾸었을까?

왜냐하면 내 눈 속에 있는 통나무는 내 눈을 통째로 못 보게 하는 것이기 때문이다. 나는 뭔가를 객관적으로 보지 못한다. 그 통나무를 없애야, 나는 비로소 다른 사람 눈 속에 있는 티를 보고 없애줄 수 있다. 이런 주제로 쥰(June)과 나는 워크숍(workshop)을 열고, 사람들에게 원수(그런 그룹, 운동, 혹은 나라들) 하나를 지목하여 그(그것들)에 관해 그들이 싫어하는 모든 것들의 목록을 작성해보라고 초청하였다. 그리고 그 목록들을 훑어보게 한 뒤에, 그것들 가운데 무엇 무엇들이 자기들(우리들, 운동들, 나라들)에게도 해당되는지 말해보라고 했다. 공통적인 요소들이 우리의 투사(投射)를 알려주는 것이었다. 이것들이 우리들 자신에 대하여 무엇을 가르쳐주는가를 보기 위하여, 우리의 기도, 명상, 영성 훈련에서 다루어져야 할 것이다. (모든 요소들이 다 공통적인 것은 아닐 것이다. 객관적으로 보아도 적대적인 사람들도 있다. 우리가 한 채점이 영점에서 백점까지 분포될 수도 있다.)

한 목회자는 자기의 "원수"에 대해 이렇게 썼다: "원수란 자기가 그 일에 해당되든 안 되든 모든 결정에 끼어들기를 원한다." 이것은 그가 목록에서 조사한 원수의 특성들 중의 하나로서 그 자신에게도 해당되는 것이었다. 그 "원수"란 교회 안에서 각 위임된 그룹에서 결정한 모든 일은 자기의 확인을 거쳐야만 한다고 주장하는 평신도 대표였다. 그 목회자는 자기 자신 안에도 역시 같은 경향을 가진 자로서, 그나 평신도 대표나 모든 일을 통제해야 할 필요를 지닌 사람들이었다.

"왜 모든 일을 당신이 통제할 필요가 있습니까?" 하고 목회자에게 물었다.
"만일 일이 잘못되면, 내가 욕을 먹으니까요."
"무엇이 두려워서 모든 일을 통제해야 할 필요가 있나요?"
"모든 일이 엉망이 될 두려움이지요. 사랑받지 못하는 실패의 두려움요."
"이런 식으로 느꼈던 때가 언제였던지 생각해 볼 수 있습니까?"
그는 생각해 볼 수 있단다.
"자, 당신의 원수의 입장이 되어보시지요. 무슨 두려움 때문에 그는 이렇게 이것저것 자기가 통제할 필요가 있다고 느낄까요?"
"그는 하루에 5백 마리의 소를 젖 짜야 했던 은퇴한 농부요. 그건 큰 작업이었지요. 그는 이제 66세로, 그의 농장 일을 아들에게 넘겨주었습니다. 내 생각에는, 그가 자기의 인생이 사라지고 있다고 느낄 것입니다. 그러니 그가 온 교회를 통제하려는 것도 이젠 그만두어야 한다고 나는 강요할 것입니다."

그 목회자는 그 평신도의 전제주의적 행동을 중단시키는 것이 중요하였기에, 이런 식의 정신역학을 발견할 필요가 있었을 것이다. 그러나 그 자신의 전제주의적 경향을 깨달을 필요도 있다. 아니면, 그들은 무의식적인 권력 투쟁(힘겨루기)에 간단히 서로 엉켜 붙어 버릴 것이다. 그렇다고 그 사람에게 져서도 안 된다. 그는 교회의 영적인 지도자로서 자기의 권위를 주장할 필요가 있다. 그러나 그 사람의 고통, 아픔, 그리고 절망적 자포자기를 느낄 수 있어야 그를 이해하고 사랑하기가 훨씬 쉬울 것이다.

다른 예로, 한 여자가 정치적인 정의를 위한 투쟁에 깊이 관여하였는데, 그녀의 원수는 레이건 대통령이었다. 그들이 공유한 특성은 자기의 의로움이었다.

"당신은 어떻게 자신의 의로움을 표명합니까?" 하고 그녀에게 물었다.
"나는 내가 언제나 옳다고 느낍니다."
"어떻게 해서 당신이 항상 옳다고만 느끼십니까, 당신이 항상 옳을 리는 없는데?"
"나는 하느님이 나를 사랑하시기를 원합니다."
"당신의 사회정의에 대한 열정 뒤에 무슨 두려움이 있습니까?"
"내가 사랑 받기에 충분하지 못하다는 점이지요."
"그럼, 당신 생각엔 무엇 때문에 레이건은 자신이 옳다고 여긴다고 봅니까?"
"뭐 나랑 같은 두려움이겠죠."
"만일 당신이나 레이건이나 서로 종류 상 다를 바 없다는 것--내용적으로 다를지는 몰라도, 종류는 다르지 않음--을 아신다면, 당신의 태도가 어떻게 바뀔 것 같습니까?"

그녀는 이런 생각을 좋아하지 않았지만, 그러나 공통점이 있다는 것은 처음부터 인정했다. 그녀의 얼굴은 점점 부드러워져 갔다. 그 깨달음은 겸손한 것이며, 자신이 꺾이는 것이었다. 그녀와 레이건이 다함께 같은 종류의 인간임을 인정하는 것이 말이다.

이들 "계시들"은 (그건 정말 계시다) 보물처럼 여겨야할 것인데, 그건 우리의 원수들이 우리에게 가져올 수 있는 선물이기 때문이다. 즉, **원수들을 통하지 않고는 달리 발견될 수 없는 우리 자신들의 모습들을 볼 수 있게 하는 선물이다**. 친구들은 좀체 이런 것들을 우리에게 말하지 않는다. 즉 그들은 바로 우리의 이런 점들을 못 본 체 보아 넘겨줄 수 있기 때문에 친구인 것이다.[20] 그러므로, 원수들은 하느님에게 가는 길에 놓인 뛰어넘어야 할 장애물일 뿐만 아니라, 하느님에게 가는 길이 될 수도 있다. 원수를 통하지 않고는 우리 자신의 어두운 그림자와 화해할 수 없는 것이, 원수가 우리 앞에 들고 있는 거울에 비추어보지 않고서는 구원을 필요로 하는 우리 자신들의 받아

---

20) Plutarch (d. ca. 119 C.E.)는 그의 글 "어떻게 우리의 원수들을 이용할 것인가"에서 비슷한 통찰력을 보여주고 있는데, 이렇게 쓰기도 했다: "예전에는 우리가 모르고 있던 것들도 무료로 가르치는, 우리의 원수를 개인교수로 삼아보지 않으려는가? 왜냐하면 원수야말로 친구들이 미처 보지 못하는 것들, 우리와 관계된 것들을 더 잘 볼 수 있기 때문이다" (*Morals* [New York: Athenaeum Society, 1870], 291).

들일 수 없는 부분들에 접근할 길이 없기 때문이다. 그러니, 이것이야말로 우리가 원수를 사랑해야 할 또 다른 더욱 중요한 이유이기도 하다. 즉 우리는 자신의 개별화(individuation)를 위하여 우리의 원수들에 의존한다. 즉 그들이 없이는 우리는 아마 온전한 사람이 될 수 없을 것이다.

얼마나 고통스럽도록 굴욕적인가! 우리가 원수들을 변화시키는 데 해야 할 역할이 있지만, 또한 원수들도 우리를 변화시키는 데 역할을 할 수 있다니 말이다. 우리가 원수들에게 투사한 것을 깨달음에 따라, 우리도 그들을 향하여 과도한 반응을 할 두려워함으로부터 자유롭게 된다. 우리는 그들이 함부로 저지르는 불의에 대하여 객관적인 분노를 표현하면서도, 그들 역시 하느님의 자녀들임을 이해할 수 있을 것이다. 증오를 키우느라고 낭비한 에너지가 하느님께 쓸모 있는 에너지로 바뀌어 그의 잘못을 대면하고 그 관계를 변화시키시는데 사용될 수 있을 것이다.

권세들을 이해하면 우리의 원수들을 더욱 쉽게 용서하게 될 것이다. 만일 우리의 억압자들이 "그들이 무엇을 하는지 모른다면," 그들도 또한 현혹시키는 체제의 희생자들이라면, 우리의 증오와 분노의 표적은 체제 그 자체이지, 그 명령을 수행하는 사람들이 아니다. "우리가 대항하여 싸워야 할 원수들은 인간이 아니라 권세와 세력의 악신들과 암흑세계의 지배자들과 하늘의 악령들입니다"(엡 6:12).

카탈로니아 사람 리우스 마리오 크시리낙스(Llius Mario Xirinacs)는 1976년 자신을 고문한 사람에게 쓴 편지에서 이런 이해를 나타내고 있었다:

> 당신은 나를 두드려 팼고, 체포하였고, 자주 모욕을 주었소. 내가 땅 위에 엎어져서 당신의 몽둥이세례로부터 나를 보호하려고 두 손으로 머리를 감싸 쥐고 웅크리고 있었을 때, 내가 무슨 생각을 했는지 아시오? 당신이 나를 두드려 패야만 하는 것을 매우 슬프게 생각했다오. 무방비 상태로 있는 죄 없는 동반자를 구타함으로써 당신은 인간으로서의 긍지를 상실한 그 기회가 참으로 서글펐소. 이런 정치체제 아래에서 경찰에게로 가지 않기로 선택한 나의 누적된 특권에 대해 나는 부끄러워했고, 이에 반하여 당신은, 달리는 택할 길이 없었기에, 그리고 내가 속한 계층에게 착취당한 사람들 가운데서 왔기에, 이런 끔찍한 짓을 해야만 하는 것이 정말 부끄러웠소. 한편에는, 모

든 가능성이 있는 나 자신이, 그리고 다른 편에는 운명적인 함정에 빠졌기에 특권층들의 하수인이 되어버린 당신이 있소. 불의가 나를 연구하는 사람으로, 당신은 폭력의 사람으로 만들어 버렸군요.21)

이런 말들을 가지고, 그 저자는 "그들의 머리 위에 숯불을 쌓아놓았다" (롬 12:20). 이 매우 잘못 오해되는 구절은 사탕발림 식의 복수를 주장하는 것이 아니다. 그와는 반대로, 진 고쓰-메이어(Jean Goss-Mayr)가 평생의 비폭력적 입장에서 지적하듯이, 바울은 **비폭력적인 원수 사랑의 공격적 특성**을 잘 강조하였다. "만일 우리가 원수들에게 불타고 있는 숯불을 쌓아놓지 않으면, 즉, 우리의 사랑의 능력으로 그들의 양심에 불을 지르지 않으면, 그들은 자기들이 무슨 짓을 하고 있는지 모를 것이다."22) 더글라스 엘우드는 로마서 12:20을 "이렇게 함으로써 너희는 그들로 하여금 **부끄러움에 불타오르게** 만들 것이다"23)라고 번역해야만 한다고 주장하였다.

어떤 면에서는, 우리는 원수가 **필요한**지도 모른다. 순전히 사회학적인 이유에서는, 교회들이 그들의 원수들에 대해 강력한 의식을 가지는 것이 훨씬 더 건강할 것이다. 원수들은 교회가 대항하는 것을 정의해 준다. 원수들은 교회에 결속과 정체성을 부여할 것이다.24) 주요교단 교회와 자유주의적 교회들은 보수적인 교회들의 성장에 대하여 투덜거리기를 중단하고, 그들에 대항하여 자신들의 **마땅한** 모습으로 되어야 할 것이다. 왜냐하면 주요교단 교회와 자유주의적 교회들은 전도에 성공했던 적이 없었기 때문이다. 그들은 언제나 근본주의 교회의 권위주의와 반지성적인 점에 환멸을 느낀 사람들에게서 주로 새로운 교인을 얻어내었다. 그들의 자유주의적 신앙을 적당히 물 타기 하여 마치 보수주의적 색깔로 보이려고 할 것이 아니라, 자유주의

---

21) 인용된 곳: Jean and Hildegard Goss-Mayr, *A Non-Violent Lifestyle*, ed. Gerard Houver (London: Marshall Morgan Schott, 1989), 91-92.

22) Ibid., 28.

23) Douglas, J. Elwood, *Toward a Theology of People Power* (Queson City, Philippines: New Day Publishers, 1988), 12.

24) Carl S. Dudley and Earle Hilgert, *New Testament Tensions and the Contemporary Church* (Philadelphia: Fortress Press, 1987), 114-17.

적, 혹은 중도적인 메시지를 지닌 교회들은 그걸 당당히 내걸고 과시해야할 것이다. 그들이 살아남기 위해서는 보수적인 교회를 필요로 한다.

사랑이 변화시킨다

그러나 원수의 정체를 규정하는 것은 그들의 역할을 응고(凝固)시키고 그들의 전향(轉向)을 막아버릴 위험이 있다. 사람들을 원수처럼 대하면 그들 속에 "원수 같은" 반응을 일으키게 한다. 억압받는 자들을 해방시키는 것을 너무 강조하거나, 비폭력적 운동의 성공에 너무 큰 초점을 두거나, 비폭력적 투쟁에 너무도 실용적인 방향만을 정하거나 하는 것들은 우리들의 마음과 행동 속에서 상대방을 너무도 비인간화시킬 효과를 가져올 수 있다. 한 평화운동가는 이렇게 보았다:

> 우리는 대화(對話)라는 생각에 전념하였는데, 이는 우리 평화주의자들의 신조의 중요한 일부였기 때문이었다. 그러나 선택적 군복무(Selective Service) 요원들과 직업군인 장교들이 우리들에게 반응한 것 때문에, 우리는 대화를 철회하였다. 우리가 한 때 옹호하였던 그 이상(理想)들, 그리고 그들이 지금도 이어가는 그 이상(理想)들에 고착된 것이 지금도 여전히 우리를 붙잡고 있음을 인정하기가 두려웠다. 우리는 전쟁이 그들의 삶에 주는 충격과 우리에게 주는 충격의 유사성을 인정하기가 두려웠다. 비록 우리가 대화를 원한다고 계속 말하기는 하였지만, 우리가 정말로 원한 것은 비평화주의자들에 맞서서 시민불복종 데모와 말로 외치는 것을 우리 자신의 순수함을 확인하는 의식(儀式)으로 삼는 것이었다.25)

헨리 모투의 경험도 비슷하다:

> 내가 스무 살이었을 때, 감옥엘 갔는데(징집에 반대하였다고 스위스에서) .... 나는 예수라면 그렇게 말했을 것이라는 성경의 말씀들을 얼마간 의도적으로

---

25) Chuck Noell, "Rediscovering Dialogue," *Fellowship* 42(August-September 1976): 15.

거꾸로 한 경향을 가졌다. 너의 이웃을(스위스 은행가들) 미워하고, 원수들을 (외국인 노동자들, 공산주의자들) 사랑하라. 그렇지만, 단순히 예수의 표어를 거꾸로 뒤집는다고 해서 졸지에 당신 나라 사람들이 아닌 멀리 있는 사람을 사랑하고, 당신의 이웃으로 지낸 사람들을 미워할 수는 없는 일이다. 다른 말로, 나는 나의 전쟁이 아닌 남의 전쟁을 싸우기로 선택하였고, 내 이웃을 양심을 가지고 미워할 수 있기 위하여 원수 사랑을 불러들인 것이었다.26)

우리 시대에는 원수 사랑이 참다운 기독교의 신앙의 기준이 되어버렸다. 그건 불가능한 것처럼 보이지만, 그러나 그렇게 할 수 있다. 우리가 증오를 놓아버리고 하느님의 사랑 속에 편히 쉬게 된 순간들보다 더욱 더 거룩한 은혜가 밀려들어옴을 그토록 즉시 그리고 구체적으로 느낄 수 있는 때는 없다. 어떤 기적도 그토록 놀랍고, 그토록 필요하고, 그토록 자주 발생하지는 못한다.

2차 세계대전이 끝난 10년 후에, 힐데가드와 진 고쓰-메이어(Hildegard & Jean Goss-Mayr)가 바르샤바(Warsaw)에서 폴란드 기독교인들과 만났다. 한번은 이렇게 물었다: "당신들은 서독의 기독교인들과 만날 용의가 있습니까? 그들은 전쟁 중 독일이 폴란드에 한 일들에 대하여 용서를 빌고 새로운 관계를 맺어나가기를 원합니다." 처음엔 조용한 침묵이 흐르더니, 한 사람이 분연히 말했다. "진과 힐데가드, 우리는 당신들을 사랑합니다. 당신들은 우리의 친구입니다. 그러나 당신들이 요청하는 것은 불가능합니다. 바르샤바에 있는 돌맹이 하나 하나에는 폴란드 사람들의 피가 스며 젖었습니다. 우리는 용서할 수 없어요!" 십 년이 지났건만 전쟁의 상처는 그토록 너무도 깊었다.

저녁 시간을 위하여 그룹이 헤어지기 전에, 고쓰-메이어는 주님의 기도를 함께 올리자고 제안하였다. 모두가 기꺼이 동참하였다. 그러나 "우리가 우리에게 죄지은 자를 사하여 준 것 같이...." 하는 대목에 이르러서는, 그 그룹이 돌연히 기도를 중단하였다.

침묵을 깨고 마침내 그 분노에 찬 소리로 말했던 사람이 조용히 말하기를, "나는 당신에게 '예' 하고 대답해야 하겠군요. 나는 더 이상 '우리 아버지'

---

26) Henry Mottu가 New York City에 있는 유니온 신학교(Union Theological Seminary)에서 1972년 2월 9일에 행한 설교.

하고 기도할 수가 없습니다. 만일 내가 용서하기를 거부하면, 나는 더 이상 나 자신을 기독교인이라고 부를 수가 없군요. 인간적으로 말해서, 나는 그렇게 할 수가 없지만, 그러나 하느님이 힘을 주시겠지요." 일 년 반 후에 폴란드 기독교인들과 독일 기독교인들이 비엔나(Vienna)에서 만났다. 그때 이루어진 친교는 지금도 계속되고 있다.27)

원수를 사랑하라는 명령은 우리가 억압자들을 향하여 할 첫 번째 과제는 목회적(pastoral) 돌봄이라는 점을 생각나게 한다. 즉, 그들을 도와 인간성을 회복시키는 일이다. 확실히 가능한 것은, 투쟁과 그 투쟁을 일으키게 한 억압이 억압을 받은 사람들도 비인간화시켜서, 그들의 원수들을 악마화(惡魔化)했을 것이다. 정치적으로 자유롭게 되는 것만으로는 충분하지 않다. 우리는 또한 인간이 되어야만 한다. 비폭력은 모든 편에게 그들이 현재 처한 환경 위로 솟아올라서, 하느님이 그들을 창조하신 것에 더더욱 가까이 되도록 모두에게 기회를 준다. 난폭한 행위와 불의에 기꺼이 복종하는 관대한 정신이 있기는 하지만, 그건 보복이 두려워 비겁하게 행동함이 아니요, 가능하다면, 다른 사람들 영혼 속에 하느님이 일깨워지기를 바라기 때문이다.

남아프리카 경찰에 의하여 거의 죽을 뻔하도록 고문을 당한, 죠우 쎄레메인(Joe Seremane)은 말하기를, 그에겐 "이들 중 가장 작은 자에게"(마 25:40) 친절을 베풀라고 하신 예수의 말씀이 바로 자기 자신들 속에 하느님의 형상을 아주 왜소하게 만들어버린 그 비밀경찰들을 두고 하신 것으로 여겨졌다고 한다. "그러니 하느님이 내게 어떻게 이들 작은 자들--고문하는 자들!--을 대하였느냐고 물으실 것입니다."

우리가 세상을 "저들"과 "우리들"로 나누지 않으면, 우리는 원수가 단일한 조직이 아님을 알기 시작할 것이다. 즉, 반대파의 누군가는 갈등을 느끼고 있으며, 자기들의 입장에 대하여 죄의식을 갖고 있기에, 잘 설득하면 돌아설 수도 있다. 모든 사람에게는 "하느님의 그 무엇"이 있어서 만일 우리가 그들을 파괴하려는 것이 아님을 그들이 인정하게 되면, 우리는 그들 속의 "하느님의 그 무엇"에 호소할 수 있다. 칠레의 아옌데 정권이 몰락한데는 여러 가지 이유가 있는데, 어떤 것들은 확실히 음흉한 계획도 있었다. 그러나

---

27) Jim Forest, *Making Enemies Friends* (New York: Crossroad, 1988), 76-78.

CIA(미국 중앙 정보국)의 압력과 우익(右翼)의 반대가 효과적이었던 한 가지 이유는, 부르주와(Bourgeois)들은 맑스주의 국가의 원수이므로 청산되어야 한다는 좌익(左翼)의 설득을 중산계급이 믿기 시작한 때문이었다. 그렇게 많은 수의 대중과 대화와 설득을 시도하지 않고, 소외시키는 것은 단지 비극적 재앙만 불러올 뿐이다.

원수사랑은 또한 기적을 기대하면서 사는 것이다. 아무도 소련의 고르바쵸프(Gorbachev)나 혹은 남아프리카의 드 클레르크(de Klerk)가 막을 연 극단적인 새로운 방향을 기대하지 못했었다. 아무도 설사 황당한 꿈속에서라도 예상하지 못한 것은, 인종차별(apartheid) 시작 이후 남아프리카를 지배해온 비밀조직인 형제 결속단(the Broederbond)이 인종차별 정책을 해체하는 것을 조용히 주도하고, 백인 대중의 반응을 통제했다는 점이다.[28] 사람들은 변할 수 있고 또 변한다. 그리고 그 변화가 근본적인 차이를 만들어낼 수 있다. 우리는 원수들을 위하여 기도해야만 하는데, 그들 속 어딘가에는 우리 모두에게 있는 하느님의 원천(the divine Source of us both)에 동조하기를 원하는 심오한 염원이 있을 것이기 때문이다. 그리고 그들 가운데 깊은 곳에서, 그 원천은 그들이 올바르게 되고 싶은 소망을 자극하려고 노력할 것이기 때문이다.

우리의 사회적 변화를 시도하는 노력이 성공하려면, 상대편 적들을 폭력의 잔학한 역학으로 대처하기보다는, 그들 속에 있는 진리와 힘을 이용해야만 한다는 것을 인정하기까지는 약간의 성숙이 필요하다. 비폭력은, 그 최선의 형태에 있어서, 사람들을 **우리의** 프로그램에 강요하는 것이 아니라, 그들 속에 있는 진리를 활성화시키도록 노력하는 것이다. 우리의 비폭력 정면 행동이 단지 상대방 속에 있는 최악의 것들을 표면화하도록 잘못 사용될 수도 있다. 그 대신 우리는 그들의 인간성을 긍정하고 그들의 변화를 위하여 기도하면서 그들에게 개방적이 되어서, 그들이 빛(Light: 진리, 하느님--역자 주)을 향하여 성장하도록 도와줄 수 있다.

---

28) Christopher S. Wren, "A Secret Society of Afrikaners Helps to Dismantle Apartheid," *New York Times*, October 30, 1990, A9. 인종차별로 강화된 분리정책이 보다 덜 도전적이나 또한 똑같이 유효한 수단을 통하여 유지될 수 있을 것이란 그런 통찰력을 de Klerk가 진작부터 가지고 있었던 지는 시간이 지나봐야 알게 될 것이다.

우리가 어떤 하느님을 이야기하고 있는지 난 모르겠다.
해질녘 어스름에 거룩하신 분께 한 목소리가 크게 외친다.
왜냐구? 분명히 거룩하신 분은 귀가 먹지 않았는데.
작은 곤충이 걸어가면서 발목에 달린 장식이 내는
소리도 그분은 들으시는데.
염주 알을 돌리고 또 돌리고,
이상한 디자인을 앞이마에 칠해도,
헝클어진 머리카락, 길고 야하게 드리워도,
너의 내면 깊숙이 장전한 총을 감추고 있으면,
네 어이 하느님을 가질 수 있으랴?

- 카비르(Kabir)[1]

---

[1] *The Kabir Book: Forty-Four of the Ecstatic Poems of Kabir*, versions by Robert Bly (Boston: Beacon Press, 1977), 2.

15

우리들 내면의 폭력성을 감시하기

　　나는 그다지 비폭력적인 사람이 못된다. 나는 매우 날카로운 기질을 갖고 있지만, 대체로 잘 억제하는 것을 배웠다. 그리고 가끔씩은 매우 폭력적인 상상을 즐기기도 하는 나 자신을 발견하기도 한다. 나는 나처럼 폭력에 깊이 길든 교육을 받은 사람이 어떻게 비폭력을 실천할 수 있을지를 발견하고자 한다. 앞에서 지적한 것처럼, 내가 이 책에서 발전시키고자 하는 접근방식은 폭력적인 사람들을 위한 비폭력주의(nonviolence for the violent)라고 그 성격을 부여할 수 있을 것이다.

　　나는 한때 고등학생 시절 평화주의에 경도되었지만, 그러나 그것은 신학생 시절에 만난 라인홀드 니이버(Reinhold Niebuhr), 즉 평화주의의 순진함을 공박하는 독설과 냉전시대 정치학의 신학적 정당화를 외친 라인홀드 니이버의 "기독교 현실주의"(Christian realism) 앞에서 조용히 사라지고 말았다. 그러나 나는 니이버의 입장에 전적으로 동의하지는 않았다. 내게는 니이버의 입장이 은혜, 성령, 그리고 기적에 대한 강조가 결여된 것으로 보였다. 나중에 나는 마틴 루터 킹 주니어(Martin Luther King Jr.)의 사상과 행동이 내 마음에 더 맞았고, 그래서 시민의 권리를 위한 투쟁, 베트남전쟁 반대운동, 그리고 핵무기 반대운동에 참여하였다. 그러나 1986년 남아프리카에 가서야 나는 비로소 전폭적인 비폭력주의에 나 자신을 헌신하기 시작했다.

　　인종분리 차별정책(Apartheid)으로부터 해방되는 유일한 길은 폭력에 대항하는 혁명적인 투쟁임을 확신하며 다시 돌아올 것을 기대하고 나는 남아프리카에 갔다. 나는 분명히 폭력과 비폭력의 문제를 시험해 볼 생각으로 거기에 갔다. 나는 실용주의적이고도 또한 신학적인 근거에서, 남아프리카의 정의롭고 평등한 미래를 위해서는 비폭력만이 유일하게 참된 희망이라고 결론을(많은 남아프리카 사람들, 흑인과 백인들이 비폭력에 굉장히 반대함에도 불구하고) 내리고는 나 스스로도 놀랐다. 나는 다른 책 『남아프리카에서의 폭력과 비폭력』에서 이미 그 결론에 대해 상세히 이유를 대었으므로, 여기서는 다시 되풀이하지 않겠다.2)

그러나 그보다 훨씬 앞서서 1970년대 말에 이미, 나로 하여금 비폭력에로 가담하라고 손짓하는 것처럼 느껴진 여러 차례의 꿈들을 꾸었다. 한 동안은 나는 그 꿈들에 대하여 기록해 놓긴 하였지만 일단 무시하였다. 그리고 그런 꿈들을 더 자주 꾸게 되면서, 나는 스스로도 이해하지 못하는 사이에, 후일 남아프리카에 가서야 확실하게 된 심리적 변화를 내 깊은 곳에서 준비하고 있었던 것이다. (물론 남아프리카로 가겠다는 결심도 내 심리 속에서 들끓고 있던 것의 부분적 결과임도 틀림없다.) 그러는 한편, 세상 밖에서는 필리핀과 그 밖의 다른 곳에서 비폭력 투쟁이 점차 성공하면서, 내가 아직도 믿고 있었던 "기독교 현실주의"(Christian Realism)에 대하여 중대한 의문이 일기 시작하였다. 나는 이들 일련의 사태들이 내 입장에 대하여 완전히 다시 생각해보도록 요청하였음을 인정한다.

사회적 투쟁을 위해서 비폭력적 방법이 더 유력하다고 지적인 입장에 도달하는 것이 곧 가슴속에서도 비폭력적이 된다는 것과 같지는 않았다. 나는 남아프리카에서 본 것들 때문에 새로 일련의 꿈들을 꾸게 되었는데, 이제는 이런 꿈들을 무시할 수가 없었다. 나는 이 꿈들에서 많을 것을 배웠고, 또 다른 사람들과 이런 꿈들의 과정을 이야기로 나누었는데, 그렇게 하는 것이 그들의 폭력 문제에 대한 내적 투쟁들을 감시하는데 도움이 되리라고 희망했기 때문이었다.

내가 이 꿈들을 인용하는 것은, 나 자신을 드러내기 위함이 아니라, 변혁의 주도권은 우리들 자신이 시작하는 것이 아님을 지적하기 위함이다. 하

---

2) Walter Wink, *Violence and Nonviolence in South Africa* (Philadelphia: New Society Publishers, 1987).

느님이 우리들 안에서 그것을 시작하신다. 우리가 이를 갈면서 노력한다고 더 낫게 되는 것이 아니다. 우리는 단지 협조하고 주목한다--나의 경우엔 하느님이 제공하신 꿈을 기록해두고 내 영적인 훈련의 일부로서 다시 그 꿈들을 묵상해 보았다. 그리고 이것은 하느님이 새로운 실재를 드러내시는 수많은 방법들 중의 하나일 뿐이다.

    아마도 나는 꿈처럼 고도로 개인적인 것들을 소개하면서 내가 원하지 않는 것이 무엇인가도 말해야 할 것이다. 나는 공개적으로 심리분석을 하려는 것이 아니다. 철저한 분석을 위해서 마찬가지로 중요한 수백 가지 다른 많은 경험들 가운데서 이들 꿈들이 선택되었을 뿐이다. 나는 심리치유와 영적인 안내에서 굉장히 유익한 것을 배우기는 했지만, 꿈들을 다시 이야기하는 것은 그런 것의 극히 일부에 불과하다. 나는 꿈들 자체가 스스로 말하도록 하기 위하여, 일부러 나의 해석적인 언급은 최소로 제한하고자 한다.

    또한 나는 이 꿈들을 이 장(章)의 생각들을 증언하는 소재로 사용하려고 노력하지 않겠다. 그 생각들은 내 꿈들의 도움을 받지 않고도 스스로의 발위에 잘 버티고 서있는 것이다. 내가 이 꿈들을 포함하는 것은, 나의 주장의 참됨을 확립하고자 하기 때문이 아니라, 어떻게 심리 그 자체가 비폭력적이 되기 위한 투쟁에서 그 전장(戰場)의 일부가 되는지를 증명하기 때문이다. 다른 사람들의 꿈들에 내가 직접 접근할 길이 있으면, 나로서는 우선적으로 그것들을 사용하였을 것이다. 나는 상당한 심리적 동요와 주저를 느끼면서 이 꿈들을 내어놓는데, 안락의자에 편히 앉아 있는 많은 심리학 전문가들이 즉각 이런 자료들에 대하여 심리분석을 내어놓고 싶어할 것이 뻔하기 때문이다. 심리의 무엇인가 신비한 것들을 참으로 이해하는 사람들은 그 대신, 이 무의식의 인공물들을 생명과 충동의 내적 과정들을--성령(The Holy Spirit 聖靈)이라고 부정확하게 불러서는 안 되는--기록한 것으로서 존경하는 마음으로 접근할 것이라고 나는 신뢰한다. 성경 안에서 천 번도 넘게 꿈을 통하여 말씀하시는 하느님이 오늘도 꿈들을 통하여 아직도 말씀하신다.3)

---

3) 나는 꿈이란 모호하고 해몽을 필요로 한다는 점, 그리고 그 뜻이 항상 자명하지는 않다는 점을 인정한다. 심지어 잠자는 동안이라도, 하느님의 뜻이 우리들에게 억지로 씌워지는 것은 아니다.

내면의 수감자(收監者)

내가 꿈을 꾼 7년 동안을 되돌아볼 때, 내가 꿈속에서 타인을 향해 폭력을 휘두른 적이 별로 없었음을 발견하고 놀랐다. 그 대신, **나 자신**에게 행사된 폭력을 여러 차례 그리고 복잡한 형태로 꿈꾼 일은 있었다. 그리고 이들이 바로 **나의** 꿈이라니! 물론 내가 다른 사람들에게 복수한 꿈들도 있었다. 즉 어떤 마녀가 나에게 옮긴 전염병의 열 배로 그 마녀에게 병이 옮아달라고 저주한 일, 나치스(Nazis)에게 작은 서류보관용 서랍을 던진 일, 주술을 좋아하는 소년을 납치한 어떤 악한 인물을 목 졸라 죽이려한 일, 도서관원(생사간 그 어떤 사람도 닮지 않은)을 죽인 일, 삽을 휘둘러 트럭 운전수를 두드려 팬 일, 어떤 술주정뱅이를 주먹으로 때려눕힌 일, 어떤 여자를 보고 그만 입 닥치지 않으면 코뼈를 부셔버리겠다고 위협한 일 등이다. 그러나 이들은(나중에 더 말할 몇 가지 꿈과 더불어) 7년 동안의 꿈들 가운데서 "남들을 향한" 폭력의 유일한 꿈들이고--내가 기록한 수백의 꿈들 가운데서 일 년에 아마 겨우 한 개 보다 좀 더되는 것으로--그리고 이들도 어떤 점에서는 나 자신을 향한 분노를 설명하는 것들이리라.

그 대신 내가 발견한 것은 악한 힘들에 의하여 갇혀 있거나 그것에 휘말린 꿈으로서 자주 반복되는 꿈들이었다. 이 꿈들의 대부분은 틀림없이 이미 앞에서 기록했던 대로, 내가 부모님의 명령으로 벌을 받느라고 창고에 갇혀 있었던 경험을 반영하는 것들이다. 내가 깨닫지 못하는 사이에, 이 사건의 고통스러움은 내가 세상을 보는 방식에 깊이 새겨졌던 것이다. 거듭 거듭 감금상태에서 탈출하려고 하는 갇힌 자로서의 나 자신을 꿈꾸었다. 여기 이런 형태의 꿈을 몇 개 모아본다:

나는 나치스가 운영하는 체코슬로바키아의 감옥 속에 있다. 히틀러 자신이 나를 보고는 특별 처벌을 하라고 명령한다. 나는 도망에 성공한다. 그 지역 사람들 가운데 나를 동정하는 사람이 자기의 헛간에 숨겨준다. 그러나 나는 아직도 그 감옥이 보이는 곳에 있다. (3/21/80)

한 나치스 처형조(處刑組)가 어느 학교의 모든 소녀들을 죽이도록 명령을 받았다. 나는 한 학생을 구조하고자 했으나 그들이 우리를 가로막았고, 그 소녀를 줄의 세 번째에 세우고는 말했다. "그녀에게 오직 유리한 것은 일찍 죽는 것뿐이다." 모든 사람들이 다 죽고 나서, 그 처형조의 장교가 몸이 아프게 되었는데 왜 그런지 모르고 있었다. 나는 그에게 말하기를, "그 모든 여학생들의 생명을 당신의 양심이 갖고 있기 때문입니다. 다른 병사들은 느끼지 못하지만, 당신은 느낄 수 있답니다." (12/2/80)

우리들 한 무리의 혁명가들이 니카라과의 혁명 이전 소모사(Somoza) 감옥으로부터 탈옥을 준비하고 있다. 우리들이 탈출하려는 바로 그 지점에 병사들이 들어왔다. (7/29/83) -- 나는 이것을 내 속에는 아직도 자유롭게 되는 것에 대한 저항이 있다는 뜻으로 해석했다.

우리가 타고 있는 기차를 마피아 단원들이 습격하고 우리를 잡았다. 나는 그들의 총 하나를 탈취하고는 총을 쏘면서 탈주를 시작하였는데, 그만 총알이 다 떨어졌다. 그래서 우리는 도로 잡혀서 돌아왔다.(7/30/83).

나는 정치범 수용소에 수감되어 탈옥을 계획한다. 내가 쇠창살을 톱으로 썰어 한 아름 안고 있었는데, 어떤 성서학자와 나의 옛 동료가 말하기를, "윙크(Wink)와 또 하나의 친구가 탈옥을 계획하고 있음을 안다"고 말했다. 나는 서둘러 그 쇠창살들을 제자리에 도로 붙여놓았다.(2/1/87)

내가 러시아 수용소의 병원 안에 있다....등등(5/12/87)

나는 어린 시절에 받은 거절에 대한 보상으로서 내가 다른 사람들 위에 군림하는 독재자가 되고 싶어하는 소망을 발전시켰으리라고 이해할 수도 있다. 그러나 그런 것이 아니었다. 그 대신, 나는 심리적인 감옥에 나를 집어넣고 감독하려는 내부의 독재자를 만들어 낸 것이다. 나의 부모들은 틀림없이 어떤 의미에서든 여기에 연관되었음에도 불구하고, 이런 인물들로 직접 나타나지는 않았다. 어린이로서 나는 체포자에 자신을 동일시하는 것 같았다. 나는 내가 처벌받은 도덕적 기준들에 대하여 반항하거나 도전할 수 없었다. 그렇게 하지 못했기 때문에, 그런 기준들이 나 자신 속에 내면화되어서, 그 기준들이 굉장히 과장된 형태로 독재자들, 강제노동수용소의 기관원들, 혹은 마피아(Mafia) 행동대원들로 나타났다.

이렇게 고문을 가하는 자와 동일시하는 경향은, 고문을 당하고 근래에 풀려난 피고문자들이 시달리는 "고문 후유증"을 다루는 일에 종사하는 사람들에겐 매우 친숙한 것이다. 엄청난 힘의 불균형은 고문자(拷問者)에게 거의 신적(神的)인 성격을 부여하여, 고문을 당하는 사람으로서는 한 순간에 분노의 증오를 느끼다가도, 화장실에 가도 좋다고 허락을 받으면 그만 눈물지으며 감사를 느끼게도 된다.

많은 수감자들은 자기들을 쏘아보는 고문자들의 눈길을 가슴 속에서 지울 수가 없다고 말한다. 그런 눈길에 나타나는 깊은 증오감을 마주치면, 그만 힘이 빠지고 자기들은 아무 쓸모없음을 느끼게 된다. 이상하게 들리겠지만, 고문은 너무도 가까운 접촉이기에 고문 희생자의 생각 속에는 엄청난 반대감정 병존(모순: ambivalence)이 나타나게 된다. 고문자가 자기도 이성적이고 온순하며 이해하는 사람이라고 자신을 나타내면, 피고문자도 그만 자신을 고문자(拷問者)와 동일시하려는 순간도 있다.4)

위에서 열거한 경험들보다 훨씬 덜 잔인하기는 하지만, 그래도 나의 어린 시절에 받았던 처벌은 영원히 내 심리 구조를 형성하였다. 목회자로서, 혹은 성서학자로서, 혹은 신학교 교수로서, 내가 관계를 맺는 깊은 무의식의 방식은 언제나 내가 속한 곳에서 길을 걸어 올라가는 것이 아니라, 늘 제도에 갇혀버린 국외자로서, 한편으로는 인정을 받고 받아들여지기를 원하면서도 또한 자유롭게 되기 위해 투쟁하는 것이었다. 회상해 보면, 나는 언제나 갇혀 있는 창고의 창문을 통해 인생을 바라보는 것 같았다. 오랜 기간에 걸쳐서, 나의 꿈의 과정이 이런 구조를 의식 속으로 들어 올려서 더 이상 무의식이 내 행동을 결정하지 않도록 도와주려고 했다. 상당한 정도로 분명히 이들 꿈들에 되돌아가 보고, 또 그 특징적 구조를 발견한 결과로, 내가 이 장(章)을 처음 초안한 이래 4년이 걸린 동안 그런 갇힌 자의 꿈들은 줄어들었다고 나

---

4) Paul Verryn, 남아프리카 교회연맹의 총무 보조원으로서, 1988년 1월 4일에 보낸 개인적인 편지. Verryn은 나의 질문에 대하여 답변하면서, 남아프리카에서 전에 억류되었던 사람들을 치유한 심리학자들과 정신과의사들의 한 무리의 의견을 나누었다.

는 안심하며 보고한다. 그 꿈들로부터 내가 배운 메시지는 이렇다: 잘 살펴, 정신 차려, 그리고 권위를 지닌 사람들과 상호 관계하는 식으로 이런 형태가 반복되지 않도록 하라. 너 자신을 더 나은 사람이나 다른 사람으로 여기지 말라. 너도 조직의 다른 모든 사람과 똑같다.

이런 모든 것이 내가 사회적 투쟁에 참여하는데 직접적으로 영향을 주었다. 내가 자원하지 않았던 구금의 경험 때문에, 나는 실제로 정치적 구금에 있는 사람들과 자신을 동일시--아마도 너무 동일시하는--하는 경향이 있다. 이것이 나의 사회적 정열의 근원으로서 가장 멀리 회상할 수 있는 것이었다. 그러나 동시에, 그 경험은 나로 하여금 억압하는 자들을 파괴하고 싶어하게 만들었다. 그것이 나를 분노로 눈멀게 하여, 나로 하여금 나의 적대자와의 대화를 할 수 없게 만들었다. 내가 처음 남아프리카로 여행했을 때, 그것이 나로 하여금 아프리카너 백인 공동체의 인종차별(Apartheid)의 진짜 옹호자들과는 이야기를 나누지 못하게 하였는데--인종차별에 대한 연구에서는 사실 엄청난 빠뜨림이었다--바로 내가 그들의 도덕적 눈먼 상태와 사악함에 대해 나 자신의 분노를 쏟아낼 것을 두려워했기 때문이었다.

내 어린 시절의 그 경험은 나로 하여금 어린이로서 사랑 받지 못함을 느끼게 하였다. 그 이후로 나는 사람들이 그런 사랑할 수 없는 어린이를 사랑할 수 있게 되도록, 좋은 일을 하고 좋은 사람이 되려고 거의 강박관념에 사로잡힌 듯이 노력하였다. 나는 사랑은 도덕적으로 순결한 사람들에게만 배당되는 것이라는 교훈을 확실히 배웠다. 그래서 나는 복수하는 뜻에서 도덕적으로 순결하게 되고자 노력하였다. 그래서 매우 얻는 바가 많은 길로서 택한 것이 억압받는 사람들을 변호하는 것을 통하여 인도하였는데, 까닭은 그 길이 나로 하여금 나 자신에 대하여 높이 평가하게 하였고, 다른 사람들의 존경을 얻었으며, 악한 억압자들을 경멸하며, 무사히 그들을 미워할 수 있고, 이 세상에 고통을 주는 사람들에게 내가 복수하게 하였기 때문이다. 이런 생애의 전략이 나로 하여금 목회에 나서게 하였으며, 뭔가 메시아 콤플렉스(구세주 복합심리)로 인도하였다는 사실은 누구에게도 놀랄 일이 아니었다.

하느님과 다른 사람들을 섬기겠다는 나의 모든 동기들이 불순하여 믿을만하지 못하다는 것을 내가 시사하려는 것은 아니다. 내 나이 열다섯에 하느님의 부르심을 받았던 것은 진실하였고, 그 부르심은 나 자신의 개인적 역사의 오염된 단면들을 깨달으면서 더욱 깊이 발전되어 왔다. 하느님은 그 상처와, 또 상처를 치유하는 단계들을 사용하셔서, 나의 상처보다 훨씬 더 분명하고 심각한 상처를 지닌 사람들을 향하여 나를 돌려세웠다. 이런 것들을 통하여 내가 배운 것은 우리들이 상처를 받은 방식이 어찌하였든 **그럼에도 불구하고**(despite) 우리를 사용하시는 것이 아니라, 오히려 그 상처들을 **통하여**(through) 우리를 사용하신다는 점이다.5) 만일 그 상처가 없었더라면, 나는 단지 피상적이고도 만족해하는 유물론자가 되고 말았을 것이었다.

무엇인가 변화를 원한다

한편, 그 7년 간 꿈을 꾸는 동안, 나의 깊은 곳에서 뭔가 변화를 원하는 새로운 것이 태어나려고 애를 쓰고 있었다. 이 새로운 실재(實在)의 나타남은 일련의 꿈들이었는데, 그 꿈속에서 내가 화를 내었던 모든 사람들, 그리고 의도적으로 진지하게 용서해준 사람들이, 줄을 지어 나타나서 친절하고도 긍정적으로 나의 행복을 위하여 관심을 보이면서 내 마음 속을 행진하여 지나갔다. 내가 그 꿈꾸던 7년을 지나는 동안, 성령(聖靈)이 나를 강권하여 미처 해결보지 못한 관계들에 대하여 철저한 집안청소를 하도록 재촉한 끈기 있는 일관성에 대하여 나는 놀랐다. 나는 용서하는 것만으로는 불충분함을 발견하였다. 가능한 곳에서는 관계를 재개할 필요가 있었다.

한번은 꿈속에서, 나의 아버지께서 상자들이 잔뜩 실린 낡은 스테이션 왜곤 (Station Wagon)을 몰고 우리 집으로 올라간다. 나는 웃으면서 차 안을 들여다 보고, 그리고 상자들 가운데 몇 개가 움직이고 있음을 본다. 나는 상자 속에

---

5) "어떤 사람들이 자기들이 겪었던 고문과 억류의 경험들을 자기의 삶에 얼마나 잘 통합하고 있는지는 언제나 내게 큰 경이감을 주었다. 특히, 깊은 신앙을 지닌 사람들은 억류과정을 통하여 놀라운 통찰력을 얻은 것 같다. 물론 이것이 그런 실천을 지속하는 이유가 되지 않기를... 그러나 이런 사람들 가운데 많은 수가 심오한 영성과, 초대교회의 순교자들을 생각나게 하는 현실주의를 지니게 되었다"(ibid.).

사람이 들어 있느냐고 묻는다. "아니." 하고 그가 말하고, 그 상자들은 움직임을 멈춘다. 나는 말하기를, "아 당신은 얼마간의 물건들을 옮기는군요?" 그는 말하기를, "괜찮을까? 내가 너와 함께 사는 것이 괜찮다고 나는 생각하는데." 나는 말하기를, "글쎄요, 우리는 최소한 여름의 더운 몇 달 동안을 여기에 있을 텐데요." (나는 그를 일 년 내내 받아들이는 것에 대해서는 약간 망설인다.) (8/14/86)

그 꿈에 대하여 좀 더 탐색해보는 한 방법으로서, 나는 아버지와 나눈 대화를 적어 내려갔다. (아버지는 7년 전에 이미 돌아가셨다). 그 속에서 나는 논평하기를, "아버지는 마냥 웃으시는군요. 아마도 하늘이 아버지를 고쳐 놓으셨나봅니다"라고 했다. 나는 아버지가 살아 계시는 동안에는, 심지어 내가 어른이 되어서도, 결코 한 번도 감히 말해 본 적이 없는 말을 했다. "당신은 너무도 잔인했습니다. 나는 아직도 당신에게서 받은 그 상처를 간직하고 있습니다." 그는 대답한다. "하늘이 나를 너에게 보내신 거야. 사람들은 말하기를 비록 너로서는 힘들기는 하겠지만, 너는 나를 받아들일 필요가 있다고 해. 그러나 나는 너의 실재들 중의 하나다. 옛날의 나를, 하늘이 보낸 웃고 있는 나로, 대치할 생각은 없냐?" 그는 자동차 안에 있는 그 상자들 속에 무엇이 들어 있는지 확실히 알지 못하고 있다. "아마도 천사들이 들어있을 꺼야. 그래서 네가 두려워하니까 그만 움직임을 중단한 것이지." 그리고 그가 우리와 함께 사는 것을 내가 주저하는 것에 대해서는, "생각해봐. 그건 너의 집이야. 네가 여기서는 총책임자야" 하고 말한다.

1986년 8월에 내가 꾼 그 꿈은 실제에선 내가 하지 않은 것을 질문하고 있다. 나는 심지어 대화에서도 그를 환영해 들이려고 해본 적이 없었다. 그리고 한 일 년 후, 내가 나의 꿈을 다시 검토하는 중에, 나는 한 줄은 잘못 읽었는데, 마치 "나는 **아버지**를 다시 사랑하고 싶다"라고 쓴 것으로 읽었다. 나는 그렇게 읽은 것 때문에 놀라서 몸이 떨릴 지경이었다. 나는 아버지를 사랑하는 것에 엄청난 저항을 했다. 아버지를 사랑하는 일은 그 모든 고통을 다시 열어 놓는 것이요, 그리고 치유를 위하여 그 고통을 내어놓는 일이다. 이제 와서 나는 그를 헐뜯는 일에 편안해진 터였다. 그를 비난함으로써 내 삶을 위한 책임감을 벗어버리는 것이 편리했다. 아버지를 사랑하는 것은 마침내 그런 모든 것을 포기하는 고통을 뜻하는 것이었다. 그리고 또한 그것은 내가 항상 벗어나려고 애쓴 내부의 독재자와 수용소를 포기함을 뜻하기도 하였다. 결국 그들 내부의 독재자들은 그 해묵은 심리구조를 유지하도록 도와주고 있었다. 그들은 어느 정도 해방(자유롭게 됨)에 대한 나의 **저항**을 나타내는 것이기도 했다.6) 그런 통찰력을 얻고 나자, 감금당하는 꿈들은 사실상 중단되었다. 한 마디로 말해, 하느님이 나의 고집스런 망설임을 거슬려 나로 하여금 보다 온전한 사람이 되도록 노력하시는 것 같았다.

내 심리 속에서 일어난 이 과정에서, 나는 권세들에 대항하여 성서적인 투쟁을 하는 것이 내 안에서 문자 그대로 하느님에 의하여 일어나고 있음을 깨달았다. 복음에 의하면, 하느님이 예수 사건을 통하여 하느님의 사랑에서 우리를 떼어놓는 권세들로부터 우리를 자유롭게 하셨다(롬 8:31-39). 그렇다면, 만일 우리가 아직도 자유롭지 못하다면, 이는 우리가 우리의 구속을 깨닫지 못하고 있기 때문이거나, 혹은 하느님이 아닌 권세가 우리들 위에 군림하도록 계속 허용함으로써 일종의 이익을 얻고 있다고 우리가 생각하고 있기 때문이다. 하느님은 그들 권세들을 분명히 격파하셨으니, 이제 그 권세들은 우리가 그들을 허용하기 때문에 우리들 위에 그 힘을 행사하고 있을 뿐이다. 그러나 그 모든 불화살들을 뽑아내는 것은 평생의 작업이라, 그 동안에 우리는 끊임없이 새로운 화살을 맞게 될 것이다. 하느님이 이룩해주신 자유를 완전히 주장하지 못한 채, 내가 얼마나 오랜 세월 동안 능동적으로, 그리고 의식적으로 내 어린 시절의 경험과 드잡이를 해왔는지 스스로도 놀랐다. 그러나 나의 해방의 주도권은 언제나 하느님 편에서 왔는데, 부드럽게 설득하면서, 내부적으로 꿈들을 꾸는 일, 기도, 그리고 외부적으로 정의를 위한 투쟁이 서로 교차하면서 다가왔다. 그리고 해방이 증가될 때마다 삶을 위한 새로운 힘이 솟아 나왔다.

그러나 내 꿈을 꾸는 삶 안의 무언가가 나를 변혁시킬 뿐만 아니라, 비폭력을 원하고 있었다.

---

6) 다시 **Paul Verryn**의 보고서(ibid)에서 전에 고문을 당했던 사람들의 경험을 인용해보자: "전에 구금되었던 사람들이 감옥으로 되돌아와서, 그 고통을 모두 다시 반복하고 싶어 하는데, 이는 그가 이 경험에 매우 이상스러운 방법으로 의존적이 되어 그 경험을 버리기를 두려워하기 때문이다. 때로는 그 경험만이 그들이 가진 유일한 현실적 기억이다."

무엇인가 비폭력을 원한다

　　이 시기에 나는 무의식을 통하여 하느님으로부터 다른 종류의 주의(注意)를 받았는데, 사실상 일련의 꿈들이 나에게 비폭력을 명령하고 있었다. 내 속에서 진행된 이 꿈의 과정이 단지 개인적이고, 사적이며, 그리고 흔하지 않은 일이라고 잘못 받아들이지 말라. 그건 이 장(章)의 목적을 무효로 만드는 것이다. 그 대신 질문해야 할 것은, 내가 이런 일련의 꿈들을 꾼 뜻이 무엇인지, 더구나 그 꿈들 대부분은 내가 비폭력에 헌신하기 전에 꾼 것들이며, 그 제목으로 글을 쓰겠다고 생각하기보다 훨씬 오래 전에 일어난 것이니, 왜 이런 꿈들을 꾸었는지를 물어야 한다. 이런 꿈들과 지구상에서 일어나고 있었던 유성처럼 쏟아져 내린 비폭력 행동들의 증가 사이에 관계가 무엇인가? 의식적이든 무의식적이든, 사람은 자신의 삶을 살뿐만 아니라, 자신의 시대의 삶을 사는 것이기도 하다.7) 우리는 외부세계의 자연이나 사회와 마찬가지로 내부의 심리세계도 집단적이며, 함께 나누는 실재임을 깨달아야 한다. 집단 무의식이란 개념은 어떻게 무의식이 주어진 역사적 순간에 시대적인 특징에 대해 반응하는가를 우리로 하여금 조사해보게 만들었다. 예를 들면, 우리들의 꿈들은 어느 정도 세계 속에서 일어나는 보다 큰 집체적 꿈의 일면들인가? 만일 그렇다면, 이 집체적인 꿈이 우리에게 말하고자 하는 것은 무엇인가?8) 다른 말로, 하느님이 역사상 새로운 것을 일으키시려면, 하느님이 직접 개입하는 것이 아니라, 우리들에게 꿈과 비젼을 보내셔서, 우리가 그것에 잘 유의(留意)하기만 하면, 새로운 과정을 시작할 수 있게 하신다. 우리는 이런 예를 성경에서 수도 없이 반복하여 보았다. 그렇다면, 이런 일련의 꿈들이 내게 온 것은 어떤 의미가 있을까? 그런 꿈들이 다른 누구에게도 오는가? 그런 꿈들이 당신에게도 오는가?

　　비폭력에 대하여 일찍 꾼 꿈들 가운데 하나에서(2/2/80), 나는 주유소에 열을 지어선 자동차 안에 있었다. 종업원과 말하기 위해 자동차에서 나왔는데, 내

---

7) Laurens van der Post, *The Heart of the Hunter* (New York: Morrow & Co., 1961), 136-37.
8) Charles Upton, "Gnosticism as Social Protest," 미발표 논문. 저자의 호의에 의함.

뒤에 있던 차의 운전자가 참지 못하고 내 차를 밀기 시작하였는데, 그 때 내 차는 파킹 기어(정차기어)에 놓았었다. "멈춰!" 하고 내가 소리를 지르며, 그에게 덤벼들었다. 그는 뛰어 나왔고, 나는 그의 엄지손가락을 잡아 쥐고 그걸 부러뜨려버렸다 (이건 내가 말했던 폭력적인 꿈이다). 나 자신에 대한 후회와 증오 속에서, 나는 이래선 안 되는데 하고 생각했다. 나는 한 공안 (koan 公案: 선불교의 화두--역자 주)이 생각나서, 그를 보고 나와 함께 소리내어 노래하자고 했다: "기뻐하라! 공평하게 대응하라. 주님은 그의 거룩한 성전에 계신다."

다음 해에, 나는 창조적 대안으로서 비폭력을 제시하는 일련의 꿈들을 꾸었다. 한 꿈속에서 나는 어떤 존경할만한 퀘이커 교인과 비폭력에 대하여 상의하고 있었다. 다른 꿈에서는 우리들이 그랜드 쎈트럴 역(Grand Central Station: 뉴욕에 있는 Metro North 기차 정거장 터미널--역자 주)에서 게릴라 연극을 했다. 세 번째 꿈에서는 우리가 가난한 사람들에게 터무니없는 가격을 부과하는 할렘(Harlem: 뉴욕시 북쪽 흑인 슬럼가 --역자 주)에 있는 한 청과상점(靑果商店)에서 항의 데모를 했다(이 경우에 우리는 장바구니에 물건을 가득히 담은 다음, 지불계산대에 그것들을 그냥 놔두고 나오는 것이었다). 네 번째 꿈에선,

한 건축공사 인부가 나의 집으로 온다. 내가 그에게 물을 주고, 내 손의 흙을 씻는데, 그가 "물 한잔이면 다야?" 하고 말했다. 나는 성이 나서 그에게 덤볐고--그는 벌써 들어와서 손에 유리잔을 들고, 씽크대를 향하여 가고 있다. 나는 말하기를, "안 돼! 그 컵이 깨졌으니 물은 안 돼! 여기 내가 당신에게 물을 한 컵 주었는데, 당신은 내가 손의 진흙을 씻는 동안도 못 참는단 말이요?" 그는 컵에 물을 채우고 나서, 말하기를, "중동(中東)지방에선 무례한 행동에는 오히려 더 예외적인 친절로 되돌려 준다오. 화를 내는 대신에, 당신은 친절한 행동으로 나를 부끄럽게 만들었어야만 했었소. 그게 훨씬 더 창조적인 대응이라오."

그 후 여러 차례 꿈들은 내가 성경공부 그룹에서 흔히 비폭력 행동의 롤 플레이(role play, 역할 연극)를 하거나, 혹은 실제 실연으로 보이기 위한 준비를 하면서, 비폭력을 가르치는 것에 대한 것들이었다. 이들 꿈들을 내가 얼마

나 진지하게 여겼는지가 1984년에 꾼 다음의 꿈에 나타나 있다:

수영장에서 한 청년이 다음 차례의 반전주의 연사로 소개되었다. 그는 전쟁의 병리학(病理學)에 대하여 강연할 것이다. 나는 말하기를, "언젠가 나는 당신에게 사회의 병리학에 대하여 상의하고 싶습니다." 그는 즉각 흥미를 보였다. 그가 그것에 대해 이야기를 시작하자, 나는 헤엄쳐서 그의 곁을 떠난다.

1986년에 우리가 남아프리카 여행을 하고 온 후로, 비폭력에 대한 꿈들이 그 숫자가 크게 늘어났다. 하루는 나의 일기장에다가, 하느님이 내게 비폭력을 가르치시기로 결심하셨다고 썼다. 이 꿈은 내가 1986년에 남아프리카를 처음 방문하고 떠나던 날 밤에 꾸었다:

나는 방문 차 와서 케이프 타운(Cape Town)에 있다. 한 흑인 남자가 나를 굴속으로 안내하고 있다. 그는 몇 날 밤을 두고 굴속으로 깊이 깊이 들어간다. 한 갈림길에서 그는 전화박스 같은 작은 방으로 들어간다. 그는 계속 전진해야 할지 어떨지를 결정해야 한다. 그는 그렇게 하라고 하시는 하느님의 메시지를 받는다. 우리는 계속 전진하여 한 곳에 이르러 그는 오른편에는 나쁜 사람들이 있음을 알고 왼편으로 가기를 원한다. 우리는 둘 다 강력한 손전등을 갖고 있어서, 모두 오른편을 비쳐보았다. 우리는 누가 거기 있는지 안다. 우리가 계속 전진하려면 그들과 비폭력적인 도전을 해야 한다. 그러나 우리의 지도자가 훨씬 더 힘이 센 것은 물론이다. 그는 일종의 흑인 구세주다. (4/22/86)

다른 꿈속에서는, 비폭력은 실제적이지 못하다고 주장하는 한 학생과 내가 화가 나서 열띤 논쟁을 한다. 나의 한 존경하는 친구가 내가 한 말 모두에 동의하면서 평화스럽게 보고 있다. 그 후에 나는 내가 하고자 한 말들의 모든 요점을 내 친구처럼 평화롭게 말할 수도 있었다고 깨닫는다.

다른 꿈에서는 익살스런 유머가 있다:

비폭력으로 훈련받은 100명의 히피들(Hippies)이 주(州)정부가 주는 자유의 상을 받게 된다. 또 다른 꿈에선 내가 남북전쟁의 두 파 사이에 끼어 들어서 제안하기를, 그들은 서로 용맹하게 싸웠고, 엄청난 희생자를 내었으며, 한 생명이 무한한 가치를 갖고 있기에, 양편 각자가 죽은 사람들을 세어보아서 누가 이겼다고 결정할 수는 없다고, 그러니 이제 상대방이 항복하기를 기대하지 말고 양편 각자는 무기를 내려놓자고 했다.

이 마지막 꿈은 내 영혼 속의 옛날의 분열을--어떤 남북전쟁--치유하려고 내 안에서 뭔가가 움직이고 있음을 나타낸다. 다른 꿈들은 내부의 화해와 용서를 촉구하는 듯하였다. 그들 중 하나는,

남부의 백인노동자들(redneck)의 일부인 두 남자가 내게 화를 내고 있다. 나는 그들 그룹의 나머지 사람들 앞에서 나를 용서해 달라고 도전한다. 그들은 차에 올라 집 둘레를 도는데, 한 바퀴 다 돌기를 마치려는 때 그 중 주동자쯤 되어 보이는 사람이 집을 향해 오더니, 차에서 내려서 말하기를, "좋아(O.K.)! 용서하는 것이 계속 화를 내는 것보다 더 큰 용기가 필요하군." 그의 동료도 맞장구를 치고, 우리는 서로 악수한다. 두 번째 녀석이 말하기를, "그래. 누군가를 사랑하기 위해서 그를 반드시 좋아해야 할 필요는 없지." 진정 감사해서 나도 그렇게 말한다.

내 꿈의 기록에서는, 이들 남부 백인노동자들과 대화하며, 왜 그들이 내게 화를 냈느냐고 물었다. 그들은 답하기를, "이유는, 당신이 우리가 재미있다고 생각하는 것들을 못하게 했으니까--밖에 나가 노는 것, 술 마시기, 낚시, 사냥, 앉아서 물과 석양의 낙조를 바라보는 것, 수영하러 가는 것, 자동차 고치기 등등. 우리는 그런 걸 좋아하거든." 이들 남부 백인노동자들이 좋아하는 것들이란 게 바로 내 안에 필요한 보상(補償) 요소들임을 깨달았다. 바로 내가 하느님께 헌신의 나사를 단단히 조이고 있을 때, 내가 일중독과 완전 피로에 빠지지 않도록 꼭 맛보아야 할 단순한 기쁨들을 단단히 잡고 있으려고 노력하면서, 이들 남부 백인노동자들이 나타난 것이다.

나는 그밖에도 나에게 비폭력을 가르치는 듯이 보인 다른 많은 꿈들을 생략하지만, 그러나 단 한 가지 특별한 것이 있는데, 그것은 내 꿈들이 내게

가르치고자한 가장 중요한 교훈들 가운데 하나를 암시하기 때문이다.

줌발트(Zumwalt) 해군제독이 화해의 친선(Fellowship of Reconciliation: F.O.R.) 모임에 초대되어 평화와 무장해제에 대한 강연을 하게 된다. 본래 의도는 이어지는 대화를 통하여 그를 F.O.R.의 아이디어들에 노출시켜보자는 것이었다. 그는 매우 우스꽝스러운 모습으로 나타났다--커다란 귀 거리를 달고, 그의 머리 위에 뭔가를 쓰고(자세한 것은 잊어버렸다). 우리는 다른 사람들로 하여금 2, 3 시간 동안 계속해서 그의 앞에서 떠들게 해서, 그로 하여금 흔히 듣지 못하던 다른 메시지를 듣게 한다.

공격의 창조적인 역할

앞의 꿈에서 아무도 줌발트 제독의 말을 듣지 않고 있었다(독일식 말장난: Zum Walt를 "To Walter" 즉 "월터에게"). 이후의 꿈들은 내가 그의 지혜를 나 자신의 위험을 각오하고 무시했음을 가르쳐주었다. 주목해야 할 점은 이렇다:

나는 18세기에 적군들에 둘러싸여 높은 산꼭대기 성채에 있다. 나는 붉은 옷을 입은 젊은 영국병사 녀석에게, 상대편에는 놀라운 저격수가 있으니, 총 쏘는 구멍 그 위로 머리를 내밀지 말라고 주의를 준다. 그러나 나는 우리 편에 있는 선임 영국 병사들이 심지어 흉벽(胸壁)에 가리고 내다보지도 않고, 아예 총안(銃眼) 위에 전신을 드러내고 서 있는 것을 본다. 나는 비폭력의 장점을 거론하면서, 그에 대한 예수의 가르침을 언급한다. 한 스코틀랜드 병사가 투박한 사투리로 내게 말을 건네기를, "당신 그거 허튼 소리(bullshit)인 거 알지, 안 그래?" 나는 그에게 그건 성경말씀이라고 대꾸한다.

이 꿈은 내가 『남아프리카의 폭력과 비폭력』이란 책을 출판 준비하는 동안에 꾸었다. 그 꿈속에서 나는 그 당시에 겪지 않아도 되는 위험을 다른 사람들에게는 위험을 무릅쓰라고 내가 격려하고 있었다. 의심할 여지도 없이, 이 꿈은 내가 상대적으로 위험을 각오하지 않아도 되는 그런 위험을 다른 사람에게 권장한 자신의 불안과, 남아프리카에서 삶의 방책과 방식으로 비폭력이 성공할 가능성에 대한 설명되지 않은 의심을 나타내는 것이었다. (그 꿈속에서 나는 진정한 토론으로 답변하는 대신 약간 어설프게 성경의 권위에 호소하였다.)

그러나 그 꿈은 또한 나의 내부 상태를 반영한 것 같기도 하다. 내가 방어벽 뒤에 피해 숨어있는 동안, 그 선임 영국 병사들은 일부러 적군 앞에 자신들을 드러냈다. 그들은 명예 때문에 전쟁을 했던 시대에 속했다. 그리고 스코틀랜드 사람들은 널리 알려진 투사들이었다. 내가 두려워하지 않을 필요, 불(fire=총탄) 앞에 나 자신을 내세우고 일어서기, 영혼의 투사가 되어 겁쟁이와 무능함을 감추기 위하여 비폭력을 사용하지 않을 필요를, 꿈속의 이들 병사들이 나타내었다. 나는 그 스코틀랜드 사람들에게서 어떻게 하면 영적인 투사가 될 수 있는지를 배울 필요가 있었다.

평화운동을 하는 많은 사람들이 이런 이중적인 생각에 사로잡혀 있어서, 그들은 찬송가나 은유(隱喩)들, 심지어 성경 속에 나오는 모든 군사적 이미지들과 전쟁에 관한 언급을 삭제하기를 원한다. 나는 이런 경향에 대하여 동정하면서도, 동시에 의심한다. 생명에는 불가피하게도 일종의 전쟁 형태를 띠는 것들이 있다. 우리는 임파구(淋巴球)들이 몸속의 암세포에 대한 공격을 중단하길 원하는가? 미국 암학회(American Cancer Society)가 만든 「세포」(*The Cell*)라는 필름 속에서, 임파구가 잘못된 세포에 충돌하면, 일단 물러나서 자신을 화살 형태로 만든 다음, 다시 의심스러운 세포를 향해 돌진하여 그 중심에 파고 들어가서, 그 세포를 폭발시키면서 그 과정에서 자신의 생명을 바치는 것을 보면 얼마나 놀라운지 모른다. 진 샤프(Gene Sharp)와 다른 사람들이 제안하였듯이, 비폭력에 근거하여 국가 방위 체제를 구성하자고 발의할 수도 있다.9) 우리는 국제 평화군 단체를 만들어서, 니카라과와 과테말라에서 작은 규모로 이미 했던 것처럼, 어떤 분쟁에도 개입하도록 준비하여 자신들의 몸을 서로 맞붙어 싸우는 병사들 사이에 끼워 넣게 할 수도 있다. 우리는 유엔(U.N.) 평화유지군을, 비록 그들이 공공연한 적대감을 진정시키는데 여

---

9) Gene Sharp, *The Politics of Nonviolent Action*, 3 vols. (Boston: Porter Sargent, 1973); 그의 견해를 간단히 간추린 것은 "Making the Abolition of War a Realistic Goal" (New York: World Policy Institute, 1980)을 보라. 또한 *Social Power and Political Freedom* (Boston: Porter Sargent, 1980), *Exploring Nonviolent Alternatives* (Boston: Porter Sargent, 1970).

러 번 상대적으로 성공을 거두기는 했지만, 그것보다 더 효과적으로 사용할 수도 있다. 비폭력에 헌신한 사람들은 전쟁 방지에 자신들의 생명을 바치면서, 사회의 임파구(淋巴球)가 될 수 있다.

그러나 그들은 **전투적으로** 그렇게 해야만 한다. 무엇이 나로 하여금 그린피스(Greenpeace 녹색평화운동)의 사람들을 그토록 존경하게 만들었는가 바로 그들의 용기(勇氣) 때문이다. 즉 매연을 뿜어내는 굴뚝 꼭대기에 자신들을 한 번에 며칠씩 묶어놓고 버티기, 유독성 폐기물을 통에 담아 바다에 버리면 그 곳으로 고무보트를 타고 달려가기, 핵무기 실험을 하는 태평양 지역에 가서 배로 항해하기 등의 용기 때문이다. 이들은 전사(戰士)들이다. 그들은 생명의 기운을 억제함으로써만 공격성을 참을 수 있는 사람들이 갖는 그런 핏기 없는 험악한 얼굴을 하지 않는다. 그들은 줌발트 제독이나 스코틀랜드 사람으로부터 뭔가 비폭력적 투쟁에 적용할 수 있는 것을 배우기라도 한 것처럼 보인다.

몇 년을 두고 비폭력은 빈혈증세요, 소심한 짓이며, 그리고 정열이 없는 짓이라고 잘못 우스꽝스럽게 그려졌지만, 사실 그런 희화(戲畵)들이 살아 있도록 행동한 많은 지지자들이 있었다. 우리는 분노와 힘과 정열과 비타협적 태도를 우리들의 비폭력에 가져올 필요가 있다. 우리의 내적인 폭력성이 변화되면, 우리로 하여금 무력하고 무능함을 느껴서 발끈 화를 내지 않도록 막아주는 필요 불가결한 공격성과 내구력이 된다. (나는 이렇게 하는 것을 나를 체포하던 경찰관들에게서 배웠다. 이제 나는 이 행동을 옮겨서 내가 물건을 반환하려는 상점의 점원에게 써먹고자 한다!) 우리가 물러서지 않겠다고 속으로 충분히 알고 있으면, 더 이상 고래고래 소리를 지르거나 화를 내뿜지 않을 수 있다. 브루스터 비취(Brewster Beach)는 "잘 방어된 사람은 그 **스스로 방어적인 태도를 취할 필요가 없다**"고 내게 지적했다. 내 꿈속에 나타난 스코틀랜드 사람이 옳았다. 전신을 내어놓고 상대를 마주하지 않고, 흉벽(胸壁) 뒤에 숨는 비폭력주의자는 "엉터리"(bullshit)이다.

고대의 전사(戰士)들의 원형은 오늘날 영적인 투사의 형상으로 승화되거나 변화될 수 있다. 많은 남자들에게는 전쟁 상황을 통해서만 알아온 자기 초월, 봉사, 영웅주의, 이기적이 아님, 동료의식, 용기 등에 대한 그리움과 필요가 있다. 출산(出産)이 여자들에게 그렇듯이, 전쟁은 아마도 남자들에게 가장 친근한 것이리라. 즉, 생명과 사망의 힘 속으로 들어가는 것이다. 전쟁에서 사람은 신화적인 영역에 들어가서 신(神)들을 만난다. 그런 경험은 두렵기도 하지만 동시에 우쭐하게 하는 것이기도 하다. 오늘날 우리들 앞에 놓인 도전은 전사(戰士)의 투혼을 없애자는 것이 아니라 (그렇게 하면 단지 그 투혼을 더욱 깊이 무의식 속으로 몰아넣어서 거기서 더 많은 전쟁을 발생시키게 된다), 오히려 그것을 소유하고 축하하고 그리고 존중해서, 오늘날 인간의 생존을 **진짜로** 위협하는 것들에 대항하여 비폭력적 투쟁을 하도록 그 투혼의 표현을 인도하는 것이다. 즉 굶주림, 공해, 독재정치, 인종차별, 경제적 탐욕 등의 위협에 대항해서 말이다.10)

전사(戰士)의 형상이 모두 남성적인 것만은 아니다. 남자들도 일의 과정을 느끼고, 함께 하고, 세심한 주의를 기울이는 것을 배워야 하듯이, 여자들도 그녀들의 공격적 성격과 내구력을 필요로 한다. 남자든 여자든 모두 영적인 투사의 경험을 가질 필요가 있다. 즉 남자들에게는 이것이 원형적 투혼을 승화시키고, 여자들에게는 그녀들의 힘을 주장할 필요가 있기 때문이다. 여자 전사들의 형상엔 거대한 에너지가 있으니, 아마도 잔 다르크(Joan of Arc)가 가장 잘 알려져 있고, 현대의 좋은 실례는 헬렌 캘디코트(Helen Caldicott)일 것

---

10) Richard Strozzi Heckler, "Son of a Gun: Hunters, Warriors, and Soldiers," *Somatics* 7 (Spring/Summer 1989): 12-47. Ira Cherus, "War and Myth: The Show Must Go On," *Journal of the American Academy of Religion* 53 (1985): 462. 식민치하의 인도의 서북부 전선에서는 (오늘날의 파키스탄), 어린 소년들에게 어려서부터 폭력을 가르쳤다. 한 영특한 추장의 아들, Badshah Abdul Ghaffir Khan은 1919년에 간디(Gandhi)의 비폭력운동으로 전향하였다. 그는 남자들을 조직하여 "하느님의 종들"(The Servants of God)이란 단체를 만들고, 붉은 색 셔츠를 유니폼으로 입고, 정기적으로 군사훈련을 하며, 군대식으로 장거리 행군도 하였으나, 무기를 지니지는 않았다. 그들의 영웅적인 모습에 간디는 그들을 최고의 "비폭력 군사들"(nonviolent soldiers)이라고 불렀다(Eknath Easwaran, *A Man to Match His Mountains: Badshah Khan, Nonviolent Soldier of Islam* [Petaluma, Calif.: Nilgiri Press, 1984]). 전쟁을 외부 세계에서 겪는 갈등이 아니라, 자신의 삶에서 주체적인 악을 제거하려는 개인적 투쟁의 알레고리(allegory:우화, 상징)로 볼 수도 있다(James A. Aho, *Religious Mythology and the Art of War* [Westport, Conn.: Greenwood Press, 1981], 8). Richard Grossinger는 쓰기를, "투사들은 우리의 내부에 있으면서, 포용되고 이해되어, 아마도 지금부터 수천 년이 지나면 모든 생명, 모든 감각이 있는 존재들의 보호자로 의식화되기를 기다리고 있다"(*Nuclear Strategy and the Code of the Warrior,* ed. Grossinger and Lindy Hough [Berkeley: North Atlantic Books, 1984], ix).

이다. 거꾸로, 남자도 여자도 모두 마리아처럼, "주님의 말씀대로 지금 저에게 이루어지기를 바랍니다"(눅 1:38)고 말할 수 있어야 한다.

그러나 나는 전사의 이미지에 대하여 약간 이중적인 모순을 고백해야 하겠다. 즉 정의를 위하여 투쟁하는 것은 중요하다. 그러나 그것은 위험스러운 것이니, 본래 생명은 군신(軍神 Mars)에 의하여 투혼 속으로 생기가 불어넣어졌다. 군신(軍神)은 무의식의 삶과 국가들의 사건에서 매우 강력한 실제적 권세다.11) 그의 애인은 사랑의 여신 비너스(Venus)인데, 비너스는 로마 군대의 병영에서 환락을 주재하였다.12) 비폭력이 완전하게 되려면, 군신 마르스의 거칠고 공격적인 힘과, 사랑의 여신 비너스의 정열적이고 에로틱(性愛的)한 힘을 필요로 한다. 그러나 마르스와 비너스는 둘 다 남성통치적 세계의 신들이라서, 그들은 영원하고 무시간적인 원형이 아니라, 폭력적이고 가부장적이며 제국을 만드는 사회에 고도로 의존적인 인공적 작품이다. 확실히 그들은 우리 모두의 무의식의 깊은 곳에 있는데, 그러나 그들은 승화되고 평화적 목표로 바뀌질 수 있을까, 아니면 그들은 아예 뿌리를 뽑아버려야 될 것인가? 나로서는 부분적으로 영적인 투사의 이미지에 기울어지는 편인데, 왜냐하면 그 이미지는 남자들에게 호소력이 있기 때문이다. 나는 평화운동이 "여성적"(feminine)인 가치를 채택하여 그 결과 남자들은 밀려난다고 느끼게 되지 않기를 바란다. 이것은 진짜 위험이다. 실제로 많은 교회들에서 이런 현상이 생겼다. 그러나 나는 아돌프 하르낙이 내렸던 냉정한 경고에 다소 거북함을 느낀다.

> 군대 영역의 형상들이 고등 종교로 변하게 되면, 호전적(好戰的)인 것들이 휙 돌아서서 정확히 반대의 것으로 되거나 혹은 단지 심볼(상징)에 불과하게 되어버린다. 그러나 형상은 그 자체의 논리와 그 논리가 가져오는 필연적 결과를 갖고 있다. 단지 상징으로 받아들여졌던 그 호전적인 요소들이, 처음

---

11) *Unmasking the Powers*의 제 5장, "The Gods"를 보라.
12) Arnobius, *Against the Pagans* 4.7. 이는 단지 초기의 남성통치적 실천을 계속하는 것이다. 수메르(Sumer)의 여신 Inanna-Ishtar는 전쟁의 여신이며 동시에 성적인 애정과 생명출산의 여신이었다--나중에는 하늘의 금성(金星 Venus)과 일치하게 되었다 (H. W. F. Saggs, *The Greatness that Was Babylon* [London: Sidgwick & Jackson, 1962], 333-34).

엔 눈에 띄지 않게, 그러나 이내 점점 분명하게, 실재 그 자체를 불러와서, "기사도의 영적인 무기들"이 육체적인 것으로 된다. 그 과정이 거기까지 이르지 않은 곳에서도, 호전적인 무드가 들어와서 점잖고 평화스러운 규범을 위협한다.13)

그러나 하르낙이 넌지시 암시한 "영적인 투사들"은 비폭력의 선서를 하지 않았다. 그들이 참가한 정당한 전쟁 이론은 오용(誤用)되도록 공개 초청을 한 것이나 다름없어서, 템플 기사단(Knights Templars: 성지순례를 보호하기 위한 기사단--역자 주) 및 다른 것들이 이를 한껏 악용하였다. 그렇다면 우리는 오늘날의 영적인 투사들은 비폭력에 헌신할 것을 자명한 공리(公理)로 보아야 한다. 그리고 만일 영적인 투사의 이미지가 폭력으로 나타나면 그것은 버려야만 한다.

스코틀랜드 사람 꿈을 꾼 지 5개월 후에, 전사(戰士)의 주제가 다시 등장하였다:

> 나는 심리학연구회(Guild for Psychological Studies) [내가 사용하는 성경공부의 접근법을 내게 가르쳐준 모임]가 비폭력에 대한 가르침을 토론하기 위해, 한 무리의 군인 고급 장교들을 포섭한 것에 매우 깊이 감동했다.(4/3/87)

사실 나는 그 전 해 가을에 미국 국방성 "고급 장교들" 그룹과 평화의 주제를 가지고 대화를 시작했다. 그것은 매우 긴장된 2시간 반이었지만, 거의 끝날 무렵에 그들 중의 하나가 말하듯이 "그들의 왜건(마차) 주위를 맴돌고" 난 후에 서로 조금씩 상대방의 의견을 듣기 시작했다. 나는 무엇보다도 그들을 내 입장에 동조시켜볼 생각으로 그런 토론회를 더 갖기를 원하였다. 나는 그런 기회를 아직도 갖고 싶지만, 그러나 지금은 그들이 전사(戰士)인 것, 국가를 방위하는 것, 그리고 그것을 직업으로 삼고 있는 것이 무엇을 뜻하는가를 내가 감사히 여기고 싶다. 또한 아마도 만일 그들이 내가 그들을 존경하고 있음을 알고, 또 내 속에서 동료 전사를 볼 수 있다면, 그들은 그들

---

13) Adolf Harnack, *Militia Christi* (Philadelphia: Fortress Press, [1905] 1981), 32. 그러나 그는 전쟁에서 얻은 이미지 없이는 어떤 세계 종교도 성립될 수 없다고 생각했다(p. 28).

의 왜건(마차)을 그렇게 긴장하여 맴돌지 않아도 될 것이다. 그리고 만일 우리가 그들에게서 고도의 훈련 규율, 강인함, 그리고 군인들의 특징인 보다 높은 가치를 위하여 기꺼이 죽음도 맞이하는 정신을 배울 수만 있다면, 우리의 비폭력 투쟁에 얼마나 큰 공헌을 얻을 수 있겠는가?

또한 기독교 전통과 어떤 일부 비폭력 행동가들 가운데는 피학성 경향(masochistic 被虐性淫亂症)의 요소들이 있어서, 조심스럽게 판단하고 골라내야 할 것이다. 아주 일찍 꾼 한 꿈에서,

비폭력 항의의 수단으로 우리들 중 일곱 명이 독약을 마시기로 했다. 나의 열한 살 먹은 딸이 아랑곳하지 않는 투로 말하기를, 그녀가 우리와 동조해야 할지 어떨지 잘 모르겠다고 한다. 나는 그녀에게 그래선 안 된다고 했다.

보다 최근에 다른 꿈에서는,

두 그룹 사이에 서로 분쟁이 생긴다. 우리는 우리가 정의롭고 다른 편은 악하다고 느낀다. 그들이 모든 힘을 갖고 있다. 얼마간 투쟁을 하고 나서, 우리들의 지도자가 상대방에게 항복을 하고 그들을 섬기기로 해서 우리를 놀라게 한다. 우리는 항복했고, 그리고 시간이 지남에 따라 그 상대방은 아무것도 못하고 그만 점점 우리와 같이 되어버리고 만다.

그 전에 꿈을 꿀 당시에 내 심리 속에는 "독약을 마시기로"하는 것을 합리화할 것이 아무것도 없었다. 사실상, 나는 그 꿈이 내 자아(自我)가 내부의 갈등을 도피하려고 준비한 기간을 반영한 것이 아니었나 생각한다(나는 자살을 기도할 사람도 아니고, 그런 적도 없었다). 우리의 지도자가 항복한 것에 관해서는, 내가 이미 위의 제 10장에서 쓴 대로, 반대하는 것 자체가 우리로 하여금 우리가 반대하는 것으로 만들어 버린다는 점에서 맞는 말이다. 그러나 이 꿈에서는 상대방이 우리로 변하고 우리가 항복자가 된다. 아니, 뭔가 수동적인 냄새가 나고, 능동적 힘이 결여된 느낌이다. 몇 주일 지난 뒤, 나는 꿈을 꾸었는데, **내 안에 있는 비폭력적인 여자가** 소리를 지르기를 원하는 것이었다. 반대에 부닥치면 굴러 넘어져서 죽은 체 하는 그런 남자 속으로 그녀가

들어가기를 원한다고 나는 생각하지 않는다.

일주일 후, 그녀의 항의는 다음과 같은 꿈에서 응답되었다:

> 미국 국무장관 죠오지 슐츠(George Schulz)와 전 안보담당 비서관 즈비뉴 브르제진스키(Zbigniew Brzezinsky)가 평화 회의에서 강연을 하기로 하는데, 나는 거기에 가지 않기로 한다. 왜냐하면 내가 생각하기로는 그건 아무런 알맹이도 없이 단지 평화를 위한 선동에 불과할 것이기 때문이다.

이들 두 사람 중 어느 사람의 정치에도 나는 관심이 없었고, 그때 그 꿈은 상당히 정확하게 판단하고 있다고 믿었는데, 그러나 나 자신의 내부적 모습으로서 이들 정치가들은 권력, 권위, 그리고 호전성을 대표하는 것으로 보였다. 나는 내 꿈속에서 나 자신을 진정한 평화를 만드는 사람으로 보고, 그들과는 같이 할 일이 없으리라 생각한다. 그러나 나는 그들이 막강한 인물들이라고 생각한다. 그들은 가볍게 밀릴 사람들이 아니다. 마틴 루터 킹 주니어(Martin Luther King, Jr.)가 이런 능력을 가지고 있었다. 그가 나타나기만 해도 그의 결심과 도덕적 용기의 힘만으로 그는 이미 상대방을 압도했다. 그런 무게의 약간만 가져도 내게도 큰 도움이 될 것이다. 이 꿈속에서, 원수를 사랑한다는 것은 나 자신 안에 필요로 하는 능력을, 달리는 내가 매우 싫어하고 반감을 느낄 그런 사람들에게서 발견하기를 배우는 것을 뜻한다.(그가 결코 진지하게 추구하지 않을 것이라고 내가 생각했던, 중거리 탄도미사일 조약 Intermediate Ballistic Missile Treaty을 체결한 것은, 결국 죠오지 슐츠였다.)

그렇다면 가슴속으로부터 비폭력주의자가 되는 것은 자신의 공격성을 완전히 버리거나 억누르는 것을 뜻하지 않는다. 우리의 내부에 있는 반대자들을 완전히 제거할 수는 없을 것이다. 우리는 다만 그것들을 변화하도록 끊임없이 들어올릴 수 있을 뿐이다. 우리는 자신의 폭력을 소유하고 그것을 평가하기를 배워야 한다. 브라이언 윌슨이 말한 대로, "나는 폭력적인 사람이다. 나는 미국에서 교육과 훈련을 받았다. 나는 특별히 비폭력적으로 길러진 것도 아니며, 그것은 내겐 새로운 것이다. 비록 내가 비폭력을 믿고 그것에 헌신하기로 하지만, 나는 본성이 비폭력적인 것은 아니다. 나는 나 자신을 준비해야 한다. 나는 다른 사람을, 경찰관들을, 그리고 군인들을 사랑하는 것에 대하여 많이 생각해야 한다."14) 비폭력이란 폭력을 영적으로 하는 것이며, 폭력적인 욕망을 극복하는 것이다. 그건 단지 폭력이 없는 것이 아니라, 폭력을 범하기보다는 초월하려는 노력이다.15)

좋건 싫건 우리의 심리들은 숱한 인간의 감정들의 기복을 먹고산다. 브루스터 비취가 내게 논평한 대로, 우리들 중에 일부는 살인과 폭력을 실제 행동으로 범하지 않기 위하여, 그것들에 대하여 명상할 필요가 있다.16) 대중적인 종교는 죄는 생각을 하기만 해도 이미 그 죄를 범하는 것이라고 가르치는데, 이는 매우 잘못된 것이다. 반드시 그렇지는 않다.17) 상상(想像)은 행동의 온상(溫床)이 되기도 하지만, 동시에 그것이 행동을 대신할 수도 있다. 융(Jung)은 어디선가 상상을 통하여 본능의 변화됨을 말했다. 즉 상상을 함으로써 내부로 향하여 눈을 돌려, 거기서 본능적인 행동이 환상(幻想)에 의하여 금지되기도 한다. 이런 반성의 과정은 외부를 향한 충동으로부터 어느 정도 자유롭게 되는 것을 가능하게 만든다. 당신이 뭔가를 상상하면, 당신은 이미 그걸 상상 속에서 행동한 것이고, 그래서 이제 실제로 행동을 할 필요가 없게 된다. 환상은 행동의 대체(對替)일 뿐만 아니라, 그 자체가 이미 일종의 행동이다. 때로는 환상을 하는 것이 실제 행동하는 것보다 더 즐길 만한 것이니, 이는 바깥 세상에 남기는 결과가 없기 때문이다. "마음속으로 하루에 한 번 하는 살인은 신경증(노이로제)을 멀리하게 만든다"고 누군가가 말했다. 내가

---

14) John Dear, S. J., "The Road to Transformation: A Conversation with Brian Willson," *Fellowship* 56 (March 1990): 6.

15) Joel Kovel, *History and Spirit* (Boston: Beacon Press, 1991), 150. 그는 계속하여, "영혼의 최종 목적지는 투사가 되는 것이다--정의, 비폭력, 사랑, 연대(solidarity), 모든 존재의 나타남을 위한 투사 말이다. 더구나 그런 투사가 되기 위하여 자신의 투쟁이 반드시 승리를 필요로 하지는 않는다"(p. 236).

16) 나는 이 장과 다음 장에 수용된 대화적인 통찰력에 관하여 Brewster Beach에게 신세를 졌다.

17) 마 5:27-28은 망상을 반대하는 금지조항이 아니다. 다른 모든 이들을 같은 수준이라고 폄하하면서, 자기 자신은 남들보다 낫다고 여기는 자기 자신의 의로움을 체크하기 위한 시도다. 우리는 모두 마음속에서는 간음을 범하는 죄를 짓고 있으므로, 범행 현장에서 잡힌 다른 사람들을 비난해서는 안 된다. 요한 8:1-11은 마 5:27-28에 대한 최고의 주석서다. "나도 너를 정죄하지 않겠다. 너의 길을 가라. 그리고 이제부터는 다시는 죄를 짓지 말아라."

아직 십대 소년이었을 때, 나의 한 친구는 내가 내어놓는 골치 아픈 계획에 대하여 언제나 농담조로 받아주어서 내가 사고를 저지르지 않게 하였는데, 그는 말하기를, "행동하지는 말자. 그리고 행동했다고 말하자"라고 했다.

아마도 그때 누군가는 우리의 살인적인 분노를 느낄 필요가 있어서, 그리고 환상 속에서 행동에 옮겨봄으로써, 그 결과에 대해서도 상상할 수 있으며, 우리 자신의 바보 같음을 뉘우칠 수 있을 것이다--이 모든 것을 손가락 하나 움직이지 않고 말이다. 그리고 나면 우리는 우리가 누구인지를--살인도 할만한 사람임을--더 이상 속일 수 없고, 그리고 우리들 자신에 대하여 보다 더 현실적이고 덜 부정직한 관점을 유지할 수 있다. 그러면 아마도 또한 우리는 개인적인, 그리고 사회의 억압적 상황이 촉발하여 투사한 분노를 인정할 수 있고, 그래서 악에 대한 **객관적인 분노**를 마음껏 유지할 수 있고, 우리들의 본성의 폭력적인 측면이 지닌 복된 에너지를 끌어낼 수 있을 것이다. 우리들이 모든 반대의 요소들을 담고 있음을 건강하게 받아들여서, 우리의 그림자들을 인정하는 기독교 공동체에 속하여 산다는 것은 얼마나 안심이 되는 일인가!

우리들 중 일부는 우리가 반대하는 정책을 지닌 사람들보다 덜 폭력적이지 않다는 부끄러운 사실을 매일같이 강제로 직면한다는 것도 유익할 것이다. 아마도 그러면 우리들 자신도 그들보다 더 나을게 없으니, 그들을 사랑할 수 있고, 모든 대화를 중단시키는, 자기만 의롭다고 보는 것을 피할 수도 있을 것이다. 필리핀에서 마르코스(Marcos)를 끌어내린 비폭력운동을 준비함에 있어서, 훈련을 받는 사람들은 구조와 독재자 속에 있는 폭력을 분석하였다. 그러나 그들은 자기들 안에도 있는 마르코스를 직면해야 했는데, 왜냐하면 그들 각자가 자기들의 가슴속에서 독재자를 찢어내지 않으면 아무것도 변화되지 않을 것임을 그들은 깨달았기 때문이다.[18]

우리들도 또한 우리 내면에 있는 폭력과 접촉할 필요가 있는데, 왜냐하면 우리가 비폭력을 원하는 것 그 자체가 내적 외적으로 폭력을 **창출하기** 때문이다. 비폭력적 정면 행동이 폭력을 불러온다. 그것은 불의한 체제의 구

---

18) Hildegard Goss-Mayr, "When Prayer and Revolution Became People Power," *Fellowship* 53 (March 1987): 9.

조직 폭력을 벗기고, 그 체제로 하여금 회개하기를 강요하고, 회개하지 않으면 공격한다. "내가 세상에 평화를 주러 온 줄로 생각하지 말아라. 평화가 아니라 칼을 주러 왔다"(마 10:34). 비폭력을 점점 많이 사용하면 그만큼 세상의 폭력과 갈등의 양이 점점 줄어들 것을 뜻하지는 않는다. 비폭력의 목표는 평온함이 아니라, 하느님의 탈지배적인 질서이며, 평온함은 단지 그 질서의 부산물에 불과하다. 불의, 기회의 불균등, 증오가 존재하는 한, 할 수만 있으면, 우리는 질서 속에 **갈등을 일으키기 시작**해야 하며, 그래서 그것들을 없애야 하는 것이다. 우리는 반항적 비폭력에 만족해선 안 되며, 오히려 사전 대응적인, 공격적인, 전투적인 비폭력이라야 한다.

비폭력은 우리들 내부에 잠재해 있는 폭력성을 흔들어 깨우기도 한다. 우리는 제 2의 천성으로서, 이런 우리의 내면적 폭력을 활성화하는 것이 불가피하며, 그것이 일어나는 대로 감시할 것을 배워야만 한다. 아마도 우리는 폭력을 근절시키지는 못할 것이며, 다만 그것을 억제할 수 있고, 그 에너지를 비폭력으로 변화시키기를 배워야 한다.19)

예수는 비폭력을 새로운 법으로 만들지 않았으며, 다만 새로운 선택으로 만들었다. 폭력도 또한 하나의 선택이며, 우리가 그 선택을 직면하지 않았다면, 비폭력은 틀림없이 겁쟁이들의 피난처가 되고 말 것이다. 당신 자신이 가지지 않은 것을 당신이 포기할 수는 없다. 당신이 만일 자신의 폭력을 하느님이 주신 선물로서 하나의 힘이라고 주장할 수 없다면, 당신은 자유롭게 마음대로 그것을 비난할 수 없다. 비폭력적이 **되어야만 하는** 사람은 아직 자유롭지 못한 것이다.

비폭력은 분명히 예수의 길이다. 그러나 비록 어떤 군인들이 세례 받으면서 칼 잡는 손은 물 밖에 내어놓은 채로 세례 받았다는 그런 식으로는 아니라도, 우리의 폭력을 하느님께 드려야 할 필요가 있다. 우리의 폭력도 "물

---

19) Dale S. Recinella는 어린이들을 집단적으로 처벌하면 어린이들이 스스로는 감히 인정하지 않는 살인적인 혐오증을 만들어낸다고 지적한다. 자라나서 성인이 되면, 전에 구타를 당하며 큰 사람들이 이제는 도리어 자신의 어린이들을 구타하는데, 이는 종종 무의식적인 수준에서 자기들의 부모를 구타하고 있는 것이다. 만일 부모들이 폭력적으로 대응하지 않으면, 어린 시절의 아픔이 되살아나서, 치유를 위한 조치를 받을 수 있게 된다 ("Nonviolence in the Family," *The Jesus Journal*, no. 50, n. d., P. O. Box 3772, Tallahassee, FL 32315).

속에" 들어가야만 한다. 그래서 새로운 종합, 즉 제 3의 길이 우리의 사랑뿐만 아니라 우리의 그림자도 나타낼 수 있도록 해야 한다.20) 우리는 평화로움의 전형(典型)은 아니지만, 그러나 인간답게 되려다가 상처받고, 폭력적이고, 두렵게 된 사람들이다. 우리는 악이라곤 저지를 줄 모르는 성인이 아니라, 빛과 어둠을 덧입으며, 사랑의 깃발 아래서 영적인 투사들이 되기를 추구하는 평범한 사람들이다.

예수의 제 3의 길은 앞으로 나갈 길을 보여준다: 우리의 폭력을 억압하지도 않고, 그걸 행동으로 옮기지도 않지만, 그것이 연료가 되어 하느님이 우리로 하여금 비폭력적 미래를 위해 투쟁하도록 힘주시는 제 3의 길이다.

***

나는 이 논의의 맨 끝에 냉정하고 면목 없는 뒷말을 붙일 수밖에 없다. 내가 남아프리카의 비폭력에 대한 책의 집필을 마치고 난 3개월 뒤에, 그리고 여기에 자세히 적었던 모든 꿈들을 다 꾸고 난 뒤에, 밤 9시30분경 뉴욕시의 거리를 걸어가고 있었다(이건 꿈이 아니고, 실제로 일어난 것이다). 내 마음은 불안으로 가득 차 있었는데, 두어 블록 내려오다 이미 한번 노상 강도를 당했고, 나는 긴장해서 주위를 살피고 있었다. 내 생각에 열 두어 살 정도 되어 보이는 아이들 대여섯이 내가 가까이 다가가자 보도 옆에서 빈둥거리고 있었다. 한 녀석이 내가 오는 것을 보더니, 맹인 흉내를 내며 내가 가는 길 복판으로 쓰러지면서, 내 팔을 꼬집었다. 나는 크게 몸을 흔들면서 웃고, 그를 도로 더 세게 꼬집어주었다. 그는 뒤에서 여전히 장난끼 어린 투로 나를

---

20) "우리나라에서 일반적인 경향이 그렇듯이, 만일 우리가 모든 손으로 저지르는 폭력을 저주하면, 그리고 인간세계에서 폭력의 가능성을 제거해버리려고 노력하면, 이는 인간의 완전한 인간성에서 아주 중요한 한 요소를 없애버리는 것이다. 왜냐하면 자신을 존경하는 모든 인간을 위해서, 폭력은 언제나 궁극적인 가능성이기 때문이다--그래서 폭력을 억누르기보다 인정하여주면, 오히려 폭력의 수단에 호소하는 일이 적어질 것이다"(Rollo May, *Power and Innocence* [New York: W. W. Norton, 1972], 97).

따라 오더니 (다른 아이들은 구경만 하고 있었고, 전혀 위협적이지 않았으며, 실제로 누군가가 그를 돌아오라고 불렀다), 돌연히 내 코트를 홱 잡아당겼다. 나는 휙 돌아서며 내 주먹의 등으로 그의 가슴을 쳤다. 그는 움찔하더니, 조용히 말하기를, "그 사람 별로 좋지 않네," 하고는 그의 동료들에게 돌아갔다.

나는 내 과잉반응에 스스로 놀랬고, 두려우면 곧장 내 폭력이 튀어나온다는 것을 깨달았다. 그가 옳았다. 나는 별로 좋지 않았다. 그런 상황에서(빈민가 변두리의 어두운 길에서), 그가 그렇게 행동한 것은 어리석은 일이었다. 그러나 나는 나 자신의 비폭력이 고작 그 정도 깊이밖에 안 들어간 것에 대하여 참 분하게 생각하였다.

이 경험은 비폭력이란 것이 생각(아이디어)만으로나, 혹은 단지 전술만으로 되는 게 아님을 내게 상기시켜 주었다. 비폭력은 결국 생활방식이며, 행동의 양식(樣式)이다. 그리고 습관적인 행동을 고치는 것보다 더 어려운 것은 없다. 그렇다면 비폭력은 한 때의 과제가 아니라 평생의 과제이다.

우리는 죽어야만 하기에
기적을 요구한다네.
영원하신 분께서 어찌
시간 속에 활동하셔서
무한하신 분이
유한한 사실이 된단 말인가?
아무것도 우리를 구원하여
그게 가능하게는 못하지.
우리는 죽어야만 하기에
기적을 요구한다네.

- 오든, "잠시 동안은"[1]

---

1) W. H. Auden, "For the Time Being," in *The Collected Poetry of W. H. Auden* (New York: Random House, 1945), 411.

16

기도와 사탄의 세력들

우리는 쉽게 기도하지 못한다. 오늘 기도하겠다고 모색하는 우리는 마치 불에 다 타버린 도시와 같다. 불의에 대항하는 투쟁은 우리들에게 엄청난 희생을 강요한다. 비슷한 시대에 비슷한 투쟁을 했던 까뮈(Camus)는 쓰기를, "사랑 받지 못하는 것은 불운일 뿐이지만, 사랑하지 못하는 것은 비극이다. 오늘 우리 모두는 이 비극 때문에 죽어가고 있다. 왜냐하면 폭력과 증오가 우리의 심장을 메마르게 하고, 정의를 향한 오랜 투쟁은 그 정의를 낳은 사랑을 고갈시킨다. 우리가 살고 있는 소란함 속에서, 사랑은 불가능하고 정의는 충분치 못하다"라고 했다.2)

우리는 심연(深淵)과 나락(奈落)의 짐승이 가진 신비를 우리의 경험 속에서 발견했다. 그 짐승은 의로운 사람들이 그를 파괴하도록 허락할 수 있는데, 그렇게 하는 동안에 그들이 그 짐승처럼 변하게 될 것을 잘 알고 있기 때문이다.

나는 새삼스럽게 기도의 중요성에 대하여 주장하려 하지는 않겠다. 기도의 효험을 믿지 않는 사람들은 우리 인간성을 축소하는 데 권세들이 효과적이라고 설명하는 것이나 마찬가지다. 기도에 대하여 설득력 있게 합리적으로 반대하는 자는 거의 없는데, 이는 그 반대라는 것들이 특수한 세계관의

---

2) 1968년 "Columbia Bust" 기간에 Union Theological Seminary, Hastings Hall의 학생 기숙사 출입문 위에 붙여놓은 포스터에서 따온 것인데, 나는 그 출처가 어디인지 알아낼 수 없었다. 출입문(Door)도 본문(Text)이다.

부산물이기 때문이다. 기도를 허용하거나 금지하는 것도 우리들의 세계관인데, 누구도 전적으로 합리적인 토대 위에서 어떤 세계관을 갖도록 되지는 않기 때문이다.

기도하는 사람들은 기도의 가치에 대한 어떤 지적인 주장들을 믿기에 기도하는 것이 아니라, 초인간적인 권세들 앞에서 인간이 되려는 고통 어린 투쟁이 그렇게 기도하도록 만드는 것이다. 기도하는 행위 그 자체가 권세들과 맞붙어 보려는 우리들의 필요 불가결한 수단이다. 실제로, 권세들이 우리 위에 행사하는 비밀스런 마력이 무너지고, 우리가 태어날 때 부여받은 잠재적 가능성과 자유를 일부라도 되찾는 곳이, 권세와 맞붙는 그 가장 근본적인 차원에서 일어난다.

기도는 결코 개인적인 행위가 아니다. 외부 세계와 맞붙기를 시도하기도 전에 이미 내부의 전쟁터에서 결정적인 승리는 먼저 이루어진다. 우리가 그런 내적인 해방을 겪어서, 우리를 얽어매었던 그물의 가닥들을 하나하나 끊어버리지 못하면, 우리의 적극적 행동주의도 단지 똑같은 적대적 권세(counter-Power)의 대항 이데올로기(counterideology)를 반영하는 데 그치고 말 것이다. 그래서 우리들 자신이 다시 집단적 정열에 사로잡혀서, 지금 여기에서 하느님이 이룩하려는 초월적 가능성을 발견하지 못하게 될 것이다. 기도로 보호되지 않으면, 우리의 내적 자원이 위축되고, 사랑의 샘물이 마르고, 드디어 서서히 우리들 자신이 맞서고 있는 짐승과 똑같이 변하게 되어, 우리의 사회적 행동주의도 자신을 정당화하는 선한 사업이 되고 말 위험성이 있다.

내가 지금 말하는 그런 기도도 규칙적인 섭생관리일 수도 있고, 혹은 아닐 수도 있으며, 그리고 준성사(準聖事)일 수도 아닐 수도, 혹은 명상적인 일일 수도 아닐 수도, 혹은 전통적인 형태를 띨 수도 있고 아닐 수도 있다. 어쨌든 그것은 외부에서 부과된 종교적 실천이 아니라, "불가능"에 대항하여, 인간에 역행하는 집합적 환경에 대항하여, 그리고 완벽한 인간의 삶을 저지하고 야위게 하는 가치에 대항하는 실존적 투쟁이다.

간단히 말해서, 기도란 권세들로부터 전염된 병든 영혼이 대부분 직접 진단되고 치유되는 야전병원이라고 할 수 있다.

나는 기도에 대하여 철저한 논의를 벌이지는 않겠다. 훨씬 지혜롭고 경험이 풍부한 다른 이들이 이미 그렇게 해놓았다. 나는 다만 거의 일반적으로 무시된 단 한 가지 면에 초점을 맞추고자 한다. 즉, 남을 위한 중보기도 (仲保祈禱)에서 권세의 역할에 대해서다. 우리가 검토할 문제는 (1) 바람직한 미래를 창조하는데 있어서 중보자의 역할과, (2) 우리들 안에 하느님이 시작하시는 주도권과, (3) 하느님이 우리의 기도에 대답하심을 방해하는 권세들의 능력과, (4) 기도와 악의 문제 등이다.

역사는 중보자들에게 달려 있다

중보기도는, 하느님이 약속하신 것의 이름으로 행하는, 현실에 대한 영적인 도전이다. 중보기도는 현재의 모순된 힘들의 타성으로 인해 외형상 운명 지워진 것에 대하여 대안적 미래를 시각적으로 보게 하는 것이다. 그것은 현재의 숨막힐 듯한 환경 속으로 장차 올 시간의 공기를 주입하는 것이다. 불의와 타협한 사람들, 잘못 맡겨진 역할에 의하여 자기 정체성을 부여받은 사람들, 그리고 사회적 불평등에 의하여 경제적인 이익을 누리는 사람들은 그런 중보자가 될 것 같지는 않다.

요한계시록에는 중보자의 놀라운 이미지가 있다. 유다 종족의 사자(獅子)요, 죽임을 당했지만 서 있는 어린양인--이 사자는 양의 옷을 입고 있다--예수 그리스도가 운명의 두루마리(the Scroll of Destiny)를 봉한 봉인(封印 seal)을 하나 하나 열고 있다(계 5-8장). 그가 처음 4개의 봉인을 열면, 고약한 인간의 폭력상들이 낱낱이 폭로된다. 즉, 끊임없는 정복, 시민전쟁, 기근, 그리고 죽음 등이 네 명의 말을 탄 자들로 그려진다. 다섯 번째 봉인이 열려지자, 제단 아래에 있는 순교자 증인들이 외친다: "오 주님, 얼마나 더 기다려야 우리가 흘린 피의 원수를 갚아주시겠습니까?"(계 6:10. 역자주). 그리고 여섯 번째 봉인이 열리자, 하느님의 분노를 고통스럽게 예상하면서 모든 창조물들이 비틀거리고 흔들린다. 이제 일곱 번째의 봉인이 열리기 전, 구원받을 사람들은 죽음과 파괴의 천사들이 피해가도록 새로운 "유월"(Passover)을 위한 징표를 받는다. 모든 것이 준비되었다. 우리는 두루마리의 마지막을 열 것을 기다리고 있다. 이 마지막 절정의 순간을 향하여 모든 시대의 세월이 주목한다.

> 어린양이 일곱째 봉인을 떼셨을 때, 약 반시간 동안 하늘에는 침묵이 흘렀습니다. 그리고 나는 하느님 앞에 서 있는 일곱 천사를 보았는데 그들은 나팔을 하나씩 가지고 있었습니다. 다른 천사 하나가 금향로를 들고 제단 앞에 와 섰습니다. 그 천사는 모든 성도들의 기도를 향에 섞어서 옥좌 앞에 있는 황금 제단에 드리려고 많은 향을 받아 들였습니다. 그러자 그 천사의 손으로부터 향의 연기가 성도들의 기도와 함께 하느님 앞으로 올라갔습니다. 그 뒤에 천사는 향로를 가져다가 거기에 제단 불을 가득히 담아서 땅에 던졌습니다. 그러자 천둥과 요란한 소리와 번개와 지진이 일어났습니다. (계 8:1-5).

하늘 그 자체가 침묵에 잠긴다. 땅 위의 성도들이 올리는 기도소리가 들릴 수 있도록, 하늘의 천군(天軍)들과 별들의 영역이 끊임없이 부르던 노래를 중단한다. 여덟 번째 천사가 모든 기도들, 즉 정의, 해원(解冤), 승리를 위한 기도들을 거두어 들여서 제단 위의 향과 섞을 때까지는, 운명의 일곱 천사들이 장차 다가올 시대의 도래를 신호하는 나팔을 불지 못한다. 그것들은 조용히 하느님의 콧구멍 속으로 올라간다. 그러자 천사는 같은 제단에 있는 불을 향로에 담아서 땅에 던진다. 땅은 요동을 치고, 침묵은 깨어진다. 그리하여 하늘의 의식(儀式 liturgy)은 완성된다. 이제 일곱 나팔을 가진 일곱 천사들이 나팔을 불 준비가 되었다.

이런 장면은 하늘의 결정이 먼저 되고 나서 그 후에 땅 위에서 이루어지는, 흔히 펼쳐지는 운명과는 반대로 진행된다. 즉 하늘의 의식에 인간들이 참견하는 것이다. 도중에 지체 없이 흐르던 결과들이 잠시 멈추어 고인다. 새로운 다른 방도가 실현가능하게 된다. 땅 위에 있는 사람들이 가능성의 고향인 하늘에 호소하고, 그 호소가 하늘에 들렸기에 전혀 기대하지 않았던 것들이 돌연히 가능하게 된다. 다음에 일어나는 것은 사람들이 기도했기에 일어나는 것이다.3)

---

3) 사도행전 4:23-31에도 비슷한 광경이 묘사되어 있다. 베드로와 요한이 당국자(*archontes*, 4:5, 8) 및 장로들 서기관들에게서 풀려 놓여나서, 예수를 따르는 자들의 공동체로 돌아온다. 거기 교회는 시편 2:2을 인용하면서 기도한다―"주님을 거슬러, 그의 그리스도를

이 메시지는 분명하다. 즉 **역사는 다가오는 미래를 믿는 중보자들에게 달렸다는 것이다.** 이것은 단순히 종교적 선언만은 아니다. 이것은 기독교인들에게 참된 것이듯이, 공산주의자들이나, 자본주의자들, 혹은 무정부주의자들에게도 참이다. 미래는 다양한 가능성들 가운데서 새롭고 바람직한 가능성을 내다보는 사람이면 누구에게나 속하는 것이며, 단지 신앙이 이것을 불가피한 것으로 결정할 뿐이다.

이것이 **희망의 정치**다. 희망은 미래를 전망하며, 그리고 그 미래가 이제 불가항력적인 듯이 행동하고, 그리하여 그 미래가 가져올 현실을 창출해낸다. 미래는 닫혀 있지 않다. 여러 힘들의 장(場)이 있어서 그것들이 상호작용할 것이라는 점은 다소간 예측할 수 있지만, 그러나 그들이 **어떻게** 상호작용을 할 지는 알 수 없다. 심지어는 자기들의 상상력을 집중하여 틀림없이 일어날 새로운 것에 대해 확신을 가진 몇 명 안 되는 소수의 사람들이, 미래가 가져올 모습을 형성하는 데 결정적인 영향을 줄 수 있다. 이들 미래 형성자들은 동경해온 새로운 현재를 미래에서 불러 내오는 중보자들이다. 신약성경에서는 그런 미래의 구조와 이름이 바로 지배가 없는 하느님의 질서, 곧 하느님의 통치다.

하느님의 백성들이 중보기도를 한 결과로, 일곱 천사들은 재앙을 알리는 나팔을 분다. 우박과 불덩어리가 피범벅이 되어 쏟아져 내리고, 창조물들의 삼분의 일이 죽고, 신선한 물의 삼분의 일이 쑥으로 물들어 쓴 물이 되고, 하늘의 태양과 별들의 빛의 삼분의 일이 어두워진다. 그러나 이런 일들은 인간들 위에 떨어질 재난들의 첫 번째 화를 입음에 불과하다(계 8:7-13).

요한은 여기에서 당시 로마제국으로 구체화된 지배체제를 명백히 언급하고 있다. "세상 나라"(*kosmos*, 계 11:15)는 그에게 지리적인, 혹은 이 지상의 어떤 나라를 가리킨 말이 아니다. 그것은 정치적인 권력을 신적인 것으로 경배하는 일, 인간들을 유혹하여 우상숭배로 이끄는, 소외되고 소외시키는

거슬러, 세상의 왕들이 들고 일어나고 군주들이 함께 작당하였다." 그들(베드로와 요한)이 비록 문맹들이고 보통 사람들(*idiotai*, 행 4:13)이었지만, 그들을 통하여 기사와 이적이 일어나고 질병이 치유되도록 하느님께 요청하였고, 권력자들이 그들을 침묵시키지 못하였음을 축하한다. "그들이 기도를 다 마치자 모여 있던 곳이 흔들리고 사람들은 모두 성령으로 가득 차서 하느님의 말씀을 담대히 전하게 되었다"(행 4:31).

실재를 가리킨 것이다. 로마제국은 그 자신을 최고의 가치와 궁극적 관심사로 만들었고, 그 자신을 하느님의 자리로 사칭하였다. 로마의 평화(Pax Romana)든, 영국의 평화(Pax Britannica)든, 혹은 미국의 평화(Pax Americana)든, 제국들은 인종, 민족, 언어, 국가들을 넘어 엉터리 연대감을 만들어내어야 그 응집력을 유지할 수 있다. 그들이 이것을 성취하는 방법은 **제국의 영성**(the spirituality of empire)을 경배하도록 요구하기 때문이다.

이 점에 있어서 로마사람들은 매우 명석함의 표본을 세웠다. 즉 최소한 신약성경의 시대에는, 재임 중인 황제를 경배하지는 않았고, 다만 황제의 "천재성"을 경배하게 하였다. 이 말(천재성 genius)의 라틴어는 황제의 지적 능력이 아니라, 다만 그의 현직(incumbent)의 이유로 재직 중인 지도자를 본 딴 신, 영성, 신령, 영감 등을 지칭하는 것이었다.4) 그의 "천재성"은 그의 엄청난 권력의 자리에 부여된 비인격적인 능력 전부를 말하는 것이다.

영국인들로서는 앵글로-쌕슨(Anglo-Saxon)이 어두운 세상 속에 광명을 전파하는 사명, 그 거룩한 책임과 의무를 지닌 그들의 제국에 대하여 존경하여 말했다. 그러나 미국인들은 영국 제국과 그 영성에 대항하여 반발하였다. 그러므로 우리는 지금 제국을 갖는 일을 허용할 수가 없다. 따라서 제국의 성격은 정치적 통치에서 경제적 헤게모니(hegemony 覇權)로 바뀌어졌다. 2차 세계대전 이후, 우리가 제국의 책무를 떠맡았을 때, 우리는 희생양(Scapegoat)--공산주의--를 발견하였고, 그 공산주의에 대항하여 세계를 조직하고 감시하였다. 이처럼 이 세계를 구원하도록 우리들에게 제국이 떠맡겨졌다. 이런 반공 십자군운동과 그 동반자인 냉전정책은 미국인들 자신들을 빼놓고는 누구에게도 그 제국의 영을 감출 수가 없게 되었다.

그 영성은--그런 영성이 존재한다는 것을 부정하는 것이 바로 그 영성의 주요한 교의의 하나지만--문자 그대로 피로 범벅이 된 우박과 불덩어리를 내려 소련과 지구상의 초목들의 삼분의 일을 태워버리고, 바다를 피로 만들고, 신선한 물을 방사능 오염된 쑥물로 만들고,5) 하늘의 삼분의 일을 어둡게

---

4) Incumbent(현직의)란 단어는 라틴어 *incumbere* (위에 드러눕다: 문자대로는 의자나 위치를 차지하다, 곧 임무를 맡고 있다)에서 온 말이다.
5) 'Chernobyl'은 우크라이나(Ukrainian) 말로는 "쑥, 두통꺼리"(wormwood)를 뜻한다.

만들어 버리겠다고 위협했다. 이 모두는 지구 표면에 존재하는 부자 나라들의 특권적 혜택을 누리는 위치를 유지하기 위한 일이었다. 그리고 그들로서는 그 보답을 할 만반의 준비가 되어 있다고 했다.

제국(帝國 Empire)이란 "부자연스런" 체제다. 그것은 설득적인 이데올로기(理念)가 영적으로 밑받침하지 않고서는 한 순간도 존재할 수 없다. 요한이 권세들에 의하여 밧모섬(Patmos)으로 귀양을 간 것은 당연하다. 제국의 합법화를 위한 잠음의 분위기를 꿰뚫고 보는 비젼을 가진 선견자(先見者)는 무장한 혁명가들, 즉 지배의 이데올로기를 받아들이고 그것을 자신들을 위한 욕망으로 삼는 무장한 혁명가들보다도 훨씬 더 위협적이다. 변화를 일으키기에는 너무 무력하다고 계속 불평을 해대는 교회들은 사실인즉 모든 무기들 가운데서 **가장 강력한 무기**를 사용할 특권적 위치에 있는 것이다. 즉, 합법적이라고 인정하기를 거부하는 힘을 갖고 있다. 그러나 그것은 영적으로 분별되고, 영적으로 행사하는 영적인 힘이다. 그것은 미래가 생성되고 있음을 믿는 중보자들을 필요로 한다.

미래가 이렇게 열려지면, 그리고 하느님이 성도들의 기도를 듣고 또 그에 따라 행동할 수 있도록 하늘의 군사들이 침묵해야 한다면, 우리는 더 이상 스토아 형이상학(Stoic Metaphysics)의 변화하지 않는 하느님을 상대하고 있는 것이 아니다. 당신의 전적인 의지가 영원 전부터 고정되어서 변화하지 않는 하느님 앞에서는, 중보기도란 어리석은 짓이다. 당신의 뜻이 절대로 변할 수 없는 하느님께 중보의 기도를 할 수는 없다. 기독교인들이 오랜 동안 예배하여 온 하느님은 스토아철학의 하느님이라, 그분의 변화하지 않는 뜻에 우리는 그냥 순응하면서 굴복할 수 있을 뿐이다.

성경의 기도는 그렇지 않다. 성경은 우리를 만군의 야훼의 현존 앞으로 불러내는데, 그분은 사막에 멀리 둘러 가는 길을 택하시고, 또 그분의 길은 예고 없이 변경될 수 있다. 이런 분이 인간의 삶을 인도적인 것으로 만들고 지켜내기 위하여, 우리를 위하여 또 우리와 함께 일하시는 하느님이시다. 하느님이 하시는 일이란, 미래가 현재보다 더 인도적인 것이 되도록 노력하는 사람들의 중보기도에 의존하고 있다. 메르씨아 엘리아데의 말을 빌면, 기도를 통하여 역사 하는 믿음이란 "모든 종류의 자연 '법칙'으로부터 절대적인 해방이라서, 우리가 생각할 수 있는 최고의 자유다." 즉, "온 우주의 존재론적인 구성에까지도 간섭하는 자유다."6)

살살 녹이는 말로 하는 기도의 아양을 부리는 예절은 성경과는 아주 거리가 먼 것이다. 성경적인 기도는 뻔뻔스럽고 주제넘으며, 끈덕지고, 부끄러움을 모르며, 버르장머리 없는 것이다. 그것은 교회에서 정중한 독백으로 드리는 것보다는, 차라리 동양의 시장에서 물건값을 깎으려고 옥신각신하는 것에 더 가깝다.

아브라함은 하느님이 자신의 조카 롯(Lot)과 그의 아내와 두 딸이 살던 소돔(Sodom)을 멸망시키려함을 발견하자, 그는 하느님의 길을 막고 나섰다: "가령 저 도시 안에 죄 없는 사람들이 오십 명이 있다면, 그래도 그곳을 쓸어버리시렵니까? 죄 없는 오십 명을 보시고 용서해 주시지 않으시렵니까? …. 죄 없는 사람을 어찌 죄인과 똑같이 보시고 함께 죽이시려는 것입니까? 온 세상을 다스리시는 이라면 공정해서야 할 줄 압니다!"(창 18:23-25 역자주). 하느님이 만일 의로운 사람 오십 명이 있다면 소돔을 구해주겠다고 하시자, 아브라함은 문제를 더 밀어부친다. 사십 명만 있어도 구해 주시겠습니까? 삼십 명은? 이십 명은? 열 명은? 비록 열 명도 없었지만, 하느님은 구해 주기로 동의하고, 또 롯의 가정은 네 명밖에 안 되지만 구해 주신다 (창 18장). 교훈: 하느님과 옥신각신하면 수고한 보람이 있다.

마틴 루터(Martin Luther)는 기도의 이런 면을 잘 이해하였다. "우리 주님 하느님께선 내 말을 들어주시지 않을 수 없다. 나는 하느님의 문전에 내 자루를 던졌다. 나는 기도를 들어주시겠다는 하느님의 약속을 가지고 하느님의 귀를 문질렀다."7)

성경에는 하느님과 이렇게 주고받는 거래의 영적인 동기가 가득 차 있다. 시나이 산에 올라간 모세가 돌아오기를 사십 일 동안이나 기다리다 지쳐서, 이스라엘이 황금 송아지를 만들었을 때, 하느님은 모세에게 말했다: 너 빨리 산에서 내려가거라. 이스라엘이 황금 송아지를 만들었고, 나는 이제 그

---

6) Mircea Eliade, *The Myth of the Eternal Return* (New York: Pantheon, 1954), 160-61.
7) Martin Luther의 말. 이번에는 출입문에서 따온 것이 아니라(2번 주를 참조), **Gordon Rupp**이 수 년 전에 한 강연에서 따온 것이다.

들을 다루기에 넌더리가 난다. "나는 이 백성을 잘 안다. 보아라. 얼마나 고집이 센 백성이냐? 나를 말리지 말아라. 내가 진노를 내려 저들을 모조리 쓸어버리리라. 그리고 너에게서 큰 백성을 일으키리라"(출 32:9-10).

모세는 하느님이 이스라엘을 쓸어버리는 것을 반대한다. "야훼여, 당신께서는 그 강한 팔을 휘두르시어 놀라운 힘으로 당신의 백성을 이집트 땅에서 데려 내 오시지 않으셨습니까? 그런데 어찌하여 이 백성에게 이토록 화를 내시옵니까? 어찌하여 '아하, 그가 화를 내어 그 백성을 데려 내다가 산골짜기에서 죽여 없애 버리고 땅에 씨도 남기지 않았구나.' 하는 말을 이집트인들에게서 들으시려 하십니까? 제발 화를 내지 마시고 당신 백성에게 내리시려던 재앙을 거두어 주십시오."(출 32:11-12 . 역자주).

우리가 읽기로는, "야훼는 그의 백성에게 그가 내리시려던 재앙을 뉘우치셨다." 모세가 야훼를 뉘우치게 만들었다(출 32:14 --RSV).

천사가 자기를 축복해 주기까지 씨름을 한 야곱이나, 혹은 니느웨(Nineveh)에 대하여 하느님이 심경을 변하시자 심술이 난 요나(Jonah)를 생각해 보자. 요나에 대하여 에른스트 블로흐(Ernst Bloch)는 "카싼드라(Cassandra: Troy의 여자 예언자로서 세상에서 받아들여지지 않는 불행한 일을 예언. 역자주)와 자신의 차이점을 이해하지 못한 예언자 요나의 놀람. 왜냐하면, 요나는 니느웨에 보내어져서 그 도시가 사십일 이후에 파괴될 것임을 전했는데, 막상 그 도시가 뉘우치고 재앙이 일어나지 않게 되자, 그는 부당하게 그리고 과도하게 기분 나빠하였다(욘4:1). 그곳 사람들이 변화되었기에 야훼도 마음을 바꾸었거늘(렘 18:7 이하, 26:3, 19), 그는 마치 자기가 니느웨 사람들에게 거짓을 선포한 것처럼 되었기에 그렇게 화를 내었다"8)고 지적한다.

이런 주제가 히브리 성경에만 국한된 것은 아니다. 우리는 끈덕진 과부의 비유와 밤중에 찾아온 친구에 대한 예수의 비유에서도 이것을 본다. 둘 다 타개책이 나올 때까지 우리가 부지런히 기도를 해야만 한다는 예들이다

---

8) Ernst Bloch, *Man on His Own* (New York: Herder and Herder, 1970), 207. 예레미야 26;2-3에서 "나 야훼가 말한다. 너는 내 집 마당에 가 서서, 말하라. ...... 행여나 이 백성이 내 말을 듣고 그 못된 생활 태도를 고친다면 얼마나 좋겠느냐? 그렇게만 한다면 재앙을 퍼부어 그 악한 소행을 벌하려던 계획을 나는 거두리라(I may repent of the evil which I intend to do to them. RSV)."

(눅 18:1-8, 11:5-13). "기도란 청원자의 의지를 변하지 않는 하느님의 의지에 굴복시키는 것이 아니라, 하느님을 움직여서, 만일 그렇게 기도하지 않았으면 하느님이 하시지는 않았을 일을 하시도록 만드는 것이다"9)라고 루돌프 불트만이 말한 것은, 실로 예수뿐만 아니라 성경 전체를 위하여 한 말이다.

물론 우리의 중보기도가 때로는 예상치 못했던 새로운 가능성에로 우리 자신을 개방하여 우리를 변화시키게도 한다. 의심할 여지없이, 우리가 하느님께 드리는 기도들이 신의 명령으로 우리에게 되돌아와서 우리들의 기도의 응답이 되기도 한다. 그러나 만일 우리가 성경적인 이해를 심각하게 받아들인다면, 중보기도는 그것 이상이다. 그것은 세상을 바꾸며, 그것은 하느님이나 하실 수 있는 것을 바꾼다. 그것은 속된 필요에 의하여 사로잡힌 세계 안에서 상대적 자유라는 섬을 만들어낸다. 지금까지는 단지 가능성일 뿐이었던 것들이 새로운 힘의 장으로 나타난다. 단 한 부분만 바뀌어도 그 결과 전체의 구성이 바뀐다. 기도하는 사람에게는 새로운 구멍이 열려서, 하느님으로 하여금 인간의 자유를 방해하지 않고서도 활동하시게 한다. 단 한 사람만의 변화로도 하느님이 그 변화를 통하여 이 세상에서 하실 수 있는 일을 변화시킨다.

칼 바르트는 쓰기를, "우리가 어느 곳으로 눈을 향하든, 다이나마이트는 폭발할 준비가 되어 있다.... 왜냐하면 불가능이 바로 가까이에 그렇게 다가오면 가능하게 된다. 불가능이 우리에게 밀려들고, 우리에게 파도처럼 퍼

---

9) Rudolf Bultmann, *Jesus and the Word* (New York: Charles Scribner's Sons, 1958), 185. Karl Barth도 말하기를, "하느님은 우리가 기도를 하든지 안 하든지 상관없이 똑같이 행동하지는 않으신다"고 했다. 기도는 하느님의 행동, 심지어는 하느님의 존재에도 영향을 미친다. 이것이 바로 "응답(Answer)"이란 단어가 뜻하는 바다. 하느님은 우리의 청원에 양보하시며, 거룩한 의도를 변경하시며, 우리의 기도의 인내력에 따르신다. 하느님은 우리에게 하느님 계신 앞에서 처음에 보기엔 너무 무분별하고 과감하고 심지어는 오만한 것처럼 보이는 태도를 취하라고 명령하신다. "당신께서는 우리들에게 약속하셨습니다. 당신께서는 우리들에게 기도하라고 명령하셨습니다. 그래서 여기 내가 당신 앞에 나옵니다. 무슨 경건한 생각을 가지고 나오는 것도 아니고, 기도하기를 좋아해서도 아니고 (아마도 나는 기도하기를 좋아하지 않습니다), 당신께 나옵니다. 그리고 나는 당신께서 말하라고 명령하신 대로 당신께 말씀드립니다. '내 삶의 필요함을 도와주세요.' 당신께서는 그렇게 하셔야합니다. 내가 여기 있습니다" (*Prayer* [Louisville: Westminster/John Knox Press, 1985], 21-25).

부어지며, 실로 우리 앞에 현존한다. 불가능이 우리가 가능하다고 생각하는 그 무엇보다 더 가능하다"10)라고 했다. 기적이란 단어는 권세들이 우리를 현혹하여 하느님도 할 수 없는 일이라고 생각하게 하는 그런 일들을 위해 우리가 쓰는 단어다.

"나는 존재하지 않는 세계를 믿는다. 내가 믿음으로써 그 세계를 창조한다. 우리는 참으로 강렬하게 소망하지 않는 것이면 '존재하지 않는 것'이라고 부른다"11)고 니코스 카잔차키스는 외쳤다.

조작적인 마술, 미신, 유토피아에 대한 광신, 영적인 탐욕, 뉴 에이지 (New Age) 운동의 단순함, 등등처럼 기적에 대한 믿음이 잘못 사용되는 것을 잘 알면서도, 나는 기적을 믿는다고 단언한다. 그런 왜곡에 대항하여 어떤 방지책도 나는 모른다. 그러나 다른 선택, 즉 시대의 정신에 무기력하게 침묵으로 따르는 일도 바람직한 것은 아니다. 그러니 우리 신앙으로 병을 치유하는 자들, 방언하는 자들과 손을 잡자. 사회의 정의, 건강, 사랑에 대한 비전을 절규하여 호언 장담하는 사람들과 연대하자. 기독교인이라면, 중보의 기도는 하느님의 통치가 땅 위에 실현되기를 기도하는 것이어야 하기 때문이다. 그것은 오늘날 사람들의 삶의 구체적인 상황에서 질병, 탐욕, 억압, 죽음에

---

10) Karl Barth, *The Epistle to the Romans*, trans. from the 6th ed. (London: Oxford Univ. Press, 1933), 380. Jacques Ellul, *Prayer and Modern Man* (New York: Seabury Press, 1970); Jean Danielou, *Prayer as a Political Problem* (London: Burns & Oates, 1967); Joachim Jeremias, *The Lord's Prayer*, Facet Books, Biblical Series 8 (Philadelphia: Fortress Press, 1964); 그리고 매우 탁월한 John Koenig, *Rediscovering New Testament Prayer* (San Francisco: HarperSanFrancisco, 1992)

11) Nikos Kazantzakis, *Report to Greco* (New York: Simon and Schuster, 1965), 371-72. Gerson G. Scholem는 유태인 카발라(Kabbalah)에서 이런 식으로 기도하는 배경의 세계관에 대하여 논평하였다: " '위에서 일어나는 일'은 소아르(Zohar)가 거듭 강조하듯이 '아래서 일어나는 일'에 의하여 '자극'을 필요로 한다. 왜냐하면 제의적인 행동은 구체적인 상징들에 나타나는 거룩한 생명을 그 제의로 표현할 뿐만 아니라 불러내기도 하기 때문이다. 제의(祭儀)는 에너지의 흐름을 초월한 곳에 보낸다. Recanati는 말하기를, '제의를 집전하는 사람들은 말하자면 하느님의 일부에게 안정감을 주는 것이고... 이런 식으로 말하는 것이 허락된다면...' 그리하여 기도를 하는 사람은 창조세계에 질서를 주고 또 완전한 일치를 위하여 필요한 그 무엇과, 그리고 그(그녀)의행동이 없었으면 그냥 잠재해있을 것을 불러 내온다" (*On the Kabbalah and Its Symbolism* [New York: Schocken Books, 1970], 125-27).

대한 하느님의 승리를 위한 기도여야 한다. 우리들의 중보기도에서 우리는 현재 순간에 잠재해 있는 신적인 가능성에 우리의 의지를 고정시키며, 그렇게 하면서 하느님이 그 잠재적 가능성을 실현시키려고 투쟁하시는 와중에 우리 자신이 휩싸여 있음을 발견한다.

그게 바로 주님의 기도문(The Lord's Prayer)의 문구들이 직설형이 아니라 명령형으로 되어 있는 이유다. 즉 우리는 하느님의 나라가 가까이 오도록 **하느님께 명령하고 있는** 것이다. 탐색해서 될 일이 아니다. 우리는 명령해야 한다. 우리는 명령하도록 명령을 받았다. 하느님이 우리에게 요구하시는 것은, 우리가 아픈 자들, 악령에 사로잡힌 자들, 약한 자들을 위하여 하느님과 옥신각신하라고, 그리고 우리의 삶을 우리가 중보기도하는 그 내용에 일치하게 살라는 것이다. 성경의 하느님은 "옳은 일에 주리고 목마른 사람들"(마 5:6)과 상호작용하여 역사 속에 개입하신다. 이런 하느님은, 그리스의 존재론의 하느님, 즉 우리가 지금껏 오랫동안 중보기도를 하지 않고도 그토록 많은 사람들을 살살 달래서 경배하게 만든 그리스 존재론 철학의 정적인 하느님과 얼마나 다른가!

기도란 하느님의 옥사(獄舍 cage)를 뒤흔들어 하느님을 잠에서 깨우고, 하느님을 자유롭게 방면하며, 목마른 하느님께 물을 주고 굶주린 하느님께 먹을 것을 주며, 하느님의 손을 묶고 있던 밧줄을 끊어버리고, 발의 족쇄를 풀어주고, 하느님의 땀에 절은 눈을 씻어주며, 하느님이 생명력, 활기, 에너지로 가득 차오르는 것을 지켜보며, 이윽고 하느님이 가는 곳이면 어디든지 따라가는 일이다.

기도란 아무 때나 아무것이나 마음대로 할 수 있는 전능한 임금에게 청탁을 드리는 것이 아니다. 그것은 신의 목적을 좌절시키는 모든 왜곡(歪曲), 중독(中毒), 약탈(掠奪), 오도(誤導), 존재의 혐오로부터, 온 우주의 근원, 목표, 과정을 해방시키는 행동이다.

우리가 기도할 때, 우리는 하늘에 있는 백악관(The White House)에 편지를 보내어 거기서 수많은 편지더미 가운데서 골라내도록 하는 것이 아니다. 우리는 일종의 공동창조 행위에 참여하는 것이니, 거기서는 우주의 한 작은 부분이 일어나서 투명하게 되고, 빛을 내고, 힘의 진동 중심이 되어 우주의 능력을 발산하게 된다.

역사는 미래가 만들어짐을 믿는 사람들, 곧 중보자들의 것이다. 그렇다면, 중보기도는 행동에서 도피하는 것이 아니라, 행동을 위하여 초점을 모으는 일과 행동을 창조하는 일의 수단이다. 중보기도를 통하여 우리는 틀림없이 불덩어리를 땅 위에 던지며, 다가올 미래를 향하여 나팔을 부는 것이다. 요한 계시록의 일곱 천사들이 기도의 결과로 뒤따를 장면들을 선포하도록 준비하는 것은 우연이 아니다.

하느님은 중보자(God is the Intercessor)

세계가 필요로 하는 것에 해답을 주는 것은 우리의 힘이 아니라 하느님의 힘이며, 기도를 시작하는 것도 우리가 아니라 하느님이심을 인정하지 않으면, 역사를 창조함에 있어서 중보자로서 우리의 역할에 대한 이런 모든 것들은 오만한 허장성세(虛張聲勢)일 뿐이다. 중보기도에 있어서 우리는 언제나 뒤를 따르는 것이니, 하느님이 항상 우리 안에서 이미 기도하고 계신다. 우리가 기도하려고 하면, 그건 이미 기도의 두 번째 발걸음이다. 우리는 우리 안에서, 그리고 세계 안에서 이미 진행되고 있는 기도에 동참하는 것이다.

> 성령께서 연약한 우리를 도와주십니다. 어떻게 기도해야할지도 모르는 우리를 대신해서 말로 다 할 수 없을 만큼 깊이 탄식하시며 하느님께 간구해 주십니다. .... 그리고 마음속의 비밀을 아는 사람들은 하느님을 사랑하는 사람들을 위한 하느님의 뜻에 따라서 그들이 기도할 때, 성령의 의도가 무엇인지를 이해합니다.(롬 8:26-27--원문이 Phillips 영역에 따라 약간 변경되었기에 한국어 성경과 조금 다름. 역자주)

우리 안에서 이렇게 **탄식하는 성령**은 앞에서 언급한 두 가지 탄식(신음)들을 메아리치게 하며 모아들인다. 그 두 가지 탄식이란 해산의 진통으로 모든 피조물들이 신음(롬 8:22)하며, 궁극적 변화를--우리 육신의 해방을-- 기다리고 있는 우리들 자신도 속으로 신음하고 있다(롬 8:23).

성령은 이런 고통들을 모아들여서, 말로 다할 수 없는 깊은 탄식을 하며 우리를 통하여 내어놓는다. 이들 탄식들은 우리들 자신의 탄식이 아니라, 성령에 의하여 명확히 표현되는 것이다. 그것들은 우리 안에서 성령이 실제로 탄식하는 것이니, 우리가 그 탄식을 밖으로 명확히 표현한다.(REB에서는 우리가 탄식하는 것으로 되어 있으니--"우리가 말로 다 못하는 탄식을 통하여 성령이 우리를 위하여 간구 한다"로 되어 있다. "마음속을 살피는 자"란 구절을 대부분의 다른 번역에서는 하느님으로 이해하고 있지만, 나는 **Phillips** 영역을 따라 기도하는 사람, 곧 분별하는 사람으로 이해한다.)

우리 안에서 **성령이 하는 탄식**은 창조된 질서의 신음과 관련된 것이니, 피조물들이 제 구실을 못하고 무용지물처럼 된 탓이다(롬 8:20). 우리는 모든 피조물이 탄식하는 아우성에 묻혀버렸다. 즉 해마다 수백만 명씩 굶어 죽고, 고문당하고, 성적폭행의 희생이 되고, 매맞고, 병들어 신음한다. 그러나 그게 전부가 아니다. 즉 우리는 또한 말로 다할 수 없는 슬픔을 안고 있으니, 멸종된 생물들, 멸종되기 직전에 놓인 생물들, 공해로 죽어 가는 나무, 풀, 고기들, 산불이나, 폭풍우, 화산폭발 등등에 의하여 죽거나 병신이 된 많은 생물들의 슬픔이 있다. 우리는 모든 생명과 상호연결 되어 있기에, 고통을 당하는 것들의 아픔에 동정하지 않을 수 없다. 우리들의 이런 의식이 더욱 높이 발전할수록 고통에 대한 지식과 고민이 더욱 무겁게 우리를 압박하여, 마침내 우리는 그것에 의하여 짓눌려 무너지는 위험을 겪게 된다.

내가 느끼기엔 전에는 우울증을 경험하지 못했던 사람들이 요즈음에는 틈틈이 우울함을 점점 더 많이 깨닫게 되는 것 같다. 나는 그들의 우울증이 정신 신경적인 것이라기보다는 잠재적인 건강상의 표지라고 믿는다. 즉, 지구상의 고통들을 받아들이려고 높여진 능력의 표지라고 믿는다. 이들 우울증들에는 높은 도덕적 발전을 말하는 비인격적이고 객관적인 그 무엇이 있다. 세계는 좁아졌다. 필리핀에서 나룻배가 뒤집혔다는 뉴스나, 스리랑카의 인종분쟁이 터졌다는 뉴스가 이제는 신문의 전면 큰 제목이 되기도 한다. 우리는 문자 그대로 지구상의 모든 곳에서 일어나는 고통을 전하는 소식의 홍수에 빠져서, 그 영향을 받지 않을 수 없다. 그러니 다른 사람들도 하느님 안에서 한 가족이라고 여기기에, 그들에게 일부러 마음먹고 가슴을 여는 그런 사람들에게는 얼마나 더 큰 영향이 되겠는가?

우리 인간은 이런 모든 고통을 감내하기엔 너무도 허약하고 왜소하다. 그러나 그 해결책은 회피한다고 될 일이 아니다. 신문을 안 읽거나, 뉴스를 안 듣는다고 보호되지는 않는다. 내가 확신하기로는, 우리가 모든 생명과 연대하는 것은 육체적인 것이며, 우리가 원하든 않든 보편적인 고통을 느낀다.12) 우리가 필요로 하는 것은 이 축적된 고통을 벗어버릴 수 있는 곳, 들고 다닐 수 있는 형태로 된 예루살렘에 있는 통곡의 벽(Wailing Wall)이다. 우리는 그것을 경험할 필요가 있다. 그것은 실재의 일부다. 기도에 있어서 우리의 사명은 우리 안에서 신음하는 영에게 정확히 말을 하는 것이다. 그러나 우리는 창조물들의 고통을 우리가 짊어지려고 해서는 안 된다. 우리는 이들 괴로운 갈망들을 명료하게 표현하여, 그런 갈망들이 우리를 통하여 하느님께 도달하게 해야 한다. 오직 우주의 중심에 있는 가슴만이 그런 고통의 무게를 감당할 수 있을 것이다. 그것들을 감당해보려는 우리의 시도는(그리고 우리의 우울함이 그걸 시도한다는 증거이고) 마치 하느님이 안 계시고, 또 마치 이 모든 부담을 우리 스스로가 지녀 가야 할 것처럼 생각하는 피학성의 경향이며, 잘못된 메시아 사상이고, 그리고 마침내 우상 숭배적인 것이다.

그래서 성령(聖靈)이 우리의 약함을 돕는 것이다. 우리는 마땅히 기도할 바를 모른다. 이는 흔히 잘못 생각하듯이 우리가 기도하는 올바른 방법을 모른다는 뜻이 아니다. 우리가 무지(無知)하다는 것은 올바른 방법을 모른다는 뜻이 아니라, 오히려 우리는 어떻게 기도해야 하는지를 알고 있다고 생각한다는 바로 그 점이다. 우리는 그것을 **우리가** 하는 그 무엇이라고 생각한다. 그러나 그렇지 않다. 심지어 만일 우리가 마땅히 기도할 바를 알지도 못한다면, 어떻게 그럴 수 있겠는가?

---

12) Carl Jung은 쓰기를, "로마제국의 놀라울 정도로 많은 부분이 노예제도에 대하여 괴로워한 사람들로 구성되어 있었다는 사실이 의심할 여지도 없이 황제들이 통치했던 전 시대를 통하여 특이한 우울증의 주요한 원인의 하나였던 것이다. 결국엔 쾌락에 탐닉했던 사람들조차도 무의식의 신비한 작용으로, 그리고 깊은 슬픔과 그들의 형제(자매)들이 겪는 비참함에 의하여 무의식의 신비한 작용으로 이에 전염이 되지 않을 수 없었다. 그 결과로 전자는 먹고 마시는 광란에 빠지고, 좀 더 나은 자들인 후자는 당대 지성인들의 전형적인 염세주의와 세계의 고통에 빠졌다"고 했다 (*Symbols of Transformation*, CW 5 [1956], 71 n.59).

우리는 그런 시도를 중단하고 단순히 이미 우리 안에서 이미 기도 드리고 있는 그 기도를 **들어야만 한다**. 그리고 우리가 듣는 바는 이상한 종류의 도움이다. 성령이 우리 안에서 설명할 수 없이, 그리고 말없이 신음하고 있다. 그것이 우리로 하여금 이들 신음에게 말들을 주도록 유도함으로써 기도하는 것을 가르친다. 우리의 할 일은 간단히 말해서 성령이 하는 말씀을 언어, 의식, 각성에 이르게 하는 것이다.

그렇다면, 심지어 우리가 기도하려고 준비도 하기 전에, 그리고 우주가 우리 안에서 진통을 하고 있음을 알기도 전에, 그 신음이 의식 속으로 떠오르는 것을 우리가 허락하기도 전에, 하느님은 이미 우리의 기도를 시작하셨다. 그러므로 기독교인들이 기도할 때, 우리 안에 성령이 임재하여 주실 것을 초청하는 것은 전적으로 잘못된 습관이다. 언제나 계시는 성령 앞에 임재해야 할 필요가 있는 것은 바로 우리들 자신이다. 우리는 하느님에게 얼굴을 돌리고 기도를 통하여 하느님과 접촉하는 것이 아니다. 성령이 이미 우리들 안에서 신음하고 있다. 만일 우리 안에서 성령의 신음함이 우리로 하여금 기도하도록 부추기지 않으면, 우리는 심지어 기도할 생각조차 하지 않을 것이다. 오직 하느님이 우리 안에서 항상 끊임없이 기도하고 있기 때문에 우리는 기도할 수 있는 것이다. 아마도 이것이 바로 파스칼이 하느님을 대신하여, "네가 나를 이미 발견하지 않았다면, 너는 나를 찾지도 않았을 것이다"[13]라고 말했을 때, 뜻한 것이리라.

성령(聖靈)은 마치 땅 껍질 아래에 녹아 있는 마그마(magma 鎔巖) 같아서, 우리들 각자 속에서 화산으로 솟구쳐 오르려고 노력하고 있다. 그것은 빌고 호소할 필요도 없지만, 그러나 다만 허락만 하면 된다. 나타나라고 부를 것이 아니라, 이미 나타나 있음을 인정만 하면 된다. 우리가 할 일은 하느님을 움직이려고 하지 말고, 오히려 우리의 의식과 헌신을 하느님께 가져오고, 우리들의 영혼 속의 말로 이루 표현 못하는 신음을 말로 표현하고, 하느님의 갈망을 말씀으로 가져오는 것이다.

리챠드 로오르가 말하기를,

---

13) H. F. Steward, *Pascal's Penses* (New York: Pantheon, 1950), 369. 내가 이 번역을 좀 더 현대화했다.

기도하는 것은 당신의 집을 짓는 것이다. 기도하는 것은 거룩하신 누군가(Someone else: 대문자 S로 시작)가 네 집안에 계심을 발견하는 것이다. 기도하는 것은 그것이 전혀 네 집이 아님을 인식하는 것이다. 기도를 계속하는 것은 거룩한 오직 한 집(One House)이 있기에 보호할 집을 갖지 않는 것이다..... 그게 바로 기도의 정치학이다. 그리고 그것이 아마도 진정으로 영적인 사람들은 어떤 종류의 정치가들에게도 위협이 되는 까닭이다. 그들은 우리의 충성을 원하지만, 우리는 이제는 그것을 줄 수 없다. 우리의 집은 너무도 크다.14)

이제까지 나는 일부 사회 운동가들이 참을성 없이 화를 내는 것을 보아 왔다. 나는 그들에게 전적으로 동정한다. 우리는 기도가 행동을 대신한다는 기독교인들을 알고 있는데, 그들은 우리들 안에서 하느님의 신음이 촉구하시는 우리의 행동에 대한 책임을 하느님께 쏟아놓기만 한다.

그러나 행동 또한 기도를 대신할 수 없다. 어떤 사람들에게는 행동이 불신앙을 숨기는 것이기도 하다. 그들은 하느님이 세상 속에서 행동하신다는 것을 믿지 못한다. 하느님이 사태를 변경시키지 못하니까, 우리가 해야 한다고 생각한다. 하느님이 정의를 세우라고 불러내셨음을 느끼는 다른 사람들에게는, 기도(祈禱)란 단지 귀중한 시간의 낭비일 뿐이다. 그러나 장기적인 투쟁은 끊임없는 내적 갱신을 요구하며, 그렇지 않으면 사랑의 샘물이 말라버리고 만다. 기도 없는 사회적 행동은 영혼이 없는 것이고, 행동 없는 기도는 온전성이 결여된다. 그 어느 것도 다른 것 없이는 유효하지 못한데, 왜 어느 한 쪽을 선택해야 한단 말인가?

얼마 전에, 사회정의 주창자들과 다른 이들 곧 명상가들이 있었다. 어떤 이들은 행동했고, 다른 이들은 기도했다. 오늘날에는 이들 두 행동들이 한 몸 안에서 일어나는 경향이다. 사람들은 우리 시대의 중심적인 신학적 과제로서 행동과 명상의 통합을 점점 더 자주 받아들인다.

예수는 우리가 기도할 때 명령형으로 하느님께 명하라고 가르친다. 그런 대담하고 버릇없는 행동이 너무도 많은 크리스천들에게 일으킨 스캔들

---

14) Richard Rohr, "Prayer as a Political Activity," *Radical Grace* 2/2 (March-April, 1989): 2.

(scandal)은, 그러나 하느님이 중보자라면 완화될 수 있을 것이다. 우리 안에서 부르짖는 분은 하느님이시고, 우리 안에서 거룩한 갈망을 말로 표현하려는 목소리를 찾는 분도 하느님이시고, 우리로 하여금 명령형의 목소리로 하느님께 외치도록 하시고 그리하여 우리에게 그 회로를 완성하라고 부추기시는 분도 하느님이시다.

우리들로 하여금 세계의 고통과 하느님의 고뇌에 이렇게 열려 있고 취약한 상태로 존재하는 것은, 그것이 바로 하느님의 거룩한 일이라는 느낌과 짝을 이루지 않고서는, 견디기 힘든 일이다. 우리의 감관(感官)으로 받아들인 **모든** 고통들로 하여금 우리를 통과하도록 해야만 한다. 그러나 그것을 우리가 고쳐보려고 시도해선 안 되며, 하느님이 우리들에게 하라고 불러내신 것 이외에는 단 하나라도 더 하면 안 된다. 그것이 바로 예수가 산상수훈(山上垂訓)에서 엄청난 양면작전의 말씀으로 가르치신, 신적(神的)인 노력하지 않음의 역설(the paradox of divine effortlessness)이다. 즉 한편으로는, 우리가 단지 신앙고백만 하지 말고 행동해야만 한다: "나더러 '주님, 주님' 하고 부른다고 다 하늘나라에 들어가는 것이 아니다. 하늘에 계신 내 아버지의 뜻을 실천하는 사람이라야 들어간다." 하느님은 말이 아니라 행동을 원하신다. 다른 한편으로는, 하느님이 원하시는 것은 행동이라고 생각하는 사람들도 마찬가지로 꾸중을 듣는다. 즉 "그날에는 많은 사람이 나를 보고 '주님, 주님! 우리가 주님의 이름으로 마귀를 쫓아내고 또 주님의 이름으로 많은 기적을 행하지 않았습니까?' 하고 말할 것이다. 그러나 그 때에 나는 분명히 그들에게 '악한 일을 일삼는 자들아, 나에게서 물러가라. 나는 너희를 도무지 알지 못 한다'고 말할 것이다."(마 7:21-23). 하느님께서 우리에게 특별히 하라고 불러내시지 않으면, 심지어 동정심 넘친 기적을 베풀더라도 그건 악을 행하는 자가 된다!

간단히 말해서, 하느님이 우리를 부르시는 것은, 무엇이 크리스천의 행동을 이루는 것인가에 대한 집단적인 의견에 일치하도록 행동하라는 것이 아니라, 우리가 하느님과의 관계에서 매일 매일 일하는 가운데 우리 자신의 거룩한 부르심을 구체적으로 형성하기를 추구하라는 것이다.

우리는 모든 것을 하고, 모든 것을 치유하고, 모든 것을 변경하라고 부르심을 받은 것이 아니라, 다만 하느님이 우리에게 명하시는 것만 하도록 부르심을 받았다. 그리고 그렇게 명하실 때 그 명령을 수행할 수 있는 힘도 부여받았다. 우리의 상대적으로 무력함과 엄청난 요구에 압도된 결과 발생한 마비상태로부터 우리가 자유롭게 되고, 또 모든 다친 사람을 치유하려고 노력하는 메시아 과대망상증으로부터 우리가 자유롭게 된다.

만일 하느님이 우리에게서 원하시는 것이 무엇인지 우리가 날카롭게 주의했더라면, 우리는 하느님의 힘 속에서, 매우 겸손하게 불가능한 것을 기대할 수 있다. 즉 우리가 일하도록 주어진 제한된 영역 안에서 우리는 기적들을 기대할 수 있다. 우리는 기적을 기대할 수 있는데, 왜냐하면 우리에게 바로 이 시점에서 행동하라고 부르신 하느님이 우리들 안에서도 일하시고 계시기 때문이다. 우리 안에서 성령이 신음하시는 것은 계획하고 행동하는 힘을 생성하는 발전기가 윙윙 돌아가는 소리다. 그렇게 지탱하여 가지 못하면, 우리가 권세들과 마주 겨룬다는 것은 어리석은 일이다.

간디(Gandhi)는 우리가 악을 변화시키지 못할지라도, 악을 받아들이면 안 된다고 주장하였다. 아무리 획일적이고 자유가 없을지라도, 불가피할지라도, 혹은 둘러싸여 있을지라도, 악을 받아들이는 것은 도덕적 민감성을 죽이는 것이다. 그것은 대중의 무력증을 만들어내어 조만간, 악한 것을 불가피한 것이라거나, 혹은 필요한 것이라고 합리화하게 될 것이다. 악의 이름을 부르는 것, 즉 남들이 관습이라고(아내 때리는 일), 혹은 자연스러운 것이라고(동성애 혐오), 혹은 도덕적이라고(정치적 비판자들이나 종교적 이단자들을 처형) 생각하는 것을 악이라고 이름짓는 것은 변화가 불가능한 경우에라도 도덕적인 용기를 유지하는 것이다.

많은 사람들이, 특히 금주자 클럽(Alchoholics Anonymous)의 사람들이, 나의 스승들 가운데 한 분이셨던 라인홀드 니이버(Reinhold Niebuhr)가 지은 기도에 의하여 크게 도움을 받았다. "하느님, 내가 변경할 수 없는 것들은 받아들일 수 있는 평온을 주시고, 내가 변경할 수 있는 것들은 변경할 용기를 주시고, 그리고 그 차이를 알아보는 지혜를 주옵소서." 현재 이 책의 연구 관점에서, 나는 오히려 이렇게 기도하기를 택하련다. "하느님, 악을 받아들이기를 거부하도록 나를 도와주시고, 당신의 성령으로 나에게 힘을 주셔서 당신께서 나를 부르시는 곳이나 방식에서 변화를 위해 일하게 하시고. 내가 모든 것을 해야 한다고 생각하지 않도록 자유롭게 되게 하옵소서."

권세들과 영적인 전쟁으로 맞붙기

이제 우리는 기도에서 권세들의 역할에 대하여 직접 생각해 보아야 한다. 우리들 대부분은 응답 받지 못한 기도는 우리의 잘못이거나, 혹은 하느님의 거절이거나, 둘 중의 하나라고 배웠다. 우리가 신앙이 부족해서든 (혹은 너무도 죄가 많거나 불순하거나 잘못 엉뚱한 것을 요청했거나), 아니면 하느님께서 어떤 설명할 수 없이 보다 높은 목적이 계셔서 거부하셨던가, 둘 중 하나다.

아마도 때로는 우리의 신앙이 약할 때가 있다. 그러나 예수는 분명히 말하기를, 중요한 것은 우리가 얼마나 많은 신앙을 가졌느냐가 아니라, 우리가 다만 의무를 실천하면서, 얼마든 간에 우리가 가진 신앙을 행동으로 옮기느냐 아니냐 라고 했다. 그리고 그는 아주 작은 양의 신앙으로도 충분하다고 말했다(눅 17:5-6). 결국 관건은 우리가 영적으로 거인(巨人)이냐 아니냐가 아니라, 하느님께서 정말로 무언가를 하실 수 있느냐 없느냐 이다. 믿음(信仰)이란 느낌이나 우리가 귀신을 불러내는 능력이 아니라, 하느님이 이 세계에서 결정적으로 행동하실 수 있음을 신뢰하는 것이다. 그래서 만일 우리가 겨자씨 한 알만한 믿음만 가졌으면, 즉 우리가 얼마라도 신앙이란 걸 도대체 가졌다면, 우리의 기도가 응답 받지 못했더라도 우리 자신을 비난해서는 안 된다.

혹은 우리의 기도가 응답 받지 못하는 것을 너무 재빨리 우리의 죄와 부적당함의 탓으로 돌리지 말아야 한다. 모튼 켈씨(Morton Kelsey)가 말하기를, 그가 처음으로 관여한 진짜 극적인 치유(治癒)가 일어난 것은, 불편한 시간에 병원에 가야만 했기에 매우 언짢아했음에도 불구하고, 또 그가 잘 알지도 못하는 사람에게 기도했을 때였다는 것이다. 하느님은 분명히 그의 태도를 무시하고 어쨌든 그 사람을 고치셨다. 우리들 중 많은 사람들은 우리가 기도할 때 우리 가슴의 순결함과 무죄함에 직접 비례하여 하느님이 우리 기도를 들어주신다고 일찌감치 어린 나이에 배웠다. 그러나 우리가 그런 조건을 일단 수용해도, 누구도 기도하기에 "만족할 만큼 착한" 사람은 없다. 예수에 의하여 계시되신 그 하느님은 기도하는 사람 모두를 은혜롭게 들어주시며, **특히 죄인들의 기도를** 은혜로 들어주신다. 의롭다고 인정받고 집으로 돌아간 사람은 결국 부패한 세리(稅吏)였지, 도덕적으로 온당한 바리사이파 사람이 아니었다(눅 18:9-14). 우리는 우리의 부적당함과 죄가 너무도 중요해서, 하느님이 우리 기도를 듣는 데 장애가 된다고 믿는 엄청난 독단이 있는 것 같다.

혹은 어떤 경우에는, 지금은 "아니다"가 요구되는 보다 높은 뜻에 의하여 하느님이 우리의 기도에 응답하지 않으시는데, 이를 비난하면 온당치 못한 일이다. 어떤 때는 우리에게 악한 것으로 보이는 것이 바로 우리를 깨뜨려 우리의 습관들이 파괴적임을 각성시키기 위해 필요한 폭발물임도 분명하다. 질병과 비극은 불행하게도 때때로 우리의 삶의 목적을 상기시키는 데 필요한 메신저(傳言者)들이다. 우리는 때로는 잘못된 것을 위해 기도하며, 우리가 다른 것을 찾고 있기에 하느님의 대답을 알아보지 못하기도 한다. 그러나 때로는 하느님의 뜻이 너무도 명백해서 하느님이 "아니다"라고 말하신다는 것은 하느님을 우주적 악한으로 묘사하는 것이나 마찬가지인 경우도 있다. 내가 있던 교회에서 6살 먹은 소년이 백혈병으로 죽은 것이 어떤 뜻에서 하느님의 행동일 수가 있는지, 25년이 지났건만 아직도 이해가 안 된다. 그리고 하루에 대략 4만 명의 어린이들이 죽어 가는 것을 --일년에 1천 4백만 명 넘게--하느님의 뜻이라고 내게 말하는 것은 생각조차도 말라.

우리가 여기서 빼어놓은 것은 천신(天神 Principalities)들과 권세들(Powers)이다. 기도는 단지 쌍방향 거래만은 아니다. 그것은 또한 실재의 많은 부분을 지배하는 거대한 사회-영성적인 힘들을 포함한다. 나는 오늘날 우리 세계를 지배하는 대규모의 기관들과 사회적 구조들과 체제들, 그리고 그들의 중심에 있는 영성에 대하여 말하고 있다. 만일 우리가 기도에서 이들 권세들의 중요한 의의를 되찾기를 원하면, 다니엘(Daniel)서를 참조하는 것이 가장 좋을 것이다. 다니엘서는 기도의 응답을 차단하는 권세들의 역할이 처음으로 인간에게 나타난 순간을 보여준다.

다니엘은 야훼(Yahweh)에게 바치는 충성을 파괴하려는 모든 노력에 대항하여 투쟁하는 이스라엘의 상징이다.15) 다니엘은 바빌론(Babylon)의 페르

---

15) 이 기사의 역사적인 알맹이가 무엇이었든 간에, 현재의 형태로 된 것은 주로 "소설적"인

시아 관료정치에서 높은 지위에 올라간 유태인으로 묘사된다. 삼 년 전에 고레스(Cyrus) 왕이 유태인들을 포로에서 놓아주어 왕국의 재정으로 그들의 성전(聖殿)을 재건하도록 하였다. 그러나 귀국하여 이에 응하는 유태인이 별로 없었다. 이야기가 시작되자 다니엘은 그의 백성들을 위하여 금식하며 깊은 슬픔에 잠겨 있다. 로마서 8:26-27의 빛에서 본다면, 성령이 그로 하여금 비전을 받도록 준비하기를 원하여 그의 안에 고뇌의 홍수를 이루고, 다니엘은 현명하게도 이를 억제하지 않고 직면하기로 선택한다고 우리는 말할 수 있을 것이다. 그래서 그는 중요한 금식에 들어갔다. 스무 하루 뒤에 한 천사가 와서 말하기를, "다니엘, 두려워 말라. 네가 사태를 이해하기 위하여, 너 자신을 겸손하게 하기로 작정한 첫날부터 내내 하느님이 너의 기도를 들으셨다"고 했다.

만일 다니엘이 기도한 첫날부터 그 기도들을 들었다면, 왜 천사는 스무 하루 뒤에나 나타난단 말인가? 까닭은, 천사가 계속 말하기를, "페르시아 왕국의 천사장(天使長)이 스무 하루 동안 나를 방해하였기 때문이다"라고 한다. 그는 다니엘에게 오도록 전혀 어떻게 해낼 수가 없었고, 단지 "최고 천사들 중의 하나인 미카엘(Michael) 천사가 와서 나를 도와주었는데, 처음에 나는 그곳을 혼자 떠나서" 페르시아 천사들과 싸워야 했던 것이란다. 이제, 미카엘 천사가 페르시아 천사들과 상대하는 동안, 심부름꾼 천사는 그 틈에 빠져 나와서 다니엘의 유배된 백성들을 위하여 미래의 비전을 전달하게 된 것이다. 그 사명은 완수되었다. "이제 나는 돌아가서 페르시아 수호 천사들과 싸워야 한다. 그 다음엔 그리스의 수호 천사들이 나타날 것이다. 이스라엘의 수호 천사인 미카엘 빼놓고는 아무도 나를 도와주지 않는다. 그는 나를 방어해주고 도와줄 책임이 있다."(다니엘 10).16)

페르시아의 수호천사가 다니엘의 기도에 대답하는 하느님의 전령을 가

것이다. 그렇다고 마치 무엇이 참이려면 "역사적"이어야 하는 것처럼, 이것이 참이 아니라는 뜻은 아니다. 우리는 소설이 깨우쳐 주고, 명확히 해주고, 전에는 우리의 경험의 불완전했던 영역의 정체를 알게 해주면, 그 소설은 "참"이라고 안다. 그리고 어떤 문제는 달리는 어떻게 다루어 볼 수가 없다. Daniel 이야기는 이래서 생명에 참이고, 경험에 대하여 참이고--그래서 그 역사성은 극도로 무관한 것이다.

16) 수호신(guardian angel)으로서의 페르시아의 "왕자"(prince)(Hebrew *sar*, LXX *archon*)의 신분에 대해서는 나의 책 *Unmasking the Powers*, 89 and 194 n.4를 참조하라.

로막을 수 있다니! 21일 동안 다니엘은 보이지 않는 영적인 권세들과 싸운다. 아마도 그는 바빌론의 영성의 내면화된 요소들을 탈피해야만 했을 것이다. 그는 바빌론 신의 이름에서 따온 복합적인 자기 이름을 갖고 있었다(벨트사살 Belteshazzar, 4:8). 그러나 그에게 어떤 변화가 필요했든지 간에, 천사가 파견된 것이 그가 스스로를 깨끗하게 만든 **다음**은 아니었다. 즉 그의 말이 입술을 떠나자, 첫날부터 그의 기도는 들려졌다. 진짜 투쟁은 두 나라의 수호천사들 간의 투쟁이다. 페르시아의 수호천사는 그가 보호하는 나라가 그렇게도 재능이 있는 휘하 백성들을 잃어버리는 것을 원치 않았다. 페르시아의 수호천사는 능동적으로 하느님의 뜻을 좌절시키려 했고, 스무 하루 동안은 성공했다. 즉 천신들과 권세들이 야훼 하느님을 궁지에 몰아넣고 막아둘 수 있었다.

다니엘은 기도와 금식을 계속했고, 하느님의 천사는 페르시아의 수호천사들을 뚫고 나오려고 싸웠지만, 아무것도 일어나지 않았다. 하느님은 그의 기도를 응답하지 않으신 것처럼 **보인다**. 그러나 하느님의 이런 분명한 냉담함에도 불구하고, 하늘에선 서로 다투는 권세들 사이에 격렬한 전투가 벌어지고 있었다. 마침내 이스라엘의 수호천사인 미카엘이 개입하여, 그 천사는 빠져 나올 수가 있었다.

이것은 우리의 기도에서 겪는 실제적인 경험을 신화적인 말들로 그려낸 정확한 묘사이다. 우리는 이제까지 수 십 년 동안 세계의 초강대국들이 그들의 무기를 감축할 것을 기도해 오고 있는데, 대부분의 시간 동안 그저 비참하게 아무 소용이 없는 짓을 한 것 같다. "미국의 수호신"과 "소련의 수호신"이 죽기 살기로 맞붙어서 싸우는데 어느 편도 그 움켜쥔 것을 놓으려고 하지 않았다. 그러자, 하느님의 예상 밖의 전개(irony)에서, 미국 역사상 가장 떠들썩한 반공주의자 대통령이 소련 대통령과 핵무기 감축 조약을 협상하는데, 그 소련 대통령의 개방을 향한 새로운 정책은 미국 내 소련학(Sovietology) 연구자들 가운데 아무도 예상 못한 일이었다. 그들의 동기야 어쨌든, 이런 일들은 미국과 유럽과 소련에서 수십 년 동안 평화운동을 하면서 기도와 데모가 없었으면 결코 일어날 수 없었을 것이다. 하느님은 출구를 발견하시고, 그리고 기적적인 방향 변화를 가져올 수 있었다.

성경은 하느님의 응답이 지연되는 것을 합리화하려고 하지 않는다는 점을 주목하라. 그건 단지 경험의 사실일 뿐이다. 우리는 왜 하느님이 "더 잘" 하실 수는 없는지 알 길이 없고, 혹은 예를 들어서, 왜 미카엘을 좀 더 일찍 보내어 전령 천사를 도와주지 않았는지 모른다. 그것은 깊은 신비다. 그러나 우리는 지성적인 문제를 얼버무리기 위하여 신비에 호소하려고 하지는 않겠다. 소련학 연구자들도 마찬가지로 신비에 마주쳤다. 우리는 왜 어떤 일은 일어나고, 다른 일은 일어나지 않는지 알 길이 없다.

그렇다면 이것은 하느님의 전능(全能 Omnipotence)하심에 대하여 무엇을 말하는가? 하느님의 구원하시는 능력에 대해선? 하느님의 역사를 주관하심에 대해선? 천신들과 권세들은 하느님의 뜻에 대항하여 자기들의 뜻을 주장할 수 있고, **당분간 압도하기도 한다!** 그렇다면 놀라운 것은 우리의 기도들이 때로는 응답 받지 못한다는 점이 아니라, 오히려 어떤 기도도 응답된다는 점이다! 우리는 오랜 동안 하느님이 우리의 자유에 의하여 제한을 받고 있음을 인정해왔다. 다니엘서의 새로운 통찰은 하느님이 기관들이나 체제들에 의하여서도 제한을 받으신다는 점이다. 우리는 보통 하느님의 이런 제약을 하느님의 자유로우신 선택이라고 말해왔다. 하느님에게 도대체 선택이란 것이 있느냐고 물어도 될법하다. 어쨌든, 선택이든 아니든, 하느님의 개입하시는 능력은, (우리들에 의해) 초청 받지 않으면, 극도로 제한되어 있다. 이런 점을 당신은 기도할 때 알아차렸을 것이다.

다니엘서가 쓰여졌을 때(대략 167 B.C.E.), 유태인들은 400여 년 동안 외국인들의 통치 아래에 있었다. 팔레스타인 점령이 하느님의 형벌이라거나, 혹은 하느님의 뜻이라고는 더 이상 지성(知性)으로 이해할 수 없었다. 외국의 세력들에 대한 적대감이 바로 그들이 악한 우주적 힘을 수단으로 하여 다스렸다는 증거다. 다니엘서에서 우리가 보는 곤경(困境)들은 하느님이 당시에 "이 세상"(내가 지배체제라고 부르는)을 효과적으로 통치하지 **않으셨다**는 사실에서 기인된 것이다. 사탄(Satan)이 이 세상을 다스린다!17)

간단히 말해서, 기도는 하느님과 사람들만 관련된 것이 아니라, 하느님과 사람과 권세들이 관련된다. 하느님이 이 세상에서 하실 수 있는 것이 하느

---

17) Richard H. Hiers, "Satan, Demons, and the Kingdom of God," *Scottish Journal of Theology* 27 (1974): 40-41.

님 아래에서 자유를 누리고 있는 권세들의 배반, 저항, 그리고 자기이기심에 의하여 상당한 정도로 방해를 받는다.

하느님은 치유하시는 능력이 있고, 내가 믿기로는 모든 치유는 하느님의 것이다. 그러나 만일 권세들이 PCB와 다이옥신(dioxin)을 우리가 마시는 물에 쏟아 넣거나, 혹은 대기 중에 방사성 가스를 방출하거나, 혹은 과일들 위에 발암(發癌) 물질을 뿌려대면, 하느님의 치유 능력은 대단히 감소된다. 어린이들(세계에서 가장 큰 석유화학 공단 변두리에 접한 나의 교구의 소년처럼)이 백혈병으로 죽는다. 그 상황은 보통의 몸을 치유하는 것과 다를 바 없다. 즉 깨끗하게 칼로 쨀 곳은 언제나 놀랍게도 스스로 낫는다. 그러나 만일 우리가 전염성 세균들을 거기다 문질러댄다면, 하느님의 치유 능력은 방해를 받거나, 혹은 아예 무효로 된다.

하느님은 사람들이 하느님께서 그들을 창조하신 대로 어떤 존재이든 자유롭게 되기를 원하신다. 나는 그런 성취가 하느님의 뜻이라고 선언하기를 조금도 주저하지 않는다. 그러나 한 인종이 다른 인종을 노예로 삼아서 밭에서 일하게 하고, 광산을 파게 하고, 혹은 어린이들의 생명들이 성적 폭행이나 육체적 만행으로 발육이 방해받고, 혹은 모든 나라들이 다른 더 강한 나라들에 의하여 굴복하도록 강압되는 때, 그런 때 하느님이 하는 일이 무엇인가? 우리는 정의와 해방을 위하여 기도할 것이며, 또 진정 기도해야 하지만, 그러면 **하느님은 첫날부터 우리 기도를 들으신다**. 그러나 이들 반역하는 피조물들의 자유에 대항하여 하느님이 개입하시는 능력이, 때로는 우리가 도저히 이해 못할 정도로 비극적으로 제한을 받는다. 이런 두 가지 사실들 사이에서 팽팽한 긴장을 지니고 사는 것은 상당한 영적인 성숙을 요구한다: 즉, 하느님은 우리의 기도를 들으셨다는 것, 그리고 권세들은 하느님의 응답을 가로막고 있다는 두 가지 사실 사이의 긴장 말이다.

만일 권세들이 하느님을 그토록 효과적으로 훼방(毁謗)놓을 수 있다면, 우리는 과연 이 세계 속에서 하느님의 섭리(攝理)라는 것을 말할 수 있는가? 만일 우리의 기도가 그렇게 종종 혹은 그토록 지연되어서 응답된다면, 우리는 정말 하느님을 신뢰할 수 있는가? 정말 하느님은 의지할 수 있는 분이신가? 제한된 하느님이 정말 하느님이 될 수는 있단 말인가? 우리의 기도하는 능력은 하느님이 우리를 돌보시는 섭리라는 어떤 종류의 실제로 도움이 되는 생각에 의존되어 있기 때문에, 우리는 이런 질문들을 대면해야 한다.

예를 들면, 나치스(Nazis) 죽음의 수용소에서, 중보기도하는 사람들이 하늘에 대고 구원해 달라는 청원을 폭풍우처럼 올렸는데도, 왜 하느님은 더 많은 유태인들을 구원하지 못하셨을까? 화란계통 유태인인 에티 힐레줌이 후에 "죽음의 방"으로 판명된 곳을 "노동 캠프"로 알고, 그리로 추방될 것을 기대하면서, 그녀는 기도했다:

> 나는 하느님 당신이 내 힘이 빠지는 것을 막아주시도록 도와드릴 것입니다. 비록 나는 미리 그것을 보증할 수는 없지만. 그러나 한 가지는 점점 내게 분명해지고 있습니다. 즉, 당신은 우리를 도우실 수 없다는 것, 그리고 당신이 우리를 돕도록 우리가 당신을 도와드려야만 된다는 것입니다. 그리고 그것이 요즈음 우리가 할 수 있는 전부이고, 그리고 또한 정말 중요한 일의 전부입니다. 즉, 우리들 안에 있는 하느님 당신의 작은 부분들을 보호하는 일 말입니다. 그리고 아마도 다른 사람들 안에서도 마찬가지 일 것입니다. 아, 슬프게도, 우리의 상황이나 삶에 대하여 당신이 해 줄 수 있는 것은 많지 않은 것 같습니다. 나도 당신에게 책임을 묻지는 않겠습니다. 당신이 우리를 도와줄 수는 없지만, 그러나 우리가 당신을 도와주고 우리 안에 거하시는 당신의 자리를 끝까지 보호해 주어야 할 것입니다.18)

이런 말이 거론하는 경험을 존중해주기 위하여 이 말 속에 있는 신학을 옳다고 보증할 필요는 없다. 권세들이 하느님을 궁지에 몰아넣었다. 하느님은 아무것도 하지 않고 있는 것 같았다. 한편, 보이지는 않지만, 하늘에서 전쟁이 있었다. 사람들이 악에게 복종할 뿐만 아니라 능동적으로 지지하고 있을 때, 우리들 일상의 삶이 전혀 준비하지 못한, 악성 권세들의 고삐가 풀려 나타난다. 독일의 수호천사들은 우상으로 숭배되었고, 최고의 존재로 인정되었다. 하느님은 하늘에서 쫓겨나서 항상 거리를 배회하면서 다녔으나, 도와줄 이는 별로 없었다.

그런 때에 하느님은 무능하게 보일 것이다. 아마도 무능하실 것이다.

---

18) Etty Hillesum, *An Interrupted Life* (New York: Pocket Books, 1983), 186-87.

그러나 히틀러(Hitler)의 천년왕국은 12년 만에 무너졌다. 하느님이 직접 개입하지는 못하실지 모르지만, 그럼에도 불구하고 세계 위에 잠재적 우연의 일치를 퍼부으셔서, 사람들이 그에 대해 반응을 하기만 하면 기적(奇蹟)은 이루어진다. 기적들이 이루어지고 나면, 우리는 하느님이 특별한 방법으로 개입하셨다고 느낀다. 그러나 하느님은 가끔씩만 개입하시는 것이 아니다. 하느님은 심지어 인간들이 반응을 하지 않아서 그만 잃어버려진 기회까지라도, **모든** 기회에 영향을 주어 변화를 이룰 끊임없는 가능성이다.

하느님은 조롱받을 놀림감이 아니다. 정의의 바퀴들은 천천히 돌지만, 그것들은 어김없이 이루어진다. 다니엘 이야기로 다시 돌아가 보자. 50년간 억류 생활 끝에, 하느님은 마침내 고레스를 일으켜서 유태인들을 바빌론에서 해방시켜주었건만, 하느님의 백성들은 차라리 유배(流配) 생활에 남아 있기를 선택했다. 다니엘은 금식과 기도 끝에 하느님에게 새로운 해결의 길을 마련해드린다. 그 틈새를 통하여 하느님은 유다(Judah) 종족을 꾀고 달래서 집으로 불러들일, 회복된 성지(聖地)의 미래상에 대한 비전을 내리신다.

기도는 "마술"(魔術 magic)이 아니라서, 항상 성공하는 것은 아니다. 그것은 우리가 뭔가를 하는 것이 아니라, 우리와 세계 안에서 하느님이 이미 하시고 계신 것에 대하여 우리가 반응하는 것이다. 우리의 기도들은 하느님으로 하여금 우리의 자유를 해치지 않으신 채 행동하시도록 허락하는 필요한 통로다. 기도는 하느님과 이루는 파트너십(동반관계)의 궁극적 행동이다. 그러므로 하느님은 천하게 구는 것을 허락하지 않으신다. 다니엘은 하느님의 메신저 앞에 얼굴을 땅에 대고 엎드렸지만, 천사는 그를 잡아 일으켰다. 천사가 말하기를, "일어나 네 발로 서라!" 다니엘은 일어섰지만, 그러나 벌벌 떨면서 말을 못했다. 천사가 그의 입술과 몸에 손을 대어서, 그가 받은 메시지를 말할 수 있게 힘을 넣어주었다. 하느님은 엎드려 절하기를 요구하는 동양의 군주가 아니다. 하느님은 우리로 하여금 자신의 발로 서게 하고, 힘을 넣어주고, 그리고 우리들의 길을 가도록 보내 주신다.

권세들이 하느님을 방해할 수 있다는 엄연한 뉴스는 우리들이 중보기도를 함으로써 이겨낼 수 있다는 지식과 맞붙어 있다. 우리가 21일을 기다려야 할지, 혹은 21년, 아니, 21세기 동안 기다린다 해도, 믿음에는 아무것도 변한 것이 없다. 그 지식은 지배체제가 얼마나 엄청나게 광범위하고 고집스러운지를 안다. 우리의 기도가 응답되지 않는 것 같다고 해서, 우리는 옳은 일을 위하여 기도하는 것을 중단할 수는 없다. 우리가 기도하면 바로 그 첫날부터 우리의 기도는 하느님이 들으신다는 것을 우리는 알고 있다. 그러나 우리는 기도를 계속해야 하는데, 단 하루라도 더 정의를 기다린다는 것이 너무도 길기 때문이다.

그게 바로 하느님 왕국이 지연되는 것이 기독교 신앙에는 치명적이 아닌 이유다. 왜냐하면 이제야 교회가 지배체제가 어떤 것이었나를 볼 수 있게 되었고, 그것에 다시는 전적으로 항복하지 않을 수 있게 되었기 때문이다. 그리고 교회는 하느님의 탈지배적인 질서를 어렴풋이 감지하게 되어, 그것의 도래(到來)를 열망하는 것을 포기할 수 없다.

다니엘은 그의 백성들이 팔레스타인에서 겪을 미래의 곤경에 대한 비전을 받기 위하여 21일을 기다려야만 했다. 상당한 숫자가 귀국하기까지엔 두 세기(世紀)나 걸렸다. 현대의 유태인들은 팔레스타인에 유태인 나라가 다시 서기까지 19세기 동안이나 기다려야 했다. 간디(Gandhi)는 영국의 수호신들과 26년 간이나 투쟁하였고, 아퀴노(Aquino) 혁명은 일단 필리핀 대중을 움직이기 시작하자, 불과 수일만에 마르코스(Marcos)를 권좌에서 끌어내렸다. 물이 한 방울 한 방울씩 불어나든지, 아니면 소나기 홍수로 불어나든지, 결국은 그 압력이 억압과 권세들의 댐을 터뜨려 무너지게 한다. 그들은 유한한 피조물(被造物)에 지나지 않는데, 그들의 시간이 얼마 남지 않았다는 사실을 알면 알수록 그들은 더욱 더 악해진다(계 12:12). 수많은 무고한 사람들이 죽고, 권세들은 그 하나의 죽음마다 그만큼 확고한 자기 자리를 구축하는 것처럼 보이겠지만, 그건 환상(幻像)에 지나지 않는다. 그들이 그토록 잔인하고 필사적인 것도 그들의 합법성이 신속하게 무너지고 있다는 증거다. 그들이 힘에 호소하는 것 그 자체가 더 이상 자원하여 동의하는 것을 명령할 수 없다는 것을 인정하는 것이다. 충분히 많은 수의 사람들이 그들의 승인을 철회할 때마다, 권세들은 불가피하게 몰락한다.

전쟁을 위한 기도들에 대한 소고(小考)

이 책이 인쇄소로 넘어갈 무렵, 나는 피터 와그너가 쓴 책『전쟁의 기도』의 원고를 다 읽었다.19) 와그너가 권세들을 인격적인 것들로 이해하고, 기적들에 대하여 나보다 훨씬 더 잘 믿는(혹은 경험했기에?) 것을 알았지만, 나는 그의 책이 매우 통찰력이 있음을 보았다. 가장 중요한 것은, 그는 이른바 "전쟁의 기도"라고 부르는 것을 통하여 권세들에게 공격적인 습격을 한다는 점을 강조하여, 내가 이 장(章)에서 말한 다소간 방어적인 논조를 교정한다. 예를 들면, 남아프리카에서 법으로 규정한 인종차별(Apartheid)은 대체로 폐지되었지만, 사람들은 사실상(de facto)의 인종차별은 사회의 각 구석에 여전히 깊이 박혀 있는 것을 발견한다. 만일 전국의 복음주의적 회의들과 예배들에서 인종차별의 정신을 엄중히 비난하고 사람들을 초대하여 성령에 의하여 그 사슬에서 벗어난 경험들을 증언하게 하면 어떨까? 미국에서는, 페르시아만 전쟁(Gulf War)의 뒤를 이어 국가 종교가 그 힘을 엄청나게 증가하였다. 만일 전국에 있는 교회에서 기독교인들이 미국의 헤게모니(주도권)를 하느님의 뜻과 동일시하는 것에 의문을 제기할 뿐만 아니라, 실제로 교회 안에 국기(國旗)를 설치해 두는 것이 적절하냐고 도전하고, 혹은 우리를 사로잡고 있는 폭력의 영(靈)을 쫓아내기로 한다면 어떨까?

나는 우리 시대의 복음의 능력이란 것이, 초대교회의 기독교 메시지가 로마제국의 이방인 종교의 비위에 맞지 않았듯이, 오늘날 사회전반의 감수성과 그것에 적응된 우리 모두의 비위에 맞지 않는 모습으로 드러날 것이라고 예상한다. 기독교인이든 아니든, 우리 사회는 뭔가에 홀려 있다(무슨 영에 사로잡혀 있다). 즉 우리는 폭력, 섹스(Sex), 돈, 그리고 마약에 홀려 사로잡혀 있다. 초대교회 기독교인들이 "악마와 그의 일"(즉, 지배체제)을 버리기로 약속하는데 세례가 유효하였듯이, 지금도 뭔가 유효한 집단적으로 귀신 쫓는(exorcism) 형식들을 되찾을 필요가 있다. 그것을 어떻게 할 것인가에 대하여, 내가 하는 방식과 와그너가 하는 방식은 물론 서로 다를 것이다. 나는 집단적 악령축출(exorcism)에는 빌 와일리 켈러만(Bill Wylie Kellermann)의 책『신앙과

---

19) C. Peter Wagner, *Warfare Prayer* (Ventura, Calif.: Regal Books, 1992).

양심의 계절』(*Seasons of Faith and Conscience*)이나, 혹은 내 책『사탄의 가면을 벗겨라』(*Unmasking the Powers*)20)에서 묘사한 스타일을 택하는 것이 더 마음에 든다. 그러나 내게 문제가 되는 것은, "공중에 있는" 마귀와 싸움을 시도함으로써, 복음주의자들과 성령 은사주의자들(Charismatics)은 악마적인 것의 제도적 근원을 계속하여 무시할 것이란 점이다. 그렇게 함으로써, 그들은 이들 권세들을 변혁적으로 이름 붙이고, 가면 벗기고, 맞붙어 싸우는데 필요한 준열한 정치 경제적 분석을 하지 못할 것이다. 그러나 나는 여기서 각기 다른 목표들을 한 곳에 수렴할 때 생기게 될 혼란스런 결과, 즉 성령은사주의자들과 보수적 복음주의자들, 그리고 사회-운동의 자유주의자들을 연결하여 엄청난 힘과 분열성의 연합전선을 펴는 혼란스런 결과를 느낀다. 여기 이런 혼합들 속에 복음의 비폭력 메시지가 소개되면, 아마도 꽤 많은 불필요한 상호간의 헐뜯음을 회피할 수 있을 것이다. 나는 안티옥의 이그나시우스(Ignatius of Antioch)의 말에서 내 표어를 택하기로 하는데, "기독교의 위대함은 지배체제(*kosmos*)에 의해 미움을 받는 것에 있지, 지배체제가 믿어 볼만하다고 되는 것에 있지 않다."21)

기도와 악의 문제

신약성경에 악의 문제를 설명하려는 시도(神正論 theodicy)가 거의 없다는 점 때문에 나는 오랜 동안 충격을 받아왔다. 초대 기독교인들은 예수의 죽음의 의미에 대하여 많은 노력을 기울였지만, 그 어디서도 세상에 존재하는 악의 면전에서 하느님의 변명의 사유를 다룬 곳은 없다. 그들은 악을 이론적인 문제로 다루느라 어리둥절해지고 곤경에 처하여 당황하게 된 적이 없었던 것 같다. 그들이 박해를 당하거나 질병으로 고통을 당해도, 그들은 결코 "어떻게 하느님이 이렇게 하실 수가 있단 말인가?" 하고 묻지 않았다. 예수

---

20) Bill Wylie Kellermann, *Seasons of Faith and Conscience* (Maryknoll, N.Y.: Orbis Books, 1991); Wink, *Unmasking the Powers*, 53-68. Tom F. Driver, *The Magic of Ritual* (San Francisco: HarperSanFrancisco, 1991).

21) Ignatius, *Rom* 3:3

자신은 하느님에게 버림받았음을 느꼈고, 그래서 왜 그런 일이 생겼는지 놀란 것 같다(막 15:34/마 27:46). 그러나 대답은 받지 못했다. "왜 예수는 십자가에 처형되었는가?"라는 질문에 대하여, 초대교회는 미리 준비된 해답을 갖고 있었다. 즉 그는 권세들에 의하여 처형되었는데, 그의 말과 행동이 권세들에게 위협이 되었기 때문이었다. 그들에게 중요한 질문은 "왜?"가 아니라 "어떻게?"였다. 즉 하느님은 어떻게 이 악을 가지고 선을 위해 사용하셨는가? 어떻게 하느님은 죄를 가지고 구원으로 만드셨나? 어떻게 하느님은 십자가를 통하여 권세들 위에 승리하셨는가?

마찬가지로, 박해를 받았다고 해서 "왜 하필 나야?" 하는 놀란 반응을 일으키지 않았다. 초대 교회 기독교인들은 박해를 **예상하고** 있었기에,22) 박해를 받지 않으면 오히려 놀라워했다. 그들에게 질문은 "왜?"가 아니라 "얼마나 오래?"였다. "우리가 얼마나 더 오래 기다려야 땅 위에 사는 자들을 심판하시고 또 우리가 흘린 피의 원수를 갚아 주시겠습니까?"(계 6:10).

하느님의 섭리가 우리를 고통에서(from) 구원해주었다고 바울은 기뻐하지 않았다. 분명히 하느님의 섭리가 바울을 구원하지는 않았다!(고후 11:23-33). 그는 오히려 우리의 고통 가운데서도(in) 하느님이 우리를 위로하심을 기뻐했다(고후 1:3-7). 아시아에서 그가 거의 죽을 뻔했을 때도, 그는 자기를 잘못 대해 주었다고 하느님께 불평하지 않았는데, 그는 그를 없애버리고자 한 것이 하느님이 아니라 권세들이었음을 알았기 때문이다. 그는 심지어 시련을 통하여 교훈을 얻기도 했다. "이렇게 사형선고를 받았다는 생각이 들자 우리는 우리 자신을 믿지 않고 죽은 자를 다시 살리시는 하느님을 믿게 되었습니다"(고후 1:9). 그는 권세들이나 또 그들의 마지막 처벌인 죽음에 대한 두려움에서 자유로웠기에, 그는 공언하기를, "우리는 살아도 주님을 위해서 살고 죽더라도 주님을 위해서 죽습니다. 그러므로 우리는 살아도 주님의 것이고 죽어도 주님의 것입니다"(롬 14:8)라고 했다.

예수의 하느님은 편애(偏愛)를 하지 않으신다. 그래서 "하느님은 악한 사람에게나 선한 사람에게나 똑같이 햇빛을 주시고 옳은 사람에게나 옳지

---

22) 마 5:10-12//눅 6:22-23; 마 23:34-36//눅 11:49-51; 롬 8:18; 고후 1:5-7; 빌 3:10; 골 1:24; 벧전 5:10 등.

않은 사람에게나 똑같이 비를 내려주신다"(마 5:45/눅 6:45). 예수는 들에 핀 백합이나 공중의 새들처럼 창조된 질서를 신뢰하라고 말한다(눅 12:22-31/마 6:25-34). 그러나 이것은 재물을 쌓는 길은 아니다. 그것은 많은 사람이 굶는데 소수가 과식하는 악마적인 구조들에 대항하여, 심지어는 지배체제 안에서도 하느님은 하느님의 백성을 돌보신다는 주장이었다. 즉 "너희는 먼저 하느님의 나라와 하느님께서 의롭게 여기시는 것을 구하여라. 그러면 이 모든 것들도 곁들여 받게 될 것이다"(마 6:33).

다른 곳에서, 예수는 탑이 무너지면서 사고로 죽은 사람들이나, 빌라도(Pilate)에 의하여 성전에서 학살당한 갈릴리 사람들의 죽음이 하느님의 뜻이나 행동이 아니라고, 단언적으로 말하였다(눅 13:1-5). 혹은 참새 한 마리가 땅에 떨어져 죽는 것도 하느님의 뜻이 아니다. 영어 개정표준번역(RSV)성경에서는 마태복음 10:29을 "그런 참새 한 마리도 너희의 아버지의 뜻(Father's will)이 아니면 땅에 떨어지지 않는다"고 번역하여 해를 끼쳤다. 그리스어 성경은 단지 "아버지가 없이는"(without your Father)으로 되어 있다(so KJV; NRSV, "apart from your Father"). 다른 번역들에서는 그들이 생각하기에 함축된 단어를 제공하였다. 즉 JB, "알고서(knowing)"; Phillips, "지식(knowledge)"; NEB, "그대로 두다(leave)"; TEV, "동의(consent)" 등이다. 보다 분명한 뜻은 누가복음 병행구(눅 12:6)에 나타나 있다: "참새 한 마리까지도 하느님께서는 잊지 않고 계신다"(forgotten in God's sight). 하느님은 심지어 가장 작은 고난당하는 자와 함께 계신다.

교회는 그 자신의 경험에서 이 말씀의 진리를 확인하였다: "누구든지 나를 위하여 또 복음을 위하여 집이나 형제나 자매나 어머니나 아버지나 자녀나 토지를 버린 사람은 현세에서 **박해도 받겠지만**, 집과 형제와 자매와 어머니와 자녀와 토지의 축복도 백 배나 받을 것이며 내세에서는 영원한 생명을 얻을 것이다"(막 10:29-30). 이것은 초대교회가 재물을 얻기 위하여 하느님과 거래한 것이 아니다. 그것은 단지 복음을 전파하기 위하여 모든 것을 버린 사람들이 어디를 가든 그리스도의 몸에 의하여 지원되고 감싸졌던 교회의 경험을 반영한 것이다. 여기서 "박해도 받겠지만"이라는 말씀은, 섭리에 대한 신약성경의 이해와, 섭리를 생활수준의 끝없는 향상으로 이해하는 순진한 견해 사이에는 엄청난 간격이 있음을 강조하고 있다. 초대 기독교인들은 권세들에 의하여 박해를 당할 것을 **예상하고** 있었다. 그들은 한 번도 이 사실로 인해 당황해 한 적이 없었다. 그들로서는 "왜 좋은 사람에게 나쁜 일들이 일어납니까?" 하는 질문 따위는 생각조차 할 수 없는 것이었다. 예수를 십자가에 처형한 권세들이 이 새로운 운동을 분쇄하는 데도 똑같은 이해관계를 갖고 있었는데, 이 사실은 기독교에 대한 조직적이고도 광범위한 박해가 시작된 2세기에 이르러서야 비로소 로마제국 내에서 알려지기 시작했다.

간단히 말해서, 초대교회에서는 하느님이 창조하신 세계에 악이 존재하는 것을 합리적으로 설명하는 것이 결코 문제가 되지 않았다고 할 수 있다. 즉 초대 기독교인들은 결코--놀랍게도!--그들의 부당한 고통에 대하여 하느님을 비난하지 않았다. "여러 가지 시련을 당할 때 여러분은 그것을 다 시없는 기쁨으로 여기십시오"(약 1:2). "사람의 아들 때문에 사람들에게 미움을 사고 내어쫓기고 욕을 먹고 누명을 쓰면 너희는 행복하다. 그럴 때에 너희는 기뻐하고 즐거워하라. 하늘에서 너희가 받을 상이 클 것이다"(눅 6:22-23). 물론 권세들은 너희를 반대하고, 물론 너희들은 통치자나 권력자들(문자적으로는 "천신들과 권세들") 앞에 불려오게 될 것이다(눅 12:11). 물론 그들은 지배적 세계의 영성을 위협했다는 이유로, 너희를 짐승 사냥하듯 추적할 것이고, 너희를 고문하는 사람들에게 넘겨줄 것이고, 심지어는 죽이기도 할 것이다. 이 점에 대해서는 신약성경을 쓴 어느 누구도 조금도 놀람을 나타내지 않았다. 권세들의 통치를 매일 받는 현실 세계에서, 이것말고 또 무엇을 기대했겠는가!

초대 교회는 질병에 대하여 무슨 이론을 만들어내지는 않았다. 그 대신 교회는 병든 사람들을 치유했다. 교회는 좋으신 하느님이 만들어내신 좋은 세계 속에 어떻게 악마가 존재하는가를 설명하려고 시도하지는 않았지만, 그 대신 그들은 악마를 쫓아내었다. 그들은 기도가 어떻게 작용하는가에 대한 이론들을 세우지는 않았지만, 그들은 단지 기도했을 뿐이다. 그렇다고 그들이 생각을 안 하는 사람들은 아니었다. 그들은 치유를 방해하는 질병의 이론(예를 들어 죄 때문에 병이 생긴다는 이론: sin theory)을, 필요하면 반박하였다. 그들은 최소한 어떤 종류의 질병의 근원은 사탄이라고 주장했다(눅 13:16). 그들의 태도는 반이성적(反理性的)이거나 반신학적(反神學的)인 것이 아니라,

단지 구체적이었다. 그들은 하느님의 왕국을 개념화(conceptualize)하는 적절한 방법들을 찾은 것이 아니라, 그것을 현실화(actualize)하는 방법들을 찾았다.

신약성경이 신정론(神正論 theodicy)을 무시하였다는 사실은 그 현안이 사소하였다는 뜻은 아니다. 그것은 역사상 가장 뛰어난 사상가들의 마음을 괴롭힌 문제였다. 그러나 그들 대부분의 논의에서, 악에 있어서의 권세들의 역할을 무시하였다.[23] 나의 삼부작(三部作: trilogy--*Naming the Powers, Unmasking the Powers, Engaging the Powers* . 역자주)이 이런 간과(看過: 빠뜨리고 못봄)를 구제할 수 있기를 희망한다. 그러나 우리는 신약성경이 신학적 과제로서 악의 문제에 몰두하기를 거부한 것을 존중해야 할 것이다. 그것의 관심은 그 대신에 실제적인 것이었다. 그것은 악을 정복하고자 했지, 설명하고자 하지 않았다. 기독교인들은 권세들이 악을 저지를 것을 예상하고 있어야 한다. 더욱 긴급한 문제는 "오늘날 우리가 직면하고 있는 이런 저런 구체적인 악에 대하여 하느님이 무엇을 하실 수 있는가?"(What can God do about this or that concrete evil facing us today?) "이들 반역적인 권세들이 길들여질 수 있는가?"(Can these rebellious Powers be tamed?) 하는 문제이다. 그렇다면, 실제적인 면에서는, 악의 문제는 악을 하느님의 목적에 맞도록 되돌려 놓으려는 매일의 노력에서 기도와 행동으로 그 문제를 다루어야 한다.

결론

기도를 방해하는 권세들의 역할을 인정하는 것은 우리의 기도하는 방식에 혁명적인 변화를 가져올 수 있다. 우리는 더 많이 정력적으로 활동하며

---

23) 신정론(神正論 Theodicy)에 대한 나로서의 선택은 과정신학 쪽이다. 내가 알고 있는 가장 좋은 저술은 Schubert M. Ogden, "Evil and Belief in God: The Distinctive Relevance of a 'Process Theology," *Perkins Journal* 31 (Summer 1978): 32-33이다. 과정신학적 관점에서 악의 문제를 가장 철저히 연구한 책은 David Ray Griffin, *God, Power, and Evil: A Process Theodicy* (Philadelphia: Westminster Press, 1976). John B. Cobb, Jr., *A Christian Natural Theology* (Philadelphia: Westminster Press, 1965); Cobb and Griffin, *Process Theology: An Introductory Exposition* (Philadelphia: Westminster Press, 1976); L. Charles Birch, *Nature and God* (London: SCM Press, 1965).

보다 공격적이 될 것이다. 우리는 좌절과 분노에서 기쁨에 이르기까지, 그리고 그 사이에 있는 모든 감정의 전 범위를 발산함으로써, 하느님을 명예롭게 하여 드릴 것이다. 우리는 하느님도 간단히 압도할 수 없는 힘들에 의하여 제한되심을 인정해야 할 것이다. 우리는 하느님이 결국 이길 것을 알게 될 것이지만, 그러나 십자가를 통하지 않고서는 반드시 이해될 수 있는 방법은 아니다.

권세들을 무시한 기도는 권세들이 저지른 악에 대하여 하느님을 비난하고 마는 것으로 끝난다. 그러나 권세를 인정하는 기도는 일종의 사회적 운동이 된다. 진실로, 우선 외부적으로 권세들의 정치적인 출현뿐만 아니라 권세들의 내부적인 영성까지도 분별하고, 그리고 내적 외적으로 권세들을 하느님께 들어 올려 변혁을 꾀하지 않으면, 어떤 정의를 위한 투쟁도 완성될 수 없다. 그렇지 않으면, 우리는 껍질만 바꾸고, 그 속의 정신은 그대로 남겨 두는 것이다. 권세들과 대면하여 드리는 기도는 영적인 소모전(消耗戰)이다. 우리가 기도하지 않으면, 하느님의 손은 효과적으로 묶여 있게 된다. 그것이 바로 우리의 기도의 존엄과 긴박함을 뜻한다.24)

그런 거대한 힘들의 전장에서, 작은 희망들에 매달리는 것은 별 뜻이 없다. 우리는 뭔가 더 큰 것을 요청하도록 대담해졌다. 하느님에 대항하여 전열을 정비한 힘들의 엄청남을 밝은 눈으로 보는 신앙은 동시에 하느님의 기적을 이루시는 힘을 확인하는 신앙이기도 하다. 하느님의 끊임없는 미끼들(lures)에 무한정 반응하는 세계 속에서는, 기도에 대한 신뢰야말로, 실제로, 유일한 합리적인 입장이다. 우리는 기적들을 위한 기도를 하도록 명령받았다. 왜냐하면 그보다 못한 것으로는 결코 충분하지 않기 때문이다. 이런 신비를 우리가 이해하기 때문이 아니라, 권세들이 무슨 짓을 하든 우리의 전통과 경험에서 하느님이야말로 실제로 우리들에게 충분하시다는 점을 배웠기 때문에, 우리는 하느님께 기도한다.

---

24) "기도하는 것은 자신과 세계의 변화를 믿는 것을 배우는 것인데, 이는 경험적으로는 불가능한 것처럼 보인다. ... 불신앙(unbelief)이란 아무것도 변화될 수 없다고 지배 권력에 의하여 명령된 절망이며, 이 절망은 혁명적인 비전과 실천을 무능하게 만든다.... 신앙이란 권력에 의하여 군림되지 않는 세계를 전망하는 능력과 정치적 상상을 의미한다"(Ched Myers, *Binding the Strong Man* [Maryknoll, N.Y.: Orbis Books, 1988], 255, 305).

도처에서 잘못된 것이 우리 앞에 나타나도,
그리고 일찍이 아무도 걸어보지 못한
가장 큰 걸음으로 내딛기까지는
결코 우리를 떠나지 않아도,
하느님께 감사하노니, 지금은 우리의 때라.
사건들은 이제 우리 영혼의 크기,
사업이란 하느님 안으로 탐구하는 일,
거기 어떤 나라 사람들의 발자국도
아직 내딛어보지 않은 그 안으로.

   - 크리스토퍼 프라이
    『수인(囚人)들의 잠』[1]

---

1) Christopher Fry, *A Sleep of Prisoners* (New York and London: Oxford Univ. Press, 1951), 47-48

17

하느님의 승리를 축하하기

지배체제에 대하여 실상 그대로를 폭로하고 있는 내용에도 불구하고, 신약성서는 권세들 앞에서 풀이 죽거나 음울해 하지 않으니, 얼마나 놀라운가! 성서 속에는 처음부터 끝까지 승리의 기록만 있는데, 그 승리란 전 인류와 우주를 위하여 미지의 열린 미래에 대한 승리요, 지금도 투쟁 가운데서 이루어 나가는 승리다. 성서에는 지배체제가 반드시 끝장나고 만다는 절대적이고도 확고한 신념이 있다. 파트너십, 동정심, 인간 공동체, 권력의 한계에 대한 의식적인 자각 등으로 이루어지는 새로운 세계가 우리를 기다리고 있다. 우리의 모든 능력과 용기를 가지고 그 새로운 세계가 오도록 노력해야 하지만, 그러나 우리가 그것을 오게 만들 수는 없다. 그것이 오는 조건들은 우리들의 통제를 넘어서 있기에 어찌할 수 없지만, 그러나 그 조건들이 무엇인지에 대해서는 상당히 잘 알고 있다. 꽤 많은 사람들이 지배가 없는 하느님의 탈지배적 질서에 매혹되어, 그것이 이루어지게 하기 위하여 그들의 생명과 재산을 바치기도 하니까, 그 질서는 이루어 질 것이다. 왜냐하면 그 질서는 이루어져 왔고, 그리고 지금도 이루어지고 있기 때문이다.

사회적으로 제약되거나 곤란하게 된 사람들도 하느님의 통치를 선택할 수 있다는 예수의 확신은, 실제로 하느님의 통치가 예수의 말과 행동 안에서 가까워진 결과다. 그는 우리가 선택할 수 있는 현실과는 반대되는 실재를 보여주고, 낡은 제약들을 떨쳐버리고, 우리가 주장하는 새로운 세계를 우리 앞에 제시한다. 그래서 우리는 그 새로운 현실을 **지금** 살기 시작할 수 있다.

그런 복된 소식(복음)이란 매우 개인적인 방식으로 우리 자신이 알고 있는 우리들의 삶을 우리들 보다 하느님이 더 잘 알고 계시며, 우리가 우리 자신을 소중하게 여기는 것보다 하느님이 우리를 더 소중하게 여기시고, 우리가 일찍이 상상해본 것보다 훨씬 더 놀라운 사람이 될 수 있다는 친밀한 메시지다. 우리와 하느님 사이의 장애물은 우리들 안에 있는 불완전함--취약성, 잔인성, 당황스러운 정욕, 분노의 폭발 (하느님이 이런 것들은 다 감당하실 수 있고)--이 아니라, 우리가 사랑 받을 만한 가치가 없고, 위대하게 될 수 없고, 별로 가치도, 힘도, 재능도 없는 사람이라고 스스로 믿고 있는 그런 장애물이다.

그러나 목표는 우리가 권세들로부터(from) 자유롭게 되는 것뿐만 아니라, 권세들 자체를 **자유롭게 만드는 것**, 권세들의 존재에도 불구하고 사람들과 하느님이 화해하는 것뿐만 아니라, 권세들을 하느님과 화해시키는 것(골 1:20), 권세들이 사람에게 씌운 우상숭배적인 마술을 깨뜨리는 것뿐만 아니라, 사람들 위에 우상숭배적인 마술을 부리는 권세들의 능력 자체를 깨뜨려 버리는 것이다. "악마가 저질러 놓은 일을 파멸시키려고 하느님의 아들이 나타나셨던 것입니다"(요일 3:8). 우리는 이 지구로부터 도피할 것이 아니라, 우상숭배로부터 도피해야 한다. 우리는 지상에 개인적인 천국이나, 혹은 죽은 다음에 천당을 확보하기 위하여 우리들의 하부 체제나 구조를 없애버리려고 하지는 않는다. 우리는 오히려 이들 체제들을 만물이 그분을 통해서, 그리고 그분을 위해서 창조된 그 한 분(예수 그리스도-- 역자주)에게 관계를 맺도록 노력한다(골 1:16-17).

그러나 여기에 한 가지 제한이 있으니, 우리의 과제는 세계를 구원하는 것이 아니다. 하느님만이 구원하실 수 있다. 윌리엄 스트링휄로우가 일깨워 준 대로, 우리의 과제는 죽음의 권세, 죽음의 위협, 죽음의 공포로부터 자유하게 되는 인간의 삶을 증언하는 것뿐이다. 비록 우리가 핵전쟁의 파국이나, 지구 온난화, 오존층의 고갈, 과잉인구, 환경공해를 회피할 수 있게 되고, 여러 수십 년 혹은 여러 세기에 걸쳐 마침내 파트너십(동반자) 사회에 진입하게 될 수 있다 하여도, 그것이 이 세상에서 죽음의 실재를 끝장내게 하는 것은 아니다.2) 동반자 사회(a partnership society)란 보다 정의롭고, 보다 평등하고,

보다 살기에 즐거운 장소이긴 하지만, 그렇다고 거기서 하느님의 통치가 완전히 이루어지는 것은 아니다.

아마도 요한계시록에서 말하는 **메시아의 천년왕국**이란, 위압적 지배체제가 끝나고 보다 평등한 세계-사회가 건설될 것을 직관한 것이리라(계 20:4-6). 그러나 더 이상 계급차별, 인종차별, 가부장적 차별, 전쟁, 남을 복종시키는 일 등이 없는 이런 새로운 질서가 이루어진다 해도, 사람들은 여전히 자유를 남용하는 자유를 즐길 것이다. 거기에도 여전히 유한성, 약함, 무지, 그리고 사망은 있을 것이다. 메시아가 통치하는 동안에 사탄이 감옥에 갇히는 것은 지배체제가 일단 정지됨을 가리키는 것이다. 그러나 이 시기가 지나고 나서야, 사탄과 두 마리의 짐승이 마침내 제거될 것이다. 그 다음에야 비로소 죽음과 지옥이 불타는 연못 속에 던져질 것이다(계 20:14). 심지어는 메시아의 왕국에서도 죽음은 아직 활동할 것이다. 오직 하느님의 뜻이 영원히 이루어지는 새로운 예루살렘에서라야 비로소 모든 눈물이 씻어지고, 죽음도 슬픔도 울부짖음도 고통도 없어질 것이다(계 21:4). 그때 가서야 비로소 모든 나라들이 생명나무 잎으로 치유될 것이다(계 22:2). 그때 가서야 비로소 모든 피조물들이 멸망의 사슬에서 풀려나게 될 것이다(롬 8:21).[3]

우리는 하느님의 뜻이 어느 정도로 인간사에서 이루어질 것인지를 알지 못한다. 우리는 이 세계가 진정 변화될 수 있는지, 혹은 그게 성공할지 확실한 보증이 없을지라도 이 세계가 변화될 수 있을 것처럼 행동해야 한다. 요한계시록의 메시아 왕국은 하늘의 예루살렘을 향한, 일종의 중도에 있는 집에 해당한다고 하겠다. 이런 두 가지 이미지는 미래를 가능성에 열어 놓도록 하지만, 그러나 우리들 자신의 노력이 과연 결정적인지 어떨지 잘 알지 못하게 하기도 한다. 우리는 다만 시도해 봐야 알 수 있을 터이다.

---

2) William Stringfellow, Lecture, Kirkridge, Pa. January 12, 1985.
3) 고전 15:25에서도 메시아의 통치가 단순히 평화로운 통치가 아니라, 권력자들에 대하여 그리스도의 통치가 점차적으로 확대됨을 기대하는 것 같다. "그리스도께서는 하느님께서 모든 원수를 그리스도의 발아래 굴복시키실 때까지 군림하셔야 합니다." 그리스도께서 "모든 권위(*exousian*)와 세력(*archen*)과 능력(*dynamin*)의 천신들을 물리치시고 나서야 승리가 올 것이다" (15:24). 바울은 메시아의 시대는 예수의 부활로 이미 이루어진 것으로 믿는다. 이른바 "마감 대청소 작전"(Clean-up Operation)은 이미 진행 중이다(고전 10:11-"세상의 종말을 눈앞에 둔 우리로서는").

마찬가지로, 신약성경에도 메시아 왕국이 사회를 점진적으로 개선하여 완전에 도달하게 될 것이라는 그런 생각은 없다. 오히려 신약성경이 기대하는 것은 "제 때가 얼마 남지 않은 것을 깨달은 악마가 크게 노하여 너희에게 내려왔다"고 하는 사탄(계 12:12)의 **마지막 파멸**을 향하여 시계가 똑딱거리며 재촉함에 따라, 폭력과 전쟁과 비인간적인 것들이 점차 증가하는 것(막 13장과 병행구)이다.

그 동안에, 비인간적인 세계에서 살아가는 인간들이 할 수 있는 유일한 길이란 악과 죽음에 대한 저항, 용(龍)과 짐승에 대한 저항이다. 죽음의 지배에 맞서서 끊임없이 구체적인 투쟁에 참가하는 것은 현재의 세계의 무질서 속에서, 우리들의 날들을 표시하는 시간들 속에서 우리들로 하여금 실제로 인간답게 만드는 것이다.4)

그러나 이것은 두려운 전망이 아니다. 왜냐하면 우리는 이미 하느님의 승리를 축하할 수 있기 때문이다. 재앙의 한 복판에서도 승리를 즐길 수 있는 능력이 바로 크리스천의 희망의 놀라운 면모의 하나인 것이다. 요한계시록은 유혈이 낭자하고 초현실적이고 낙담시키거나, 혹은 두려운 면을 갖고 있을 것이다. 그러나 그 책은 동시에 단 하나의 절망도 포함하고 있지 않다. 심연의 용이 아무리 힘이 있어 보여도, 그것은 이미 하늘의 권능을 박탈당한 것이다. 아직도 원수의 발톱에 사로잡혀 있는 사람들은 그 승리를 경험하지 못하고 있겠지만, 그러나 결정적인 전쟁엔 이미 승리를 거둔 것이다. 투쟁은 아직 진행 중이지만, 문제는 더 이상 의심할 여지가 없게 되었다. 멀리서 들려오는 승리의 노래의 선율이 이미 우리들의 귀에 도달하였고, 우리들도 그 합창에 참여하도록 초대되었다. 이것이 우리가 서 있는 초석이며, 세상에서 하느님의 승리를 믿는 절대적 확신이다.

그것이 바로 왜 요한계시록에서는 하느님의 승리가 모든 투쟁이 끝나고 난 다음 맨 마지막 장에서 일어나지 않는 이유다. 오히려 하느님의 승리는 계시록 전반에 걸쳐 도중에 여기저기에서 터져 나온다(계 1:4-8, 17-18; 4:8-11; 5:5, 9-14; 7:1-17; 11:15-19; 12:10-12; 14:1-8; 15:2-4; 16:5-7; 18; 19:1-9). 여기서는 눈물의

---

4) Stringfellow, *An Ethic for Christians and Other Aliens in a Strange Land* (Waco, Tex.: Word Books, 1973), 119, 138, 155-56.

언덕을 엄숙하게 오르는 진실한 순례자는 없으나, 그들의 자유를 확인하기에 **투쟁을 즐거워하는 노래하는 사람들**이 있다. 역경과 고통과 감옥생활 속에서도, 돌연히 찬송이 암흑을 뚫고 솟아오르며, 하늘의 천군천사들이 우렁찬 합창에 우레 소리를 내며, 우리의 가슴은 경쾌해진다.

남아메리카의 기독교 바닥공동체(Base Community)들은 오순절 계통에 그 회원들을 잃고 있다. 그 이유에 대한 많은 설명들 가운데는 사람들이 끊임없는 투쟁에 지쳤다는 점도 있다. 그들은 종교에서 도덕적 지침이나 사회적 변화 이상의 것을 보고 싶어한다. 그들은 죽음의 공포로부터 구제 받고 싶어 한다. 그리고 하느님의 현현에 대한 황홀한 감정을 원한다. 사람들은 지겹도록 걸어야 하는 발걸음이나, 반복되는 정치적 퇴행에 넌더리가 나서 그만 반대 지점들을 원한다. 하느님의 통치는 단지 먼 미래에 있는 것이 아니라, 또한 현재에도 있다.

예수가 세금 징수원들이나 죄인들과 식사를 같이 한 것은 자기의 논지를 입증하려고 한 것만은 아마도 아닐 것이다. 즉 그들과 같이 있는 것이 종교 지도자들과 어울리는 것보다 훨씬 더 재미있었을 것이다. 그가 사회에서 외면당한 사람들을 찾아 그들이 있는 곳에 갔기 때문이라기보다는, 그들과 더불어 즐거운 시간을 가졌기 때문에, 예수는 "먹기를 탐하고 마시기를 좋아하는 자"(마 11:19)로 낙인 찍혔을 것이다. 이것이야말로 사회 운동가들의 갖는 밝은 비밀이다. 즉 그들은 단순히 악이 나쁘니까 반대하는 것만이 아니라, 또한 그 투쟁이 신명나고 때로는 심지어 재미도 있기 때문이다. 왜냐하면 때로는 그들이 패배할지라도 끝내는 이길 것을 확신하기 때문이다.

"그때 하늘에서는 전쟁이 터졌습니다. 천사 미가엘(Michael)이 자기 부하 전사들을 거느리고 그 용과 싸우게 된 것입니다"(계 12:7). "마귀(Devil= Slanderer: 중상 혐구가) 혹은 지배체제(*kosmos*)의 거짓말쟁이인 사탄(Satan = Adversary: 적대자)이라고 불렸던 옛날의 뱀(계 12:9), 즉 위대한 용을 물리친 것은, 그 폭력에 머리를 맞대고 싸운 대항폭력이 아니다. 도리어, "그들은 어린양이 흘린 피와 자기들이 증언한 진리의 힘으로 그 악마를 이겨냈다. 그들은 죽음에 직면해서도 자기 목숨에 연연하여 매달리지 않았기 때문이다"(계 12:11). 사탄은 그를 폭로하기 위해서라면 지배체제에 의하여 분쇄되기를 기꺼이 원하는 사람들에 의하여 하늘로부터 쫓겨났다. 그리하여 사탄은 사람 눈에 보이지 않는 자신의 정체를 박탈당하였으니, 더 이상 사람들로 하여금 자기도 모르는 사이에 악과 불의가 저지르는 음모에 가담하도록 몰아넣는 일을 할 수 없게 되었다. 그리스도는 악마에게 단지 불신앙이 할 수 있는 힘만 남겨두었다. 하늘에서 쫓겨난 신세라, 악마는 이제 시간을 가졌으되 영원을 가진 것은 아니다.5)

도저히 당해낼 수 없을 것 같은 위세를 떨치지만, 용은 실제로는 약하다. "그 용은 자기 부하들과 함께 반격했지만 강하지 못했습니다"(*ouk ischusen*, 계 12:7-8*). 전체(the Whole, 여기서는 하느님을 말함. 역자주) 앞에서는 갈라놓는 것의 원리는 하잘 것 없는 것이다. 모든 것을 하나로 묶는 것 앞에서는 분리시키는 자(the Divide, 여기서는 사탄을 말함.-- 역자 주)의 취약한 연합군들은 내부의 분쟁으로 인하여 무너지고 만다. 신앙 앞에서는 마왕(Archfiend 사탄)의 지상 권세에 불과한 것들은 무력하다. 사탄의 초월적인 권세는 꺾여졌으니, 그는 더 이상 하늘의 시민이 아니며, 더 이상 보이지 않는 것이 아니다. 시계는 시간의 중간으로부터 그가 불의 연못에서 최후로 무효화되는 시점을 향하여 똑딱거리며 재촉하건만, 용(龍)은 그의 통치를 하나로 묶어 강화하지 못하니, 스스로 허둥거리게 된다(계 20:10).6)

그러나 이런 모든 것은 안 보이는 것을 볼 수 있는 눈을 가진 사람들만이 관찰할 수 있다. 나머지의 다른 사람들은 변화를 눈치 채지 못한다. 짐승에게는 성도들에게 싸움을 걸어 그들을 **정복하도록** 허락된다(계 13:7). 순교자들이 제단 아래에서 외치기를, "우리가 얼마나 더 오래 기다려야 땅 위에 사는 자들을 심판하시고 또 우리가 흘린 피의 원수를 갚아 주시겠습니까?"

---

5) Schlier, *Principalities and Powers in the New Testament,* 58, 49.
6) *Unmasking the Powers,* 39-40에서 내가 주장한 것은, 오리겐(Origen)이 말한 대로 사탄(Satan)이 회개한 것이 아니라, 거룩한 보좌 앞에 있는 불의 연못에서 사탄이 불타버렸고, 그래서 사탄의 욕망은 하늘의 에너지로 화하였다는 것인데, 이는 참 재미있게도 Simeon ben Eleaza (ca. 190 C. E.)에게 돌려진, 혹은 그보다 후대의 랍비문학에서 다음과 같은 말로 증거 된다. "사악한 충동은 불꽃에 대고 있는 쇠와 같아서, 그것이 불꽃 속에 있는 동안에는 원하는 대로 어떤 기구로 만들 수 있다. 사악한 충동도 그러하여, 그것은 율법(Torah)의 말씀 속에서만 구제되는 것이니, 왜냐하면 그 말씀은 불꽃이기 때문이다" (*Abot de R. Nathan,* 16).

하였을 때, 그들에게는 흰옷이 주어지고 "그들처럼 죽임을 당하기로 되어 있는 동료 종들과 형제자매들이 다 죽어서 그 수가 찰 때까지" 잠시만 더 쉬며 기다리라고 하는 말을 듣는다(계 6:9-11).

이런 잔인한 억압은 기독교인들의 저항을 무력화시켰어야만 할 것이다. 그 대신에, 기독교 운동은 억압 아래서 오히려 성장한다. 예수의 추종자들은 그들의 지도자를 십자가에 죽인 체제에 대하여 자기들도 마찬가지로 처형될 것을 기대하였다. 상황은 최후의 승리를 향하여 반전되어, 그들은 이미 승리의 노래를 부를 수 있게 되었다:

이제 우리 하느님의 구원과
　　권능과
　　통치가 나타났고
　　하느님의 메시아의 권위가 나타났다(계 12:10*).

거듭 거듭 이 후렴이 울려나온다:

나는 또 불이 섞인 수정바다 같은 것을 보았습니다. 그 수정바다 위에는 그 짐승과 그의 우상과 숫자를 가지고 이름을 나타냈던 그자를 정복한 사람들이 서 있었습니다. 그들은 하느님께서 주신 거문고를 타며 하느님의 종 모세의 노래와 어린 양의 노래를 부르고 있었습니다(계 15:2*).
울지 마시오. 유다지파에서 난 사자, 곧 다윗의 뿌리가 정복했으니(계 5:5).

진리를 말하는 자들(martyrs 순교자들)을 별 노력도 없이 정복하는 짐승 그 자신이 이미 정복되었다(계 12:11). 예수는 비록 죽임을 당하였으나, 하늘로 높여져 올라갔으며, 세계의 운명을 통제한다(계 5장). 아델라 야르브로 콜린스(Adela Yarbro Collins)가 지적한 대로, 요한계시록은 눈에 보이는 세계가 하늘나라의 숨겨진 실재를 폭로하는 모조품임을 알려준다. 신앙의 눈을 가진 자들에게 **마땅히 있어야 할 것**(당위)이 이미 **존재한다**. 신앙으로 산다는 것은 창조적 상상력과 공동체의 보강을 힘입어, 하느님의 반대실재(God's counterreality)가 명백하게 보이는 실재보다 더 실재적임을 생생하게 느끼도록

지탱해준다는 뜻이다.7)

지배체제가 아무리 외견상 불굴의 모습으로 보일지라도, 그리스도는 이미 모든 세상의 권력자들 위에 임금으로 보좌에 올랐다(엡 1:20-23). 이 승리가 신앙을 유지하게 하며, 이 신앙이 승리를 만들어낸다. 그러나 현실 속의 거듭되는 패배의 한 가운데서 우리가 어떻게 승리를 확인할 수 있을까?

그 까닭은 지금 지배체제를 벗어나서 보기 시작한 사람들, 그리고 지배체제에 상관없이 자유롭게 행동하는 사람들이 있기 때문이다. 남아프리카, 한국, 혹은 미얀마에서 비폭력적 데모를 하다가 잡혀갔거나 고문을 당한 사람들의 고통이 아무리 끔찍스러울지라도, **하느님의 통치는 이미 시작**되었다! 이것은 경건한 소설이 아니다. 하느님의 권능이 이미 나타났으니, 이는 전에는 겁 많고 두려움에 떨던 사람들이 보다 공평한 체제를 위하여 직장에서 쫓겨나거나, 몽둥이로 맞거나, 감옥에 가거나, 혹은 죽임을 당할 것도 각오하기 때문이다. 그리스도의 권위가 이미 세워졌다. 이는 희생자들이 자신들의 인간성을 긍정할 뿐만 아니라, 그렇게 함으로써 자기들을 억압하는 사람들의 인간성도 긍정하기 때문이다. 하느님의 구원이 현재의 실재가 되었다. 이는 힘이 없는 자들이 그들 자신 안에서 하느님이 창조하실 때 그들에게 넣어준 자원을 발견하지 못했더라면 해방을 위한 투쟁이 불가능했었을 것이었기 때문이다. 즉, 비폭력적이지만 그러나 강력하고, 사랑하지만 그러나 움직일 수 없고, 기뻐하되 그러나 동시에 죽기를 각오하는 하느님의 자원을 발견했기 때문이다.

1989년 11월 18일 체코슬로바키아(Czech) 혁명을 불붙인 프라하(Prague)의 데모에서는, 학생들이 공산당 지도자들에게 노래로, "당신들은 이미 졌다! 당신들은 이미 졌다!"고 외쳤다. 비록 승리는 아직 미래에나 있었지만 말이다. 카렐 스르프(Karel Srp)는 "우리는 우리가 이길 것을 안다. 이건 막을 수가 없어!"라고 말했다.8)

브라질의 비폭력 운동의 농민 지도자인 제 갈레고(Ze Galego)는 말하기

---

7) Adela Yarbro Collins, *Crisis and Catharsis: The Power of the Apocalypse* (Philadelphia: Westminster Press, 1984), 154-55.

8) *Berkshire Eagle*, November 11, 1989, A2.

를, "우리가 투쟁에 몸을 던지기로 작정한 순간, 우리는 승리가 우리의 것임을 이해하기 시작했다. 매일같이 우리는 한 걸음씩 전진했으며, 마침내 그 결과는 당연한 것이기에 우리는 놀라지 않았다"라고 했다.9)

믿음은 하느님의 주권 이 땅 위에 확립되어지기를 기다리고 있지만은 않는다. 믿음은 마치 그 주권이 이미 전면적으로 확립된 듯이 행동한다. 시편 기자들처럼, 초대 기독교도들은 단지 상상에만 존재했던 것들을 사실이라고 선포했다. 창조의 과정에서 하느님처럼, 믿음은 아직 존재하지 않는 것을 불러내어 존재하게 하며, 이전에는 없었던 것을 새로운 것으로 형성하려고 앞서서 달려나간다. 월터 브뤼게만이 표현했듯이, 하느님이 권세들을 물리쳤다고 선언하는 것은, 만일 서술적으로 표현해야 한다면, 우리들의 세상에서는 분명히 어처구니없는 일이다. 즉 하느님은 분명히 아직은 승리하지 못했기 때문이다. 그러나 만일 우리의 찬송이 이제 막 생겨나기 시작하는 새로운 실재를 불러일으킨다면, 그러면 그 새로운 실재가 창조될 수 있는 유일한 방법으로 도움을 줄 것이다.10)

그것이 바로 이들 집념과 고집의 가수(歌手)들이 하늘의 합창에 그들의 목소리로 가담하지 않을 수 없는 이유이니, "세상 나라는 우리 주님과 그분이 세우신 그리스도의 나라가 **되었고**, 그리스도께서 영원무궁토록 군림하실 것이다"(계 11:15)라고 노래한다. 왜냐하면 무엇을 **노래하는 것**(singing about)은 그것을 **이룩하는**(bringing about) 한 방법이기 때문이다.

보이지 않는 것을 보는 눈을 가지고, 알렌 보삭(남아프리카 흑인운동 지도자. -역자주)은 잔뜩 기대하고 있는 데모 군중들 앞에서 지치지도 않고 외치기를, 남아프리카의 인종차별정책은 **이미** 무너졌다. 백인들의 인종차별은 **이미** 무너졌다. 경제적 수탈의 권세는 **이미** 무너졌다고 했다. "전쟁은 이겼다. 비록 투쟁은 아직도 끝나지 않았지만 말이다." 이제 남은 것이라곤 모든 사람들로 하여금 이를 사실대로 보고 살아가도록 도와주는 것이다. "게다가 비록 네가 피를 흘리고 있을지라도 용의 파멸을 노래하면, 용이 미치게 될 것이

---

9) Philip McManus and Gerald Schlabach, eds., *Relentless Persistence: Nonviolent Action in Latin America* (Philadelphia: New Society Publishers, 1991), 1.
10) Walter Brueggemann, *Praying the Psalms* (Winona, Minn.: St. Mary's Press, 1982), 28.

다."11)

요한계시록의 음산한 장면들을 가로지르며 펼쳐지는 환희의 외침은, 용과 두 마리 짐승으로 이루어진 가짜 삼위일체에 의하여 야기된 마비증세로부터 풀려남을 기뻐하는 외침이다. 자유란 남에게 유혹되었음을 폭로하도록 놓여나는 것이다. 초기의 기독교도들로 하여금 **복음전도의 열정**에 휩싸이게 한 것은 교회의 교인 수를 늘이고자 하는 욕망도 아니요, 사람들을 안전하게 천국에 안내하겠다는 욕망도 아니었다. 그것은 자신들이 용(龍)에 의하여 조종된 현혹시키는 게임으로부터 놓여남에 대한 안도감과, 또 남들을 자유롭게 만들어주겠다는 결의에 불타서 이루어진 것이었다. 최종적인 분석에 의하면, 복음이란 죽은 다음에 다른 세계로 탈출해 가는 것에 대한 메시지가 아니라, "이 세계"(지배체제)의 유혹들로부터 구제되어 이 세계가 궁극적으로 변화되어, "모든 나라들이 주님 앞에 와서 경배"(계 15:4) 하게 되는 것을 뜻한다.

우리가 모든 종교들과 철학적 전통들로부터 배울 수 있는 특권을 가진 다원적 사회에서, 기독교인들은 아직도 다른 민족들에게 할 이야기를 갖고 있다. 그리고 그렇게 이야기를 하는 것이 다른 누구보다도 우리들 자신들에게 가장 좋은 일이 되지 않겠는가?

---

11) Allan Boesak, "The Woman and the Dragon," *Sojourners* 16 (April 1987): 29-30.

본문 성경 색인

창세기
2	101,142
3	92,161
3:15	185
6:1-4	161
9:20-27	331
10	142
11	161
18	538
19	102
29:9-12	103

출애굽기
4:24-26	280
20:4	487
21:1-11	102
22:25-27	329
23:28	350
31:15	235
32:9-10,14	539

레위기
15:25-30	242
18	103
19:2	489
20:13	103

민수기
31:18	102

신명기
7:20	350
18:13	487
22:13-29	101
22:22-29	103
24:10-13,17	329
32:8-9	167

여호수아
3:15-16	422
6	351
24:12	350

사사기
7	351
19	102
21	102

사무엘하
5:24	141

느헤미야
3:28	220

욥기
1-2	201
3:8	183

시편
16:9	136
29:1-2	314
51	281
58:10	71
74:13-14	183
82:1-8	167
149:5-7	71

이사야
19:19-25	281
20:1-6	332
41:29	176
53	104,281
53:2	290
53:12	248
60	242

예레미야
18:7	539
26:3,19	539
31:40	220

에스겔
17:22-24	225

18:5-9	329	5:40	329	16:27	263
		5:41	333	18:34-35	263
다니엘		5:42	341	21:5	220
5:25-28	268	5:43-48	226	21:31	316
7-8	186	5:44	345	22:7,13	263
10	552	5:45	389,406,482,562	23:4	239
11-12	186	5:46-47	263	23:8-10	219
		5:48	486	23:9	232
호세아		6:24	222	23:13	239
1:7	351	6:25-34	562	23:16-22	243
6:6	242	6:33	223,562	23:23	238
10:13	351	7:3-5	493	23:33	263
		7:12	247	24:51	163
요엘		7:19	263	25:30	263
3:1-21	281	7:21-23	548	25:31-46	316
		7:24-27	426	25:40	500
아모스		8:19-20	231	25:41,46	72
2:7-8	329	8:21-22	231	26:6-13	257
		9:13	242	26:52	246
미가		10:28	303	27:32	333
4:2-4	281	10:29	562	27:46	561
4:13	281	10:34-36	231		
		10:37	231	**마가복음**	
마태복음		11:8	222	1:29-31	256
1:1-17	231	11:19	571	1:40-45	240
2:1-12	221	12:21	345	2:1-12	242
3:7	263	12:28	225,261	2:21-22	264
3:7-12	483	12:32	131	2:23-28	231,236
4:1-11	219	12:36-37	263	3:21	232
5-7	237	12:43-45	35	3:35	253
5:5	357	13:33	340	4:19	131
5:22	72	13:40	263	4:22	290
5:23-24	243	13:42	263	4:26-29	312
5:38-42	323	15:1-20	240	4:30-32	225
5:39	249,326,342~8,424	15:11	226,240	5:1-20	35,228
		15:21-28	216,228	5:24-34	242.253

6:30-10:52	262	**누가복음**		11:24-26	35
7:1-23	240	1:38	521	11:27-28	255
7:9-13	232	1:46-55	221	11:28	426
7:15	226	1:70	130	11:42	238
7:21-23	226	2	221	11:44	226
7:24-30	228	2:49	243	11:46	239
8:34	304	3:7-18	483	11:52	239
8:36	123	3:11	222	12:4	303
9:35	217	3:23-38	231	12:11	563
9:36-37	253	4:1-13	219	12:13-21	222
9:37	233	4:5-6	126	12:22-31	562
9:43-48	263	6	237	12:31	223
10:1-12	232	6:20-23	217	12:37	218
10:2,7	256	6:20-26	224	12:46	263
10:13-16	232	6:21,23	345	12:50	308
10:17-22	256	6:22-23	563	12:57	240
10:19	180	6:27-28	226	13:1-3	246
10:29-30	224,233,254,565	6:27-29	348	13:1-5	562
10:30	133	6:29	246	13:10-17	235,252
10:38-39	308	6:29-30	323	13:16	564
11:1-10	220	6:30	341	13:20-21	340
11:15	249	6:31	247	13:28	263
11:17	243,244	6:35	389,406	14:7-11	218
12:1-12	263	6:36	489	14:26	231
12:18-27	257	6:41-42	493	15:11-32	226
12:35-37	231	6:47-49	426	16:8	132
13	570	7:1-10	228	16:13	222
13:1-2	243	7:25	222	16:19-31	222
13:12	231	7:36-50	240,251	16:23	263
14:3-9	257	7:48	242	17:5-6	550
14:13	220	8:1-3	223	17:14	422
14:22-25	245	9:51-56	245	17:20-21	225
14:24	292	9:59-60	231	17:33	375
15:21	333	9:60	355	18:1-8	540
15:34	561	11:5-13	540	18:9-14	551
15:38	242	11:20	225,261	19:27	263

22:10	220	16:20	129	8:26-27	543,552
22:35,49-50	248	16:33	125	8:31-39	512
22:51	246	17:11	125	12	237
		17:14,15	129	12:1	241.301
요한복음		18:19-24	426	12:2	132
1:1-5	118	18:20	116	12:17	346
1:10	116	18:30	214	12:20	497
1:29	127,292	18:36	122	13:1-7	143
2:15	249	21:9-14	254	13:4	440
2:16,19,21,22	243			14:8	562
3:19	122	**사도행전**		14:14	240
4:27	253	1:14	258		
4:42	127	2:23	214	**고린도전서**	
4:46-53	228	2:26	136	1:20-21	128
6:15	219	3:21	172,208	1:26-28	123
7:7	118	4:12	290	2:6	130
7:53-25	38:11	4:32-5:11	223	2:6-8	132
8:23	118	6:7	243	2:7-8	228
8:44	282	7:42	291	2:8	130
9:32	130	10:1-11:18	239	2:12	124
9:39	122	13:28	214	3:18	132
11:50	237,278	15:7-11	239	5:7	292
12:6	223			6:19-20	241
12:15	220	**로마서**		7:3-5	260
12:19	128	1:18-32	187	7:31	128
12:25	123	3:9-20	298	10:11	133
12:31	149	3:25	292	10:16-21	292
12:47	116	6:1-11	245	11:2-3	260
13:1-20	220	6:4,6	309	11:5	260
13:29	223	7:7-13	237	11:20-22	223
14:12	490	7:12	237	11:22	218
14:17	124	8:3	292	11:24-25	292
14:30-31	125	8:20	544	15:3-8	257
15:15	219	8:21	569	15:24-27	172
15:18-19	125	8:22	543	15:35-57	136
16:11	126	8:23	149,543	16:22	264

고린도후서

1:3-7,9	561
1:22	149
3:6	287
4:4	130
5:5	149
5:14	292
5:18	289
10:4	246
11:23-33	561

갈라디아서

1:4	130,132,287,292
1:4-5	133
2:19-20	302
3:28	260
6:14	302

에베소서

1:10	172
1:14	149
1:19-23	149
1:20-23	574
1:22	172
2-3	229
2:1-2	298
2:2	119,131
2:7	133
2:12	124
2:21	311
3:10	146,174
4:22-24	230
5:21-33	260
6:10-20	174
6:12	98,162,496

빌립보서

2:5-6	285
2:5-11	221
2:6-8	171
4:2-3	258

골로새서

1:12-14	140
1:13	140
1:16-17	139,140,145,568
1:17	144
1:20	146
1:21	141
2:8	137
2:13-14	287
2:13-15	269
2:15	170
2:20	192,298
2:20-23	135
4:5	131

데살로니가전서

5:10	292
5:15	346

데살로니가후서

1:6-9	264

디모데전서

1:15	126
2:8-15	260
5:3-16	260

디모데후서

4:10	132

디도서

2:3-5	260

히브리서

1:2	130
4:12	351
6:5	149
10:12-13	172

야고보서

1:2	563
1:9-11	223
2:1-7	223
2:5	123
4:4	124
5:1-6	224

베드로전서

1:2	292
2:5	242
2:21	247
2:23	271
3:1-7	260
3:18	292

요한1서

1:7	292
2:2	292
2:15-17	124
3:8	568
3:13	125
4:4	125
4:5	119
5:4	125
5:19	337

요한계시록

1:4-8	570	13:11	188
1:5	292	13:12	189
1:17-18	570	13:13-14	189
4:8-11	570	13:15	190
4:11	186	14:1-8	571
5	573	14:4	199,260
5-8	533	15:2	573
5:5	571,573	15:2-4	571
6:9-11	573	15:4	576
6:10	533	15:8	186
7:1-17	571	16:5-7	571
7:12	186	16:9	186
8:1-5	534	16:13	189
11:15	134	17:1-18	182
11:15-19	571	17:15-17	186
11:17	186	18	72
12-13	35,180	18:4	174
12:1-2	184	19:1	186
12:5	185	19:1-9	571
12:6	185	19:20	189
12:7-8	571	20:4-6	569
12:9	185,571	20:10	189,569,572
12:10	186,571	20:14	569
12:10-12	571	21-22	242
12:11	571	21:4	569
12:12	205,558,570	21:5	136
12:14	185	21:24-26	173,175
13	182,187,188	22:2	569
13:1	181		
13:2	181		
13:3-4	200		
13:4	190		
13:7-8	190		
13:8	187		
13:10	186